COMEDIAS II

LETRAS UNIVERSALES

PLAUTO

Comedias II

Edición de José Román Bravo

Traducción de José Román Bravo

NOVENA EDICIÓN

CÁTEDRA
LETRAS UNIVERSALES

Título original de las obras:
Mercator, Miles gloriosus, Mostellaria, Persa, Poenulus,
Pseudolus, Rudens, Stichus, Trinummus,
Truculentus, Vidularia

1.ª edición, 1995
9.ª edición, 2025

Diseño de cubierta: Diego Lara
Ilustración de cubierta: Dionisio Simón

Reservados todos los derechos. El contenido de esta obra está protegido
por la Ley, que establece penas de prisión y/o multas, además de las
correspondientes indemnizaciones por daños y perjuicios, para
quienes reprodujeren, plagiaren, distribuyeren o comunicaren
públicamente, en todo o en parte, una obra literaria, artística
o científica, o su transformación, interpretación o ejecución
artística fijada en cualquier tipo de soporte o comunicada
a través de cualquier medio, sin la preceptiva autorización.

PAPEL DE FIBRA
CERTIFICADA

© Ediciones Cátedra (Grupo Anaya, S. A.), 1995, 2025
Valentín Beato, 21. 28037 Madrid
Depósito legal: M. 2.019-2010
I.S.B.N.: 978-84-376-1322-2
Printed in Spain

EL MERCADER

(Mercator)

INTRODUCCIÓN

El motivo central del *Mercator* es la rivalidad amorosa entre padre e hijo, que Plauto insinúa en la *Asinaria* y desarrolla con toda su crudeza en *Casina*. El tratamiento, sin embargo, dado al tema en esta comedia es más serio y reflexivo, contrastando su tono gris, especialmente, con la escabrosa y explosiva comicidad de *Casina*[1].

Un joven ateniense, Carino, a quien su padre, en un intento de apartarlo de su mala vida, ha obligado a ejercer el oficio de mercader (de ahí el título de la comedia)[2], regresa, tras dos años de ausencia, a su patria, trayendo consigo a una hermosísima esclava, Pasicompsa, de la que su padre, nada más verla, queda tan perdidamente enamorado que desde ese momento no piensa en otra cosa que en conseguirla. Así, creyendo a pie juntillas la mentira inventada por el esclavo Acantión para justificar a su joven amo, de que se trata de un regalo que trae Carino para su madre y fingiendo querer desprenderse de ella porque su aspecto no concuerda con el recato exigible a una

---

[1] Con razón se ha observado que Demifón es mucho menos libidinoso y depravado que Lisidamo *(Casina)*, que, curiosamente, la posesión de la joven causa mayores problemas a su vecino Lisímaco que a él mismo y que al final se libra de sufrir la humillación a que son sometidos tanto Demeneto *(Asinaria)* como Lisidamo *(Casina)*: cfr. Duckworth, *The Nature* 167.

[2] Dado que el protagonista de la comedia parece ser el padre y no el hijo, Della Corte ha supuesto en original griego el merdader era el viejo Demifón y no su hijo Carino y que Plauto ha reelaborado caprichosamene la trama de la comedia: cfr. Della Corte, *Da Sarsina a Roma*, 105 ss. Sus elucubraciones, sin embargo, nos parecen exageradas.

madre de familia, planea, para conseguir sus fines de tapadillo, vendérsela ficticiamente a su viejo amigo y vecino Lisímaco. Se entabla entonces una fuerte pugna entre padre e hijo, pues éste, no resignándose a quedarse sin la esclava, quiere, por las mismas razones que su padre, vendérsela a su vez a su amigo Éutico, hijo de Lisímaco. El viejo hace valer su autoridad y la joven Pasicompsa es vendida al viejo Lisímaco, que pronto tendrá que arrepentirse del favor hecho a su amigo, pues su mujer, regresando anticipadamente del campo, descubre a Pasicompsa en su casa y acusa de adulterio a su marido. Ya Carino, desesperado por verse privado de su amada, está a punto de partir para el exilio, cuando todo se soluciona gracias a la intervención de Éutico que, tras descubrir en su propia casa a Pasicompsa, logra persuadir a Demifón de que renuncie a ella y se la ceda a su hijo.

El propio Plauto nos informa, por boca de Carino (v. 9), de que el original griego del *Mercator* es el Ἔμπορος de Filemón, comedia griega de la que no sabemos prácticamente nada. Suele pensarse, sin embargo, que Plauto en este caso tradujo casi al pie de la letra a Filemón, manteniendo tanto la estructura como el tono de su modelo[3].

Los especialistas suelen estar de acuerdo en asignar el *Mercator* a los inicios de la producción plautina, basándose para ello en dos argumentos fundamentales: en primer lugar, el nombre de *Maccus* con que Plauto se designa a sí mismo en el prólogo y en el que quiere verse una alusión a su precedente actividad de actor de Atelanas que todavía estaría reciente[4]; en segundo lugar (y éste es, a nuestro entender, el argumento decisivo), el escaso número de versos líricos que presenta esta

---

[3] Cfr., por ejemplo, Enk, *Plauti Mercator*, I 7: *Mercatorem cum legimus, ipsius Philemonis Ἔμπορος in manibus habere nobis videmur*. Esta supuesta fidelidad al modelo ha presidido por lo general la valoración que los críticos hacen de esta obra. Exceptuando a Norwood, admirador de Terencio y detractor de Plauto, para quien esta obra es la única que merece ser alabada de toda la producción plautina (cfr. G. Norwood, *The Art of Terence*, Oxford, 1923, 2) y exceptuando algún juicio mesurado como el de Enk *(op. cit.*, I 28: *Mercator fabula, quamquam non inter optimas habenda est, tamen melioribus adnumeranda.)*, la mayoría de los críticos, por la misma razón, la consideran una de las peores obras del Sarsinate: cfr., por ejemplo, P. Lejay, *Plaute*, pág. 78.

[4] Cfr. Introducción general, I 18.

comedia. Con más prudencia hay que manejar, a nuestro juicio, otros argumentos que también se han esgrimido. Deducir de la falta de alusiones romanas y otros elementos típicos de la comicidad plautina y de la fidelidad con que Plauto parece haberse ajustado a su modelo, que se trata de una obra de juventud y pertenece a una época en que nuestro autor no estaba muy seguro de sí mismo[5], supone olvidar la libertad con que Plauto se ha comportado en todo momento con respecto a sus originales y, en concreto, olvidar, por una parte, que la *Asinaria*, supuestamente contemporánea del *Mercator*, representa un ejemplo de todo lo contrario y que, por otra, *Trinummus*, que suele asignarse a la madurez del poeta, es una obra gris, en la que Plauto también parece haber seguido fielmente los pasos de su modelo[6].

Ahora bien, si todo el mundo está de acuerdo en colocar el *Mercator* en los primeros años de la actividad de Plauto, más difícil resulta, debido a la falta de alusiones históricas[7], determinar con precisión el año de composición de la comedia. Basándose, principalmente, en indicios derivados de la supuesta cronología relativa de las comedias, Enk, seguido por Schutter, asigna esta comedia al año 212 o inmediatos mientras que Buck y Sedwgick retrasan su composición hasta el 206 a. C[8].

La influencia del *Mercator* en la literatura moderna no parece haber sido grande. La única imitación importante que se menciona es la *Stiava* del poeta florentino del siglo XV Giovanni Maria Cecchi.

Para terminar, diremos unas palabras sobre el debatido tema del sueño de Demifón (vv. 225-271) que tanta tinta ha hecho correr, y no precisamente por el interés intrínseco que dicho sueño pudiera despertar sino por su discutida relación con el más breve narrado por Démones en *Rudens* (vv. 593-612), con el que presenta determinadas similitudes[9].

---

[5] Cfr. Ernout, *Plaute*, IV 91; Bertini, *Plauto. Mercator*, 10.

[6] Cfr. Paratore, *Tutte le commedie*, III 114-15.

[7] Rostagni, *Storia della Letteratura Latina*, 146 quiere ver en el v. 75 una alusión a la *Lex Claudia* del año 218, por lo que sitúa la comedia en sus inmediaciones.

[8] Por esta fecha apuestan también Della Corte, *Da Sarsina a Roma*, 61, y Marcos Casquero, "Ensayo de una cronología de las obras de Plauto", *Durius* 2 (1974) 383.

[9] Éstas se concretan, esencialmente, en la presencia en ambos del personaje del mono y, sobre todo, en la repetición total o parcial de

La polémica fue servida por F. Marx[10], quien, basándose en pretendidas deficiencias del sueño del *Mercator*[11], ha sostenido que dicho sueño[12] sería un torpe añadido plautino, creado sobre la base del de *Rudens*[13].

Su teoría fue revisada por Leo[14], quien, aun convencido de la inferioridad del sueño del *Mercator* y de su dependencia del de *Rudens*, prefirió explicar la relación entre ambos por la imitación que Dífilo en el modelo de *Rudens* habría hecho del Ἔμπορος de Filemón.

No creemos, sin embargo, que haya justificación para estas argumentaciones y compartimos la opinión de aquellos que, como Enk[15], consideran que el sueño del *Mercator* ya estaba presente en el original griego, lo que concuerda especialmente con la idea habitual de que el *Mercator* es una de las comedias en las que Plauto realizó un menor número de cambios y aportaciones personales. Además, y dado que la Comedia Nueva juega constantemente con motivos fijos que repite hasta la saciedad, parece también innecesario postular la necesidad de una relación de derivación directa entre los modelos griegos como hace Leo.

Si, además, el problema del sueño lo analizamos a la luz de las investigaciones sobre cronología plautina, teniendo en cuenta que hoy día suele aceptarse casi unánimemente la prioridad del *Mercator* sobre *Rudens,* lo más sencillo resulta suponer que Plauto, como es habitual en él, ha utilizado en la esce-

---

varios versos (Merc. 225-26 = Rud. 593-94); Merc. 227 = Rud. 596; Merc. 230 = Rud. 605; Merc. 248 = Rud. 601; Merc. 252 = Rud. 611).

[10] *Ein Stück unabhängiger Poesie des Plautus*, Viena, 1899, 17.

[11] Desafortunada elección de los animales simbólicos, defectos de composición, incongruencias con el desarrollo posterior de la comedia, etc.

[12] Concretamente los versos 225-254, 268-270, 272-276.

[13] Esta teoría, aunque con algunas matizaciones, es defendida apasionadamente por Fraenkel *(Elementi Plautini*, 187-195), que se mantiene en su opinión, después de las importantes críticas formuladas especialmente por Enk, en los *addenda* (págs. 425-26) de la traducción italiana de su famosa obra. Cfr. también Jachmann, *Plautinisches und Attisches*, 74.

[14] *Plautinische Forschungen* 162 ss.

[15] Cfr. su detallado análisis de la cuestión en "De Mercatore Plautina" *Mnemosyne* 53 (1925) 57-74 y *Plauti Mercator* I, 7-21. Cfr. también, Ernout, *Plaute, Comédies*, IV 89, n. 1.

na de *Rudens* expresiones que ya había empleado en la del *Mercator*, y que, dada la similitud de la situación, se prestaban especialmente para ser repetidas. En resumen, creemos que lo que tienen en común ambos sueños es pura fraseología y que ni siquiera es necesario suponer, como hace Paratore[16], que Plauto pueda haber hecho retoques en la elección de las imágenes simbólicas de los personajes[17].

---

[16] Cfr. Paratore, *Tutte le comedie* III 115-116 y n. 28.

[17] Sobre la tendencia actual a reivindicar los méritos del sueño del *Mercator* cfr. D. Averna, "La scena del sogno nel Mercator plautino", *Pan* 8 (1987) 5-17; K. Kimura, "The dramaturgy of dreams. Mercator and Rudens", *JCS* 37 (1989) 78-90.

PERSONAJES

Carino, joven.
Acantión, esclavo (de Carino).
Demifón, viejo (padre de Carino).
Lisímaco, viejo (vecino de Demifón).
Lorario.
Éutico, joven (hijo de Lisímaco, amigo de Carino).
Pasicompsa, cortesana.
Doripa, mujer (de Lisímaco).
Sira, vieja esclava.
Cocinero.

Escena: una calle de Atenas. Al fondo se alzan las casas contiguas de Demifón y Lisímaco. Delante de una de las casas hay un altar dedicado a Apolo[1].

---

[1] Algunos estudiosos suponen que el altar estaría delante de la casa de Demifón, entendiendo que a Demifón se aludiría con la expresión *vicini nostri aram* del verso 676. Pero dicho verso es corrupto y, como explicamos en la nota correspondiente, preferimos adscribirnos a la opinión de aquellos que, como Ritschl o Leo, integran en uno u otro lugar del mismo la palabra *Apollinis*, con lo que *vicini* pasaría a referirse al dios (cfr. *Bacch.* 172) y nos quedamos sin saber la localización precisa del altar en la escena.

[15]

ARGUMENTO I

(*acróstico*)

Un joven, obligado por su padre a ejercer el oficio de mercader[2], compra y trae consigo a una muchacha de exquisita belleza. El viejo, en cuanto la ve, pregunta quién es. Inventa el esclavo la historia de que es una pedisecua[3] comprada (por su joven amo) para su madre. Se enamora de ella el viejo y, fingiendo venderla, se la entrega al vecino. La esposa de éste piensa que ha metido en casa una ramera. Después a Carino, decidido a exiliarse, logra disuadirlo de sus intenciones un camarada, tras encontrarle a su amada.

ARGUMENTO II

Un padre echa fuera de casa a un hijo disoluto, obligándolo a ejercer el oficio de mercader. Éste, enviado al extranjero, compra a su huésped una esclava, de la que se había enamorado. En cuanto regresa, desembarca. Su padre vuela a su encuentro, ve a la esclava y se enamora perdidamente de ella. Pregunta de quién es y el esclavo le dice que es una pedisecua

---

[2] Traducimos así tratando de reflejar la evidente alusión al título de la comedia que supone el supino *mercatum*. Lo mismo sucede, incluso con mayor claridad, en el segundo argumento, en el que se asigna el puesto de máxima distinción (primera palabra del primer verso) a dicho término.

[3] Es decir, como su propio nombre indica (de *pes* y *sequor*), una especie de esclava de compañía, encargada de acompañar a su dueña en todos sus desplazamientos por la ciudad.

comprada por el joven para su madre. El viejo, para lograr sus
propósitos, le pide a su hijo que acceda a vendérsela a un amigo suyo[4]; el hijo, a su vez, a uno suyo. Este último se había
buscado como cómplice al hijo del vecino, el padre al vecino.
Logra el viejo salirse con la suya y comprar a la esclava[5]. Pero
la mujer del vecino, sorprendiéndola en su casa, la acusa de
ramera y arremete contra su marido. El mercader, perdida toda
esperanza, decide exiliarse, pero se lo impide un camarada
que, con la ayuda de su padre, pide al padre de su amigo que
ceda la joven a su hijo.

---

[4] Del viejo, naturalmente.

[5] No acierto a entender por qué Paratore (n. 7 de la comedia) critica a Ernout por traducir "et achète la jeune fille", argumentando que
Demifón no podía comprar lo que ya era suyo y Pasicompsa era suya
puesto que, como Demifón bien sabía, pertenecía a su hijo. Pero
cfr. v. 466 donde el propio Demifón dice, reflexionando en voz alta,
non ipse emam, sed Lysimacho amico mandabo; o el v. 976 donde
Éutico reprocha a Demifón: *Propterea igitur tu mercatu's, novos amator, vetu' puer?;* y quizás también 544-5 donde el viejo expresa su satisfacción por haber logrado sus objetivos, aunque en este caso la voz
pasiva puede dejar alguna duda sobre el verdadero matiz: *Tandem
impetravi egomet me ut corrumperem: / emptast amica clam uxorem
et clam filium.* Es evidente que se trata de una compra simulada, en la
que el que compra aparentemente es Lisímaco, pero el verdadero
beneficiario y, por consiguiente, "verdadero comprador" es Demifón.

ACTO PRIMERO

ESCENA PRIMERA

Carino

Es mi intención hacer dos cosas a la vez: exponeros el argumento de la comedia y relataros mis amores. No voy a imitar yo lo que he visto hacer en las comedias a otros enamorados, que, arrastrados por la pasión, se ponen a contar sus desdichas a la Noche o al Día, al Sol o a la Luna, a quienes, sin embargo, por Pólux, pienso yo que les importan un bledo las lamentaciones humanas, lo que los hombres quieran o dejen de querer[6]. Yo prefiero contaros a vosotros mis desgracias.

En griego esta comedia se titula Ἔμπορος y es de Filemón; en latín se convierte en el *Mercator* de Tito el Maco[7]. 10

Mi padre me envió a Rodas como mercader. Ya han transcurrido dos años desde que partí de casa. Allí me enamoré de una joven de extraordinaria belleza. Pero, cómo caí en sus redes, es lo que os voy a contar, si vuestros oídos están desocupados y tenéis la bondad de escucharme, aunque me aparto

---

[6] Escenas de este tipo son relativamente frecuentes especialmente en las tragedias de Eurípides (cfr. por ej. *Andromacha* 91, *Electra* 54, *Iphigenia in Tauride* 42, *Medea* 57 y 148). Cfr. también Sófocles, *Electra* 86; y también Ennio, *Medea* (fr. 115, Segura: *Cupido cepit miseram nunc me proloqui / caelo atque terrae Medeai miserias* = Eurípides, *Medea* 57-58). De la tragedia este procedimiento pasó a la comedia y, más tarde, a la poesía lírica y elegíaca.

[7] Sobre el original griego del *Mercator* y la adaptación plautina cfr. la Introducción de la comedia. Sobre el nombre de Plauto, cfr. la Introducción general, tomo I, 16-20.

de las normas de los antepasados, por empezar directamente a contaros mis penas[8]. Pero es que el amor suele venir acompañado por todos estos vicios: preocupación, tristeza y lujo excesivo, aunque éste no sólo al enamorado sino a todo al que alcanza, causa un notable y serio perjuicio y a fe que no hay nadie en el mundo que no se haya dado al lujo por encima de lo que su fortuna lo permite, sin sufrir graves consecuencias. Pero el amor viene escoltado también por otros muchos males que todavía no he mencionado: insomnio, aflicción, desorientación, miedo y exilio, estupidez y necedad, temeridad, imprudencia, sinrazón, desmesura, insolencia, lujuria y malevolencia. Trae consigo también codicia, pereza, violencia, indigencia, afrenta y derroche, hiperlocuencia e hipolocuencia[9]. ¡Y esto se explica porque el enamorado no dice más que palabras improcedentes e inútiles en el momento más inoportuno! Y si, al contrario, he mencionado la hipolocuencia, es porque no hay en el mundo ningún enamorado que sea tan hábil orador como para decir aquellas cosas que convienen a sus intereses. Por ello vosotros no debéis irritaros conmigo por mi hiperlocuencia. Es un regalo que me hizo Venus juntamente con el amor. Pero vuelvo al principio y sigo con la exposición comenzada.

Tan pronto como, al cumplir la edad establecida, salí de las filas de los efebos[10] y mi espíritu se alejó de las aficiones infan-

---

[8] El texto en este punto es corrupto y ninguna de la correcciones propuestas resulta completamente satisfactoria.

Suponemos, con Ernout, que Carino quiere decir que se aparta de la costumbre tradicional de comenzar el prólogo con una especie de *captatio benevolentiae* del público y comienza directamente a exponer sus lamentos. Otros autores, sin embargo, integrando *amatorum* (en lugar de *maiorum)* en el verso 16, entienden algo así como: "Me aparto de las costumbres de los enamorados, pues, contradiciendo la típica costumbre de los enamorados de hablar mucho sin decir nada, yo, prescindiendo de rodeos, me he puesto directamente a contaros mis amores" (cfr. Enk com. *ad loc.).* Paratore, aun leyendo también *amatorum* en el verso 16, llega a una interpretación similar a la propuesta por nosotros.

[9] A falta de una mejor solución, hemos formado estos compuestos híbridos para reflejar de alguna forma neologismos plautinos *multiloquium* y *parumloquium* (o *pauciloquium),* que equivalen a nuestro "hablar por los codos" y "no decir ni palabra", respectivamente.

[10] Los "efebos" eran los jóvenes atenienses de edades comprendidas entre los 18 y 20 años, que se hallaban sometidos al servicio militar.

tiles, me enamoré apasionadamente aquí, en Atenas, de una cortesana. Inmediatamente la fortuna de mi padre empezó a emigrar secretamente a su casa. Un despiadado lenón, el dueño de esta joven, se ensañaba conmigo, tratando de arrebatarme todo lo que podía. Me reprochaba mi padre mi conducta noche y día; me advertía de la perfidia y maldad de los lenones, haciéndome ver cómo mermaba considerablemente su fortuna mientras la del lenón se incrementaba. Normalmente me lo decía a gritos; de vez en cuando me lo susurraba al oído, negando con gestos y con palabras que yo fuera hijo suyo. Gritaba y pregonaba por toda la ciudad que todo el mundo se abstuviera de prestarme dinero a crédito. Me recordaba que el amor había arrastrado a muchos a la ruina. Me acusaba de ser incapaz de controlarme, de no tener medida, de ser un malvado que despojaba y vaciaba su casa de todo lo que podía. Me advertía de que con mi indigna conducta, arrastrado por la pasión, estaba derrochando y dilapidando todo aquello que él había dignamente adquirido a costa de tantos sacrificios. Me echaba en cara que llevaba ya muchos años alimentándome para su deshonra y que si eso no me daba vergüenza, mejor sería que renunciara a la vida. Me decía que él, al salir de las filas de los efebos, no se había entregado inmediatamente, como yo, al amor, al ocio y a la desidia, ni hubiera podido, dada la estrecha disciplina a que había sido sometido por su padre; sino que se había ocupado durante mucho tiempo de los más sucios trabajos del campo, que sólo cada cuatro años solía visitar la ciudad y que, tan pronto como había visto el peplo de la diosa[11], su padre lo devolvía inmediatamente al campo, donde había trabajado mucho más que todos los esclavos, mientras su padre no cesaba de repetirle: «Para ti aras, para ti desterronas, para ti siembras; para ti también cosecharás; para ti, a fin de cuentas, será fuente de abundancia y ale-

---

[11] Es decir, con ocasión de las Panateneas, grandes fiestas anuales que los atenienses celebraban en honor de la diosa Atenea, patrona de su ciudad y que cada cuatro años (las grandes Panateneas) cobraban una solemnidad especial. Con este motivo tenía lugar una gran procesión (representada en el friso del Partenón) hasta la acrópolis para revestir a la estatua de Atenea (en el Erecteion) con el nuevo peplo tejido y bordado por las arréforas para la diosa. El peplo era una vestidura exterior femenina, amplia, suelta y sin mangas, que bajaba de los hombros a la cintura o a las caderas, formando generalmente caídas en punta por delante.

gría este trabajo.» Añadía que, después que la vida abandonó el cuerpo de su padre, él había vendido sus tierras y con el dinero obtenido había fletado un barco de trescientas toneladas[12], en el que había transportado por todas partes sus mercancías hasta que había reunido la fortuna que entonces tenía. Pensaba que yo debía hacer lo mismo, si era como debía.

Yo, al darme cuenta de que era detestado por mi padre y que era fuente de disgustos para aquél para quien debía ser causa de alegría, enajenado y enamorado, tomo una firme resolución: le digo que, si quería, me haría mercader; que renunciaba al amor, con tal de complacerlo. Me da las gracias y alaba mi buen natural, pero no renuncia a hacerme cumplir mis promesas. Hace construir un cercuro[13] y compra mercancías. Aparejada la nave, las embarca. Además me entrega, contando las monedas personalmente con sus propias manos, un talento de plata. Me da por compañero a un esclavo que, cuando yo era pequeñito, había sido mi preceptor, para que fuera, por así decir, mi guardián. Terminados los preparativos, zarpamos. Llegamos a Rodas, donde vendí al precio que quise, a entera satisfacción, todas las mercancías que llevaba. Consigo unos grandes beneficios, superiores a la valoración de la mercancías hecha por mi padre y así reúno un peculio considerable[14]. Pero, mientras paseo por el puerto de aquella ciudad, me reconoce un huésped y me invita a cenar. Acudo, me reclino en el lecho, recibiendo un trato cordial y un opíparo banquete. Cuando por la noche nos vamos a acostar, he aquí que se presenta en mi habitación la mujer más hermosa del mundo. Esa noche la pasa conmigo por orden de mi huésped. Juzgad vosotros mismos lo mucho que me gustó. Al día siguiente me dirijo al encuentro de mi huésped y le pido que me la venda. Le aseguro que por ese favor le estaré agradeci-

---

[12] Lat. *metretas*. La "metreta" era propiamente una medida griega de capacidad para líquidos, equivalente a 38,84 ltrs., que, por extensión, se utilizaba para indicar la capacidad de carga, es decir, el tonelaje de un barco.

[13] El cercuro era un barco inventado por los chipriotas, del que sólo sabemos que era ligero, movido por remos y que servía tanto para el transporte de mercancías como para la guerra.

[14] Como se sabe, el peculio era la cantidad de dinero que podía administrar directamente el hijo o esclavo, aunque la propiedad de los mismos correspondiera legalmente al cabeza de familia (cfr. n. 28 de la *Aulularia*).

do y obligado eternamente. En resumen, la compré y la traje aquí ayer. Pero, como no quiero que mi padre se entere de que la he traído, de momento la he dejado en el puerto a bordo de la nave, en compañía de mi fiel esclavo. Pero, ¿cómo es que lo veo venir corriendo del puerto, si le prohibí salir de la nave? Temo que pueda haber pasado algo.

ESCENA SEGUNDA

ACANTIÓN, CARINO

ACANTIÓN.— *(Llega corriendo, sin ver a Carino.)*[15] Con todas tus fuerzas y energías, por todos los medios, intenta, procura, haz todo lo posible para salvar a tu joven amo. Vamos, Acantión, aleja de ti la fatiga; no te dejes dominar por la pereza. [Me muero de asfixia; a duras penas puedo respirar.] Y a toda la gente que abarrota las aceras y te entorpece el paso, échala, expúlsala, arrójala a la calzada. ¡Qué mal educada está aquí la gente! Por mucho que corras, por mucha prisa que tengas, nadie se digna apartarse de tu camino. Así que has de hacer tres cosas a la vez, cuando sólo te has propuesto una: correr, pelear y discutir en el camino.

CARINO.— *(Aparte.)* ¿Por qué tendrá tanto interés en despejar el camino para correr? Estoy ansioso por saber qué pasará o qué noticia traerá.

ACANTIÓN.— Estoy perdiendo el tiempo en tonterías. Cuanto más me detengo, mayor es el peligro que nos amenaza.

CARINO.— *(Aparte.)* Alguna mala noticia trae.

ACANTIÓN.— Las rodillas me fallan e impiden correr. ¡Estoy perdido! El bazo se me subleva y me invade el estómago[16].

---

[15] Se inicia aquí una breve escena de *servus currens*, en la que contrasta una vez más la urgencia que tiene el esclavo por dar una noticia con las mil pláticas dilatorias en que se entretiene: cf. Introducción general, 46. Escenas similares pueden verse en: *Amph.* 984 y ss. (una parodia del monólogo usual, en que Mercurio hace el papel de esclavo), *As.* 267 y ss., *Capt.* 768 y ss. *Curc.* 280 y ss., *Epid.* 192 y ss. (en este caso el papel del esclavo lo desempeña un parásito), *Most.* 348 y ss., *Persa.* 272 y ss., *Stich.* 274 y ss. y *Trin.* 1008 y ss.

[16] Del texto latino parece deducirse que el bazo se hincharía por el esfuerzo y presionaría el diafragma, dificultando la respiración. Sin

¡Estoy perdido! No puedo respirar. ¡Que pésimo flautista haría!
  Carino.— *(Aparte.)* Vamos, hombre, coge el borde de la capa y sécate el sudor.
  Acantión.— Por Pólux, que ni todos los baños del mundo serán capaces de quitarme este cansancio. Pero, ¿dónde estará Carino, en casa o fuera?
  Carino.— *(Aparte.)* Estoy con el alma en vilo. ¡Qué ganas tengo de saber lo que pasa, para verme libre del temor que me atenaza!
  Acantión.— Pero, ¿qué hago aquí parado? ¿A qué espero 130 para hacer añicos esta puerta? Abrid. ¿Dónde está mi amo Carino, en casa o fuera? ¿Es que nadie se digna acercarse a la puerta?
  Carino.— Aquí me tienes, Acantión; aquí tienes al que buscas.
  Acantión.— *(Sin contestar a Carino.)* En ninguna parte he visto mayor holgazanería.
  Carino.— ¿Qué desgracias te atormentan?[17]
  Acantión.— Muchas, amo, a ti y a mí.
  Carino.— ¿Qué pasa?
  Acantión.— ¡Estamos muertos!
  Carino.— Ese comienzo guárdatelo para tus enemigos.
  Acantión.— Pues es a ti a quien ha tocado en suerte.
  Carino.— Di, ¿de qué se trata?
  Acantión.— Con calma. Quiero descansar. Por tu culpa me he roto los pulmones. Ya hace un rato que escupo sangre.
  Carino.— Traga resina de Egipto[18] con miel; eso te curará. 140

---

embargo no parece que exista base médica alguna para tal afirmación: cfr. mi comentario a *Casina* 414 (n. 29). Según Plinio, *Nat. Hist.* XI, 205 *peculiare cursus impedimentum aliquando in eo, quamobrem minuitur cursorum laborantibus.*

[17] Literalmente "¿Qué furias te atormentan? *(Quae malae res te agitant.)*". Pero en el texto latino hay un juego de palabras basado en el doble sentido de *malae res*, pronunciado por Carino en el sentido de *mala crux*, ("furias" "locura", etc.: cfr. *Aul.* 631; *Curc.* 92; *Men.* 710; *Most.* 518) e interpretado por Acantión en la acepción más corriente de "desgracias".

[18] Se trata de un remedio para las afecciones del pecho y de la garganta (cfr. Plin. Nat. 24,34). Del contexto parece deducirse que, pese al endulzamiento de la miel, su amargor debía ser insoportable. Enk considera que lo que irrita al esclavo no es tanto la receta en sí cuanto el verbo utilizado por Carino para referirse a su ingestión, *vorandi:*

Acantión.— Y tú bebe pez hirviendo; así se te pasarán tus penas.

Carino.— Persona más irascible que tú no conozco otra.

Acantión.— Y yo persona más antipática que tú tampoco conozco otra.

Carino.— ¿Por aconsejarte lo que considero un remedio para tu salud?

Acantión.— ¡A paseo con una salud que se obtiene a costa de tormentos!

Carino.— Dime, ¿hay en el mundo algún bien del que se pueda gozar sin mezcla de mal o cuyo disfrute no implique sufrimiento alguno?

Acantión.— Lo ignoro. Ni he estudiado ni sé filosofía[19]. Yo un bien que viene acompañado por un mal no lo quiero ni regalado.

Carino.— Dame la mano, venga, Acantión.

Acantión.— Toma, ahí la tienes, cógela.

Carino.— ¿Quieres complacerme, sí o no? 150

Acantión.— Puedes comprobarlo por los hechos. ¿No estoy reventado de correr por ti, para hacerte saber sin demora lo que yo sabía?

Carino.— Te daré la libertad dentro de pocos meses.

Acantión.— Tratas de engatusarme.

Carino.— ¿Me atrevería yo a decirte alguna mentira, cuando ya antes de que haya abierto la boca, sabes si quiero mentir?

Acantión.— ¡Uf, tus palabras aumentan mi cansancio! ¡Me estás matando!

Carino.— ¿Así es cómo me complaces?

Acantión.— ¿Qué quieres que haga?

Carino.— ¿Qué quiero? Lo que quiero.

Acantión.— ¿Y qué es lo que quieres?

Carino.— Te lo diré.

Acantión.— Dime.

Carino.— Pero quiero decírtelo con calma.

Acantión.— ¿Es que temes despertar a los espectadores 160 dormidos?

Neque enim edebatur resina sed resoluta bibebatur. Preferimos sin embargo la explicación tradicional.

[19] Son sobradamente conocidas las reservas plautinas sobre los filósofos y la filosofía: Cfr. *Capt.* 284 *philosophatur quoque iam, non mendax modo est*; *Pseud.* 687 *sed iam satis est philosophatum*, 974 *iam philosophatur*. En *Rudens* 986 *philosophe* es un insulto.

CARINO.— ¡Mal rayo te parta!
ACANTIÓN.— A ti... te traigo yo una mala noticia del puerto.
CARINO.— ¿De qué se trata? Dímelo.
ACANTIÓN.— De violencia, miedo, tormento, preocupación, disputa y miseria.
CARINO.— ¡Ay de mí! Me has traído un cargamento de desgracias. Soy hombre muerto.
ACANTIÓN.— No, eres...
CARINO.— Sí, ya sé, qué vas a decir "un desgraciado".
ACANTIÓN.— Tú lo has dicho. Yo no he abierto la boca.
CARINO.— ¿Qué desgracia es, pues, la que me anuncias?
ACANTIÓN.— No me lo preguntes. Es la mayor de las desdichas.
CARINO.— Por favor, libérame de una vez de la incertidumbre. Hace demasiado tiempo que me tienes con el alma en vilo.
ACANTIÓN.— Con calma. Quiero preguntarte todavía muchas cosas antes de ser azotado.
CARINO.— Por Hércules, que lo serás si no hablas de una vez o no te largas de aquí.
ACANTIÓN.— *(Con ironía.)* ¡Mira qué bien sabe engatusar a la gente! Cuando se lo propone, no hay otro más zalamero.
CARINO.— Te ruego, por Hércules, y te suplico que me reveles inmediatamente de qué se trata, ya que veo que no me queda más remedio que suplicar a mi propio esclavo.
ACANTIÓN.— ¿Es que te parezco indigno de ello?
CARINO.— Al contrario, muy digno.
ACANTIÓN.— Eso es lo que yo pensaba.
CARINO.— Por favor, ¿es que se ha hundido el barco?
ACANTIÓN.— El barco está bien de salud. No temas.
CARINO.— ¿Y los aparejos?
ACANTIÓN.— Están en perfecto estado.
CARINO.— Entonces, ¿quieres explicarme por qué motivo me buscabas corriendo por la ciudad hace un momento?
ACANTIÓN.— Pero si tú no me dejas hablar.
CARINO.— Me callo.
ACANTIÓN.— Cállate. Me imagino con qué empeño me exigirías que te comunicara una buena noticia, en vista de la insistencia que pones en que te dé una mala.
CARINO.— Te suplico, por Hércules, que me reveles esa mala noticia.
ACANTIÓN.— Te la daré, ya que me lo suplicas. Tu padre...
CARINO.— Mi padre ¿qué?

Acantión.— Vio...
Carino.— ¿Qué vio?
Acantión.— A tu amiga.
Carino.— ¿La vio? ¡Ay, pobre de mí! ¿Y cómo pudo verla?
Acantión.— Con sus ojos.
Carino.— ¿Cómo?
Acantión.— Abiertos cómo platos.
Carino.— Vete al infierno. Estas bromeando en un asunto de vida o muerte para mí.
Acantión.— ¡Diablos! ¿Cómo puedo bromear, contestando a tus preguntas?
Carino.— Contéstame a lo que te pregunto.
Acantión.— Pregunta lo que quieras.
Carino.— ¿Es cierto que la vio?
Acantión.— Tan cierto como que te estoy viendo yo a ti o tú a mí.
Carino.— ¿Y dónde la vio?
Acantión.— A bordo de la nave. Subió a bordo, se acercó a su lado y habló con ella.
Carino.— ¡Me has perdido, padre! *(A Acantión.)* Oye tú, oye tú, bribón, ¿y por qué no evitaste que la viera? ¿Por qué no la escondiste, maldito, para que mi padre no descubriera su presencia?
Acantión.— Porque estábamos ocupados en nuestras tareas. Nos afanábamos en recoger y poner en orden los aparejos. Mientras estábamos ocupados en esto, se acerca tu padre en un bote minúsculo y nadie lo vio hasta que no estuvo a bordo.
Carino.— ¡De qué poco me sirvió, oh mar, escapar de tus tempestades! Yo creía que estaba en tierra firme, en lugar seguro, pero veo que soy arrojado contra los escollos por un mar embravecido. *(A Acantión.)* Sigue contando lo que pasó.
Acantión.— En cuanto la vio, se puso a preguntarle de quién era.
Carino.— ¿Y qué respondió?
Acantión.— En el acto intervine yo e, interrumpiendo su conversación, le dije que era una esclava que tú habías comprado para tu madre.
Carino.— ¿Y te parece que te creyó?
Acantión.— ¡Vaya pregunta! Pero el muy granuja se puso a toquetearla.
Carino.— ¿A quién? ¿A ella?
Acantión.— ¿No creerás que fue a mí?

Carino.— ¡Pobre corazón mío, que se derrite gota a gota como terrón de sal arrojado al agua! ¡Soy hombre muerto!

Acantión.— *(Con ironía.)* Sí, ésa es la mayor verdad que has dicho... *(Cambiando de tono.)* Eso no es más que una estupidez.

Carino.— ¿Qué puedo hacer? Mi padre no creo que me crea, si le digo que la compré para mi madre. Además me parece un crimen mentir a mi padre. Y, por otra parte, ni creerá 210 ni es creíble que yo haya comprado a una esclava tan extraordinariamente hermosa como esclava para mi madre.

Acantión.— ¿Quieres callarte, tontísimo? Claro que te creerá, como ya me creyó a mí.

Carino.— Temo, pobre de mí, que mi padre sospeche lo ocurrido. Respóndeme a esta pregunta, por favor.

Acantión.— ¿A qué pregunta, por favor?

Carino.— ¿Te parece que sospechó que era mi amiga?

Acantión.— Me parece que no. Es más, todo lo que yo le decía, me lo creía.

Carino.— Te parece, ¿verdad?

Acantión.— No, no me parece, me lo creyó.

Carino.— ¡Ay, pobre de mí! ¡Soy hombre muerto! Pero, ¿por qué me consumo aquí en lamentaciones en lugar de salir corriendo para el barco? Sígueme.

Acantión.— *(Deteniéndolo.)* Si vas por ahí, vas directamente al encuentro de tu padre. Y, en cuanto te vea tan turba- 220 do y abatido, en el acto te detendrá y te acosará a preguntas: querrá saber a quién se la compraste, por cuánto la compraste. Intentará sonsacarte, aprovechando tu turbación.

Carino.— Sí, será mejor que vaya por aquí. ¿Crees que mi padre ya ha abandonado el puerto?

Acantión.— Pero si el motivo por el que yo vine corriendo y le tomé la delantera fue precisamente para que no te cogiera desprevenido y te sonsacara la verdad.

Carino.— Estupendo. *(Salen.)*

ACTO SEGUNDO

ESCENA PRIMERA

DEMIFÓN[20]

¡De qué modo tan extraño se burlan los dioses de los hombres y en el sueño qué sueños tan extraños les envían! Yo, por ejemplo, esta última noche he tenido una terrible pesadilla que me ha producido un fuerte desasosiego. Soñé que compraba una hermosa cabra y que, para evitar que le hiciera daño la cabra que ya tenía yo antes en casa o que riñeran, si estaban juntas, confiaba la recién comprada a la custodia de un mono. Pero este mono al poco rato viene a verme, me llena de imprecaciones y me arma un escándalo. Me asegura que por culpa de la cabra y de su presencia en su casa él había sufrido una ignominia y un quebranto económico inmensos. Dice que la cabra que yo le había confiado a su custodia, había devorado la dote de su esposa totalmente. A mí me parecía extraño que aquella cabra, ella sola, hubiera podido devorar la dote de la esposa del mono. Pero el mono insiste en que es cierto y, finalmente, me advierte que, si no me doy prisa en llevármela de su casa, la llevaría él a la mía a hacer compañía a mi esposa. Y yo, por Hércules, sentía un gran cariño por la cabra, pero no tenía a quién confiársela. Y cuando más preocupado y angustiado estaba pensando qué debía hacer, he aquí que veo acercarse a un cabrito. Comienza diciéndome que se ha llevado la cabra de casa del mono y se pone a burlarse de mí. Yo entonces me echo a llorar y me muero de pena porque me habían quitado la cabra.

Pero, el significado de este sueño, no acierto a averiguarlo aunque la cabra sospecho que ya he descubierto quién es y lo que quiere decir. Esta mañana temprano, al despuntar el alba, me he ido al puerto. Cuando hube arreglado los asuntos que allí me llevaron, he aquí que veo la nave en que regresó ayer de Rodas mi hijo. Y, no sé por qué, me entraron ganas de visitarla. Subo a un bote y me dirijo a la nave. Y allí veo yo de

---

[20] Sobre la problemática relativa al sueño de Demifón, que tanta tinta ha hecho correr, véase la Introducción de la comedia.

repente a una joven de extraordinaria belleza, que trajo mi hijo como esclava para su madre. Y en cuanto la veo, me enamoro de ella, pero no como un hombre cuerdo, sino a la manera de los locos. He estado enamorado yo, por Hércules, en otro tiempo, cuando era joven, pero nunca tan locamente como ahora. Lo único que sé, por Hércules, es que estoy perdido. Juzgad vosotros mismos lo que valgo. De lo que no hay duda es de que ésta es la cabra de mi sueño. Pero el mono, por Hércules, y el cabrito me anuncian una desgracia y no sé quiénes 270 pueden ser. Pero callémonos, pues ahí sale mi vecino de casa.

ESCENA SEGUNDA

LISÍMACO, DEMIFÓN, UN ESCLAVO

LISÍMACO.— *(Saliendo de casa, a un esclavo que lo acompaña.)* Sí, quiero que se castre a ese macho cabrío que tantos problemas os causa en el campo.

DEMIFÓN.— *(Aparte.)* ¡Qué poco me gusta este presagio y este augurio! Tengo miedo de que mi mujer me haga castrar, como al macho cabrío. [Y temo que haga ella el papel del mono.]

LISÍMACO.— *(Al esclavo.)* Tú vete a la finca y entrégale personalmente estos rastrillos al propio capataz Pisto, en mano. A mi esposa, dile que tengo ocupaciones en la ciudad, que no 280 me espere, porque tengo que juzgar tres pleitos. Vete y no te olvides de decírselo.

EL ESCLAVO.— ¿Quieres algo más?

LISÍMACO.— Eso es todo. *(El esclavo sale.)*

DEMIFÓN.— Salud, Lisímaco.

LISÍMACO.— ¡Hola, Demifón! Salud tengas. ¿Qué hay? ¿Cómo estás?

DEMIFÓN.— Lo peor que uno imaginarse pueda.

LISÍMACO.— No lo quieran los dioses.

DEMIFÓN.— Pues son los dioses los que lo quieren.

LISÍMACO.— ¿Qué te ocurre?

DEMIFÓN.— Te lo diría, si supiera que estabas libre y desocupado.

LISÍMACO.— Aunque tengo cosas que hacer, si me necesitas para algo, Demifón, no hay ocupación que pueda impedirme escuchar a un amigo.

DEMIFÓN.— Conozco por experiencia tu amabilidad; no

hace falta que me lo digas. *(Cambiando el tono de la conversación.)* A simple vista, ¿qué edad te parece que tengo? 290

Lisímaco.— La de un hombre con un pie en el Aqueronte[21], la de un anciano viejo y decrépito.

Demifón.— Pues tienes mala vista. Soy un niño, Lisímaco. Tengo siete años.

Lisímaco.— ¿Estás en tus cabales para decir que eres un niño?

Demifón.— Te digo la verdad.

Lisímaco.— ¡Ah, ya sé por qué lo dices! Cuando uno se hace viejo, pierde la razón y los sentidos, y, por eso, dicen que los viejos se vuelven niños.

Demifón.— Te equivocas. Tengo doble cantidad de energías que antes.

Lisímaco.— Estupendo, por Hércules; lo celebro.

Demifón.— ¡Si supieras! Mis ojos también ven más que antes.

Lisímaco.— Me alegro.

Demifón.— Pero para mi desgracia. 300

Lisímaco.— De eso ya no me alegro.

Demifón.— Pero, ¿puedo hablarte en confianza?

Lisímaco.— Hazlo sin miedo.

Demifón.— Escucha.

Lisímaco.— Soy todo oídos.

Demifón.— Hoy he empezado a ir a la escuela. Lisímaco, ya he aprendido tres letras.

Lisímaco.— ¿Cómo que tres letras?

Demifón.— Sí: la a, la m, la o; amo.

Lisímaco.— ¿Tú, con tus cabellos blancos, amas, depravadísimo viejo?

Demifón.— Sean blancos, rojos o negros, amo.

Lisímaco.— Creo que te estás burlando de mí, Demifón.

Demifón.— Córtame el cuello aquí mismo si estoy mintiendo. O, si prefieres, para comprobar que estoy enamorado, coge un cuchillo y córtame un dedo o una oreja o la nariz o un 310 labio. Si me muevo un ápice o noto el corte, Lisímaco, te autorizo a que... me hagas el amor hasta matarme.

---

[21] Lat. *Acherunticus* (cfr. *Miles* 627). Recordaremos que el Aqueronte es propiamente un río del infierno, pero que, por extensión, significa también el infierno mismo. Para otras injurias similares, cfr. *Cas.* 159 *(Accheruntis pabulum), As.* 892 *(capuli decus), Mil.* 628 *(capularis),* Ter. *Adel.* 587 *(silicernium).*

Lisímaco.— *(A los espectadores.)* Si nunca habéis visto el retrato de un enamorado, *(señalando a Demifón)* ahí lo tenéis. Porque en mi opinión un anciano viejo y decrépito vale lo mismo que un dibujo pintado en la pared.

Demifón.— Ahora seguro que tienes la intención de reprenderme.

Lisímaco.— ¿Reprenderte yo?

Demifón.— No hay motivo para que te enfades conmigo. Lo mismo han hecho antes otros, y eran ilustres personajes. Amar es humano y, además, es un sentimiento que es impuesto por los dioses. No me censures, por favor. No fue mi voluntad la que me impulsó a ello.

Lisímaco.— Pero si no te censuro.

Demifón.— No por ello vayas a tener un peor concepto de mí.

Lisímaco.— ¿Tener yo un peor concepto de ti? ¡Oh, no! ¡No lo permitan los dioses!

Demifón.— ¿Estás seguro de lo que dices?

Lisímaco.— Completamente.

Demifón.— ¿De verdad?

Lisímaco.— Me estás mareando. *(Aparte.)* A éste el amor lo ha vuelto loco. *(Despidiéndose.)* ¿Quieres algo más?

Demifón.— Que tengas salud.

Lisímaco.— Me voy deprisa al puerto porque tengo allí un asunto que arreglar.

Demifón.— Que te vaya bien.

Lisímaco.— Que sigas bien.

Demifón.— Y también tú. *(Lisímaco sale.)* También yo tengo un asunto que arreglar en el puerto. Allá me voy ahora mismo. Pero, ¡que oportunamente veo a mi hijo! Ahí viene. Lo esperaré. Ahora en lo que tengo que pensar es en la forma de convencerlo de que venda a la muchacha y no se la dé a su madre. Pues he oído que se la ha traído de regalo. Pero he de tomar precauciones, no vaya a notar que he puesto mis ojos en ella.

ESCENA TERCERA

Carino, Demifón

Carino.— *(Llegando del puerto, sin ver a Demifón.)* Hombre más desgraciado que yo no creo que haya otro en el mundo, ni otro al que le ocurran más reveses continuamente. ¿No es verdad que, me proponga lo que me proponga, soy incapaz de ver plenamente realizados mis deseos? Siempre me surge algún maldito obstáculo que da al traste con mis mejores proyectos. Yo, desgraciado de mí, me procuré una amiga para mi disfrute, pagué por ella una fortuna[22], creyendo que podía tenerla a escondidas de mi padre. Pero se enteró, la vio y me perdió. Y cuando me pregunte, no sé qué le voy a responder porque mil pensamientos contradictorios se agolpan en mi mente. No sé qué resolución tomar, dada la preocupación y confusión que embargan mi alma. Tan pronto me parece magnífica la idea de mi esclavo como opino lo contrario y considero imposible convencer a mi padre de que es una esclava comprada para mi madre. Pero si le digo la verdad y le confieso que la he comprado para mí, ¿qué pensaría de mí? Y además me la quitaría y la enviaría a un país de ultramar para venderla. Yo sé lo terrible que es mi padre por propia experiencia. Por consiguiente, ¿es esto amar? Preferiría arar a amar de esta manera. Ya en otro tiempo me expulsó, contra mi voluntad, de casa, obligándome a ejercer el oficio de mercader y ahí fue donde me sobrevino esta desgracia. Cuando las penas superan a las alegrías, ¿qué felicidad puede existir? En vano la escondí, la oculté, la tenía encerrada. Mi padre es como una mosca; no se le puede ocultar nada; no hay nada tan sagrado o tan profano que no ande revoloteando por allí al instante. No albergo en mi corazón ninguna esperanza que me permita ver con optimismo mi futuro.

DEMIFÓN.— *(Aparte.)* ¿Qué le pasará a mi hijo que está hablando solo consigo mismo? Me parece preocupado por algún motivo.

CARINO.— *(Viendo a su padre.)* ¡Atiza, si es mi padre a quien estoy viendo! Me acercaré a hablarle. *(A Demifón.)* ¡Hola, padre! *(Hace ademán de querer continuar su camino.)*

DEMIFÓN.— ¿De dónde vienes? ¿Por qué tienes tanta prisa, hijo mío?

CARINO.— No es nada, padre.

---

[22] Coincido con Enk y Leo en que el matiz arrancar con violencia, que implica el significado *eripui* no se corresponde con el contexto de la obra. Es posible que lo que quiere sugerir Carino con su empleo es el tremendo esfuerzo que le costó convencer a su huésped para que se la vendiera. Pero en el pasaje del prólogo en que Carino relata los acontecimientos (vv. 103-105) no hay ninguna referencia a tales dificultades.

Demifón.— Eso quiero. Pero, ¿por qué has palidecido? ¿Te pasa algo?

Carino.— No sé qué me pasa, pero me encuentro mal, padre. Además esta noche no he dormido muy a gusto.

Demifón.— Después de una larga travesía por mar, tus ojos extrañan la tierra.

Carino.— Más bien creo...

Demifón.— Seguro que es eso. Pero pronto se te pasará. Pero, ¡qué pálido estás, por Pólux! Harías bien en irte a casa a acostar.

Carino.— Estoy ocupado. Ante todo quiero hacer unos encargos.

Demifón.— Ya los harás mañana, o pasado mañana.

Carino.— Con frecuencia te he oído decir, padre, que lo primero que han de hacer las personas sensatas es cumplir con los encargos que se les han confiado.

Demifón.— Está bien. No quiero contrariarte.

Carino.— *(Separándose un poco de su padre, aparte.)* Estoy salvado, si mantiene fielmente y para siempre su palabra.

Demifón.— *(Aparte.)* ¿Por qué motivo se apartará de mí para deliberar a solas? Pero no creo que haya podido averiguar que estoy enamorado de la chica. No tengo nada que temer. Todavía no he hecho ninguna de esas tonterías que suelen hacer los enamorados.

Carino.— *(Aparte.)* Por ahora todo va bien, por Hércules, porque estoy seguro de que no sabe nada de mi amiga. Si lo supiera, hablaría de otra manera.

Demifón.— *(Aparte.)* ¿Por qué no le hablo de ella?

Carino.— *(Aparte.)* ¿Por qué no me voy de aquí? *(A su padre.)* Me voy, para entregar, como un amigo, los encargos a mis amigos.

Demifón.— No, espera un momento. Antes quiero hacerte todavía unas preguntillas.

Carino.— Di, ¿qué quieres saber?

Demifón.— ¿Has tenido siempre buena salud?

Carino.— Siempre buena, al menos mientras estuve en Rodas. Pero desde que arribé al puerto, no sé qué me pasa pero me encuentro mal.

Demifón.— Seguro que es por culpa del mareo, por Pólux. Pero pronto se te pasará. A propósito, ¿has traído tú para tu madre una esclava de Rodas?

Carino.— Sí.

[34]

Demifón.— ¿Y cómo es de aspecto?
Carino.— No está mal, por Pólux.
Demifón.— ¿Y de carácter?
Carino.— No he visto a ninguna mujer que, en mi opinión, lo tenga mejor.
Demifón.— Eso me pareció a mí, por Pólux, cuando la vi.
Carino.— ¿Cómo? ¿Es que la has visto, padre?
Demifón.— Sí, pero no es adecuada para nosotros y no me gusta absolutamente nada.
Carino.— ¿Por qué?
Demifón.— Porque... porque[23] su aspecto no concuerda con la dignidad de esta casa. Nosotros lo único que necesitamos es una esclava que sepa tejer, que sepa moler, cortar leña, hilar la lana, barrer la casa, que se aguante con los azotes y que guise diariamente la comida de la casa. Y de estas cosas no será capaz de hacer absolutamente nada.
Carino.— Claro que será. Precisamente por eso la compré 400 para regalársela a mi madre.
Demifón.— No se la des, ni le digas que la has traído.
Carino.— *(Aparte.)* Los dioses me son propicios.
Demifón.— *(Aparte.)* Poco a poco voy minando su resistencia. *(A Carino.)* ¡Ah! Se me olvidaba decirte una cosa: ni sería decoroso que acompañara a tu madre por la calle, ni yo lo permitiré.
Carino.— ¿Por qué?
Demifón.— Porque sería un escándalo que una joven de aspecto tan llamativo acompañase a una madre de familia por las calles. La observarían todos, la mirarían, le harían señas con la cabeza, le guiñarían los ojos, le silbarían, la pellizcarían, la llamarían, nos molestarían, darían serenatas a la puerta; llenarían las hojas de mi puerta de versos, escritos con carbones. 410 Y, con lo afilada que tiene la lengua hoy en día la gente, a mi esposa y a mí nos acusarían de practicar el oficio de lenones. ¿Y qué necesidad hay de ello?
Carino.— Por Hércules, que tienes razón y estoy de acuerdo contigo. Pero, ¿y qué podemos hacer con ella?
Demifón.— Está bien. Yo compraré a tu madre una esclava hombruna, que no tenga mal carácter, pero sí mal aspecto,

---

[23] Seguimos la enmienda de Lindsay, que supone un momento de vacilación y consiguiente repetición de la conjunción por parte de Demifón: *Quia... quia.*

como corresponde a una madre de familia, una siria o una egipcia: ella molerá, guisará, hilará la lana, recibirá azotes, y nuestra puerta no sufrirá ninguna infamia por su culpa.

CARINO.— ¿Y si se la devolviese al que se la compré?

DEMIFÓN.— De ninguna manera.

CARINO.— Dijo que me la recogería, si no me agradaba. 420

DEMIFÓN.— No es necesario. No quiero yo entrar en pleitos o que se te pueda acusar de mala fe. Prefiero con mucho, por Pólux, si no queda más remedio, sufrir un perjuicio económico, a que por culpa de una mujer se cubra mi casa de oprobio o de infamia. Además, creo que te la puedo vender espléndidamente.

CARINO.— Por Hércules, con tal que no la vendas a menor precio del que la compré, padre.

DEMIFÓN.— Tú calla. Hay un viejo que me encargó comprarle una joven de esa apariencia.

CARINO.— Y a mí un joven, padre, me encargó comprarle una exactamente de la misma apariencia que tiene ella.

DEMIFÓN.— Creo que podría vendérsela por veinte minas[24].

CARINO.— Pues a mí, si quisiera, ya me dan veintisiete 430 minas.

DEMIFÓN.— Pues a mí...

CARINO.— Pues a mí, te digo...

DEMIFÓN.— ¡Pero si no sabes lo que voy a decir! Calla. A mí me es posible añadir otras tres minas, para redondear las treinta. *(Se da la vuelta como para hablar con alguien.)*

CARINO.— ¿Hacia quién te has vuelto a mirar?

DEMIFÓN.— Hacia mi comprador.

CARINO.— ¿Y dónde diablos está?

DEMIFÓN.— *(Señalando quizás a uno de los espectadores.)* Ahí lo estoy viendo. Me manda incrementar la oferta en otras cinco minas.

CARINO.— *(Aparte.)* ¡Que los dioses lo maldigan, por Hércules, quienquiera que sea!

DEMIFÓN.— Mi comprador me sigue haciendo señas. Ofreceré seis minas más.

CARINO.— El mío siete...

DEMIFÓN.— Te juro, por Pólux, que hoy no me ganará.

---

[24] Como ya hemos señalado (cfr. n. 12 del *Curculio*), el precio de una esclava oscilaba habitualmente entre las 20 y 30 minas. Demifón, pues, comienza la puja por la cantidad más baja.

Carino.— ... contantes y sonantes[25], padre.

Demifón.— Pues las ofrece inútilmente. Será para mí.

Carino.— Pero el otro hizo su oferta el primero.

Demifón.— Me trae sin cuidado. 440

Carino.— Ofrece cincuenta.

Demifón.— Ni por cien la tendrá. ¿Quieres hacerme el favor de no pujar contra mi voluntad? Además, por Hércules, así conseguirás un espléndido botín. Conozco al viejo que me encargó comprarla. Está loco por ella. Cualquier cosa que le pidas, te la dará.

Carino.— Te aseguro, por Pólux, que el joven para el que la quiero comprar, está perdidamente enamorado de ella.

Demifón.— Pero mucho más el viejo, para que lo sepas.

Carino.— Te juro, por Pólux, que el viejo nunca estuvo ni estará más locamente enamorado que el joven al que le hago este encargo, padre.

Demifón.— Cálmate, ¿me oyes? Ese asunto ya lo arreglaré yo.

Carino.— Escucha un momento.

Demifón.— ¿Qué quieres?

Carino.— Yo no tengo pleno dominio sobre ella[26].

Demifón.— De todas formas el viejo la comprará. No te preocupes.

Carino.— Pero legalmente tú no puedes venderla. 450

---

[25] *Commodae (minae)* significa propiamente, como señala el gramático Nonio, "con el peso justo": cfr. *Asin.* 725 y *Rud.* 1318.

[26] Parece que nos encontramos aquí con uno de los pocos pasajes de la comedia que reflejan una reelaboración plautina, pues se trata de una cuestión de derecho romano. Carino pretende que la esclava no le ha sido vendida siguiendo el ceremonial de la *mancipatio*, que se utilizaba para transmitir el pleno dominio sobre una propiedad. Se trata de "un acto privado solemne que consiste en la declaración de un adquirente *(mancipio accipiens)* que se apodera formalmente de la cosa, en presencia del propietario de la misma *(mancipio dans)* y en el acto de pesar un metal en una balanza de platillos; se realizaba este negocio en presencia de cinco testigos, más otro encargado de pesar el metal, llamado *libripens*." (Alvaro D'Ors, *Derecho privado romano*, Pamplona 1977, pág. 209.) La trampa tendida en el *Persa* al lenón Dórdalo se basa también en la ausencia de este requisito (cfr. 525). En resumen lo que quiere decir Carino, es que, dado que el trato fue hecho simplemente de palabra, de buena fe, sin transmisión formal del *mancipium*, el vendedor podría reclamar en cualquier momento la devolución de la esclava.

DEMIFÓN.— Ya se me ocurrirá algo.

CARINO.— Además, la poseo en común con otro. ¿Cómo puedo saber yo lo que piensa, si quiere o no quiere venderla?

DEMIFÓN.— Yo sé que sí quiere.

CARINO.— Pues yo creo, por Pólux, que es persona de no querer.

DEMIFÓN.— ¿Y a mí eso qué me importa?

CARINO.— Pues que es justo que pueda disponer libremente de sus bienes.

DEMIFÓN.— Dime una cosa[27].

CARINO.— Te digo que la poseo en común con otro y ese otro ahora no está aquí.

DEMIFÓN.— Contestas antes de que te pregunte.

CARINO.— Y tu compras antes que yo venda, padre. Te repito que no sé si quiere o no quiere desprenderse de ella.

DEMIFÓN.— ¿Cómo? ¿Si se le vende al que te encargó a ti comprarla, aceptará y si la compro yo para el que me la encargó a mí, entonces rehusará? Pierdes el tiempo. Te aseguro, por 460 Pólux, que nunca será de nadie más que del que yo quiero.

CARINO.— ¿Es tu última palabra?

DEMIFÓN.— ¿Que si es mi última palabra? Como que me voy ahora mismo a la nave. Allí se efectuará la venta.

CARINO.— ¿Quieres que vaya contigo?

DEMIFÓN.— No.

CARINO.— Me disgustas.

DEMIFÓN.— Vale más que te dediques primero a cumplir los encargos que te han hecho.

CARINO.— Tú me lo impides.

DEMIFÓN.— Pues échame a mí la culpa. Di que tú has hecho todo lo posible. Pero no vayas al puerto. Te lo prohíbo.

CARINO.— Te obedeceré.

DEMIFÓN.— *(Aparte.)* Me voy al puerto. Pero he de tomar precauciones para que no se entere de nada. No la compraré

---

[27] *Quid ais?* en Plauto sirve habitualmente para reclamar la atención de alguien hacia una pregunta que se va a realizar a continuación ("escucha un momento", "dime una cosa"). Y en este sentido parece utilizado aquí por Demifón, como demuestra inequívocamente su comentario inmediato *(Prius respondes quam rogo.)* para introducir la pregunta del v. 458. Pero la expresión latina podía utilizarse también para pedir explicaciones por unas palabras mal entendidas (¿Qué es lo que dices?), sentido en que la entiende Carino y de ahí su respuesta.

yo mismo sino que se lo encargaré a mi amigo Lisímaco, que me dijo hace un rato que iba al puerto. Pero pierdo el tiempo permaneciendo aquí. *(Sale.)*
CARINO.— *(Solo.)* ¡Estoy perdido! ¡Estoy muerto!

ESCENA CUARTA

CARINO, ÉUTICO

CARINO.— Penteo dicen que fue despedazado por las Bacantes[28]. Pero eso, a mi juicio, no fue más que una solemne tontería, en comparación con los tormentos que desgarran mi corazón. ¿Por qué estoy vivo? ¿Por qué no me muero? ¿Qué felicidad hay para mí en la existencia? Está decidido. Iré a la consulta del médico y allí me mataré con un veneno, ya que se me priva de aquello que es la única razón de mi vida.
ÉUTICO.— *(Apareciendo en el umbral de la puerta de su casa.)* Espera, espera, por favor, Carino.
CARINO.— ¿Quién me llama?
ÉUTICO.— Éutico, tu amigo y compañero, tu vecino de al lado.
CARINO.— No sabes tú bien cuántos males me afligen.
ÉUTICO.— Lo sé. Lo he oído todo desde la puerta. Lo sé todo.
CARINO.— ¿Qué es lo que sabes?
ÉUTICO.— Tu padre quiere vender...
CARINO.— Sabes mucho.
ÉUTICO.— ... a tu amiga...
CARINO.— Sabes demasiado.
ÉUTICO.— ... contra tu voluntad.

470

---

[28] Penteo, rey de Tebas, se opuso a la introducción del culto orgiástico de Dioniso en Tebas. El dios, para vengarse, lo invitó a subir al Citerón a observar los excesos de las Bacantes. Sube Penteo y se oculta en la copa de un árbol, donde es descubierto por las Bacantes, que despedazan su cuerpo, creyendo, en su delirio, que se trataba de un animal salvaje. Es su propia madre Ágave quien viene a la ciudad con la cabeza de su hijo clavada en un tirso, pensando que es la de un león. Es el argumento de *Las Bacantes* de Eurípides (cfr. especialmente vv. 1122 y ss.; y también Ov. *Metam.* 3, 692-730). No parece que la alusión mitológica pueda relacionarse con el famoso senadoconsulto *de Bacchanalibus* ni que, por tanto, pueda utilizarse para la datación de la comedia.

CARINO.— Lo sabes todo. Pero, ¿cómo sabes que es mi amiga? 480
ÉUTICO.— Tú mismo me lo contaste ayer.
CARINO.— *(Con ironía.)* Claro, y olvidé que te lo había contado, ¿verdad?
ÉUTICO.— Nada tiene de extraño.
CARINO.— Ahora quiero pedirte un consejo. Contéstame: ¿de qué clase de muerte crees tú que es preferible que muera?
ÉUTICO.— ¿Quieres callarte? No digas tal cosa.
CARINO.— Entonces, ¿qué quieres que diga?
ÉUTICO.— ¿Quieres que burle a tu padre a conciencia?
CARINO.— Claro que quiero.
ÉUTICO.— ¿Quieres que vayas al puerto?
CARINO.— Y mejor ve volando.
ÉUTICO.— ¿Y que compre a la chica?
CARINO.— Y mejor págala a precio de oro.
ÉUTICO.— ¿Y dónde lo conseguiremos?
CARINO.— Le pediré a Aquiles que me dé el oro que le pagaron por el rescate de Héctor[29].
ÉUTICO.— Pero, ¿estás en tu sano juicio?
CARINO.— Si lo estuviera, no solicitaría tus servicios como médico, por Pólux.
ÉUTICO.— ¿Quieres que puje tanto como él?[30] 490
CARINO.— Mejora, si es preciso, dos mil dracmas su puja[31].
ÉUTICO.— Calla de una vez y dime. ¿Dónde conseguirás el dinero para dárselo a tu padre, cuando lo pida?
CARINO.— Lo encontraremos, lo buscaremos, algo haremos... Acabas conmigo.
ÉUTICO.— Ese "algo haremos" me da miedo.
CARINO.— ¿Quieres callarte?
ÉUTICO.— Tienes a tus órdenes a un mudo.
CARINO.— ¿Está claro mi encargo?
ÉUTICO.— Ya puedes preocuparte de otra cosa.

---

[29] Es el argumento del libro XXIV de la *Ilíada*.

[30] Éutico, evidentemente, imagina una subasta en la que Demifón sería el subastante y en la que pujarían el amigo de Demifón y el propio Éutico.

[31] Lit. "mil monedas". Aunque el significado de *nummus* en Plauto no es constante, aquí parece corresponderle el valor de *didracma*, que se deduce con toda nitidez del verso 562 del *Truculentus* (cfr. nota *ad loc.*). En consecuencia, dado que la mina equivale a cien dracmas, Carino autoriza a su amigo a subir 20 minas la oferta, lo que supone duplicar el precio de partida sugerido por Demifón (cfr. v. 429).

Carino.— No puedo.
Éutico.— *(Despidiéndose.)* Que te vaya bien.
Carino.— Imposible, por Pólux, hasta que regreses.
Éutico.— Más valdría que recuperaras el juicio.
Carino.— Sigue bien, consigue la victoria y sálvame.
Éutico.— Dalo por hecho. Tú espérame en casa.
Carino.— Procura, pues, volver pronto con el botín. *(Carino entra en casa, mientras Éutico sale hacia el puerto.)*

ACTO TERCERO

ESCENA PRIMERA

Lisímaco, Pasicompsa

Lisímaco.— *(Llegando del puerto, seguido por Pasicompsa.)* A un amigo le he hecho un favor de amigo. *(Señalando a Pasicompsa.)* A petición de mi vecino, he comprado esta mercancía. *(A Pasicompsa.)* Eres mía. Vamos, sígueme. Y no llores, no seas tonta, que estropeas esos ojos tan hermosos. Tú tienes más motivos para reír que para llorar. 500
Pasicompsa.— Por favor, buen anciano, explícame una cosa.
Lisímaco.— Pregunta lo que quieras.
Pasicompsa.— ¿Por qué me has comprado?
Lisímaco.— ¿Que por qué? Para que hagas lo que yo te ordene, de la misma manera que yo haré lo que tú me mandes.
Pasicompsa.— Estoy dispuesta, en lo que yo pueda y sepa, a hacer todo lo que crea que es de tu agrado.
Lisímaco.— No pienso mandarte ningún trabajo fatigoso.
Pasicompsa.— Pero te advierto, buen anciano, que no estoy acostumbrada a transportar bultos, ni a apacentar el ganado en el campo ni a criar niños.
Lisímaco.— Si eres buena, te irá bien. 510
Pasicompsa.— Entonces, pobre de mí, estoy perdida.
Lisímaco.— ¿Por qué?
Pasicompsa.— Porque en el país del que vengo, era a las malas a las que les iba bien.
Lisímaco.— Parece que quieres decir que no hay en el mundo ninguna mujer buena.
Pasicompsa.— No, no lo digo. No es mi costumbre pregonar lo que creo que todo el mundo sabe.

[41]

Lisímaco.— *(Aparte.)* Oh cielos, esas palabras suyas ya valen más todo lo que costó. *(A Pasicompsa.)* Quiero preguntarte una cosa.
Pasicompsa.— Pregunta y te contestaré.
Lisímaco.— Dime, ¿puedo saber cuál es tu nombre?
Pasicompsa.— Pasicompsa.
Lisímaco.— *(Aparte.)* A su belleza, sin duda, debe ese nombre[32]. *(A la joven.)* Pero, dime, Pasicompsa, ¿sabrías, en caso de necesidad, hilar hilo fino?
Pasicompsa.— Sí.
Lisímaco.— Si sabes hilar fino, estoy seguro de que también sabrás hilar un hilo más grueso[33].
Pasicompsa.— En lo que respecta al trabajo de la lana, no 520 temo a ninguna mujer que sea de mi misma edad.
Lisímaco.— Una persona de provecho, por Hércules, creo yo que eres, si a tu edad, ya sabes cumplir tan bien con tu deber, hija mía[34].
Pasicompsa.— Por Pólux, que he sacado provecho de las clases que recibí. Y no permitiré que se critique mi trabajo.
Lisímaco.— Sí, eso es lo que hace falta, por Hércules. Mira, te voy a dar a ti una oveja de sesenta años en propiedad particular[35].
Pasicompsa.— ¿Tan vieja, buen anciano?

---

[32] *Pasicompsa*, nombre derivado del gr. *pâs, pâsa, pân* ("todo") y *kompsós, -é, -ón* ("adornado", "elegante", "hermoso"), significa, por tanto, algo así como "la que destaca en hermosura entre todas" o "adornada de todas las gracias", es decir, tanto en un caso como en otro, "muy hermosa".

[33] Se ha querido ver, creemos que con razón, una alusión obscena en la pregunta de Lisímaco.

[34] Traduzco el verso 521 siguiendo en su discutida segunda parte la lectura de Enk *(iam inde <a> matura aetate)*, que me parece ofrecer mejor sentido que el texto de los manuscritos mantenido por Ernout.

[35] La comparación de los viejos con ovejas a las que se esquila, es decir, despluma, a placer, es típicamente plautina: cfr. *Bacch.* 1120 y ss. Recuérdese que se llamaban "peculiares" los bienes particulares de los esclavos, aunque la propiedad de los mismos correspondía al jefe de familia: cfr. n. 28 de la *Aulularia*. Pensamos que *peculiaris*, como ocurre frecuentemente en Plauto con *peculium* (cfr. *Pseud.* 1189 y n.; *Stich.* 751 y n.), podría implicar un segundo significado obsceno.

Lisímaco.— Es de raza griega[36]. Si la tratas bien, será muy buena. Se dejará esquilar la mar de bien.
Pasicompsa.— En consideración hacia ti, cualquier cosa que me des, te la agradeceré.
Lisímaco.— Pero desengáñate, hija: no eres mía; no te equivoques.
Pasicompsa.— Dime, pues, por favor, ¿de quién soy?
Lisímaco.— Has sido comprada de nuevo para tu amo. Yo 530 te compré para él; él me lo pidió.
Pasicompsa.— Vuelvo a la vida, si mantiene su palabra[37].
Lisímaco.— Estate tranquila. Él te liberará. Está completamente loco por ti. Y eso que te vio hoy por primera vez.
Pasicompsa.— Por Cástor, pero si ya hace dos años que iniciamos nuestras relaciones. Como veo que eres amigo suyo, no tengo inconveniente en decírtelo.
Lisímaco.— ¿Cómo? ¿Ya hace dos años que mantenéis relaciones?
Pasicompsa.— Sí. Y nos hemos jurado el uno al otro, yo a él y él a mí, que ni yo haría el amor con otro hombre ni él con otra mujer, sino sólo entre nosotros, yo con él y él conmigo.
Lisímaco.— ¡Dioses inmortales¡ ¿Ni siquiera se acostaría con su esposa?
Pasicompsa.— ¿Cómo? Pero, ¿es que está casado? Ni lo está ni lo estará.
Lisímaco.— ¡Ojalá fuera eso cierto! Ese hombre, por Hércules, te ha engañado.
Pasicompsa.— No hay otro joven al que quiera más. 540
Lisímaco.— *(Con ironía.)* Pero, tonta, si todavía es un niño. Pues todavía no hace mucho que se le han caído los dientes.
Pasicompsa.— ¿Como que los dientes?

---

[36] Como ha señalado Bücheler *(Opusc.* I, pág. 228) se trata de una expresión ambigua. En principio y así parece entenderlo Pasicompsa se alude simplemente a una raza muy apreciada de ovejas, procedente del sur de Italia y, en concreto, de Tarento: Cfr. Plin. *Nat. Hist.* VIII. 190 *(lana autem laudatissima Apula et quae in Italia Graeci pecoris appellatur, alibi Italica)* y Columel. VII 4 *(Graecum pecus, quod plerique Tarentinum vocant...).* Pero posiblemente los espectadores verían en ella una alusión, muy en el estilo del antihelénico de Plauto, a las costumbres disipadas, disolutas de Demifón (cfr. *graecari, pergraecari,* etc.).
[37] Evidentemente Pasicompsa está pensando en Carino, mientras Lisímaco habla de Demifón.

Lisímaco.— Olvídalo. Sígueme, por favor. Él me pidió que sólo por hoy te diera alojamiento en mi casa, aprovechando que mi mujer está en el campo. *(Entran en casa de Lisímaco.)*

ESCENA SEGUNDA

Demifón

(Llegando del puerto.) Al fin logré mi objetivo de pervertirme. He comprado a mi amiga a escondidas de mi mujer y de mi hijo. Estoy decidido. Volveré a las andadas y me cuidaré. Poco tiempo ya me queda de vida. Me entregaré a los placeres del vino y del amor para alegrar mis días. Pues a la edad que yo tengo es cuando resulta más razonable darse a la buena vida. Cuando eres joven y te hierve la sangre, no queda más 550 remedio que dedicarse a ganar dinero. Así que al final, cuando ya eres viejo, es cuando debes entregarte al ocio y hacer el amor, mientras puedas. A esta edad ya puedes darte por satisfecho con estar vivo. Y tal como lo digo, lo pondré en práctica. Sin embargo, de momento, voy a dar una vuelta por mi casa, donde ya hace rato que me espera mi mujer muerta de hambre. Claro que me armará una buena bronca, en cuanto entre. De todas formas, a fin de cuentas, pase lo que pase... no entraré a casa, sino que haré una visita a mi vecino, antes de volver a ella. Quiero que me alquile una casa, para alojar a la 560 chica. Pero helo ahí que sale.

ESCENA TERCERA

Lisímaco, Demifón

Lisímaco.— *(Saliendo de casa y hablando a Pasicompsa que queda dentro.)* Ahora mismo te lo traigo, si lo encuentro.
Demifón.— *(Aparte.)* Es de mí de quien habla.
Lisímaco.— Escucha, Demifón.
Demifón.— *(Sin atender a Lisímaco.)* ¿Está la chica en casa?
Lisímaco.— ¿Qué piensas hacer?
Demifón.— ¿Qué te parece si entro a verla?
Lisímaco.— ¿Y qué prisa tienes? Espera un momento.
Demifón.— ¿Qué puedo hacer, si no?
Lisímaco.— Piensa un poco en lo que debes hacer.

DEMIFÓN.— ¿Qué es lo que tengo que pensar? Yo creo, por Hércules, que lo único que debo hacer es entrar en tu casa.
LISÍMACO.— ¿Ah, sí, maldito castrón? ¿Debes entrar en mi casa?
DEMIFÓN.— ¿Y qué otra cosa podría hacer?
LISÍMACO.— Antes escúchame y préstame atención. Antes hay una cosa que opino que debes hacer. Porque, si entras en mi casa ahora, querrás abrazarla, hablarle, besarla.
DEMIFÓN.— Tú lees mi pensamiento. Conoces perfectamen- 570 te mis intenciones.
LISÍMACO.— Pues harás un disparate.
DEMIFÓN.— ¿Por besar a una mujer de la que estoy enamorado?
LISÍMACO.— Tanto peor. Con el estómago vacío y el aliento maloliente, ¿te atreverás tú, viejo pestilente[38], a besar a la chica? ¿Acaso pretendes hacerla vomitar al primer contacto? Ya veo, por Pólux, lo enamorado que estás, al oírte confesar tus intenciones[39].
DEMIFÓN.— ¿Y si organizara, pues, una cena? Si te parece bien, atraparíamos a un cocinero, para que nos guise en tu 580 casa una cena que lo tenga ocupado hasta el anochecer.
LISÍMACO.— Sí, me parece bien. Ahora hablas sabiamente y no como un enamorado[40].
DEMIFÓN.— ¿A qué esperamos, pues? ¿Por qué no vamos a comprar las provisiones, para darnos un banquete?
LISÍMACO.— Yo, desde luego, te sigo. Pero, harías bien, por Hércules, en buscarle un alojamiento a la chica. Pues, por Hércules, que no estará en mi casa nada más que hoy. Tengo mie-

---

[38] Lat. *hircosus*, literalmente "que huele a macho cabrío", "al que le huelen las axilas". *Hircus* o *caper* era el nombre que daban habitualmente al mal olor procedente de los sobacos: cfr. Hor. *Sat.* 1,2,27; Catul. 69,5; 71,1; Isidoro, *Etym.* X, 146.

[39] Ernout atribuye este último verso a Demifón. Seguimos a Leo, Lindsay y otros editores.

[40] Suscribimos al pie de la letra la observación de Grimal (cfr. nota *ad loc.*) quien señala la contraposición entre el "filósofo" que obra conforme a la razón (aquí se trataría de la filosofía del placer) y el amante, que está sometido a la pasión y a la sinrazón. Parece así justificarse plenamente la lectura *neque amatorie* en lugar de *atque amatori<e>* que presentan los manuscritos (defendida, sin embargo, por Enk).

[45]

do de que mi esposa, si regresa mañana del campo, la encuentre en casa.

DEMIFÓN.— Todo está resuelto[41]. Sígueme. *(Salen.)*

ESCENA CUARTA

CARINO, ÉUTICO

CARINO.— *(Saliendo de casa.)* ¡Seré yo desgraciado, que en ninguna parte puedo encontrar descanso! Si estoy en casa, mi espíritu está en la calle, si estoy en la calle, mi espíritu está en casa. ¡Tal es el incendio que el amor ha provocado en mi alma 590 y en mi corazón! Si las lágrimas, brotando de mis ojos, no acudieran en su defensa, ya estaría ardiendo, creo yo, mi cabeza. Conservo la esperanza, pero he perdido la ilusión de vivir. Si las recuperaré o no, lo ignoro. Si mi padre se sale con la suya, como pretende, todo está perdido; pero si mi camarada cumplió su promesa, estoy salvado. De todas formas, aunque padeciese Éutico gota en los pies, ya hubiera podido regresar del puerto. Su mayor defecto es que es de una lentitud que me saca de quicio. Pero, ¿no es él a quien veo venir corriendo? Él mismo, en persona. Iré a su encuentro. [Oh diosa, que eres fuente de esperanza para los dioses y los hombres, y que de los hombres también eres señora, a ti, por brindarme esta esperanza tan esperada, te doy gracias.][42] Pero, ¿por qué se de-

---

[41] Desconcierta un poco esta afirmación de Demifón que, unos cuantos versos antes (560) expresó su intención de pedir a Lisímaco que le alquile una casa para Pasicompsa. En principio parece tratarse simplemente de uno de los numerosos descuidos o contradicciones a que nuestro autor nos tiene acostumbrados. Enk, sin embargo, prefiere enmendar el texto corrigiendo el presente *(est)* por el futuro *(erit)* con lo que la traducción sería "todo se arreglará" y desaparece el problema.

[42] Exceptuando a Lindsay, la mayoría de los editores están de acuerdo en que estos versos, que volvemos a encontrar posteriormente (vv. 842-3) en boca de Carino, no se justifican en este lugar. Y, en efecto, la sola presencia de Éutico no parece suficiente motivo para tal desbordamiento de alegría de Carino, que todavía no sabe la noticia que su compañero le va a dar. Véanse, sin embargo, las reservas de Paratore sobre esta argumentación (cfr. com. *ad loc.*), pese a que él también marca como interpolados los versos en su edición.

tiene? ¡Ay de mí, estoy perdido! Su cara no me agrada en absoluto. Viene serio. Me arde el corazón. No sé qué hacer. Sacude la cabeza[43]. ¡Éutico!

Éutico.— ¡Hola, Carino!

Carino.— Antes de recobrar el aliento, contéstame con una sola palabra: ¿dónde estoy, aquí, en la tierra, o entre los muertos?

Éutico.— Ni entre los muertos ni en la tierra.

Carino.— ¡Estoy salvado! Me ha sido concedida la inmortalidad[44]. La ha comprado. Ha logrado burlar a mi padre. No hay en el mundo una persona más eficaz que él. Pero, dime, por favor: si no estoy ni en la tierra ni en el Aqueronte, ¿dónde estoy?

Éutico.— En ninguna parte.

Carino.— ¡Estoy muerto! Esas palabras tuyas acaban de matarme.

Éutico[45].— ¡Qué manía más insoportable la de pronunciar discursos interminables, cuando lo importante son los hechos!

Carino.— Sea como sea, ve al meollo de la cuestión.

Éutico.— En primer lugar, estamos perdidos.

Carino.— ¿No sería mejor que me informaras de lo que ignoro?

Éutico.— Tu amiga ha sido vendida a otro.

Carino.— Éutico, estás cometiendo un crimen.

Éutico.— ¿Por qué?

Carino.— Porque estás matando a un compañero, a un camarada, a un ciudadano libre.

Éutico.— ¡No lo quieran los dioses!

Carino.— Has clavado tu puñal en mi garganta. De un momento a otro caeré muerto.

Éutico.— Te lo suplico, por Hércules, no pierdas el ánimo.

Carino.— Pero si no tengo ánimo que perder. Sigue, dame otra mala noticia: ¿a quién ha sido vendida?

---

[43] Signo de disgusto o enfado.

[44] La deducción de Carino es clara. Si no está ni en la tierra ni en los infiernos, tiene que estar en el cielo, lo que equivale a decir que todo ha ido de maravilla.

[45] Los manuscritos atribuyen este verso a Carino. Pero, pese a las reservas de Ernout y otros editores, nos adscribimos a la opinión de Ussing y Leo, que se lo atribuyen a Éutico. Es gracioso que Paratore, defendiendo la atribución a Carino y traduciendo en consecuencia, en su texto atribuye el verso a Éutico.

Éutico.— Lo ignoro. Ya había sido adjudicada y se la habían llevado, cuando llegué al puerto.

Carino.— ¡Maldita sea! Ya hace un rato que arrojas sobre mí montañas de males que me abrasan. Sigue, verdugo, atormentándome, como hasta ahora.

Éutico.— Todo esto no te produce a ti un dolor mayor que el que me produjo a mí.

Carino.— Dime, ¿quién la compró? 620

Éutico.— Por Hércules, que no lo sé.

Carino.— *(Con ironía.)* ¡Anda, mira qué manera más bonita de ayudar tienen los buenos amigos!

Éutico.— ¿Qué quieres que haga?

Carino.— Lo mismo que me ves hacer a mí: morirte. ¿Por qué no preguntaste qué aspecto tenía el que la compró, por si de esta manera podíamos seguirle la pista a la chicha? ¡Ay mísero de mí!

Éutico.— Deja de llorar, que es lo único que haces. ¿Qué culpa tengo yo?

Carino.— Me has perdido a mí y has pedido la confianza que tenía depositada en ti.

Éutico.— Los dioses saben que no tengo culpa de nada.

Carino.— ¡Bravo! ¡Viva! Poniendo por testigos a los dioses que están ausentes, ¿piensas que voy a creerte?

Éutico.— Tú eres libre de creer lo que quieras, yo de decir lo que me parezca.

Carino.— Para eso sí que eres agudo, para devolver ocurrencia por ocurrencia. En cambio, para los encargos que se te 630 confían eres cojo, ciego, mudo, manco, inválido. Me prometiste burlar a mi padre y yo creí que confiaba mis intereses a un tipo listo y se los confié al más duro de los adoquines.

Éutico.— ¿Qué podía haber hecho?

Carino.— ¿Qué podías haber hecho? ¿Me lo preguntas? Te hubieras informado, hubieras preguntado quién era o de dónde era, de qué familia, si era ciudadano o extranjero.

Éutico.— Decían que era un ciudadano ateniense.

Carino.— Hubieras averiguado, al menos, dónde vivía, si no podías averiguar su nombre.

Éutico.— Nadie lo sabía.

Carino.— Hubieras preguntado al menos por su aspecto.

Éutico.— Eso sí lo hice.

Carino.— ¿Y qué aspecto decían que tenía?

Éutico.— Te lo diré: de pelo blanco, patizambo, barrigudo,

mofletudo, bajito, de ojos tirando a negros, grandes mandíbu- 640
las y pies como dos barcas[46].
CARINO.— Ése que me describes no es un hombre sino un
compendio de horrores. ¿No tienes otra información sobre él?
ÉUTICO.— No sé nada más.
CARINO.— Pues te juro, por Pólux, que ese hombre con sus
grandes mandíbulas me ha dado un gran mordisco[47]. No puedo
aguantar más aquí. Estoy decidido a marcharme al destierro.
Pero todavía no he decidido qué ciudad elegir: ¿Megara,
Eretria, Corinto, Calcis, Creta, Chipre, Sición, Cnido, Zante,
Lesbos o Beocia?
ÉUTICO.— ¿Por qué tomas esa resolución?
CARINO.— Porque me atormenta el amor.
ÉUTICO.— Dime, y cuando hayas llegado a ese país al que
te dispones a ir, si por casualidad te vuelves a enamorar allí y 650
tampoco consigues la posesión de tu amor, ¿te exiliarás por
segunda vez? ¿Y después una vez más, si te vuelve a suceder
lo mismo? ¿Cuándo pondrás término a tu destierro? ¿Cuándo
fin a tu exilio? ¿En qué patria o en que casa fijarás tu residencia?
Contesta. Y dime, si te vas de esta ciudad, ¿crees que vas a
dejar aquí el amor? Si estás convencido de ello, si estás seguro
o lo das por seguro, ¿no sería mucho mejor para ti irte a algún
lugar del campo, quedarte allí y vivir allí hasta que te hayas
liberado de la pasión amorosa que por ella sientes?
CARINO.— ¿Has terminado tu discurso?
ÉUTICO.— Sí, he terminado.
CARINO.— Pues tu discurso ha sido inútil. Mi decisión es
irrevocable[48]. Me voy a casa a saludar a mi padre y a mi ma-

---

[46] Cfr. las descripciones de otros personajes en *Asin.* 400-401 (un esclavo), *Capt.* 647-8 (un joven), *Pseud.* 1218-20 (un lenón), *Rudens* 125-6 y 316-9 (un lenón), 313-5 (un joven).

[47] Plauto dice literalmente: "con sus grandes mandíbulas *(malis)* me ha causado un gran mal *(malum)*". Hay, por tanto, en el texto un juego de palabras entre *malae* "mandíbulas" y *malum* "mal", "desgracia".

[48] *Hoc mihi certissimum:* La mayoría de los traductores suelen traducir así estas palabras de Carino, entendiendo *certissimum* en el sentido habitual de *certum est* ("está decididísimo") y *hoc* referido al proyecto de Carino de exiliarse, pues, aunque la palabra *consilium* no se lee desde el verso 648, su significado está latente en el contexto y esto puede justificar la referencia. Sin embargo, aun sin excluir la posibilidad anterior, creemos que en *certissimum* puede verse una repetición

dre. Después, a escondidas de mi padre, huiré de este país o 660
tomaré otra resolución. *(Entra en casa.)*
ÉUTICO.— ¡Qué precipitadamente se marchó y desapareció
de aquí! ¡Ay desgraciado de mí! Si llega a exiliarse, todos dirán
que fue por culpa de mi desidia. Estoy decidido a contratar a
todos los pregoneros de la ciudad para que la busquen y la
encuentren. Después iré directamente a ver al pretor y le rogaré que ponga a mi disposición agentes de policía para que
hagan pesquisas en todos los barrios. Porque veo que no me
queda otro remedio. *(Sale.)*

ACTO CUARTO

ESCENA PRIMERA

DORIPA, SIRA

DORIPA.— *(Llegando del campo, seguida a cierta distancia
por su esclava Sira.)* Cuando recibí en el campo el recado de
mi marido de que no iría al campo, hice mi santa voluntad y
regresé para atrapar a ese marido que huye de mí. Pero no veo 670
que me siga nuestra vieja esclava Sira. ¡Ah, ahí está! Ahí viene,
al fin, con toda su calma. *(A Sira.)* ¿Por qué no andas más deprisa?
SIRA.— No puedo, por Cástor. La carga que llevo encima,
me pesa mucho.
DORIPA.— ¿Qué carga?
SIRA.— Mis ochenta y cuatro años. Y a ello hay que añadir
la esclavitud, el sudor y la sed. El peso de tantas cargas juntas
me abruma.
DORIPA.— *(Acercándose al altar de Apolo situado en escena delante de una de las casas, a Sira.)* Dame algo para hacer

---

irónica de Carino de la machacona pregunta de Éutico sobre la seguridad que su amigo tiene de liberarse del amor si se exilia, y que se concreta tres versos antes con la utilización por dos veces de la palabra *certum* en ese sentido. Dicho de otra manera Carino querría decir que para él era segurísimo que los esfuerzos de su compañero habían sido inútiles ("Has perdido el tiempo. De esto sí que estoy segurísimo."). Creemos, por tanto, que se trata de un juego de palabras, imposible de reproducir en la traducción.

[50]

una ofrenda a nuestro vecino Apolo en este altar[49]. Vamos, dame esta rama de laurel. Y ahora vete a casa.

Sira.— Me voy. *(Sira entra en casa de Lisímaco.)*

Doripa.— *(Colocando la rama sobre el altar.)* Apolo, te lo suplico, sé con nosotros benévolo y propicio, da salud y sano juicio a nuestra familia, protege a mi hijo y sé con él benévolo y propicio. 680

Sira.— *(Saliendo despavorida de la casa.)* ¡Ay de mí! ¡Pobre de mí! ¡Pobre de mí, estoy perdida!

Doripa.— Por favor, ¿es que te has vuelto loca? ¿A qué vienen esos alaridos?

Sira.— ¡Doripa, ama mía Doripa!

Doripa.— Por favor, ¿a qué vienen esos gritos?

Sira.— Hay una extraña en nuestra casa.

Doripa.— ¿Cómo que una extraña?

Sira.— Sí, una ramera.

Doripa.— ¿Hablas en serio?

Sira.— Bien lista has sido no quedándote en el campo. Hasta la más tonta se hubiera dado cuenta *(laguna)* de que se trata de la amiga del donjuán de tu marido.

Doripa.— Lo creo, por Cástor.

Sira.— Ven conmigo para ver a tu rival Alcmena, Juno mía[50]. 690

Doripa.— Allá voy, por Cástor, a toda prisa. *(Entran las dos en casa de Lisímaco.)*

---

[49] Como hemos señalado en la n. 2 de la comedia, el verso 676 es corrupto y ha sido integrado de forma diferente por los distintos eruditos. Por nuestra parte, nos sumamos a la opinión de aquellos que como Ritschl, Leo, Havet, Enk, etc. integran en uno u otro lugar del verso la palabra *Apollinis*. La consecuencia de ello no es tanto que el altar sea de Apolo, lo que queda claro de la invocación del verso 678, sino que es el dios el que, como en Bacch. 172, viene calificado de vecino, con lo que nos quedamos sin poder asegurar que el altar de Apolo se encuentre situado delante de la casa de Lisímaco.

[50] Alusión a los amores adúlteros de Júpiter y Alcmena, de los que iba a nacer Hércules. Es el tema mitológico en que se basa el argumento del *Anfitrión*.

ESCENA SEGUNDA

Lisímaco

Lisímaco.— *(Llegando del foro.)* ¿No tendría bastante desgracia Demifón con haberse enamorado, que, encima, le ha dado por derrochar? Aunque hubiese invitado a cenar a diez grandes personajes, su compra hubiese sido excesiva. Animaba a los cocineros, como en alta mar un cómitre a los remeros. Yo mismo contraté un cocinero. Pero me extraña que no venga, como le ordené. Mas, ¿quién es el que sale de mi casa? Se abre la puerta.

ESCENA TERCERA

Doripa, Lisímaco, Sira

Doripa.— *(Saliendo de casa, sin ver a Lisímaco.)* Mujer 700 más desgraciada que yo no la ha habido ni la habrá jamás. ¡Mira que haberme casado con tal marido! ¡Ay desgraciada de mí! Ved a qué marido confía una su persona y sus bienes, a qué marido he aportado diez talentos[51] de dote... para ver esto, para soportar estas afrentas.

Lisímaco.— *(Aparte.)* ¡Por Hércules, que estoy perdido! Ya ha regresado del campo mi esposa. Creo que ha visto a la chica en casa. Pero desde aquí no soy capaz de entender lo que dice. Me acercaré un poco.

Doripa.— ¡Ay pobre de mí!

Lisímaco.— *(Aparte.)* Más bien de mí.

Doripa.— ¡Estoy muerta!

Lisímaco.— *(Aparte.)* ¡Yo, pobre de mí, sí que estoy completamente muerto, por Hércules! ¡Que todos los dioses te 710 confundan, Demifón!

Doripa.— Está claro, por Pólux, que éste es el motivo por el que no quiso ir al campo mi marido.

Lisímaco.— *(Aparte.)* ¿Qué otra cosa puedo hacer sino acercarme a ella y hablarle? *(A Doripa.)* A su querida esposa desea salud su querido marido. *(Al ver que Doripa no le res-*

---

[51] Recuérdese (cfr. nota 12 de la *Asinaria)* que el talento valía 60 minas.

[52]

ponde y le vuelve la espalda.) ¿Es que las gentes de la ciudad adoptan los malos modales del campo?

Doripa.— Más honestamente se comportan que quienes no los adoptan.

Lisímaco.— ¿Es que han hecho algo malo los del campo?

Doripa.— Menos malo que los de la ciudad, por Cástor, y se buscan muchos menos disgustos.

Lisímaco.— ¿Qué hicieron, pues, de malo los de la ciudad? Dímelo. Por Hércules, que estoy deseando saberlo.

Doripa.— Lo sabes de sobra pero quieres sondearme. ¿De quién es esa mujer que está dentro de casa? 720

Lisímaco.— ¿La has visto?

Doripa.— Claro que la he visto.

Lisímaco.— ¿Y de quién es, preguntas?

Doripa.— De todas formas, lo averiguaré.

Lisímaco.— ¿Quieres que te diga de quién es? Es... es, por Pólux... *(Aparte.)* ¡Ay de mí! No sé qué decir.

Doripa.— Estás en un aprieto.

Lisímaco.— *(En tono que quiere parecer irónico.)* Sí, ¡menudo aprieto!

Doripa.— ¿Por qué no hablas?

Lisímaco.— Si me lo permitieras...

Doripa.— Ya tenías que haberlo hecho.

Lisímaco.— No puedo de tanto que me agobias. Me acosas como a un culpable.

Doripa.— *(Con sorna.)* Sí, eres inocente, ya lo sé.

Lisímaco.— Puedes afirmarlo rotundamente.

Doripa.— Habla, pues.

Lisímaco.— ¿Que hable?

Doripa.— De todas formas, al final tendrás que hablar.

Lisímaco.— Es... ¿también quieres que te diga su nombre?

Doripa.— Estás perdiendo el tiempo. Te he cogido in fraganti.

Lisímaco.— ¿In fraganti? Esa joven es... 730

Doripa.— ¿Quién es?

Lisímaco.— Es...

Doripa.— *(Laguna.)*

Lisímaco.— Si no fuera necesario, no te lo diría.

Doripa.— ¿No sabes quién es?

Lisímaco.— Claro que lo sé. He sido nombrado árbitro en una disputa sobre ella.

Doripa.— ¿Árbitro? Ya entiendo. Y la has hecho venir a casa para deliberar con ella.

Lisímaco.— No, no es eso. Me ha sido confiada en depósito.
Doripa.— Entiendo.
Lisímaco.— No hay nada de eso que piensas.
Doripa.— Tienes mucha prisa en justificarte.
Lisímaco.— *(Aparte.)* ¡En buen lío me he metido! ¡La verdad 740 es que me encuentro en un buen aprieto!

ESCENA CUARTA

Cocinero, Lisímaco, Doripa, Sira

Cocinero.— *(Llegando del foro, a sus pinches que llevan cestos de provisiones.)* Vamos, daos prisa, que he de preparar la cena a un viejo enamorado. Aunque, pensándolo bien, la prepararemos para nosotros, no para el que nos contrató. Porque, al enamorado, que tiene al objeto de su amor, le sirve de alimento el verlo, abrazarlo, besarlo, hablarle. Nosotros, en cambio, estoy seguro de que regresaremos atiborrados a casa. Venid por aquí. Mas he ahí al viejo que nos contrató.
Lisímaco.— *(Aparte.)* ¡Ahora sí que estoy perdido! Ha llegado el cocinero.
Cocinero.— Ya estamos aquí.
Lisímaco.— *(En bajo para que no lo oiga su esposa.)* Vete.
Cocinero.— ¿Cómo que me vaya?
Lisímaco.— *(En bajo.)* ¡Chsss! Vete.
Cocinero.— ¿Que me vaya?
Lisímaco.— *(En bajo.)* Vete.
Cocinero.— ¿No vais a cenar? 750
Lisímaco.— *(En bajo)* Ya estamos hartos.
Cocinero[52].— Pero...
Lisímaco.— *(Aparte.)* ¡Estoy muerto!
Doripa.— *(A su marido, señalando las provisiones.)* Dime, ¿también te mandaron traer esto los que te eligieron como árbitro?
Cocinero.— *(Señalando a Doripa.)* ¿Es ésta tu amiga, de la que me decías que estabas tan enamorado hace un rato, cuando comprabas las provisiones[53]?

---

[52] Seguimos la enmienda de Leo, que atribuye *sed* al cocinero.
[53] Es evidente que el cocinero confunde a Lisímaco con Demifón. A nuestro juicio, ésta es la explicación más sencilla y razonable al pro-

Lisímaco.— *(En bajo.)* ¿Quieres callarte?
Cocinero.— ¡Qué preciosidad de mujer, aunque, por Hércules, es un poco vieja!
Lisímaco.— ¿Quieres irte al diablo?
Cocinero.— No está mal.
Lisímaco.— Tú sí que estás mal... de la cabeza[54].
Cocinero.— Una maravillosa compañera de lecho creo yo que ha de ser, por Hércules.
Lisímaco.— ¿Por qué no te vas? Yo no soy el que te contrató.
Cocinero.— ¿Qué dices? Claro que has sido tú, tú mismo, en persona, por Hércules.
Lisímaco.— *(Aparte.)* ¡Ay, pobre de mí!
Cocinero.— ¿No es cierto que se encuentra en el campo tu 760 mujer y no me dijiste hace un rato que la detestabas como a una serpiente?
Lisímaco.— ¿Yo te dije a ti eso?
Cocinero.— Claro que me lo dijiste, por Hércules.
Lisímaco.— *(A Doripa.)* Te juro por Júpiter, esposa mía, que yo nunca le he dicho eso.
Doripa.— ¿Te atreves a negarlo? Está claro que me aborreces.
Lisímaco.— Te aseguro que no es cierto.
Cocinero.— *(A Doripa.)* No, no es a ti a quien decía que

---

blema que plantean las palabras del cocinero. Consideramos innecesario pensar, como se ha sugerido, que en el original griego la escena tenía como protagonistas a Demifón y a su esposa en lugar de Lisímaco y la suya y descartamos totalmente la explicación de Enk de que también Lisímaco se había enamorado de Pasicompsa, como trata de demostrar con numerosas pruebas. Lo que sucede simplemente es que el cocinero confunde a Lisímaco con Demifón y, aunque no cabe duda de que al cocinero lo contrató Lisímaco (él mismo lo dice en el v. 695: *egomet conduxi coquom*), es evidente que lo hizo en nombre del amigo, como el propio Lisímaco trata de aclarar en el verso 758: *non ego sum qui te dudum conduxi*. Y, si bien es cierto que estas palabras están en contradicción con las anteriores, parecen responder a la realidad más que al exclusivo intento de justificación de Lisímaco delante de su mujer.

[54] Plauto contrapone simplemente *haud malast* ("no está mal" (físicamente)) y *tu malus es* ("tu eres malo"). En nuestra traducción tratamos de reflejar de alguna manera el juego de palabras *mala/malus*, imposible de reproducir directamente en castellano, al tener que diferenciar entre estar y ser para referirse al aspecto físico y a las cualidades morales.

aborrecía, sino a su esposa y su esposa decía que estaba en el campo.
LISÍMACO.— Ésta es mi esposa. ¿Por qué me das la lata?
COCINERO.— Porque dices que no me conoces. A no ser que temas que ella...
LISÍMACO.— *(Dirigiéndose a Doripa con expresión de afecto.)* Hago bien, pues es mi única esposa.
COCINERO.— Entonces, ¿no quieres comprobar mis dotes de cocinero?
LISÍMACO.— No, no quiero.
COCINERO.— Pues dame la paga convenida.
LISÍMACO.— Ven a pedirla mañana y se te dará. Ahora vete. 770
DORIPA.— ¡Ay, desgraciada de mí!
LISÍMACO.— Ahora puedo comprobar lo cierto que es aquel antiguo refrán que dice: "Un mal vecino siempre es fuente de males".
COCINERO.— *(A sus pinches.)* ¿Qué hacemos aquí plantados? Larguémonos de aquí. *(A Lisímaco.)* Si te ocurre alguna desgracia, no será por culpa mía.
LISÍMACO.— ¡Pobre de mí, me estás matando!
COCINERO.— Así que ya sé lo que quieres. Lo que quieres es que me largue de aquí, ¿no es cierto?
LISÍMACO.— Sí, eso es.
COCINERO.— Pues nos iremos. Dame una dracma.
LISÍMACO.— Se te dará.
COCINERO.— Manda, pues, que me la den. Pueden dármela mientras *(señalando a sus pinches)* éstos bajan sus cestos.
LISÍMACO.— ¿Quieres marcharte? ¿Quieres dejar de molestarme?
COCINERO.— *(A sus pinches.)* Vamos, dejad las provisiones ahí, a los pies del viejo. *(A Lisímaco.)* Los cestos mandaré a 780 buscarlos dentro de un rato o mañana. *(A sus pinches.)* Seguidme. *(Salen.)*
LISÍMACO.— *(A su esposa.)* Quizás te extrañe que haya venido ese cocinero y haya traído todas estas provisiones. Pero te explicaré de qué se trata.
DORIPA.— No, no me extrañan ni tus derroches ni tus escándalos. Pero, por Pólux, que no me resignaré a estar tan mal casada ni a ver introducir rameras en mi propia casa. Sira, ve a ver a mi padre y ruégale de mi parte que venga aquí contigo enseguida.
SIRA.— Allá voy. *(Sale.)*
LISÍMACO.— Por favor, esposa mía, tú no sabes de qué se

trata. Estoy dispuesto a jurarte solemnemente que entre ella y 790
yo jamás ha habido... ¿Ya se ha marchado Sira? ¡Por Hércules,
estoy perdido! *(Doripa entra en su casa.)* ¡Ah! Y mi mujer también se ha ido. ¡Ay, pobre de mí! A ti, maldito vecino, que los
dioses y las diosas te confundan, con tu amiga y tus amoríos.
Él me ha cubierto de las sospechas más indignas, ha suscitado
una guerra en mi casa. Mi esposa está que trina... Ahora mismo me voy al foro a decirle a Demifón que, si no se lleva a la
esclava de mi casa adonde le dé la gana, la arrastraré por los
cabellos y la echaré a la calle. *(Gritando.)* ¡Esposa, eh, esposa! 800
Aunque estés enfadada conmigo, no seas tonta, manda meter
las provisiones en casa. Así, al menos una vez, podremos cenar un poco más decentemente.

ESCENA QUINTA

Sira, Éutico

Sira.— Mi ama me envió a buscar a su padre, pero no estaba en casa. Me dijeron que se había ido al campo. Ahora
regreso a casa a darle la noticia.
Éutico.— *(Sin ver a Sira.)* Estoy agotado de andar a la caza
de la joven por toda la ciudad y no he conseguido encontrar la
menor huella suya. *(Advirtiendo la presencia de Sira.)* Pero,
sin duda, mi madre ha regresado del campo pues veo a Sira
delante de la puerta. ¡Sira!
Sira.— ¿Quién me llama?
Éutico.— Tu amo y tu niño de pecho.
Sira.— ¡Salud, niñito mío!
Éutico.— ¿Ya regresó mi madre del campo? Contesta. 810
Sira.— Por suerte para toda la casa.
Éutico.— ¿Qué ha pasado?
Sira.— El donjuán de tu padre ha traído a casa una amiga.
Éutico.— ¿Qué dices?
Sira.— Tu madre, al llegar del campo, se la encontró en
casa.
Éutico.— No creía yo, por Pólux, que mi padre fuera capaz de esas cosas. ¿Y todavía está la chica dentro?
Sira.— Sí.
Éutico.— Ven conmigo. *(Entra en casa)*

ESCENA SEXTA

SIRA

¡Pobres mujeres! ¡Qué dura es la ley a la que viven sometidas, y cuánto más injusta que la que se aplica a sus maridos! Porque, si un marido tiene una amiga a escondidas de su mujer y se entera ésta, nada le ocurre al marido. Pero, si una mujer sale de casa a escondidas del marido, éste la lleva a juicio y la repudia. Si la mujer que es honrada, se conforma con un solo marido, ¿por qué no ha de conformarse el marido con una sola mujer? Os aseguro, por Cástor, que si se castigase al marido que tiene una amiga, de la misma manera que se repudia a las mujeres que han cometido algún desliz, habría más maridos sin mujer, que mujeres hay sin marido. *(Entra en su casa.)*

ACTO QUINTO

ESCENA PRIMERA

CARINO

(Saliendo de casa de su padre, vestido de peregrino.)[55] Umbral y dintel de la puerta, yo os saludo y, al mismo tiempo, me despido. Hoy es la última vez que cruzo el umbral de la casa de mi padre. El uso, el disfrute de esta casa, el vivir en ella, el habitar en ella para mí ha muerto, ha perecido, ha terminado para siempre. ¡Estoy perdido! Dioses penates de mis padres, venerable Lar familiar[56], a vosotros os encomiendo la protección de mis padres. Yo iré en busca de otros dioses penates, de otro Lar, de otra ciudad, de otra patria. Aborrezco Atenas. Pues, una ciudad en la que las costumbres son más corruptas cada día, en la que es imposible distinguir los verda-

---

[55] Por lo que se puede deducir de la propia comedia (vv. 912 ss.), formaban parte del atuendo de peregrino de Carino la clámide (912 y ss.), la *Sona* (925), una espada *(machaera:* cfr. 926) y una *ampulla* de aceite (927). Véase el comentario a estas palabras más abajo.
[56] Sobre el Lar familiar cfr. n. 2 de la *Aulularia*.

deros amigos de los traidores, en la que se te arrebata lo que 840
más quieres, es una ciudad en la que, ni aunque te nombraran
rey, sería deseable vivir.

ESCENA SEGUNDA

ÉUTICO, CARINO

ÉUTICO.— *(Saliendo de casa de su padre, sin ver a Carino.)* Oh diosa[57], que eres fuente de esperanza para los dioses y los hombres, y que de los hombres también eres señora, a ti, por brindarme esta esperanza tan esperada, te doy gracias. ¿Hay acaso algún dios cuya alegría sea comparable a la mía? En mi propia casa hallé lo que buscaba. Encontré seis compañeros: la vida, la amistad, la patria, la alegría, el juego, las bromas. Gracias a este encuentro he aniquilado de un golpe a diez plagas: la ira, la enemistad, la tristeza, el llanto, el exilio, la pobreza, la soledad, la necedad, la muerte, la obstinación. 850
Concededme, dioses, os lo suplico, la oportunidad de encontrarme rápidamente con Carino.
CARINO.— *(Sin ver a Éutico.)* Ya estoy preparado, como me veis. Renuncio a todo boato. Yo mismo soy mi compañero, mi criado, mi caballo, mi escudero y mi lacayo. Yo mismo soy mi comandante y también quien obedece mis órdenes. Yo mismo llevo todo lo que necesito. ¡Oh Cupido, qué grande eres! Pues tú con tu poder fácilmente a cualquiera llenas de ánimo, para trocar al instante el ánimo en desánimo.
ÉUTICO.— *(Sin ver a Carino.)* Me pregunto, a dónde diablos correré a buscarlo.
CARINO.— *(Sin ver a Éutico.)* Estoy decidido. Donde quiera que esté, por lejos que la hayan llevado, la buscaré sin respiro. Nada me detendrá, ni río, ni monte, ni siquiera el mar. No 860
temo al calor, ni al frío, ni al viento ni al granizo. Soportaré la lluvia, resistiré la fatiga, el sol, la sed. No cejaré en mi empeño y no descansaré ni de noche ni de día hasta que haya encontrado a mi amiga o la muerte.
ÉUTICO.— *(Sin ver a Carino.)* Una voz, no sé de quién, ha volado hasta mis oídos.

---

[57] Naturalmente se trata de una invocación a la Fortuna.

Carino.— *(Sin ver a Éutico.)* Yo os invoco, Lares de los caminos[58]. Protegedme.
Éutico.— *(Reconociendo a Carino.)* ¡Santo Júpiter! ¿No es ése Carino?
Carino.— *(Sin advertir aún la presencia de su compañero, poniéndose en marcha.)* Adiós, paisanos.
Éutico.— Detente, no te muevas, Carino.
Carino.— ¿Quién me llama?
Éutico.— La Esperanza, La Salud, La Victoria.
Carino.— ¿Y qué queréis de mí?
Éutico.— Acompañarte.
Carino.— Buscaos otra compañía. Los compañeros que me rodean, no me dejan separarme de ellos.
Éutico.— ¿Y quiénes son?
Carino.— La Preocupación, La Desgracia, La Tristeza, Las 870 Lágrimas, Los Lamentos.
Éutico.— Desecha tal compañía, vuelve la vista hacia atrás y date la vuelta.
Carino.— Si quieres hablar conmigo, sígueme.
Éutico.— Detente. No te muevas.
Carino.— Haces mal en retrasarme, pues tengo mucha prisa. El sol se está poniendo.
Éutico.— Si te dieras tanta prisa en regresar como te das en marcharte, mejor harías. En esta dirección sopla un viento favorable. Vamos, vira en redondo. Aquí sopla un favonio[59] bonancible; ahí un austro tempestuoso. El uno trae la calma; el otro levantará olas por doquier. Regresa a tierra, Carino; ven aquí. ¿No ves delante de ti esa negra nube y esa borrasca que te amenazan? Mira a la izquierda, fíjate en lo resplandeciente que está el cielo. 880
Carino.— Sus presagios me inspiran un temor supersticioso. Regresaré.
Éutico.— Obras cuerdamente. *(Avanzando hacia su amigo con los brazos abiertos.)* Oh Carino, ven tú también a mi encuentro y acércate a mí. Tiéndeme esa mano.
Carino.— Tómala. ¿Ya la agarraste?

---

[58] Cuando se salía o regresaba de un largo viaje, se invocaba a los *lares* como *viatorii* o *viales*: cfr. Guillén, J., *Urbs Roma*, Salamanca 1980, tomo III, pág. 58.
[59] El favonio o céfiro es un viento suave y bonancible del Oeste. El austro, al contrario, es un viento tormentoso procedente del Sur.

Éutico.— Sí, ya la agarré.
Carino.— Pues agárrala bien.
Éutico.— ¿Adónde ibas?
Carino.— Al destierro.
Éutico.— ¿Al destierro? ¿Para qué?
Carino.— Para vivir como un desgraciado.
Éutico.— No tengas miedo. Yo te devolveré tu alegría de antaño. La noticia que más deseas oír, la vas a oír, para que te alegres. *(Viendo que Carino hace ademán de ponerse de nuevo en marcha.)* Estate quieto. No te muevas. Viene a verte un amigo que bien te quiere. Tu amiga...
Carino.— ¿Qué le pasa?
Éutico.— Yo sé donde está.
Carino.— ¿De verdad?
Éutico.— Sana y salva.
Carino.— ¿Y dónde está sana y salva?
Éutico.— Yo lo sé.
Carino.— Pero prefería saberlo yo.
Éutico.— ¿No puedes tener calma? 890
Carino.— ¿Cómo, si mi espíritu está agitado por las olas?
Éutico.— Yo te conduciré a un lugar tranquilo, apacible, seguro, no temas.
Carino.— Te lo suplico, dime dónde está, dónde la has visto. ¿Por qué callas? Habla. Me matas, pobre de mí, con tu silencio.
Éutico.— No está lejos de nosotros.
Carino.— Entonces, ¿por qué no me la muestras, si la ves?
Éutico.— Ahora no la veo, pero la he visto hace un momento.
Carino.— Entonces, ¿por qué no haces que la vea yo?
Éutico.— Lo haré.
Carino.— ¡Demasiada espera para un enamorado!
Éutico.— ¿Todavía tienes miedo? Te lo explicaré todo. No hay persona que más me quiera que el que la tiene ni hay persona por la que yo deba sentir más afecto.
Carino.— Esa persona poco me importa; es de ella de la que quiero saber.
Éutico.— Y de ella es de quien te hablo. A propósito, se me había olvidado decirte donde estaba[60]. 900

---

[60] El final de este verso (900) es corrupto. Traducimos según la enmienda de Leo *(ut ubi sit dicerem).*

Carino.— Dime, pues, ¿dónde está?
Éutico.— En nuestra casa.
Carino.— ¡Bendita casa! Si es cierto lo que dices, creo que es una casa bien construida. Pero, ¿por qué razón he de creerte? ¿La has visto o me lo dices de oídas?
Éutico.— La vi con mis propios ojos.
Carino.— ¿Y quién la llevó a vuestra casa? Di.
Éutico.— Eres demasiado curioso[61].
Carino.— ¿Y es cierto lo que dices?
Éutico.— Tú, Carino, no tienes pizca de discreción. ¿Qué te importa con quién ha venido a mi casa, con tal de que esté en ella? Y no hay duda de que está.
Carino.— Por esa buena noticia, pide lo que quieras.
Éutico.— ¿Y si lo pido?
Carino.— Suplica a los dioses, que te lo concedan.
Éutico.— Te estás burlando de mí.
Carino.— Sólo me sentiré a salvo cuando la haya visto. 910 Pero, ¿por qué no me despojo de este atuendo? *(Gritando hacia la casa de su padre.)* ¡Eh, salid a la puerta y traedme una capa!
Éutico.— ¡Ajá! Ahora sí que me gusta tu comportamiento.
Carino.— *(Acabando de quitarse la clámide, a un esclavo que sale de casa con la capa que pidió.)* Llegas a punto. Chaval, toma esta clámide[62] y no te muevas de ahí, para que, si no es cierto lo que dice, continúe mi viaje comenzado.
Éutico.— ¿Es que no me crees?
Carino.— Te creo todo lo que me dices. Pero, ¿por qué no me conduces junto a ella, para que la vea?
Éutico.— Espera un poco.
Carino.— ¿A qué he de esperar?
Éutico.— No es el momento de entrar.
Carino.— Me matas.
Éutico.— No conviene, ¿me oyes?, entrar ahora.
Carino.— Contéstame, ¿por qué motivo?
Éutico.— Está ocupada.
Carino.— ¿Por qué?
Éutico.— Porque no está disponible.
Carino.— ¿Ah sí? ¿No está disponible la mujer que me ama

---

[61] El texto en este punto es corrupto. Seguimos la interpretación de Ernout.
[62] Era una capa corta y ligera, propia de los soldados y peregrinos.

y a la que yo amo a mi vez? Por Hércules, este tipo se está bur- 920
lando de mí a su antojo. Y yo soy bien tonto por hacerle caso.
Está retrasando mi partida. Me pondré de nuevo mi clámide.

Éutico.— Espera un momento y escucha lo que te voy a decir.

Carino.— *(Al esclavo.)* Chaval, por favor, toma esta capa.

Éutico.— Mi madre está hecha una furia contra mi padre, al que acusa de haber metido en casa, en sus propias narices, a una ramera, mientras ella estaba en el campo. Sospecha que es una amiga suya.

Carino.— *(Sin hacerle caso.)* Ya me he vuelto a poner mi cinturón[63].

Éutico.— Y ahora está investigando este asunto en casa.

Carino.— Ya tengo la espada en la mano.

Éutico.— Si yo te llevara a casa ahora mismo...

Carino.— Cojo mi garrafa de aceite[64] y me marcho.

Éutico.— Espera, espera, Carino.

Carino.— Te equivocas; no puedes engañarme.

Éutico.— Ni lo pretendo, por Pólux.

Carino.— Entonces, ¿por qué no me dejas continuar mi camino?

Éutico.— No te dejo. 930

Carino.— Yo mismo me estoy entreteniendo. Tú, chaval, vete a casa, deprisa... Ya he subido al carro, ya tengo las riendas en mis manos.

Éutico.— Tú no estás bien de la cabeza.

Carino.— Vamos, pies míos, emprended la carrera y dirigíos directamente a Chipre, ya que mi padre me condena al exilio.

Éutico.— Eres un necio. Por favor, no digas eso.

Carino.— Estoy decidido a seguir adelante hasta el final, a no reparar en esfuerzos hasta averiguar dónde está ella.

Éutico.— Pero si está en mi casa.

Carino.— Porque todo lo que él dijo es pura mentira.

Éutico.— Te he dicho la verdad.

Carino.— Ya he llegado a Chipre.

---

[63] La *Sona* o *Zona* era propiamente el cinturón, pero en él se llevaba el dinero: cfr. *Truc.* 954; Hor. *Epist.* II, 2, 40.

[64] Era costumbre de los griegos ungirse los pies con aceite antes de ponerse los zapatos. Por ello los peregrinos llevaban consigo una pequeña garrafa de aceite.

Éutico.— Vamos, sígueme, para que veas a la que tan ansiosamente buscas.

Carino.— He preguntado por ella, pero no la he encontrado.

Éutico.— Me importa un comino la furia de mi madre.

Carino.— Parto de nuevo en su búsqueda. Ya he llegado a Calcis. Encuentro aquí a un huésped mío de Zante[65]. Le digo a que he venido. Le pregunto si ha oído decir quién se la llevo, quién es su dueño. 940

Éutico.— ¿Por qué no te dejas de tontería y te vienes a casa conmigo?

Carino.— Mi huésped me contestó que los higos de Zante no eran malos.

Éutico.— No te mintió.

Carino.— En cuanto a mi amiga, me dijo que había oído que estaba aquí, en Atenas.

Éutico.— Un Calcante[66] es ese individuo de Zante.

Carino.— Me embarco y zarpo al instante. Ya estoy en casa. Ya he regresado del destierro. Salud, camarada mío, Éutico. ¿Cómo has estado de salud? ¿Y mis padres? ¿Cómo están de salud mi padre y mi madre? Gracias por tu invitación; eres muy amable. Mañana cenaré en tu casa, hoy lo haré en la mía. 950 Es lo debido, es lo conveniente.

Éutico.— ¡Eh! ¿Qué delirios son esos? *(Al público.)* Este tipo no está bien de la cabeza.

Carino.— Y, si eres mi amigo, ¿por qué no te das prisa en curarme?

Éutico.— Sígueme, por favor.

Carino.— Te sigo.

Éutico.— Con cuidado, por favor, que me lastimas los talones. *(Deteniendo a Éutico para hablar con él.)* Escúchame.

Carino.— Ya hace rato que te escucho.

Éutico.— Quiero poner paz entre mi padre y mi madre. Pues ella está furiosa...

---

[65] Zante o, como decían los antiguos, Zacinto era una de las islas griegas del mar Jónico. Recordaremos a título de curiosidad, que de Zacinto deriva el nombre de la ciudad de Sagunto, que era colonia suya.

[66] Recordaremos que Calcante es el adivino oficial de los aqueos en la guerra de Troya. Su popularidad le hizo convertirse en el adivino por antonomasia.

Carino.— Camina.
Éutico.— Por culpa de tu amiga.
Carino.— Camina.
Éutico.— Encárgate, pues, de ello.
Carino.— ¿Por qué, pues, no caminas? Te la dejaré tan afectuosa con él como Juno con Júpiter, cuando lo es. *(Entran en casa de Éutico.)*

ESCENA TERCERA

Demifón, Lisímaco

Demifón.— *(Llegando del foro con Lisímaco.)* Como si tú nunca hubieras hecho nada semejante.
Lisímaco.— Nunca, por Pólux. Bien me guardé de ello. Y, sin embargo, pobre de mí, estoy más muerto que vivo. Pues mi mujer por culpa de esa chica está que echa chispas.
Demifón.— Pero yo te disculparé y se le pasará el enfado.   960
Lisímaco.— Sígueme. Pero veo salir a mi hijo.

ESCENA CUARTA

Éutico, Lisímaco, Demifón

Éutico.— *(Saliendo de su casa, hablando hacia el interior.)* Voy al encuentro de mi padre, para que sepa que mi madre ya ha aplacado su ira y no está enfadada con él. Vuelvo enseguida.
Lisímaco.— Me gusta este comienzo. ¡Hola! ¿Qué tal, Éutico?
Éutico.— No podíais llegar los dos más oportunamente.
Lisímaco.— ¿Qué pasa?
Éutico.— Tu mujer ya no está enfadada ni irritada contigo. Ya podéis daros las manos.
Lisímaco.— Los dioses me protegen.
Éutico.— Y a ti te comunico que te has quedado sin amiga.
Demifón.— Los dioses te confundan. Pero dime, por favor, ¿qué historia es esa?
Éutico.— Te lo explicaré. Escuchadme, pues, los dos.
Lisímaco.— Te estamos escuchando los dos.

[65]

Éutico.— Las personas nacidas de noble linaje, si son de naturaleza ruin, con su propias faltas se envilecen, su naturaleza desmiente su linaje[67]. 970
Demifón.— Es cierto lo que dice.
Éutico.— Pues es a ti a quien se aplica.
Lisímaco.— Y por ello todavía es más cierto. Pues tú, a tus años, no debías haberle quitado a tu hijo, un joven enamorado, su amiga, que había comprado con su propio dinero.
Demifón.— ¿Cómo? ¿Es la amiga de Carino?
Éutico.— ¡Cómo disimula el granuja!
Demifón.— Pues él me había dicho que era una esclava que había comprado para su madre.
Éutico.— Y por esa razón la compraste tú, ¿verdad, amante novato, viejo niño?
Lisímaco.— ¡Bravo, por Hércules! Continúa. Yo me colocaré por este otro lado y entre ambos lo vamos a colmar de injurias, como se merece.
Demifón.— ¡Estoy perdido!
Éutico.— ¡Mira que haber hecho tamaña afrenta a un hijo que no se lo merecía, al que, cuando ya partía para el destierro, hube yo de hacer volver a casa! Pues ¡ya partía para el destierro! 980
Demifón.— ¿Y partió?
Éutico.— ¿Aún te atreves a hablar, espectro?[68] [A tus años hay que abstenerse de tales prácticas.
Demifón.— Sí, lo confieso, he obrado mal.
Éutico.— ¿Te atreves a hablar, espectro?] A tus años tenías que estar libre de tales culpas. Como a cada estación del año, a cada edad de la vida corresponden unos afanes distintos. Porque, si se autoriza a los viejos a tener amiga, ¿adónde irá a parar la dignidad y prosperidad del Estado?
Demifón.— ¡Ay, pobre de mí, estoy perdido!
Lisímaco.— Son los jóvenes los que han de dedicarse a tales actividades.

---

[67] El pasaje es corrupto y la traducción no pretende más que ofrecer un sentido aproximado.

[68] Lat. *larva*. Según San Agustín (*De civit. IX 11*) se llamaban "larvas" o "lemures" después de la muerte las almas de los hombres malos, mientras "manes" eran las almas de los buenos. Cfr. también Apuleyo, *De deo Socratis*, 152. Parece, por tanto, que Éutico con su insulto reprocha a Demifón su vejez y su mala conducta.

Demifón.— De acuerdo. Quedaos, por favor, con ella y con todas sus pertenencias[69].

Éutico.— Devuélvesela a tu hijo. Que se quede él con ella.

Demifón.— De acuerdo, por mi parte puede quedarse con ella, si así lo quiere.

Éutico.— A buena hora, por Pólux. Ahora que no te queda 990 más remedio.

Demifón.— Que exija la reparación que quiera por la afrenta que le he hecho. Sólo os pido que restablezcáis la paz entre nosotros, para que deje de estar irritado conmigo. Si yo, por Hércules, hubiese sabido o él me hubiese dicho, aunque sólo fuese de broma, que la amaba, a mí no se me hubiera ocurrido quitarle su amor. Éutico, te lo suplico, tú eres su camarada, sálvame, ayúdame. Acepta a este viejo como cliente. Comprobarás que soy agradecido.

Lisímaco.— *(Con ironía.)* Ruégale que te perdone unas faltas propias de tu juventud.

Demifón.— ¿Continúas? ¡Venga! Arremete sin piedad. Confío en que también yo un día tendré la ocasión de devolverte el favor.

Lisímaco.— Ya renuncié yo hace tiempo a esas prácticas. 1000

Demifón.— Y yo también de ahora en adelante...

Lisímaco.— Pierdes el tiempo. La fuerza de la costumbre te conducirá de nuevo a ello.

Demifón.— Por favor, daos ya por satisfechos. Azotadme, incluso, si os apetece.

Lisímaco.— ¡Bien dicho! Pero de eso se encargará tu mujer, cuando se entere.

Demifón.— No es preciso que lo sepa.

Éutico.— De acuerdo. No se enterará. No temas. Pero entremos en casa, que éste no es el lugar apropiado para contar tus hazañas, pues aquí se enterarán todos los que pasen por la calle.

Demifón.— Por Hércules, que tienes razón. Así, de paso, acortaremos la comedia. Vámonos.

Éutico.— *(Reteniéndolo.)* Tu hijo está en nuestra casa.

Demifón.— Estupendo. Después, pasaremos a la nuestra por el corral.

---

[69] Plauto dice *cum porcis, cum fiscina:* "con sus cerdos y con su cesta". Se trata de una expresión proverbial, de origen campesino, que equivalía a decir "con todas sus cosas".

Lisímaco.— Éutico, hay una cosa que quiero aclarar antes de poner de nuevo mi pie en casa.
Éutico.— ¿De qué se trata?
Lisímaco.— Cada uno piensa en lo suyo. Contéstame. ¿Estás seguro de que ya no está enfadada conmigo tu madre?
Éutico.— Estoy seguro.
Lisímaco.— ¿De verdad?
Éutico.— Te doy mi palabra.
Lisímaco.— Me basta. *(Dudando de nuevo.)* Pero, por favor, ¿de verdad, de verdad?
Éutico.— ¿Es que no te fías de mí?
Lisímaco.— Claro que me fío. Pero, ay de mí, tengo miedo.
Demifón.— Entremos.
Éutico.— No, antes de irnos de aquí, creo que debemos promulgar una ley que obligue a los viejos y les ponga freno. A todo aquel que haya cumplido sesenta años, sea casado o, incluso, por Hércules, soltero, del que sepamos que tenga amiga, le impondremos el siguiente castigo: lo consideraremos un necio y, en lo que de nosotros dependa, si ha dilapidado su fortuna, quedará en la miseria. Y que de ahora en adelante ningún padre prohíba a su hijo joven amar o tener amiga, siempre que actúe con moderación. Y si alguno se lo prohíbe, más perderá con lo que se le hurta que con lo que habría tenido que dar voluntariamente. Y queremos que esta ley obligue desde esta misma noche a los viejos. *(A los espectadores.)* Seguid bien y vosotros, jóvenes, si esta ley os agrada, en recompensa del celo puesto por estos viejos[70], justo es que aplaudáis fuertemente.

---

[70] Suele entenderse que los aplausos serían una recompensa a la parte que les corresponde a los viejos, a su pesar, en la elaboración de la ley. Creemos sin embargo preferible pensar, con Enk, que el premio se les da por su trabajo en la representación de la comedia.

EL SOLDADO FANFARRÓN

(Miles gloriosus)

INTRODUCCIÓN

El *Miles gloriosus*, una de las más famosas comedias de Plauto, debe tanto su fama como su título a Pirgopolinices, un soldado que, cuando en realidad es el hazmerreir de todo el mundo, presume hasta tal punto de conquistador de ciudades y de mujeres que con su extrema y ridícula fanfarronería eclipsa a los demás *milites* plautinos y se convierte por méritos propios en una de las más brillantes creaciones no sólo del teatro de Plauto sino del teatro universal de todos los tiempos. Por lo demás, se trata de una simple comedia de burla o engaño en la que el motivo principal y fin último de la acción es el intento de Palestrión, un astuto esclavo, de recuperar para su antiguo amo la posesión de su amada Filocomasia, obligada por la fuerza a ser la concubina de un soldado. Veamos, a continuación, las líneas maestras de su argumento.

La joven Filocomasia, una meretriz de condición libre, durante la ausencia de su amante Pleusicles, es llevada a la fuerza de Atenas a Éfeso por un soldado. Una azarosa casualidad hace que Palestrión, esclavo de Pleusicles, que se había embarcado precipitadamente para comunicar la noticia a su amo, sea raptado por unos piratas y vendido a dicho soldado. Inmediatamente hace acudir a su amo de Atenas y, ayudado por el amable Periplectómeno, vecino del soldado, en cuya casa se aloja su amo, perfora la pared medianera de las dos casas para permitir reunirse a los amantes. Con estos presupuestos, que son explicados detalladamente por Palestrión en el prólogo, comienza la acción de la comedia que va a repartirse en dos engaños sucesivos. El primero va dirigido no contra Pirgopolinices, al menos directamente, sino contra su esclavo Esceledro, guardián de Filocomasia, que, después de haber visto besándose en el patio de la casa de Periplectómeno a los dos amantes, es convencido por Palestrión de que no vio lo que vio y de que a quien en realidad vio fue a la hermana gemela de Filocomasia, recién llegada de Atenas juntamente con su amante. A partir de aquí, tras unas escenas de transición mal unidas al conjunto, la artillería de Palestrión va a dirigirse directamente contra el soldado. Se trata de hacerle creer que la joven matrona de la casa de al lado, la supuesta mujer del viejo Periplectómeno, que no es otra que la cortesana Acroteleucia, alquilada para la ocasión, se ha enamorado de él y, en consecuencia, se le recomienda que despida a Filocomasia y le permita regresar a Atenas en compañía de sus presuntas hermana y madre, que habrían venido a buscarla. El soldado, a quien vuelven loco las aventuras de faldas, renunciará gozoso a Filocomasia y, para compensarla de la pena de separarse de él, le regalará generosamente no sólo todas sus joyas y vestidos sino al propio Palestrión, que, así podrá volver con su antiguo amo. Será el propio Pleusicles, disfrazado de capitán del barco, quien se encargará de llevarse al puerto a Filocomasia, mientras Pirgopolinices, sorprendido en flagrante delito de adulterio, va a ser convenientemente burlado y apaleado.

Dado que la comedia, que con sus 1438 vv. es la más larga de todo el *corpus plautinum,* se divide, como se puede apreciar ya por la lectura del argumento, en dos intrigas sucesivas, numerosos críticos, argumentando que cada una de ellas sería suficiente para provocar su desenlace[1] y señalando los múltiples defectos de construcción que pueden detectarse en su interior, han querido ver en el *Miles* el más clamoroso ejemplo de *contaminatio* de todo el teatro plautino[2] y han supuesto que Plauto habría fundido en él, al menos, dos modelos distintos[3]. En la trama del modelo principal, el *Alazón* citado en el

---

[1] Con razón se ha observado, sin embargo, que la primera intriga difícilmente podría ofrecer un desenlace satisfactorio: cfr. Duckworth, *The Nature of Roman Comedy*, 161; Taladoire, *Essai sur le comique de Plaute,* 59.

[2] Defensores de la *contaminatio* se han mostrado, entre otros, Leo, *Plautinische Forschungen,* 178 ss.; Jachmann, *Plautinisches und Attisches,* Berlín 1931, 162 ss., Fraenkel, *Elementi,* 245-253 y 433; Paratore, *Tutte le commedie,* III 240-48.

[3] Aparte de los dos modelos principales de que hablaremos a continuación, también se ha considerado que la escena introductoria (acto I) podía derivar del *Kólax* de Menandro así como la escena de Lurción (III 2) de una comedia griega indeterminada (Fraenkel, *Elementi* 249 ss.). Esta última escena es la única que todavía hoy algunos

v. 86, que habría sido seguida por Plauto fundamentalmente en la segunda parte de la comedia (actos III-V)[4], Plauto habría insertado la trama de un segundo modelo, que tendría como motivo fundamental el engaño de la pared perforada y cuya acción se desarrollaría en el acto II de la comedia[5].

No podemos entrar aquí en una minuciosa discusión de los argumentos a favor y en contra, por lo que nos limitaremos a constatar que hoy la crítica plautina es reacia a admitir la tesis de la *contaminatio*[6], que acaba planteando más problemas de los que realmente soluciona, y parece preferible suponer que la explicación de las múltiples inconsecuencias y aparente doble trama que presenta la comedia, ha de verse una vez más en la libre adaptación plautina, que habría arruinado la unidad primitiva de la comedia griega. Por nuestra parte, consideramos, si no completamente demostrable, al menos muy verosímil la solución propuesta por K. Gaiser[7], quien, para explicar los defectos del *Miles*, supone que basta esen-

---

autores consideran tomada por Plauto de un modelo distinto del principal: cfr. n. 6.

[4] Numerosos partidarios de la *contaminatio* se ven obligados a admitir que también pertenecen a esta comedia la escena introductoria (acto I) y gran parte del prólogo, excluyendo, naturalmente, los versos en que se habla del engaño de la pared perforada.

[5] Se trata de un tema popular con numerosas huellas en la literatura oriental y europea: cfr. J. P. Small, "Plautus and the Three Princes of Serendip", *RenQ* 29 (1976) 183-194.

[6] Cfr. En contra de la teoría de la contaminación se expresan, entre otros, Duckworth, "The structure of the Miles Gloriosus", *CPh* 30 (1935) 228-246; G. Williams, "Evidence for Plautus' Workmanship in the *Miles Gloriosus*", *Hermes* 86 (1958) 79-105; A. D. Leeman, "Aspects dramatologiques du *Miles* plautien", *Actes du IXe Congrès de l'Assoc. G. Budé*, 1973, 322-325; L. Schaaf, *Der Miles gloriosus des Plautus un sein griechisches Original. Ein Beitrag zur Kontaminationsfrage*, Múnich 1977; E. Lefèvre, "Die Unformung des *Alazón* zu der Doppel-Komödie des Miles gloriosus", *Hermes* 112 (1984) 30-53. Cfr., además, el artículo de K. Gaiser citado en la nota siguiente.

[7] Cfr. K. Gaiser, "Eine neu erschlossene Menander-Komödie und ihre literatur-geschichtliche Stellung", *Poetica* 1 (1967) 436-461 (reimpreso en E. Lefèvre, (ed.) *Die römische Komödie: Plautus und Terenz*, Darmstadt, 1973, 205-248); *Zur Eigenart des römischen Komödie*, 1059-60 y 1062. Cfr., sin embargo, J. Alsina-Clota, "Sobre el modelo griego del *Miles gloriosus* de Plauto", *Helmantica* 34 (1983) 17-34, que expresa sus reservas sobre la explicación de Gaiser.

cialmente con admitir que Plauto ha insertado la escena de Lurción[8] (III 2) y, especialmente, ha añadido los personajes de Acroteleucia y Milfidipa, cuyos papeles en el modelo griego estarían representados por Filocomasia y Pleusicles respectivamente[9].

En cuanto al autor del *Alazón*, cuyo nombre Plauto no menciona, se ha supuesto que podía tratarse de Menandro[10], aunque no han faltado quienes han encontrado o creído encontrar argumentos a favor de Filemón[11].

Para la datación de la comedia son fundamentales los versos 211-212, en que quiere verse una alusión al encarcelamiento del poeta Nevio a causa de sus ataques contra los Metelos[12], lo que lleva a situar corrientemente la representación de la comedia en torno al 205 a. C[13]. Se trata, por tanto,

---

[8] Según él procedente de otra comedia griega. Es la doctrina de Fraenkel (cfr. n. 2). Otros autores, sin embargo, piensan que la escena es de invención plautina: cfr., por ej., Nörenberg, "Einige Beobachtungen zur Lucrio-Szene des plautinischen *Miles gloriosus*", *RhM* 118 (1975) 285-310.

[9] Según Gaiser, Plauto habría llevado a cabo esta última modificación, consciente del interés que despertaban en su público el papel de las cortesanas y, además, para evitar a sus espectadores las dificultades de comprensión de la intriga. Así quedaría demostrada la función de la pared perforada en la segunda parte de la trama y, además, se explicaría por qué quedan sin efecto las advertencias de Palestrión a Pleusicles en vv. 805-812, que implican un papel activo de este último en el engaño.

[10] Cfr. K. Gaiser, "Eine neu erschlossene Menander-Komödie und ihre literatur-geschichtliche Stellung", cit. *supra*.

[11] Dietze, *De Philemone Comico*, 42; P. Grimal, "Le *Miles gloriosus* et la vieillesse de Philémon", *REL* 46 (1968) 129-44.

[12] Como se sabe, en el 206 a. C., siendo cónsul Q. Cecilio Metelo y pretor Marco Cecilio Metelo, probablemente hermano del anterior, Nevio había pronunciado en una comedia el conocido ataque contra los Metelos: *Fato Metelli Romae fiunt consules*. Y los Metelos no sólo le respondieron con una abierta amenaza *(Malum dabunt Metelli Naevio poetae)* sino que ejecutaron su promesa pues por orden suya Nevio fue arrestado y encarcelado, probablemente con el cargo de difamación. Por lo que parece, el poeta campano permaneció un cierto tiempo en prisión y sólo fue puesto en libertad después de haberse retractado en dos comedias escritas en prisión, *Hariolus* y *Leon*.

[13] Buch, *A Chronology*, 16 supone que una de las principales razones de las siete *instaurationes* de los *ludi plebei* en el año 205 fue, precisamente, el éxito de esta comedia.

de una comedia perteneciente a los inicios de la producción dramática de Plauto, escrita, en todo caso, antes del fin de la segunda guerra Púnica, de la que se han querido encontrar ecos en algunos de sus versos[14]. Esta datación temprana es confirmada por la métrica, ya que el *Miles* es una de las comedias más pobres en partes líricas[15].

La influencia del *Miles* en la literatura posterior ha sido notable, aunque más que por su trama, por el personaje de Pirgopolinices que tuvo numerosos seguidores en todas las literaturas europeas[16]. Entre las obras que resienten, en mayor o menor grado, su influencia, citaremos *Il capitano* (1545) de Lodovico Dolce, *Ralph Roister Doister* (1553) De Nicholas Udall, *Le brave* (1567) de J.-A. de Baïf, *Vincentius Ladislaus* (1594) del duque Heinrich Julius de Brunswick, *Agésilan de Colchos* de Cyrano de Bergerac, *Jodelet duelliste* de Scarron, *Le Capitan Fanfaron* (1640) de A. Mareschal, *Le pedant joueé* de Rotrou, *L'illusion comique* (1636) de P. Corneille, *Horribilicribifax* (1663) de A. Gryphius, cuyo protagonista lleva el plautino nombre de *Daradiridatumdarides*, *May day* (1601) de G. Chapman, *Le tuteur dupé* (1765) de Cailhava, *Der grossprahlerische Offizier* (1772), refundida con el título *Die Entführungen* de M.R. Lenz[17].

---

[14] 219 ss.: cfr. Della Corte, *Da Sarsina a Roma*, 53.

[15] En ella no hay más que un solo cántico (vv. 1011-1093) y, además, de ritmo uniforme pues está escrito todo él en septenarios anapésticos.

[16] Un excelente estudio de la figura del *Miles gloriosus* en la comedia antigua y moderna, puede verse en Hanson, J.A., "The Glorious Military", en Dorey, T.A., y Dudley, D.R. (eds.), *Roman Drama*, Londres, 1965, 51-85.

[17] Mencionaremos, como curiosidad, que la ambientación en Éfeso de *The comedy of errors* de Shakespeare parece deberse a la influencia combinada de San Pablo (*Acta* 19) y la escena de nuestra comedia, que, como se sabe, tiene lugar en Éfeso: cfr. Duckworth, *The Nature*, 418 n. 78. También *Las alegres comadres de Windsor* parecen resentir, en las escenas de burla, la influencia del último acto del *Miles*.

PERSONAJES

PIRGOPOLINICES, soldado[1].
ARTOTROGO[2], parásito.
PALESTRIÓN, esclavo (de Pleusicles y del soldado).
PERIPLECTÓMENO, viejo.
ESCELEDRO[3], esclavo (del soldado).
FILOCOMASIA, cortesana.
PLEUSICLES, joven.
LURCIÓN, chaval.
MILFIDIPA, esclava (de Acroteleucia).

---

[1] Ni que decir tiene que Pirgopolinices, como los demás *milites* plautinos no es un simple soldado raso sino una especie de *condotiero* o capitán de mercenarios, al servicio, en este caso, del rey Seleuco (v. 75). Mantenemos, sin embargo, la denominación de soldado pues es tradicional en español para este tipo de personajes. Su nombre, derivado del griego πύργος "torre, fortaleza", πόλις "ciudad" (o πολύς "mucho", si leemos *Pyrgopolynices* en vez de *Pyrgopolinices)* y νίκη "victoria", significa algo así como "vencedor de ciudades fortificadas" (o "vencedor de muchas ciudades").

[2] Artotrogo, del gr. ἄρτος "pan" y τρώγω "comer, roer", podría traducirse por "roepán, devorapán" y es un nombre sumamente apropiado para un parásito.

[3] A pesar de que en el tomo primero, siguiendo la acentuación latina, hemos acentuado en la antepenúltima algún nombre cuya penúltima vocal breve es seguida por oclusiva más líquida o nasal (cfr. por ejemplo Estratípocles en el *Epídico),* hemos decidido revisar la cuestión y acentuar estas palabras en la penúltima, de acuerdo con la tendencia del español (cfr. tinieblas, entero, etc. de *ténebras, íntegrum,* etc.): cfr. M. Fernández Galiano, *La transcripción de los nombres propios griegos,* Madrid 1969 § 168 (pág. 59). Acentuamos, por tanto, Esceledro y Pleusicles, en lugar de Escéledro y Pléusicles.

ACROTELEUCIA, cortesana.
ESCLAVOS.
CHAVAL.
CARIÓN, cocinero.
LORARIOS.

La acción tiene lugar en Éfeso. Al fondo del escenario se ven las casas contiguas de Pirgopolinices y Periplectómeno. Delante de ellas se alza un altar consagrado a Diana[4].

---

[4] Cfr. v. 411. Aunque se ha supuesto que el altar que había en la escena de la comedia estaba siempre consagrado a Apolo y que los sacrificios hechos a otras divinidades se realizaban en él, parece improbable que el altar de un dios se usara para otro: cfr. Duckworth, *The Nature of Roman Comedy*, 84.

ARGUMENTO I

(acróstico)

A una cortesana se la lleva de Atenas a Éfeso un soldado. Mientras el esclavo del amante de la joven trata de comunicarle la noticia a su amo, que se encontraba en el extranjero en misión oficial, él mismo es apresado en la mar y dado como regalo a dicho soldado. Hace venir a su amo de Atenas y perfora en secreto la pared medianera de dos casas contiguas para que puedan reunirse los amantes. Un guardián los ve desde el tejado estrechamente abrazados. Pero es cómicamente burlado, haciéndosele creer que se trata de otra mujer. También convence Palestrión al soldado de que se deshaga de su amiga, diciéndole que la mujer del viejo de la casa de al lado quería casarse con él. Por propia iniciativa le pide[5] que se vaya y la colma de regalos. Después él es sorprendido en la casa del viejo y castigado por adúltero.

ARGUMENTO II

Una cortesana libre de nacimiento era amada apasionadamente por un joven ateniense y, a su vez, le correspondía. El joven partió en misión oficial hacia Naupacto. Un soldado cae sobre la chica y se la lleva contra su voluntad a Éfeso. El esclavo del ateniense se hace a la mar para comunicar a su amo lo ocurrido. Es hecho prisionero y dado como regalo a dicho sol-

---

[5] El soldado a la joven, evidentemente. Pero hemos tratado de reproducir la concisión del argumento.

dado. Escribe una carta a su amo, diciéndole que vaya a Éfeso. Acude volando el joven y se aloja en la casa de al lado, que pertenece a un huésped de su padre. El esclavo perfora la pared medianera para que los amantes puedan pasar por ella sin ser vistos; e inventa la historia de que ha venido una hermana gemela de la joven. Después el dueño de la casa le presta a una clienta suya para conquistar al soldado. Cae en la trampa. Espera una boda, despide a su concubina y recibe una buena paliza por adúltero.

ACTO PRIMERO

ESCENA ÚNICA

PIRGOPOLINICES, ARTOTROGO

PIRGOPOLINICES.— *(Saliendo de casa, acompañado por Artotrogo y seguido por una escolta de soldados, a los esclavos que quedan en casa.)* Procurad que el brillo de mi escudo sea más resplandeciente que los rayos del sol en un cielo despejado, para que, cuando llegue la ocasión, una vez trabado el combate, su resplandor ciegue a los enemigos[6]. Y quiero entretanto consolar a mi querida espada, para que no se lamente ni se desanime por llevarla al cinto inactiva tanto tiempo, cuando la pobre se muere de ganas de hacer picadillo a mis enemigos. Pero, ¿dónde se ha metido Artotrogo?
ARTOTROGO.— Aquí está, junto a un héroe valiente y afortunado, hermoso como un rey. Ante un guerrero como tú... ni el propio Marte se atrevería a hablar de sus proezas o a compararlas con las tuyas.
PIRGOPOLINICES.— ¿No fue a él a quien yo salvé la vida en las

---

[6] A falta de una buena solución, hemos renunciado a traducir el famoso juego de palabras *aciem in acie*, en que el sustantivo *acies* es usado en el doble sentido de "vista" y "combate" ("ejército en línea de combate"). Paratore, tratando de reproducirlo, traduce: "ottunda il filo... dello sguardo nelle file dei nemici.", traducción seguida por Louro Fonseca, *O soldado Fanfarrão*, Coimbra, 1987², pág. 27: "ele embote o fio... do olhar, nas fileiras inimigas."

llanuras gorgogeñas[7], donde tenía el mando supremo Bumbomáquides Clutumistaridisárquides[8], nieto de Neptuno?
ARTOTROGO.— Sí, lo recuerdo. Sin duda te refieres al famoso guerrero de las armas de oro, cuyas legiones tú dispersaste de un soplo, como dispersa el viento las hojas o las cañas de los tejados.
PIRGOPOLINICES.— ¡Bah! Todo eso no es nada.
ARTOTROGO.— Claro que no es nada en comparación con 20 tus otras hazañas... *(aparte)* que nunca realizaste. *(Dirigiéndose a los espectadores.)* Si alguien conoce a algún hombre más mentiroso o lleno de fanfarronería que éste, le otorgo la propiedad sobre mí; estoy dispuesto a ser su esclavo. Sólo tiene una cosa buena: las aceitunas que se comen en su casa, están de locura.
PIRGOPOLINICES.— ¿Dónde te has metido?
ARTOTROGO.— Aquí estoy. ¿Y te acuerdas, por Pólux, cómo en la India le rompiste de un puñetazo a un elefante un brazo?

---

[7] Resulta curiosa la utilización del nombre de este pequeño gusano del trigo (cfr. n. 67 del *Curculio)* para dar nombre a un lugar imaginario teóricamente bastantes años antes de la primera representación de la comedia que lleva este título (generalmente el *Miles* suele asignarse al 205 y el *Curculio* al 194 a. C. aprox.). Pensamos, con Hammond, que es probable que haya un juego de palabras oculto (recuérdese que *curculio* y su variante *gurgulio* pueden significar también "garganta", "esófago" e, incluso, en sentido erótico, "pene": cfr. J.N. Adams, *The Latin Sexual Vocabulary*, Londres 1982, 33*)* o una alusión que se nos escapa. Cfr., sin embargo, S. Settins, "Alessandro e Poro in campis Curculioniis", *PP* 23 (1968) 55 ss.

[8] Bumbomáquides, del gr. βόμβος "ruido sordo" "estrépito", μάχη "combate" y el sufijo patronímico –ίδης significa algo así como "hijo del (guerrero) que combate haciendo ruido". Clutumistaridisárquides (o Clutomistarnicárquides), por su parte, derivado del gr. κλυτός "famoso", μισθαρνία "servicio mercenario", ἀρχή "mando militar" y el sufijo -ίδης, significa "hijo del famoso capitán de mercenarios". Menos probable es la lectura Clutomestoridisárquides, en cuyo caso en lugar de μισθαρνία habría que ver el término μήστωρ "que cuida o atiende" y el prefijo negativo δυσ-; el significado, en este caso, sería "el hijo del que es famoso por su incapacidad para mandar". Se trata, por tanto, de dos auténticas cascadas de nombres griegos, cuya comicidad para los espectadores romanos debía provenir más de la altisonante fonética que de un análisis minucioso de sus elementos significativos. Recordaremos finalmente que algunos estudiosos han querido ver en este personaje una alusión a Antígono Gonatas, hijo de Demetrio Poliorcetes, que presumía de ser hijo de Neptuno.

PIRGOPOLINICES.— ¿Cómo? ¿Un brazo?
ARTOTROGO.— Quería decir una pata.
PIRGOPOLINICES.— Y eso que lo golpeé con desgana.
ARTOTROGO.— ¡Naturalmente! Si llegas a poner toda tu fuerza, tu brazo le hubiera atravesado la piel, el vientre y hasta la mandíbula a ese elefante.
PIRGOPOLINICES.— Dejemos eso por el momento.
ARTOTROGO.— De verdad que no vale la pena, por Hércules, que me cuentes tus hazañas, ya que las conozco bien. *(Aparte.)* Es mi estómago el que me crea todos estos problemas; mis oídos tienen que tragárselo todo para que mis dientes no estén desocupados; y tengo que asentir a todas sus mentiras.
PIRGOPOLINICES.— *(Con aire preocupado.)* ¿Qué iba a decir yo?
ARTOTROGO.— *(Rápido.)* Sí, sé lo que ibas a decir; es la pura verdad, por Hércules; lo recuerdo perfectamente.
PIRGOPOLINICES.— ¿Y qué era?
ARTOTROGO.— ¡Fuera lo que fuera, da igual!
PIRGOPOLINICES.— ¿Tienes...?
ARTOTROGO.— Seguro que quieres las tablillas. Las tengo, y también el punzón.
PIRGOPOLINICES.— ¡Qué bien sabes conectar tu pensamiento con el mío!
ARTOTROGO.— Es mi deber ejercitarme en conocer tu carácter y poner todo mi cuidado en olfatear de antemano tus intenciones.
PIRGOPOLINICES.— ¿Te acuerdas por casualidad...?
ARTOTROGO.— Claro que me acuerdo: ciento cincuenta en Cilicia[9], cien en Escitolatronia[10], treinta sardos[11], sesenta macedonios. A todos esos hombres mataste tú en un solo día.
PIRGOPOLINICES.— ¿Cuántos suman en total?
ARTOTROGO.— Siete mil.

---

[9] Región situada en la costa meridional de Asia Menor.
[10] El término *Scytholatronia*, compuesto, por *Scytes* "escita" y *latro* "mercenario" significa "el país de los mercenarios escitas" y es un término que pertenece, evidentemente, a la geografía fantástica de Plauto. Recordaremos que la Escitia era una enorme región que se extendía al sur de Rusia y al norte del Mar Negro.
[11] De Sardes, capital de Lidia (región de Asia Menor), no de Cerdeña.

Pirgopolinices.— *(Satisfecho.)* Esos deben ser. Sabes echar bien las cuentas.

Artotrogo.— Y eso que no los tengo apuntados. Pero me acuerdo igual.

Pirgopolinices.— ¡Por Pólux, que tienes una memoria excelente!

Artotrogo.— *(Aparte.)* Las buenas viandas me la refrescan.

Pirgopolinices.— Mientras sigas como hasta ahora, tendrás 50 siempre qué comer; todos los días te haré compartir mi mesa.

Artotrogo.— ¿Y qué me dices de Capadocia, donde, si no llega a mellarse tu espada, hubieras matado de un solo tajo a quinientos enemigos?

Pirgopolinices.— Sí, pero como eran unos pobres soldaduchos de infantería, les perdoné la vida.

Artotrogo.— ¿Y para qué voy a decirte lo que todo el mundo sabe, que Pirgopolinices es único en el orbe por su bravura, su belleza y sus hazañas invencibles? Todas las mujeres te aman y con razón, porque ¡eres tan guapo! Por ejemplo, aquellas que ayer mismo me tiraban de la capa.

Pirgopolinices.— ¿Y qué te decían? 60

Artotrogo.— Me atosigaban a preguntas. "¿No será Aquiles?", me dijo una. "No, respondí; pero es su hermano." Y otra me dijo: "Por Cástor, ¡qué hermoso es! ¡Y qué aspecto tan distinguido tiene! ¡Mira qué bien le cae su cabellera! ¡Dichosas las mujeres que pueden compartir su lecho!"

Pirgopolinices.— ¿Eso te decían, de verdad?

Artotrogo.— ¿Cómo? Incluso llegaron ambas a suplicarme que te hiciera pasar hoy a su lado como a un dios en procesión.

Pirgopolinices.— *(Pesaroso.)* ¡Ay! ¡Qué desgracia tan grande es ser demasiado guapo!

Artotrogo.— Pero es la verdad. No dejan de importunarme, de pedirme, de asediarme, de suplicarme que se les per- 70 mita verte; quieren que te lleve ante ellas; hasta el punto de que no me queda tiempo para dedicarlo a tus asuntos.

Pirgopolinices.— Bueno, me parece que ya es hora de que nos vayamos al foro, para pagar a los mercenarios que alisté aquí ayer su soldada. Pues, como sabes, el rey Seleuco me rogó encarecidamente que le reclutara y alistara unos mercenarios. Es mi intención dedicar la jornada de hoy al rey.

Artotrogo.— Está bien; vayamos, pues.

Pirgopolinices.— *(A los soldados de su escolta.)* En marcha, soldados.

ACTO SEGUNDO

ESCENA PRIMERA

PALESTRIÓN

PALESTRIÓN.— *(Saliendo de casa de Pirgopolinices.)* Tendré yo la amabilidad de explicaros el argumento de esta comedia, si tenéis vosotros la bondad de escucharme. El que no quiera escuchar que se levante y se vaya, para que tenga donde sentarse[12] el que sí quiere escuchar. Ahora, ya que ella es la razón por la que estáis sentados en este lugar de fiesta, voy a deciros el argumento y el título de la comedia que vamos a representar. Esta comedia en griego tiene por título Ἀλαζών, término que en nuestra lengua traducimos por "fanfarrón"[13]. Esta ciudad es Éfeso. El soldado que acaba de marcharse al foro, es mi amo, un fanfarrón, un caradura, una basura de hombre, un perjuro y adúltero consumado. Dice que todas las mujeres lo persiguen pero, por dondequiera que pasa, es el hazmerreir de todas. Según él, las cortesanas de la ciudad, de tanto tirarle besos para seducirlo, tendrían en su mayoría los labios zambos[14]. En cuanto a mí, no hace mucho tiempo que soy esclavo suyo. Pero quiero que sepáis cómo caí en su poder, después de haber tenido otro amo. Prestadme atención, que ahora voy a empezar la exposición del argumento. Yo tenía por amo en Atenas a un joven extraordinario, que estaba enamorado de una cortesana nacida de madre ateniense[15], que (¿no es éste el

---

[12] Sobre el problema de los asientos en el teatro de Plauto cfr. n. 5 del *Anfitrión*.

[13] Lit. "en latín traducimos por *gloriosus*". Aunque algunos autores han querido ver en *gloriosus* ("fanfarrón") el primitivo título de la comedia (cfr. Della Corte, *Da Sarsina a Roma*, 143), nos inclinamos a pensar que no se trata más que de la traducción del título griego, que implica, naturalmente, una clara alusión al título latino pero no es el verdadero título.

[14] Es decir, prominentes, deformados hacia fuera, como si estuvieran constantemente tirando un beso.

[15] El texto en este punto es corrupto. En nuestra traducción seguimos, sin demasiada convicción, la traducción de Ernout. Nos sorprende especialmente que se haga la genealogía de una cortesana que no

más hermoso de los amores?) a su vez le correspondía. Este joven es enviado en misión oficial a Naupacto[16] por un importante asunto de estado. Entretanto el soldado llega por casualidad a Atenas, se introduce en casa de la amiga de mi amo y comienza a engatusar a su madre, colmándola de vino, joyas y opíparas viandas. De esta manera se hace íntimo de la lena. Pero, tan pronto como se le presenta la ocasión, le juega una mala pasada a la lena, es decir, a la madre de la joven que amaba mi amo. Un buen día el soldado mete a la joven, a escondidas de su madre, en una nave y se la trae, en contra de su voluntad, aquí, a Éfeso. Yo, en cuanto me entero de que se han llevado a la amiga de mi amo de Atenas, sin perder un instante, me procuro una nave y embarco rumbo a Naupacto para comunicar la noticia a mi amo. Pero, cuando llegamos a alta mar, se cumple la voluntad de los dioses. Unos piratas se apoderan de la nave que me transportaba. Me veo perdido antes de poder reunirme con mi amo, como era mi intención. El pirata que me capturó, me da como regalo al soldado. Y, cuando éste me conduce a su casa, allí me veo a la amiga que mi amo tenía en Atenas. Cuando a su vez ella me ve a mí, me hace una seña con los ojos para que no le hable. Después, a la primera ocasión, entre lamentos me cuenta sus desgracias. [Me asegura que tiene intención de huir de esta casa y regresar a Atenas.] Me dice que ella está enamorada del amo que yo tenía en Atenas y que no odia a nadie tanto como a este soldado. Yo, una vez que conocí su forma de pensar, cogí unas tablillas, escribí en secreto una carta, la sellé y se la entregué a un mercader para que se la llevara al amo que yo había tenido en Atenas, el que había sido el amante de la joven. Le decía que viniera. Él no desatendió mi mensaje. Pues no sólo vino sino que se aloja en la casa de al lado, de la que es propietario un huésped de su padre, un viejo encantador, que trata de complacer en todo a su huésped enamorado y que nos anima y ayuda con obras y consejos. Y así yo he podido poner en práctica en nuestra casa una gran artimaña, para permitir reu-

---

va a reconocerse al final como ciudadana libre (¿o se trata de un detalle modificado por Plauto?) y preferiríamos ver referido el *Athenis Atticis* al joven. Habría que sustituir *matre* por *natus*.

[16] Ciudad de Etolia, situada en la entrada del golfo de Corinto. Desde la Edad Media se la conoce con el nombre de Lepanto y fue la ciudad que dio nombre a la célebre batalla naval entre turcos y cristianos.

nirse a los enamorados. Pues en la habitación que el soldado 140
dio a su amiga y en la que nadie más que ella puede poner el
pie, en esa habitación, he perforado la pared, para que la
joven pueda pasar de una casa a otra sin ser vista. Y lo he
hecho con el conocimiento del viejo: él mismo fue quien me
lo sugirió. Y es que mi compañero de esclavitud, al que el soldado asignó la custodia de su amiga, es un pobre hombre al
que con ingeniosas maquinaciones y astutos engaños pondre-
mos una venda en los ojos y haremos que no haya visto lo que
ha visto. Y, para que dentro de un momento no os despistéis, 150
os advierto que esta joven va a hacer alternativamente el papel
de dos mujeres: *(señalando sucesivamente la casa del soldado y la de Periplectómeno)* la de esta casa y la de aquélla. Será
siempre la misma, pero fingirá ser otra. Así burlaremos a su
guardián. Pero ha sonado la puerta del viejo, nuestro vecino. Es
él mismo que sale. Éste es el viejo encantador del que os hablé.

ESCENA SEGUNDA

PERIPLECTÓMENO, PALESTRIÓN

PERIPLECTÓMENO.— *(Hablando hacia el interior de la casa,
a sus esclavos.)* Os juro, por Hércules, que si no le rompéis los
astrágalos[17] a cualquier extraño que veáis en el tejado, os
arranco la piel a tiras[18]. Ahora resulta que a los vecinos les ha
dado por curiosear lo que sucede en mi propia casa y se dedican a mirar por el impluvio[19] a su interior. Así que os lo advier-

---

[17] Lat. *talos*. Los astrágalos o tabas son unos huesos del pie, situados en la parte superior del tarso. Los de las reses pequeñas, de la misma manera que los emplean hoy los niños, particularmente las niñas,
para el juego de la "taba", los empleaban los romanos como dados,
que, por ello, se denominaban también *talos*. Obsérvese que hemos
tenido que respetar la traducción literal para reflejar el juego de palabras, basado en el doble sentido de dicho término, que va a hacer a
continuación Periplectómeno.
[18] Pese a la traducción, para entender la amenaza de Periplectómeno *(vostra faciam latera lorea)* basta pensar, como sugiere Hammond,
que los lorarios azotarán a los esclavos hasta que su piel cuelgue en
tiras parecidas a correas. Cfr. *As.* 363 *interminatust nos futuros ulmeos*
y n. 69 de los *Captivi*.
[19] Sobre el impluvio véase la n. 50 del *Anfitrión*.

to a todos: a cualquier persona de la casa del soldado que 160
veáis en nuestro tejado, exceptuando sólo a Palestrión, derribadlo al suelo. Por más que diga que anda buscando a una gallina, a una paloma o a un mono, ay de vosotros, si no lo apaleáis hasta que muera. Y, además, para que no puedan infringir la ley del juego, haced que vuelvan a casa sin un solo astrágalo sano con el que jugar en los convites.
Palestrión.— Alguna fechoría han debido hacer los nuestros, por lo que oigo, para que el viejo mande romper los astrágalos a mis camaradas. Pero me exceptuó a mí. Y me importa un comino lo que les haga a los demás. Le dirigiré la palabra.
Periplectómeno.— *(Viendo acercarse a Palestrión.)* ¿No es Palestrión el que viene a mi encuentro?
Palestrión.— ¿Qué tal estás, Periplectómeno? 170
Periplectómeno.— A muy pocos hombres, si pudiera elegir, preferiría ver o encontrar antes que a ti.
Palestrión.— ¿Qué pasa? ¿Qué líos te traes con los nuestros?
Periplectómeno.— ¡Estamos perdidos!
Palestrión.— ¿Qué sucede?
Periplectómeno.— Todo ha sido descubierto.
Palestrión.— ¿Qué ha sido descubierto?
Periplectómeno.— Hace un momento desde el tejado alguno de los vuestros ha mirado por el impluvio a nuestra casa y ha visto a Filocomasia y a mi huésped besándose.
Palestrión.— ¿Y quién fue el que los vio?
Periplectómeno.— Un camarada tuyo.
Palestrión.— ¿Quién diablos?
Periplectómeno.— No lo sé. Se escabulló a toda prisa, en un santiamén.
Palestrión.— Sospecho... que estoy perdido.
Periplectómeno.— Al verlo escaparse, le grito: "¡Eh!, contesta, ¿qué haces en mi tejado?" Y él, mientras se escapaba, me responde que andaba buscando a un mono.
Palestrión.— ¡Ay, pobre de mí, que me veo condenado a 180
morir por culpa de esa bestia inmunda! Pero, ¿Filocomasia todavía está en tu casa?
Periplectómeno.— Cuando salí, todavía estaba.
Palestrión.— Ve, por favor, y dile que pase cuanto antes a la nuestra, para que la vean dentro los criados, a no ser que quiera que por culpa de sus amores nos veamos obligados a abrazar la cruz nosotros, los esclavos.

PERIPLECTÓMENO.— Eso ya se lo dije. *(Despidiéndose.)* Si no quieres otra cosa...
PALESTRIÓN.— Sí quiero. Dile también esto: que no haga nada por desmentir su naturaleza femenina y que no deje de poner en práctica las artes y mañas propias de su sexo.
PERIPLECTÓMENO.— ¿Qué quieres decir?
PALESTRIÓN.— Que convenza al que la vio de que no la vio. Aun cuando haya sido vista en tu casa cien veces, que pese a todo lo niegue. Tiene cara, lengua, perfidia, malicia, audacia, desfachatez, coraje, mala fe para confundir al que la acusa, 190 con sus juramentos. Tiene un carácter fecundo en embustes, en trampas, en perjurios; es fecunda en engaños, fecunda en lisonjas, fecunda en ardides. Una mujer, que tenga picardía, no necesita recurrir a ningún hortelano. Ella misma tiene en su casa una plantación de malas mañas, con los condimentos necesarios para aderezarlas.
PERIPLECTÓMENO.— Yo le daré tu mensaje, si está en casa. *(Viendo que Palestrión no le escucha y está absorto en sus pensamientos.)* Pero, ¿a qué le estás dando vueltas en tu cabeza, Palestrión?
PALESTRIÓN.— Espera un momento, mientras convoco en mi mente la asamblea de mis pensamientos y delibero sobre lo que debo hacer, sobre la astucia que voy a usar contra mi astuto[20] camarada, que la vio besándose en tu casa, para que lo que ha visto no lo haya visto.
PERIPLECTÓMENO.— Piensa. Yo, entretanto, me apartaré un 200 poco de ti. *(Alejándose de Palestrión pero siguiendo con la vista el juego mudo de sus gestos y posturas, mientras medita.)* Fijaos, por favor, en la postura que ha adoptado, la frente fruncida, el ademán pensativo, meditabundo. Golpea el pecho con los dedos. Parece que quiere hacer salir al corazón. Mirad, ahora se da la vuelta. La mano izquierda la apoya en su pierna izquierda, mientras con la derecha echa cuentas con los dedos. Golpea la pierna derecha. ¡Y qué golpes le da! La ideas no le vienen fácilmente a la cabeza. Ha hecho chascar los dedos. Está trabajando con su cabeza, no hace más que cambiar de postura. Fijaos, ahora sacude la cabeza. No le agrada la

---

[20] El calificativo de "astuto" dado a Esceledro parece justificarse exclusivamente en función del juego de palabras trampa/tramposo (lat. *dolum/doloso*) ya que el carácter de Esceledro en la comedia es todo menos astuto o tramposo.

idea que se le ha ocurrido. De todas formas, sea lo que sea lo que está guisando en su cabeza, no lo retirará del fuego crudo, sino que lo servirá bien cocido. *(Viendo que Palestrión apoya el mentón en la mano.)* Mirad, ahora construye un edificio. Pone una columna bajo su mentón. ¡Quita de ahí! No me gusta nada esa construcción. Pues he oído decir que un poeta bárbaro tiene la cabeza sostenida por una columna y que dos soldados montan guardia junto a él a todas horas[21]. ¡Bravo! ¡Qué postura más hermosa ha adoptado, digna de un verdadero esclavo de comedia! No cejará en su empeño hasta que haya logrado su objetivo. Ya lo tiene, me parece... Venga, haz lo que tienes que hacer; despierta, no te dejes vencer por el sueño, a no ser que prefieras pasar toda la noche despierto, mientras las varas decoran tu espalda con moratones. ¡Eh, Palestrión, que estoy hablando contigo! *(Laguna.)* Vamos, espabila; vamos, despierta; vamos, que es de día.

PALESTRIÓN.— *(Como despertando de un profundo sueño.)* Te oigo.

PERIPLECTÓMENO.— ¿No ves que el enemigo está cerca y tu espalda en peligro? Toma precauciones, reúne rápidamente tus tropas y a tus aliados para la lucha. Date prisa; no hay tiempo que perder. Toma la delantera por cualquier camino; conduce a tu ejército por algún desfiladero en una maniobra envolvente. Pon cerco al enemigo y a los nuestros garantízales la defensa. Corta el aprovisionamiento a tus adversarios y tú asegúrate un camino por el que puedan llegar los víveres y las provisiones a ti y a tus legiones. Pon manos a la obra. El asunto es urgente. Piensa, imagina, sírvenos rápida, inmediatamen-

---

[21] Parece que se trata de una alusión al poeta Nevio, que en el momento en que fue representada por primera vez esta comedia (_05 a. C.) debía encontrarse en prisión, condenado por haber compuesto contra los Metelos unos versos satíricos. Según A. Rostagni, *Storia della Letteratura Latina*, I 103, con la expresión *os columnatum* ("la cabeza sostenida por una columna") no ha de endenderse, como habitualmente se hace, que Nevio se encontrara en prisión con el rostro apoyado en la mano, en actitud pensante o meditabunda, como la de Palestrión, sino en sentido literal, con el rostro o, mejor todavía, la boca (símbolo de la libertad de expresión que de esta manera sería ahogada) apoyada en la columna a que eran atados los malhechores para ser azotados. De la misma manera en los *bini custodes* a su vez habría que ver una alusión a las dos cadenas, verdaderas o simbólicas, que le atenazaban las manos o los pies.

te un plan para que lo que ha sido visto no haya sido visto y lo que ha ocurrido no haya ocurrido. *(A los espectadores, señalando a Palestrión.)* ¡Qué gran empresa acomete, qué grandes fortificaciones levanta! *(A Palestrión.)* Si te comprometes a hacerte cargo tú solo de este trabajo, estoy seguro de que 230 derrotaremos a nuestros enemigos.

PALESTRIÓN.— Me comprometo y me hago cargo.

PERIPLECTÓMENO.— Y yo te prometo que conseguirás tus propósitos.

PALESTRIÓN.— ¡Que Júpiter te bendiga!

PERIPLECTÓMENO.— ¿Y tendrías la amabilidad de ponerme al corriente de tus planes?

PALESTRIÓN.— Cállate, mientras te conduzco al país de mis maquinaciones, para que conozcas tan bien como yo mis proyectos.

PERIPLECTÓMENO.— Guardaré celosamente el secreto.

PALESTRIÓN.— Mi amo está recubierto por una piel de elefante, no de hombre; y no tiene más inteligencia que una piedra.

PERIPLECTÓMENO.— Eso ya lo sé.

PALESTRIÓN.— Pues bien, éste es el plan que proyecto, ésta la maniobra que pondré en práctica. Diré que la hermana gemela de Filocomasia ha venido de Atenas con un amante suyo, que las dos se parecen como dos gotas de leche, y que los amantes se alojan como huéspedes en tu casa.

PERIPLECTÓMENO.— ¡Bravo! ¡Bravo! ¡Maravilloso! ¡Magnífica 240 ocurrencia!

PALESTRIÓN.— De manera que, si mi camarada la acusa ante el soldado de haberla visto en tu casa besándose con un extraño, yo replicaré que es a la otra a quien ha visto mi camarada en tu casa, abrazándose y besándose con su amante.

PERIPLECTÓMENO.— ¡Estupendo, estupendo! Lo mismo diré yo, si el soldado me pregunta.

PALESTRIÓN.— Pero insiste en que son exactamente iguales. Y, además, hay que advertírselo a Filocomasia, para que lo sepa y no titubee, si el soldado le pregunta.

PERIPLECTÓMENO.— ¡Vaya engaño más astuto! Pero, y si el soldado quiere verlas juntas a la dos, ¿qué hacemos?

PALESTRIÓN.— Es muy sencillo. Pueden inventarse mil excu- 250 sas: "No está en casa, salió de paseo, está durmiendo, se está arreglando, se está bañando, está comiendo, está en una fiesta, está ocupada, no tiene tiempo, no puede". Demoras, todas las que quieras, con tal que consigamos convencerlo desde el primer momento de que son ciertas las mentiras que ella le cuente[22].

PERIPLECTÓMENO.— Me parece muy bien.

PALESTRIÓN.— Vete, pues, a casa y, si está ahí la chica, hazla pasar rápidamente a la nuestra y díselo, cuéntaselo, adviérteselo todo, para que esté al corriente de nuestros planes y de la historia que hemos tramado sobre la hermana gemela.

PERIPLECTÓMENO.— Te la aleccionaré bien aleccionada. ¿Quieres algo más?

PALESTRIÓN.— Que te vayas a casa.

PERIPLECTÓMENO.— Me voy. *(Entra en su casa.)*

PALESTRIÓN.— *(Solo.)* También yo me iré a casa y trataré di- 260 simuladamente de averiguar qué camarada mío fue el que hoy anduvo buscando al mono. Pues seguro que no pudo resistir la tentación de contarle a alguno de los nuestros que vio a la amiga del amo en la casa de al lado besándose con un jovenzuelo desconocido. Conozco yo muy bien a los esclavos: "Soy incapaz de esconder lo que soy el único en saber[23]." Si descubro a quién la vio, apuntaré contra él toda mi artillería[24]. Todo está preparado. Estoy decidido a conquistar a nuestro hombre por la fuerza de las armas. Y si por este procedimiento no consigo descubrirlo, me pondré a husmear sin descanso como un perro de caza, hasta que encuentre las huellas de la zorra. 270 Pero, ha sonado la puerta de nuestra casa. Bajaré el tono de mi voz. Pues el que sale es el guardián de Filocomasia, mi camarada.

---

[22] Sorprende el verbo en singular, referido sin duda a Filocomasia, cuando esperaríamos más bien una primera persona del plural ("contemos"). Pero seguimos la lectura de los manuscritos, mantenida por los mejores editores.

[23] Traducimos así tratando de reflejar el carácter de proverbio que parecen tener en este punto las palabras de Palestrión. Otros, suprimiendo las comillas en el texto, entienden simplemente: "Yo mismo soy incapaz de callar lo que sé.", dicho de sí mismo por el propio Palestrión.

[24] Literalmente "dirigiré contra él mis manteletes (*vineam pluteosque*)". Se trata de unas máquinas de guerra que consistían en una especie de barraca o cobertizo con ruedas y eran utilizadas para batir las murallas en los asedios.

ESCENA TERCERA

Esceledro, Palestrión

Esceledro.— *(Saliendo de casa de Pirgopolinices.)* Como no sea que yo haya soñado que anduve por el tejado, estoy absolutamente seguro, por Pólux, de haber visto a Filocomasia, la amiga del amo, buscarse un buen disgusto.
Palestrión.— *(Aparte.)* Éste fue el que la vio besándose, por lo que le acabo de oír.
Esceledro.— ¿Quién está aquí?
Palestrión.— Un camarada tuyo. ¡Hola, Esceledro!
Esceledro.— ¡Oh, Palestrión, no sabes lo que me alegro de encontrarte!
Palestrión.— ¿Qué pasa? ¿Qué ocurre? Cuéntame.
Esceledro.— Me temo...
Palestrión.— ¿Qué temes?
Esceledro.— Me temo, por Hércules, que todos los esclavos de la casa vamos a trepar hoy a lo más alto de la cruz.
Palestrión.— Trepa tú solo, que a mí no me gustan esas acrobacias.
Esceledro.— Posiblemente tú no sabes lo que acaba de ocurrir en nuestra casa.
Palestrión.— ¿Y qué acaba de ocurrir?
Esceledro.— Una desvergüenza.
Palestrión.— ¡Ah! Pues guárdate el secreto para ti solo; a mí no me digas nada, que no quiero saberlo.
Esceledro.— Pero yo no dejaré que te quedes sin saberlo. Hace un rato iba yo detrás de nuestro mono por el tejado del vecino...
Palestrión.— Naturalmente, por Pólux, Esceledro: una bestia tras otra bestia.
Esceledro.— ¡Los dioses te confundan!
Palestrión.— A ti... te sería mejor seguir con tu relato.
Esceledro.— Por casualidad eché una mirada por el impluvio a la casa del vecino y ¿qué es lo que veo? A Filocomasia besándose con un joven desconocido.
Palestrión.— ¿Qué infamia es la que te estoy oyendo, Esceledro?
Esceledro.— Te juro que lo vi.
Palestrión.— ¿Tú mismo?
Esceledro.— Yo mismo, con estos dos ojos míos.

PALESTRIÓN.— Vete a paseo. Eso no hay quien se lo crea y tú no lo has visto.
ESCELEDRO.— ¿Acaso te parezco miope?
PALESTRIÓN.— Eso es mejor que se lo preguntes a un médico. Pero esa historia, si los dioses te fueran propicios, no la propalarías a la ligera. Tú estás exponiendo a un peligro mortal a tus piernas y a tu cabeza. Tu perdición está asegurada por doble motivo, si no dejas de decir majaderías.
ESCELEDRO.— ¿Cómo que por doble motivo?
PALESTRIÓN.— Te lo explicaré. En primer lugar, si acusas falsamente a Filocomasia, estás perdido; en segundo lugar, si la acusación es cierta, tú, que eres su guardián, también estás perdido.
ESCELEDRO.— Qué va a ser de mí, no lo sé; lo que sí sé, y estoy bien seguro, es que lo he visto.
PALESTRIÓN.— ¿Insistes, desgraciado? 300
ESCELEDRO.— ¿Qué quieres que te diga sino lo que he visto? Es más, todavía está en la casa de al lado.
PALESTRIÓN.— ¿Cómo? ¿Es que no está en nuestra casa?
ESCELEDRO.— Ve a verlo tú mismo, entra. Yo ya no pretendo que des crédito a mis palabras.
PALESTRIÓN.— Eso es lo que pienso hacer.
ESCELEDRO.— Yo te esperaré aquí y, entretanto, estaré al acecho para ver lo que tarda nuestra ternerita en volver del pasto al establo. *(Solo, mientras Palestrión entra en casa del soldado.)* ¿Y yo ahora qué puedo hacer? El soldado me confió su custodia. Si la denuncio, estoy perdido; si me callo, también estoy perdido, como la cosa se descubra. ¿Podrá haber algún ser peor o más osado que una mujer? Aprovechó que yo estaba en el tejado, para salir de su habitación y marcharse a la calle. ¡Vaya osadía la suya, por Pólux! Si el soldado se enterara de esto, estoy seguro, por Hércules, de que colgaría en la cruz 310 la casa entera *(señalándose a sí mismo)*, incluido este menda. Sea como sea, prefiero, por Hércules, callar a morir de mala muerte. Yo lo que no puedo es vigilar a una mujer que prostituye su cuerpo.
PALESTRIÓN.— *(Saliendo de casa de Pirgopolinices, a voz en grito.)* ¡Esceledro, Esceledro! ¿Habrá en el mundo un hombre más desvergonzado que tú? ¿Habrá otro nacido bajo peor signo y estrella?
ESCELEDRO.— ¿Qué pasa?
PALESTRIÓN.— ¿Por qué no mandas que te arranquen esos ojos que te hacen ver lo que no existe?

ESCELEDRO.— ¿Cómo que lo que no existe?
PALESTRIÓN.— No daría yo por tu vida ni una nuez podrida.
ESCELEDRO.— ¿Qué ocurre?
PALESTRIÓN.— ¿Que qué ocurre, me preguntas?
ESCELEDRO.— ¿Y por qué no te lo iba a preguntar?
PALESTRIÓN.— ¿Por qué no mandas que te corten esa lengua tan larga que tienes?
ESCELEDRO.— ¿Por qué iba a hacerlo?
PALESTRIÓN.— Filocomasia está en nuestra casa, y tú pretendías haberla visto en la casa del vecino besándose y abrazándose con otro hombre. 320
ESCELEDRO.— No me explico por qué te alimentas de cizaña[25], estando el trigo tan barato.
PALESTRIÓN.— ¿Qué quieres decir?
ESCELEDRO.— Que eres miope.
PALESTRIÓN.— Tú, bribón, sí que eres ciego y no miope, porque ella no hay duda de que está en casa.
ESCELEDRO.— ¿Cómo que en casa?
PALESTRIÓN.— Sí, claro, en casa.
ESCELEDRO.— Vete a paseo. Estás jugando conmigo, Palestrión.
PALESTRIÓN.— Por eso tengo las manos sucias.
ESCELEDRO.— ¿Por qué?
PALESTRIÓN.— Porque juego con basura.
ESCELEDRO.— Mal rayo te parta.
PALESTRIÓN.— A ti sí que te va a partir, Esceledro, te lo aseguro, a no ser que cambies de ojos y de discursos. Pero, ha sonado la puerta de nuestra casa.
ESCELEDRO.— *(Señalando la puerta de la casa de Periplectómeno.)* Pues yo me quedo aquí, vigilando esta puerta. Porque no hay otro camino por el que pueda pasar de una casa a otra si no es por la puerta delantera.
PALESTRIÓN.— Pero si ella está en nuestra casa. No me explico, Esceledro, qué locura te atormenta[26]. 330
ESCELEDRO.— Yo es con mis ojos con los que veo, con mi cabeza con la que pienso y a mis sentidos a quienes preferentemente doy crédito. *(Señalando nuevamente la casa de Periplectómeno.)* A mí nadie me convencerá jamás de que no está

---

[25] La cizaña tenía fama de ser perjudicial para la vista.
[26] Nos ha sido imposible reproducir la paranomasia *(Sceledre, scelera)* del texto latino: cfr. también v. 494.

en esa casa. Yo me plantaré aquí de guardia para evitar que en un descuido se me escabulla y pase a nuestra casa.

Palestrión.— *(Aparte.)* ¡Éste ya es mío! En un instante lo habré desalojado de su trinchera. *(A Esceledro.)* ¿Quieres que te obligue a confesar que sufres alucinaciones?

Esceledro.— Venga, oblígame.

Palestrión.— ¿Y que no tienes dos dedos de frente ni sabes utilizar tus ojos?

Esceledro.— Sí, quiero.

Palestrión.— *(Señalando la casa de Periplectómeno.)* Tú afirmas que la amiga de nuestro amo está en esa casa, ¿no es cierto?

Esceledro.— Y denuncio que la he visto ahí dentro besándose con un extraño.

Palestrión.— Tú sabes perfectamente que no existe ninguna comunicación directa entre esta casa y la nuestra, ¿verdad?

Esceledro.— Sí.

Palestrión.— Y que no hay terraza, ni corral y que sólo se 340 puede pasar de una a otra por el impluvio.

Esceledro.— Sí.

Palestrión.— Pues bien, si la chica está en casa, si hago que la veas salir de nuestra casa, ¿no merecerías una buena paliza?

Esceledro.— Sí.

Palestrión.— *(Señalando la casa de Periplectómeno.)* Tú vigila esa puerta, no se te vaya a escapar de ahí sin que la veas y vaya a pasar a nuestra casa.

Esceledro.— Ésa es mi intención.

Palestrión.— En un instante te la voy a poner de pie aquí en la calle.

Esceledro.— Sí, venga, hazlo. *(Palestrión entra en casa de Pirgopolinices.)* Estoy intrigado por saber si de verdad he visto lo que he visto o si él va a demostrar, como asegura, que la chica está en casa. Porque yo, desde luego, tengo mis propios ojos y no necesito pedírselos prestados a nadie. Pero él no deja de hacerle la corte y no se separa nunca de sus faldas. Es el primero en ser llamado a comer, el primero en recibir las tajadas. Hace sólo tres meses[27], poco más o menos, que perte- 350

---

[27] Leemos *trimenium* (del griego τριμήνιον, "tres meses") en vez de *triennium* ("tres años"), lectura transmitida por los manuscritos y mantenida por Ernout en su edición, por considerar que tres años es

nece a nuestra casa y, sin embargo, no hay otro esclavo que sea mejor tratado en ella. Pero he de estar atento a lo que estoy haciendo, he de vigilar esta puerta. *(Colocándose frente a la puerta de Periplectómeno.)* Me plantaré aquí de guardia. Por este lado estoy seguro, por Pólux, de que no conseguirán engañarme.

ESCENA CUARTA

FILOCOMASIA, PALESTRIÓN, ESCELEDRO

PALESTRIÓN.— *(Saliendo de casa del soldado, a Filocomasia.)* Procura no olvidar mis instrucciones.
FILOCOMASIA.— Estoy harta de que me las repitas tantas veces.
PALESTRIÓN.— Pero es que temo que no seas lo bastante pícara.
FILOCOMASIA.— Dame incluso diez mujeres sin pizca de picardía y yo, sólo con lo que a mí me sobra, les enseñaré a ser pícaras. Ahora, venga, ocúpate de tu engaño. Yo me separaré un poco de ti[28].
PALESTRIÓN.— *(Acercándose a Esceledro, que continúa plantado delante de la puerta de Periplectómeno, con los brazos extendidos como para evitar que nadie pueda salir por la puerta.)* Mira, Esceledro.
ESCELEDRO.— Estoy muy ocupado. Pero tengo oídos. Di lo que quieras.
PALESTRIÓN.— Me parece a mí que ésa es la postura en la que vas a morir fuera de las puertas de la ciudad[29], cuando tengas los brazos extendidos en la cruz[30]. 360
ESCELEDRO.— ¿Por qué motivo?

---

un periodo exagerado de tiempo que no se compagina con las precisiones cronológicas que se dan en la comedia: cfr. esp. v. 95.

[28] Algunos editores atribuyen estas dos últimas frases (v. 357) a Palestrión.

[29] En Roma las ejecuciones públicas se realizaban fuera del recinto de la ciudad, saliendo por la puerta esquilina.

[30] Como ya hemos comentado en otras ocasiones, el *patibulum* o *furca* era un instrumento formado por un arco u horquilla de madera en que se encajaba al cuello de los condenados y a lo extremos de cuyos brazos se ataban sus manos. En esta posición eran paseados,

PALESTRIÓN.— Mira a la izquierda. ¿Quién es esa mujer?
ESCELEDRO.— ¡Oh dioses inmortales! ¡Pero si es la amiga de nuestro amo!
PALESTRIÓN.— A mí también me lo parece. Así que, venga, camina, cuando quieras.
ESCELEDRO.— ¿Adónde he de caminar?
PALESTRIÓN.— A que te cuelguen.
FILOCOMASIA.— *(Interviniendo en la conversación y fingiendo un tremendo enfado.)* ¿Dónde está esa joya de esclavo que ha calumniado a una inocente, acusándola de un gravísimo delito?
PALESTRIÓN.— Ahí lo tienes. Fue él quien me dijo lo que te dije.
FILOCOMASIA.— ¿Tú, bellaco, aseguras que me has visto en la casa de al lado besándome con alguien?
PALESTRIÓN.— Con un joven desconocido, dijo.
ESCELEDRO.— Claro que lo dije, por Hércules.
FILOCOMASIA.— ¿Y tú me has visto?
ESCELEDRO.— Con mis propios ojos.
FILOCOMASIA.— Que vamos a tener que arrancarte, me parece, porque ven más de la cuenta.   370
ESCELEDRO.— Jamás me convenceréis, por Hércules, de que no he visto lo que he visto.
FILOCOMASIA.— Pero, ¡estaré yo tonta y loca, para estar hablando con este mentecato, al que juro que haré crucificar!
ESCELEDRO.— No me amenaces. Ya sé que la cruz va a ser mi tumba[31]. En ella reposan los restos de mis antepasados, de mi padre, de mi abuelo, de mi bisabuelo y de mi tatarabuelo. Tus amenazas no pueden arrancarme los ojos. *(A Palestrión.)* Pero, quería decirte dos palabras, Palestrión. Dime, por favor, ¿de dónde sale esta mujer?
PALESTRIÓN.— ¿De dónde va a salir sino de casa?
ESCELEDRO.— ¿De casa?
PALESTRIÓN.— ¿Es que no te fías de mí?
ESCELEDRO.— Me fío. Pero no me explico cómo pudo ella

---

generalmente entre azotes, a través de las calles de la ciudad hasta ser izados en una viga vertical, con respecto a la cual el *patibulum* formaba el travesaño de la cruz.

[31] Generalmente a los condenados no sólo se les condenaba a ser colgados en la cruz sino a permanecer en ella, privados de sepultura después de la muerte: cfr. por ej. el precioso cuento de la viuda de Éfeso del *Satiricón* (111-112).

pasar de una casa a otra. Porque, desde luego, en nuestra casa no hay terraza, ni corral, ni ventana que no tenga rejas. *(Volviéndose hacia Filocomasia.)* Porque yo, desde luego, te vi en esta casa *(señala la casa de Periplectómeno).*
PALESTRIÓN.— ¿Insistes, bribón, en acusarla?   380
FILOCOMASIA.— *(Fingiendo recordar repentinamente.)* ¡Oh cielos, o sea que no resultó falso el sueño que tuve esta noche!
PALESTRIÓN.— ¿Y qué soñaste?
FILOCOMASIA.— Te lo diré. Pero, por favor, atendedme los dos. Esta noche soñé que mi hermana gemela llegaba a Éfeso procedente de Atenas con un amante suyo y que ambos se alojaban como huéspedes en la casa de al lado.
PALESTRIÓN.— *(Aparte, a los espectadores.)* Es de Palestrión el sueño que está contando. *(A Filocomasia.)* Vamos, continúa.
FILOCOMASIA.— Yo exultaba de gozo por la llegada de mi hermana, pero por su culpa recaía sobre mí una gravísima sospecha. Pues soñé que un esclavo de mi casa me acusaba *(vol-* 390 *viéndose hacia Esceledro),* como tú haces ahora, de haberme besado con un joven desconocido, cuando en realidad era mi hermana gemela la que había besado a su amante. De esta falsa acusación, de esta calumnia soñé que era víctima.
PALESTRIÓN.— ¿Y lo que te sucede ahora, despierta, no es lo mismo que lo que dices que soñaste? ¡Por Hércules, vaya sueño más verídico! Entra en casa y reza a los dioses. Mi opinión es que debes contárselo todo al soldado.
FILOCOMASIA.— Ésa es mi intención. No toleraré que se me calumnie impunemente y se me acuse falsamente de infidelidad. *(Entra en casa de Pirgopolinices.)*
ESCELEDRO.— Me temo que he cometido una buena pifia, pues me pica terriblemente toda la espalda[32].
PALESTRIÓN.— *(A Esceledro.)* ¿Te das cuenta que estás perdido?
ESCELEDRO.— *(Sin responder a Palestrión.)* Ahora sí que es seguro que está en nuestra casa... pero no es menos seguro que no quitaré la vista de nuestra puerta, esté donde esté.
PALESTRIÓN.— Pero, dime, Esceledro, por favor, ¿no ves 400 cómo concuerda el sueño suyo con la sospecha tuya de haberla visto besándose?
ESCELEDRO.— Ya no sé qué confianza puedo tener en mí

---

[32] El picor de espaldas era signo premonitorio de una paliza inminente: cfr. v. 295 del *Anfitrión* y n. 21 de nuestra traducción.

mismo, porque lo que creo haber visto, ya empiezo a pensar que no lo he visto.

Palestrión.— ¡Lo que has tardado, por Hércules, en entrar en razón! Si esto llega a los oídos del amo, estás perdido irremisiblemente.

Esceledro.— Ahora por fin me doy cuenta de que he tenido una nube delante de los ojos[33].

Palestrión.— Eso, por Pólux, ya hace rato que es evidente, porque ella no ha dejado ni un momento de estar en casa.

Esceledro.— Ya no me atrevo a asegurar nada. No la vi, pero sin embargo la vi.

Palestrión.— Pues por Pólux que tu necedad ha estado a punto de costarnos la vida. Por querer presumir de fidelidad hacia el amo, has estado a punto de precipitarte en el abismo. 410 Pero ha sonado la puerta de la casa del vecino. Cerraré la boca.

ESCENA QUINTA

Filocomasia, Palestrión, Esceledro

Filocomasia.— *(Saliendo de casa de Periplectómeno, a una esclava.)* Enciende fuego en el altar para que, en mi alegría, a Diana de Éfeso glorifique y dé gracias, y para que con el agradable aroma del incienso arábigo la perfume, por haberme salvado la vida en el reino de Neptuno y sus tempestuosos dominios, donde he sido largamente maltratada por unas olas enfurecidas.

Esceledro.— *(Fuertemente sorprendido.)* ¡Palestrión! ¡Palestrión!

Palestrión.— *(Remedándolo.)* ¡Esceledro! ¡Esceledro! ¿Qué quieres?

Esceledro.— La joven que acaba de salir de esa casa, ¿es o no es Filocomasia, la amiga de nuestro amo?

Palestrión.— Por Hércules, creo que sí. Parece ella. Pero no me explico cómo pudo pasar de una casa a otra... si es que es ella.

Esceledro.— ¿Es que pones en duda que sea ella?

Palestrión.— Parece ella.

---

[33] Y, por tanto, he visto borroso, sin distinguir bien lo que veía.

Esceledro.— Acerquémonos y hablémosle. *(A Filocoma-* 420
sia.) ¡Eh! ¿Qué significa eso, Filocomasia? ¿Qué se te ha perdido en esa casa? ¿Qué haces en ella? ¿Por qué no respondes? Estoy hablando contigo.
Palestrión.— Di más bien contigo mismo, porque ella no te contesta ni una palabra.
Esceledro.— *(A Filocomasia.)* Estoy hablando contigo, depravadísima y degeneradísima furcia, que andas rondando por las casas de los vecinos.
Filocomasia.— ¿Con quién hablas tú?
Esceledro.— ¿Con quién sino contigo?
Filocomasia.— ¿Y quién eres tú? ¿Qué tienes que ver conmigo?
Esceledro.— ¿Cómo? ¿Me preguntas que quién soy?
Filocomasia.— ¿Y cómo no te lo voy a preguntar, si lo ignoro?
Palestrión.— Entonces, ¿quién soy yo, si a él no lo conoces?
Filocomasia.— Un pesado, quien quiera que seas... tanto tú como él.
Esceledro.— ¿Es que no nos conoces?
Filocomasia.— A ninguno de los dos.
Esceledro.— Mucho me temo...
Palestrión.— ¿Qué temes?
Esceledro.— Que nos hayamos perdido en alguna parte a nosotros mismos[34], porque ella asegura que no nos conoce ni 430 a ti ni a mí.
Palestrión.— Ahora mismo voy a averiguar, Esceledro, si somos nosotros o somos otras personas, no sea que, sin que nos diéramos cuenta, en un descuido, algún vecino nos haya cambiado.
Esceledro.— Yo, desde luego, soy yo.
Palestrión.— Y yo también, por Pólux. *(A Filocomasia.)* Te estás buscando, mujer, un buen disgusto. *(Viendo que Filocomasia no le hace caso.)* ¡Estoy hablando contigo, Filocomasia!
Filocomasia.— ¿Qué locura te atormenta, para llamarme con un nombre tan complicado y falso?
Palestrión.— Oye, ¿y entonces cómo te llamas?
Filocomasia.— Me llamo *Justine*[35].

---

[34] Es el gran problema de Sosia en el *Anfitrión*.
[35] Lat. *Dicaea*, del gr. *dikaía*, que significa "justa". Traducimos, excepcionalmente, el nombre en francés tratando de reflejar mejor el

[101]

ESCELEDRO.— Pues no es justo lo que haces. Pretendes apropiarte de un nombre que no es tuyo, Filocomasia. *Tu es injuste, pas juste*, y estás cometiendo una injusticia con mi amo.
FILOCOMASIA.— ¿Yo?
ESCELEDRO.— Sí, tú.
FILOCOMASIA.— Pero si llegué ayer por la tarde a Éfeso, procedente de Atenas, con mi amante, un joven ateniense. 440
ESCELEDRO.— Dime, ¿y qué te ha traído por Éfeso?
FILOCOMASIA.— He sabido que estaba aquí mi hermana gemela y he venido a buscarla.
ESCELEDRO.— Eres muy pilla.
FILOCOMASIA.— Por Cástor, di más bien que soy muy tonta, por estar hablando con vosotros. Me voy.
ESCELEDRO.— *(Agarrándola por un brazo.)* No te dejaré marchar.
FILOCOMASIA.— Suéltame.
ESCELEDRO.— Te hemos cogido *in fraganti*. No te suelto.
FILOCOMASIA.— Pues van a resonar mis manos en tu cara, si no me sueltas.
ESCELEDRO.— *(A Palestrión.)* ¿Qué diablos haces ahí pasmado? ¿Por qué no la agarras por el otro brazo?
PALESTRIÓN.— No quiero darle ocupaciones a mi espalda. ¿Cómo sé yo que ella es Filocomasia y no otra que se le parece?
FILOCOMASIA.— *(A Esceledro.)* ¿Me sueltas, sí o no?
ESCELEDRO.— Desde luego que no; y, si no vienes voluntariamente, en contra de tu voluntad y a tu pesar, voy a arrastrar- 450 te a casa por la fuerza.
FILOCOMASIA.— *(Señalando la casa de Periplectómeno.)* Yo me hospedo en esta casa pero no vivo en ella. Mi residencia es en Atenas, en el Ática. *(Señalando ahora la casa del soldado.)* Yo con esa casa no tengo nada que ver y vosotros ni sé quienes sois ni os conozco de nada.
ESCELEDRO.— Denúnciame a los tribunales. Yo a ti no te soltaré nunca si no me prometes solemnemente que, si te suelto, entrarás *(señalando la casa del soldado)* ahí dentro.
FILOCOMASIA.— A la fuerza me obligas, quienquiera que seas. Te prometo que, si me sueltas, entraré donde me ordenas.
ESCELEDRO.— Está bien, ya estás suelta.

---

juego de palabras que va a montar inmediatamente Esceledro, utilizando alternativamente el latín *(iniuria's, facis iniuriam)* y el griego *(ádikos, dikaía)*, sobre el significado de dicho término.

FILOCOMASIA.— Pues ya que estoy suelta, me voy. *(Sale corriendo y entra en casa de Periplectómeno.)*
ESCELEDRO.— ¡Ha hecho honor a la fidelidad femenina!
PALESTRIÓN.— ¡Esceledro, has dejado escapar la presa de las manos! Estoy seguro de que es la amiga de nuestro amo. ¿Quieres hacerme un favor, urgentemente?
ESCELEDRO.— ¿Qué favor?
PALESTRIÓN.— Ve a casa y tráeme una espada.
ESCELEDRO.— ¿Y qué vas a hacer con ella?
PALESTRIÓN.— *(Señalando la casa de Periplectómeno.)* 460
Irrumpiré violentamente en esa casa y al primero que vea besando a Filocomasia, lo degollaré al instante.
ESCELEDRO.— ¿Tu crees que es ella?
PALESTRIÓN.— No lo creo, estoy seguro.
ESCELEDRO.— Pero, ¡qué bien disimulaba!
PALESTRIÓN.— Anda, ve a casa y tráeme la espada.
ESCELEDRO.— En un instante la tendrás aquí. *(Entra en casa del soldado.)*
PALESTRIÓN.— *(Solo.)* No hay soldado de caballería o de infantería que sea tan audaz o temerario como una mujer. ¡Con qué maestría supo adaptar su lenguaje a su doble papel! ¡Con qué facilidad burló a mi camarada *(con ironía)*, su astuto guardián! ¡Qué felicidad ese paso abierto a través de la pared!
ESCELEDRO.— *(Regresando.)* ¡Eh, Palestrión, ya no hay necesidad de espada!
PALESTRIÓN.— ¿Cómo? ¿Por qué?
ESCELEDRO.— La amiga del amo está en casa. 470
PALESTRIÓN.— ¿Cómo que en casa?
ESCELEDRO.— Está acostada en la cama.
PALESTRIÓN.— Pues en menudo lío te has metido, si es verdad lo que dices.
ESCELEDRO.— ¿Por qué?
PALESTRIÓN.— Por haberte atrevido a ponerle la mano encima a esa mujer que vive en la casa de al lado.
ESCELEDRO.— *(Con resignación.)* Las verdad es que cada vez tengo más miedo.
PALESTRIÓN.— Pero nadie podrá negar jamás que es hermana gemela de la nuestra. A ella fue a la que tú viste besándose ahí dentro *(señala la casa de Periplectómeno)*.
ESCELEDRO.— De eso no hay ninguna duda. Está claro que es su hermana, como tú dices. ¡Qué cerca estuve de la muerte... si se lo hubiese contado todo al amo!

PALESTRIÓN.— Por consiguiente, si tienes dos dedos de frente, callarás la boca. A un esclavo le conviene saber mucho y hablar poco[36]. Yo me alejo de tu lado, porque no quiero verme mezclado en tus asuntos. Estaré en casa del vecino. A mí tus líos no me agradan. Si viene el amo y pregunta por mí, estaré aquí. *(Señala la casa de Periplectómeno.)* Ven a buscarme aquí. *(Entra en casa de Periplectómeno.)* 480

ESCENA SEXTA

Esceledro, Periplectómeno

ESCELEDRO.— ¿No se ha marchado? A este tipo le importan un bledo las cosas de su amo. Parece como si no fuera un esclavo. De todas formas, de lo que no hay duda es de que la chica está ahora en nuestra casa, porque yo mismo acabo de verla ahí acostada. Pero, sea como sea, mi intención es mantenerme al acecho.

PERIPLECTÓMENO.— *(Saliendo de casa y hablando consigo mismo, fingiendo no ver a Esceledro, furioso.)* ¡Por Hércules, esos tipos no me toman por un hombre sino por una mujer! ¡Hay que ver cómo se ríen de mí esos malditos esclavos de mi vecino, el soldado! ¿No se han atrevido a maltratar e injuriar en plena calle a mi huéspeda, que llegó ayer de Atenas en compañía de mi huésped? ¡Una mujer libre y nacida de padres 490 libres!

ESCELEDRO.— ¡Por Hércules, que estoy perdido! Éste viene directamente hacia mí. Me temo que este asunto me va a acarrear un buen disgusto, por lo que le acabo de oír al viejo.

PERIPLECTÓMENO.— *(Aparte.)* Me dirigiré a él. *(A Esceledro.)* ¿Has sido tú, Esceledro, príncipe de los granujas[37], el que ha injuriado a mi huéspeda hace un momento a la puerta de mi casa?

ESCELEDRO.— Vecino, escucha, por favor.
PERIPLECTÓMENO.— ¿Que te escuche yo a ti?
ESCELEDRO.— Quiero darte una explicación.
PERIPLECTÓMENO.— ¿Darme una explicación tú a mí, después

---

[36] Cfr. *Epid.* 60.
[37] Vuelve a quedar sin reflejo en la traducción la paranomasia *Sceledre... scelerum*.

de haber cometido tamaño atropello y tamaña indignidad? ¿O es que, como sois unos mercenarios, creéis que os está permitido todo, bribón?

ESCELEDRO.— ¿Me permites...?

PERIPLECTÓMENO.— *(Sin hacer caso a Esceledro.)* Pero te juro por todos los dioses y las diosas, que si, para desagraviarme, no se te somete a la tortura de las varas, larga e ininterrumpidamente, desde la mañana a la noche, por haber roto las tejas y canalones de mi tejado[38], mientras perseguías por él a ese mono que tanto se te parece, y por haber espiado desde allí lo que ocurría en mi propia casa y haber visto a mi huésped abrazando y besando a su amiga, y por haberte atrevido a acusar de infidelidad a la amiga de tu amo, a pesar de que es una joven honesta, y a mí de la más ignominiosa de las culpas; y, además, si, por haber puesto las manos encima de mi huéspeda, a la puerta de mi propia casa, para desagraviarme, no se te somete a la tortura de los aguijones, cubriré a tu amo de más insultos que olas cubren la mar cuando sopla furioso el viento.

ESCELEDRO.— Estoy tan desconcertado, Periplectómeno, que no sé si debo pedirte yo a ti explicaciones o *(señalando alternativamente hacia las casas del soldado y Periplectómeno)*, en el caso de que la una no sea la otra ni la otra sea la una, si soy yo el que debo pedirte a ti excusas... porque todavía no sé lo que he visto, de tan parecidas que son la una y la otra, si es que no son la misma.

PERIPLECTÓMENO.— Ve a ver a mi casa y en seguida lo sabrás.

ESCELEDRO.— ¿Me lo permites?

PERIPLECTÓMENO.— Es más, te lo ordeno. Ve y averígualo con calma.

ESCELEDRO.— Eso es lo que pienso hacer.

PERIPLECTÓMENO.— *(Acercándose a la puerta de la casa del soldado.)* ¡Eh, Filocomasia, date prisa, pasa a la carrera a nuestra casa. Es preciso. Después, cuando Esceledro haya salido de nuestra casa, vuelve a pasar a la vuestra a toda prisa, a la carrera. *(Para sí.)* Tengo miedo de que cometa algún despiste. Si no la ve en nuestra casa... Pero se abre la puerta.

---

[38] El texto latino distingue entre *tegulae* e *imbrices*, términos que propiamente designan respectivamente las tejas planas y las acanaladas (tejas de cobija) que se colocan, con la parte cóncava para abajo, en la unión de dos planas: cfr. *Most.* 109.

Esceledro.— *(Saliendo de casa de Periplectómeno.)* ¡Oh dioses inmortales, una mujer más parecida y más igual a la otra, ya que no es la otra, no creo que puedan hacerla los dioses!

Periplectómeno.— ¿Y qué?

Esceledro.— Me he ganado una paliza.

Periplectómeno.— ¿Y entonces? ¿Es ella?

Esceledro.— Aunque es ella, no es ella.

Periplectómeno.— ¿La has visto?

Esceledro.— Sí, la he visto y también a tu huésped, al que abrazaba y besaba.

Periplectómeno.— ¿Y es ella?

Esceledro.— Lo ignoro.

Periplectómeno.— ¿Quieres saberlo a ciencia cierta?

Esceledro.— Lo estoy deseando.

Periplectómeno.— Pues entra en vuestra casa inmediatamente y mira si vuestra joven está dentro.

Esceledro.— De acuerdo. Es un buen consejo. Ahora mismo estoy de vuelta. *(Entra en casa de Pirgopolinices.)*

Periplectómeno.— *(Solo.)* Jamás he visto, por Pólux, tomarle el pelo a un individuo de una forma más graciosa y singular. Pero ya sale.

Esceledro.— *(Saliendo de casa de Pirgopolinices.)* Periplectómeno, te lo suplico, por los dioses y por los hombres, por mi estupidez, por tus rodillas...

Periplectómeno.— ¿Qué me suplicas?

Esceledro.— Que perdones mi tontería y mi estupidez. Ahora, al fin, me doy cuenta de que he sido un bobo, un ciego, un imprudente. Porque Filocomasia está ahí dentro.

Periplectómeno.— ¿Y ahora qué, granuja? ¿Las has visto a las dos?

Esceledro.— Sí.

Periplectómeno.— Quiero ver a tu amo.

Esceledro.— Reconozco, ciertamente, que me he ganado un grandísimo castigo, que he ofendido a tu huéspeda. Pero creí que era la amiga de mi amo, aquélla cuya custodia me había asignado el soldado. Porque del mismo pozo no pueden sacarse dos gotas de agua tan parecidas como nuestra chica y tu huéspeda. También reconozco que miré a tu casa por el impluvio.

Periplectómeno.— ¿Y cómo no ibas a reconocerlo, si te vi yo mismo? Y allí viste a mi huésped besándose con mi huéspeda, ¿verdad?

Esceledro.— Sí. ¿Por qué voy a negar lo que he visto? Pero creí que había visto a Filocomasia.

Periplectómeno.— ¿Me tomaste, pues, por el más despreciable de los hombres, capaz de permitir, conscientemente, que en mi casa se hiciera tamaña ofensa a mi vecino?

Esceledro.— Ahora que conozco el asunto, al fin me doy cuenta de que he actuado como un estúpido. Pero no lo hice con mala intención.

Periplectómeno.— No, pero fue una desvergüenza. Porque un esclavo debe saber controlar sus ojos, sus manos y sus palabras.

Esceledro.— Si de hoy en adelante abro la boca, aunque sólo sea para decir lo que sepa con total certeza, hazme crucificar. Yo mismo me entregaré a ti. Por esta vez perdóname, te lo suplico.

Periplectómeno.— Dominaré mi cólera y me inclinaré a creer que no has obrado con malicia. Te perdonaré por esta vez.

Esceledro.— ¡Que los dioses te sean propicios!

Periplectómeno.— Tú, por Hércules, si los dioses te son propicios, cerrarás la boca y, en adelante, incluso aquello que sabes no lo sabrás y lo que has visto no lo habrás visto.

Esceledro.— Buen consejo. Eso pienso hacer. ¿Puedo irme tranquilo?

Periplectómeno.— Vete.

Esceledro.— ¿Quieres algo más?

Periplectómeno.— Que te olvides de mí.

Esceledro.— *(Aparte.)* ¡Cómo se ha burlado de mí este tipo! ¡Con qué amabilidad me hizo el favor de perdonarme! Pero conozco bien sus intenciones: tan pronto como el soldado regrese del foro a su casa, hará que me prendan. Él y Palestrión están compinchados para deshacerse de mí. Ya hace tiempo que me he dado cuenta y que lo sé. Pero, por Hércules, que yo hoy no voy a morder su anzuelo[39]. Huiré a alguna parte y me ocultaré unos días hasta que amaine el temporal y las iras se aplaquen. Me he ganado un castigo que bastaría para todo un pueblo impío[40]. De todas formas, pase lo

---

[39] Lit. "comer el cebo de tu nasa": La *nassa* es una especie de cesto de mimbre, de boca estrecha, dispuesta de tal forma el pez, buscando el cebo, pudiera penetrar en el interior pero no pudiera salir de él.

[40] Texto y sentido no son seguros. Seguimos, sólo como posible, la traducción de Ernout.

que pase, entraré en casa. *(Entra en casa de Pirgopolinices.)*
PERIPLECTÓMENO.— *(Solo.)* Ya se ha marchado. Estoy absolutamente seguro, por Pólux, de que un cerdo sacrificado es mucho más listo[41] que ese imbécil que se deja convencer de que no vio lo que vio. Pues sus ojos, sus oídos y su pensamiento han desertado y se han pasado a nuestras filas. Hasta 590 aquí todo nos ha salido a pedir de boca. Y ¡qué ayuda más divertida nos ha prestado la chica! Pero regreso a nuestro senado. Pues Palestrión está ahora en mi casa y, en cambio, Esceledro ya está en la calle. Así podremos celebrar una sesión plenaria. Entraré, no sea que, durante mi ausencia, vayan a sortearse los cargos[42]. *(Entra en su casa.)*

ACTO TERCERO

ESCENA PRIMERA

PALESTRIÓN, PERIPLECTÓMENO, PLEUSICLES

PALESTRIÓN.— Quedaos detrás de la puerta todavía un momento, Pleusicles. Dejadme antes explorar el terreno, no vayan a haber tendido una emboscada contra la asamblea que queremos celebrar. Porque necesitamos un lugar seguro donde ningún enemigo pueda capturar nuestro plan y llevárselo como botín. Pues un plan bien diseñado está mal diseñado si 600 sirve de provecho a los enemigos y es inevitable que, si sirve de provecho a los enemigos, te perjudique a ti. Pues ocurre con mucha frecuencia que un plan bien trazado es descubierto si no se elige con precaución y cuidado el lugar de la deliberación. Porque si los enemigos llegan a enterarse de tu plan,

---

[41] Y "sabe mejor". En el texto latino hay un juego de palabras pues *sapere* puede significar tanto "tener inteligencia" como "tener sabor". Recordaremos, además, que el cerdo para los antiguos era paradigma de ignorancia o estupidez: cfr. el proverbio *sus Minervam (docet)* "un cerdo da lecciones a Minerva", es decir, el ignorante pretende enseñar al sabio : Cic. *Ac.*, 1,18; *Fam.* 9,18,3; *de Or.* 2,333.

[42] Alusión, sin duda, a la costumbre romana de sortear la provincia que correspondería a cada cónsul o magistrado. A este reparto de cargos compara Palestrión el reparto de los papeles que jugará cada uno de los participantes en el engaño.

valiéndose de tu propio plan, te tapan la boca y te atan las manos, y lo que pretendías hacerles a ellos, te lo hacen ellos a ti. Pero examinaré el terreno, no sea que haya alguien por aquí, por la derecha o por la izquierda, dispuesto a cazar con las redes de sus orejas[43] nuestro plan. Pero todo está vacío; desde aquí hasta el fondo de la calle no se ve absolutamente a nadie. Los llamaré. ¡Eh, Pleusicles y Periplectómeno, salid!   610

PERIPLECTÓMENO.— Aquí nos tienes a tus órdenes.

PALESTRIÓN.— Es fácil mandar a los buenos soldados. Pero quiero saber una cosa: ¿vamos a poner en práctica el plan que hemos diseñado en casa?

PERIPLECTÓMENO.— No puede haber otro mejor para nuestro propósito.

PALESTRIÓN.— Para mí es el mejor[44]. ¿Y a ti qué te parece, Pleusicles?

PLEUSICLES.— Si os agrada a vosotros, ¿no iba a agradarme a mí? *(A Periplectómeno.)* ¿En quién podría confiar más que en ti?

PERIPLECTÓMENO.— Tus palabras son muy amables y gentiles.

PALESTRIÓN.— Por Pólux, como tienen que ser.

PLEUSICLES.— Pero hay una cosa que me tortura terriblemente y me atormenta el cuerpo y el alma.

PERIPLECTÓMENO.— ¿Qué es lo que te atormenta?

PLEUSICLES.— Que por mi culpa te veas embarcado, a tus años, en aventuras de jóvenes, indignas de ti y de tu reputación, que te entregues a ellas con todas tus fuerzas, que te 620 veas obligado a ayudarme en mis amores y a hacer unas cosas que las personas de tu edad más suelen rehuir que buscar. Me avergüenza ocasionarte tales preocupaciones.

PERIPLECTÓMENO.— Amigo mío, tu eres un enamorado muy especial si de verdad te avergüenzas de lo que haces. Tú no estás enamorado, tú, Pleusicles, eres la sombra de un enamorado más que un verdadero enamorado.

PLEUSICLES.— ¿Y es justo que yo cause tantas molestias a una persona de tu edad a causa de mis amores?

PERIPLECTÓMENO.— Dime, ¿es que te parece que ya estoy a las puertas del Aqueronte? ¿Me ves ya con un pie en la sepul-

---

[43] Lit. "con sus redes orejudas", es decir, "provistas de orejas". Se trata de una personificación de las cosas inanimadas, tan típica de Plauto.

[44] El final del verso 613 es corrupto y la traducción, por tanto, solo trata de reproducir aproximadamente el sentido.

tura? ¿Te parece que ya he vivido mucho? Pues la verdad es que todavía no he cumplido los cincuenta y cuatro años[45]. Mis 630 ojos ven bien, mis pies están ligeros y ágiles mis manos.

PALESTRIÓN.— Aunque tiene los cabellos blancos, de espíritu no es viejo en absoluto. Su índole es generosa a carta cabal.

PLEUSICLES.— Por experiencia me doy cuenta de que es cierto lo que dices, Palestrión. Pues su amabilidad es propia de un joven.

PERIPLECTÓMENO.— De verdad, huésped mío, que cuanto más la pongas a prueba, más conocerás mi buena disposición para con tus amores.

PLEUSICLES.— ¿Qué necesidad hay de conocer lo que ya se conoce?

PERIPLECTÓMENO.— *(Laguna de un verso.)*[46]... De manera que tengas en ti mismo el ejemplo de tu propia experiencia, sin tener que recurrir a la ajena. Pues el que no ha estado enamorado, difícilmente puede comprender el alma del enamorado. Yo todavía conservo un poco de amor y vigor en mi cuer- 640 po y todavía no estoy tan seco como para haber renunciado a todas las diversiones y todos los placeres. Yo puedo ser a la vez un agudo bromista y un agradable compañero de mesa. Yo no interrumpo la palabra a nadie en los convites; sé muy bien abstenerme de molestar a ningún comensal y sé hablar cuando me toca y callar cuando me corresponde, si está hablando otro. No tengo el vicio de escupir ni de expectorar ni se me caen jamás los mocos de la nariz. Además he nacido en Éfeso, no en Apulia; no soy de Anímula[47].

PALESTRIÓN.— ¡Que viejo más juvenil[48] y encantador, si de verdad posee todas las cualidades de que se precia! Sin duda 650 ha sido criado y educado por la propia Venus, la diosa del amor[49].

---

[45] Sobre el valor de este pasaje para determinar la fecha de nacimiento de Plauto, cfr. Introducción general, pág. 11.

[46] El sentido del verso perdido podría haber sido más o menos el siguiente: "Para ayudar a un enamorado hay que haber estado enamorado..." (Ritschl)

[47] Pequeña ciudad de Apulia, cuyos habitantes, sin duda, no tenían muy buena fama.

[48] Traducimos así, tratando de reflejar de alguna manera la idea implícita en el compuesto *semisenex (medio-viejo)*, cuya traducción literal hemos considerado insostenible.

[49] Venus es la diosa del amor y, por añadidura, también de la ama-

PERIPLECTÓMENO.— Más pruebas te daré yo de mi amabilidad que elogios haré de ella. Yo en un convite nunca toqueteo a la amiga de otro, ni me precipito a coger el primero las tajadas, ni levanto la copa el primero y, por culpa del vino, nunca provoco disputas en la mesa. Si alguno se pone pesado, me voy a casa y pongo fin a la conversación. Cuando estoy recostado a la mesa, no soy más que de Venus, del amor, de la amabilidad.

PALESTRIÓN.— Por Pólux, que todas sus costumbres parecen elegidas para agradar. Muéstrame a tres hombres con tus mismas costumbres y te los pago a peso de oricalco[50].

PLEUSICLES.— Desde luego que no encontrarás a otra persona de su edad más amable para todo y que sea más amigo de sus amigos.

PERIPLECTÓMENO.— Yo te obligaré a confesar que todavía soy joven de carácter, cuando me veas tan dispuesto a complacerte en todo. ¿Necesitas un patrono de carácter serio y colérico? Aquí me tienes. ¿Necesitas uno de carácter apacible? Dirás que mi carácter es más apacible que el mar en calma, y más bonancible que el soplo del Favonio[51]. Yo puedo proporcionarte el más divertido compañero de mesa, un parásito de primer orden o el mejor de los proveedores de banquete. Y en cuanto a bailar, no hay ningún marica de danzarín que se contonee mejor que yo.

PALESTRIÓN.— *(A Pleusicles.)* Con todas esas habilidades, ¿qué más podrías pedir, si pudieras formular un deseo?

PLEUSICLES.— *(Señalando a Palestrión.)* Poder demostrarle un agradecimiento acorde con sus méritos, a él y también a ti, ya que veo que os preocupáis tanto por mí. *(A Periplectómeno.)* Y a ti me disgusta causarte tantos gastos.

PERIPLECTÓMENO.— No seas tonto. Lo que se gasta en una mala esposa o en un mal enemigo, eso sí que es gasto; pero lo que se gasta en complacer a un buen huésped o a un amigo, eso es pura ganancia [de la misma manera que lo que se gasta en el culto divino es para el sabio puro beneficio]. Gracias a los dioses tengo lo suficiente para brindarte una hospitalidad

---

bilidad y de las buenas maneras. Traducimos así tratando de reflejar de alguna manera el juego de palabras que hay en el texto latino entre *Venus* y *venustas* ("amabilidad") del verso siguiente.
[50] Sobre el oricalco, cfr. n. 28 del *Curculio*.
[51] Viento suave y flojo del Este. Se corresponde con el Céfiro griego.

[111]

agradable. Come, bebe, disfruta de la vida en mi compañía, cólmate de felicidad. Mi casa está libre, yo soy libre, quiero vivir a mi libre albedrío. Pues te diré que, gracias a los dioses, mi fortuna me hubiera permitido tomar por esposa a una mujer ricamente dotada, del más alto linaje. Pero no quiero meter en mi casa a una perra que me esté ladrando todo el día.

PLEUSICLES.— ¿Y por qué no? Procrear hijos es una tarea hermosa.

PERIPLECTÓMENO.— Pero ser un hombre libre es, por Hércules, mucho más hermoso.

PLEUSICLES.— Tú eres una persona capaz de dar sabios consejos a los demás y dártelos también a ti mismo.

PERIPLECTÓMENO.— Porque sería agradable casarse con una buena esposa... si en algún lugar del mundo pudiera encontrarse ese mirlo blanco. Pero no estoy dispuesto a casarme con una mujer que jamás me diría: "Marido mío, compra lana, para que yo te haga una capa suave y caliente y unas gruesas túnicas, para que no pases frío este invierno". Estas palabras nunca saldrían de la boca de una esposa, sino que antes de que cantaran los gallos, me despertaría del sueño para decirme: "Marido mío, dame dinero para hacerle un regalo a mi madre en la fiesta de las calendas[52], dame dinero para hacer las conservas, dame dinero para dárselo el día de las Quincuatrias[53] a la hechicera, a la intérprete de los sueños, a la adivina, a la arúspice[54]. Sería una infamia no enviar nada a la que lee en las cejas[55]. Y no sería de buen corazón dejar sin obsequio a la que plisa las túnicas. Ya hace tiempo que la cerera está enfadada por no haber recibido ningún regalo. Y también la comadrona ha venido a quejarse de que le habíamos enviado poco. ¡Ah! ¿Y a la nodriza que cría a tus esclavos no le vas a enviar nada?" Éstos y otros muchos derroches similares propios de las mujeres son los que me hacen desistir de casarme con una mujer, que me calentaría la cabeza con pláticas parecidas.

---

[52] Como nuestros regalos de Reyes, los regalos en Roma se hacían normalmente el día de las calendas de Enero. Pero parece que esta mujer, modelo de piedad filial, se propone ofrecer a su madre un regalo cada primero de mes.

[53] Fiestas en honor a Minerva que tenían lugar cinco días después de los Idus de Marzo: cfr. Ovid. *Fast.* 809-948.

[54] La arúspice predecía el futuro examinando las entrañas de las víctimas sacrificadas.

[55] No se tienen más noticias de este singular tipo de adivinación.

PALESTRIÓN.— Los dioses te son propicios, porque si llegaras a perder esa libertad, no te sería fácil recuperarla de nuevo.

PLEUSICLES.— Pero es un título de gloria para un hombre de noble familia e inmensas riquezas procrear hijos que perpetúen el recuerdo de su linaje y el suyo propio.

PERIPLECTÓMENO.— Con la cantidad de parientes que tengo, ¿qué necesidad tengo yo de hijos? Ahora vivo bien, soy feliz, hago lo que quiero y me apetece. A mi muerte distribuiré mis bienes entre mis parientes, los repartiré entre ellos. Ellos me asistirán, me cuidarán, vendrán a ver cómo estoy y qué quiero. Antes de que amanezca, ya están aquí, preguntándome insistentemente cómo he dormido de noche. [A ellos los tendré por 710 hijos, ya que me colman de regalos.][56] Si celebran un sacrificio, me dan a mí una porción de la víctima mayor de la que reservan para sí[57]; me llevan al banquete sagrado; me invitan a comer y a cenar en sus casas. Se considera el más desgraciado de los mortales el que me hizo el regalo más pequeño. Compiten entre sí en enviarme regalos y yo me digo para mis adentros: "Codician mis bienes, pero, entretanto, se pelean por alimentarme y colmarme de regalos".

PALESTRIÓN.— Razonas perfectamente y sabes muy bien lo que te conviene a ti y a tus intereses. Si vives feliz, tienes mellizos y hasta trillizos.

PERIPLECTÓMENO.— Si yo hubiese tenido hijos, por Pólux que no me hubieran dado más que preocupaciones. Hubiera 720 vivido continuamente angustiado. Si por casualidad uno hubiese tenido fiebre, habría pensado que se iba a morir. Si se hubiese caído por haberse emborrachado o por montar a caballo, habría temido que se hubiese roto las piernas o la cabeza.

PLEUSICLES.— Este hombre bien merece ser rico y tener larga vida, ya que no sólo sabe conservar su fortuna sino que vive feliz y es útil a sus amigos.

---

[56] El aparentemente chocante empleo del futuro entre presentes ha llevado a Guyet, seguido por Ernout a considerar este verso interpolado. Pero dada la usual libertad con que Plauto entremezcla tiempos, no estamos muy seguros de la necesidad de eliminar el verso.

[57] Exceptuando las entrañas que, con algunos trozos de carne, eran quemados sobre el altar, el resto de la víctima era consumida por los asistentes, que solían guardar parte de lo que les tocaba para sus familiares y amigos, de forma que participaran de alguna manera de los efectos del sacrificio. Cfr. Guillén, J., *Urbs Roma III. Religión y ejército*, Salamanca, 1980, 133.

PALESTRIÓN.— ¡Qué hombre más encantador! Os juro por los dioses y las diosas que ellos debían haber dispuesto que los hombres no vivieran todos una vida cortada por el mismo patrón. Como un buen agoránomo[58], al fijar el precio de las mercancías, a la buena mercancía le asigna un precio de venta proporcional a su verdadero valor y a la mala un precio que empobrezca al vendedor en proporción a sus defectos, así los 730 dioses hubieran tenido que repartir de la misma manera la vida humana: al que tuviera un carácter amable y generoso, tenían que haberle concedido una larga vida; en cambio, a los malvados y criminales, tenían que habérsela quitado al instante. Si lo hubiesen dispuesto así, los malvados no sólo serían menos numerosos sino que cometerían sus crímenes con menor descaro y, además, para los hombres buenos la vida sería mucho más barata.

PERIPLECTÓMENO.— Criticar a los dioses y censurar sus designios sería de necios e ignorantes. Pero dejemos este tema. Ahora, querido huésped, quiero ir a comprar provisiones para ofrecerte una acogida digna de tus méritos y de los míos: con amabilidad, con delicadeza y manjares delicados.

PLEUSICLES.— Me parece que ya te he causado demasiados 740 gastos. Pues, por amigo que sea el huésped de la persona que le brinda hospitalidad, es imposible que, después de estar tres días seguidos en su casa, no resulte ya molesto. Pero, cuando ya han transcurrido diez días seguidos, aquello es una Ilíada de odios[59]. Y, aunque el dueño de la casa lo soporte de buen grado, los esclavos no dejan de murmurar.

PERIPLECTÓMENO.— Yo, querido huésped, he enseñado a mis esclavos a obedecerme ciegamente y no a darme órdenes o a disponer de mí a su antojo. Si no les gusta lo que a mí me agrada, han de bailar al son de mi música[60]. Si alguna cosa les

---

[58] Magistrado griego correspondiente al edil romano, encargado de la inspección de los mercados.

[59] La expresión plautina *odiorum Ilias* traduce libremente la proverbial expresión griega Ἰλιάς κακῶν (traducida por Cicerón como *Ilias malorum*). Como señala Ernout, la *Ilíada* se había convertido en el símbolo de una serie ininterrumpida de desgracias y acontecimientos funestos. Hammond quiere ver una referencia no sólo a la extensión de la *Ilíada*, sino, sobre todo, a su tema, la cólera de Aquiles.

[60] Lat. *meo remigio rem gerunt*, que propiamente significa "soy yo el cómitre que marco el ritmo a los remeros" o, quizás mejor, "soy yo el

molesta, han de hacerla contra su voluntad y a palos. Ahora, como era mi intención, me voy a la compra.

PLEUSICLES.— Si estás completamente decidido, compra 750 con moderación; no gastes demasiado. A mí cualquier cosa me basta.

PERIPLECTÓMENO.— Déjate de viejos y rancios formulismos. Hablas, querido huésped, como los plebeyos[61]. Pues éstos, cuando están reclinados a la mesa y la comida ya está servida, tienen la costumbre de decir: "¿Qué necesidad tenías de hacer tantos gastos en nuestro honor? Por Hércules, tú te has vuelto loco, porque con esto había suficiente para diez personas." Te reprochan lo que has comprado por ellos, pero sin embargo se lo comen.

PALESTRIÓN.— Por Pólux, que así es como sucede. ¡Qué listo es y qué perspicaz!

PERIPLECTÓMENO.— Pero a esas mismas personas nunca les oirás decir, aunque la mesa haya sido servida con abundancia: "Manda retirar eso; llévate esta fuente; aparta el jamón; no me apetece; quita de la mesa ese trozo de cerdo; este congrio frío 760 está buenísimo; retíralo, anda; llévatelo." A ninguno de ellos oirás decir tales cosas, sino que, al contrario, se estiran sobre la mesa y recuestan medio cuerpo sobre ella, tratando de coger los platos.

PALESTRIÓN.— ¡Qué bien ha descrito este buen hombre las malas prácticas!

PERIPLECTÓMENO.— Y no he dicho ni la centésima parte de lo que podría decir a este respecto, si tuviera tiempo.

PALESTRIÓN.— Ocupémonos, pues, en primer lugar, del asunto que nos interesa. Ahora atendedme los dos. Periplectómeno, necesito tu ayuda, porque se me ha ocurrido una divertida impostura para tomar el pelo bien tomado a nuestro melenudo soldado y para proporcionar a nuestro enamorado el medio de llevarse a Filocomasia y marcharse con ella. 770

PERIPLECTÓMENO.— Quiero que me des cuenta de ese plan.

PALESTRIÓN.— Y yo quiero que me des ese anillo que llevas en el dedo.

PERIPLECTÓMENO.— ¿Y para qué lo quieres?

---

piloto que marco el rumbo de la nave". Es decir, Periplectómeno se compara con el piloto o el cómitre de una nave.

[61] Se refiere Periplectómeno a la costumbre de los ricos romanos de invitar a comer periódicamente a sus clientes.

PALESTRIÓN.— Cuando lo tenga en mi poder, entonces te daré cuenta de mis maquinaciones.
PERIPLECTÓMENO.— Ten, tómalo.
PALESTRIÓN.— Pues toma tú también nota del engaño que he tramado.
PERIPLECTÓMENO.— Los dos somos todo oídos.
PALESTRIÓN.— Mi amo es un adúltero consumado, como creo que no ha habido ni habrá jamás.
PERIPLECTÓMENO.— Eso mismo creo yo.
PALESTRIÓN.— Y presume de superar en belleza al propio Alejandro[62] y pretende que todas las mujeres de Éfeso lo persiguen.
PERIPLECTÓMENO.— Estoy seguro, por Pólux, de que muchos maridos desearían que eso no fuese cierto. Pero yo sé muy bien que es así como dices. Conque abrevia, Palestrión, tu discurso lo más posible.
PALESTRIÓN.— ¿Podrías tú encontrar a una mujer hermosa, llena de sal y picardía?
PERIPLECTÓMENO.— ¿Libre de nacimiento o liberta?
PALESTRIÓN.— Tanto me da, con tal que me proporciones una que sea ambiciosa, que viva de su cuerpo y tenga cabeza, pues corazón[63] es imposible, ya que no lo tiene ninguna.
PERIPLECTÓMENO.— ¿Una mujer experta o una novata?[64]

---

[62] Alejandro es otro nombre de Paris, el raptor de Helena, que, junto con Apolo y Adonis, era para los antiguos prototipo de belleza masculina.

[63] Para entender este pasaje hay que tener en cuenta que para los antiguos el corazón era la sede tanto de la inteligencia como del sentimiento y que proverbialmente los varones se lo negaban a las mujeres: Cfr. *Cist.* 65-66 y *Most.* 87.

[64] *Lauta* propiamente significa "bañada" y, por añadidura, "elegante, distinguida". Aquí, sin embargo, parece que la palabra es empleada por Periplectómeno en alusión a la costumbre que excluía a las doncellas de los baños públicos o al baño que tomaba la mujer después del parto (cfr. *Amph.* 669 y Ter. *Andr.* 483), con lo que la oposición *lauta/non lauta* se traduciría en la oposición casada/soltera o no doncella/doncella, cuyo sentido tratamos de reflejar en la traducción. Parece, además, que Plauto juega con los dos sentidos de Plauto, el literal y el recién aludido, sin que sea fácil de precisar el equívoco. Hammond sugiere que Periplectómeno empezaría preguntando a Palestrión si quería una joven "elegante" e, inmediatamente, pensando en el significado literal de *lauta* ("bañada") y en las implicaciones del baño indicadas, añadiría sobre la marcha una alternativa que cambia-

PALESTRIÓN.— *(Acompañando probablemente sus palabras con un gesto para indicar la redondez de formas.)* La quiero rellenita[65], lo más hermosa y lo más joven que sea posible.

PERIPLECTÓMENO.— Pues precisamente tengo a una clienta de ese tipo, una cortesana muy jovencita. Pero, ¿para qué la quieres? 790

PALESTRIÓN.— Quiero que la hagas venir enseguida a tu casa y luego la traigas aquí vestida como una matrona: con moño, trenzas y diademas[66]; y que finja ser tu esposa: hay que advertírselo.

PERIPLECTÓMENO.— No acierto a entender qué te propones.

PALESTRIÓN.— *(A Periplectómeno y Pleusicles.)* Pero ya lo sabréis. *(A Periplectómeno.)* ¿Y tiene criada?

PERIPLECTÓMENO.— Sí y muy lista.

PALESTRIÓN.— También a ella la necesito. *(Alzando progresivamente la voz.)* Adviérteles tú a la joven y a su criadita que la primera finja que es tu esposa y que está perdidamente enamorada del soldado y que finja que le ha dado este anillo a su doncella y ella a su vez a mí, para que yo se lo entregara al soldado. Que finja también que yo soy el que hago de alcahuete en este asunto.

PERIPLECTÓMENO.— Te oigo. No me machaques los oídos, que me vas a dejar sordo. Y tengo muy buen oído... *(Laguna.)*

PALESTRIÓN.— ... Se lo daré y le diré que me ha sido dado y 800 entregado de parte de tu esposa, para que yo le consiga una cita con él. Él, dado su carácter, no deseará otra cosa con más ganas, porque el muy bribón no piensa más que en el adulterio.

PERIPLECTÓMENO.— Ni el propio Sol, si le hubieses dado a él el encargo de buscarlas, hubiese podido encontrar dos mujeres más apropiadas para esta tarea que las dos con las que cuento yo. Estate tranquilo.

PALESTRIÓN.— Encárgate, pues, de ello; pero hay que darse prisa. *(Periplectómeno sale.)* Ahora, escúchame tú, Pleusicles.

---

ría el sentido de la pregunta y equivaldría a preguntar si quería un virgen o no. Cfr. además la nota siguiente.

[65] Lat. *consucidam*, lit. "jugosa, suculenta". Algunos editores, siguiendo a Pío, proponen leer *siccam succidam*. En este caso, en la respuesta de Palestrión habría que ver un juego de palabras, basado en la contraposición de *sicca* con el sentido literal de *lauta* ("bañada" y, por tanto "mojada") señalado en la nota anterior.

[66] Cfr. n. 19 de la *Most.*

PLEUSICLES.— Estoy a tus órdenes.
PALESTRIÓN.— Presta atención a esto: cuando el soldado vaya a vuestra casa, acuérdate de no llamar a Filocomasia por su nombre.
PLEUSICLES.— ¿Y cómo la voy a llamar?
PALESTRIÓN.— *Justine*[67].
PLEUSICLES.— ¡Ah, sí! El nombre que hemos inventado hace un rato.
PALESTRIÓN.— Basta; vete.
PERIPLECTÓMENO.— Me acordaré. Pero, ¿para qué quieres que me acuerde?
PALESTRIÓN.— Te lo diré, cuando sea preciso. Entretanto, 810 cállate. Y procura desempeñar tu papel sin demora, que tu huésped ya está desempeñando el suyo.
PLEUSICLES.— Me voy, pues, a casa.
PALESTRIÓN.— Vete y procura seguir al pie de la letra mis instrucciones.

ESCENA SEGUNDA

PALESTRIÓN, LURCIÓN

PALESTRIÓN.— ¡Qué barullos armo, qué líos preparo! Hoy le voy a quitar yo la amiga al soldado, por poco que mis tropas sean disciplinadas. Pero llamaré a mi camarada. *(Acercándose a la puerta de Pirgopolinices.)* ¡Eh, Esceledro! Si no tienes nada que hacer, sal a la puerta. Soy yo, Palestrión, quien te llama.
LURCIÓN.— *(Saliendo de casa.)* Esceledro está ocupado.
PALESTRIÓN.— ¿En qué?
LURCIÓN.— Sorbe durmiendo.
PALESTRIÓN.— ¿Cómo que sorbe?   820
LURCIÓN.— "Ronca" quise decir. Pero como se parece tanto sorber a roncar[68]...

---

[67] Cfr. v. 436 y nota.
[68] Señala Grimal (n. 1, pág. 569) que el parecido entre *stertere* ("roncar") y *sorbere* ("beber a tragos") es poco claro y en consecuencia sugiere que Plauto puede haber traducido mal un juego de palabras griego entre ῥέγκω y βρέχω. Parece claro, en último extremo, que, al menos en latín, el juego de palabras no puede estar basado en el significante y tan sólo se justifica por el relativo parecido entre quien

PALESTRIÓN.— ¿Cómo? ¿Es que Esceledro está en casa durmiendo?

LURCIÓN.— Pero su nariz no duerme. Pues ¡menuda serenata nos está dando!

PALESTRIÓN.— Seguro que ha empinado el codo a escondidas, mientras, en su calidad de bodeguero, echaba a un ánfora de vino el nardo[69]. ¡Oye tú, bribón, que eres su vicebodeguero, oye!

LURCIÓN.— ¿Qué quieres?

PALESTRIÓN.— ¿Cómo es que se ha quedado dormido?

LURCIÓN.— Cerrando los ojos, supongo[70].

PALESTRIÓN.— No es eso lo que te pregunto, granuja. Acércate aquí. Si no me dices la verdad, eres hombre muerto. ¿Le sacaste tú a él una jarra de vino de la bodega?

LURCIÓN.— No.

PALESTRIÓN.— ¿Lo niegas?

LURCIÓN.— Claro que lo niego, por Hércules. Pues él me prohibió decirlo. Y no es cierto que yo haya echado en la jarra ocho cuartillos[71] ni que él se lo haya bebido caliente[72] para comer. 830

PALESTRIÓN.— Y tú tampoco bebiste, ¿verdad?

LURCIÓN.— ¡Que los dioses me confundan si he bebido o si pude beber!

PALESTRIÓN.— ¿Por qué?

LURCIÓN.— Porque me lo tuve que tragar de un sorbo, pues estaba tan caliente que abrasaba la garganta.

PALESTRIÓN.— ¡Unos están borrachos y otros hemos de conformarnos con agua mezclada con vinagre! ¡A buen bodeguero y buen vicebodeguero les ha sido confiada la bodega!

LURCIÓN.— Lo mismo harías tú, por Pólux, si te la hubieran

---

ronca y quien sorbe. Cfr., además, *Most.* 792 donde se contraponen *flare* y *sorbere* en una expresión de tipo proverbial: *Simul flare sorbereque haud factu facilest.*

[69] Este verso (824) es corrupto. En nuestra traducción seguimos la reconstrucción de Leo: *dum misit nartum in amphoram, cellarius.* Por lo demás, algunos editores, siguiendo los manuscritos, atribuyen tanto este verso como el anterior a Lurción. Recordaremos finalmente que el nardo es una planta olorosa, que se utilizaba para perfumar el vino, a lo que eran muy aficionados los antiguos.

[70] Cfr. *Amph.* 367-9 y *Merc.* 183.

[71] Lit. "de ocho heminas". La hemina es una medida de capacidad equivalente, aproximadamente, a medio litro.

[72] Recuérdese que el vino solía beberse mezclado con agua caliente.

confiado a ti. Pero, como no puedes imitarnos, te mueres de envidia.

PALESTRIÓN.— ¡Oye! ¿Y él ya alguna vez antes de esto ha sacado algo de la despensa? Contesta, granuja. Y te lo advierto para que lo sepas, Lurción: si mientes, serás torturado.

LURCIÓN.— ¿Ah, sí? Para que tú después vayas contando por ahí que yo he confesado, a mí me echen de mi cebadero[73] y, luego, tú, si te hacen bodeguero, nombres otro vicebodeguero.

PALESTRIÓN.— Te juro, por Pólux, que no haré nada de eso. Vamos, habla sin miedo.

LURCIÓN.— Jamás, por Pólux, le he visto sacar vino. Lo que sucedía era que él me mandaba sacarlo a mí y era yo el que lo sacaba.

PALESTRIÓN.— ¡Ahora me explico por qué las ánforas estaban tan a menudo boca abajo![74]

LURCIÓN.— No, por Hércules, no era ésa la razón principal por la que las ánforas volcaban con tanta facilidad. Es que en la bodega había un rinconcito muy resbaladizo y allí un jarra de litro[75], situada muy cerca de las ánforas. Con frecuencia esta jarra se llenaba diez veces al día. Yo mismo la vi más de una vez llenarse y vaciarse en un instante[76]. Y, cuando la jarra celebraba su bacanal, entonces volcaban las ánforas.

PALESTRIÓN.— Vete, vete a casa de una vez. Sois vosotros lo que celebráis vuestro bacanal en la bodega. Ahora mismo, por Hércules, hago venir al amo del foro.

LURCIÓN.— *(Aparte.)* ¡Estoy perdido! El amo, en cuanto llegue a casa y se entere de lo que ha pasado, me hará torturar, por no haberle informado. Pero huiré a alguna parte y al menos aplazaré el castigo hasta otro día. *(A los espectadores, señalando a Palestrión.)* No le digáis nada, por favor, os lo suplico. *(Lurción hace ademán de marcharse.)*

PALESTRIÓN.— ¿Adónde vas?

LURCIÓN.— Me han enviado a un recado. Enseguida vuelvo.

PALESTRIÓN.— ¿Quién te envió?

LURCIÓN.— Filocomasia.

PALESTRIÓN.— Vete y vuelve enseguida.

---

[73] Lit. "de la bodega donde me cebo" o más literalmente "del engorde bodeguil" (expresión que creemos insostenible en castellano).
[74] Señal inequívoca de que estaban vacías.
[75] Lit. "de dos libras".
[76] El texto de este verso no es seguro.

Lurción.— Pero hazme un favor. Si en mi ausencia se reparte leña, recoge tú mi parte. *(Lurción sale.)*
Palestrión.— Ahora comprendo lo que pretende la chica. Como Esceledro está dormido, le ha dado un encargo a este viceguardián para enviarlo fuera y así poder pasar *(señalando alternativamente la casa del soldado y la de Periplectómeno)* de una casa a otra. ¡Buena idea! Pero ahí viene Periplectómeno con la joven que le encargué. ¡Qué hermosa es! Los dioses nos son propicios. ¡Y qué porte más distinguido tiene! No parece una cortesana. Este asunto, que traigo entre manos, va saliendo de maravilla.

ESCENA TERCERA

Periplectómeno, Acroteleucia, Milfidipa, Palestrión

Periplectómeno.— Ya te he explicado en tu casa a ti, Acroteleucia, y también a ti, Milfidipa, todo el plan, punto por punto. Pero si se os ha escapado algún detalle de nuestra intriga y engaño, estoy dispuesto a repetíroslo todo de nuevo. Si lo habéis comprendido bien, mejor es que hablemos de otra cosa.
Acroteleucia.— Sería el colmo de la tontería y de la estupidez por mi parte mezclarme en asuntos ajenos y prometerte mi colaboración, si en tales circunstancias no supiera actuar con malicia y picardía.
Periplectómeno.— Pero siempre es mejor refrescar la memoria.
Acroteleucia.— *(Con ironía.)* Sí, refrescar la memoria a una cortesana nadie ignora lo útil que es. *(En tono recriminatorio.)* ¿No he sido yo misma por propia iniciativa, la que, en cuanto mis oídos bebieron el primer sorbo de tu discurso, te he explicado la manera de burlar al soldado?
Periplectómeno.— Pero nadie por sí solo es lo bastante listo. Yo a menudo he visto a muchos extraviarse y alejarse de la tierra del buen consejo antes de haberla encontrado.
Acroteleucia.— Cuando se trata de actuar con malignidad y malicia, la mujer goza de una memoria inmortal e imperecedera. Pero cuando hay que obrar cabal y lealmente, sucede que pierde la memoria y es incapaz de recordar.
Periplectómeno.— Eso es precisamente lo que temo, ya que a vosotras os toca hacer las dos cosas a la vez. Pues será provechoso para mí el daño que vais a causar las dos al soldado.

ACROTELEUCIA.— Con tal que hagamos el bien sin saberlo, no temas.

PERIPLECTÓMENO.— ¡Mala mercancía es la mujer!

ACROTELEUCIA.— No tiembles. Peores son los tipos con los que tienen que tratar[77].

PERIPLECTÓMENO.— Es vuestra obligación. Seguidme.

PALESTRIÓN.— *(Aparte.)* ¿A qué espero para ir a su encuentro? *(A Periplectómeno.)* Me alegro de que vuelvas con salud. Y, ¡qué magníficamente equipado vienes, por Hércules!

PERIPLECTÓMENO.— ¡Qué a punto y qué oportunamente te encuentro, Palestrión! Aquí tienes a las dos mujeres que me mandaste traerte, ataviadas como convinimos.

PALESTRIÓN.— ¡Bravo! Te felicito. *(A Acroteleucia.)* Palestrión saluda a Acroteleucia. 900

ACROTELEUCIA.— *(A Periplectómeno.)* ¿Quién es éste, por favor, que me llama por mi nombre como si me conociera de toda la vida?

PERIPLECTÓMENO.— Es el ingeniero de nuestro plan.

ACROTELEUCIA.— *(A Palestrión.)* Salud, ingeniero.

PALESTRIÓN.— Salud a ti. Pero, dime, *(señalando a Periplectómeno)* ¿te ha instruido convenientemente?

PERIPLECTÓMENO.— Las traigo a las dos debidamente aleccionadas.

PALESTRIÓN.— Estoy deseando oír cómo; tengo pánico de que cometáis un error.

PERIPLECTÓMENO.— A tus instrucciones no he añadido ni una palabra de mi cosecha.

ACROTELEUCIA.— *(A Palestrión.)* Tú quieres burlar a tu amo, el soldado, ¿no es cierto?

PALESTRIÓN.— Tú lo has dicho.

ACROTELEUCIA.— El plan es ingenioso e inteligente, oportuno y divertido.

PALESTRIÓN.— *(Señalando nuevamente a Periplectómeno.)* Y quiero que finjas que eres su esposa.

ACROTELEUCIA.— Así será.

PALESTRIÓN.— Y que finjas que te has enamorado del soldado.

---

[77] Hay que reconocer que el sentido de estas palabras de Acroteleucia no es completamente satisfactorio y no encajan demasiado bien con la contestación de Periplectómeno. Según la interpretación de Leo, difícil de justificar, como ya reconoce Ernout, el sentido sería: "Siempre las hay (lit. las encuentran) peores."

ACROTELEUCIA.— Así se hará.
PALESTRIÓN.— Y que tu criada y yo somos los intermedia- 910
rios en este asunto.
ACROTELEUCIA.— Podías ser un buen adivino, porque predices todo lo que va a suceder.
PALESTRIÓN.— Y que este anillo me lo dio tu criadita de tu parte, para que yo se lo diera al soldado en tu nombre.
ACROTELEUCIA.— ¡Exacto!
PERIPLECTÓMENO.— Pero, ¿qué necesidad hay de recordarles lo que ya se saben de memoria?
ACROTELEUCIA.— Más vale así. Pues piensa en esto, patrono mío: cuando se tiene un buen ingeniero, una vez que puso la quilla bien alineada y ésta queda firme y sólidamente colocada, es fácil construir la nave. Ahora nuestra quilla está firme y sólidamente colocada y hay operarios e ingenieros que no desconocen su oficio. Si el suministrador no se retrasa en en- 920
tregarnos la madera necesaria (conozco bien nuestra habilidad), la nave quedará lista enseguida.
PALESTRIÓN.— Tú conoces a mi amo, el soldado, ¿verdad?
ACROTELEUCIA.— ¿Y necesitas preguntarlo? ¿Cómo no voy a conocer a una persona odiada por todo el mundo, un fanfarrón, un adúltero que se riza el pelo y se empapa de perfumes.
PALESTRIÓN.— ¿Y te conoce él a ti?
ACROTELEUCIA.— Nunca me vio. ¿Cómo iba a conocerme?
PALESTRIÓN.— Hablas de maravilla. A ver si todo nos sale también de maravilla[78].
ACROTELEUCIA.— ¿Quieres hacerme el favor de darme a nuestro hombre y despreocuparte de lo demás? Si no le tomo el pelo bien tomado, échame a mí toda la culpa.
PALESTRIÓN.— Venga, pues, entrad en casa. Y ocupaos de este asunto con cabeza.
ACROTELEUCIA.— Descuida.
PALESTRIÓN.— Venga, Periplectómeno, llévalas de una vez 930
adentro. Yo iré al foro a reunirme con el soldado, le entregaré este anillo y le diré que me ha sido dado de parte de tu mujer y que ella se muere de amor por él. *(Señalando a Milfidipa.)* Tan pronto como lleguemos del foro, enviadnos a nuestra casa a la criada, y que finja que ha sido enviada en secreto a hablar con él.
PERIPLECTÓMENO.— Así lo haremos. No te preocupes.

---

[78] El texto en este punto es corrupto y el sentido sólo aproximado.

PALESTRIÓN.— Sois vosotros los que tenéis que preocuparos. Yo voy a buscarlo y os lo traeré al muy asno ya bien cargado de engaños[79].
PERIPLECTÓMENO.— ¡Que te vaya bien y que tengas suerte! *(Palestrión sale. A Acroteleucia.)* Si consigo yo que mi huésped recupere para sí a la amiga del soldado y que se la lleve a Atenas, si logramos llevar a feliz término nuestro engaño[80], 940 ¿qué quieres que te regale?
ACROTELEUCIA.— *(Sin contestar a la pregunta de Periplectómeno.)*[81] ¿Y la chica colabora con nosotros?
PERIPLECTÓMENO.— Maravillosa y primorosamente.
ACROTELEUCIA.— Estoy segura de que todo saldrá a la perfección. Cuando se haya producido la unión de nuestras malicias, no temo que nadie logre vencernos en astucia y perfidia.
PERIPLECTÓMENO.— Entremos, pues, en casa para reflexionar detenidamente sobre el asunto, a fin de cumplir nuestro cometido con diligencia y esmero y a fin de que, cuando llegue el soldado, no se produzca ningún tropiezo.
ACROTELEUCIA.— Eres tú el que nos está haciendo perder el tiempo. *(Entran todos en casa de Periplectómeno.)*

ACTO CUARTO

ESCENA PRIMERA

PIRGOPOLINICES, PALESTRIÓN

PIRGOPOLINICES.— ¡Qué gusto da ver que cuanto emprendes concluye maravillosamente y conforme a tus deseos! Yo, por ejemplo, he enviado hoy a mi parásito al rey Seleuco para que le llevase los mercenarios que he reclutado en esta ciudad, a 950 fin de que le protejan su reino, mientras yo me tomo un descanso.
PALESTRIÓN.— Mejor harías en preocuparte de tus asuntos

---

[79] Cfr. n. 34 de *Bacchides*.
[80] Nos ha sido imposible reproducir la paranomasia *dolum dolamus* del texto plautino.
[81] Algunos editores han considerado extraña la falta de respuesta de Acroteleucia a la pregunta de Periplectómeno y, en consecuencia, suponen la pérdida de un verso.

que de los de Seleuco. ¡Mira que única y espléndida oportunidad se te ofrece por mi mediación!

Pirgopolinices.— ¡De acuerdo! Pospongo todo lo demás y te escucho. Habla. Mis oídos están a tus órdenes.

Palestrión.— Mira antes alrededor, no vaya a haber alguien al acecho de nuestra conversación. Porque se me encargó que tratara este asunto con el máximo secreto.

Pirgopolinices.— *(Después de mirar.)* No hay nadie.

Palestrión.— *(Entregándole el anillo de Periplectómeno.)* Recibe en primer lugar de mis manos esta prenda de amor.

Pirgopolinices.— ¿Qué es? ¿De quién procede?

Palestrión.— De una mujer de deslumbrante belleza y carácter encantador, que te ama y suspira por tu hermosura sin igual. Fue su criada la que me dio este anillo para que yo a mi 960 vez te lo entregase a ti.

Pirgopolinices.— Y dime, ¿es libre de nacimiento o una esclava liberada por la vara del pretor?[82]

Palestrión.— ¡Bah! ¿Osaría yo hacer de mediador entre una liberta y tú, sabiendo que no das abasto para atender las solicitudes de todas las mujeres libres que te pretenden?

Pirgopolinices.— ¿Es casada o soltera?

Palestrión.— Casada y soltera.

Pirgopolinices.— ¿Y cómo puede ser casada y soltera a la vez?

Palestrión.— Porque es joven y está casada con un viejo.

Pirgopolinices.— ¡Bravo!

Palestrión.— Es muy hermosa y distinguida.

Pirgopolinices.— ¡Ojo con mentirme!

Palestrión.— Es la única mujer cuya belleza puede parangonarse con la tuya.

Pirgopolinices.— Sí que es hermosa, por Hércules, por lo dices. Pero, ¿quién es?

Palestrión.— La esposa de Periplectómeno, el viejo de la casa de al lado. Se muere de amor por ti y está deseando sepa- 970

---

[82] Se alude aquí a una antigua ceremonia romana de liberación de un esclavo en la que el propio pretor o, en su presencia, un lictor (cfr. *Pers.* 5,175) golpeaban ligeramente con una varita *(festuca* o *vindicta)* la cabeza del esclavo, en señal de que, si su amo no reivindicaba su propiedad, dicho esclavo pasaba a pertenecer a la ciudad (el sentido originario del golpe con la varita era precisamente este: afirmar la propiedad sobre un objeto) y, en consecuencia, era libre.

rarse de su marido, porque lo odia. Por eso me ha encargado que te pidiera y suplicara que le brindes la oportunidad y la posibilidad de hacerlo.

Pirgopolinices.— No deseo otra cosa, por Hércules, si es que ella quiere.

Palestrión.— ¿Si quiere? Arde en deseos.

Pirgopolinices.— ¿Y qué vamos a hacer con la amante que tengo en casa?

Palestrión.— Ordénale que abandone tu casa y se vaya adonde quiera. Precisamente su hermana gemela y su madre están en Éfeso, adonde han venido a buscarla.

Pirgopolinices.— ¿Cómo? ¿Dices que su madre está en Éfeso?

Palestrión.— Eso dicen.

Pirgopolinices.— ¡Qué magnífica ocasión, por Hércules, para deshacerme de ella!

Palestrión.— Escucha, ¿quieres hacerlo con elegancia?

Pirgopolinices.— Habla. Aconséjame.

Palestrión.— ¿Quieres deshacerte de ella en un instante y quieres que se vaya de tu casa de buen grado?

Pirgopolinices.— No deseo otra cosa.   980

Palestrión.— Entonces esto es lo que tienes que hacer: como posees inmensas riquezas, regálale las joyas y los vestidos que le compraste y ordénale que se vaya y se los lleve adonde le plazca.

Pirgopolinices.— Me parece bien tu consejo. Pero mira que no vaya yo a deshacerme de una e incumpla la otra su palabra.

Palestrión.— ¡Bah! Eres un melindroso. ¡Si te ama como a la niña de sus ojos!

Pirgopolinices.— ¡Venus me protege!

Palestrión.— ¡Chsss! Calla, que la puerta se abre. Retírate hacia aquí, sin que te vean. Esa que sale es su correo[83], la encargada de traerte sus mensajes.

Pirgopolinices.— ¿Qué correo?

Palestrión.— Es su criadita esa que sale, la que me trajo el anillo que te di.

Pirgopolinices.— ¡Sí que es bonita, por Pólux!

---

[83] El término latino *celox*, derivado del griego κέλης, designa una embarcación ligera que servía para trasportar mensajes. En latín por falsa etimología popular se relacionaba con *celer* y parece que su terminación está moldeada por analogía con *velox*. Hoy diríamos quizás un "tren correo" o un "rápido".

PALESTRIÓN.— Pues en comparación con su ama, no es más que una mona o una lechuza[84]. ¿No ves cómo abre los ojos y aguza los oídos al acecho de una presa?[85]

ESCENA SEGUNDA

MILFIDIPA, PIRGOPOLINICES, PALESTRIÓN

MILFIDIPA.— *(Aparte.)* Ya está instalado delante de la casa el circo en que he de mostrar mis mañas[86]. Fingiré que no los veo y que ignoro que están aquí.
PIRGOPOLINICES.— *(A Palestrión.)* Calla. Escuchemos si dice algo de mí.
MILFIDIPA.— *(Mirando alrededor.)* ¿No habrá por aquí alguno de esos que se preocupan más de los asuntos ajenos que de los propios, dispuesto a espiar lo que hago, porque no necesita ganarse la vida con su trabajo? Tengo miedo de que este tipo de personas me causen alguna molestia o estorbo, si salen de casa, en el momento en que atraviesa la calle, ardiendo de pasión por él, mi ama, cuyo pobre corazón se consume de amor por el héroe más encantador y hermoso del mundo, el soldado Pirgopolinices.
PIRGOPOLINICES.— ¿No crees que también ella está enamorada de mí? ¿Oyes los elogios que hace de mi hermosura?
PALESTRIÓN.— Sus palabras, por Pólux, que no necesitan que se les saque brillo[87].
PIRGOPOLINICES.— ¿Por qué motivo?
PALESTRIÓN.— Pues porque se expresa brillantemente, sin ninguna oscuridad. [En todo lo que dice no hay ninguna palabra oscura.]

---

[84] Prototipos de fealdad, evidentemente.

[85] La actitud de Milfidipa, que mira por todas partes, fingiendo no querer ser sorprendida por nadie, es comparada con la del cazador que aguza sus sentidos al acecho de una presa.

[86] "Mostrar mis mañas" ha de entenderse en el doble sentido de "lucir mis habilidades" (referido a los espectáculos de circo) y "poner en práctica mis artimañas", es decir, las acciones necesarias para burlar al soldado. Sobre el doble significado de *ludos facere*, que tratamos de reflejar, cfr. n. 12 de la *Aulularia*.

[87] Literalmente "no necesitan ceniza", ya que los antiguos utilizaban la ceniza para dar brillo a los metales.

PIRGOPOLINICES.— También ella misma es muy atractiva y deslumbrante. Por Hércules, Palestrión, que empieza a gustarme un poquitito.

PALESTRIÓN.— ¿Antes de haber visto a la otra con tus ojos?

PIRGOPOLINICES.— En eso me fío de ti y es como si la viera. Pero, en su ausencia, este correíto me inflama de amor[88].

PALESTRIÓN.— Por favor, de ésta no vayas a enamorarte, que es mi prometida. Si su ama se casa contigo, yo me casaré inmediatamente con ella.

PIRGOPOLINICES.— ¿A qué esperas, pues, para hablarle?

PALESTRIÓN.— Sígueme por aquí.

PIRGOPOLINICES.— Soy tu sombra[89].

MILFIDIPA.— *(Aparte, fingiendo no verlos.)* ¡Ojalá tenga yo la suerte de encontrar a la persona que he salido a buscar! 1010

PALESTRIÓN.— *(Separándose un poco del soldado y acercándose a Milfidipa.)* La tendrás y se cumplirán tus deseos. Estate tranquila. No temas.

MILFIDIPA.— ¿A quién he oído por aquí?

PALESTRIÓN.— Al compañero de tus conciliábulos y al confidente de tus planes.

MILFIDIPA.— Entonces, por Pólux, mi secreto no es un secreto.

PALESTRIÓN.— Lo es y no lo es.

MILFIDIPA.— ¿Y cómo puede ser eso?

PALESTRIÓN.— Es un secreto para los que no son de confianza, pero yo soy para ti de toda confianza.

MILFIDIPA.— Dame la contraseña si de verdad eres de nuestra secta[90].

PALESTRIÓN.— Una mujer ama a un hombre.

MILFIDIPA.— Por Pólux, que eso les pasa a muchas.

PALESTRIÓN.— Pero no muchas envían un anillo de regalo.

MILFIDIPA.— Ahora caigo; tus palabras me han abierto los ojos. Pero, ¿hay alguien por aquí?

---

[88] El texto en este punto es corrupto y el sentido poco seguro. En nuestra traducción hemos seguido la enmienda de Ribbeck, que lee: *Tum haec celocula illa absente subigit me ut amem.*

[89] Lit. "Soy tu pedisequo."

[90] Lit. "de nuestras bacantes". Según Koenen L., "Plautus, Mil. 1016. Signum-semeîon", *ZPE* 17 (1975) 79-80, *signum* (equivalente al griego *semeîon*) sería aquí la contraseña usada en los misterios religiosos para el reconocimiento de los iniciados. El dato estaría tomado del modelo griego, Menandro, según Koenen.

Palestrión.— Hay y no hay.
Milfidipa.— Quiero hablar contigo a solas.
Palestrión.— ¿Será una conversación larga o breve? 1020
Milfidipa.— Sólo tres palabras.
Palestrión.— Ahora mismo vuelvo. *(Se acerca a Pirgopolinices.)*
Pirgopolinices.— ¿Te parece bonito que un héroe de mi belleza y mis hazañas esté aquí tanto tiempo de plantón?
Palestrión.— Ten paciencia y espera. Estoy trabajando para ti.
Pirgopolinices.— Date prisa que la espera me exaspera[91].
Palestrión.— Hay que andar con pies de plomo, como sabes, cuando se trata con este tipo de mercancías.
Pirgopolinices.— ¡Está bien, está bien! Haz como mejor te parezca.
Palestrión.— *(Al público.)* No he visto un adoquín más duro de mollera que éste[92]. *(Acercándose a Milfidipa.)* Ya estoy de vuelta. ¿Qué me querías?
Milfidipa.— Pedirte consejo sobre el modo de asaltar esta Troya[93].
Palestrión.— Finge que tu ama se muere de amor por él.
Milfidipa.— Eso ya lo sé.
Palestrión.— Alaba su belleza y su prestancia y recuérdale sus hazañas.
Milfidipa.— Para eso tengo toda la picardía necesaria, como te acabo de demostrar[94].
Palestrión.— Pues del resto encárgate tú, ten el ojo avizor y sigue la pista que te indiquen mis palabras.
Pirgopolinices.— *(Impaciente.)* ¿Querrás hacerme el favor de prestarme al fin un poco de atención? Ven aquí ahora mismo. 1030
Palestrión.— *(Acercándose a él.)* Aquí me tienes. Ordena lo que quieras.

---

[91] Texto inseguro. Traducimos siguiendo la enmienda de A. Macé: *Propera nam astando excrucior.* Aunque la paranomasia de la traducción no está presente en el texto latino, hemos creído conveniente mantenerla por considerarla típicamente plautina y para suplir aquellos casos en que es imposible de reproducir en español.
[92] Sobre la piedra como prototipo de estupidez cfr. v. 236 y nota al v. 1073 de la *Mostellaria*.
[93] El texto también en este punto es inseguro.
[94] Cfr. v. 998.

PIRGOPOLINICES.— ¿Qué es lo que te está contando?

PALESTRIÓN.— Dice que su ama no hace más que gemir y llorar, que la pobre está angustiada y desesperada por verse privada y separada de ti.

PIRGOPOLINICES.— Dile que se acerque.

PALESTRIÓN.— *(Bajando la voz, como para evitar ser oído por Milfidipa.)* ¿Sabes lo que debes hacer? Hazte el desdeñoso, como si la cosa te desagradase. Y échame una bronca por ofrecer tus favores a una cualquiera[95].

PIRGOPOLINICES.— Entendido. Seguiré tu consejo.

PALESTRIÓN.— *(Alzando la voz.)* ¿Llamo ya a la mujer que pregunta por ti?

PIRGOPOLINICES.— Que se acerque, si quiere decirme algo.

PALESTRIÓN.— *(A Milfidipa.)* Si quieres decirle algo, acércate, mujer.

MILFIDIPA.— *(A Pirgopolinices.)* ¡Salud, Hermoso!

PIRGOPOLINICES.— *(Al público.)* Me llama por mi sobrenombre[96]. *(A Milfidipa.)* ¡Que los dioses colmen todos tus deseos!

MILFIDIPA.— Pasar toda la vida contigo querría...

PIRGOPOLINICES.— Pides demasiado.

MILFIDIPA.— Pero yo no, sino mi ama, que se muere de 1040 amor por ti.

PIRGOPOLINICES.— Eso mismo desean otras muchas y no pueden conseguirlo.

MILFIDIPA.— Por Cástor, ¿y qué tiene de extraño, que te cotices tan alto? ¡Un héroe tan guapo y tan famoso por su valor, su belleza y sus hazañas! Jamás hubo un hombre en el mundo tan digno de ser un dios.

PALESTRIÓN.— *(Aparte.)* La verdad, por Hércules, es que tiene poco de hombre. Un buitre creo yo que tiene más de humano que él.

PIRGOPOLINICES.— *(Aparte.)* Me daré aires de importancia, ya que me hace tales elogios.

PALESTRIÓN.— *(A Milfidipa.)* Mira cómo se pavonea el muy

---

[95] En este caso nos ha sido imposible reflejar la paranomasia *volgo volgem*.

[96] En este apelativo (lat. *Pulcher*) se ha querido ver una posible alusión (sin duda irónica) a uno de los dos Claudios Pulcros, cuyo padre fue el responsable en el 249 de la derrota de la flota romana en Drépano.

imbécil. *(A Pirgopolinices.)* Anda, contéstale. La ha enviado aquella mujer de la que te hablé hace un rato.
PIRGOPOLINICES.— ¿Cuál de ellas? Son tantas las que me persiguen, que no soy capaz de acordarme.
MILFIDIPA.— La que desnuda sus dedos para adornar los tuyos. Una mujer que te ama tan apasionadamente que *(señalando el anillo que Pirgopolinices lleva en el dedo)* me dio este anillo para que yo se lo entregara a tu esclavo y él a su vez a ti.
PIRGOPOLINICES.— ¿Qué es lo que quieres, mujer? Habla. 1050
MILFIDIPA.— Que no rechaces a una persona que te ama tan apasionadamente y que sólo vive por ti. Si puede o no puede tener esperanzas de seguir viviendo, sólo depende de ti.
PIRGOPOLINICES.— ¿Y qué es lo que quiere?
MILFIDIPA.— Hablarte, abrazarte, acariciarte. Si no acudes en su auxilio, caerá en la desesperación. Vamos, Aquiles mío, haz lo que te pido; salva a una hermosa mujer tú que eres tan hermoso. Demuestra tu bondad, conquistador de ciudades[97], exterminador de tiranos.
PIRGOPOLINICES.— ¡Oh cielos, qué pesadez! *(A Palestrión.)* ¿Cuántas veces te he prohibido, bribón, ofrecer mis favores a una cualquiera?
PALESTRIÓN.— *(A Milfidipa.)* ¿Lo oyes, mujer? Ya te lo dije y ahora te lo repito: si a este semental no se le paga su salario, 1060 no hay yegua[98] en el mundo a la que esté dispuesto a regar con su simiente.
MILFIDIPA.— Todo el dinero que pida se le dará.
PALESTRIÓN.— Al menos es necesario entregarle un talento de oro en filipos[99]. No aceptará menos de nadie.
MILFIDIPA.— ¡Pues bien barato es, por Cástor, a fin de cuentas!

---

[97] Posible alusión irónica al nombre del propio Pirgopolinices: cfr. n. 1.
[98] En vez de "semental" y "yegua", el texto latino dice "verraco" y "cerda".
[99] Recuérdese que el talento más que una moneda propiamente dicha es una medida de peso, equivalente (en Atenas) al de 60 minas o 6.000 dracmas (=2,592 kgs.) y que los filipos eran una moneda de oro acuñada a partir de Filipo II, el padre de Alejandro, por los reyes de Macedonia, de peso equivalente al de dos dracmas (= 8,64 grs.). Su oro tenía fama de ser muy puro. Las pretendidas exigencias del soldado serían, por tanto, de 3.000 filipos de oro.

PIRGOPOLINICES.— La avaricia no es uno de mis defectos. Tengo bastantes riquezas. Poseo más de mil celemines de filipos[100].
PALESTRIÓN.— Y eso sin contar sus otros tesoros. Porque de plata tiene no montones sino montañas. El Etna no es tan alto ni con mucho.
MILFIDIPA.— *(Aparte.)* ¡Por Pólux, vaya embustero!
PALESTRIÓN.— *(En bajo, a Milfidipa.)* ¡Cómo me burlo de él!
MILFIDIPA.— *(Igual.)* ¡Y yo cómo le tomo el pelo!
PALESTRIÓN.— Maravillosamente.
MILFIDIPA.— *(Al soldado.)* Por favor, dame una respuesta enseguida.
PALESTRIÓN.— Vamos, contéstale, afirmativa o negativamente.
MILFIDIPA.— ¿Por qué torturas el corazón de una desgraciada que nunca te hizo mal alguno?
PIRGOPOLINICES.— Dile que venga aquí a vernos, que estoy 1070 dispuesto a satisfacer todos sus deseos.
MILFIDIPA.— Ahora obras como se debe, por corresponder a su amor con amor...
PALESTRIÓN.— *(Aparte, señalando a Milfidipa.)* Ésta no tiene pelo de tonta.
MILFIDIPA.— ... y por dignarte escuchar mis ruegos y acceder a mis súplicas. *(En bajo, a Palestrión.)* ¿Qué tal? ¿Cómo le tomo el pelo?
PALESTRIÓN.— *(En bajo, a Milfidipa.)* Por Hércules, que no puedo controlar mi risa. *(Dándose la vuelta para estallar de risa.)* ¡Ja, ja, ja!
MILFIDIPA.— *(Igual.)* Ése fue el motivo por el que te di la espalda.
PIRGOPOLINICES.— *(A Milfidipa.)* No sabes bien tú, mujer, en qué alta consideración ya la tengo.
MILFIDIPA.— Lo sé y se lo diré.
PALESTRIÓN.— A precio de oro podía haber vendido sus favores a otra.
MILFIDIPA.— De eso, por Pólux, no tengo la menor duda.
PALESTRIÓN.— Es auténtica raza de héroes la que engendran las mujeres que él dejó embarazadas; y sus hijos viven ochocientos años.

---

[100] Lit. "modios de Filipos". El modio, como ya hemos dicho en otras ocasiones, era una medida de capacidad para áridos equivalente a 8,75 litros.

MILFIDIPA.— *(Aparte, sin poder contener la risa.)* ¡Vete a paseo, bromista!

PIRGOPOLINICES.— Te equivocas. Viven mil años completos, un siglo tras otro.

1080

PALESTRIÓN.— *(Excusándose.)* Es que rebajé la cifra para que ella no fuera a pensar que yo exageraba.

MILFIDIPA.— ¡Santo cielo! ¿Cuántos años vivirá él, si sus hijos viven tantos siglos?

PIRGOPOLINICES.— Has de saber, mujer, que nací un día después de que Ope[101] diera a luz a Júpiter.

PALESTRIÓN.— Si hubiera nacido un día antes, seguro que ahora sería él el rey del cielo.

MILFIDIPA.— Basta, basta, por favor. Permitidme partir con vida, si es posible, de vuestro lado[102].

PALESTRIÓN.— ¿Por qué no te vas, si ya se te ha dado la respuesta?

MILFIDIPA.— Sí, me voy a buscar a aquella por quien sufro estos desvelos. *(A Pirgopolinices.)* ¿Quieres algo más?

PIRGOPOLINICES.— No ser más guapo de lo que soy, pues mi belleza no me da más que quebraderos de cabeza.

PALESTRIÓN.— *(A Milfidipa.)* ¿Qué haces aquí parada todavía? ¿Por qué no te vas?

MILFIDIPA.— Ya me voy.

PALESTRIÓN.— Espera, escucha un momento: háblale sensata y juiciosamente.

MILFIDIPA.— Le haré perder el juicio[103].

PALESTRIÓN.— *(En bajo.)* Dile a Filocomasia, si está todavía

---

[101] Como se sabe, Ope, primitiva diosa latina de la abundancia, fue asimilada a la diosa griega Rea, que, según la mitología, engendró de Crono (el Saturno latino) a Zeus (Júpiter).

[102] Las palabras de Milfidipa tienen posiblemente un doble sentido: en realidad advierten simplemente a Palestrión que no la haga morir de risa, pero son dichas de tal manera que el soldado interpreta que es el estupor ante sus hazañas el que puede acabar con la vida de Milfidipa.

[103] El juego de palabras que hemos tratado de reflejar es, sin duda, más expresivo en el texto latino. Palestrión dice a Milfidipa que le hable "prudentemente", *cordate* (recuérdese que el corazón para los antiguos era tanto la sede de la inteligencia y reflexión como de los sentimientos), a lo que le responde Milfidipa (los manuscritos atribuyen estas palabras al propio Palestrión): "Para que le baile (de alegría, sin duda) el corazón *(cor).*"

ahí *(señala la casa de Periplectómeno)*, que pase inmediatamente a nuestra casa, pues el soldado está aquí.

Milfidipa.— *(Señalando también la casa de Periplectómeno.)* Está ahí con mi ama. Ocultas han escuchado toda nuestra conversación.

Palestrión.— ¡Magnífico! Así, guiándose por nuestras palabras, podrán pilotar mejor su nave.

Milfidipa.— Me estás entreteniendo. Me voy.

Palestrión.— Ni te entretengo ni te toco ni te... me callo.

Pirgopolinices.— *(A Milfidipa.)* Dile a tu ama que se dé prisa en salir. *(A Palestrión.)* Ahora vamos a ocuparnos ante todo de este asunto. *(Milfidipa entra en casa de Periplectómeno.)*

ESCENA TERCERA

Pirgopolinices, Palestrión

Pirgopolinices.— ¿Y ahora qué me aconsejas que haga con mi amiga, Palestrión? Pues no puedo de ninguna manera recibir a la otra en casa sin haberme deshecho antes de ésta.

Palestrión.— ¿Por qué me preguntas lo que debes hacer? Ya te he dicho cómo se puede arreglar este asunto de la forma más elegante. Regálale todas las joyas y los vestidos que le has comprado; ordénale que los recoja, que se los guarde y que se los lleve. Dile que no encontrará mejor ocasión para volver a su casa, pues están aquí su hermana gemela y su madre y, en su compañía, regresará sin problemas a su hogar.

Pirgopolinices.— ¿Y cómo sabes tú que están aquí?

Palestrión.— Porque he visto con mis propios ojos aquí a su hermana.

Pirgopolinices.— ¿Ha venido a verla?

Palestrión.— Sí.

Pirgopolinices.— ¿Y qué tal está? ¿Está maciza?

Palestrión.— Quieres tenerlo todo.

Pirgopolinices.— ¿Y dijo su hermana dónde estaba su madre?

Palestrión.— Guarda cama en la nave con los ojos hinchados e inflamados, según me dijo el capitán del barco que las trajo hasta aquí, que se aloja *(señalando la casa de Periplectómeno)* en casa de nuestros vecinos.

Pirgopolinices.— ¿Y qué tal está? ¿Está macizo?

Palestrión.— ¡Anda, vete a paseo! ¡Menudo semental estás

tú hecho, que tanto te da perseguir a los machos como a las hembras! Ocúpate ahora de lo que te interesa.

Pirgopolinices.— En cuanto al consejo que me das, quiero que seas tú el que hable con ella de este asunto, pues los dos os entendéis de maravilla.

Palestrión.— ¿No crees que es mejor que vayas tú mismo a hablar con ella y que te ocupes tú mismo de tus asuntos? Dile que te ves en la necesidad de casarte: que tus parientes te animan, tus amigos te presionan.

Pirgopolinices.— ¿Eso crees que debo hacer? 1120

Palestrión.— Claro que sí.

Pirgopolinices.— Entonces me voy a casa. Tú, mientras tanto, monta guardia aquí delante de la puerta y, en cuanto salga la otra, llámame.

Palestrión.— Tú limítate a resolver tu problema.

Pirgopolinices.— Mi problema ya está resuelto. Si no se va por propia voluntad, la echaré por la fuerza a la calle.

Palestrión.— Eso ni se te ocurra. Es preferible que se vaya de buen grado de tu casa. Y dale todo lo que te dije; regálale las joyas y los vestidos que le compraste.

Pirgopolinices.— Por Hércules, que no deseo otra cosa.

Palestrión.— Estoy seguro que lo lograrás fácilmente. Pero entra de una vez; no te quedes aquí.

Pirgopolinices.— ¡A tus órdenes! *(El soldado entra en su casa.)*

Palestrión.— *(Solo, a los espectadores.)* ¿Se parece o no se 1130 parece en todo al retrato que os he hecho de él hace un rato[104], este adúltero de soldado? Ahora me hacía falta que viniera aquí Acroteleucia o su criadita o Pleusicles. ¡Oh Júpiter! ¿No es cierto que la Buena Suerte[105] en todo momento me sonríe? Las personas que más deseaba ver, ahí las veo salir a las tres juntas de casa del vecino.

---

[104] Cfr. 90, 775-6 y 924.
[105] Lit. "La Oportunidad."

ESCENA CUARTA

Acroteleucia, Milfidipa, Pleusicles, Palestrión

Acroteleucia.— *(A Pleusicles y a Milfidipa.)* Seguidme y mirad bien a todas partes, no vaya a haber por aquí algún espía.
Milfidipa.— Por Pólux, que no veo a nadie, salvo a la persona que deseamos encontrar.
Palestrión.— Y yo a vosotros.
Milfidipa.— ¿Qué tal, querido ingeniero?
Palestrión.— ¿Ingeniero yo? ¡Ya, ya!
Milfidipa.— ¿Por qué dices eso?
Palestrión.— Pues porque, delante de ti, no soy digno de 1140 clavar una punta en la pared.
Milfidipa.— ¡Anda ya!
Palestrión.— *(A Pleusicles y Acroteleucia.)* ¡Qué ingeniosa es y qué lengua tiene la muy pícara! ¡Con qué gracia ha tomado el pelo[106] al soldado!
Milfidipa.— Pues eso aún no fue nada.
Palestrión.— *(A Pleusicles.)* Estate tranquilo; en mis manos el asunto va viento en popa. Vosotros sólo tenéis que continuar prestándome, como hasta ahora, vuestra preciosa ayuda. Pues el soldado ha entrado en casa a pedirle personalmente a su amiga que lo deje y se vaya con su hermana y su madre a Atenas.
Pleusicles.— ¡Bravo! ¡Estupendo!
Palestrión.— Y además, para que lo deje, le regala todas las joyas y los vestidos que le compró. Así se lo aconsejé yo.
Pleusicles.— Todo es muy sencillo, dado que ella lo quiere y él lo desea.
Palestrión.— ¿Tú no sabes que, cuando uno ha logrado su- 1150 bir del fondo del pozo y está próximo al borde, es entonces cuando corre mayor peligro de caer al fondo de nuevo? En este momento nuestra acción se desarrolla al borde del pozo. Si el soldado llega a sospechar algo, no podremos conseguir nada de él. Ahora más que nunca necesitamos recurrir a la astucia.

---

[106] Lit. "ha cepillado" (con la garlopa). Es la misma metáfora, basada en la lengua de la carpintería, que ya hemos encontrado en el verso 884. Cfr. también *Capt.* 641.

PLEUSICLES.— Respecto a eso, creo que disponemos de material suficiente. Tenemos tres mujeres, que contigo hacen cuatro, conmigo cinco y con el viejo seis. Con las trapacerías que hemos urdido entre los seis, estoy seguro de que podemos conquistar cualquier fortaleza.
PALESTRIÓN.— Escuchadme un momento.
ACROTELEUCIA.— A eso precisamente hemos venido, por si tenías alguna orden que darnos.
PALESTRIÓN.— Maravilloso. *(A Acroteleucia.)* He aquí la misión que te confío. 1160
ACROTELEUCIA.— Tus órdenes, mi general, en la medida en que yo pueda, serán cumplidas.
PALESTRIÓN.— Quiero que burles al soldado con gracia, con salero, con elegancia.
ACROTELEUCIA.— Es un placer lo que me ordenas, por Cástor.
PALESTRIÓN.— Pero, ¿sabes lo que has de hacer?
ACROTELEUCIA.— Sí, fingir que me muero de amor por él...
PALESTRIÓN.— ¡Exacto!
ACROTELEUCIA.— ... y que, por causa de su amor, me he separado de mi marido, deseosa de casarme con él.
PALESTRIÓN.— ¡Estás al tanto de todo! Tan sólo falta un detalle: dile también que esta casa *(señala la casa de Periplectómeno)* te pertenece porque formaba parte de tu dote y que el viejo se marchó de ella, después que te divorciaste de él. Así dentro de un rato no tendrá miedo de entrar en una casa ajena.
ACROTELEUCIA.— ¡Buen consejo!
PALESTRIÓN.— Además, cuando salga de su casa, quiero que tú, manteniéndote a cierta distancia de él, finjas que ante su 1170 belleza sientes desprecio por la tuya y que te sientes anonadada ante su grandeza. Y al mismo tiempo no dejes de alabar su apostura, su encanto, las facciones de su rostro, su hermosura. ¿Me entendiste bien?
ACROTELEUCIA.— Perfectamente. ¿Y tú te das por satisfecho si remato tan primorosamente mi trabajo, que no puedas ponerle ninguna defecto?
PALESTRIÓN.— Me doy por satisfecho. *(A Pleusicles.)* Ahora tú escucha, a tu vez, mis instrucciones. Tan pronto como haya concluido esta parte y Acroteleucia haya entrado en casa, entonces tú, inmediatamente, te presentas aquí vestido de marinero. Ponte un sombrero[107] de color azul marino y una bufan-

---

[107] La *causea* o *causia* es un sombrero de fieltro, de anchas alas, in-

da de lana delante de los ojos[108]; ponte una capa también de color azul marino (pues éste es el color de los hombres de la mar), abrochada sobre el hombro izquierdo, de manera que dejes completamente descubierto el brazo, y recoge la túnica con un cinturón. Finge que eres el piloto de la nave. En casa del viejo hallarás todo lo necesario, pues tiene pescadores[109]. 1180

PLEUSICLES.— Y cuando esté disfrazado así, ¿qué tengo que hacer?

PALESTRIÓN.— Ven aquí a buscar a Filocomasia de parte de su madre. Le dices que, si tiene intención de irse a Atenas, te acompañe al puerto inmediatamente y que haga trasportar a la nave todo lo que quiera embarcar; que, si no se va, tú levarás el ancla inmediatamente, pues el viento es favorable.

PLEUSICLES.— El cuadro me gusta. Continúa.

PALESTRIÓN.— Él soldado la animará inmediatamente a marcharse, a darse prisa, a no hacer esperar a su madre. 1190

PLEUSICLES.— ¡Sabes más que Lepe[110]!

PALESTRIÓN.— En cuanto a mí, yo le diré a la muchacha que me pida que vaya al puerto con ella para ayudarla a llevar el equipaje. El soldado me mandará entonces que la acompañe al puerto. Y yo, naturalmente (no hace falta decirlo), me iré contigo directamente a Atenas.

PLEUSICLES.— Y cuando llegues allí, no permitiré que seas esclavo ni tres días más sino que te daré inmediatamente la libertad.

PALESTRIÓN.— Vete deprisa y disfrázate.

PLEUSICLES.— ¿Quieres algo más?

PALESTRIÓN.— Que te acuerdes de lo que te he dicho.

PLEUSICLES.— Me voy. *(Entra en casa de Periplectómeno.)*

PALESTRIÓN.— *(A Acroteleucia y Milfidipa.)* Entrad también vosotras en casa ahora mismo, pues estoy seguro de que el soldado va salir de un momento a otro.

---

ventado por los macedonios y utilizado especialmente por los marineros y viajeros (cfr. *Persa* 155).

[108] Se usaba para proteger a los marineros de los reflejos del sol en el agua y, por tanto, se trata de un elemento más del disfraz de marinero. Pero, probablemente, serviría también para evitar que nadie pudiera reconocer a Pleusicles.

[109] Esclavos, sin duda, como Gripo en la *Rudens*, que pertenece a Démones (cfr. v. 905 ss.).

[110] Cfr. n. 28 de la *Mostellaria*.

ACROTELEUCIA.— Tus órdenes son sagradas para nosotras.
PALESTRIÓN.— Venga, marchaos, pues. *(Entran en casa de Periplectómeno, al mismo tiempo que se abre la puerta de la casa de Pirgopolinices.)* ¡Mirad qué a punto se abre la puerta! Sale contento; ha logrado lo que se proponía. Está ansioso por atrapar una sombra, el infeliz.

ESCENA QUINTA

PIRGOPOLINICES, PALESTRIÓN

PIRGOPOLINICES.— Lo que quería, tal como quería, lo he conseguido de Filocomasia, amistosamente, por las buenas. 1200
PALESTRIÓN.— ¿Y cómo es que te has entretenido dentro tanto tiempo?
PIRGOPOLINICES.— Jamás me he sentido tan amado por ella como hoy.
PALESTRIÓN.— ¿Y eso?
PIRGOPOLINICES.— ¡Cuánta saliva tuve que gastar, qué resistencia tan tenaz encontré! Pero, al fin, logré lo que me proponía. Le he dado, le he regalado todo lo que quiso, lo que me pidió. También a ti te di a ella como regalo.
PALESTRIÓN.— ¿También a mí? ¿Y cómo podré vivir yo sin ti?
PIRGOPOLINICES.— Vamos, ten ánimo, que pronto te libertaré. He hecho todo lo posible para conseguir que se fuera sin ti. Pero he sido incapaz de convencerla.
PALESTRIÓN.— Confiaré en los dioses y en ti. En último extremo, aunque para mí es muy doloroso verme privado del 1210 mejor de los amos, al menos tengo la satisfacción de saber que, gracias a mi colaboración, por tu belleza has tenido la suerte de conquistar el corazón de tu vecina, cuyo encuentro te procuro ahora yo.
PIRGOPOLINICES.— En dos palabras, te daré la libertad y grandes riquezas, si lo consigues.
PALESTRIÓN.— Lo conseguiré.
PIRGOPOLINICES.— Me consumo de impaciencia.
PALESTRIÓN.— Debes tener calma. Contrólate. No seas tan apasionado. Pero, mira, ahí la tienes, ahí sale a la calle.

ESCENA SEXTA

Milfidipa, Acroteleucia, Pirgopolinices, Palestrión

Milfidipa.— *(Saliendo de casa de Periplectómeno, a Acroteleucia.)* Ama, ahí tienes al soldado. Ahí está.
Acroteleucia.— ¿Dónde está?
Milfidipa.— A la izquierda.
Acroteleucia.— Lo veo.
Milfidipa.— Pero mira con el rabillo del ojo, para que no se dé cuenta de que lo estamos viendo.
Acroteleucia.— *(Mirando de reojo.)* Lo veo. Ahora es el momento, por Pólux, de volvernos de malas en peores.
Milfidipa.— A ti te toca empezar.
Acroteleucia.— *(Alzando la voz.)* Dime, por favor, ¿y hablaste personalmente con él? *(En bajo.)* No escatimes tono de voz, para que te oiga.
Milfidipa.— Te juro que hablé personalmente con él, tranquilamente, todo el tiempo que quise, sin prisas, con entera libertad.
Pirgopolinices.— *(Aparte, a Palestrión.)* ¿Oyes lo que dice?
Palestrión.— Sí, lo oigo. ¡Qué contenta está de haber podido hablar contigo!
Acroteleucia.— ¡Qué mujer más afortunada eres!
Pirgopolinices.— *(Igual.)* ¿No es evidente que me ama?
Palestrión.— Lo mereces.
Acroteleucia.— Es asombroso, por Cástor, eso que cuentas: que se haya dignado recibirte y acceder a tus súplicas. Pues dicen que sólo concede audiencia por carta o por medio de un embajador, como un rey.
Milfidipa.— La verdad es que sólo a duras penas pude conseguir que me recibiera y accediera a mis súplicas.
Palestrión.— *(A Pirgopolinices.)* ¡Qué famoso eres entre las mujeres!
Pirgopolinices.— Me resignaré, si ésa es la voluntad de Venus.
Acroteleucia.— *(En actitud de oración.)* A Venus doy gracias y también le pido y le suplico que me conceda la gracia de gozar del hombre que amo y tan apasionadamente deseo y que haga que sea benévolo conmigo y se digne satisfacer mi pasión.
Milfidipa.— Confío en que así será. Aunque son muchas las

[140]

que lo pretenden, él las desdeña a todas, las rechaza a todas, con la única excepción de ti.

ACROTELEUCIA.— Eso es precisamente lo que me atormenta, saber que es tan exquisito y por eso tengo miedo de que sus ojos le hagan cambiar de opinión, cuando me vea, y que su buen gusto le haga despreciar desde el primer momento mi figura.

MILFIDIPA.— Descuida que no hará tal cosa.

PIRGOPOLINICES.— *(A Palestrión.)* ¡Cómo se desprecia a sí misma!

ACROTELEUCIA.— Me temo que los elogios que hiciste de mi belleza hayan sido excesivos.

MILFIDIPA.— He tenido buen cuidado de que tu belleza superara sus expectativas.

ACROTELEUCIA.— Te juro, por Pólux, que, si no quiere casarse conmigo, me abrazaré a sus rodillas y trataré de doblegarlo 1240 con súplicas. En caso contrario, si no logro conseguir mi propósito, me suicidaré. Sé muy bien que no puedo vivir sin él.

PIRGOPOLINICES.— *(A Palestrión.)* Creo que no me queda más remedio que impedir su muerte. ¿Me acerco a ella?

PALESTRIÓN.— Ni se te ocurra. Rebajarías tu categoría, si te ofreces a ella por propia iniciativa. Deja que sea ella la que venga por propia iniciativa, la que te busque, te desee, te espere. Si no quieres perder la gloria que tienes, guárdate, por favor, de hacer tal cosa. Pues, por lo que sé, no ha habido más que dos mortales en el mundo que tuvieran la fortuna de ser amados tan apasionadamente, tú y Faón de Lesbos[111].

ACROTELEUCIA.— *(Acercándose a la puerta de la casa de Pirgopolinices.)* ¿Entro en su casa o le dices tú que salga, querida Milfidipa?

MILFIDIPA.— No, esperemos a que salga alguien.

ACROTELEUCIA.— No puedo resistir más. Voy a entrar. 1250

MILFIDIPA.— La puerta está cerrada.

ACROTELEUCIA.— La echaré abajo.

---

[111] Según una leyenda griega tardía, carente de todo fundamento, Safo se enamoró perdidamente de un barquero griego, a quien un bálsamo regalado por Afrodita había hecho especialmente atractivo, y, al no ser correspondida, se suicidó, precipitándose al mar desde un acantilado. Ni que decir tiene que el parangón entre el soldado y Faón se debe al propósito de suicidarse recién expresado por Acroteleucia. Cfr. Ovid. *Herod.* 15 y Plin. *Nat.* 22, 20.

MILFIDIPA.— No estás bien de la cabeza.

ACROTELEUCIA.— Si alguna vez ha sentido amor, o si es tan inteligente como hermoso, sabrá perdonar con clemencia cualquier tontería que yo pueda hacer por amor.

PALESTRIÓN.— *(A Pirgopolinices.)* ¡Observa, por favor, qué perdidamente enamorada está de ti, la infeliz!

PIRGOPOLINICES.— Lo mismo me sucede a mí.

PALESTRIÓN.— Calla, no vaya a oírte.

MILFIDIPA.— *(A Acroteleucia.)* ¿Por qué te has quedado ahí pasmada? ¿Por qué no llamas a la puerta?

ACROTELEUCIA.— Porque el hombre que yo quiero no está dentro.

MILFIDIPA.— ¿Cómo lo sabes?

ACROTELEUCIA.— Lo sé por el olfato[112]. Mi nariz percibiría su olor, si estuviera dentro.

PIRGOPOLINICES.— *(A Palestrión.)* ¡Es adivina! Como me ama, en recompensa Venus le ha otorgado el don de la adivinación.

ACROTELEUCIA.— No sé dónde está el hombre que ansío ver, pero está cerca. No hay ninguna duda de que percibo su olor.

PIRGOPOLINICES.— *(A Palestrión.)* Ve más con la nariz que con los ojos.

PALESTRIÓN.— Está ciega de amor.

ACROTELEUCIA.— *(Fingiendo desfallecer, a Milfidipa.)* Sos- 1260 tenme, por favor.

MILFIDIPA.— ¿Por qué?

ACROTELEUCIA.— Para que no me caiga.

MILFIDIPA.— ¿Por qué?

ACROTELEUCIA.— Porque no puedo mantenerme en pie. Me desmayo. Mi alma huye por mis ojos[113].

MILFIDIPA.— Por Pólux, tú has visto al soldado.

ACROTELEUCIA.— Así es.

---

[112] El texto es corrupto. Seguimos la conjetura *scio <de olefactu>* en nuestra traducción.

[113] *Animus defit* es una expresión habitual en latín para significar "desmayarse", "desfallecer". Pero Plauto aprovecha la literalidad de la expresión para crear una robusta metáfora que nos recuerda el famoso poema de Lutacio Cátulo (imitación del XLI de Teócrito), basado precisamente en una metáfora similar a la empleada aquí por Acroteleucia: *Aufugit mi animus; credo, ut solet, ad Teotimum / devenit. Sic est, perfugium illud habet...* Entendemos que *per oculos* no tiene tanto valor causal, como quiere Hammond, como prosecutivo, para indicar el lugar por donde se le escaparía el fugitivo *animus* de Acroteleucia.

MILFIDIPA.— Yo no lo veo. ¿Dónde está?
ACROTELEUCIA.— Lo verías si lo amaras.
MILFIDIPA.— Por Pólux que no lo amarías más que yo, ama, si tú me lo permitieras.
PALESTRIÓN.— *(A Pirgopolinices.)* Está claro que todas las mujeres se enamoran de ti, en cuanto te ven.
PIRGOPOLINICES.— *(A Palestrión.)* No sé si te lo he dicho antes o no, pero soy nieto de Venus.
ACROTELEUCIA.— Querida Milfidipa, acércate a él, por favor, y háblale.
PIRGOPOLINICES.— *(A Palestrión.)* ¡Qué gran respeto le inspiro!
PALESTRIÓN.— La criada viene hacia nosotros.
MILFIDIPA.— *(Dirigiéndose a Pirgopolinices y Palestrión.)* Quiero hablar con vosotros.
PIRGOPOLINICES.— Y nosotros contigo.
MILFIDIPA.— Como me ordenaste, he traído aquí a mi ama.
PIRGOPOLINICES.— Lo veo.
MILFIDIPA.— Ordena, pues, que se acerque.
PIRGOPOLINICES.— He tomado la decisión de no despreciarla como a las demás, ya que me lo has pedido.
MILFIDIPA.— Por Pólux, que será incapaz de decir una sola 1270 palabra, si se acerca a ti. Mientras te contemplaba, su ojos le han cortado la lengua.
PIRGOPOLINICES.— Veo que no me queda más remedio que curarle su enfermedad.
MILFIDIPA.— ¡Qué temblor y qué pánico le invadieron el cuerpo, nada más verte!
PIRGOPOLINICES.— Eso mismo les sucede a los hombres, incluso si van armados. No te asombre que le ocurra a una simple mujer. Pero, ¿qué quiere de mí?
MILFIDIPA.— Que vayas a su casa: quiere vivir contigo, pasar la vida entera junto a ti.
PIRGOPOLINICES.— ¿Ir yo a casa de una mujer casada? ¿Para que me atrape su marido?
MILFIDIPA.— ¡Pero si ha echado a su marido de casa por ti!
PIRGOPOLINICES.— ¿Y cómo pudo hacer tal cosa?
MILFIDIPA.— Porque la casa le pertenece por formar parte de su dote.
PIRGOPOLINICES.— ¿De verdad?
MILFIDIPA.— Sí, de verdad.
PIRGOPOLINICES.— Dile que se vaya a su casa, que enseguida estoy yo allí.

MILFIDIPA.— Procura no hacerte esperar, para no atormen- 1280
tarla más.
PIRGOPOLINICES.— Te prometo que no. Marchaos.
MILFIDIPA.— Nos vamos. *(Acroteleucia y Milfidipa entran en casa de Periplectómeno.)*
PIRGOPOLINICES.— *(Viendo llegar a Pleusicles vestido de marinero.)* Pero, ¿qué veo?
PALESTRIÓN.— ¿Qué ves?
PIRGOPOLINICES.— Mira, ahí viene alguien vestido de marinero.
PALESTRIÓN.— Se dirige hacia nosotros. Seguro que quiere hablar contigo. ¡Pero si es el capitán del barco!
PIRGOPOLINICES.— Está claro que viene ya a buscar a la otra.
PALESTRIÓN.— Creo que sí.

ESCENA SÉPTIMA

PLEUSICLES, PALESTRIÓN, PIRGOPOLINICES

PLEUSICLES.— *(Aparte.)* Si yo no supiera cuántas locuras han cometido los hombres por amor, cada uno a su manera, tendría más vergüenza en presentarme aquí disfrazado, por amor, de esta manera. Pero como sé que son muchos los hombres que han cometido muchas acciones innobles y deshonestas por amor, sin citar a Aquiles, que permitió la matanza de sus conciudadanos[114]... Pero ahí veo a Palestrión, que está con el 1290 soldado. He de cambiar el rumbo de mi discurso. *(Alzando la voz, como para ser oído por Pirgopolinices y Palestrión.)* A fe que la mujer es hija del propio Retraso. Pues cualquier otro retraso, por largo que sea este retraso, parece mucho menor que el retraso causado por una mujer. Ellas lo hacen, creo yo, por costumbre. Y es que yo vengo a buscar a Filocomasia. Pero, llamaré a la puerta. *(Llamando a la puerta de la casa del soldado.)* ¡Eh! ¿Hay alguien dentro?
PALESTRIÓN.— Joven, ¿qué pasa? ¿Qué quieres? ¿Por qué llamas a la puerta?
PLEUSICLES.— Vengo a buscar a Filocomasia. Me envía su

---

[114] Por amor a Briseida, que le fue arrebatada por Agamenón. Es el tema de la *Ilíada;* cfr. esp. el libro I.

[144]

madre. Si tiene intención de ir, que venga. Nos está retrasando 1300
a todos, que estamos impacientes por zarpar.
　Pirgopolinices.— Ya hace tiempo que todo está preparado.
Palestrión, ve y coge a unos hombres para que te ayuden a llevar
a la nave sus joyas, sus galas, sus vestidos y todas sus cosas de
valor. Todo lo que le regalé está ya preparado. Que se lo lleve.
　Palestrión.— Voy.
　Pleusicles.— Y, por favor, date prisa. *(Palestrión entra en
casa del soldado.)*
　Pirgopolinices.— No te hará esperar. *(Señalando la venda
que lleva Pleusicles delante del ojo izquierdo.)* ¿Qué es eso,
por favor? ¿Qué te ha pasado en el ojo?
　Pleusicles.— *(Señalando su ojo derecho.)* El ojo[115] lo tengo
en su sitio, por Hércules.
　Pirgopolinices.— Me refiero al izquierdo.
　Pleusicles.— Te lo explicaré: es por culpa de-l-a-mar por lo
que no veo con este ojo. Pues, si me hubiese mantenido alejado de-l-a-mar, ahora vería con él lo mismo que con el otro[116]. 1310
Pero me están haciendo esperar demasiado.
　Pirgopolinices.— Mira, ya salen.

---

[115] Hammond quiere ver un juego de palabras entre los dos sentidos de *oculum*: a) "ojo" y b) "amada" (en cuanto *oculus* es término
cariñoso del lenguaje amoroso para referirse al amado/-a: cfr. 1330).
Es decir, las palabras de Pleusicles podrían significar no sólo "tengo el
ojo", sino también "tengo, efectivamente, una amada".

[116] Seguimos en nuestra traducción las sugestivas correcciones de
Merula y Muret (*maris* por <*a*>*moris* en el verso 1308 y *amare* por
amorem en el 1309). En castellano hemos tratado de reflejar el juego
de palabras resultante entre *amare* en *a mare* con la doble lectura
posible del sintagma "de la mar" que puede ser leído también como
"del amar". En resumen, Pleusicles responde al soldado que su ojo
izquierdo lo tiene tapado por culpa de la mar, pero sus palabras pueden entenderse también como "por culpa del amar", que es realmente
la causa verdadera. Según la lectura <*a*>*moris* y *amorem*, que siguen
otros estudiosos y ofrece Ernout en su edición, habría también un
doble sentido pero, en nuestra opinión, mucho menos afortunado. La
traducción en este caso sería: "Es por culpa del amor por lo que no
veo con este ojo. Porque si me hubiera mantenido alejado del amor,
vería con él como con el otro." Es decir, Pleusicles daría a entender al
soldado que ha perdido el ojo por amor, pero en realidad el público
debería darse cuenta de que sólo estaba diciendo que lo tenía tapado
por amor. Sobre los perniciosos efectos de los viajes por mar para la
vista, cfr. v. 1108.

ESCENA OCTAVA

Pirgopolinices, Filocomasia, Pirgopolinices, Pleusicles

Palestrión.— *(Saliendo de casa del soldado, a Filocomasia.)* Dime, por favor, ¿es que no vas a dejar hoy de llorar?
Filocomasia.— ¿Cómo no voy a llorar, si me tengo que marchar del lugar donde he vivido los días más hermosos de mi vida?
Palestrión.— Mira, ése es el hombre que viene de parte de tu madre y de tu hermana.
Filocomasia.— Ya lo veo.
Pirgopolinices.— Escucha, Palestrión.
Palestrión.— ¿Qué quieres?
Pirgopolinices.— ¿Por qué no mandas sacar de casa todo lo que le regalé?
Pleusicles.— Salud, Filocomasia.
Filocomasia.— Salud a ti.
Pleusicles.— Tu madre y tu hermana me encargaron desearte salud.
Filocomasia.— También yo se la deseo.
Pleusicles.— Te ruegan que vayas pronto, para aprovechar que el viento es favorable para hacernos a la mar. Si tu madre no estuviera enferma de los ojos, hubiesen venido conmigo.
Filocomasia.— Iré, aunque bien de mala gana. ¡Si no fuera por la piedad filial[117]...!
Pleusicles.— Demuestras ser juiciosa.
Pirgopolinices.— Si no hubiese vivido tanto tiempo conmigo, no sería más que una necia. 1320
Filocomasia.— *(Fingiendo llorar.)* Lo que me apena, es verme separada de un hombre como tú. Porque tú eres capaz de transformar al más bruto en un prodigio de agudeza. Yo me sentía muy orgullosa de vivir contigo. Y veo que he de renunciar a este honor.
Pirgopolinices.— No llores.
Filocomasia.— No puedo evitarlo, al verte.
Pirgopolinices.— Ten valor.
Filocomasia.— Sólo yo sé lo que sufro.
Palestrión.— La verdad es que no me extraña nada, Filocomasia, que en su casa te encontraras tan a gusto ni que su

---

[117] El fin del verso 1319 es corrupto, pero el sentido no es dudoso.

belleza, su carácter y su bravura hayan encadenado tu corazón, cuando a mí que sólo soy un simple esclavo, al verlo, se me saltan las lágrimas, pensando que hemos de separarnos.
FILOCOMASIA.— *(A Pirgopolinices.)* Por favor, ¿me permites abrazarte antes de partir?
PIRGOPOLINICES.— Sí, te lo permito.
FILOCOMASIA.— *(Disponiéndose a abrazar al soldado.)* ¡Oh 1330 niña de mis ojos, oh vida mía! *(Filocomasia finge desmayarse.)*
PALESTRIÓN.— *(A Pleusicles.)* Por favor, sosténla, no se vaya a caer.
PIRGOPOLINICES.— ¿Qué es lo que sucede?
PALESTRIÓN.— Como tiene que separarse de ti, de repente se ha desmayado la infeliz.
PIRGOPOLINICES.— Corre, ve a casa y trae agua.
PALESTRIÓN.— Déjate de agua. Prefiero que descanse[118]. No intervengas, por favor, hasta que vuelva en sí.
PIRGOPOLINICES.— *(Observando que Pleusicles está besando en la boca a Filocomasia.)* Estos dos tienen sus cabezas demasiado juntas. No me gusta. Marinero, separa tu bocaza de su boquita. Ojo, que te vas a ganar una paliza.
PLEUSICLES.— Sólo trataba de comprobar si respiraba o no.
PIRGOPOLINICES.— Pues tenías que haber acercado la oreja.
PLEUSICLES.— Si prefieres, la suelto.
PIRGOPOLINICES.— No, no; sujétala.
PALESTRIÓN.— ¡Qué desgraciado soy![119]
PIRGOPOLINICES.— *(Al interior de la casa, a los esclavos que van a trasportar al puerto el equipaje de Filocomasia.)* Salid y traed aquí todo lo que le regalé. *(Los esclavos salen con el equipaje.)*
PALESTRIÓN.— *(Volviéndose hacia la casa de Pirgopolinices, en tono solemne.)* Ahora, Lar familiar, definitivamente de ti me despido antes de partir. Y a vosotros todos, compañeros y 1340 compañeras de esclavitud, os deseo mucha salud y felicidad.

---

[118] En este punto el texto de los manuscritos es corrupto. Traducimos siguiendo la conjetura de Luchs, *quiescat malo*.

[119] El comentario de Palestrión no parece demasiado justificado, por lo que quizás fuera preferible considerar que las palabras de Palestrión son dichas en un aparte, con el sentido de "Las cosas se me ponen mal." Parece que el esclavo expresa su temor de que una nueva imprudencia de Pleusicles, ponga antes de tiempo todo el engaño al descubierto.

Espero que, aunque estaré lejos, os acordéis siempre mucho de mí[120].

PIRGOPOLINICES.— Vamos, Palestrión, ten valor.

PALESTRIÓN.— *(Fingiendo sollozar.)* ¡Ay, ay! No puedo contener las lágrimas, pensando que he de dejarte.

PIRGOPOLINICES.— Ten resignación.

PALESTRIÓN.— Sólo yo sé lo que sufro.

FILOCOMASIA.— *(Fingiendo volver en sí de su desmayo.)* ¿Qué ocurre? ¿Dónde estoy? ¿Qué veo? ¡Oh luz[121], yo te saludo!

PLEUSICLES.— ¡Salud a ti![122] ¿Ya has vuelto en ti, Filocomasia?

FILOCOMASIA.— ¡Oh cielos! ¿A quién estoy abrazada? ¡Ay de mí! ¿Habré perdido el juicio?

PLEUSICLES.— No temas, cariño mío.

PIRGOPOLINICES.— ¿Qué significa eso?

PALESTRIÓN.— Es que había perdido el conocimiento. *(Alzando la voz.)* Me da miedo, me da pánico pensar que al final pueda descubrirse todo[123].

PIRGOPOLINICES.— ¿Qué quieres decir?

---

[120] Lit. "hablad, por favor, siempre bien de mí". Pero tratamos de reflejar la expresiva repetido de *bene* en el texto latino. Advertiremos, además, que seguimos la corrección de Palmer que lee *etiam mi* en lugar del *et me* de los manuscritos.

[121] Evidentemente Filocomasia finge saludar a la luz del día, que habría dejado de ver como consecuencia de su pretendido desmayo. Pero sus palabras, de doble sentido, son al mismo tiempo un saludo cariñoso a Pleusicles, quien, sin percibir el hábil juego de palabras, aun a riesgo de poner en peligro el éxito del engaño, va a responder directamente a su saludo personal y obligar a Filocomasia a resolver la situación, fingiendo estupor por encontrarse en brazos de un extraño. Obsérvese que la siguiente intervención de Pleusicles va a implicar también una considerable imprudencia que obliga a intervenir a Palestrión, para evitar que el soldado se entere de lo que está pasando.

[122] El final del verso 1343b es corrupto y, como señala Ernout, cualquier conjetura ha de ser necesariamente arbitraria. Pensamos, en todo, caso que el sentido no puede variar mucho del ofrecido en nuestra traducción, que responde a la conjetura de Ribbeck *(salva sis)* y que revela la poca prudencia de Pleusicles, a que hicimos referencia en la nota anterior y que va a ponerse de relieve en su siguiente intervención.

[123] También las palabras de Palestrión encierran un doble sentido: parecen dirigidas al soldado pero, en realidad, sirven para advertir a Pleusicles de que se deje de imprudencias si no quiere que se descubra le engaño.

PALESTRIÓN.— Me da miedo que si alguien nos ve por la ciudad con todo este equipaje, te pueda criticar por ello. 1350
PIRGOPOLINICES.— Son mías, no suyas las cosas que le regalé. A mí la gente me importa un bledo. Vamos, marchaos y ¡que los dioses os sean propicios!
PALESTRIÓN.— Yo te lo digo por tu bien.
PIRGOPOLINICES.— Lo sé.
PALESTRIÓN.— *(Despidiéndose.)* ¡Que tengas salud!
PIRGOPOLINICES.— ¡Y que tú también la tengas!
PALESTRIÓN.— *(A Pleusicles, Filocomasia y los esclavos que llevan el equipaje.)* Id deprisa, que yo os alcanzo enseguida. Sólo quiero decirle dos cosas al amo. *(A Pirgopolinices, mientras los otros salen.)* Aunque para ti los otros esclavos siempre fueron más fieles que yo[124], sin embargo te estoy muy agradecido por todas tus atenciones y, si tú así lo hubieras querido, yo hubiese preferido con mucho ser esclavo tuyo a liberto de otro.
PIRGOPOLINICES.— Ten valor.
PALESTRIÓN.— ¡Ay, pobre de mí, cuando pienso de qué forma más radical he de cambiar mis costumbres, adquiriendo hábitos mujeriles y olvidando los castrenses!
PIRGOPOLINICES.— Procura ser un buen esclavo. 1360
PALESTRIÓN.— Ya no puedo. He perdido toda ilusión.
PIRGOPOLINICES.— *(Impaciente.)* Anda, vete con ellos. No los hagas esperar.
PALESTRIÓN.— ¡Que tengas salud!
PIRGOPOLINICES.— ¡Y que la tengas tú también!
PALESTRIÓN.— Por favor, acuérdate de mí. Si por casualidad un día soy libre, te mandaré un mensaje, para que no me abandones.
PIRGOPOLINICES.— No es ésa mi costumbre.
PALESTRIÓN.— Piensa una y otra vez en lo fiel que te he sido. De esta manera, aprenderás a distinguir a los esclavos buenos de los malos.
PIRGOPOLINICES.— Lo sé y ya antes con frecuencia lo había observado, pero ha sido hoy especialmente cuando he podido comprobarlo.

---

[124] Nuevamente las palabras de Palestrión ofrecen un doble sentido que hemos tratado de reflejar. Parece decir a Pirgopolinices que siempre tuvo más confianza en los otros esclavos que en él, pero en realidad le está diciendo que los otros esclavos le fueron más fieles que él.

Palestrión.— ¿Lo sabes? No, no lo sabes. Pero te aseguro que te darás plena cuenta de ello.

Pirgopolinices.— ¡A duras penas puedo reprimir la tentación de ordenarte que te quedes!

Palestrión.— Eso ni se te ocurra. Dirían que eres un embustero, que no eres hombre de palabra, que no se puede confiar en ti. Dirían que, exceptuándome a mí, no tienes otro esclavo que te sea fiel. Si creyera que podías hacerlo sin detrimento de tu honor, yo mismo te lo aconsejaría. Pero es imposible. No se te ocurra.

Pirgopolinices.— Vete de una vez. Sea como sea, me resignaré.

Palestrión.— Salud, pues.

Pirgopolinices.— Es mejor que te vayas cuanto antes.

Palestrión.— Salud, por última vez. *(Palestrión sale.)*

Pirgopolinices.— Hasta hoy siempre lo tuve por el peor de los esclavos y de pronto descubro que me es fiel. Pensándolo bien, he hecho una buena tontería, dejándolo marchar. *(Dirigiéndose hacia la casa de Periplectómeno.)* Ahora iré a reunirme inmediatamente con mi amor. Pero he oído el ruido de la puerta.

ESCENA NOVENA

Un chaval, Pirgopolinices

Chaval.— *(Saliendo de casa de Periplectómeno y hablando hacia el interior.)* Dejaos de consejos. Sé muy bien lo que tengo que hacer. Lo encontraré, donde quiera que esté. Lo buscaré, sin escatimar esfuerzos.

Pirgopolinices.— *(Aparte.)* Es a mí a quien busca. Iré a su encuentro[125].

Chaval.— *(Fingiendo ver repentinamente a Pirgopolinices.)* ¡Oh! Te estaba buscando. Salud a ti, hombre superencantador, dechado de oportunidad[126], amado más que nadie por dos dioses.

---

[125] Seguimos en este punto el texto de Lindsay, que lee: *Me quaerit illic; hinc ibo huic puero obuiam*.

[126] El falso elogio alude, sin duda, a la oportuna aparición del soldado (cfr. v. 1134).

Pirgopolinices.— ¿Dos? ¿Qué dos?
Chaval.— Marte y Venus.
Pirgopolinices.— ¡Qué chaval más simpático!
Chaval.— Mi ama te suplica que entres. Te quiere, te desea, te espera con impaciencia. Socorre a la mujer que te ama. ¿Por qué te quedas quieto? ¿Por qué no entras?
Pirgopolinices.— Entro. *(Entra en casa de Periplectómeno.)*
Chaval.— Él mismo se ha arrojado a la trampa. La emboscada está preparada. El viejo está al acecho, dispuesto a caer sobre ese adúltero, tan pagado de su belleza, que cree que todas la mujeres se enamoran de él, nada más verlo, cuando, en realidad, todos lo odian, tanto los hombres como las mujeres. Ahora me voy a presenciar el jaleo, pues ya oigo los gritos dentro. 1390

ACTO QUINTO

ESCENA ÚNICA

Periplectómeno, Pirgopolinices, Carión, Lorarios, Esceledro

Periplectómeno.— Traedlo aquí y, si se resiste, cogedlo en volandas. Ponedlo entre el cielo y la tierra[127]. Abridle las piernas.
Pirgopolinices.— Perdóname, Periplectómeno, te lo suplico.
Periplectómeno.— Pues suplicas en vano. Carión, mira si el cuchillo que tienes en la mano está bien afilado.
Carión.— ¿Afilado? Pero si ya hace rato que se muere de ganas de cortarle los cojones a este adúltero, para que yo pueda colgárselos del cuello, como los cascabeles[128] a los niños.
Pirgopolinices.— ¡Estoy muerto! 1400
Periplectómeno.— Todavía no. Es pronto para decirlo.
Carión.— ¿Me lanzo ya contra él?

---

[127] Creemos que se trata de una parodia de la lengua científica. *"Inter caelum et terram* (sc. *versantia)"* es la traducción del término científico *sublimia*, gr. μετέωρα. Cfr. Sen. *Nat.* 2,1,2. Está claro que ha de tratarse de la parodia de un autor griego, probablemente de Aristóteles, y que debe corresponder al modelo griego.
[128] Sobre los *crepundia*, cfr. n. 2 de *Rudens*.

Periplectómeno.— No, espera. Démosle antes una paliza.
Carión.— Y buena. *(Laguna de un verso.)*
Periplectómeno.— ¿Cómo te has atrevido a toquetear a la mujer de otro, desvergonzado?
Pirgopolinices.— Te juro por los dioses que fue ella la que vino a mí por propia iniciativa.
Periplectómeno.— Miente. *(A un esclavo.)* Dale.
Pirgopolinices.— Espera que te explique.
Periplectómeno.— *(A sus esclavos.)* ¿A qué esperáis?
Pirgopolinices.— ¿No se me va a permitir que hable?
Periplectómeno.— Habla.
Pirgopolinices.— Se me pidió que fuera a su casa.
Periplectómeno.— ¿Y cómo te atreviste a ir? *(Golpeándolo.)* Toma.
Pirgopolinices.— ¡Ay, ay! ¡Por favor, ya me habéis golpeado bastante!
Carión.— ¿Se los corto ya?
Periplectómeno.— Cuando quieras. *(A sus esclavos.)* Estiradle y abridle las piernas.
Pirgopolinices.— Te lo suplico, por favor, escucha mis palabras, antes de castrarme.
Periplectómeno.— Habla, antes que sea demasiado tarde[129].
Pirgopolinices.— Yo creía que estaba divorciada. Eso fue lo que me dijo su criada, que hizo de intermediaria. 1410
Periplectómeno.— Jura que no intentarás vengarte de nadie por este asunto, por la paliza que has recibido y por la que vas a recibir, si te dejamos ir de aquí sano y salvo, nietecito de Venus[130].
Pirgopolinices.— Te juro por Júpiter y por Marte que no me vengaré de nadie por la paliza que he recibido y la considero muy merecida. Y si salgo de aquí con... *(mirando hacia sus*

---

[129] El texto en este punto presenta una pequeña laguna y, por tanto, la traducción es puramente conjetural.

[130] Se suele recordar que Periplectómeno no estaba presente en la escena, cuando Pirgopolinices, en una de sus numerosas fanfarronerías, se declaraba nieto de Venus (cfr. v. 1265) y se ha querido explicar esta pequeña incongruencia, aduciendo que Periplectómeno estaría escuchando la conversación detrás de la puerta. Creemos, sin embargo, que se trata de buscar coherencia donde no tiene que haberla y que, si Plauto no se preocupaba por esos detalles, es porque el espectador, lógicamente, no estaba atento a ellos y no producían el menor inconveniente desde el punto de vista escénico.

órganos sexuales) honra[131], considero que mi falta se ha castigado con indulgencia.

PERIPLECTÓMENO.— ¿Y si no cumples tu juramento?

PIRGOPOLINICES.— Que me quede sin... honra para siempre.

CARIÓN.— Azotémoslo un poco más todavía. Después creo que debemos dejarlo marchar.

PIRGOPOLINICES.— ¡Que lo dioses te bendigan, por acudir en mi defensa!

CARIÓN.— Danos, pues, una mina de oro[132].   1420

PIRGOPOLINICES.— ¿Por qué?

CARIÓN.— Para que te dejemos partir con... la honra intacta, nietecito de Venus. En caso contrario, no te irás de aquí. Tenlo por seguro.

PIRGOPOLINICES.— Os la daré.

CARIÓN.— Por fin entras en razón. En cuanto a la túnica, la clámide y la espada, olvídate de ellas; no las volverás a ver.

LORARIO.— *(A Periplectómeno.)* ¿Lo azoto otra vez o lo dejas largar?

PIRGOPOLINICES.— Pero si ya me habéis largado[133] unas buenos estacazos. ¡Tened compasión de mí!

PERIPLECTÓMENO.— *(A sus esclavos.)* Soltadlo.

PIRGOPOLINICES.— Gracias, gracias.

PERIPLECTÓMENO.— Si en adelante te sorprendo por aquí, te quedarás sin... honra.

PIRGOPOLINICES.— No tengo nada que objetar.

PERIPLECTÓMENO.— Entremos, Carión. *(Periplectómeno entra en casa con sus esclavos al tiempo que llega de regreso del puerto Esceledro acompañado de los esclavos que transportaron el equipaje de Filocomasia.)*

PIRGOPOLINICES.— Ahí veo llegar a mis esclavos. *(A Esceledro.)* Dime, ¿partió ya Filocomasia?

---

[131] Se inicia aquí un juego de palabras entre los dos sentido de *intestatus* o *intestabilis*, que pueden significar a la vez "sin testículos" (con alusión a la castración del adúltero) y "sin testigos" o, más exactamente, "sin derecho a testificar", a que era condenado el hombre convicto de adulterio. Sobre todo esto cfr. n. 6 del *Curculio*.

[132] Recuérdese que la mina era, como el talento (cfr. n. 99) una medida de peso, equivalente a 432 gramos. Como moneda era una moneda de plata que tenía el valor de 100 dracmas.

[133] Con la repetición con doble sentido del verbo "largar" hemos tratado de reflejar de alguna manera el juego de palabras entre *mittis* "dejas" (marchar) y *mitis* "blando" (por los estacazos) del texto latino.

Esceledro.— Ya hace un rato.
Pirgopolinices.— ¡Desgraciado de mí!
Esceledro.— Más te lamentarías, si supieras lo que yo sé. El 1430 que tenía una venda delante del ojo, no era un marinero.
Pirgopolinices.— Entonces, ¿quién era?
Esceledro.— El amante de Filocomasia.
Pirgopolinices.— ¿Cómo lo sabes?
Esceledro.— Lo sé, porque desde el mismo momento en que salieron por la puerta de la ciudad, no dejaron de besarse ni abrazarse mutuamente.
Pirgopolinices.— ¡Ay, desgraciado de mí! Al fin me doy cuenta de que he sido engañado. ¡Maldito Palestrión! Él fue el que me hizo caer en esta trampa. *(Tras una breve reflexión.)* Después de todo, creo que me lo había merecido. Si le sucediera lo mismo a los otros adúlteros, habría muchos menos adúlteros en la ciudad. Tendrían más miedo y menos interés por estas aventuras. *(A sus esclavos.)* Entremos en casa. *(A los espectadores.)* Aplaudid.

LA COMEDIA DE LAS APARICIONES

(Mostellaria)

INTRODUCCIÓN

El motivo principal de la *Mostellaria,* como el de tantas comedias plautinas, es el engaño a que es sometido un viejo por un esclavo. Pero en este caso no se trata, como es habitual, de estafarle dinero para celebrar juergas y liberar a una cortesana (premisas que se dan por supuestas al comienzo de la comedia) sino de ocultarle desesperadamente la realidad de los hechos a fuerza de bordar un aluvión de mentiras, de las que sólo la primera y principal es la historia del fantasma.

Su argumento, en síntesis, es como sigue. Durante la ausencia de su padre Teoprópides que, para incrementar su fortuna, ha partido en viaje comercial, Filólaques, joven antaño tímido y bien educado, pervertido por las malas compañías, con la ayuda de su esclavo Tranión, a quien su padre había confiado su custodia, despilfarra la fortuna paterna en juergas y francachelas hasta el punto de que, para poder liberar a la joven Filemacia de la que se ha enamorado, se ve obligado a pedir un préstamo de cuarenta minas a un usurero. Está celebrando con sus camaradas una fiesta por todo lo alto, cuando llega Tranión del puerto con la noticia del imprevisto regreso de su padre. El esclavo hace introducir inmediatamente a todo el mundo en la casa y ordena cerrarla a cal y canto. Al llegar el viejo, Tranión, sobre la marcha, va tejiendo un verdadero delirio de engaños. ¿Cómo es, pregunta Teoprópides, que está cerrada la puerta de la casa? La respuesta del esclavo no se hace esperar. Es que no hay nadie en la casa porque está encantada y la aparición de un fantasma ha obligado a toda la familia a abandonarla. Tranión hasta cree oír en el interior el ruido producido por el fantasma. Teoprópides, naturalmente, huye espantado. La casualidad hace que se encuentre entonces con el usurero que prestó las cuarenta minas a Filólaques y que reclama insistentemente los intereses. Pero, ¿de qué intereses se trata?, pregunta el viejo. Y una nueva mentira es inventada por Tranión: de los intereses de un préstamo que pidió su hijo para la adquisición de una nueva casa. El viejo negociante se alegra. El hijo sale al padre. Pero, ¿dónde está esa nueva casa? En la mejor situación posible, replica Tranión. Es la casa de al lado. Teoprópides, naturalmente, quiere visitarla, y al esclavo no le queda más remedio que engañar también al viejo Simón, su propietario, con la excusa de que Teoprópides, con motivo de la boda de su hijo, va a ampliar su casa y quiere tomar como modelo la de su vecino, que todo el mundo le ha elogiado. Durante la visita ambos viejos son continua y cómicamente burlados por el esclavo. Pero, naturalmente, las mentiras son demasiado frágiles para resistir mucho tiempo y Teoprópides acaba pronto enterándose de que está siendo burlado. Ya está dispuesto a descargar su cólera contra los culpables, especialmente contra su "fiel" esclavo (que se ve obligado a refugiarse en el altar para librarse de las iras de su amo), cuando con su oportuna intercesión Calidámates, compañero de juergas de Filólaques, logra aplacarlo y consigue que perdone tanto al hijo como al esclavo.

Por Festo sabemos que el modelo griego de esta comedia se titulaba *Φάσμα* ("La aparición"), título que, según nuestros conocimientos, llevaban tres comedias griegas, de Menandro, Filemón y Teogneto, respectivamente. Por lo que sabemos del *Φάσμα* de Menandro[1], su trama no tenía nada que ver con la de la *Mostellaria* por lo que esa comedia ha sido tradicionalmente descartada como modelo de la *Mostellaria*. A pesar de que del *Φάσμα* de Filemón no sabemos prácticamente nada, los críticos, desde Ritschl, suelen considerarlo la fuente de la comedia plautina, apoyándose en la alusión que tanto a él como a Dífilo hace Tranión en los vv. 1149-50[2] así como en

---

[1] Cfr. Donato, *ad Ter. Eun.* 9.
[2] En nuestra opinión, es muy arriesgado sacar conclusiones de este pasaje. En primer lugar resulta difícil decidir si proviene del original griego o si, como parece más probable, es una broma de Plauto. Pero, además, tanto en uno como en otro caso, las conclusiones que pueden sacarse y, de hecho se han sacado, no son necesariamente coincidentes. Así, por ejemplo, mientras Paratore *(Tutte le commedie,* III 383) opina que, si se demuestra la paternidad plautina del pasaje, cabría pensar que el autor del modelo fuera Filemón y que, en caso de derivar del modelo griego, esto quedaría descartado, Ritschl pensó lo contrario (cfr. Ernout, *Plaute,* V 13 n. 5).

pretendidas afinidades de los motivos de esta comedia con los del *Mercator* y del *Trinummus*, que derivan de comedias de Filemón[3]. Últimamente, sin embargo, Della Corte ha defendido la idea de que el modelo podría haber sido el *Phásma* de Teogneto[4]. A pesar de que de esta comedia, que tenía el subtítulo de *Philárguros* ("El amante del dinero"), sólo se conserva un pequeño fragmento de diez versos que no se corresponde con ningún pasaje de la *Mostellaria* ni sirve para conocer la intriga de dicha comedia, Della Corte ha creído encontrar diversos argumentos para demostrar su tesis[5]. A nuestro juicio, sin embargo, esta interpretación tampoco puede darse por segura.

La falta de alusiones históricas en que apoyarnos, hace que no resulte posible establecer con certeza la fecha de composición de la *Mostellaria*. El único argumento decisivo que se ha manejado, la abundancia y maestría de las partes cantadas, nos llevan a situar esta comedia en los años de madurez del poeta. Aunque resulta muy arriesgado aventurar una fecha concreta, algunos críticos, sobre la base de una pretendida afinidad de esta comedia con los *Captivi*[6], has venido situándola en la segunda mitad del primer decenio del siglo II antes de Cristo y, en concreto, se ha apuntado el año 193 como posible año de representación de la comedia[7]. Más prudente parece,

---

[3] Cfr. Grimal, *Plaute, Térence*, 605.

[4] Cfr. Della Corte, *op. cit.* 128-133.

[5] Della Corte quiere ver en los pequeños fragmentos conservados de la comedia griega reflejadas las simpatías de su autor por la filosofía estoica y, a partir de ahí, sospecha que el contraste entre Grumión y Tranión, con que se abre la comedia latina, pudo haber sido presentado en el original como una disputa entre un representante de la filosofía estoica (Grumión) y epicúrea (Tranión), que Plauto habría interpretado, para hacerlo más comprensible a su público, como una disputa entre un campesino ligado a las costumbres antiguas (Grumión) y un ciudadano entregado a una vida de diversiones y placeres (Tranión). En cuanto al subtítulo *Philárguros*, Della Corte piensa que no ha de interpretarse en el sentido de "avaro", sino en el literal de "amante del dinero", que cuadraría muy bien con la figura del mercader Teoprópides.

[6] Cfr. G. Pasquali, "Un monólogo dei Captivi", *RFIC* 5 (1927) 24-30.

[7] Así Schutter, "De Mostellariae Plautinae actae tempore", *Studia Enk*, Leiden 1955, 174-183. Ese mismo año es propuesto por Buch y De Lorenzi en sus respectivas monografías. Della Corte, *op. cit.*, pág. 63 propone una datación en torno al 194-191 a. C. Sedgwick, "Plautine

sin embargo, la opinión de aquellos que, como Paratore[8], se limitan a situarla en el periodo central de la actividad plautina y la adscriben, sin más precisiones, al primer decenio del siglo II a. C[9].

Aun no siendo la más imitada de las comedias plautinas, su influencia en la literatura europea es importante. Se deja sentir, especialmente, en *I Fantasmi* (1544) de Ercole Bentivoglio, *Le retour imprévu* (1700) de Jean François Regnard, *The Intriguing Chambermaid* (1733) de Henry Fielding (basada en la adaptación de Regnard y que tiene la peculiaridad de omitir los personajes femeninos) y *Abracadabra* del escritor danés Ludvig Holberg (1684-1754). Huellas, más o menos profundas, de la *Mostellaria* se encuentran también en *La Cassaria* (1508) de Ariosto, *Les esprits* (1579) de Pierre de Larivey (a través de la *Aridosia* de Lorenzino de Medici), *The Alchemist* (1610) de Ben Jonson, *The English Traveller* (1633) de Thomas Heywood, *The Naufragium Ioculare* (1638) de Abraham Cowley, *Le comédien poète* (1674) de Motfleury, *The Drummer* (1716) de Addison, etc. Diremos, finalmente, que en *La fierecilla domada (The Taming of the Shrew)* de Shakespeare se perciben ecos de nuestra comedia, por ej., en los nombres de los esclavos Grumio y Tranio y en el carácter de este último que se corresponde con el del Tranión plautino.

Chronology", *AJPh* 70 (1949) 379 y 382, no encontrando ninguna base segura para una datación concreta, la coloca entre interrogantes en el año 188 a. C. Resulta curioso que Grimal, *Plaute. Térence*, 605-606, a pesar de admitir que el virtuosismo demostrado por Plauto sobre todo en las partes líricas indica una fecha baja en su carrera o, al menos, una época en que dominaba ya su arte, sitúa esta comedia en los comienzos de la actividad artística de nuestro poeta, queriendo ver en la referencia a las hazañas de Agatocles del v. 775 un eco de la discusión que se llevó a cabo en el Senado en el año 205 sobre los medios para terminar la segunda guerra púnica, y suponiendo que en los versos 428-29 habría una alusión a los juegos fúnebres del 206.

[8] Cfr. Paratore, *Plauto*, 27; *Tutte le commedie*, III 383.

[9] Cfr. J. Collart, *Plaute. Mostellaria*, París 1970, 16; F. Bertini, *Plauto. Mostellaria*, Turín 1970, XIX.

PERSONAJES

TRANIÓN, esclavo (de Teoprópides).
GRUMIÓN, eslavo (de Teoprópides).
FILÓLAQUES, joven (hijo de Teoprópides).
FILEMACIA, cortesana (amada de Filólaques).
ESCAFA, eslava (de Filemacia).
CALIDÁMATES, joven (amigo de Filólaques).
DELFIA, cortesana (amada de Calidámates).
TEOPRÓPIDES, viejo (padre de Filólaques).
MISARGÍRIDES, usurero.
SIMÓN, viejo (vecino de Teoprópides).
FANISCO, esclavo (de Calidámates).
PINACIO, esclavo (de Calidámates).
ESFERIÓN[1], chaval (esclavo de Teoprópides).
LORARIOS.

La acción tiene lugar en Atenas. Al fondo del escenario se ven las casas de Teoprópides y de Simón[2] y, delante de ellas, se alza un altar[3].

---

[1] El nombre de Esferión (lat. *Sphaerio*) es conjetura de Seyffert a partir de las pocas letras que de él quedan en el verso 419.
[2] Se ha supuesto que las casas estarían separadas por un callejón sin salida (*angiportum*). Sobre esta cuestión cfr. n. 140.
[3] Sobre la situación del altar, cfr. n. 145.

ARGUMENTO

(acróstico)

Libera, tras comprarla, Filólaques a su amada y, en ausencia de su padre, derrocha toda su hacienda. Al viejo, cuando regresa, lo burla Tranión. Le dice que en la casa se producen apariciones terroríficas y que se han trasladado hace tiempo. Se presenta, en esto, un codicioso usurero reclamando los intereses. Y de nuevo es burlado el viejo, pues (Tranión) le dice que (Filólaques) ha pedido un préstamo para darlo como fianza para comprar una casa. Pregunta cuál es. Responde que la del vecino de al lado. La va a ver[4]. Al final descubre con 10 dolor que ha sido burlado, pero ante la intercesión de un amigo de su hijo perdona.

---

[4] A partir de este punto el estilo del argumento se vuelve tan denso y concentrado que a lo largo de tres versos (8-10) el sujeto (variable) de cada forma verbal es elíptico de manera que, como señala Collart (pág. 30) cada una de ellas se convierte en una especie de adivinanza: dice (Tranión), compra (Filólaques), pregunta (el viejo), responde (Tranión), la va a ver (el viejo). Todo ello hace que, como es habitual, especialmente en el caso de los argumentos acrósticos, sea muy difícil enterarse de la trama por ellos, al menos si no se conoce previamente. En la traducción hemos intercalado entre paréntesis exclusivamente aquellos sujetos que nos parecieron imprescindibles para poder seguir sin demasiadas complicaciones el sentido.

ACTO PRIMERO

ESCENA PRIMERA

Grumión, Tranión

Grumión.— Sal de la cocina, vamos, sal afuera, bribón, en vez de hacerte el chistoso conmigo entre las cacerolas. Sal de la casa, ruina de tu amo. Te juro, por Pólux, que, si sigo vivo, te voy a ajustar las cuentas en el campo a conciencia. Sal, te repito, bazofia, de la cocina[5]. ¿Por qué te escondes?
Tranión.— *(Saliendo de casa)* ¿A qué diablos viene este escándalo que estás armando aquí delante de la casa? ¿Es que crees que estás en el campo? Aléjate de la casa. Vete al campo. Vete al infierno. Aléjate de la puerta. *(Le pega)* ¡Toma! ¿No es esto lo que querías?
Grumión.— ¡Estoy muerto! ¿Por qué me pegas?
Tranión.— Porque estás vivo.
Grumión.— Me aguantaré. Pero deja que llegue el viejo, deja que venga sano y salvo aquel que devoras en su ausencia.
Tranión.— Ni es cierto lo que dices ni es creíble, tarugo. ¿Cómo se podría devorar a uno que está ausente?

---

[5] El texto ofrecido por los manuscritos *(nidore cupinam)* es corrupto y ninguna de las enmiendas propuestas se impone claramente. A falta de mejor solución, traducimos, sin mucha convicción, siguiendo la enmienda de Pylades *(nidor, e culina)*, aunque, como señala Ernout, la corrupción de *culina* en *cupinam* se explica mal paleográficamente y, además, el empleo de *nidor* (propiamente "olor que desprende una cosa que se cuece, se asa o se quema") como término de injuria no tiene paralelo alguno.

GRUMIÓN.— ¿Ah, sí? Tú, señoritingo de ciudad, hazmerreir de la gente, ¿te atreves a echarme en cara el campo? Seguro, Tranión, que el motivo es que sabes que muy en breve te enviarán al molino. Te aseguro, por Hércules, Tranión, que dentro de muy pocos días vas a aumentar el número de los esclavos del campo, raza de encadenados. Ahora, mientras 20 quieras y puedas, bebe, derrocha la hacienda, corrompe al hijo del amo, un joven excelente. Bebed día y noche, vivid a la griega[6], comprad a vuestras amadas, liberadlas, alimentad parásitos, banqueteaos opíparamente. ¿Esto fue lo que te encargó el viejo al partir para el extranjero? ¿Así es como encontrará administrada su hacienda? ¿Crees que el deber de un buen esclavo consiste en echar a perder la hacienda y al hijo de su amo? Pues yo, dadas su aficiones, por perdido lo tengo. Un joven que hasta aquí pasaba por ser el más mode- 30 rado y comedido de todos los del Ática, ahora se lleva la palma en todo lo contrario. Y eso es mérito tuyo y de tus enseñanzas.

TRANIÓN.— ¿Y tú que diablos tienes que cuidarte de mí o de lo que yo hago? Dime, por favor, ¿es que no tienes en el campo bueyes que cuidar? Me gusta beber, amar, tener queridas. De todo lo que hago responderán mis espaldas, no las tuyas.

GRUMIÓN.— ¡Será desvergonzado!

TRANIÓN.— *(Separándose bruscamente de Grumión)* ¡Que Júpiter y todos los dioses te confundan! ¡Pufff! ¡Qué peste despides a ajo! Eres la porquería en persona, palurdo, cerdo, po- 40 cilga de marranos, mezcla de fango y basura.

GRUMIÓN.— ¿Qué quieres? No todos pueden oler a perfumes exóticos, como tú, ni sentarse en el puesto de honor de la

---

[6] Las críticas a los griegos, acusados de llevar una vida licenciosa y relajada, son frecuentes en Plauto (cfr. esp. *Curc.* 288 ss.), y se concretan en la frecuente repetición del neologismo *pergraecari* para referirse a una vida de vicios y placeres: cfr. vv. 64 y 960; *Bacch.* 813; *Poen.* 603; *Truc.* 87b; cfr. también *congraecare* Bacch. 743. Se trata del mismo matiz despectivo que encontramos en el uso de *Graeculus* por Cicerón: cfr. *Tusc.* 1, 86; *Flac.* 23; *De orat.* 1, 47,; 1, 102; etc. Sobre el antihelenismo de Plauto y la relación del poeta con la política antihelénica de Catón puede verse: F. Della Corte, *Catone Censore*, Turín, 1949, 73-76, 88 ss. y *Da Sarsina a Roma*, Florencia, 1967², 82 ss.; P. Grimal, *Le Siècle des Scipions*, París. 1953, 97; R. Perna, *L'originalità di Plauto*, Bari, 1955, 225 ss.

mesa[7], ni comer manjares tan exquisitos como tú. Pero quédate tú con tus tórtolas, con tus peces, con tus aves y déjame a mí cumplir mi destino disfrutando de la salsa de ajo. Tú eres afortunado, yo desgraciado. ¡Qué le vamos a hacer! Esperemos que recoja mi recompensa yo y tú tu castigo.

TRANIÓN.— Parece como si me tuvieras envidia, Grumión, porque yo vivo bien y tú vives mal. Y nada hay más justo. A mí me sienta bien amar, a ti apacentar bueyes, a mí vivir a lo grande, a ti miserablemente.

GRUMIÓN.— ¡Oh, criba de verdugo, pues eso creo que vas a ser! Porque te pondrán la horca[8] al cuello y te acribillarán a aguijonazos por las calles, si el viejo regresa.

TRANIÓN.— ¿Cómo sabes si eso no te ocurrirá a ti antes que a mí?

GRUMIÓN.— Porque yo no he hecho nada para merecerlo. Tú, en cambio, lo has hecho y sigues haciéndolo.

TRANIÓN.— Ahórrate el trabajo de hablar, si no quieres ganarte el honor de una buena zurra.

GRUMIÓN.— ¿Me vais a dar los yeros para llevárselos a los bueyes? Dádmelos, si es que no pensáis coméroslos también. Y, venga, continuad ya que habéis empezado, bebed, vivid a la griega, comed, atiborraos, acabad con los cebones.

TRANIÓN.— Calla y vete al campo, que yo quiero ir al Pireo a comprar pescado para la cena. Mañana mandaré a alguien llevarte los yeros a la finca. *(Observando la mirada de Grumión fija en él)* ¿Y tú qué tienes que mirarme ahora, ahorcado?[9]

---

[7] Téngase en cuenta que los esclavos, en el caso de ser admitidos a cenar con el amo, no cenaban tumbados en los divanes del triclinio, sino sentados en taburetes. Está claro, por tanto, que Tranión, aprovechándose de la ausencia de Teoprópides, ha tomado la costumbre de tumbarse en el triclinio, ocupando, incluso, el puesto de honor, habitualmente reservado al amo de la casa o a sus invitados. De este y otros pasajes de las comedias plautinas (cfr. *Persa* 767, *Stich.* 492 y 696 y notas correspondientes), parece deducirse que en ellas el puesto de mayor honor es el primero de la izquierda, según estaban recostados los comensales *(summus)*.

[8] Sobre la horca o patíbulo, cfr. n. 30 del *Miles*.

[9] Tranión llama a Grumión *furcifer* (lit. "el que lleva la horca": cfr. nota anterior), un insulto banal, que traducimos habitualmente por "bribón". Tranión, sin embargo, se lo devuelve a su compañero convertido en una dura amenaza, como hemos tratado de reflejar en nuestra traducción.

GRUMIÓN.— Creo, por Pólux, que ese nombre va a ser tuyo muy pronto.
TRANIÓN.— Con tal que entretanto me vaya como hasta aquí, ese "muy pronto" me tiene sin cuidado.
GRUMIÓN.— Está bien. Pero has de saber una cosa: lo que no se quiere, llega mucho más aprisa que lo que se desea ansiosamente.
TRANIÓN.— No me des la lata. Vete, lárgate al campo. Te juro, por Hércules, que en adelante no me harás perder más el tiempo. *(Entra en casa)*
GRUMIÓN.— *(Solo)* ¿No se marchó sin hacer maldito caso de lo que le he dicho? ¡Oh, dioses inmortales, os lo suplico, ayudadme! Haced que vuelva cuanto antes el viejo, que ya lleva tres años ausente, antes que todo esté perdido, la casa y la finca. Si no vuelve, pocos meses le restan a los restos de su hacienda. Ahora me iré al campo, pues ahí veo al hijo del amo, un joven excelente convertido en un perdido. *(Sale.)*

ESCENA SEGUNDA

FILÓLAQUES

Mucho he pensado y largo tiempo meditado, muchos razonamientos me he hecho para mis adentros, mil vueltas le he dado en mi cabeza, si es que tengo cabeza, y detenidamente he examinado esta cuestión: ¿A quién diría yo que se parece o es semejante el hombre, al nacer? Y éste es el modelo que he encontrado. Creo que el hombre, al nacer, se parece a una casa nueva. Os voy a dar las pruebas de ello. Ya sé que esto os parece inverosímil, pero yo os demostraré que es así. Os convenceré de la veracidad de mis afirmaciones. Y estoy seguro de que, vosotros mismos, cuando oigáis mis explicaciones, admitiréis que estáis de acuerdo en todo conmigo. Escuchadme, mientras expongo las razones que hacen al caso. Quiero que conozcáis el asunto tan bien como yo.
En cuanto una casa ha quedado terminada, rematada, construida con perfecto aplomo, todos alaban al constructor y a la casa le dan su aprobación. Todo el mundo la toma como modelo para sí y todo el mundo quiere tener una semejante. No escatiman gastos ni esfuerzos. Pero cuando se instala en ella un holgazán, un indolente, con unos esclavos perezosos, un sucio, un poltrón, entonces la casa empieza a deteriorarse,

porque, aunque bien construida, está mal conservada. Y a menudo sucede lo siguiente: viene el temporal y rompe las tejas y los canalones[10]. Pero el dueño, indolente, no se preocupa por reemplazarlos. Viene la lluvia, baña las paredes, se filtra el agua, se pudren las vigas y se echa a perder el trabajo del constructor. El servicio que presta la casa se deteriora. Y ello no es culpa del constructor. Pero es que mucha gente ha cogido esta manía: una reparación que puede hacerse por dos perras, esperan y esperan a emprenderla hasta que las paredes se desploman. Y entonces hay que construir toda la casa de nuevo.

Éste es mi razonamiento en lo relativo a los edificios; ahora quiero demostraros que los hombres se parecen a una casa. En primer lugar los padres son los constructores de sus hijos. Ellos ponen sus cimientos, levantan sus paredes[11], ponen todos sus esfuerzos en hacerlos sólidos, no escatiman materiales para que ofrezcan un buen servicio y aspecto a sí mismos y a sus conciudadanos, y los gastos que les ocasionan, no los tienen por tales. Rematan su obra, les enseñan las letras, los derechos civiles, las leyes. A fuerza de gastos y sacrificios tratan de conseguir que los demás padres quieran tener unos hijos iguales. Cuando los envían al servicio militar, les dan como puntal a alguno de sus parientes[12]. Hasta que acaba la primera campaña, no se independizan de sus constructores. Y es entonces cuando se puede comprobar el resultado de la construcción.

Yo, por ejemplo, fui persona de bien y de provecho, mientras estuve en poder de mis constructores. Después, cuando me instalé en mi propia naturaleza, eché a perder al punto su trabajo por completo. Vino la indolencia (éste fue mi temporal) y con su llegada me trajo el granizo y la lluvia. Ella fue la que arrastró y se llevó lejos de mí el tejado de mi pundonor y mi moderación. Después no me cuidé de cubrirme de nuevo.

---

[10] Sobre la distinción entre *tegulae* e *imbrices*, cfr. n. 38 del *Miles*.

[11] Es decir, los crían y educan. Pero Plauto trata de poner de relieve por todos los medios la similitud entre los edificios y los hombres que postula.

[12] El texto presenta en este punto (v. 129) ciertas dificultades de medida y sentido que hace que la mayoría de los editores lo consideren corrupto. Por la misma razón Ernout opina lo mismo de los dos versos siguientes. El sentido general, sin embargo, parece claro.

Enseguida, a modo de lluvia, llegó el amor que se infiltró en mi interior y empapó por completo mi cabeza. Ahora hacienda, crédito, buena reputación, virtud, honor, todo me ha abandonado a la vez. Ya no presto ningún servicio. Y, por Pólux, tan podridas están mis vigas por la humedad que no creo que pueda reparar mi casa sin que toda ella se derrumbe por completo, ya que se viene abajo desde sus cimientos y nadie puede prestarme ayuda.

Mi corazón se llena de dolor, cuando pienso en lo que soy y en lo que he sido. En toda la juventud no había nadie más 150 destacado que yo en la práctica de los deportes. En medio de los discos, las jabalinas, las pelotas, las carreras, las armas, los caballos llevaba una vida feliz. Servía de modelo a los demás jóvenes en sobriedad y fortaleza. Los mejores buscaban en mí enseñanzas para ellos. Ahora no valgo nada y esto es algo que debo a mi propia naturaleza.

ESCENA TERCERA[13]

FILEMACIA, ESCAFA, FILÓLAQUES

FILEMACIA.— *(Saliendo de casa con Escafa, sin ver a Filólaques.)* Ya hace tiempo, por Cástor, que no tomaba un baño frío tan a gusto y que no creo haber estado tan limpia, Escafa mía.

ESCAFA.— Todo te sale bien. Te pasa como a la cosecha de este año, que ha sido excelente.

FILEMACIA.— ¿Y qué tiene que ver la cosecha con mi baño? 160
ESCAFA.— Lo mismo que tu baño con la cosecha.
FILÓLAQUES.— *(Aparte)* ¡Oh bellisísima Venus! Éste es aquel temporal mío que se llevó todo el tejado de la moderación que me cubría. Fue entonces cuando el Amor y la Pasión[14] se infiltraron a modo de lluvia en mi espíritu y ya no podré cubrirme jamás. Están empapadas ya las paredes de mi cabeza y está arruinada completamente esta casa.

FILEMACIA.— Fíjate, por favor, Escafa mía, si este vestido me

---

[13] Se trata de una de esas escenas de interior que la convención teatral antigua, sin duda debido a las limitaciones de la escenografía, representaba en la calle: cfr. tomo I, Introducción general, 48-49.

[14] Cfr. la misma distinción en el fr. XIX de *Las Báquides*.

sienta bien. Quiero gustar yo a Filólaques, la niñita de mis ojos, mi patrono[15].

ESCAFA.— ¿Qué necesidad tienes tú de engalanarte, si sólo con tu maravillosa forma de ser ya estás maravillosa? No es del vestido de lo que se enamoran los enamorados sino de lo que rellena el vestido.

FILÓLAQUES.— *(Aparte.)* Juro por los dioses, que Escafa es 170 maravillosa. ¡Lo que sabe la pícara! ¡Qué maravillosamente conoce la forma de ser y pensar de los enamorados!

FILEMACIA.— *(Con impaciencia.)* Contéstame.

ESCAFA.— ¿Qué quieres?

FILEMACIA.— Vamos, mírame y fíjate cómo me sienta este vestido.

ESCAFA.— Es mérito de tu hermosura que todo cuanto te pongas te siente bien.

FILÓLAQUES.— *(Aparte.)* Pues bien, por esas palabras, Escafa, te haré hoy un regalo. No permitiré que quede sin recompensa el cumplido que has hecho a mi amada.

FILEMACIA.— Déjate de halagos.

ESCAFA.— En verdad que eres una mujer bien tonta. Dime, ¿es que prefieres ser censurada sin razón a ser elogiada merecidamente? Yo, desde luego, prefiero con mucho, por Pólux, ser alabada, aunque sea sin razón, a ser criticada merecida- 180 mente o a que otros se burlen de mi aspecto.

FILEMACIA.— Yo amo la verdad. Quiero que se me diga la verdad. Odio a los mentirosos.

ESCAFA.— Te juro por el amor que me tienes, por el amor que te tiene tu querido Filólaques que eres muy hermosa.

FILÓLAQUES.— *(Aparte.)* ¿Qué dices, bribona? ¿Qué juramento has hecho? ¿Por el amor que yo le tengo? ¿Y el que me tiene ella a mí? Retiro la promesa que te hice. Estás perdida. Has perdido el regalo que te había prometido.

ESCAFA.— De verdad, por Pólux, que me maravilla, que una joven tan lista y tan espabilada[16] como tú, haga el tonto de una manera tan tonta.

---

[15] Recuérdese que patrono era el tratamiento que otorgaban los libertos a sus antiguos amos y que Filólaques ya había comprado y liberado a Filemacia (cfr. por ej. vv. 209-211 y 223).

[16] La repetición *tam doctam et bene doctam*, que dan los manuscritos, no es admitida por numerosos editores, que solucionan cada uno a su manera la cuestión. Por nuestra parte, nos hemos limitado simplemente a suprimir la repetición.

FILEMACIA.— Dime, por favor, qué es lo que hago mal.

ESCAFA.— Tú haces mal, por Cástor, en no pensar más que en él, en reservar tus favores exclusivamente para él y rechazar a tus otros pretendientes. Es propio de matronas, no de meretrices, ser esclava de un solo amante.

FILÓLAQUES.— *(Aparte.)* ¡Oh Júpiter! ¿Qué monstruo es ése que habita en mi casa? Que todos los dioses y las diosas me hagan morir de la muerte más terrible, si yo no hago morir a esa vieja de hambre, de sed y de frío.

ESCAFA.— Eres completamente tonta, si piensas que su amor y afecto por ti van a ser eternos. Con la edad y la saciedad[17] te abandonará.

FILEMACIA.— Espero que no.

ESCAFA.— Lo que no se espera sucede más a menudo que lo que se espera. Pero, si mis palabras no bastan para convencerte de la verdad de mis afirmaciones, juzga por lo hechos. Ya ves lo que soy ahora. ¡Y lo que he sido! No menos que tú ahora, fui yo amada antes. También yo quise complacer a un solo hombre, que, por Pólux, en cuanto la edad cambió el color de mis cabellos, me dejó abandonada. Supongo que lo mismo te sucederá a ti.

FILÓLAQUES.— *(Aparte.)* Trabajo me cuesta contenerme para no saltarle a los ojos a esa maldita alcahueta.

FILEMACIA.— Sólo fue a mí a quien libertó él con el dinero suyo, para que fuera sólo suya. Sólo con él creo que he de mostrarme yo complaciente.

FILÓLAQUES.— *(Aparte.)* ¡Oh dioses inmortales! ¡Qué mujer tan encantadora y de natural tan honesto! He hecho bien, por Hércules, y me alegro de haberme arruinado por ella.

ESCAFA.— En verdad que eres una tonta, por Cástor.

FILEMACIA.— ¿Por qué?

ESCAFA.— Por importarte que te quiera.

FILEMACIA.— Y, dime, ¿por qué no iba a importarme?

ESCAFA.— Ya eres libre. Ya tienes lo que querías. Si él por su cuenta deja de quererte, todo el dinero que pagó por tu libertad lo habrá perdido.

FILÓLAQUES.— *(Aparte.)* Mal rayo me parta, si no la hago morir de la muerte más terrible. Me la está pervirtiendo con sus malos consejos esa depravada lena[18].

---

[17] Es decir, cuando seas vieja y se canse de ti.
[18] La palabra final del verso, *vitilena* tal y como nos lo han transmi-

[170]

FILEMACIA.— Jamás podré pagarle todo lo que ha hecho por mí. No trates de persuadirme de que le tenga menos aprecio.
ESCAFA.— Pero métete una cosa en la cabeza: si sólo estás a su servicio, mientras eres joven y delicada, cuando seas vieja lo lamentarás amargamente.
FILÓLAQUES.— *(Aparte.)* ¡Ojalá pudiera convertirme en angina para coger por la garganta y estrangular a esa bruja, a esa maldita alcahueta!
FILEMACIA.— El mismo agradecimiento he de tenerle ahora 220 que he conseguido lo que quería, que el que le tenía antes de lograrlo, cuando le decía tantas zalamerías.
FILÓLAQUES.— *(Aparte.)* Que los dioses y las diosas hagan conmigo lo que les plazca si, por esas palabras, no te liberto de nuevo y mato a Escafa.
ESCAFA.— Si tienes la garantía de que vas a tener siempre qué comer y de que te va a querer y pertenecer toda la vida, pienso que sólo a él debes reservar tus favores y que debes cogerte las trenzas[19].
FILEMACIA.— Cual es su reputación, tal suele ser la riqueza de cada uno. Yo, si conservo mi buena reputación, seré bastante rica.
FILÓLAQUES.— *(Aparte.)* Si tengo que vender a mi padre, por Hércules, que lo venderé mucho antes de permitir que, yo 230 vivo, tú pases privaciones o tengas que pedir limosna.
ESCAFA.— ¿Y qué será de tus otros amantes?
FILEMACIA.— Más me querrán, cuando vean que demuestro agradecimiento a quien muestra generosidad conmigo.
FILÓLAQUES.— *(Aparte.)* ¡Ojalá se me anunciara ahora mismo la muerte de mi padre, para desheredarme yo de mis bienes y nombrarla a ella única heredera!
ESCAFA.— Bien pronto estará agotada vuestra fortuna. Día y

---

tido los manuscritos, es considerada corrupta por la mayoría de los editores. En ella parece reconocerse el genitivo singular de *vitium* y la palabra *lena*. Nuestra traducción, en todo caso, es sólo aproximada.

[19] A diferencia de las solteras y cortesanas, que vestían túnica corta y llevaban el pelo suelto o simplemente anudado en el cuello, era característica distintiva de las matronas romanas vestirse con túnica talar *(stola)* y llevar el pelo trenzado y recogido en un moño de forma cónica *(tutulus)*, que sujetaban con una especie de diadema de color púrpura *(vitta)*: cfr. *Miles* 791-2; Varrón, *L.L.* 7, 44; Fest. 484, 32. Cfr. además, Tib., 1,6,67; Prop. 4,11,34; Ovid. *Epist. ex Ponto* 3,3,51.

noche se come y se bebe. Y nadie piensa en el ahorro. Esto es una auténtica ceba.
Filólaques.— *(Aparte.)* Por ti estoy decidido, por Hércules, a comenzar la experiencia del ahorro. Pues ni comerás ni beberás nada en mi casa en los próximos diez días.
Filemacia.— Si quieres hablar bien de él, tienes permiso para hacerlo. Pero si hablas mal, por Cástor que serás azotada inmediatamente.
Filólaques.— *(Aparte.)* Por Pólux que, si hubiera ofrecido un sacrificio a Júpiter Supremo con el dinero[20] que pagué por su libertad, no hubiera hecho una mejor inversión. Está claro que está enamorada de mí hasta los tuétanos. ¡Oh! Soy un tipo listo. He libertado a un patrono dispuesto a defender mi causa[21].
Escafa.— Veo que, en comparación con Filólaques, los demás hombres no valen nada para ti. Así que, para no ser azotada por su culpa, prefiero darte la razón, si de verdad tienes la garantía de que te querrá siempre.
Filemacia.— Dame el espejo y el cofrecillo de las joyas, para estar arreglada cuando venga Filólaques, mi amor.
Escafa.— Es la mujer que desconfía de sí misma y de su edad, la que tiene necesidad de un espejo. ¿Qué necesidad de espejo tienes tú, que eres el espejo de los espejos?
Filólaques.— *(Aparte.)* Por haber dicho eso, Escafa, para que no queden sin recompensa unas palabras tan bonitas, te haré hoy un regalo[22]... a ti, Filemacia mía.
Filemacia.— ¿Y mis cabellos, fíjate, están colocados cada uno en su sitio? ¿Están debidamente peinados?
Escafa.— Siendo tú eres como debes, ten por seguro que tus cabellos están como deben.
Filólaques.— *(Aparte.)* ¡Ah! ¡Habrase visto una mujer peor que ésta! Ahora le lleva la corriente, antes le llevaba la contraria.
Filemacia.— Dame el albayalde[23].

---

[20] El texto en este punto es corrupto y la traducción sólo aproximada.
[21] Téngase en cuenta, para comprender las palabras de Filólaques, que era el patrono el que liberaba al esclavo y no al revés. Recuérdese, además, que una de las principales obligaciones del patrono con su cliente era la de prestarle protección jurídica.
[22] Lit. "te daré algo en calidad de peculio".
[23] El albayalde o la cerusa es una crema blanca, hecha con carbo-

Escafa.— ¿Y para qué necesitas el albayalde?
Filemacia.— Para dármelo en las mejillas.
Escafa.— Eso es como si quisieras blanquear el marfil con tinta, ama.
Filólaques.— *(Aparte.)* ¡Ingeniosa ocurrencia la de la tinta 260 y el marfil! ¡Bravo! ¡Un aplauso para Escafa!
Filemacia.— Entonces dame el colorete[24].
Escafa.— No te lo doy. ¡Sí que eres lista! ¡Pretender restaurar con una nueva capa de pintura la más hermosa obra de arte! Una persona de tu edad no debe aplicarse ningún cosmético: ni albayalde ni blanco de Melos[25] ni ningún otro afeite.
Filemacia.— *(Entregándole a Escafa el espejo, al tiempo que lo besa.)* Toma, pues, el espejo.
Filólaques.— *(Aparte.)* ¡Ay, pobre de mí! Le ha dado un beso al espejo. ¡Quien me diera una piedra para romperle la cabeza a ese espejo!
Escafa.— *(Tendiéndole una toalla.)* Toma este paño y límpiate las manos.
Filemacia.— ¿Para qué?, dime, por favor.
Escafa.— Como cogiste el espejo, temo que huelan a plata tus manos. No vaya a sospechar Filólaques que has recibido dinero de algún amante[26].
Filólaques.— *(Aparte.)* Jamás creo haber visto a una lena 270 tan lista. ¡Qué ocurrencia más ingeniosa y astuta ha tenido a propósito del espejo la bribona!
Filemacia.— ¿Y no crees que debo perfumarme?
Escafa.— Ni se te ocurra.
Filemacia.— ¿Por qué?
Escafa.— Por Cástor, porque una mujer huele bien, cuando no huele a nada. Pues esas viejas, que se están siempre untan-

---

nato de plomo, utilizada como maquillaje: cfr. Ovid., *Med. fac.* 73; Mart. II, 41, 11. Cfr. Carcopino, J., *La vida cotidiana en Roma*, Madrid, 1993, 216.

[24] Lat. *purpurissum*, término derivado evidentemente de *purpura*. Se hacía con creta, tratada con diversas sustancias colorantes.

[25] Lat. *melinum*. Se trata de otro tipo de crema blanca para la cara, distinta de la crema de albayalde *(cerussa)* y de la creta. Sabemos que en la isla de Melos existía una mina de carbonato de calcio de óptima calidad: cfr. Vitr. 7,7,3; Plin., *Nat.* 35,37.

[26] Téngase en cuenta de que los espejos no eran todavía de cristal, sino de metal (plata, aquí).

do con perfumes, emplastadas[27], decrépitas y desdentadas, que ocultan con afeites las defectos de su cuerpo, en cuanto se unió el sudor a los perfumes, despiden el mismo olor que cuando los cocineros mezclan muchas salsas: no se sabe a qué huelen, sino tan sólo que huelen mal.

Filólaques.— *(A los espectadores.)* ¡Cómo se las sabe todas! Sabe más que Lepe[28]. Dice la verdad y bien lo sabe la mayoría de vosotros, que tenéis en casa a unas esposas viejas, que os han comprado con la dote.

Filemacia.— Vamos, fíjate si estas joyas y este mantón me sientan bien, Escafa.

Escafa.— Eso no es asunto mío.

Filemacia.— Entonces, ¿de quién es, por favor?

Escafa.— ¿De quién? De Filólaques. Él es quien ha de encargarse de no comprar más que lo que le guste. El amante compra los favores de la cortesana con oro y púrpura. ¿Qué necesidad hay de hacer ostentación ante sus ojos de algo que no quiere para sí? La púrpura es buena para disimular la edad, el oro para las mujeres feas. Una mujer hermosa estará más hermosa desnuda que cubierta de púrpura. [Además, de nada le sirve un buen atavío, si tiene mala conducta. Una mala conducta mancha más que el fango un hermoso atavío.] Si es hermosa, ya está bien ataviada.

Filólaques.— *(Aparte.)* Ya llevo demasiado tiempo sin intervenir. *(A Filemacia.)* ¿Qué hacéis aquí?

Filemacia.— Me estoy ataviando para gustarte.

Filólaques.— Estás bastante ataviada. *(A Escafa.)* Tú vete

---

[27] Lat. *interpoles*. El verbo *interpolo*, según nos informa Nonio (34,1), es un término de la lengua de los bataneros, que designa un tratamiento especial dado por estos a las ropas viejas para darles un aspecto nuevo. Aplicado a las personas, como en el caso presente, parece referirse al abuso de cosméticos para disimular las arrugas y defectos del rostro: cfr. Sedgwick, *ad Amph.* 316.

[28] Teniendo en cuenta que en los últimos años han proliferado los chistes sobre el pueblecito andaluz de Lepe y sus simpáticos habitantes, los leperos, quizás sea conveniente recordar de pasada, que el dicho tradicional "saber más que Lepe", que significa "ser muy astuto" o "muy listo", no tiene nada que ver con dicho pueblo sino que hace referencia a don Pedro de Lepe, que fue obispo de Calahorra en el siglo XV. Parece ser que fueron tales los conocimientos que acumuló en sus escritos y, sobre todo, en su *Catecismo católico*, que la gente lo tomó como paradigma de sabiduría.

adentro y llévate estos atavíos. *(A Filemacia.)* Amor mío, Filemacia mía, ¡me apetecía tanto beber contigo!
FILEMACIA.— ¡Y a mí contigo, por Pólux! Pues lo que te apetece a ti, también me apetece a mí, amor mío.
FILÓLAQUES.— He ahí unas palabras que son baratas por veinte minas.
FILEMACIA.— Dame diez, cariño. Quiero vendértelas a buen precio.
FILÓLAQUES.— Pero todavía tengo un saldo a mi favor de diez minas[29]. Y si no, haz la cuenta. He pagado treinta minas 300 por tu libertad.
FILEMACIA.— ¿Por qué me lo echas en cara?
FILÓLAQUES.— ¿Echártelo en cara yo, que estoy deseando que me lo echen en cara a mí y que desde hace tiempo no he hecho una inversión tan buena?
FILEMACIA.— Y tampoco yo, desde luego, pude hacer una operación mejor que amándote.
FILÓLAQUES.— Así pues el balance de ingresos y gastos entre nosotros es perfectamente equilibrado. Tú me amas y yo te amo. Y los dos pensamos que hacemos bien. ¡Los que se alegran de ello ojalá puedan alegrarse siempre de su buena suerte y los envidiosos ojalá nunca tengan dicha alguna que alguien pueda envidiar!
FILEMACIA.— Ea, recuéstate, pues, en el lecho[30]. *(A un esclavo.)* Trae agua para las manos, chaval. Pon aquí la mesita. Busca los dados. *(A Filólaques.)* ¿Quieres perfumes?
FILÓLAQUES.— ¿Para qué me los necesito? ¿No estoy al lado de la propia mirra[31]? *(Viendo llegar a Calidámates con Delfia.)* 310 Pero, ¿no es mi camarada el que viene con su amiga? Sí, es él: ahí viene Calidámates con su amiga. ¡Hurra, niña de mis ojos! Los compañeros de armas se reúnen. Ahí los tienes. Vienen a reclamar su parte en el botín.

---

[29] Una vez restadas las veinte que le paga por las palabras que acaba de pronunciar. Recuérdese que treinta minas era el precio habitual de una esclava: cfr. n. 12 del *Curculio*.
[30] Sobre el lugar de representación de esta escena, cfr. n. 12 de esta comedia.
[31] Sobre la mirra, esencia olorosa obtenida de la resina de esta planta, como cumplido amoroso cfr. *Curc.* 100.

ESCENA CUARTA

CALIDÁMATES, DELFIA, FILÓLAQUES, FILEMACIA

CALIDÁMATES.— *(Borracho, a los esclavos que lo acompañan.)*[32] Quiero que me vengáis a recoger a casa de Filólaques, temprano. *(Dirigiéndose a uno de los esclavos.)*[33] ¿Me oyes? Ya lo sabes: no te lo voy a repetir otra vez. *(Los esclavos salen.)* Porque he tenido que huir de la casa donde me encontraba, de tan harto que estaba del convite y la conversación. Ahora voy de juerga a casa de Filólaques, donde nos recibirán con alegría y amabilidad. *(A Delfia.)* ¿Acaso te parece que estoy bo-, bo-, bo-, borracho?
DELFIA.— Siempre eres igual. *(Pequeña laguna.)* 320
CALIDÁMATES.— ¿Quieres que nos abracemos tú y yo?
DELFIA.— Si es de tu agrado, me parece bien.
CALIDÁMATES.— Eres encantadora. Guíame, cariño[34].
DELFIA.— Ten cuidado de no recostarte. Mantente derecho.
CALIDÁMATES.— Eres la ni-, ni-, niñita de mis ojos, y yo soy tu pichoncito, bomboncito mío[35].
DELFIA.— Ten cuidado de no recostarte en la calle antes de que lleguemos adonde está instalado el lecho.
CALIDÁMATES.— Deja, déjame caer.
DELFIA.— Te dejo.
CALIDÁMATES.— Y también lo que tengo en la mano[36].

---

[32] Se trata muy probablemente de Fanisco, el esclavo favorito de Calidámates (cfr. v. 890), y Pinacio, que son los esclavos que vienen a recoger a su amo en el acto IV (vv. 858 y ss.).
[33] Probablemente Pinacio, pues no parece lógico que se dirija en término tan duros a Fanisco, su favorito (cfr. n. anterior), que, además, por lo que él mismo nos dice (cfr. vv. 858 ss.), es un modelo de esclavo, dispuesto a obedecer ciegamente a su amo.
[34] Lat. *amabo*, lit. "por favor". Pero sorprende esta expresión, típica de mujeres, en boca de un hombre. ¿Será culpa de la borrachera?
[35] Lit. "mi (dulce) miel".
[36] Nos separamos en este punto de la edición de Ernout que, atribuye estas palabras a Delfia, pero advirtiendo en nota que la distribución del diálogo es inseguro y que el sentido insatisfactorio. Según nuestra interpretación, tanto en latín como en español, habría que sobreentender las últimas palabras pronunciadas por Calidámates *(sine*

Delfia.— Si caes, me harás caer también a mí.

Calidámates.— Ya habrá alguien que nos recoja del suelo 330 después.

Delfia.— ¡Está borracho!

Delfia.— ¿Tú dices que estoy bo-, bo-, borracho?

Delfia.— Dame la mano, que no quiero que te vayas a dar un golpe.

Calidámates.— Toma, cógela.

Delfia.— Vamos, ven conmigo.

Calidámates.— ¿Adónde he de ir?

Delfia.— ¿No lo sabes?

Calidámates.— ¡Ah, sí! Me acabo de acordar. Voy de juerga a casa, ¿verdad?

Delfia.— No, a tu casa no; vamos a casa de Filólaques[37].

Calidámates.— Ya, ya me acuerdo.

Filólaques.— *(A Filemacia.)* ¿No crees que debo ir a su encuentro, corazón mío? Él es de todos mis amigos el que más quiero. Enseguida vuelvo.

Filemacia.— Eterno será ese "enseguida" para mí.

Calidámates.— *(Acercándose al lugar donde se celebra la fiesta, sin ver a Filólaques.)* ¿Hay alguien aquí?

Filólaques.— Sí.

Calidámates.— ¡Bravo, Filólaques! ¡Salud, mi amigo más 340 querido!

Filólaques.— Los dioses te protejan. Recuéstate en el lecho, Calidámates. ¿De dónde vienes?

Calidámates.— ¿De dónde puede venir un hombre completamente borracho?

Filemacia.— *(A Delfia.)* ¿Por qué no te recuestas en el lecho, Delfia mía?

Calidámates.— Dale de beber, que yo me voy a dormir ahora mismo.

Filólaques.— ¿Acaso es extraño o novedoso lo que hace?

---

cadere: "deja caer") y, en cuanto al sentido, habría que suponer que el joven borracho no se da cuenta de que lo que tiene en la mano es a la propia Delfia. Por ello ésta replica que, si insiste, rodarán los dos por el suelo.

[37] Las palabras de Delfia podrían significar, "Sí, ahí mismo" (así traduce Ernout), en cuyo caso se trataría de una repuesta irónica o tendente simplemente a evitar la discusión con un borracho. Preferimos, sin embargo, la otra interpretación.

Delfia.— *(A Filemacia.)* ¿Y qué voy a hacer ahora con él, querida?
Filemacia.— Déjalo como está. *(Al esclavo que sirve a la mesa.)* Vamos, tú, entretanto, haz circular la copa[38], deprisa, empezando por Delfia.

ACTO SEGUNDO

ESCENA PRIMERA

Tranión, Filólaques, Calidámates, Delfia, Filemacia

Tranión.— *(Llega corriendo del puerto.)*[39] Júpiter todopoderoso ha puesto todo su empeño y afán en lograr mi perdición y la de Filólaques, el hijo del amo. Han muerto nuestras esperanzas. En ninguna parte hay un refugio en que podamos sentirnos seguros. Ni la propia Salvación, aunque quisiera, podría salvarnos. ¡Qué gigantesca montaña de males y desgracias acabo de ver en el puerto! El amo ha llegado del extranjero. Está perdido Tranión. *(Al público.)* ¿Hay alguno entre vosotros, deseoso de ganar algún dinero, que esté dispuesto a dejarse crucificar hoy en mi lugar? ¿Dónde están esos sufretormentos[40], esos héroes desgastacadenas o esos que por tres perras se lanzan al asalto de las torres enemigas, para acabar normalmente con el cuerpo traspasado por diez lanzas? Yo le daré un talento[41] al primero que se suba a la cruz, pero con la condición de que se le claven dos clavos en los pies y dos en las manos. Una vez cumplido este requisito, puede venir a exigirme que le pague su dinero al contado. Pero, ¡seré desgraciado, que no corro a todo correr a casa! 350

360

Filólaques.— ¡Viva! Llegan las provisiones. Ahí regresa Tranión del puerto.

---

[38] Lat. *cantharus*. Cfr. n. 80 del *Stichus*.
[39] Sobre la breve escena de *servus currens* que aquí se inicia, cfr. Introducción general, pág. 46 y n. 15 del *Mercator* (v. 112).
[40] Cfr. *Capt.* 472, donde Plauto utiliza este mismo adjetivo *(plagipatidae)*, aparentemente referido a los parásitos, dispuestos a soportar cualquier tipo de violencia con tal de que les llenen el estómago.
[41] Como sabemos, una suma muy importante de dinero. Recuérdese que el talento valía 60 minas.

Tranión.— ¡Filólaques!
Filólaques.— ¿Qué pasa?
Tranión.— Tanto tú como yo...
Filólaques.— Tanto tu como yo ¿qué?
Tranión.— ... estamos perdidos.
Filólaques.— ¿Por qué?
Tranión.— Tu padre está aquí.
Filólaques.— ¿Qué te estoy oyendo?
Tranión.— Estamos muertos. Tu padre, te repito, ha llegado.
Filólaques.— ¿Y dónde está, por favor?
Tranión.— Te repito que está aquí[42].
Filólaques.— ¿Quién lo dice? ¿Quién lo vio?
Tranión.— Yo mismo, con mis propios ojos.
Filólaques.— ¡Ay de mí! ¿Y ahora yo qué hago?
Tranión.— ¿Por qué diablos me preguntas qué haces? Estás recostado en el lecho[43].
Filólaques.— ¿Lo has visto tú mismo?
Tranión.— Sí, yo mismo.
Filólaques.— ¿De verdad?
Tranión.— Sí, de verdad[44].
Filólaques.— Soy hombre muerto, si es cierto lo que dices. 370
Tranión.— ¿Y qué ganaría yo con mentir?
Filólaques.— ¿Y yo ahora qué puedo hacer?
Tranión.— *(Señalando la mesa y los lechos.)* Manda retirar todo esto de aquí. *(Viendo a Calidámates dormido.)* ¿Quién es el que está durmiendo ahí?
Filólaques.— ¡Calidámates! Despiértalo, Delfia.
Delfia.— *(Sacudiendo a Calidámates.)* ¡Calidámates, Calidámates, despierta!

---

[42] El final del verso (366) es corrupto. En la traducción hemos seguido la sospecha de Ernout, expresada en su aparato crítico, de que debe faltar un *inquam*, que Tranión repite en este pasaje hasta la saciedad: cfr. 366 (bis), 367, 369 (bis). Lamentablemente, debido al diverso uso del español, el efecto cómico de su repetición no hemos podido reflejarlo en nuestra traducción.

[43] Sobre el lugar en que se desarrolla esta escena, cfr. n. 13 de esta comedia.

[44] Sin dura la repetición, nada menos que 5 veces, de *inquam* en el pasaje es elemento fundamental del estilo del pasaje. Pero dado los diferentes matices que tiene su empleo y la diferencia de uso con el castellano, no hemos podido reproducir el recurso cómico plautino.

Calidámates.— Estoy despierto. Dame de beber.

Delfia.— Despierta. El padre de Filólaques ha regresado del extranjero.

Calidámates.— Salud a su padre.

Filólaques.— Sí, el goza de buena salud. En cambio yo soy hombre muerto.

Calidámates.— ¿Que eres un hombre muerto?[45] ¿Cómo puede ser eso?

Filólaques.— Por Pólux, te lo suplico, levántate. Ha llegado mi padre.

Calidámates.— ¿Ha llegado tu padre? Pues dile que se vaya otra vez. ¿Qué necesidad tenía de volver?

Filólaques.— ¿Qué puedo hacer? Mi padre, pobre de mí, va a presentarse de un momento a otro y me va a encontrar a mí borracho y la casa llena de invitados y cortesanas. Es una desgracia tener que ponerse a cavar un pozo, cuando la sed te 380 oprime la garganta. Y éste es mi caso. Ahora que ha llegado mi padre, me pregunto qué puedo hacer.

Tranión.— *(Señalando a Calidámates.)* Mira a ése. Ha dejado caer de nuevo la cabeza y sigue durmiendo. Despiértalo.

Filólaques.— *(Sacudiendo a Calidámates.)* ¿Quieres despertar de una vez? Te digo que mi padre se presentará aquí de un momento a otro.

Calidámates.— ¿Tu padre, dices? Dame las sandalias, para que coja las armas. Al instante mataré yo a tu padre, por Pólux.

Filólaques.— Lo vas a echar todo a perder.

Delfia.— Cállate, por favor.

Tranión.— *(Señalando a Calidámates, a los esclavos.)* Cogedlo en volandas y llevaoslo inmediatamente a casa.

Calidámates.— Por Hércules que, si no me dais un orinal, me serviréis vosotros de orinal. *(Los esclavos se llevan a Calidámates.)*

Filólaques.— ¡Estoy perdido!

---

[45] Tratamos de reflejar así, aunque sea sólo aproximadamente, un juego de palabras latino, derivado posiblemente a su vez del original griego, imposible de traducir directamente al español. Lo que Filólaques dice es *disperii*, un simple intensivo de *perii* que significa "estoy completamente perdido", pero Calidámates en la torpeza de la borrachera oye *bis perii* que significaría "he muerto dos veces", sentido que justifica su inmediata pregunta: "¿Que has muerto dos veces? ¿Cómo puede ser eso?"

Tranión.— Tranquilízate. Yo encontraré un buen remedio para tu miedo.

Filólaques.— ¡Estoy muerto!

Tranión.— Cállate. Ya pensaré yo cómo calmar la tempestad. ¿Te conformas con que, cuando llegue tu padre, no sólo 390 no lo deje entrar en casa, sino que lo haga huir lejos de ella? Vosotros sólo tenéis que iros adentro y retirar rápidamente todo esto de aquí[46].

Filólaques.— ¿Y yo dónde estaré?

Tranión.— Donde prefieras estar: *(señalando a Filemacia y a Delfia)* con la una o con la otra.

Delfia.— ¿Y si nos alejáramos de aquí nosotras?

Tranión.— Ni un ápice, Delfia. Continuad en casa y no bebáis ni una gota menos por este motivo.

Filólaques.— ¡Ay de mí! Sólo de pensar en qué van a parar tus dulces palabras, me entran escalofríos.

Tranión.— ¿Puedes estarte tranquilo y hacer lo que te mando?

Filólaques.— Puedo.

Tranión.— En primer lugar, entra en casa tú, Filemacia, y tú también, Delfia.

Delfia.— Complaceremos tus deseos las dos. *(Entran en casa las dos jóvenes.)*

Tranión.— ¡Así lo quiera el gran Júpiter![47] *(A Filólaques.)* Atiende ahora a lo que quiero que hagas. Ante todo encárgate 400 de que la puerta de la casa esté cerrada y no permitas que nadie diga una sola palabra dentro.

Filólaques.— Me encargaré de ello.

Tranión.— Como si no viviera nadie en la casa.

Filólaques.— De acuerdo.

Tranión.— Y que nadie conteste cuando el viejo llame a la puerta.

Filólaques.— ¿Ordenas alguna otra cosa?

---

[46] Dado que los esclavos han tenido que ocuparse de Calidámates, es evidente que no han podido retirar, como se indica en el v. 371, todo el mobiliario del festín. Éste es sin duda el motivo por el que Tranión ha de recurrir al amo y a sus compañeros para la labor. Sin duda es una ocasión para la inversión de los papeles habituales entre amo y esclavo tan grata a Plauto.

[47] Naturalmente Tranión interpreta a su manera las palabras de Delfia.

Tranión.— Manda que me traigan enseguida la llave laconia de la casa[48]. Voy a cerrar yo la puerta por fuera.
Filólaques.— A tu protección encomiendo mi persona y mis esperanzas, Tranión. *(Entra en casa.)*
Tranión.— *(Solo.)* No es posible distinguir si es mejor el patrono o el cliente[49]. Entre ellos no hay ni un pelo[50] de diferencia.

ESCENA SEGUNDA

Tranión, Esferión

Tranión.— *(Continuando su monólogo.)* El hombre que no tiene pizca de audacia en su corazón [cualquiera hombre, 410 tanto el mejor como el peor], puede en un abrir y cerrar de ojos cometer una fechoría[51]. Pero lo que hay que procurar, lo que distingue a la persona astuta, es que sus maquinaciones y fechorías concluyen felizmente y sin daño y que de ellas no se deriva algún perjuicio que le haga aborrecer la vida. Y esto es lo que haré yo: me las arreglaré para que todo el jaleo que hemos armado aquí, acabe por calmarse y apaciguarse y no nos cause inconveniente alguno. *(Viendo salir a un esclavo de la casa.)* Pero, ¿por qué sales de casa, Esferión?
Esferión.— Ahora mismo[52]... *(Laguna.)*

---

[48] Las puertas en las comedias se cierran normalmente por dentro por medio de pasadores, *pessuli:* cfr. *Curc.* 147 y ss. En este caso se trata de una llave de tres dientes para cerrar la puerta por fuera.
[49] Es decir entre el protector (Tranión) y el protegido (Filólaques), en este caso.
[50] Lit. "una pluma".
[51] Creemos que es preferible esta interpretación, en la que el dativo *homini...* dependería directamente de *facile est* y no de *facere nequiter*, como quieren algunos traductores. No se trata tanto de que sea fácil hacer daño a los pusilánimes sino de que hacer daño es fácil y el pusilánime puede hacerlo fácilmente. Pero lo que ya no le resulta tan fácil y es rasgo distintivo exclusivo del hombre *doctus* (identificado, por contraposición con el pusilánime, con el *audax* y quizás, con el *optimus*, si no se considera interpolado el verso 410), es decir, del esclavo astuto, es hacer daño y no sufrir las consecuencias.
[52] Ernout, siguiendo a Leo y a Schoell, atribuye al esclavo estas palabras, que los manuscritos atribuyen al propio Tranión, y supone una

TRANIÓN.— ... Estupendo. Has obedecido mis órdenes.   420
ESFERIÓN.— <Mi amo> me ha encargado que te rogara encarecidamente que alejaras como fuera a su padre de la casa y que le impidieras entrar ella.
TRANIÓN.— Es más, dile que yo haré que ni siquiera se atreva a mirar a la casa y que lo obligaré a huir con la cabeza envuelta en la capa[53], muerto de miedo. Dame la llave, vete adentro y cierra la puerta. Yo la cerraré por fuera. *(Esferión entra en casa.)* Y ahora déjalo venir. A este viejo, en vida y en su propia presencia, voy a organizarle yo unos juegos, como creo yo que jamás tendrá después de su muerte[54]. Ahora me apartaré de la puerta y acecharé desde lejos para ponerle al   430 viejo las albardas[55], cuando llegue.

ESCENA TERCERA[56]

TEOPRÓPIDES, TRANIÓN

TEOPRÓPIDES.— *(Llegando del puerto, seguido por dos esclavos con el equipaje.)* A ti, Neptuno, te doy infinitas gracias, por

---

pequeña laguna en el verso que hemos reflejado en la traducción. De ser cierta esta hipótesis, a las palabras de Tranión, pidiéndole una explicación de su salida, el esclavo respondería, algo así como: "Ahora mismo voy a decírtelo. Mi amo me encargó traerte esta llave" o "Te traigo esta llave de parte del amo", lo que justificaría la siguientes palabras aprobatorias de Tranión. En último extremo, parece claro que Esferión tenía, al menos, que enseñar la llave a Tranión y que era esto lo que motivaba el cambio de actitud de este último.

[53] Se trata de una signo de pánico, como se indica a continuación: cfr. v. 523.

[54] Sobre el doble significado de *ludos facere* ("organizar juegos fúnebres en honor de alguien" y "burlarse de alguien"), cfr. n. 12 de la *Aulularia*.

[55] "Poner las albardas" (lat. *sarcinam*) implica sin duda comparar al viejo con una bestia de carga (burro, mula, etc.) y es expresión sinónima de "engañar", "burlar" a alguien: cfr. *infra* 778 ss., donde la comparación entre los viejos burlados y las mulas de carga está ampliamente desarrollada. Cfr. también *Bacch.* 349 *(ille est oneratus recte)* y *Mil.* 935 *(recte oneratum)*.

[56] Ritschl señala aquí el inicio del acto tercero. Lorenz, en cambio, alarga el acto segundo hasta el v. 1040, limitando, por tanto, la comedia a tres actos.

haberme dejado escapar de tus dominios y regresar, aunque a duras penas, vivo a casa. Pero si de ahora en adelante te enteras de que he puesto sólo la punta del pie en tus aguas, te autorizo para que inmediatamente me hagas lo que has querido hacerme ahora. ¡Largo, largo de mi vista para siempre! Toda la confianza que podía depositar en ti, ya la he depositado.

Tranión.— *(Aparte.)* ¡Menuda equivocación has cometido, Neptuno, desaprovechando una oportunidad tan buena!

Teoprópides.— Tres años después de mi partida regreso de 440 Egipto a mi casa. Seguro que mis familiares[57] esperan ansiosamente mi llegada.

Tranión.— *(Aparte.)* Mucho más ansiosamente esperan, por Pólux, la noticia de tu muerte.

Teoprópides.— Pero, ¿qué es esto? Está cerrada la puerta en pleno día. Llamaré. *(Al tiempo que golpea la puerta.)* ¡Eh! ¿Hay alguien en casa? ¿Abrís la puerta?

Tranión.— *(Acercándose y fingiendo no reconocer a su amo.)* ¿Quién es el que se ha acercado a nuestra casa?

Teoprópides.— *(Viendo a Tranión.)* ¡Ah, si es mi esclavo Tranión!

Tranión.— ¡Oh, Teoprópides, amo, salud! Me alegro de que hayas regresado sano y salvo. ¿Has estado siempre bien de salud?

Teoprópides.— Siempre, como me ves.

Tranión.— ¡Estupendo!

Teoprópides.— Y vosotros, ¿os habéis vuelto locos? 450

Tranión.— ¿Por qué?

Teoprópides.— Pues porque andáis por ahí de paseo y no hay nadie de guardia en casa para abrir o contestar. A fuerza de golpes casi he destrozado las dos hojas de la puerta.

Tranión.— ¿Cómo? ¿Es que tú has tocado la casa?

Teoprópides.— ¿Y por qué no iba a tocarla? Es más, ¿no te digo que a fuerza de golpes casi he hundido la puerta?

Tranión.— ¿La has tocado?

Teoprópides.— Te digo que la he tocado y la he golpeado.

Tranión.— ¡Aaaah!

Teoprópides.— ¿Qué pasa?

Tranión.— Muy mal hecho, por Hércules.

---

[57] Este término, que normalmente designa a los esclavos, abarca aquí a todos los miembros de la casa, incluido, evidentemente, el hijo de Teoprópides.

TEOPRÓPIDES.— ¿Qué sucede?
TRANIÓN.— No hay palabras suficientes para nombrar la acción tan indigna y horrenda que has cometido.
TEOPRÓPIDES.— ¿Por qué? 460
TRANIÓN.— Huye, por favor, y aléjate de la casa. Huye, huye, ven aquí, acércate más a mí. ¿Has tocado la puerta?
TEOPRÓPIDES.— ¿Cómo iba a llamar, si no la tocaba?
TRANIÓN.— Has matado, por Hércules...
TEOPRÓPIDES.— ¿A quién diablos?
TRANIÓN.— ... a todos los tuyos.
TEOPRÓPIDES.— ¡Que todos los dioses y las diosas por este mal presagio te...![58]
TRANIÓN.— Temo que no vas a poder purificarte a ti ni *(señalando a los dos esclavos que acompañan a Teoprópides)* a ellos.
TEOPRÓPIDES.— ¿Por qué? ¿Qué mala noticia es ésa que me das así de repente?
(Laguna.)[59]
TRANIÓN.— *(Señalando a los esclavos.)* Y, venga, mándales alejarse de la casa a los dos.
TEOPRÓPIDES.— Alejaos.
TRANIÓN.— No toquéis la casa. Tocad, en cambio, vosotros también la tierra[60].
TEOPRÓPIDES.— Por Hércules, te lo suplico, explícame...
(Laguna.)[61]
TRANIÓN.— Porque ya hace siete meses que nadie pone el 470 pie en esta casa, desde que nos trasladamos.

---

[58] "Confundan", es evidentemente el lógico final de esta maldición dejada en suspenso (en lat., probablemente, *ut pereas*).

[59] Algunos autores, y entre ellos Ernout, siguiendo a Seyffert, suponen que ha desaparecido un verso en el que Tranión ordenaría a Teoprópides tocar la tierra (cfr. n. siguiente). Cfr., sin embargo, la argumentación en contra de Collart, en nota *ad loc.*

[60] "También" significa "como ha hecho Teoprópides" y, en caso de no aceptarse la laguna después de 466, "como hago yo", implicando que Tranión toca él mismo el suelo, al tiempo que se lo aconseja a los esclavos. En cuanto al significado de tocar tierra, se trata sin duda de un gesto ritual del suplicante que trata de ganarse el favor de los manes.

[61] Falta el final del verso 469 y, posiblemente, un verso entero después de él. Su sentido sería aproximadamente: "(explícame)lo todo y dime por qué me ordenas huir de la casa".

TEOPRÓPIDES.— Explícame, ¿y eso por qué?
TRANIÓN.— Mira bien a tu alrededor, no vaya a haber alguien a la caza de nuestra conversación.
TEOPRÓPIDES.— *(Mirando en torno suyo.)* Todo está completamente tranquilo.
TRANIÓN.— Vuelve a mirar.
TEOPRÓPIDES.— No hay nadie. Habla de una vez.
TRANIÓN.— Se ha cometido un crimen horrendo.
TEOPRÓPIDES.— ¿Cómo? No entiendo.
TRANIÓN.— Te digo que se ha cometido un crimen, hace mucho tiempo: se trata de un viejo, un antiguo crimen.
TEOPRÓPIDES.— ¿Antiguo?
TRANIÓN.— Sí, y nosotros acabamos de descubrirlo.
TEOPRÓPIDES.— ¿Qué crimen es ese y quién lo cometió? Di.
TRANIÓN.— Un huésped mató a su huésped con su propia mano. Yo creo que ha sido el que te vendió la casa. 480
TEOPRÓPIDES.— ¿Mató a su huésped?
TRANIÓN.— Y le robó su oro y enterró al huésped aquí mismo, en la casa.
TEOPRÓPIDES.— ¿Y qué os hace sospechar eso?
TRANIÓN.— Te lo diré. Escucha. Un día que había cenado fuera de casa tu hijo, cuando regresó de la cena a casa, nos fuimos todos a acostar y nos dormimos. Casualmente yo me había olvidado de apagar la lámpara. Y de repente él lanza un grito espantoso.
TEOPRÓPIDES.— ¿Quién? ¿Mi hijo?
TRANIÓN.— ¡Chsss! Cállate y limítate a escuchar. Dice que se le había aparecido en sueños el muerto.
TEOPRÓPIDES.— ¿En sueños, verdad?
TRANIÓN.— Sí, pero limítate a escuchar. Dice que le había 490 hablado de esta manera el muerto...
TEOPRÓPIDES.— ¿En sueños?
TRANIÓN.— Milagro sería que le hubiera hablado a él despierto una persona que había sido asesinada hacía sesenta años! A veces pareces tonto de remate, Teoprópides[62].
TEOPRÓPIDES.— Me callo.
TRANIÓN.— Y esto es lo que le dijo en sueños[63]. "Soy un

---

[62] Teoprópides, es conjetura de Schoell para la laguna final del verso.
[63] El final de este verso (496) presenta también una pequeña laguna, que traducimos siguiendo la integración de Schoell: *in <somnis mortuos>*.

huésped de ultramar. Me llamo Diaponcio[64]. Ésta es mi morada. Ésta es la morada que me ha sido asignada. Pues Orco no quiso recibirme en el Aqueronte[65] por haber perdido prematu- 500 ramente la vida[66]. He sido víctima de una alevosa traición. Mi huésped me asesinó aquí y me enterró, sin rendirme los honores de la sepultura[67], a escondidas, en esta misma casa, a causa de mi oro, el maldito. Tú, ahora, abandona esta casa. Está maldita y es un sacrilegio morar en ella." Ni un año me bastaría para contar los prodigios que suceden aquí. *(Fingiendo oír un ruido en la puerta.)* ¡Chsss! ¡Chsss!

Teoprópides.— Dime, por favor, ¿qué ha sucedido?

Tranión.— Ha sonado la puerta. ¿Habrá sido él quien la ha golpeado?

Teoprópides.— No me queda una gota de sangre en mis venas. Me quieren llevar vivo al Aqueronte los muertos. *(Se* 510 *oye un ruido proveniente del interior de la casa.)*

Tranión.— *(Aparte.)* ¡Estoy perdido! Esos granujas van a echar a perder toda mi historia. ¡Qué miedo tengo a que me coja en flagrante delito de mentira!

Teoprópides.— ¿Qué hablas tú solo?

Tranión.— Aléjate de la puerta. Huye, te lo suplico, por Hércules.

Teoprópides.— ¿Adónde he de huir? Huye tú también.

Tranión.— Yo no tengo nada que temer. Yo estoy en paz con los muertos.

Una voz desde la casa.— ¡Eh, Tranión!

---

[64] Adviértase que el nombre el supuesto huésped asesinado ha sido improvisado por Tranión sobre la marcha a partir de las últimas palabras que acaba de pronunciar. *Diapontius*, en efecto, es un término griego equivalente al latín *transmarinus* ("de ultramar" en nuestra traducción).

[65] Recuérdese que Orco es una divinidad de la muerte identificada con Plutón y que el Aqueronte es propiamente el nombre de un río de los infiernos que, por extensión, designa también al mundo infernal.

[66] Della Corte *(Da Sarsina a Roma*, 129-130), seguido por Augello (cfr. n. *ad loc.)* quiere ver una incongruencia en esta explicación, ya que Diaponcio es un adulto y, por consiguiente, no podría ser considerado, propiamente un *áoros*.

[67] Ésta, es decir, la carencia de una sepultura ritual, es la causa más conocida del errar de las almas fuera del Averno o, dicho de otra manera, de su conversión en fantasmas: cfr. los casos de Polidoro, Miseno y Palinuro en la *Eneida* (3,49-63; 6,152-235; 6,364-371).

Tranión.— *(Fingiendo responder al muerto.)* A mí harías bien en no llamarme. Yo no he hecho nada malo ni he golpeado esta puerta. *(Laguna.)*
Teoprópides.— ¿Qué te sucede, Tranión? ¿Con quién estás hablando?
Tranión.— ¡Ah! ¿Eras tú, por favor, el que me habías llamado? Te juro por lo dioses que creí que el muerto me pedía explicaciones por haber golpeado la puerta. Pero, ¿todavía estás tu ahí quieto, sin obedecer mis órdenes? 520
Teoprópides.— ¿Y qué he de hacer?
Tranión.— No mires hacia atrás, huye y cúbrete la cabeza[68].
Teoprópides.— ¿Y por qué no huyes tú también?
Tranión.— Yo estoy en paz con los muertos.
Teoprópides.— Ya sé. ¿Y entonces qué te pasó hace un momento? ¿Por qué temblabas de miedo?
Tranión.— No te preocupes por mí. Yo sabré cuidar de mí mismo. Tú sigue tu camino y huye a toda prisa. E invoca el auxilio de Hércules[69].
Teoprópides.— ¡Hércules, yo invoco tu auxilio! *(Sale con sus esclavos.)*
Tranión.— Y yo también... para pedirle, viejo, que te envíe hoy una buena desgracia. ¡Oh dioses inmortales, os lo suplico, 530 ayudadme! Pues, ¡menuda granujada he cometido hoy!

ACTO TERCERO

ESCENA PRIMERA

Usurero[70], Tranión, Teoprópides

Usurero.— *(Sin ver a Tranión.)* Año más aciago que el presente para mis préstamos jamás lo he visto. Desde la mañana hasta la noche me paso el día entero en el foro y no soy capaz de prestar ni un céntimo.

---

[68] Cfr. n. 53.
[69] Hércules, en cuanto aniquilador de monstruos, era invocado en defensa de cualquier peligro.
[70] El nombre dado por antífrasis al usurero, Misargírides ("el que odia el dinero"), no aparece en los manuscritos más que en el verso 568.

TRANIÓN.— *(Aparte.)* Esta vez, por Pólux, sí que estoy perdido, completa, irremisiblemente. Ahí viene el usurero, que nos prestó el dinero[71], con el que compramos a la amiga de Filólaques... *(pequeña laguna).* Todo está descubierto, si no me doy prisa en encontrar algún remedio, para que el viejo no se 540 entere. Iré a su encuentro. *(Viendo regresar a Teoprópides.)* Pero, ¿por qué regresará este otro a casa tan pronto? Me temo que haya oído algo de este asunto. Me acercaré y le hablaré. *(Deteniéndose.)* ¡Ay, pobre de mí, cómo tiemblo de miedo! No hay mayor desgracia que tener remordimientos de conciencia, como me sucede a mí. Pero, tal y como están las cosas, seguiré embrollándolo todo. Así lo exigen las circunstancias. *(A Teoprópides.)* ¿De dónde vienes?

TEOPRÓPIDES.— Me encontré con el hombre al que le compré esta casa.

TRANIÓN.— ¿Y le has contado algo de lo que te dije?

TEOPRÓPIDES.— Sí, claro, se lo he contado todo.

TRANIÓN.— *(Aparte.)* ¡Ay, pobre de mí! Me temo que mis 550 trapacerías se han ido al traste para siempre.

TEOPRÓPIDES.— ¿Qué hablas tú a solas?

TRANIÓN.— Nada, nada. Pero, dime, por favor, ¿de verdad que se lo has contado?

TEOPRÓPIDES.— Te digo que se lo he contado todo, de principio a fin.

TRANIÓN.— ¿Y confiesa lo del huésped?

TEOPRÓPIDES.— Al contrario, lo niega por completo.

TRANIÓN.— ¿Lo niega? *(Laguna.)*[72]

TEOPRÓPIDES.— Si hubiera confesado, te lo diría. ¿Y ahora qué crees que debemos hacer?

---

[71] Este verso (537) presenta una pequeña laguna en su parte final, que hemos colmado siguiendo a Camerario: *dedit <argentum fenori>* (lit. "prestó dinero a interés"). Más inseguro nos parece el intento de restituir el final del verso siguiente, que también presenta una pequeña laguna, por lo que hemos optado por limitarnos a indicar su existencia. Rellenada también según la conjetura de Camerario *(quoque <opus in sumptus fuit>)*, su sentido sería: "... y el (dinero) que fue necesario para los gastos."

[72] Traducida según la conjetura de Leo, el contenido de la laguna sería el siguiente:

TRANIÓN.— ¿Lo niega el muy bribón?

TEOPRÓPIDES.— Te repito que lo niega una y otra vez.

TRANIÓN.— Piénsalo bien. ¿De verdad que no confiesa?

TRANIÓN.— ¿Qué creo yo? Nombra, por favor, de acuerdo con él un árbitro *(aparte)* pero procura elegir a uno que se fíe de mí. *(De nuevo a Teoprópides.)* Ganarás el pleito con la misma facilidad que una zorra se come una pera[73].

USURERO.— *(Viendo a Tranión.)* Pero, ahí está Tranión, el 560 esclavo de Filólaques, un par de granujas que no me pagan los intereses ni me devuelven el capital.

TEOPRÓPIDES.— *(A Tranión que se va hacia el usurero.)* ¿Adónde vas?

TRANIÓN.— A ningún sitio. *(Aparte.)* ¡Qué desgraciado soy, qué desdichado, qué mala estrella la mía! El usurero va a abordarme en presencia del viejo. ¡Qué desgraciado soy! Tanto uno como otro van a ponerme en un buen aprieto. *(Dirigiéndose al usurero.)* Pero lo abordaré yo primero.

USURERO.— Viene hacia mí. Estoy salvado. Abrigo esperanzas de cobrar el dinero.

TRANIÓN.— *(Aparte.)* Está contento. ¡Cómo se equivoca! *(Al usurero.)* Te deseo mucha salud, Misargírides.

USURERO.— Salud también a ti. ¿Qué hay del dinero?

TRANIÓN.— Largo de aquí, por favor, bestia feroz. Acabas 570 de llegar y ya me has lanzado una estocada.

USURERO.— *(Aparte, pero oído por Tranión.)* No hay duda de que este tipo está sin blanca.

TRANIÓN.— *(Aparte, pero sin evitar ser oído por el Usurero)* Este tipo no hay duda de que es adivino.

USURERO.— ¿Por qué no te dejas de pamplinas?

TRANIÓN.— ¿Y por qué no me dices lo que quieres?

USURERO.— ¿Dónde está Filólaques?

TRANIÓN.— No pudiste venir más a punto de lo que lo has hecho.

USURERO.— ¿Qué pasa?

TRANIÓN.— *(Alejando al usurero de Teoprópides.)* Ven hacia aquí.

USURERO.— *(Gritando.)* ¿Por qué no se me pagan los intereses?

TRANIÓN.— Ya sé que tienes buena voz. No grites tanto.

USURERO.— ¡Vaya que si grito!

TRANIÓN.— Anda, hazme un favor.

---

[73] Se trata, sin duda, de una expresión proverbial para significar "muy fácilmente" de la que no tenemos ningún otro testimonio (cfr. nuestra expresión: *Es tan fácil como coser y cantar*).

Usurero.— ¿Qué favor quieres que te haga?
Tranión.— Vete, por favor, a casa.
Usurero.— ¿Irme a casa?
Tranión.— Vuelve sobre el mediodía.
Usurero.— ¿Se me devolverá entonces el dinero?   580
Tranión.— Te lo devolverá. Ahora vete.
Usurero.— ¿Qué necesidad tengo de volver de nuevo aquí y perder el tiempo y el paseo? ¿Y si me quedara aquí hasta el mediodía?
Tranión.— No, vete a casa. Te lo digo en serio, por Hércules. Vete. *(Laguna.)*[74]
Usurero.— ¿Por qué no me pagáis los intereses? ¿Por qué os burláis de mí?
Tranión.— Está bien, por Hércules. No te[75]... Anda, vete. Hazme caso.
Usurero.— *(Gritando.)* Te juro, por Hércules, que lo voy a llamar por su nombre.
Tranión.— ¡Viva! ¡Bravo! ¿Estás contento de dar esos gritos?
Usurero.— Reclamo lo mío. Ya lleváis muchos días tomándome el pelo de esta manera. Si os molesto, dadme el dinero. 590 Me iré enseguida. Con una sola palabra puedes cortar de raíz todas mis reclamaciones[76].
Tranión.— Acepta el capital.
Usurero.— No, los intereses. Primero quiero los intereses.
Tranión.— Dime tú, el más repugnante de todos los hombres, ¿acaso has venido aquí a probar la capacidad de tus pulmones? No te da nada. No te debe nada.
Usurero.— ¿No me debe nada?
Tranión.— Ni una migaja de pan[77] te vas a llevar tú de

---

[74] Esta laguna que afecta al verso 583b sería colmada así según la reconstrucción de Schoell:
   Usurero.- Pero quiero que me paguéis ya los intereses.
   Tranión.- Anda, te lo repito, vete.
[75] *Ne* podría ser negación, como hemos traducido, o partícula aseverativa (equivalente al gr. *νή*)
[76] La palabra en cuestión, equivalente sin duda al castellano "toma (los intereses)", sería probablemente *reddo* (cfr. 591), *do* (cfr. 595 y, sobre todo, 633) o *accipe* (cfr. v. 592), sobreentendiéndose en cualquier caso *argentum* o *fenus*.
[77] El término latino *frit*, que hemos traducido por "una migaja de pan", es una palabra rara que pertenece a la lengua de la botánica y designa propiamente "la punta vacía de la espiga": cfr. Varr. *R.R.* 1,48,3 *illut (=illud) autem summa in spica iam matura, quod est minus*

aquí. ¿O es que tienes miedo de que se vaya exiliado de la ciudad a causa de tus intereses, cuando está dispuesto a devolverte ahora mismo el capital?

Usurero.— Pero yo no pido el capital. Son los intereses lo primero que tenéis que pagarme.

Tranión.— No des la lata. Nadie te va a dar nada. Haz lo que quieras. ¿Crees que eres el único que presta dinero a interés?

Usurero.— *(A voz en grito.)*[78] Dame los intereses, págame los intereses, pagadme los intereses. ¿Queréis darme ahora mismo los intereses? ¿Me dais los intereses?

Tranión.— ¡Intereses por aquí, intereses por allí! No sabe decir otra cosa que "los intereses". Vete a paseo. No creo haber visto jamás un monstruo más repugnante que tú.

Usurero.— No creas, por Pólux, que vas a asustarme con esas palabras.

Teoprópides.— *(Que contempla la escena desde lejos, acercándose.)* La cosa está que arde. Aunque estoy lejos, ¡cómo quema! *(A Tranión.)*[79] Por favor, ¿qué intereses son ésos que reclama?

Tranión.— *(Al usurero, señalando a Teoprópides.)* Ahí está su padre, que acaba de llegar del extranjero. Él te pagará los intereses y el capital. No trates de crearnos más dificultades. Verás cómo no te hace esperar.

Usurero.— Aceptaré lo que se me dé.

Teoprópides.— *(A Tranión.)* Dime.

Tranión.— ¿Qué quieres?

Teoprópides.— ¿Quién es ése? ¿Qué reclama? ¿Por qué increpa a mi hijo Filólaques[80] así y arma este escándalo en tu presencia? ¿Qué se le debe?

---

quam granum, vocatur frit. (cfr. J. André, *Lexique des termes de botanique en latin,* París, 1956 s. v.). El significado del término en último extremo equivale al de algo insignificante, nada.

[78] Lo que pretende simplemente el usurero es armar un escándalo, para que su deudor, ante el temor a que los vecinos se enteren, acabe por pagar su deuda: cfr. *Persa* 422-427. Se trata de un procedimiento menos refinado pero similar al del moderno cobrador del frac.

[79] Dado que Tranión no responde a la pregunta de Teoprópides y que éste acaba de decir que está lejos del lugar donde tiene lugar la discusión entre el usurero y el esclavo, cabría la posibilidad de que las palabras de Teoprópides fueran una simple pregunta planteada en voz alta, sin ningún destinatario concreto.

[80] En realidad el nombre de Filólaques no ha sido pronunciado por

TRANIÓN.— Te lo suplico, por Hércules, haz taparle la boca con dinero a esa bestia inmunda.
TEOPRÓPIDES.— ¿Que haga...? 620
TRANIÓN.— Haz golpearle la cara con dinero.
USURERO.— Bien poco me cuesta a mí soportar los golpes dados con dinero.
TRANIÓN.— ¿Lo oyes? ¿No te parece, por Hércules, el prototipo mismo de usurero, la raza de hombres más infame?
TEOPRÓPIDES.— Me importa a mí un comino quién es o cuál es su raza. Lo que quiero que se me diga, lo que quiero saber es de qué dinero se trata.
TRANIÓN.— Se trata... Filólaques le debe una pequeña suma de dinero.
TEOPRÓPIDES.— ¿Cómo de pequeña?
TRANIÓN.— Unas cuarenta minas[81]. No creas que es mucho.
TEOPRÓPIDES.— *(Irónicamente.)* Sí, es bien poco. Y también he oído reclamar unos intereses.
TRANIÓN.— Cuarenta y cuatro minas se le deben en total, 630 entre el capital y los intereses.
USURERO.— Exacto. No pido nada más.
TRANIÓN.— Querría yo que te atrevieras a pedir una sola moneda de más. *(A Teoprópides.)* Dile que se lo darás, para que se vaya.
TEOPRÓPIDES.— ¿Que le diga yo que se lo daré?
TRANIÓN.— Sí, díselo.
TEOPRÓPIDES.— ¿Yo?
TRANIÓN.— Sí, tú. Díselo. Hazme caso. Prométeselo, vamos. Te lo digo yo.
TEOPRÓPIDES.— Contéstame a una pregunta: ¿qué habéis hecho con ese dinero?
TRANIÓN.— Está intacto.
TEOPRÓPIDES.— Pues pagádselo vosotros mismos, si está intacto.
TRANIÓN.— Tu hijo compró una casa.
TEOPRÓPIDES.— ¿Una casa?
TRANIÓN.— Sí, una casa.

---

el usurero más que en el verso 573, pero Teoprópides sin duda ha sobrentendido que la reclamación iba dirigida contra su hijo.

[81] De estas cuarenta minas treinta han servido para comprar a Filematia (v. 300) y las otras diez sin duda han sido gastadas en fiestas y banquetes.

Teoprópides.— ¡Bravo, Filólaques sale a su padre! ¡Ya se interesa por los negocios! *(A Tranión.)* ¿Dices tú una casa?

Tranión.— Una casa, te digo. Pero, ¡no sabes qué casa!

Teoprópides.— ¿Y cómo podía saberlo?

Tranión.— *(Con un gesto de admiración.)* ¡Oh!

Teoprópides.— ¿Qué pasa?

Tranión.— No me preguntes.

Teoprópides.— Pero, ¿por qué?

Tranión.— Brillante como un espejo, un puro resplandor.

Teoprópides.— ¡Bien hecho, por Hércules! Pero, dime, ¿cuánto le valió?

Tranión.— Tantos talentos como somos tú y yo juntos[82]. Pero dio como fianza estas cuarenta minas. *(Señalando al usurero.)* Se las pidió prestadas a él para dárselas al propietario. ¿Entiendes? Dado que nuestra casa se encontraba en el estado en que te dije, inmediatamente se compró otra casa.

Teoprópides.— ¡Bien hecho, por Hércules!

Usurero.— *(A Tranión.)* ¡Eh! Ya está a caer el mediodía.

Tranión.— *(A Teoprópides.)* Págale, por favor, para que no nos ahogue con sus vómitos.

Teoprópides.— *(Al usurero.)* Joven, trata el asunto conmigo.

Usurero.— Quieres decir que te pida a ti el dinero, ¿no es cierto?

Teoprópides.— Ven a pedírmelo mañana.

Usurero.— Me voy. Me conformo con cobrar mañana. *(Sale.)*

Tranión.— *(Aparte)* ¡Que los dioses y las diosas lo confundan por haber estado a puntito de desbaratar mis planes! No hay hoy, por Pólux, una raza de hombres más repugnante y más injusta que la de los usureros.

Teoprópides.— ¿Y en qué zona compró esa casa mi hijo?

Tranión.— *(Aparte.)* ¡Ahora sí que estoy perdido!

Teoprópides.— ¿Vas a contestar a mi pregunta?

Tranión.— Claro que voy a contestar. Pero intento acordarme del nombre de su propietario.

Teoprópides.— Vamos, trata de recordar.

Tranión.— *(Aparte.)* ¿Y ahora qué puedo hacer... como no sea meter en el lío[83] al vecino de al lado y *(señalando la casa*

---

[82] Es decir, dos talentos (120 minas).

[83] El final del verso 663 es corrupto y la traducción ("meter en el lío") sólo aproximada.

de Simón) decir que fue ésa la casa que ha comprado su hijo. He oído decir que la mejor mentira es, por Hércules, la que se sirve caliente[84]. Lo que los dioses me inspiran, no estoy dispuesto a callarlo.

TEOPRÓPIDES.— ¿Y qué? ¿Ya te has acordado?

TRANIÓN.— *(Fingiendo que trata de acordarse del nombre del propietario de la casa.)* ¡Que los dioses lo confundan... *(aparte)* o, mejor, a ti! *(A Teoprópides, de nuevo.)* A nuestro vecino de al lado es a quien le compró la casa tu hijo.

TEOPRÓPIDES.— ¿En serio?

TRANIÓN.— En serio, si tú estás dispuesto a pagar el dinero. Si no estás dispuesto, no fue en serio[85].

TEOPRÓPIDES.— No la compró en una zona muy buena[86].

TRANIÓN.— Al contrario, en la mejor.

TEOPRÓPIDES.— Ya estoy deseando, por Hércules, visitar la casa. Llama a la puerta y haz salir a alguien, Tranión.

TRANIÓN.— *(Aparte.)* ¡Ahora sí que estoy perdido! No sé qué le voy a decir. De nuevo las olas me arrojan contra el mismo escollo.

TEOPRÓPIDES.— ¿Qué dices?

TRANIÓN.— *(Aparte.)* Por Hércules, que no se me ocurre qué hacer. Me han cogido con las manos en la masa.

TEOPRÓPIDES.— Vamos, llama a alguien, de prisa, y pídele que nos enseñe la casa.

TRANIÓN.— ¡Oye, tú, que dentro hay mujeres! Primero hay que ver si quieren o no quieren.

TEOPRÓPIDES.— Es justo y razonable lo que dices. Anda, ve a preguntar y pide permiso. Yo, mientras tanto, esperaré a que salgas aquí, en la puerta.

---

[84] Es decir, la que se te ocurre sobre la marcha o, más exactamente, la que se dice nada más venir a la mente, de la misma manera que la comida se sirve caliente, inmediatamente después de retirarla del fuego, sin esperar a que se enfríe. Sobre esta metáfora culinaria cfr. *Epid.* 142, 256, 284; *Mil.* 226; *Poen.* 914.

[85] Típico equívoco plautino, que hemos procurado reflejar de la mejor manera posible. Teoprópides dice *Bonan fide?* que significa "(lo dices) sinceramente?", pero Tranión finge entender si (compró) "lealmente" (con intención de cumplir el contrato) y de ahí su contestación.

[86] Algunos editores consideran extraño este comentario de Teoprópides y se lo atribuyen en forma de pregunta a Tranión: "¿No lo compró en un sitio inmejorable?". Tranión respondería: "Sí, en el mejor".

TRANIÓN.— *(Aparte.)* ¡Que todos los dioses y las diosas te confundan, viejo, por desbaratar mis planes por completo! *(Viendo salir de casa a Simón.)* ¡Viva! ¡Qué oportunamente sale a la calle el dueño de la casa, Simón. Me retiraré a este lado, mientras convoco en mi mente el senado de mis pensamientos. Cuando haya encontrado un plan de acción, entonces me dirigiré a él.

ESCENA SEGUNDA

SIMÓN, TEOPRÓPIDES, TRANIÓN

SIMÓN.— *(Sin ver a los otros personajes.)* Mejor que hoy no 690 he sido tratado en todo el año en mi casa ni ha habido una comida que me haya gustado tanto. ¡Qué comida tan exquisita me ha servido hoy mi mujer! Ahora quiere que me vaya a dormir. ¡Ni hablar del asunto! Enseguida me di cuenta de que no fue casual que me sirviera una comida mejor que la de costumbre. Quería llevarme a la cama la vieja. No es bueno dormir después de comer. ¡Quita de ahí! Así que a escondidas me escapé de casa a la calle. Seguro que mi mujer está ahora que trina en casa contra mí.

TRANIÓN.— *(Aparte.)* Mal se le han puesto las cosas al viejo 700 para esta noche: ¡mala cena y mala dormida le espera!

SIMÓN.— Cuanto más lo pienso para mis adentros, más me convenzo de que los hombres casados con una mujer rica y, además, vieja jamás tienen sueño. Todos detestan irse a dormir. Yo, por ejemplo, estoy resuelto a tomar la decisión de darme un paseo hasta el foro antes que meterme en la cama. *(Al público.)* Os aseguro, por Pólux, que no sé cómo son vuestras mujeres, pero la mía sé muy bien lo mal que me trata y que en 710 adelante me tratará peor todavía.

TRANIÓN.— *(Aparte.)* Si tu paseo, viejo, te ocasiona algún disgusto, no tendrás ningún derecho a inculpar a alguno de los dioses. Es a ti mismo a quien con toda razón y justicia puedes echarte la culpa... Pero, creo que es el momento oportuno de dirigirle la palabra al viejo. ¡Está tocado![87] He encontrado el medio de burlarlo, un engaño capaz de alejar de mí toda aflic-

---

[87] *Hoc habet* es una expresión tomada de la lengua de los gladiadores: cfr. *Rudens 1143*.

ción. Me dirigiré a él. *(A Simón.)* ¡Que los dioses te sean muy propicios, Simón!

SIMÓN.— Salud, Tranión.

TRANIÓN.— ¿Cómo estás de salud?

SIMÓN.— No estoy mal. ¿Qué haces?

TRANIÓN.— *(Apretando la mano de Simón.)* Estrecho la mano de un hombre excelente[88].

SIMÓN.— Muchas gracias por tu cumplido. 720

TRANIÓN.— Te lo mereces.

SIMÓN.— Pues yo, en cambio, por Hércules, estrecho la mano de un bribón de esclavo.

[TEOPRÓPIDES.— Vamos, granuja, vuelve aquí.

TRANIÓN.— Ahora mismo voy[89].]

SIMÓN.— ¿Y qué? ¿Cuándo comenzáis...?

TRANIÓN.— ¿Lo qué?

SIMÓN.— *(Señalando la casa de Teoprópides.)* Lo que soléis hacer dentro.

TRANIÓN.— ¿A qué te refieres?

SIMÓN.— Ya sabes de qué hablo. Pero hacéis bien. *(Laguna.)* Disfruta de la vida. Piensa, además, en lo breve que es.

TRANIÓN.— ¿Qué? ¡Ah! Al fin consigo darme cuenta de que te refieres a nuestras cosas.

SIMÓN.— Vivís, por Hércules, como sibaritas y hacéis bien. 730 Buen vino, buena carne, pescado selecto, de primera calidad, ¡menuda vida que os dais!

TRANIÓN.— Di más bien que nos dábamos. Para nosotros todo eso se ha acabado.

SIMÓN.— ¿Por qué?

---

[88] Como sucede en otras ocasiones (cfr. *Curc.* 235, *Men.* 138. y Ter., *Eun.* 271), el esclavo interpreta al pie de la letra una pregunta que propiamente es una simple fórmula de saludo. Cfr. en español: —¿Cómo andas? —Con los pies.

[89] Este verso (721a), que los manuscritos ponen en boca de Simón, es atribuido por la mayoría de los editores, siguiendo a Camerario, a Teoprópides. Ritschl lo coloca después del verso 740 y Ernout, siguiendo a Schoell, como hemos reflejado en nuestra traducción, lo considera interpolado (cfr. C. Questa, *Bacchides* 1975, 51 n. 1, que se expresa en este mismo sentido). No faltan, sin embargo, quienes mantienen el texto trasmitido y así Collart lo explica por un alejamiento de Tranión aparentemente dolido por la ofensa de Simón que acaba de llamarlo mal esclavo. Pero la contestación de Tranión no parece convenir a esta situación. Cfr. también n. 99.

TRANIÓN.— Estamos todos completamente perdidos, Simón.
SIMÓN.— Calla, hombre. Hasta aquí todo os ha salido siempre a pedir de boca.
TRANIÓN.— No niego que ésa es la verdad. No hay duda de que hemos vivido estupendamente, como hemos querido. Pero para nuestra nave, Simón, ya no sopla viento en popa.
SIMÓN.— ¿Cómo? ¿En qué sentido?
TRANIÓN.— En el peor.
SIMÓN.— Pero, ¿no estaba varada en tierra, en lugar seguro?
TRANIÓN.— ¡Ay!
SIMÓN.— ¿Qué sucede?
TRANIÓN.— Pobre de mí, estoy muerto.
SIMÓN.— ¿Por qué? 740
TRANIÓN.— Porque ha venido una nave que va a abrir un boquete en el casco de la nuestra.
SIMÓN.— Lo lamento de veras, Tranión. Pero, ¿de qué se trata?
TRANIÓN.— Te lo explicaré: mi amo ha llegado del extranjero.
SIMÓN.— Eso presagia azotes para tu espalda, después grilloteca[90] y, por último, la cruz.
TRANIÓN.— Por tus rodillas[91], te lo suplico: no le vayas a decir nada a mi amo.
SIMÓN.— Por mi parte, estate tranquilo, no sabrá nada.
TRANIÓN.— ¡Salud, patrono mío![92]
SIMÓN.— No quiero yo saber nada de clientes de tu calaña.
TRANIÓN.— Ahora atiende a lo que nuestro viejo me ha encargado pedirte.
SIMÓN.— *(Interrumpiéndolo.)* Respóndeme primero a lo que te voy a preguntar. ¿Ya se ha enterado vuestro viejo de algo de vuestros asuntos?
TRANIÓN.— De absolutamente nada. 750

---

[90] Tratamos de reproducir el compuesto plautino *ferriterium*.
[91] Los versos 743-4 son parcialmente corruptos. Hemos traducido siguiendo las enmiendas de Ussing que completa con <*flagrum tergo tuo*> la laguna del 743 y con <*crux. TR. Per tua g>enua* la del 744. Esta última conjetura nos parece especialmente brillante.
[92] Como señala Collart, Simón acaba de "liberar" a Tranión de una preocupación muy grande y de ahí, sin duda, el tratamiento de patrono que éste le aplica. Recuérdese que patrono era el tratamiento que daban los esclavos liberados a sus antiguos amos, de quienes se convertían en clientes.

Simón.— ¿Y le ha chillado a su hijo?
Tranión.— Está tan sereno como un día sereno. Pero me ha ordenado pedirte encarecidamente que le permitieras visitar tu casa.
Simón.— No está en venta.
Tranión.— Ya lo sé. Pero el viejo quiere construir un gineceo en la suya, unos baños, un paseo y un pórtico[93].
Simón.— ¿Qué ha soñado?
Tranión.— Te lo diré. Quiere casar a su hijo cuanto antes y, con este motivo, quiere construir un nuevo gineceo. Pues dice 760 que no sé qué arquitecto le ha elogiado mucho tu casa y le ha dicho que estaba construida de locura. Quiere tomarla como modelo, si no tienes inconveniente. Y tiene tanto mayor interés en tomarla como modelo cuanto que ha oído decir que en tu casa, en verano, cuando hace un sol de justicia[94], hay una sombra muy agradable durante todo el día.
Simón.— Al contrario, por Pólux. Cuando hay sombra por todas partes, el sol da aquí constantemente desde la mañana a la noche. Como si de un acreedor se tratase, no se aleja ni un instante de la puerta y yo no tengo sombra en ningún sitio, salvo la que pueda haber en el pozo.
Tranión.— ¿Y, si no tienes ninguna sombra, tienes al me- 770 nos alguna sarsinate?[95]
Simón.— No me des la lata. Te estoy diciendo la verdad.
Tranión.— Pero, de todas formas, quiere visitarla.
Simón.— Que la visite, si le apetece. Y, si hay algo que le guste, que lo tome como modelo para su obra.

---

[93] Está claro que el esclavo está pensando en una suntuosa vivienda helenística, por lo que parece lógico pensar que se trata de detalles provenientes del original griego.
[94] La expresión *sub sudo columine*, que es conjetura de Studemund, parece significar literalmente "bajo un cielo sin nubes". Lindsay lee *sub divo columine*, que significaría simplemente "bajo la bóveda del cielo".
[95] Para entender la cómica pregunta de Tranión hay que recordar que en latín *umbra* puede significar tanto "sombra" como "umbra" (esto es, mujer de Umbría), doble sentido que hemos sido incapaces de reflejar en español. Recordaremos de paso que Sársina es, según la tradición, el lugar de nacimiento de Plauto aunque algunos estudiosos desconfíen de la veracidad de este dato y piensen que puede haber sido deducido de este pasaje plautino. Sobre todo esto cfr. Introducción general, págs. 10-12 y n. 5 de la pág. 11.

TRANIÓN.— ¿Voy a llamarlo?
SIMÓN.— Sí, ve a llamarlo.
TRANIÓN.— *(Aparte.)* De dos hombres, Alejandro el Magno y Agatocles[96] se dice que han llevado a cabo las mayores hazañas. ¿Qué se dirá de ese tercer héroe que soy yo, que, sin ayuda de nadie, realizo proezas inmortales? *(Señalando sucesivamente a los dos viejos.)* Este viejo ya tiene puesta su albarda y también la tiene aquel otro[97]. He inventado yo un oficio nuevo muy lucrativo. Pues los muleros utilizan mulas de carga pero yo utilizo hombres de carga. Y ¡qué robustos son! Cualquier carga que les pongas encima, la transportan. 780

ESCENA SEGUNDA[98]

TRANIÓN, TEOPRÓPIDES, SIMÓN

TRANIÓN.— *(Acercándose a Teoprópides.)* Posiblemente debería hablarle. Me dirigiré a él. *(A Teoprópides.)* ¡Eh, Teoprópides![99]

---

[96] Agatocles tirano de Siracusa entre el 317 y 289 a. C. Su fama le provenía, probablemente, de sus victorias sobre los Cartagineses: cfr. *Men.* 409 y *Pseud.* 532.
[97] Para la larga comparación de 5 versos (778-782) entre los viejos burlados y los burros cargados de albardas, que aquí se inicia, cfr. n. 55 de esta comedia.
[98] Algunos editores, siguiendo al palimpsesto Ambrosiano, suprimen esta escena, en la que se repiten los mismos personajes de la anterior. Los códices palatinos, sin embargo, colocan aquí el inicio de una nueva escena, repitiendo los nombres de los personajes.
[99] Teoprópides, aunque ha quedado en escena, no ha tomado la palabra desde el verso 683 (ya hemos dicho que 721a es posiblemente interpolado) lo que desde el punto de vista escénico ha parecido anormal. Collart supone que el viejo se ha dormido y así se explicaría tanto la fórmula empleada por Tranión para reclamar su atención *(Heus, Theopropides!)* como la sorpresa que revelan sus inesperadas preguntas (v. 784 *Hem, quis nominat me?;* 785 *Unde is?).* Por mi parte, sin embargo, pienso que se trata simplemente de una convención escénica (como la representación de convites en la calle) según la cual los acontecimientos que tienen lugar ante las dos casas son totalmente independientes (en realidad Tranión tendría que haber hablado con Simón en el interior de su casa, pero dada la imposibilidad de hacerlo en escena, el dramaturgo ha de hacerlo salir de casa, si quiere que la

TEOPRÓPIDES.— ¿Eh? ¿Quién me llama?
TRANIÓN.— Un esclavo enteramente fiel a su amo.
TEOPRÓPIDES.— ¿De dónde vienes?
TRANIÓN.— El encargo que me has dado ya lo he cumplido. Todo está arreglado.
TEOPRÓPIDES.— Pero, dime, por favor, ¿por qué te entretuviste tanto?
TRANIÓN.— El viejo estaba ocupado y, por eso, tuve que esperar.
TEOPRÓPIDES.— Veo que sigues con tu vieja manía de hacer las cosas a paso de tortuga. 790
TRANIÓN.— Oye, tú, ¿es que no te acuerdas de ese refrán que dice que "no es fácil soplar y aspirar al mismo tiempo"? Yo no podía estar aquí y allí a la vez.
TEOPRÓPIDES.— ¿Y qué me dices?
TRANIÓN.— Visita la casa, míralo todo, a tu capricho.
TEOPRÓPIDES.— Venga, vamos, llévame.
TRANIÓN.— ¿Es que te estoy entreteniendo?
TEOPRÓPIDES.— Te sigo.
TRANIÓN.— *(Señalando a Simón que aguarda a la puerta de su casa.)* Mira, el propio viejo te está esperando a la puerta. Pero, ¡no sabes lo apenado está por haber vendido la casa!
TEOPRÓPIDES.— ¿Y qué quiere?
TRANIÓN.— Me pide que convenza a Filólaques para que renuncie a la compra.
TEOPRÓPIDES.— No creo. En el campo cada uno cosecha para sí. Si hubiésemos hecho una mala compra, nosotros no podríamos volvernos atrás. Todo lo que es ganancia, cada uno ha de guardarlo para sí. No hay que dejarse llevar por la compasión. 800
TRANIÓN.— Me estás haciendo perder el tiempo con todas esas monsergas[100]. Sígueme.
TEOPRÓPIDES.— De acuerdo. Estoy a tu disposición.
TRANIÓN.— *(Señalando a Simón.)* Ahí está el viejo. *(A Simón.)* Mira, aquí te lo traigo.
SIMÓN.— *(A Teoprópides.)* Me alegro de que hayas regresado sano y salvo del extranjero, Teoprópides.
TEOPRÓPIDES.— ¡Los dioses te sean propicios!

---

conversación de ambos tenga lugar delante de los espectadores). Un caso similar es el de *Bacch*. 925-978: cfr. n. 57 de la comedia.

[100] Los versos 802-3 son parcialmente corruptos. Hemos seguido en nuestra traducción la enmienda de Leo que lee *misericordia s<e abstinere>* y *<odiose> facis*, respectivamente.

Simón.— Me decía tu esclavo que querías visitar mi casa.
Teoprópides.— Si no te molesta.
Simón.— Al contrario, me agrada mucho. Entra y mira.
Tranión.— Pero las mujeres...
Simón.— No hagas maldito caso de ninguna mujer. Ve por donde quieras, recorre toda la casa, exactamente como si fuera tuya.
Teoprópides.— Como si fuera... 810
Tranión.— *(Aparte, a Teoprópides.)* ¡Eh! No se te ocurra ahora, con el disgusto que tiene, el recordarle que le has comprado la casa. ¿No ves qué cara de pena tiene el viejo?
Teoprópides.— Sí.
Tranión.— *(Igual.)* Procura, pues, no dar impresión de que te estás burlando de él ni mostrarte demasiado contento. No le digas ni una palabra de tu compra.
Teoprópides.— Entiendo. Creo que es un buen consejo y pienso que obrar así es propio de un hombre bondadoso[101]. *(A Simón.)* Entonces, ¿qué?
Simón.— Entra y míralo todo, con calma, a tu gusto.
Teoprópides.— Eres muy amable. Muchas gracias.
Simón.— No hay de qué. [¿Quieres que alguien se quede contigo y te acompañe?
Teoprópides.— Déjame de acompañantes. No me gustan. Sea como sea, prefiero perderme a que alguien se quede conmigo.][102]
Tranión.— *(A Teoprópides.)* ¿Ves el portal y paseo[103] que hay delante de la casa? ¡Qué maravilla!

---

[101] Lat. *humani ingeni*. Este es el único pasaje de Plauto en que *humanus* tiene claramente el sentido ético de "humano", "bondadoso", que, bajo la influencia del estoicismo dominante en el círculo de los Escipiones, tan frecuente va a ser en Terencio: cfr. *Andr.* 113 y 236, *Hec.* 553, *Heaut.* 99. Cfr. también *Mil.* 1044 y *Rudens* 767.

[102] Estos dos versos (816a y b), que señalamos como interpolados y que se repiten con mínimas variaciones en 845-6, suelen considerarse añadidos por un interpolador, que pretendería suprimir en la representación los versos 817-847. En nuestra versión hemos duplicado la traducción de *perducto* ("acompañar" y "quedarse con") para poder reflejar de alguna manera el juego de palabras que el uso de este verbo implica en latín: propiamente significa "guiar", "acompañar", pero tiene un segundo sentido de "engañar", extensible en Plauto a toda la familia de *duco*.

[103] Suponemos, con Sonneschein, que portal y paseo se refieren a la misma cosa: un espacio abierto en la delantera de la casa suficientemente amplio para dar un paseo.

TEOPRÓPIDES.— Magnífico, por Pólux, de verdad.
TRANIÓN.— Mira, fíjate qué maravilla de jambas[104]. ¡Qué sólidas y que gruesas son!
TEOPRÓPIDES.— No creo haber visto jambas más hermosas.   820
SIMÓN.— Lo suyo me habían costado, por Pólux, ya hace tiempo.
TRANIÓN.— *(Aparte, a Teoprópides.)* ¿No oyes cómo dice "me habían costado"[105]? Con dificultad parece que puede contener las lágrimas.
TEOPRÓPIDES.— *(A Simón.)* ¿Y cuánto te habían valido?
SIMÓN.— Pagué tres minas por las dos, transporte aparte.
TEOPRÓPIDES.— *(Acercándose para observarlas.)* Por Hércules, que son mucho peores de lo que me parecieron a primera vista.
SIMÓN.— ¿Por qué?
TEOPRÓPIDES.— Por Pólux, porque están las dos carcomidas por la parte de abajo.
TRANIÓN.— Seguro que las cortaron a destiempo. Éste es el único defecto que tienen. Pero, aun así, durarán mucho si se recubre con pez. Está claro que no ha sido un comegachas, un carpintero bárbaro el que hizo este trabajo[106]. ¿Ves los tablones de la puerta?[107]

---

[104] Se ha supuesto (Strong and Fay, citados por Sonneschein) que, al mencionar las jambas, Tranión podía aludir a los viejos, a los que, para regocijo del público, señalaría maliciosamente al tiempo que pronunciaba la palabra jamba, sin que se dieran cuenta. Cfr. vv. 829 *(dormiunt)* y, especialmente, 832 ss., donde encontramos empleado con mayor evidencia el mismo procedimiento de burla.

[105] Obsérvese el juego de palabras, de corte gramatical, basado en el doble sentido de *empti fuerant* ("me habían costado" en nuestra traducción). Simón interpreta el pluscuamperfecto (reforzado en latín por el uso del pluscuamperfecto de *sum*) en el sentido de que la puerta es muy vieja y necesita renovarla; Tranión, en cambio, lo interpreta cómicamente como señal de que la casa ya ha dejado de pertenecer a Simón.

[106] Bárbaro, como es habitual en Plauto, significa "romano" (o "italiano"). En cuanto a las gachas o polenta como comida romana cfr. Varrón, *L.L.*, 5,105; Plin. *Nat. hist.* 18,83; Juvenal 15, 171. Ussing interpreta "bárbaro" como cartaginés, basándose en *Poen.* 54 donde, según él, *Pultiphagonides*, que unía con *Patruus*, para formar el título de la comedia, significaba cartaginés. Pero, como indicamos en nota a este pasaje, es preferible entender *Pultiphagonides* como referido al propio Plauto.

[107] Lit. "las ensambladuras de los tablones".

Teoprópides.— Sí.
Tranión.— Mira qué bien casados están.
Teoprópides.— ¿Casados?   830
Tranión.— Ajustados[108], quise decir. *(Señalando la casa.)* ¿Estás satisfecho?
Teoprópides.— Cuanto más contemplo cada detalle, tanto más me gusta.
Tranión.— *(Señalando un supuesto fresco que habría en la fachada de la casa.)* ¿Ves aquella pintura que representa a una corneja burlándose de dos buitres?
Teoprópides.— No, no la veo, por Pólux.
Tranión.— Pues yo sí que la veo. La corneja está entre los dos buitres y está picoteando a los dos alternativamente. *(Señalando la parte de la pared donde él se encuentra.)* Por favor, mira hacia aquí, hacia mí, para que puedas ver la corneja. ¿La ves?
Teoprópides.— Te aseguro de verdad que ahí no veo ninguna corneja.
Tranión.— *(Señalando la parte de la pared donde están los viejos.)* Pues mira hacia ahí, hacia vosotros, a ver si, ya que no puedes ver la corneja, puedes ver los buitres[109].

---

[108] En Plauto el juego de palabras está basado en el doble significado del verbo *coniveo*, que significa "cerrarse" (ajustar), dicho de cualquier cosa pero sobre todo de los ojos, lo que lo convierte en sinónimo aproximado de "dormir". Tranión, señalando los tablones de las puertas (y probablemente también a los viejos, de quienes aprovecha la ocasión para burlarse), dice: —Mira qué apretadamente duermen (empleando *dormiunt* como sinónimo *conivent*). —¿Duermen?, le replica Teoprópides extrañado. —Quise decir "se cierran" *(conivent)*, rectifica Tranión.

[109] La corneja es, entre los antiguos, prototipo de sagacidad y de agudeza visual (cfr. Otto, A., *Die Sprichwörter und sprichwörtlichen Redensarten der Römer*, Leipzig, 1890, s.v. *cornix*, 2) y el buitre de rapacidad (cfr. *Capt.* 844, *Trin.* 101). Pero, si bien la sagacidad, es nota que parece convenir a Tranión, a los viejos, al menos en este contexto, no parece cuadrarles el calificativo de "rapaces". Ernout resuelve el problema traduciendo *voltures* por *buses* ("cernícalos"), animal proverbialmente estúpido. Por nuestra parte creemos que se trata simplemente de mencionar a un animal noble y poderoso (el buitre) burlado por un animal que podríamos decir plebeyo (la corneja) gracias a su astucia. Es decir, se trata de un ejemplo más de la inversión de valores cotidianos tan grata a Plauto.

Teoprópides.— No insistas; yo no veo aquí ningún ave pintada.

Tranión.— Bueno, dejemos eso. Te perdono. Son los años 840 que no te dejan ver bien.

Teoprópides.— Pero lo que puedo ver, todo me gusta extraordinariamente.

Simón.— Te merecerá la pena continuar tu visita.

Teoprópides.— Buen consejo, por Pólux.

Simón.— *(A un esclavo, señalando a Teoprópides.)* ¡Eh, chaval! Quédate con él y acompáñalo por todas las habitaciones de la casa. *(A Teoprópides.)* Pues yo mismo me quedaría contigo, si no tuviera un asunto pendiente en el foro.

Teoprópides.— Déjame de acompañantes. No quiero yo que se queden conmigo. Sea como sea, prefiero perderme a que alguien se quede conmigo[110].

Simón.— Para enseñarte la casa, quiero decir.

Teoprópides.— Entraré, pues, sin acompañante.

Simón.— De acuerdo.

Teoprópides.— Entro, pues.

Tranión.— Espera, por favor. Déjame mirar si el perro...

Teoprópides.— Sí, mira.

Tranión.— *(Al perro.)* ¡Za! ¡Largo, perro! ¡Za! Lárgate al dia- 850 blo. Lárgate al infierno. Pero, ¿todavía no te has movido? ¡Za! ¡Largo de aquí!

Simón.— *(A Teoprópides.)* No hay ningún peligro. Vamos, entra. Es tan manso como un cordero[111]. Puedes entrar con toda tranquilidad. Yo me voy al foro.

Teoprópides.— Muchas gracias por todo. ¡Que te vaya bien! *(Simón sale.)* Vamos, Tranión, haz que alguien se lleve ese perro de la puerta, aunque no sea peligroso.

Tranión.— Pero fíjate con qué placidez descansa. ¿No querrás que te tomen por un pesado y un miedoso?

---

[110] Cfr. n. 102.

[111] Aunque habitualmente suele entenderse *feta* como "animal preñado" (una "perra preñada" en concreto: cfr. Sonneschein, que cita en su apoyo a Bücheler), estamos de acuerdo con Grimal, que se inclina a pensar (cfr. n. 2, pág. 642) que aquí *feta* es un término técnico de la lengua de la ganadería para designar a la "oveja", designación que se habría mantenido especialmente en provenzal. Observa Grimal que la traducción habitual ("un animal preñado") no se adapta a la experiencia.

TEOPRÓPIDES.— Bueno, vamos, como quieras. Sígueme, pues, por aquí.

TRANIÓN.— Te aseguro que no me separaré ni un ápice de ti[112]. *(Entran en la casa.)*

ACTO CUARTO

ESCENA PRIMERA

FANISCO[113]

Los esclavos que, aunque libres de culpa, temen el castigo, son los que suelen ser útiles a sus amos. Porque, los que no tienen miedo de nada, una vez que se han ganado un castigo[114], recurren a las soluciones más estúpidas: se ejercitan en la carrera, huyen. Pero, si son atrapados, amasan con males el peculio que no pueden amasar con bienes. Y a partir de una insignificancia poco a poco lo incrementan[115] hasta acumular una fortuna. Yo estoy firmemente decidido a portarme bien, para no exponer mi espalda a una paliza. Tengo que conservar mi pellejo inmaculado[116], como hasta ahora, y preservarlo

860

---

[112] Aunque respeto la distribución hecha por los editores y concretamente por Ernout, en mi opinión, las palabras —"Sígueme..." deben ser pronunciadas por Tranión, que es en todo momento el que lleva la iniciativa de la visita (cfr. vv. 794 y 803), mientras, al contrario, es a Teoprópides a quien cuadra la contestación siguiente "No me separaré de ti", justificada, sin duda, por su miedo al perro o, en general, a cualquier peligro desconocido con que puede tropezar en la casa.

[113] Este Fanisco y Pinacio, que aparecerá inmediatamente en la escena siguiente (v. 885), son, sin duda, los esclavos que acompañaron a Calidámates a casa de Filólaques y a quienes su amo encargó venir a recoger en la escena cuarta del acto primero: cfr. n. 32.

[114] Los tres versos iniciales de este acto (858-860) se encuentran con pequeñas diferencias en *Men.* 983-984, adonde parecen haber sido trasladados por un *retractator*.

[115] El texto presenta a partir de este punto, en este y los dos versos siguientes importantes lagunas, por lo que la traducción es sólo aproximada. Para ella hemos tenido en cuenta los siguientes intentos de reconstrucción, señalados por Ernout en el aparato crítico de su edición pero no incluidos en ella: v. 865 <*thesaurum in*>*de* (Camerarius), 866 *consili*<*umst cavere*> (Ussing), 866 <*tergum doleat*> (Ritschl).

[116] Esto es, sin cicatrices, evidentemente.

de los azotes. Si me sé controlar, lo tendré a cubierto y los azo- 870
tes que lluevan sobre los demás, no lloverán sobre mí. Pues,
como los esclavos quieren que sea, así suele ser el amo. Son
buenos, es bueno; son bribones, se vuelve malo. Y es que hoy
día nuestra casa está llena de granujas, derrochadores de su
peculio, coleccionaestacazos. Cuando se les dice que vayan a
recoger al amo, te replican: "No voy. No me des la lata. Ya sé
por qué tienes tanta prisa. Estás impaciente por ir a un sitio.
Estás deseado ir a pastar fuera, mula[117]." Éste es el premio que
he tenido por mi buen comportamiento. Así que me marché a
la calle. Ahora soy el único de una legión de esclavos que voy 880
a recoger a mi amo. Pero mañana, cuando el amo se entere de
esto, bien temprano los castigará con despojos bovinos[118]. Claro que, a fin de cuentas, su espalda me importa menos que la
mía. Prefiero que sean ellos unos bovicidas[119] a ser yo un
mozo de cuerda[120].

ESCENA SEGUNDA

Pinacio, Fanisco

Pinacio.— Párate y detente en el acto[121], Fanisco. ¿Quieres
volver la vista?

---

[117] Mulo era para los romanos un insulto equivalente a nuestro "asno", "burro", en el que se ponía de relieve la imbecilidad: cfr. Catul., 83, 2. Aquí, sin embargo, parece tratarse de una simple injuria, tanto más ofensiva, como señala Bertini, cuanto está empleada en femenino. Observaremos, además, como curiosidad, que los nombres de los animales empleados como insultos son en Plauto mucho menos frecuentes de lo que se podía pensar; *mula* no se encuentra más que aquí y *asinus* solamente en *Pseud.* 136.
[118] Se trata evidentemente de una designación cómica de los látigos o correas hechas con cuero (piel bovina): cfr. por ej. *Asin.* 35 y *Aul.* 601.
[119] "Bovicidas" a fuerza de "destrozar" látigos, al ser azotados: continúa la imagen comentada en la nota anterior. Cfr. en el mismo orden de cosas: *flagritriba (Pseud.* 137), *ulmitriba (Pers.* 268), *ulmorum acheruns (Amph.* 1029).
[120] La designación "mozo de cuerda", lat. *restio* (lit. "cordelero") se explica pensando en las cuerdas que servirían para colgarlo o, simplemente, azotarlo.
[121] Pese a la traducción *ilico* ha de entenderse aquí en el valor etimológico de *in loco*, es decir, "en el mismo lugar donde te encuentras".

Fanisco.— *(Con un gesto de displicencia.)* No me des la lata.
Pinacio.— ¡Mira qué aires de grandeza se da, el mono! ¿Quieres detenerte en el acto, asqueroso parásito?
Fanisco.— ¿Y por qué soy un parásito?
Pinacio.— Te lo diré: porque con comida se puede conseguir de ti cualquier cosa.
Fanisco.— Eso es asunto mío. Me gusta comer. ¿A ti qué te importa?
Pinacio.— Te haces el arrogante, porque eres el favorito 890 del amo[122].
Fanisco.— ¡Ay! Me pican los ojos.
Pinacio.— ¿Por qué?
Fanisco.— Porque me molesta el humo[123].
Pinacio.— Anda, cállate, fabricante de moneda falsa[124].
Fanisco.— No creas que vas a conseguir que te insulte. El amo me conoce.
Pinacio.— ¿Y cómo no iba a conocer a su colchoncito[125], por Pólux?
Fanisco.— Si no estuvieras borracho, no me insultarías.

---

[122] En las palabras aparentemente inocentes de Pinacio, ha de verse probablemente un segundo sentido erótico, más evidente en el texto latino: *te erus amat*.
[123] *Fumus*, como el griego καπνός, que probablemente traduce, significa aquí "bobadas", "tonterías", *inania verba*, en palabras del *Thesaurus*.
[124] Lit. "acuñador de moneda de plomo". Salvo Sonneschein que interpreta *plumbeos nummos* como "moneda de poco valor" *(base coin)* y explica la expresión como equivalente a "chistes malos" *(stale jokes)*, la mayoría de los comentaristas piensan que con esas palabras Pinacio está acusando a Fanisco de falso o hipócrita, puesto que las monedas de plomo eran monedas falsas, que de plata y oro sólo tenían el revestimiento. Por lo demás, es muy probable que en estas palabras haya que ver un nuevo equívoco grosero (ya presente en el modelo griego), por el cual Pinacio acusaría a Fanisco de "maricón". Esta explicación originaria de Legrand *(Daos,* pág. 603), compartida por Ernout y Grimal, se basa en que las monedas falsas en griego se dicen κίβδηλα, y κύβδα (de κύπτω), designa la actitud del que se agacha o inclina hacia adelante, esto es, "pone el trasero". La indignación de Fanisco al oír estas palabras parece confirmar esta interpretación.
[125] La palabra *culticula*, "colchoncito" ha de entenderse también en sentido obsceno.

Pinacio.— ¿Voy a tener consideraciones contigo, cuando tú no las tienes conmigo?

Fanisco.— Anda, bribón, vente conmigo a recoger al amo. Y, por favor, deja de hablar de eso.

Pinacio.— De acuerdo. Llamaré a la puerta. *(Golpeando la puerta.)* ¡Eh! ¿No hay nadie para proteger esta puerta de los peores ultrajes? ¿No abre nadie la puerta? De aquí, desde luego, no sale absolutamente nadie. De unas personas como ellas no se podía esperar otra cosa. Mayor motivo para tomar precauciones, no vaya a salir alguien que me muela a palos.

ESCENA TERCERA

Tranión, Teoprópides, Fanisco, Pinacio

Tranión.— *(Saliendo de casa de Simón con Teoprópides.)* ¿Qué te pareció la compra?

Teoprópides.— Estoy rebosante de alegría.

Tranión.— ¿No te habrá parecido cara la casa?

Teoprópides.— Jamás, por Pólux, he visto en ninguna parte una casa tan barata como ésta.

Tranión.— ¿Y te gusta?

Teoprópides.— ¿Que si me gusta, me preguntas? No me gusta, por Hércules, me encanta.

Tranión.— ¿Qué te ha parecido el gineceo? ¿Y el pórtico?

Teoprópides.— De locura. Creo que en ningún edificio público hay uno mayor que éste.

Tranión.— Como que yo mismo y Filólaques hemos medido todos los pórticos de los edificios públicos.

Teoprópides.— ¿Y qué?

Tranión.— Es con mucho el más largo de todos.

Teoprópides.— ¡Dioses inmortales, qué magnífica compra! Por Hércules que, si ahora me ofreciera por esa casa seis talentos de plata[126], contantes y sonantes, no los aceptaría.

Tranión.— Y por Hércules, que, si quisieras aceptarlos, yo no te lo permitiría.

Teoprópides.— Nuestro dinero ha sido bien invertido en esa compra.

---

[126] Es decir, el triple del precio que imaginó Tranión en su falsa historia: cfr. v. 644.

Tranión.— Puedes decir sin miedo que esta compra se hizo por mi consejo e insistencia. Yo obligué a tu hijo a pedir prestado al usurero el dinero que le dimos *(señalando la casa de Simón)* al propietario.

Teoprópides.— Has salvado nuestra nave. Así que se le deben ochenta minas, ¿no es eso?

Tranión.— Ni un céntimo más.

Teoprópides.— Se las pagaré hoy. 920

Tranión.— Me parece muy bien. Hay que evitar cualquier pleito. Si quieres, puedes dármelas a mí, que yo se las daré inmediatamente a él.

Teoprópides.— Sí, pero tengo miedo de caer en una trampa, si te las doy a ti.

Tranión.— ¿Me atrevería yo a engañarte de palabra o de obra, aunque sólo sea de broma?

Teoprópides.— ¿Y me atrevería yo a confiarte algo, sin tomar precauciones?

Tranión.— Dime, ¿es que te engañé alguna vez en algo desde que soy tuyo?

Teoprópides.— Porque yo he sabido tomar las debidas precauciones, lo que he de agradecer a los dioses[127] y a mi inteligencia. Por bastante listo puedo darme si consigo solamente evitar tus engaños.

Tranión.— *(Aparte.)* Estoy de acuerdo contigo.

Teoprópides.— Ahora vete al campo y dile a mi hijo que he llegado[128].

Tranión.— Cumpliré tus órdenes.

Teoprópides.— Dile que venga a la carrera a la ciudad 930 contigo.

Tranión.— De acuerdo. *(Aparte.)* Ahora yo iré por la puerta trasera[129] a reunirme con mis compañeros de juerga. Les

---

[127] El texto es corrupto en este punto. Seguimos en nuestra traducción la enmienda de Lindsay: *Eam dis gratiam atque animo meo!*

[128] En ningún punto de la comedia se ha dicho que Filólaques esté en el campo. Sin duda Teoprópides ha hecho esta deducción por su cuenta, porque cree la casa de la ciudad vacía desde hace siete meses.

[129] Los autores que, como Sonneschein, Duckworth y otros, consideran que las casas están separadas por un callejón *(angiportum)* que conduce a la parte trasera, piensan que Tranión abandona la escena por este callejón. Preferimos, sin embargo, pensar que Tranión sale por una de las salidas laterales (la del campo, en concreto) pero advirtiendo a los espectadores con la voz y el gesto de que, en lugar de ir al

diré que por aquí todo está en calma y les contaré cómo he logrado alejar al viejo de aquí. *(Sale.)*

ESCENA CUARTA

Fanisco, Pinacio, Teoprópides

Fanisco.— Aquí, desde luego, ni se oye ruido de convidados, como de costumbre, ni a la flautista tocar su instrumento ni a ninguna otra persona.
Teoprópides.— *(Viendo a Fanisco.)* ¿Qué es eso? ¿Qué buscan esos individuos junto a mi casa? ¿Qué quieren? ¿Qué miran dentro?
Pinacio.— Seguiré golpeando la puerta. ¡Eh, abre! ¡Eh, Tranión! ¿Quieres abrir de una vez?
Teoprópides.— *(Aparte.)* ¿Qué historia es ésta?
Fanisco.— ¿Quieres abrir de una vez? Venimos a buscar a nuestro amo Calidámates.
Teoprópides.— *(A los esclavos.)* ¡Eh, vosotros, chavales! ¿Qué hacéis ahí? ¿Por qué destrozáis esa casa?
Fanisco.— Y tú, viejo, ¿por qué preguntas lo que no te importa? 940
Teoprópides.— ¿Lo que no me importa?
Fanisco.— A no ser que seas el nuevo prefecto encargado de vigilar, investigar, ver y oír los asuntos ajenos[130].
Teoprópides.— Esa casa ante la que estáis, es mía.
Fanisco.— ¿Qué dices? ¿Es que ya la ha vendido Filólaques? Aunque más bien creo que este viejo nos está tomando el pelo.

---

campo, va a entrar en la casa, dando un pequeño rodeo, por la puerta trasera: cfr. n. 140.
[130] Este *praefectus rebus alienis* da toda la impresión de ser fruto de la imaginación plautina para caracterizar a una persona que se mete en la vida ajena. Hay quien piensa, sin embargo, (cfr. Grimal, *Plaute, Térence*, 605 y n.1 de pág. 647) que se trata de una referencia al "ginecónomo" griego, cargo instituido por Demetrio de Falero muy verosímilmente poco después de su llegada al poder en Atenas, en el 317 a. C. Sería un dato para fijar la fecha de composición del modelo griego. En consecuencia, Grimal interpreta *novos* como "recientemente instituido", mientras que generalmente se interpreta en el sentido de "recientemente nombrado". En nuestra traducción hemos pretendido mantener la ambigüedad del texto latino.

Teoprópides.— Os digo la verdad. Pero, ¿qué asunto os trae por aquí?

Fanisco.— Te lo diré. Nuestro amo está bebiendo en esta casa.

Teoprópides.— ¿Vuestro amo está bebiendo en esta casa?

Fanisco.— Sí, como te digo.

Teoprópides.— Chaval, eres demasiado ingenioso.

Fanisco.— Venimos a buscarlo.

Teoprópides.— ¿A quién?

Fanisco.— A nuestro amo. ¿Cuántas veces he de decírtelo, por favor?

Teoprópides.— Chaval, aquí no vive nadie. *(Tratando de alejarlo, como por su bien.)* Porque creo que eres un buen muchacho.

Fanisco.— ¿No vive el joven Filólaques en esta casa? 950

Teoprópides.— Vivió. Pero ya hace tiempo que se ha trasladado de casa.

Pinacio.— Este viejo está a tratamiento de eléboro[131], sin duda alguna.

Fanisco.— Te equivocas de medio a medio, abuelo. A menos que se haya trasladado ayer u hoy, estoy seguro de que vive aquí.

Teoprópides.— Pero si ya hace seis meses que no vive nadie en esta casa.

Pinacio.— Estás soñando.

Teoprópides.— ¿Quién? ¿Yo?

Pinacio.— Sí, tú.

Teoprópides.— Y tú eres un verdadero impertinente. Déjame hablar con este chaval. *(A Fanisco)* No vive nadie.

Fanisco.— Claro que vive. Porque ayer y anteayer, hace tres días, cuatro, cinco, y así sucesivamente, desde el día en que su padre partió para el extranjero, no han estado ni una sola vez tres días seguidos sin emborracharse.

Teoprópides.— ¿Qué dices?

Pinacio.— Que ni una sola vez han dejado pasar tres días seguidos sin comer ni beber, alquilar rameras, vivir a la griega, alquilar liristas y flautistas. 960

Teoprópides.— ¿Y quién hacía eso?

Fanisco.— Filólaques.

---

[131] Es decir, está chiflado, está loco. Recuérdese que el eléboro era en la Antigüedad el tratamiento habitual de la locura.

Teoprópides.— ¿Qué Filólaques?

Fanisco.— El que es hijo de Teoprópides, según creo.

Teoprópides.— *(Aparte.)* ¡Ay de mí! ¡Si dice la verdad, estoy perdido! Seguiré preguntándole. *(A Fanisco.)* ¿Dices tú que ese Filólaques, quienquiera que sea, solía emborracharse ahí con vuestro amo?

Fanisco.— Te digo que sí.

Teoprópides.— Chaval, eres más tonto de lo que pareces. Dime, ¿no habrás entrado a tomar algo en alguna taberna y allí habrás bebido más de la cuenta?

Fanisco.— ¿Cómo?

Teoprópides.— Lo digo por si te has equivocado de casa.

Fanisco.— Sé por dónde tengo que ir y conozco el lugar al que he venido. Aquí vive Filólaques, el hijo de Teoprópides, el cual, después que su padre partió en viaje de negocios, libertó aquí a una flautista.

Teoprópides.— ¿Así que Filólaques libertó...?

Fanisco.— Sí, a Filemacia.

Teoprópides.— ¿Por cuánto?

Fanisco.— Por treinta.

Teoprópides.— ¿Talentos?

Fanisco.— *Non, par Apollon!*[132] Por treinta minas.

Teoprópides.— ¿La libertó?

Fanisco.— La libertó, con todas las de la ley, por treinta minas.

Teoprópides.— ¿Dices que Filólaques compró a su amiga por treinta minas?

Fanisco.— Sí.

Teoprópides.— ¿Y que la manumitió?

Fanisco.— Sí.

Teoprópides.— ¿Y que, desde que su padre partió para el extranjero, no dejó de emborracharse ni un solo día, en compañía de tu amo?

Fanisco.— Sí.

Teoprópides.— *(Señalando la casa de Simón.)* Y dime, ¿compró él la casa de al lado?

Fanisco.— No.

---

[132] El asombro de Fanisco ante la astronómica cifra de treinta talentos sugerida por Teoprópides es tal que le hace jurar en griego. Como de costumbre, lo reproducimos en francés.

TEOPRÓPIDES.— ¿Y dio a su propietario cuarenta minas como fianza?
FANISCO.— Tampoco.
TEOPRÓPIDES.— ¡Ay! Me arruinas.
FANISCO.— Di más bien que arruinó él a su padre.
TEOPRÓPIDES.— Tienes más razón que un oráculo.   980
FANISCO.— Me gustaría no tenerla. Es evidente que tú eres muy amigo de su padre.
TEOPRÓPIDES.— ¡Ay! Por lo que dices, el padre de ese joven es un desgraciado.
FANISCO.— Y esas treinta minas no son nada en comparación con sus otros despilfarros.
TEOPRÓPIDES.— Arruinó a su padre.
FANISCO.— Y anda por medio un esclavo execrable, un tal Tranión, que podría acabar incluso con las rentas de Hércules[133]. Te juro, por Pólux, que me da muchísima pena su padre, el cual, cuando se entere de todos estos sucesos, se va a llevar el pobrecito un buen sofoconcito.
TEOPRÓPIDES.— Si realmente todo eso es cierto.
FANISCO.— ¿Y qué ganaría yo con mentir?
PINACIO.— *(Golpeando la puerta.)* ¡Eh, vosotros! ¿Abre alguien la puerta?
FANISCO.— ¿Por qué la golpeas, si no hay nadie dentro? Supongo que se habrán ido de juerga a otra parte. Vayámonos de una vez...
TEOPRÓPIDES.— Chaval...   990
FANISCO.— *(Sin atender a la llamada de Teoprópides.)* ... y sigamos buscándolos. *(A Pinacio.)* Sígueme por aquí.
PINACIO.— Te sigo.
TEOPRÓPIDES.— Chaval, ¿ya te vas?
FANISCO.— La libertad es como un escudo[134] para tu espalda. En cambio yo, si no temo a mi amo y no lo sirvo con celo, no tengo nada para proteger la mía.

---

[133] Como hemos señalado en otras ocasiones (cfr. n.44 de las *Bacch.* y 40 del *Curc.*) era costumbre ofrecer a Hércules el décimo de las ganancias.
[134] Lat. *paenula*, propiamente "vestido de viaje con capuchón", que simbolizaba, sin duda, la protección en general: cfr. Non. 304a *paenulam abusive ad omne quidquid tegit nobilissimi veteres transtulerunt*.

ESCENA TERCERA

TEOPRÓPIDES, SIMÓN

TEOPRÓPIDES.— *(Solo.)* ¡Estoy perdido, por Hércules! ¿Para qué decir nada más? Por lo que oigo, no he viajado a Egipto sino que he navegado a las tierras más desiertas y a las regiones más remotas, de suerte que no sé dónde estoy. *(Viendo llegar a Simón del foro.)* Pero lo voy a saber enseguida, pues ahí está el hombre al que mi hijo le compró la casa. *(A Simón.)* ¿Qué haces?
SIMÓN.— Regreso del foro a casa[135].
TEOPRÓPIDES.— ¿Y ha pasado en el foro hoy alguna novedad?
SIMÓN.— Sí.
TEOPRÓPIDES.— ¿Cuál? 1000
SIMÓN.— Vi pasar un entierro[136].
TEOPRÓPIDES.— ¡Vaya novedad!
SIMÓN.— Sí, vi pasar un entierro. Decían que el muerto poco antes estaba vivo.
TEOPRÓPIDES.— ¡Maldito seas!
SIMÓN.— ¿Y tú es que no tienes nada que hacer para andar preguntando novedades?
TEOPRÓPIDES.— Es que he regresado hoy del extranjero.
SIMÓN.— Tengo un compromiso para cenar fuera de casa. No pienses que te voy a invitar a cenar[137].
TEOPRÓPIDES.— No es eso, por Pólux, lo que pretendo.
SIMÓN.— Pero mañana, si no me invita alguien antes, puedo... cenar, si quieres, en tu casa.
TEOPRÓPIDES.— Tampoco es eso, por Pólux, lo que pretendo. Si no tienes una ocupación más importante, atiéndeme un momento.
SIMÓN.— Con mucho gusto.
TEOPRÓPIDES.— Por lo que sé, has recibido cuarenta minas 1010 de Filólaques, ¿verdad?

---

[135] Nuevamente una simple fórmula de saludo, *quid agis?* (lit. ¿Cómo te va?), es interpretada al pie de la letra por el saludado: cfr. n. 88.
[136] Tratamos de reflejar el juego de palabras del texto latino, basado en el doble sentido de *procedere:* a) "suceder" y b) "avanzar" (un cortejo).
[137] Recuérdese que era costumbre habitual invitar a cenar al que regresaba de un viaje, costumbre que da lugar a constantes chistes en las comedias de Plauto.

SIMÓN.— Ni un céntimo, por lo que sé.
TEOPRÓPIDES.— ¿Y de mi esclavo Tranión?
SIMÓN.— De ése mucho menos.
TEOPRÓPIDES.— ¿No te las dio como fianza?
SIMÓN.— ¿Estás soñando?
TEOPRÓPIDES.— ¿Yo? Tú sí que sueñas, por pretender que, haciéndote el desentendido, vas a poder anular el trato.
SIMÓN.— ¿Qué trato?
TEOPRÓPIDES.— El que en mi ausencia hizo contigo mi hijo.
SIMÓN.— ¿Que tu hijo hizo conmigo un trato durante tu ausencia? ¿Qué trato? O ¿qué día?
TEOPRÓPIDES.— Te debo ochenta minas de plata. 1020
SIMÓN.— A mí, desde luego, no; pero si me las debes, dámelas. Hay que cumplir la palabra. No trates de negar tu deuda.
TEOPRÓPIDES.— Ten por seguro que no negaré que te las debo y que te las daré. Pero tú no niegues que has recibido de nosotros cuarenta minas.
SIMÓN.— Por favor, mírame a la cara y contéstame *(laguna)* minas <de plata> *(laguna)*.
TEOPRÓPIDES.— *(Laguna.)* Te lo diré *(laguna).*
SIMÓN.— ¿Ah, sí? ¿Me compró la casa?
(Laguna.)[138]
SIMÓN.— Decía que tú querías casar a tu hijo y que por ello querías hacer obra en tu propia casa.
TEOPRÓPIDES.— ¿Que yo quería hacer obra en mi casa?
SIMÓN.— Eso me dijo.
TEOPRÓPIDES.— ¡Ay de mí, estoy perdido! Me falta la voz. 1030 Vecino, ¡estoy perdido, estoy muerto!
SIMÓN.— ¿Acaso te ha hecho Tranión alguna fechoría?
TEOPRÓPIDES.— ¿Me ha hecho? Di más bien que me ha deshecho todo[139]. Se ha burlado hoy de mí de la manera más indigna.
SIMÓN.— ¿Qué me dices?

---

[138] Los versos 1026b-1026e no se conservan más que en el palimpsesto Ambrosiano y se hallan en un estado tan lamentable que cualquier intento de reconstrucción es prácticamente inútil. A continuación parecen que faltan otros 21 versos (que señalamos como laguna) que tampoco nos han sido transmitidos por los palatinos.
[139] Con la oposición "hecho/deshecho" trato de reproducir de alguna manera el juego de palabras *turbavit/exturbavit* del texto.

TEOPRÓPIDES.— Te digo la pura verdad. Se ha burlado hoy de mí sin parar un momento. Ahora te suplico que me ayudes y me prestes tu colaboración.
SIMÓN.— ¿Qué quieres?
TEOPRÓPIDES.— Ven conmigo, por favor; acompáñame.
SIMÓN.— De acuerdo.
TEOPRÓPIDES.— Déjame unos esclavos para que me ayuden y unas cuerdas.
SIMÓN.— Cógelos.
TEOPRÓPIDES.— Al mismo tiempo te lo contaré todo, te ex- 1040 plicaré de qué forma se ha burlado de mí. *(Entran en casa de Simón.)*

ACTO QUINTO

TRANIÓN

El hombre que tiene miedo en los momentos de peligro, no vale un comino, aunque yo, desde luego, no sé lo que significa la palabra "comino"[140]. Así, cuando mi amo me envió al campo a buscar a su hijo, me marché *(señalando posiblemente la salida del campo)* por allí, pero pasé a escondidas por el callejón a nuestro huerto[141]. La puerta del huerto que da al callejón, la abrí de par en par y por ella hice salir a todo mi ejército, los machos y las hembras. Después que libré del asedio y conduje a lugar seguro a mis compañeros de armas, tomo la decisión de convocar el senado de los juerguistas. Pero, en 1050 cuanto lo hube reunido, ellos me excluyen de su asamblea. Así que, viendo que se me vende en mi propio foro[142], a toda prisa, hago lo que muchos otros que se encuentran en una

---

[140] La palabra que emplea Tranión es *nauci*, un estereotipado genitivo de precio o estima, cuyo significado original era ya un enigma para los propios latinos: cfr. Festo 166, 11.

[141] Aunque algunos autores creen, como ya hemos indicado, que con *angiportum* Tranión se refiere a la callejuela existente entre las dos casas, preferimos pensar con Beare *(La escena romana,* pág. 235) que Tranión ha salido por el camino que conduce al campo y después, dando un rodeo, ha llegado hasta la calle que corre por la trasera de las casas (éste sería, al menos aquí, el significado de *angiportum),* a la que daría la puerta (trasera) del corral: cfr. n. 129.

[142] Se trata, sin duda, de una frase proverbial, que equivale a "ser traicionado" (donde uno se cree seguro). Según Grimal la metáfora

situación peligrosa o complicada: seguirlo complicando todo cada vez más hasta que no dejar títere con cabeza. Porque estoy seguro de que ya no hay medio de ocultar al viejo todas nuestras calaveradas. *(Laguna.)*[143] Me adelantaré y anticiparé al viejo y firmaré un tratado de paz. Pero estoy perdiendo el tiempo. Mas, ¿por qué habrá sonado la puerta de la casa de al lado? ¡Si es mi amo! *(Retirándose a un lado de la escena para no ser visto.)* Quiero yo saborear su conversación.

ESCENA SEGUNDA

Teoprópides, Tranión, Lorarios

Teoprópides.— *(A los lorarios.)* Quedaos ahí donde estáis, detrás del umbral, preparados para, tan pronto como os llame, salir corriendo en el acto. Ponedle inmediatamente las esposas. Yo voy a esperar delante de mi casa a mi burlador y por mi vida que voy a burlarme hoy de su pellejo a conciencia.

Tranión.— *(Aparte.)* Todo está descubierto. Ahora lo mejor es, Tranión, que pienses cómo actuar.

Teoprópides.— He de pescarlo con habilidad y astucia, cuando llegue. No le mostraré inmediatamente el anzuelo, sino que soltaré el sedal poco a poco. Haré como que no sé nada de lo que ha pasado.

Tranión.— *(Aparte, con ironía.)* ¡Qué bribón! No hay otro hombre en Atenas tan astuto como él. Es tan difícil engañarlo como engañar a una piedra[144]. Me acercaré a él y le hablaré.

Teoprópides.— ¡Ojalá se presentara ahora aquí!

Tranión.— Si me buscas a mí, aquí me tienes cara a cara.

Teoprópides.— ¡Bravo, Tranión! ¿Cómo va eso?

---

evoca la toma de una ciudad y la venta como esclavos de los habitantes en el foro.

[143] Los versos 1055-1061 sólo se conservan en el palimpsesto Ambrosiano, pero el estado de los versos 1056-1058 es tan lamentable que resulta vano cualquier intento de reconstruirlos.

[144] La piedra aquí es símbolo de la imbecilidad. Obsérvese la contraposición *(homo) doctus/lapis*, como en *Merc.* 632. Cfr. también *Mil.* 236: *neque habet plus sapientiae quam lapis*. Según Sonneschein la referencia a la piedra se hace παρά προσδοκίαν, pues una piedra no puede ser engañada, como no puede serlo Teoprópides y por la misma razón.

TRANIÓN.— Ya llegan del campo los campesinos. Filólaques estará aquí en un instante.
TEOPRÓPIDES.— Por Pólux, que llegará en el momento oportuno. Nuestro vecino creo que es un caradura y un granuja.
TRANIÓN.— ¿Por qué?
TEOPRÓPIDES.— Porque niega conoceros...
TRANIÓN.— ¿Lo niega?
TEOPRÓPIDES.— ... y también que jamás le hayáis dado ni 1080 una moneda de plata.
TRANIÓN.— ¡Anda ya! Creo que te estás burlando de mí. No lo niega.
TEOPRÓPIDES.— ¿Ah, no?
TRANIÓN.— Ya sé. Estás bromeando. Porque él seguro que no lo niega.
TEOPRÓPIDES.— Claro que lo niega, rotundamente, y asegura que él no ha vendido su casa a Filólaques.
TRANIÓN.— ¡Oye! ¿Acaso negó haber recibido dinero, por favor?
TEOPRÓPIDES.— Es más, me prometió que, si yo quería, juraría que ni había vendido la casa ni había recibido dinero.
TRANIÓN.— *(Laguna de un verso.)*
TEOPRÓPIDES.— Eso mismo le dije yo.
TRANIÓN.— ¿Y qué te respondió?
TEOPRÓPIDES.— Me prometió prestar a todos sus esclavos para su interrogatorio.
TRANIÓN.— ¡Tonterías! Jamás te los dejará, por Pólux.
TEOPRÓPIDES.— Claro que me los dejará.
TRANIÓN.— Cítalo a juicio. *(Tratando de encontrar una forma de escapar.)* O deja que lo encuentre.
TEOPRÓPIDES.— Espera[145]. Lo intentaré, creo. 1090
TRANIÓN.— ¿Creo? Está decidido. Tráemelo aquí o dile que reclame ante los tribunales la propiedad de la casa.

---

[145] El verso 1088 es corrupto *(Quin et illum in iussi veniam mane.)* y las enmiendas que de él se han hecho muy variadas, aunque ninguna totalmente satisfactoria. En nuestra traducción, sin demasiado entusiasmo ni convicción, hemos seguido la lectura de Leo, que es como sigue: TR. *Quin i cum illo in ius. Sine inveniam.* TH. *Mane.* Quizás el inconveniente más importante de esta reconstrucción, en nuestra opinión, es que poco más adelante, en el verso 1101 Tranión, en contradicción con su recomendación actual, le desaconseja ir a juicio. Pero cfr. 1091.

TEOPRÓPIDES.— Pero antes quiero interrogar a sus esclavos.
TRANIÓN.— Ya tenías que haberlo hecho. *(Sentándose en el altar que hay en escena.)* Yo, entretanto, me instalaré en este altar[146].
TEOPRÓPIDES.— ¿Para qué?
TRANIÓN.— Eres un imbécil. Pues para que no puedan refugiarse en él los esclavos que te preste para el interrogatorio. Yo, desde aquí, presidiré por ti el tribunal, para que se desarrolle con normalidad el interrogatorio.
TEOPRÓPIDES.— Levántate.
TRANIÓN.— Ni lo pienses.
TEOPRÓPIDES.— Bájate, por favor, del altar.
TRANIÓN.— ¿Por qué?
TEOPRÓPIDES.— Te lo diré. Porque mi verdadera intención es que se refugien en él. Déjalos. Así me resultará más fácil hacerlo condenar por el juez[147] a pagar una indemnización[148].
TRANIÓN.— Fíjate en lo que haces. ¿Por qué quieres complicar el asunto? ¿No sabes lo peligroso que es ir a juicio?
TEOPRÓPIDES.— Anda, levántate y ven aquí. Quiero pedirte un consejo.
TRANIÓN.— Te lo daré desde aquí, sin cambiar de postura. Sentado soy mucho más listo. Además los consejos son más seguros si se dan desde los lugares sagrados.
TEOPRÓPIDES.— Levántate y déjate de tonterías. Mírame a la cara.
TRANIÓN.— Te miro.

---

[146] Resulta difícil una vez más saber delante de qué casa estaba situado el altar. Ernout (cfr. indicación escénica a este pasaje) se inclina por la de Teoprópides, Bertini (n. a 1089) por la de Simón. Recuérdese que un altar (cfr. el caso de las dos jovencillas perseguidas por el lenón en *Rudens* 688 ss.), era un refugio inviolable para un perseguido y que la única solución a que podía recurrir el perseguidor para sacarlo de él era prender fuego en torno al altar, pues se consideraba que así no eran los hombres sino un dios quien lo obligaba a salir. Es la solución a que recurren tanto Teoprópides en esta comedia (v. 1114), como Lábrax en un episodio similar de *Rudens* (761 ss.).

[147] Se trata, sin duda, de un árbitro: cfr. 557 y 1143.

[148] El argumento de Teoprópides tiene su lógica, aunque el astuto esclavo, naturalmente, no va a dejarse embaucar. Si los esclavos de Simón se refugian en el altar, substrayéndose así al interrogatorio, es que reconocen implícitamente la culpabilidad de su amo y Teoprópides puede estar seguro de ganar el pleito.

TEOPRÓPIDES.— ¿Me ves?

TRANIÓN.— Te veo. Y si se interpusiera un tercero, se moriría de hambre[149].

TEOPRÓPIDES.— ¿Por qué?

TRANIÓN.— Porque no sacaría ningún provecho. Pues los dos somos unos granujas.

TEOPRÓPIDES.— ¡Ay de mí!

TRANIÓN.— ¿Qué te pasa?

TEOPRÓPIDES.— Me has engañado.

TRANIÓN.— ¿Por qué?

TEOPRÓPIDES.— Me has sonado los mocos a conciencia.

TRANIÓN.— Y dime, ¿lo he hecho bien o mal? ¿Acaso te cuelgan los mocos?

TEOPRÓPIDES.— Lo has hecho tan bien que me has sonado 1110 hasta los sesos. Pues estoy completamente enterado de todas vuestras granujerías. ¿Enterado, digo? Superenterado.

TRANIÓN.— Te juro, por Pólux, que a la fuerza nadie logrará que me baje de aquí[150].

TEOPRÓPIDES.— Pues ahora mismo voy a hacer rodear el altar de leña y fuego, verdugo[151].

TRANIÓN.— Ni se te ocurra. Yo cocido estoy mucho más rico que asado.

TEOPRÓPIDES.— Por Pólux, que te voy a poner un castigo ejemplar.

TRANIÓN.— ¿Tanto me estimas que quieres ponerme de ejemplo?

TEOPRÓPIDES.— Dime, ¿cómo dejé a mi hijo, cuando me marché de viaje?

TRANIÓN.— Con sus pies, sus manos, sus dedos, sus orejas, sus ojos, sus labios.

TEOPRÓPIDES.— Te pregunto otra cosa.

---

[149] Lo que posiblemente quiere decir Tranión con sus sibilinas palabras es que una tercera persona que asistiera a la conversación, no comprendería nada, dado que ninguno de los dos interlocutores quiere desenmascarar su juego. (Collart)

[150] El verso 1113 es corrupto y la traducción tan sólo aproximada. Nos hemos guiado por la enmienda de Leo: *Numquam edepol hodie <hinc, si vivo,> invitus desistam tibi.*

[151] Como ya indicamos, se trata del mismo método utilizado en *Rudens* por Lábrax para obligar a Palestra y Ampelisca a bajar del altar: cfr. *Rudens* 761 ss.

Tranión.— Por eso te respondo otra cosa. *(Viendo llegar a Calidámates.)* Pero ahí veo llegar al compañero de tu hijo, Calidámates. Resolvamos nuestro pleito en su presencia, si es que tienes alguna queja contra mí.

ESCENA TERCERA

Calidámates, Teoprópides, Tranión

Calidámates.— *(Sin ver a los otros personajes.)* Una vez que enterré en el sueño y dormí toda la borrachera, Filólaques me dijo que había regresado su padre del extranjero y me explicó de qué manera, a su llegada, había sido burlado por su esclavo. Dice que le da miedo presentarse ante su padre. Así que, de todos los camaradas, sólo yo he sido nombrado embajador para conseguir de su padre la paz. *(Viendo a Teoprópides.)* Precisamente ahí lo veo. ¡Estupendo! *(A Teoprópides.)* Te deseo salud, Teoprópides, y me alegro de que hayas regresado sano y salvo del extranjero. Hoy cenarás en mi casa[152]. No se hable más.

Teoprópides.— Los dioses te sean propicios, Calidámates. En cuanto a la cena, no, muchas gracias.

Calidámates.— ¿Por qué no?

Tranión.— *(A Teoprópides.)* Acepta. Yo iré en tu lugar, si a ti no te apetece.

Teoprópides.— Pero, ¿todavía te atreves a burlarte, bribón?

Tranión.— ¿Porque me ofrezco a ir a cenar en tu lugar?

Teoprópides.— No irás, te lo aseguro; te llevarán, como mereces, a la cruz.

Calidámates.— Anda, olvida eso y promete que vendrás a mi casa...

Tranión.— ...a cenar. Prométeselo. ¿Por qué no hablas?

Calidámates.— *(A Tranión.)* Pero tú, ¿por qué te has refugiado en el altar?

Tranión.— ¡Qué tontísimo eres! *(Señalando a Teoprópides.)* Desde que llegó no ha hecho más que asustarme. *(A Teoprópides.)* Dile ahora lo que he hecho. Ahí tenemos un árbitro para juzgar nuestro pleito. Vamos, expón tus acusaciones.

Teoprópides.— Te acuso de haber corrompido a mi hijo.

---

[152] Cfr. n. 136.

Calidámates.— Escúchame un momento. Reconozco que tu hijo ha obrado mal, que libertó a su amiga en tu ausencia, que 1140 pidió dinero a rédito y admito que nos gastamos este dinero. Pero, ¿se ha comportado de manera diferente a como hacen los hijos de las mejores familias?
Teoprópides.— Por Hércules, que he de tener cuidado contigo, porque eres un abogado demasiado hábil.
Calidámates.— Permíteme que juzgue yo este asunto. *(A Tranión.)* Levántate. Yo me sentaré en el altar.
Teoprópides.— Me parece muy bien. Encárgate tú de juzgar este pleito.
Tranión.— ¡Esto es una trampa! *(A Calidámates, resistiéndose a abandonar el altar.)* Antes libérame de mi miedo y teme tú en mi lugar[153].
Teoprópides.— Lo demás ya me importa menos que la forma en que se burló de mí.
Tranión.— Hice bien, por Hércules, y me alegro de haberlo hecho. Las personas de tu edad, que ya tienen el pelo blanco, han de ser más listas.
Teoprópides.— *(A Calidámates.)* ¿Y ahora qué puedo hacer?
Tranión.— Si eres amigo de Dífilo o Filemón, cuéntales de 1150 qué manera te burló tu esclavo[154]. Les proporcionarás magníficos engaños para sus comedias.
Calidámates.— Cállate un momento; déjame hablar a mí. *(A Teoprópides.)* Escúchame.
Teoprópides.— De acuerdo.
Calidámates.— En primer lugar, tú sabes que soy el camarada de tu hijo. Él acudió a mí, pues le da vergüenza presentarse ante ti, porque sabe que estás enterado de todo lo que hizo. Yo te suplico que perdones su necedad y su juventud. Es tu hijo. Tú sabes que a su edad se juega a esos juegos. Todo lo que hizo, lo hizo conjuntamente con nosotros[155]. Nosotros so-

---

[153] Tranión quiere decir que sólo le dejará el sitio si lo libera del miedo que tiene.
[154] Dífilo y Filemón, como se sabe, son, después de Menandro, los más célebres autores de la Comedia Nueva y ambos suministraron a Plauto en diversas ocasiones el modelo de sus comedias: cfr. Introducción general, I 29. Sobre el valor de esta alusión para determinar el autor del modelo griego de la *Mostellaria*, cfr. la Introducción de la comedia.
[155] El plural que a partir de aquí utiliza Calidámates creemos que

mos los culpables. Los intereses, el capital y todos los gastos ocasionados por la compra de su amiga, todo te lo reembolsaremos, lo reuniremos entre todos, saldrá de nuestro bolsillo, no del tuyo.

Teoprópides.— No pudo enviar un embajador más persuasivo que tú. Ya no estoy enfadado ni irritado en absoluto contra él. Al contrario, que mi presencia no le impida amar, beber, hacer lo que le apetezca. Si está avergonzado de haber hecho el gasto, me doy por satisfecho.

Calidámates.— Está muerto de vergüenza.

Tranión.— Y después de este perdón, ¿qué va a ser de mí?

Teoprópides.— Serás apaleado, basura, colgado de una viga[156].

Tranión.— ¿A pesar de que yo también estoy avergonzado?

Teoprópides.— Por mi vida que te mataré yo mismo.

Calidámates.— Anda, concede un indulto general. Perdona a Tranión, te lo ruego, por lo que ha hecho. Hazlo por mí.

Teoprópides.— Cualquier cosa que me pidas gustosamente te la concederé excepto que renuncie a hundir en la miseria a este bribón por sus canalladas.

Calidámates.— Perdónalo, por favor, Teoprópides[157].

Teoprópides.— *(Señalando a Tranión que se ha puesto de pie en el altar, en actitud desafiante.)* ¿Ves qué pose ha adoptado el muy bribón?

Calidámates.— Tranión, cálmate, deja de hacer el tonto.

Teoprópides.— Y tú deja de pedirme eso. Yo lo obligaré a calmarse a bastonazos.

Tranión.— Te aseguro que no hace falta.

Calidámates.— *(A Teoprópides.)* Anda, por favor, perdónalo.

Teoprópides.— No insistas.

Calidámates.— Te lo suplico, por Hércules.

Teoprópides.— Te digo que no insistas.

---

ha de interpretarse más que como un plural mayestático en el sentido de que habla en nombre de la *sodalitas* de juerguistas que representa (cfr. 1126).

[156] Recuérdese que los esclavos eran azotados normalmente colgados de una viga: cfr. n. 19 del *Anfitrión*.

[157] *Theopropides* es una razonable conjetura propuesta por Lindsay en su aparato crítico para colmar una pequeña laguna que presentan los manuscritos en este verso (1172).

Calidámates.— Lo dices en vano. Sólo por esta vez, te lo suplico, perdónalo. Hazlo por mí.
Tranión.— ¿Por qué te haces tanto de rogar? Como si yo no fuera a cometer mañana ya otra bribonada. Entonces podrás vengarte de ambas, de la de hoy y de la de mañana, a conciencia.
Calidámates.— Perdónalo, por favor. 1180
Teoprópides.— *(A Tranión.)* Anda, vete, vete: te perdono. *(Señalando a Calidámates.)* A él es a quien has de agradecérselo. *(Al público.)* Espectadores, la comedia ha terminado. Ahora aplaudid.

EL PERSA

(Persa)

INTRODUCCIÓN

El *Persa*, la comedia de la burla por excelencia, como se la ha llamado[1], es un típico ejemplo de comedia de engaño (se trata de conseguir que un lenón libere a una cortesana y que, al mismo tiempo, corra con los gastos), que presenta la singularidad, única no sólo en el teatro de Plauto sino en la *Néa* en general, de que el papel de joven enamorado es asumido por un esclavo, que en este caso intriga para servir a sus propios intereses y no a los de su amo. La comedia, por lo demás, se desenvuelve en un ambiente totalmente servil (de los amos sólo se habla pero se hallan ausentes o no aparecen por ninguna parte)[2] en que los únicos personajes libres son un indigno lenón, un hambriento parásito y (quizás por su actitud el único personaje noble de la comedia) la humilde hija del parásito. Veamos un resumen de su trama.

Tóxilo, un esclavo que en ausencia de su amo se comporta como el verdadero amo de la casa, quiere liberar a su amada Lemniselene, que está en poder de un lenón, pero no puede hacerlo por falta de dinero. Para solucionar el problema, pide ayuda a un viejo amigo, el esclavo Sagaristión, un granuja recién reincorporado a la vida social después de una larga estancia en el molino, que, no queriendo faltar a sus deberes de amistad, aun arriesgándose a un duro castigo, va a poner a su disposición la suma de dinero que acaba de serle confiada por su amo para comprar unos bueyes a un mercader de Eretria[3].

---

[1] G. Chiarini, *La recita. Plauto, la farsa, la festa*, Bolonia 1979, 31.

[2] Es el caso de los amos de Tóxilo y Sagaristión, respectivamente, el primero de los cuales está ausente en viaje de negocios y el segundo, aunque es aludido, no se deja ver por ninguna parte.

[3] Obsérvese la similitud de este motivo con el de los asnos de la *Asinaria* y con el de las ovejas tarentinas del *Truculentus* (cfr. vv. 645 ss.).

Pero Tóxilo, previsor, ya tiene madurado un plan para liberar a su amada a expensas del propio lenón y este plan, a partir de ahora, va a servir, además, para devolver a su amigo la suma prestada, sin exponerlo a las iras de su amo. El plan consiste en que Sagaristión se disfrace de extranjero (de persa, exactamente, y de ahí el título de la comedia) y, valiéndose del reclamo de una falsa carta, venda a Dórdalo la hija, prestada para la ocasión y debidamente disfrazada, de su parásito Saciadón, a la que se hace pasar por una esclava árabe, raptada de niña en los lejanos confines de Arabia. En este punto debe entrar en acción Saciadón que, revelando la auténtica identidad de su hija, reclamará legalmente su libertad y la liberará de la garras del lenón, sin que éste pueda reclamar la devolución de la suma pagada. Y dicho y hecho. El plan se pone en práctica y la burla tiene éxito. Tóxilo libera a su amiga y Sagaristión recupera su dinero. Al final, en una escena llena de canto, música y danza, que tiene muchas similitudes con el final del *Stichus,* los vencedores celebran la victoria con una fiesta por todo lo alto y aprovechan la oportuna llegada del lenón para divertirse a su costa, colmándolo de burlas e insultos.

No tenemos ninguna información directa sobre el modelo del *Persa* y tan sólo cabe formular hipótesis más o menos verosímiles. Basándose en el v. 506 de la comedia *(Chrysopolim Persae cepere urbem in Arabia)* Wilamowitz supuso que el modelo griego hubo de ser compuesto en una época en que todavía estaba en pie el imperio persa, es decir, antes de la llegada al poder de Alejandro el Magno, y, en consecuencia, hubo de pertenecer a la Comedia Media[4]. Con ello concordaría el inhabitual alejamiento de los esquemas típicos de la *Néa* que presenta esta comedia, próxima a la libertad estructural e inventiva de Aristófanes. Esta tesis, sin embargo, goza hoy de poca credibilidad y probablemente hay que ser, como señala Fraenkel[5], tan tonto como el lenón Dórdalo para dar fe a una sola palabra de la fantástica carta inventada por Tóxilo, a la

---

[4] Esta hipótesis ha sido defendida entre otros por Leo, *Der Monolog in Drama,* 46, n. 1, Webster, *Studies in Later Greek Comedy,* 78 (que sitúa la composición del original griego entre el 341 y 338 a. C. y conjetura que puede tratarse del Περσίς del poeta ateniense Nausícrates), Della Corte, *Da Sarsina a Roma,* 164 ss., Grimal, *Plaute et Térence,* 662.

[5] Cfr. Fraenkel, *Elementi,* 405.

que pertenece el pasaje recién citado. Más visos de verosimilitud, a nuestro juicio, tiene la hipótesis formulada por el propio Fraenkel[6], quien atribuye el modelo griego a una época tardía de la *Néα* en que, agotados ya los esquemas habituales, para atraer a un público aburrido de un tratamiento reiterativo de los mismos temas, un desconocido poeta postmenandreo habría transformado el tópico romance amoroso entre un joven libre y una cortesana en un asunto exclusivo de esclavos.

Es posible, sin embargo, que ni siquiera haga falta suponer una innovación en el modelo y que el original del *Persa* pueda haber sido un clásico ejemplar de la *Néα*, de época menandrea. Pudo haber sido Plauto quien, para potenciar el aspecto farsesco de la obra, en consonancia con las tendencias detectadas especialmente al final de su carrera, transformó radicalmente su modelo. Ésta es la sugestiva tesis defendida con amplia argumentación por G. Chiarini[7] y, aunque no estaríamos dispuestos a asumir en todos sus detalles la reconstrucción que hace del modelo griego[8] y siempre nos ha parecido empresa arriesgada y expuesta al fracaso la reconstrucción teórica de los originales, por muy fundadas razones que la avalen[9], consideramos razonable pensar que Plauto haya sometido a amplias transformaciones su modelo para adaptarlo a sus gustos personales, que en este caso coincidían totalmente con los del público romano.

En cuanto a la cronología de la comedia, suele admitirse que se trata de una obra de madurez, lo que parece confirmado inequívocamente por la notable cantidad y variedad de versos líricos, que hace pensar en la exuberancia métrica de la *Casina*, habitualmente fechada en el 184 y considerada la última de las comedias compuestas por Plauto. Hay, sin embargo, importantes discrepancias en la datación concreta de la misma, oscilando las fechas propuestas en un amplio abanico entre los años 197-6 y 186 a. C. Generalmente se ha querido

---

[6] Cfr. Fraenkel, *Elementi*, 406.
[7] Cfr. G. Chiarini, *op. cit.*, 21-31.
[8] Cfr. G. Chiarini, *op. cit.*, 26 ss.
[9] Con esto no queremos decir que no merezca la pena el tiempo empleado en este tipo de trabajos, que siempre contribuyen en medida importante al conocimiento del verdadero Plauto, sino, simplemente, que sus conclusiones, hasta la aparición de pruebas definitivas, han de ser manejadas con suma reserva.

ver en los vv. 99-100 *(O mi Iuppiter / Terrestris! te coepulonus compellat tuus)* una alusión al Colegio de los Epulones, creado en el 196 a. C. (cfr. Liv. 33, 42, 1) y, en consecuencia, se ha supuesto que la comedia debía ser posterior a este año. Pero la alusión a los juegos circenses del v. 199 (carreras de avestruces), 436 (carreras de liebres) y, probablemente, 442 (carreras de cuádrigas), ha sido diversamente interpretada ya que, mientras unos autores quieren ver en ellas una alusión a los juegos del 197 a. C.[10], otros prefieren ver una referencia a los fastuosos juegos dados por Fulvio Nobilior en el 186 a. C., con motivo de su victoria sobre la Liga Etolia, con cuya fastuosidad cuadraría muy bien la citada alusión a las avestruces, como una de tantas novedades (en parte citadas por Livio) que caracterizarían a tales juegos[11]. Con esta datación tardía, que haría del *Persa* una de las últimas comedias compuestas por Plauto[12], se corresponderían las importantes innovaciones antes apuntadas de la comedia, de aceptarse que el responsable de las mismas es Plauto[13].

---

[10] Con ella concordaría la alusión en el v. 339 a los reyes Átalo y Filipo, si pensamos que ese año fue derrotado Filipo V de Macedonia y murió Átalo I de Pérgamo. Pero se trata de una alusión demasiado vaga para poder extraer conclusiones fiables.

[11] Otras posibles relaciones entre el *Persa* y la campaña de Fulvio Nobilior contra los etolios son señaladas por Chiarini, *op. cit.*, 219-221. En concreto Chiarini sospecha que puede haber una relación entre los *artifices* que vinieron de Grecia para celebrar la victoria de Nobilior (cfr. Liv. 39,22,1) y los bailarines griegos de que habla Plauto en los vv. 824 y 826. Sospecha igualmente que la inclusión del "jabalí etolio" (cfr. n. 4 de la comedia) entre los trabajos de Hércules no es un despiste sino una alusión voluntaria a la conquista de Ambracia, la capital de la liga Etolia, por Nobilior e, igualmente, emite la hipótesis de que quizás bajo la mágica invención de la ciudad árabe de Crisópolis, conquistada por los Persas, puede esconderse una alusión a la conquista romana de dicha ciudad.

[12] Recordaremos que tanto Buch como Sedgwick y Della Corte datan esta comedia en el año 186 a. C., haciendo de ella la penúltima de las comedias plautinas. Schutter, sin duda siguiendo a Enk, se limita a señalar el año 196 como término *post quem* de la misma, considerándola, en todo caso, anterior al 191. También Paratore, *Tutte le commedie*, IV 9 se inclina por una datación en torno al 196 a. C.

[13] Esta datación tardía, en torno al 186 a. C., se ha querido confirmar también suponiendo una relación entre las delaciones aludidas por Saciadón en los vv. 62-72 y los procesos realizados en el curso

Aunque el *Persa* no suele ser considerada una de las mejores comedias de Plauto, no puede negarse que es una divertida farsa, en la que el predominio de los elementos bufonescos (y musicales), heredados del teatro latino preliterario y, especialmente, de la atelana, al tiempo que la distancian de los esquemas habituales de la Comedia Nueva, hacen de ella una de las más características obras del poeta de Sársina.

---

del año 186 contra los participantes en los ritos báquicos: Cfr. Buck, *A Chronology*, 89 ss.; Chiarini, *op. cit.*, 227.

TÓXILO, esclavo
SAGARISTIÓN, esclavo
SACIADÓN, parásito
SOFOCLIDISCA, criada (de Lemniselene)
LEMNISELENE, cortesana
PEGNIO, chaval (esclavo de Tóxilo)
DONCELLA, (hija de Saciadón)
DÓRDALO, lenón.

La escena es en Atenas. Al fondo se alzan las casas de Tóxilo y del lenón Dórdalo.

ARGUMENTO[1]

(acróstico)

Aprovechando que su amo está de viaje, Tóxilo compra a su amada y hace que el lenón la manumita. Después convence al lenón para que compre a un pirata una doncella raptada: se vale de la hija de su parásito debidamente disfrazada para desempeñar este papel. Dórdalo muerde el anzuelo y Tóxilo, borracho, lo burla en un festín[2].

---

[1] Este argumento, acróstico, no se conserva más que en los manuscritos palatinos. El palimpsesto Ambrosiano conserva restos del argumento no acróstico, pero en un estado tan calamitoso que resultan completamente ilegibles.

[2] Este argumento, como sucede habitualmente con los acrósticos, difícilmente alcanza a dar una idea aproximada del tema de la comedia. Para tal fin, véase nuestra Introducción a la misma.

ACTO PRIMERO

ESCENA PRIMERA

TÓXILO

El primer enamorado que, sin un centavo, se embarcó en la nave del Amor, superó con sus trabajos los trabajos de Hércules. Pues con el león[3], con la hidra, con el ciervo, con el jabalí etolio[4], con las aves del Estinfalo, con Anteo[5] preferiría

---

[3] Se trata, evidentemente, del león de Nemea, la temible fiera a que dio muerte Hércules en su primer trabajo. A continuación van a ser aludidos el segundo, tercero, cuarto y quinto trabajos, en los que Hércules hubo de enfrentarse a la hidra de Lerna, al jabalí de Erimanto (cfr. nota siguiente), a la cierva de Cerinia y a las aves del lago Estinfalo, respectivamente.

[4] Obsérvese que Plauto habla del jabalí etolio, cuando el jabalí que hubo de capturar Hércules en su tercer trabajo vivía en los bosques de Erimanto, en Arcadia. El etolio pertenece al mito de Meleagro y, en concreto, al episodio conocido como "cacería de Calidón". Según esta leyenda Ártemis, ofendida por Eneo, rey etolio de Calidón, por haber ofrecido éste en una fiesta de la recolección sacrificios a todos los dioses menos a ella, envió como castigo a su territorio un enorme jabalí que destruía las mieses y hacía estragos en el ganado. Después de diversas peripecias, el jabalí fue muerto por Meleagro, hijo del rey. Tradicionalmente suele imputarse el error a un despiste de Plauto (*lapsus memoriae* dice E. Fraenkel, *Elementi plautini*, 10, n. 2), aunque últimamente G. Chiarini (*La recita. Plauto, la farsa, la festa*, Bolonia 1978, 221) ha querido ver en él una cómica y voluntaria alusión a la conquista de Ambracia por Fulvio Nobilior (189 a. C.). Para más detalles sobre la cuestión remitimos a lo dicho en la Introducción sobre la datación de la comedia.

[5] Es la única hazaña de Hércules citada en este pasaje que no per-

combatir yo, antes que con el Amor. Porque ¡cuántas tribulaciones he de soportar para conseguir un préstamo! Y lo único que saben contestarme todos aquellos a los que se lo pido es "no tengo".

ESCENA SEGUNDA

Sagaristión, Tóxilo

Sagaristión.— *(Sin ver a Tóxilo.)* El esclavo que quiere servir fielmente a su amo, siempre ha de tener, por Pólux, presentes en su espíritu mil detalles que cree que pueden agradar a su amo, esté presente o ausente. A mí, sin embargo, ni me gusta ser esclavo ni gozo de las simpatías de mi amo. Pero a pesar de todo, como si de un ojo legañoso se tratara, él no puede apartar su mano de mí[6], no puede dejar de darme órdenes y de confiarme el peso de todos sus asuntos.
Tóxilo.— ¿Quién es ese hombre que está frente a mí?
Sagaristión.— ¿Quién es este hombre que está frente a mí?
Tóxilo.— Se parece a Sagaristión.
Sagaristión.— ¡Si es Tóxilo, mi amigo!
Tóxilo.— Claro que es él.
Sagaristión.— Creo que es él.
Tóxilo.— Iré a su encuentro.
Sagaristión.— Me dirigiré a su encuentro.
Tóxilo.— ¡Oh, Sagaristión, que los dioses te sean propicios!
Sagaristión.— ¡Oh, Tóxilo, que los dioses te concedan todos tus deseos! ¿Cómo estás?

---

tenece a los famosos doce trabajos. Anteo era un gigante hijo de Posidón y Gea, que habitaba en el desierto de Libia. Atacaba a todos los viajeros que por allí pasaban y los mataba sin piedad. Hércules, que iba de camino en busca de las manzanas de oro de las Hespérides, hubo de combatir con él y, por tres veces, lo derribó al suelo. Pero, al comprobar que, cada vez que el gigante tocaba el suelo, Gea, su madre, le infundía nuevas fuerzas, levantó por los aires a su enemigo y lo ahogó entre sus brazos.

[6] En el doble sentido de "tocar" (el ojo inflamado) y "echar mano de, recurrir" al esclavo. La comparación entre un esclavo imprescindible y el ojo legañoso aparece desarrollada con mayor detalle en *Bacch.* 913-915.

Tóxilo.— Así así.
Sagaristión.— ¿Qué tal andas?
Tóxilo.— Vamos tirando.
Sagaristión.— ¿Es que no te van bien las cosas?
Tóxilo.— Si se cumplen mis deseos, sí.
Sagaristión.— Eres tonto: no sabes aprovecharte de los amigos.
Tóxilo.— ¿Qué quieres decir?
Sagaristión.— Hay que saber mandar.
Tóxilo.— Ya te daba por muerto, porque hacía un siglo que no te veía.
Sagaristión.— Una ocupación, por Pólux...
Tóxilo.— ¿Relacionada, acaso, con la metalurgia?
Sagaristión.— Un poquito más de un año he estado de servicio en el molino, con una escolta de cadenas[7], en calidad de tribuno vapular[8].
Tóxilo.— Eres ya un veterano en ese cargo.
Sagaristión.— ¿Y tú has estado siempre bien?
Tóxilo.— No demasiado.
Sagaristión.— La verdad, por Pólux, es que no tienes buena cara.
Tóxilo.— He recibido una herida en el combate de Venus. Una flecha de Cupido me traspasó el corazón.
Sagaristión.— ¿Y desde cuándo los esclavos se enamoran aquí?
Tóxilo.— ¿Qué podría hacer yo? ¿Enfrentarme a los dioses como hicieron los Titanes?[9] ¿Guerrear con un adversario, al que no puedo resistir el primer asalto?

---

[7] Es decir, "cargado de cadenas", que sería el significado propio de *praeferratus* (cfr. *ferratus* en *Bacch.* 781). Pero este término además, posiblemente a través de una cómica proporcionalidad *praeferro/praefero: praeferratus/praeferatus* (= *praelatus*), es utilizado también con el significado militar de *praefectus*, que se desarrollará inmediatamente en la graduación de *tribunus vapularis*.

[8] *Tribunus vapularis* es una expresión cómica creada sobre el modelo del *tribunus militaris*, algo así como el "oficial encargado de los azotes", es decir, de ser azotado.

[9] Esto es, la célebre lucha que sostuvo Zeus, apoyado por los demás dioses Olímpicos, los Cíclopes y los Hecatonquires, contra los Titanes, cuando se rebeló contra su padre Crono para conseguir el poderío del mundo. Es relatada con todo detalle por Hesíodo en su *Teogonía*.

SAGARISTIÓN.— Ten cuidado, no sea que las catapultas de olmo traspasen tu espalda.
TÓXILO.— ¡Bah! Celebro como un rey las fiestas de la Libertad[10].
SAGARISTIÓN.— ¿Y eso?
TÓXILO.— Porque mi amo está de viaje.
SAGARISTIÓN.— ¿Dices que tu amo está de viaje? 30
TÓXILO.— Si estás dispuesto a disfrutar de la vida, ven a mi casa: vivirás conmigo y serás tratado a cuerpo de rey.
SAGARISTIÓN.— ¡Ay! Ya me pican las espaldas[11], sólo de oírte decir eso.
TÓXILO.— Pero hay una cosa que me atormenta.
SAGARISTIÓN.— ¿De qué se trata?
TÓXILO.— Hoy es el día decisivo para saber si mi amiga va a ser libre o esclava para siempre.
SAGARISTIÓN.— Entonces, ¿qué es lo que quieres?
TÓXILO.— Tienes la oportunidad de ganarte un amigo para siempre.
SAGARISTIÓN.— ¿Cómo?
TÓXILO.— Dándome seiscientos escudos[12], que necesito

---

[10] Lit. "las eleuterias". Se trata de fiestas celebradas en distintas ciudades griegas en conmemoración de la liberación de la ciudad de alguna opresión. Las más famosas eran las que se celebraban cada cinco años en Platea, en memoria de la victoria sobre los persas. Pero, evidentemente, lo que quiere decir el esclavo es que, aprovechando la ausencia de su amo, disfruta por todo lo alto de la libertad. Cfr. *Stich.* 422.

[11] El picor de espaldas es signo premonitorio de azotes: cfr. n. 21 del *Anfitrión*.

[12] Lit. "600 numos", cantidad imprecisa de dinero. Si aceptamos que aquí *nummus* puede designar el filipo, moneda de oro de valor equivalente a 20 dracmas (cfr. L. Nadjo, *L'argent et les affaires à Rome des origines au IIe siècle avant J.-C.*, Lovaina-París 1989, 60), 600 escudos equivaldrían a 12.000 dracmas, es decir, 120 minas. Pero se trata de una cantidad desorbitada para precio de una esclava, que ronda habitualmente las 20 o 30 minas (cfr. n. 12 del *Curculio*) y que, además, no quedaría compensada con las 60 minas en que es vendida al lenón la hija del parásito. Paratore soluciona el problema recordando que el filipo cambió de valor con el tiempo y pasó a designar monedas de distinto valor. Además, es muy probable que la suma de dinero obtenida de la venta de la hija de Saturión sea superior a la pagada por Lemniselene. Chiarini *(op. cit.,* 19, n. 10 y 165, n. 182) supone que aquí el *nummus* podría equivaler al tetradracma, con lo que los seiscientos numos valdrían 24 minas (2.400 dracmas).

para comprar su libertad, y que te devolveré inmediatamente, en los próximos dos o tres días. Anda, sé generoso. Socórreme.

SAGARISTIÓN.— Se necesita desfachatez para atreverse a pedirme a mí una suma tan elevada de dinero. ¡Serás caradura! ¿No sabes que, ni aunque fuera vendido yo, todo entero, difícilmente se lograría reunir la cantidad que me pides? Es como pedir agua a la piedra pómez, que siempre está seca y sedienta.

TÓXILO.— ¿Te parece bonito portarte así conmigo?

SAGARISTIÓN.— ¿Y qué quieres que haga?

TÓXILO.— ¿Me lo preguntas? Pídele un préstamo a alguien.

SAGARISTIÓN.— ¿Y por qué no haces tú lo que me pides a mí?

TÓXILO.— Lo he intentado pero no he conseguido nada.

SAGARISTIÓN.— Bueno, trataré de encontrar un prestamista.

TÓXILO.— Entonces, ya tengo el dinero en la mano.

SAGARISTIÓN.— Si yo tuviese ese dinero, ya te lo habría... prometido[13]. Lo único que puedo hacer, es esforzarme en resolver este asunto.

TÓXILO.— Sea cual sea el resultado, vuelve a mi casa. Pero busca. También yo, si consigo algo, me esforzaré en hacértelo saber enseguida. Por favor, te lo pido y te lo suplico, ayúdame como un amigo leal.

SAGARISTIÓN.— ¡Ah! Me matas con tu monsergas.

TÓXILO.— El amor tiene la culpa, no yo, de que diga tantas sandeces.

SAGARISTIÓN.— Pues yo, por Pólux, me marcho.

TÓXILO.— ¿Te vas ya? Que te vaya bien. Pero regresa cuanto antes. No me obligues a tener que buscarte. No me moveré de casa hasta que no haya tramado algún engaño contra el lenón.

ESCENA TERCERA

SACIADÓN

Yo conservo el viejo y antiguo oficio de mis antepasados, que desempeño y practico con el máximo celo. Pues entre todos mis antepasados jamás hubo ninguno que no llenara su panza ejerciendo el oficio de parásito. Mi padre, mi abuelo, mi

---

[13] Típico ἀπροσδόκητον plautino: esperaríamos "te lo hubiera dado".

bisabuelo, mi tatarabuelo, mi bistatarabuelo y mi transbistatarabuelo[14], todos ellos, como los ratones, siempre se alimentaron de comida ajena y nunca hubo nadie que pudiera superarlos en voracidad. Todo el mundo les daba el sobrenombre de los Cabezas Duras. De ellos he heredado yo mi oficio y mi linaje. Yo no quiero ganarme la vida como delator[15]. Pues no está bien despojar de los bienes a los demás, sin correr ningún peligro. Y los que lo hacen no me son simpáticos. ¿Me explico con claridad? Porque, del que practica la delación por el bien de la patria y no por interés personal, de ése se puede creer que es un ciudadano bueno y honesto. Pero a mí me parece que, el que haga condenar a un malhechor, debe ingresar en el erario público la mitad de la recompensa y que además debe añadirse a la ley este artículo: "Siempre que un delator denuncie a alguien, el denunciado debe tener la oportunidad de denunciar a su vez a su delator, para que ambos se presenten ante los triunviros[16] en igualdad de condiciones." Si se hiciera así, os aseguro que desaparecerían por completo esos desaprensivos que, utilizando el álbum[17] del pretor, como si de una red se tratase, andan a la caza de los bienes ajenos. Pero, ¡seré tonto que me ocupo de los asuntos del Estado, cuando hay magistrados a quienes corresponde esa obligación! *(Dirigiéndose a la puerta de la casa de Tóxilo.)* Ahora entraré a visitar a las sobras de ayer. Voy a ver si han dormido bien, no vayan a haber tenido fiebre, si no han estado bien tapadas. Pues temo que algún malvado pueda haberse deslizado furtivamente hasta ellas[18]. Pero se abre la puerta. Detengamos el paso.

---

[14] Creamos estos dos últimos términos, inexistentes en castellano, sobre la base de "bisabuelo" y del arcaico "transabuelo". Obsérvese la obsesión del parásito por presumir de linaje ilustre.

[15] Sobre el nombre latino de *quadrupulator* dado al que practicaba este tipo de delación, cfr. P. Fest. 309 L. *quadriplatores dicebantur, qui eo quaestu se tuebantur, ut eas res persequerentur, quarum ex legibus quadrupli erat actio.*

[16] Sobre los *tresviri capitales* cfr. n. 15 del *Anfitrión*. Se ha supuesto (cfr. n. 13 de la Introducción) que podría haber una relación entre las delaciones aludidas por Saturión en este pasaje y la represión del culto báquico que culminó con el famoso decreto *De bacchanalibus.*

[17] Esto es, el tablero blanco en que se exponían públicamente los edictos de los pretores. De ahí deriva nuestro álbum.

[18] Obsérvese que la relación del parásito con las sobras de comida

ESCENA CUARTA

Tóxilo, Saciadón

Tóxilo.— *(Saliendo de casa.)* ¡Ya lo tengo! He descubierto el método para conseguir que el lenón haga de mi amiga su liberta, pagando los gastos con su propio dinero. Pero ahí veo a mi parásito, cuya ayuda necesito. Haré como que no lo veo. Así lo atraeré más fácilmente a mi causa. *(A los de la casa.)* Aplicaos a vuestro trabajo y daos prisa. Cuando vuelva a casa, no quiero tener que esperar. Mezcla el vino con la miel, prepara los membrillos y las lentejas[19]. Hazlos cocer bien en las ollas. Y echa la canela. Enseguida estará aquí, creo yo, mi compañero de francachelas.

Saciadón.— *(Aparte.)* Se refiere a mí. ¡Hurra! 90

Tóxilo.— Creo yo que, en cuanto salga bien limpio de las termas, se presentará aquí enseguida.

Saciadón.— *(Aparte.)* ¡Está al tanto de todo! ¡No se le escapa el menor detalle!

Tóxilo.— Hervid bien las pastas y las albóndigas. No quiero que me las sirváis poco cocidas.

Saciadón.— *(Aparte.)* Tiene toda la razón. Crudas, no valen nada. Han de estar bien hervidas, para que resbalen bien por la garganta. Además, una sopa de pastas que no esté espesa como una crema, no vale nada: no es más que un caldo aguado, amarillento y transparente. Una sopa de pastas debe ser espesa como un puré[20]. Me gustan los alimentos que bajan al estómago, no a la vejiga.

Tóxilo.— Alguien habla cerca de mí.

Saciadón.— ¡Oh, mi Júpiter terrenal! Tu cofrade de la Bue- 100 na Mesa te saluda.

Tóxilo.— ¡Oh, Saciadón, qué oportunamente has llegado!

Saciadón.— Mientes, por Pólux, y eso no es digno de ti. Ha llegado Famelicón, no Saciadón.

---

es la misma que la de los clientes romanos con sus patronos, a quienes visitaban muy de mañana para interesarse por su salud y darles los buenos días.

[19] Lit. "guacamayas" o "espantalobos", especie de leguminosa que parece tener propiedades laxantes, frente a las astringentes del membrillo.

[20] Ni texto ni sentido son seguros.

Tóxilo.— Pero comerás, pues los braseros[21] del estómago ya humean en la cocina. Ya he ordenado calentar las sobras de ayer.
Saciadón.— Pero el jamón debe[22]... servirse frío al día siguiente.
Tóxilo.— Y así ordené que debía... hacerse.
Saciadón.— ¿Y hay escabeche de pescado?[23]
Tóxilo.— ¡Bah! ¿Necesitas preguntarlo?
Saciadón.— Tú sí que entiendes de gastronomía.
Tóxilo.— Y tú ¿te acuerdas del asunto del que te hablé ayer?
Saciadón.— Sí, me acuerdo: que la murena y el congrio no 110 se debían recalentar, porque las espinas se les quitan mucho mejor, si están fríos. Pero, ¿a qué esperamos para trabar combate? Por la mañana todo el mundo debe comer algo.
Tóxilo.— Pero todavía es muy temprano.
Saciadón.— Un negocio que se emprende por la mañana, tiene asegurado el éxito durante toda la jornada.
Tóxilo.— Por favor, atiende a lo que te voy a decir. Ya ayer te conté la historia y te pedí que me prestaras seiscientos escudos.
Saciadón.— Me acuerdo perfectamente de que me los pediste y de que yo no tenía nada para prestarte. Un parásito que 120 tiene dinero en casa, no vale nada. Si tiene dinero en casa, inmediatamente le entrarían deseos de celebrar un convite, de glotonear a sus propias expensas. Un parásito ha de ser muy pobre, como un filósofo cínico[24]. Ha de contentarse con una

---

[21] Designación cómica de los alimentos que sirven para calentar el estómago.
[22] En el texto hay, posiblemente, un juego de palabras, muy desvaído, basado en los dos significados de *ius* "ley" "derecho", etc. y "salsa". De todas formas la frase sólo puede entenderse con el primer sentido de *ius (ius est:* "es justo") y el segundo sentido sería simplemente evocado con la pronunciación especialmente lenta de la palabra. El juego podría continuarse en el verso siguiente donde el perfecto *ius-si* volvería a insistir en el mismo equívoco. Hemos tratado de reproducir un juego similar con los dos sentidos de *deber* en español.
[23] El *(h)allex* o *(h)allec* (cfr. Plin. *N.H.* 31, 43) era la hez o residuos de los ingredientes de que se había hecho el *garum*, la salsa que causaba las delicias de los romanos. Pero también se daba este nombre a un *garum* hecho de almejas, erizos, quisquillas, langostinos, etc.: cfr. J. Guillén, *Urbs Roma*, II 258, n. 518.
[24] Alusión a la famosa escuela filosófica griega que predicaba, entre otras cosas, el desprecio a las riquezas.

garrafita de aceite, un rascador[25], un vaso, un par de sandalias, una capa y una bolsa, que no esté muy llena pero contenga lo imprescindible para alegrar la vida de su familia.

Tóxilo.— Ya no me interesa el dinero. Lo que quiero es que me prestes a tu hija.

Saciadón.— Te juro, por Pólux, que jamás se la he prestado todavía a nadie.

Tóxilo.— No es para lo que te imaginas.

Saciadón.— Entonces, ¿para qué la quieres?

Tóxilo.— Te lo diré: porque es hermosa y de aspecto distinguido.

Saciadón.— Sí, es cierto.

Tóxilo.— *(Señalando la casa de Dórdalo.)* El lenón que vive en esta casa no te conoce a ti ni conoce a tu hija, ¿verdad?

Saciadón.— ¿Conocerme a mí alguien, que no sea la persona que me da de comer?

Tóxilo.— De acuerdo. En ese caso tú puedes conseguirme el dinero.

Saciadón.— No deseo otra cosa.

Tóxilo.— Entonces, déjame vender a tu hija.

Saciadón.— ¿Vender tú a mi hija?

Tóxilo.— No, yo no. Encargaré ese trabajo a otro, que fingirá ser extranjero. Y como el lenón todavía no hace seis meses que se trasladó aquí desde Megara[26]...

Saciadón.— Se están estropeando las sobras. Después tendremos tiempo de hablar de eso.

Tóxilo.— ¿Que tendremos tiempo? Te aseguro, por Hércules, para que luego no te llames a engaño, que no probarás un solo bocado en mi casa, hasta que no me prometas que vas a hacer lo que te pido. Y si no me traes aquí a tu hija lo antes posible, te juro, por Hércules, que te expulsaré de la cofradía de la Buena Mesa[27]. ¿Qué dices?

---

[25] La garrafita de aceite y el rascador son instrumentos para el baño y la palestra: cfr. *Stich.* 230. Paratore (cfr. su nota 41 del *Stichus*) relaciona estos instrumentos con el oficio de masajista que, según él, desempeñarían los parásitos. Pero parece preferible incluir estos objetos, al igual que los enumerados a continuación, simplemente, en la relación de bienes necesarios para la vida, de que ningún hombre puede prescindir. Cfr. n. 64 del *Mercator*.

[26] Ciudad situada en el istmo de Corinto.

[27] Lit. de "esta decuria".

SACIADÓN.— ¿De qué?
TÓXILO.— *(Impaciente.)* Vamos, dime de una vez cuál es tu decisión.
SACIADÓN.— Véndeme, por favor, a mí también, si te apetece, con tal que me vendas con la barriga llena.
TÓXILO.— Pues si estás dispuesto a hacerlo, ponte a hacerlo.
SACIADÓN.— Haré todo lo que quieras.
TÓXILO.— Muchas gracias. Corre, vete a casa. Y alecciona debidamente a tu hija y enséñale con astucia la historia que debe contar. Dile dónde tiene que decir que ha nacido, quiénes eran sus padres, dónde ha sido robada. Pero que diga que 150 nació lejos de Atenas y que llore, mientras lo cuenta.
SACIADÓN.— ¿Quieres callarte? Tiene cien veces más picardía de la que tú quieres.
TÓXILO.— Magnífico, por Hércules. Pero, ¿sabes lo que tienes que hacer? Coge una túnica y un cinturón, trae una clámide y un sombrero de viaje[28], para que se disfrace el que va a vendérsela al lenón...
SACIADÓN.— ¡Bravo! ¡Estupendo!
TÓXILO.— ... fingiendo ser extranjero.
SACIADÓN.— Buena idea.
TÓXILO.— Y tú, por tu parte, trae a tu hija elegantemente vestida al estilo extranjero.
SACIADÓN.— Y los vestidos *¿où les prendre?*
TÓXILO.— Pídeselos al corego[29]. Tiene la obligación de pro- 160 porcionártelos. Los ediles los alquilaron para que se los suministrara a los actores.
SACIADÓN.— En un instante todo estará aquí. Pero se da por supuesto que yo no sé nada de esto, ¿no es así?
TÓXILO.— Nada de nada, por Hércules. Pero, en cuanto yo haya recogido el dinero, acto seguido vas a reclamarla como hija tuya al lenón.
SACIADÓN.— Puede quedarse con ella si no se la arranco inmediatamente de sus garras.
TÓXILO.— Vete y encárgate de lo que te he dicho. Entretan-

---

[28] Sobre la *causia* cfr. n. 107 *Miles*.
[29] Como hemos dicho en la nota 50 del *Curculio*, el corego era en el teatro romano la persona encargada del vestuario. Según se desprende de este pasaje del *Persa*, lo recibían de los ediles, para entregrárselo a los actores (cfr. *Trin.* 857).

to quiero enviar a un chaval a casa de mi amiga, para decirle
que esté tranquila, pues hoy cumpliré mi promesa. Pero hablo
demasiado. *(Entra en casa. Saciadón sale.)*

ACTO SEGUNDO

ESCENA PRIMERA

Sofoclidisca, Lemniselene

Sofoclidisca.— *(A Lemniselene, saliendo de casa de Dórdalo.)* Ni a una analfabeta, a una desmemoriada, a una necia
hubieras tenido que repetírselo tantas veces. Me parece que
me tomas por una cretina y una paleta. Aunque me gusta el 170
vino, no acostumbro a beberme con él los encargos que me
dan. Yo creía que me conocías mejor. Pues hace ya más de
cuatro años que estoy a tu servicio, tiempo suficiente para que
una oveja, si hubiera ido a la escuela, hubiese aprendido a leer
perfectamente y, en cambio, no ha sido suficiente para que tú
(y no quiero decir con esto que seas lista ni tonta)[30] aprendieras a conocerme. ¿Quieres callarte? ¿Quieres dejar de darme
consejos? Me acuerdo de todo, lo sé todo, estoy al tanto de
todo, lo recuerdo todo. Lo que te pasa es que estás perdidamente enamorada, que tu corazón rebosa de amor. Pero descuida, que yo sabré apaciguarlo.
Lemniselene.— El enamorado es un desdichado.
Sofoclidisca.— Sí, y el que no está enamorado, es como si 180
no existiese, pues a ese tal ¿de qué le sirve la vida? *(Lemniselene entra en casa.)* Ahora he de cumplir las órdenes de mi

---

[30] El significado de la expresión latina *fans atque infans* no es demasiado claro. Por nuestra parte hemos descartado que se trate de una
locución referida a la edad de la cortesana (así Ernout, que traduce
"*grande ou petite*"). Nos hemos inclinado por la opinión de aquellos
que, como Ammendola y Woytek, ven en ella una oposición entre la
irracionalidad de los animales y la racionalidad humana, equivalente
al griego ζῷον λογικόν (καὶ) ἄλογον... λόγον ἔχουσα καὶ οὐκ ἔχουσα. De todas formas, como señala Bettini, *Plauto. Mostellaria, Persa*,
Milán 1984², 260, cabría la posibilidad de que se tratara de una expresión algo asemántica que, jugando más con la oposición formal de los
significantes que de los significados, sirviera para abarcar la totalidad
de las posibilidades que pueden darse.

ama, para que gracias a mi ayuda pueda ser libre cuanto antes. Voy a reunirme con nuestro vecino Tóxilo para inundarle las orejas con los encargos que he recibido.

ESCENA SEGUNDA

Tóxilo, Pegnio, Sofoclidisca

Tóxilo.— *(Saliendo de su casa con Pegnio.)* ¿Está todo entendido y comprendido? ¿Recuerdas bien y sabes bien lo que tienes que hacer?
Pegnio.— Mejor que tú, que me lo has enseñado.
Tóxilo.— ¿Ah, sí, carne de látigo?[31]
Pegnio.— Pues claro que sí.
Tóxilo.— A ver: ¿qué te he dicho?
Pegnio.— Se lo diré a tu amiga al pie de la letra.
Tóxilo.— Estoy seguro de que no te acuerdas de nada.
Pegnio.— Te apuesto lo que quieras a que me acuerdo de todo y lo sé todo, mientras tú ni siquiera sabes cuántos dedos tienes en la mano.
Tóxilo.— ¿Apostar yo contigo?
Pegnio.— Anímate, si te apetece perder la apuesta.
Tóxilo.— Prefiero que reine la paz y la concordia.
Pegnio.— En ese caso, déjame marchar.
Tóxilo.— No sólo te dejo sino que te lo ordeno. Pero quiero que corras tanto que ya estés de vuelta en casa, cuando todavía yo crea que estás con ella.
Pegnio.— De acuerdo. *(Pegnio hace ademán de entrar en casa.)*
Tóxilo.— Pero, ¿adónde vas?
Pegnio.— A casa, para estar dentro, cuando creas que estoy con ella.
Tóxilo.— Eres un bribonzuelo. Y yo, en compensación, te daré por[32]... tu trabajo un regalito.

---

[31] Lat. *Caput verbereum*, expresión que ha de entenderse literalmente como "cabeza (es decir "cuerpo") hecho azotes, latigazos" (materia): cfr. nota 69 de los *Captivi*.
[32] Además de su sentido original ("aumentar el peculio de un esclavo, regalarle algo") *peculiare* tiene el sentido erótico de *pedicare*, que hemos tratado de reflejar en la traducción: cfr. Montero, *El latín erótico*, 105-106.

PEGNIO.— Sé yo muy bien, por Hércules, cuántas veces suele acusarse a los amos de atentar contra el pudor de sus esclavos y cómo después es imposible obligarlos a presentarse ante el juez para responder de sus culpas[33].
TÓXILO.— Anda, vete.
PEGNIO.— Te aseguro que tendrás que felicitarme.
TÓXILO.— *(Señalando unas tablillas que lleva Pegnio en la mano.)* Pero tú, Pegnio, entrega las tablillas a Lemniselene en persona y transmítele el mensaje que te ordené.
SOFOCLIDISCA.— *(Sin ver a Tóxilo y a Pegnio.)* ¿A qué espero para ir adonde me han enviado?
PEGNIO.— Yo me voy.
TÓXILO.— *(A Pegnio.)* Sí, vete. Yo también me voy a casa. Procura hacer bien el encargo. Corre volando.
PEGNIO.— Sí, como el ave ultramarina[34] en el circo. *(Tóxilo entra en casa.)* Ya entró en casa. *(Viendo a Sofoclidisca.)* Pero, ¿quién será esta mujer que viene a mi encuentro?
SOFOCLIDISCA.— *(Viendo a Tóxilo.)* Pero si es Pegnio.
PEGNIO.— Es Sofoclidisca, la criada particular de la persona a quien llevo el mensaje.
SOFOCLIDISCA.— *(Aparte.)* Dicen que no hay muchacho peor que éste. Le dirigiré la palabra.
PEGNIO.— No me queda más remedio que detenerme ante este obstáculo.
SOFOCLIDISCA.— Salud, Pegnio, encanto de muchacho. ¿Qué cuentas? ¿Cómo estás?
PEGNIO.— Sofoclidisca, los dioses me sean propicios[35].
SOFOCLIDISCA.— ¿Y a mí?
PEGNIO.— Contigo que hagan lo que quieran. Pero si te tratan como te mereces, deberían odiarte y darte un escarmiento[36].

200

---

[33] Estamos convencidos que Pegnio en su respuesta a las ambiguas palabras de Tóxilo tiene en cuenta más el significado erótico de estas últimas que el básico de promesa de regalo. Es decir, creemos que Pegnio no se queja tanto del incumplimiento por parte de los amos de las promesas que hacen a sus esclavos cuanto de los abusos deshonestos a que los sometían en contra de la debida *fides erilis*.
[34] Se trata del avestruz.
[35] Lógicamente esperaríamos "te sean propicios", como fórmula habitual de saludo.
[36] A partir de aquí se inicia en el texto latino una especie de juego de palabras basado en la contraposición *male facere* y *male dicere*

SOFOCLIDISCA.— Deja de meterte conmigo.

PEGNIO.— Decir la verdad, no creo que sea meterse contigo.

SOFOCLIDISCA.— ¿Cómo estás?

PEGNIO.— De pie, ¿no me ves?, mirando a una bribona de frente.

SOFOCLIDISCA.— Desde luego que no conozco un muchacho peor que tú.

PEGNIO.— ¿Qué daño hago y con quién me meto? 210

SOFOCLIDISCA.— Con el primero con quien se te presenta la ocasión.

PEGNIO.— Nadie jamás dijo tal cosa.

SOFOCLIDISCA.— Pero hay muchos que lo saben.

PEGNIO.— *(Con un gesto de fastidio.)* ¡Uff!

SOFOCLIDISCA.— *(Remedándolo.)* ¡Puff!

PEGNIO.— Tú crees que todos son como tú.

SOFOCLIDISCA.— Yo admito, desde luego, que soy como corresponde a la esclava de un lenón.

PEGNIO.— No necesitas decir más.

SOFOCLIDISCA.— ¿Y tú? ¿Reconoces que eres como digo?

PEGNIO.— Si fuera cierto, lo reconocería.

SOFOCLIDISCA.— De acuerdo[37]; te has salido con la tuya.

PEGNIO.— De acuerdo, vete, pues.

SOFOCLIDISCA.— Explícame una cosa: ¿adónde vas?

PEGNIO.— ¿Y tú?

SOFOCLIDISCA.— Dilo tú.

PEGNIO.— Dilo tú.

SOFOCLIDISCA.— Yo te pregunté antes.

PEGNIO.— Pues lo sabrás después.

SOFOCLIDISCA.— Yo voy a un sitio que no está muy lejos de aquí.

PEGNIO.— Y también yo voy a un sitio que no está muy lejos de aquí.

SOFOCLIDISCA.— Entonces, ¿adónde vas, bribón?

PEGNIO.— Si no me contestas tú primero, jamás contestaré yo a tu pregunta.

---

que, ante la dificultad de reproducir fácilmente, hemos preferido suprimir para dar mayor agilidad a la traducción.

[37] Sofoclidisca pronuncia *abi* en el sentido coloquial de "está bien, de acuerdo" (cfr. Hofmann, *El latín familiar*, Madrid 1958, 53) pero Pegnio aprovecha la ocasión para remedarla utilizando la forma verbal en su sentido auténtico: "vete".

SOFOCLIDISCA.— Te juro, por Cástor, que no te diré nada, hasta que no te lo haya oído decir a ti.
PEGNIO.— ¿De verdad?   220
SOFOCLIDISCA.— De verdad.
PEGNIO.— ¡Bribona!
SOFOCLIDISCA.— ¡Granuja!
PEGNIO.— A mucha honra.
SOFOCLIDISCA.— Para mí, en cambio, no es ninguna honra.
PEGNIO.— Dime, ¿estás decidida a ocultarme adónde te encaminas, grandísima bribona?
SOFOCLIDISCA.— Y tú ¿estás resuelto a esconderme adónde te diriges, grandísimo bribón?
PEGNIO.— Veo que respondes a mis preguntas con idénticas preguntas. Vete de una vez, si así lo quieres. No tengo interés en saberlo. Adiós.
SOFOCLIDISCA.— Espera.
PEGNIO.— Tengo prisa.
SOFOCLIDISCA.— También yo tengo prisa.
PEGNIO.— *(Señalando las tablillas que lleva Sofoclidisca.)* ¿Qué llevas en la mano?
SOFOCLIDISCA.— *(Señalando a su vez las tablillas que lleva Pegnio.)* ¿Y tú?
PEGNIO.— *(Enseñando la mano derecha, mientras oculta bajo la túnica la izquierda en la que lleva las tablillas.)* Yo nada.
SOFOCLIDISCA.— Enséñame, pues, la mano.
PEGNIO.— *(Tendiéndole la mano derecha.)* ¿Esta mano?
SOFOCLIDISCA.— ¿Y donde tienes la otra, la izquierda, la ladrona?[38]
PEGNIO.— La dejé en casa. No la he traído.
SOFOCLIDISCA.— *(Palpando las ropas de Pegnio.)* Algo tienes en ella.
PEGNIO.— No me toques, sobona.
SOFOCLIDISCA.— ¿Y si te amo?
PEGNIO.— Inviertes mal tus favores.
SOFOCLIDISCA.— ¿Por qué?
PEGNIO.— Porque amar a quien no te corresponde es como no amar a nadie.
SOFOCLIDISCA.— No debes desaprovechar, mientras estás a

---

[38] Cfr. *Epid.* 10-12.

tiempo, tu belleza y juventud, para evitar que, cuando tus 230
cabellos cambien de color, sigas siendo un vil esclavo. Apuesto a que tú todavía no pesas ochenta libras[39].

Pegnio.— Es la audacia y no el peso la cualidad que más cuenta en esta guerra. Pero es inútil que me esfuerce.

Sofoclidisca.— ¿Por qué?

Pegnio.— Porque quiero dar lecciones a una maestra. Pero estoy perdiendo el tiempo. *(Hace ademán de marcharse.)*

Sofoclidisca.— Espera.

Pegnio.— Eres una pesada.

Sofoclidisca.— Y lo seguiré siendo hasta que no sepa adónde vas.

Pegnio.— A vuestra casa.

Sofoclidisca.— Por Pólux, y yo a la vuestra.

Pegnio.— ¿A qué?

Sofoclidisca.— ¿Y a ti qué te importa?

Pegnio.— *(Haciendo ademán de cortarle el paso.)* Pues no te dejaré pasar, si antes no me entero yo también de todo.

Sofoclidisca.— Eres insoportable.

Pegnio.— Eso me agrada. Por mucho que te barrenes la cabeza, no lograrás ser peor que yo.

Sofoclidisca.— Competir contigo en malicia es estar condenado al fracaso.

Pegnio.— Tú eres una mala mercancía. ¿De qué tienes miedo?

Sofoclidisca.— De lo mismo que tú.

Pegnio.— Explícate.

Sofoclidisca.— Se me ha prohibido que confiara a nadie mi 240
secreto. Todos los mudos tendrían que hablar antes que yo abriera la boca.

Pegnio.— Y a mí también se me ha prohibido tajantemente que confiara a nadie mi secreto. Todos los mudos deberían hablar antes de que yo dijera una palabra.

Sofoclidisca.— ¿Por qué no hacemos una cosa? Confiémonos, bajo palabra de honor, nuestro secreto.

Pegnio.— Sé yo muy bien que la palabra de una lena es poco de fiar y que la palabra de un lenón pesa menos que una araña de agua.

Sofoclidisca.— Dímelo y te amaré eternamente.

---

[39] Teniendo en cuenta que la libra romana equivalía a 327 grs., Pegnio no alcanzaría los 26 kgs. de peso.

PEGNIO.— Dímelo, y te amaré eternamente[40].
SOFOCLIDISCA.— No quiero que me ames.
PEGNIO.— Eso no tendrás que repetírmelo dos veces.
SOFOCLIDISCA.— Quédate con tu secreto.
PEGNIO.— Y tú guárdate el tuyo.
SOFOCLIDISCA.— Me lo guardaré.
PEGNIO.— Y yo me lo callaré.
SOFOCLIDISCA.— *(Cambiando bruscamente de tono.)* Bueno, yo llevo estas tablillas a tu amo Tóxilo.
PEGNIO.— Vete. Ahora mismo está en casa. Yo llevo a tu ama Lemniselene estas tablillas de abeto selladas.
SOFOCLIDISCA.— ¿Y qué hay escrito en ellas?
PEGNIO.— ¿Tú no lo sabes? Pues yo sé lo mismo que tú. Probablemente palabras de amor.
SOFOCLIDISCA.— Me voy.
PEGNIO.— También yo me voy.
SOFOCLIDISCA.— Camina. *(Sofoclidisca se dirige a casa de Tóxilo y Pegnio a la de Dórdalo.)*

ESCENA TERCERA

SAGARISTIÓN

A Júpiter poderoso[41], glorioso hijo de Ope, dios supremo, invencible, omnipotente, dispensador de bienes, esperanzas y riquezas, y a los demás dioses con corazón alegre y jubiloso doy merecidas gracias por haberme brindado amistosamente la oportunidad de ayudar a un amigo y haberme permitido aliviar su indigencia con un préstamo. La ocasión que no soñaba ni pensaba ni imaginaba que se me iba a presentar, me ha venido como caída del cielo. Pues mi amo me ha enviado a Eretria a comprar unos bueyes enseñados al yugo y me dio el dinero, pues, según me dijo, se celebrará allí una feria dentro

---

[40] Sofoclidisca y Pegnio utilizan *amabo* como término de cortesía ("por favor"), pero después la primera va a responder a él como si se tratara de un auténtico futuro del verbo *amo*, lo que origina un juego de palabras de difícil traducción.
[41] Lit. opulento, rico, en juego etimológico de palabras con Ope. Pero consideramos que la traducción literal en castellano no era satisfactoria.

de siete días. ¡Será tonto! ¡Mira que confiarme el dinero, conociendo mi forma de ser! Porque este dinero lo voy a destinar a otro fin. "No había bueyes para comprar", le diré. Ahora voy a hacer feliz a mi amigo y a proporcionarle mil placeres a mi genio[42]. Una suma de dinero, que bastaría para darse buena vida largo tiempo, la gastaré en un solo día. Zas-Zas: el chasquido del látigo resonará en mis espaldas. Pero me trae sin cuidado. Ahora mismo voy a sacar de la bolsa dos yuntas de bueyes[43] para regalárselas a mi amigo. Es una delicia dar un buen mordisco a esos vejestorios roñosos, avariciosos y de corazón seco, que guardan la sal[44] en un salero sellado para que no la toquen los esclavos. El verdadero valor consiste precisamente en aprovechar la ocasión en cuanto se te presenta. ¿Qué me sucederá? ¿Mandará azotarme y ponerme los grilletes? Que se vaya al diablo. Que no crea que me voy a poner 270 de rodillas ante él. Que se fastidie, pues ya no puede ofrecerme nada nuevo ni que yo no haya experimentado. Pero ahí veo a Pegnio, el chaval de Tóxilo.

ESCENA CUARTA

Pegnio, Sagaristión

Pegnio.— *(Saliendo de casa de Dórdalo, sin ver a Sagaristión.)* Ya he cumplido el encargo que me ha sido confiado. Ahora me voy a casa a toda prisa.
Sagaristión.— *(Tratando de alcanzar a Pegnio por detrás.)* Aunque ya veo que tienes mucha prisa, espera. Escucha, Pegnio.

---

[42] Lit. "a mi genio". El genio, como ya hemos dicho (cfr. n. 49 de la *Aulularia)*, era la divinidad tutelar de cada individuo, que lo acompaña desde el nacimiento a la muerte. Se le asocia especialmente con los deseos y apetitos naturales del individuo, por lo que "proporcionar mil placeres a su genio", equivale a "procurarse a sí mismo mil satisfacciones".
[43] Según L. Gerschel, "Sur quelques expressions numériques en usage chez Caton et chez Plaute", *Hommages à M. Renard* I, Bruselas 1969, 374 ss., *bini boves* no significa un par de bueyes, sino dos yuntas de bueyes. Se discute, sin embargo, tanto el texto como el significado.
[44] Producto sin valor.

Pegnio.— *(Sin volver la vista atrás.)* Cómprate un esclavo, si quieres que alguien te obedezca.

Sagaristión.— Detente.

Pegnio.— *(Igual.)* ¡Menuda tabarra me darías, creo yo, si te debiera algo, cuando, sin deberte nada, ya me la estás dando!

Sagaristión.— Bribón, ¿quieres volver la cabeza?

Pegnio.— Sé muy bien la edad que tengo, así que puedes injuriarme impunemente.

Sagaristión.— ¿Dónde está Tóxilo, tu amo?

Pegnio.— Donde le da la gana y no te pide consejo.

Sagaristión.— ¿Quieres decirme de una vez dónde está, envenenador?

Pegnio.— No lo sé, ¿me oyes?, rompelátigos.

Sagaristión.— ¿Te atreves a insultar a una persona mayor que tú?

Pegnio.— Tú has empezado. Así que ahora aguántate con las consecuencias. Mi amo me ordenó que fuera esclavo a la hora de trabajar y libre a la de hablar. 280

Sagaristión.— ¿Quieres decirme dónde está Tóxilo?

Pegnio.— Lo que te digo es que te vayas al infierno para siempre.

Sagaristión.— Hoy recibirás una buena zurra.

Pegnio.— Sí, por haberte ofendido, ¿verdad, cuclillo[45]? Te aseguro, por Hércules, que, ni aunque te hubiera dado... de bofetadas[46], tendría pizca de miedo, carroña.

Sagaristión.— Ya sé, ya sé que tienes experiencia en poner el trasero.

Pegnio.— Sí, es verdad. ¿Y a ti qué te importa? En todo caso no lo he hecho como tú, de balde.

Sagaristión.— ¡Descarado!

Pegnio.— Sí, lo soy. Porque tengo la seguridad de que pronto voy a ser libre y tú, en cambio, no esperas serlo jamás.

Sagaristión.— ¿Quieres dejar de meterte conmigo?

---

[45] El cuclillo, quizás por poner sus huevos en nido ajeno, es sinónimo de bobo o estúpido: cfr. *Pseud.* 96 y *Trin.* 245. Nosotros diríamos "pardillo". Quizás por el mismo motivo se aplica también a los libertinos (cfr. *Asin.* 923) pues también ellos ponen sus huevos en los nidos de las otras aves. Pero, incluso en este caso, el matiz despectivo es evidente.

[46] Suele admitirse que *os percidere* ha de entenderse aquí en el sentido erótico de *irrumare*.

PEGNIO.— ¿Por qué pides una cosa que eres incapaz de hacer?
SAGARISTIÓN.— Vete a que te crucifiquen.
PEGNIO.— Y tú vete a tu casa, que en ella está ya la cruz dispuesta para tu ejecución.
SAGARISTIÓN.— *(Con ironía.)* ¡Mira por donde me ha salido un fiador![47]
PEGNIO.— ¡Ojalá tú no encuentres fiadores, para que des con tus huesos en la cárcel!
SAGARISTIÓN.— ¿Cómo? 290
PEGNIO.— ¿Qué?
SAGARISTIÓN.— ¿Sigues insultándome, bribón?
PEGNIO.— ¿Es que no va a poder injuriarte otro esclavo, teniendo en cuenta que tú también eres un esclavo?
SAGARISTIÓN.— ¿Ah, sí? Espera, verás lo que te voy a dar.
PEGNIO.— Nada, pues no posees nada.
SAGARISTIÓN.— Que todos los dioses y las diosas me confundan...
PEGNIO.— Te quiero bien; ojalá se cumplan tus deseos.
SAGARISTIÓN.— Que me suceda lo que he dicho, si, como te coja, no te clavo en el suelo a puñetazos.
PEGNIO.— ¿Clavarme tú en el suelo? A ti sí que te van a clavar en breve, pero en la cruz.
SAGARISTIÓN.— Que los dioses y las diosas... bueno, ya sabes lo que añadiría, si no supiera controlar mi lengua. ¿Quieres largarte?
PEGNIO.— Eso te costará poco conseguirlo. Pues a mi sombra ya la están azotando en casa. *(Entra en casa de Tóxilo.)*
SAGARISTIÓN.— ¡Que los dioses y las diosas lo confundan! El bribón tiene una lengua venenosa[48] como las víboras. Por Hér- 300

---

[47] Para entender estas palabras de Sagaristión así como las inmediatamente siguientes de Pegnio hay que saber que el acusado de un crimen, para poder obtener la libertad provisional, había de presentar unos fiadores *(vades)* que respondieran de su comparecencia en juicio el día fijado; en caso contrario debía permanecer en la cárcel. En consecuencia Sagaristión interpreta las palabras *abi domum* como la fórmula pronunciada por el fiador que le permite obtener la libertad provisional. Posteriormente Pegnio aprovecha la idea para desear a su interlocutor que, en el proceso a que sin duda será sometido pronto, dé, por falta de fiadores, con sus huesos en la cárcel.
[48] Lit. una lengua "bífida".

cules, que me alegro de que se haya largado. Pero la puerta se abre. Precisamente ahí sale la persona que más deseaba encontrar.

ESCENA QUINTA

Tóxilo, Sofoclidisca, Sagaristión

Tóxilo.— *(A Sofoclidisca.)* Dile que ya he descubierto el método para conseguir el dinero. Dile que tenga ánimo; que se lo pido encarecidamente[49]. Animándose, me anima. ¿Está claro el mensaje que te he dado?
Sofoclidisca.— Más claro que el agua[50].
Tóxilo.— Deprisa, vete a casa. *(Sofoclidisca entra en casa de Dórdalo.)*
Sagaristión.— *(Aparte.)* Ahora me daré aires de grandeza. Avanzaré con los brazos apoyados en las caderas y me pondré la capa con elegancia.
Tóxilo.— Pero, ¿quién es esa jarra con asas que va por ahí?
Sagaristión.— *(Aparte.)* Escupiré majestuosamente.
Tóxilo.— Pero si es Sagaristión. *(A Sagaristión.)* ¿Qué tal, Sagaristión? ¿Cómo estás? ¿Y del encargo que te di, me traes alguna pequeña esperanza? 310
Sagaristión.— Acércate. Ya veremos. Me gustaría. Ven. Refréscame la memoria.
Tóxilo.— *(Señalando el bulto de la bolsa que se nota bajo la capa de Sagaristión.)* ¿Y qué es este bulto que tienes en el cuello?
Sagaristión.— Es un tumor. No me aprietes. Pues si alguien me toca a lo bruto, me duele mucho.

---

[49] Traducimos la expresión *me illam amare multum*, siguiendo la opinión de Ernout, con el valor que tiene indiscutiblemente en *Men.* 524. Pero no nos atreveríamos a descartar totalmente su sentido más obvio: "dile que la amo apasionadamente". Quizás, como quiere Paratore, habría que ver una mezcla de ambos valores.
[50] Hemos solucionado como hemos podido el juego de palabras plautino basado en el doble significado de *callere:* a) recordar bien, saber bien una cosa y b) tener callos en la piel o una piel callosa (como los jabalíes): cfr. también *Poen.* 578-9.

Tóxilo.— ¿Cuándo te salió?
Sagaristión.— Hoy.
Tóxilo.— Haz que te lo abran.
Sagaristión.— Me da miedo de que todavía no esté maduro y pueda causarme más problemas.
Tóxilo.— Me gustaría examinar tu mal.
Sagaristión.— ¡Eh, eh! Aparta. Ten cuidado, no vayas a recibir una cornada.
Tóxilo.— ¿Por qué?
Sagaristión.— Porque hay dos yuntas de bueyes[51] dentro de la bolsa.
Tóxilo.— Déjalos salir, por favor. No los mates de hambre. Déjalos ir a pastar.
Sagaristión.— Es que temo no poder devolverlos al establo y que vayan a extraviarse.
Tóxilo.— Yo te los devolveré. Puedes estar tranquilo.   320
Sagaristión.— Me fiaré de tu palabra. Te los prestaré. Por favor, sígueme por aquí. Dentro de la bolsa está el dinero que me has pedido hace un rato.
Tóxilo.— ¿Cómo dices?
Sagaristión.— Mi amo me envió a Eretria a comprar bueyes. Y hoy para mí, Eretria va a ser tu casa.
Tóxilo.— Hablas que es una delicia. Por mi parte, yo te devolveré todo el dinero, sano y salvo, inmediatamente. Porque ya he preparado y dispuesto todas mis artimañas, para sacarle al lenón la misma cantidad.
Sagaristión.— Mejor que mejor.
Tóxilo.— Quiero conseguir que mi amiga sea libre y que el propio lenón pague los gastos de su liberación. Pero sígueme. Para ello necesito tu colaboración.
Sagaristión.— Dispón de mí a tu antojo. *(Entran ambos en casa de Tóxilo.)*

---

[51] Cfr. n. 14.

ACTO TERCERO

ESCENA PRIMERA

Saciadón, Doncella

Saciadón.— *(A su hija, vestida de persa.)* Quieran los dioses que todo esto concluya felizmente para mí, para ti y para mi estómago, y sea fuente para él[52] de eterno alimento, de manera que tenga yo comida abundante, sobreabundante y superabundante para siempre. Sígueme por aquí, hija mía, y que los dioses nos sean propicios. Ya sabes, ya estás enterada e informada del asunto que nos traemos entre manos. Te he puesto al corriente de todos nuestros planes. La razón por la que te he disfrazado de esta manera, es porque hoy vas a ser vendida, pese a ser una doncella de condición libre.

Doncella.— Dime, por favor, padre mío, aunque ya sé la pasión que sientes por la comida ajena, ¿serías capaz de vender para satisfacer los caprichos de tu estómago a tu propia hija?

Saciadón.— ¿No te parecería raro que te vendiera para satisfacer los del rey Filipo o Átalo[53]? Te vendo para satisfacer mis caprichos, puesto que eres mi hija.

Doncella.— ¿Yo para ti qué soy? ¿Una hija o una esclava?

Saciadón.— Lo que me parezca más útil para mi estómago. Creo que soy yo quien tiene poder absoluto sobre ti y no tú sobre mí.

Doncella.— Sí, padre, tú tienes potestad sobre mí. Pero, aunque somos unos pobrecicos, es mejor, padre, vivir con

---

[52] Aunque sin total convicción, pensamos, con Ernout, que *huic* se refiere al propio estómago del parásito. Menos defendible, aunque atractiva, nos parece la opinión defendida por Woytek, de que se refiere a Tóxilo. Un gesto del parásito, dirigiendo su mirada hacia la casa de su protector, se encargaría de dar a los espectadores la pista del referente del pronombre. También podría interpretarse como referido al propio parásito (en el sentido de "este menda"). Por lo demás, aunque el sentido general, prescindiendo de la interpretación del pronombre, no varía demasiado, el texto es oscuro y sujeto a discusión.

[53] Se trata de Filipo II de Macedonia (el padre de Alejandro el Magno y, sobre todo, epónimo de los famosos filipos) y Átalo, rey de Pérgamo, famosos ambos por sus riquezas: cfr. E. Fraenkel, *Elementi plautini*, 16.

moderación y mesura. Pues, si a la pobreza viene a sumarse la deshonra, la pobreza aumenta y la reputación en cambio disminuye.

Saciadón.— De verdad que eres insoportable.

Doncella.— Ni lo soy ni creo que lo sea por tratar de dar, 350 pese a mis pocos años, buenos consejos a mi padre. Piensa que la gente es muy maledicente y no cuenta las cosas tal como son.

Saciadón.— ¡Que las cuenten como les dé la gana y que se vayan al mismísimo diablo! Yo a toda su maledicencia le hago el mismo caso que a una mesa vacía.

Doncella.— Padre, piensa que la deshonra es inmortal. Aún sigue viviendo, cuando ya crees que está muerta.

Saciadón.— ¿Qué quieres decir? ¿Que tienes miedo de que te venda?

Doncella.— No, padre, no tengo miedo. Pero no quiero que te lo echen en cara.

Saciadón.— Pues me da igual que quieras o no. Se hará mi voluntad y no la tuya.

Doncella.— *(Con gesto de resignación y tristeza.)* De 360 acuerdo.

Saciadón.— ¿Qué es lo que te pasa?

Doncella.— Piensa una cosa, padre: si un amo amenaza a un esclavo suyo con una paliza, aunque el castigo no se lleve a efecto, mientras el esclavo ve coger el látigo a su amo y se quita las túnicas[54], ¡cuánto sufre el pobrecillo! Pues a mí me sucede lo mismo: aunque la venta no se lleve a efecto, de toda formas tengo miedo.

Saciadón.— Toda doncella o matrona que da sabios consejos a sus padres en contra de su voluntad, no es una buena hija.

Doncella.— Y toda doncella o matrona que se calla cuando ve cometer una canallada, tampoco es una buena hija.

Saciadón.— *(Amenazador.)* Ten cuidado[55].

---

[54] Para explicar el plural cfr. n. 42 de la *Aulularia*.

[55] A partir de este punto el texto latino presenta un juego de palabras basado en la doble posibilidad de interpretación del sintagma *malo cavere*. El parásito emplea estas palabras en su sentido habitual de amenaza ("guárdate de la paliza que te voy a dar"), pero la joven, entendiendo *malo* como dativo masculino de *malus*, interpreta la fórmula en el sentido de "preocuparse por un malvado", identificando

DONCELLA.— Si no se me permite, ¿cómo voy a tener cuida- 370
do? Además, eres tú el que ha de tener cuidado[56].
SACIADÓN.— ¿Es que me estás acusando de algo?
DONCELLA.— Ni te acuso ni sería digno de mí acusarte. Lo
que pretendo es que no lo haga la gente que puede hacerlo.
SACIADÓN.— La gente que haga lo que quiera, que yo por
ello no voy a cambiar de opinión.
DONCELLA.— Pero, si de mí dependiera, obrarías sensata-
mente y no como un necio.
SACIADÓN.— Hago lo que me da la gana.
DONCELLA.— Sé muy bien que puedes hacer lo que te dé la
gana. Pero no lo harías, si de mí dependiera.
SACIADÓN.— ¿Estás o no estás dispuesta a obedecer las
órdenes de tu padre?
DONCELLA.— Sí, estoy dispuesta.
SACIADÓN.— ¿Te acuerdas de todas mis instrucciones?
DONCELLA.— De todas.
SACIADÓN.— ¿Sabes cómo te raptaron? 380
DONCELLA.— Perfectamente.
SACIADÓN.— ¿Y quiénes fueron tus padres?
DONCELLA.— Lo tengo bien grabado en mi memoria. Me
obligas a ser mala, y no me dejas otra alternativa. Pero ten cui-
dado de que, cuando quieras casarme, el recuerdo de este
asunto no provoque la fuga de los pretendientes.
SACIADÓN.— Calla, tonta. ¿No sabes tú los tiempos que corren? Aquí las jóvenes, sea cual sea su reputación, no tienen
ninguna dificultad en casarse. Mientras haya dote, no hay
mancha que por tal se tenga.
DONCELLA.— Pues no te olvides de que carezco de dote.
SACIADÓN.— Ni se te ocurra, por favor, decir semejante
cosa. Gracias a la ayuda de los dioses y al esfuerzo de mis an- 390
tepasados, por Pólux, no puedes decir que careces de dote,
cuando tienes una en casa. ¿No sabes que tengo en casa un
arcón lleno de libros? Pues si pones el máximo celo en este
asunto que nos traemos entre manos, de ellos sacaré seiscientos chistes que te daré en calidad de dote y serán todos áticos,

---

malus con su padre. Esta interpretación, naturalmente, va a molestar a
Saturión y de ahí su respuesta ("¿Es que yo soy un malvado?"). En la
traducción se desvanece casi por completo el juego de palabras.

[56] Lit. "Además yo quiero tener cuidado contigo", pero traducimos
libremente tratando de hacer legible la traducción.

ni uno solo siciliano. Con esta dote podrás casarte hasta con...
un mendigo.
 Doncella.— ¿Por qué no me llevas de una vez, adonde
hayas de llevarme? Véndeme o haz de mí lo que te dé la gana.
 Saciadón.— Por fin tus palabras son justas y razonables.
Sígueme por aquí.
 Doncella.— Te obedezco. *(Entran en casa de Tóxilo.)*

ESCENA SEGUNDA

Dórdalo

(Solo, saliendo de casa.) ¿Qué diablos pensará hacer mi 400
vecino, que me ha jurado darme hoy el dinero? Si transcurre el
día sin que me lo dé, yo habré perdido mi dinero, él su juramento. Pero ha sonado la puerta de su casa. ¿Quién será el
que sale?

ESCENA TERCERA

Tóxilo, Dórdalo

Tóxilo.— *(A la gente de la casa.)* Haced vuestro trabajo en
casa, que yo volveré enseguida.
 Dórdalo.— ¡Oh, Tóxilo! ¿Cómo estás?
 Tóxilo.— ¡Oh, basura lenonia, estercolero público mezclado con fango, malvado, malnacido, malandrín, malhechor[57],
ruina del pueblo, buitre codicioso y envidioso de nuestro dinero, cabrón, ladrón, robón... ni trescientos versos bastarían 410
para enumerar tus infamias... *(Haciendo ademán de entregarle el dinero y retirándolo cada vez que el lenón intenta cogerlo.)* ¿Quieres coger el dinero? Vamos, coge el dinero, sinvergüenza. Anda, coge el dinero. ¿Quieres coger de una vez el dinero? ¿Puedo conseguir que cojas el dinero, basura? No creías

---

[57] Traducimos libremente para reproducir en lo posible los efectos
formales de los insultos de Tóxilo. La traducción literal de estos cuatro
últimos insultos sería, aproximadamente: "asqueroso, deshonesto, injusto (o perjuro), criminal (sin ley)".

que yo dispondría del dinero, ¿verdad?, y por eso, sólo bajo juramento, te dignaste fiarme[58].

DÓRDALO.— Déjame recobrar el aliento, para responderte. Gran jefe del pueblo, escoria servil[59], liberador de prostitutas, terror del látigo[60], desgastador de cadenas, ciudadano del molino, esclavo perpetuo, glotón, comilón, ladrón, fugitivo, vamos, dame el dinero; dame el dinero, sinvergüenza. ¿Puedo conseguir que me des el dinero? Dame, te digo, el dinero. ¿Por qué no me entregas el dinero? ¿No te da vergüenza? *(Alzando la voz.)* El lenón te reclama, paradigma de esclavitud, el dinero que le debes por la liberación de tu amiga[61]. *(A voz en grito.)* Quiero que todo el mundo se entere.

TÓXILO.— Calla, por favor. ¡Vaya torrente de voz que tienes!

DÓRDALO.— Tengo una lengua encargada de responder a los cumplidos que se me hacen. Lo mismo me cuesta a mí la sal que a ti. Como la lengua no me defienda, jamás probaré la sal.

TÓXILO.— Anda, aplaca tu cólera. Si me enfadé contigo, fue porque rehusabas fiarme[62].

DÓRDALO.— Estaría bonito que te fiara, para que hicieras conmigo lo que suelen hacer algunos banqueros, que en cuanto se les fían dos céntimos[63], en el acto escapan del foro a

---

[58] Fiar tiene aquí el sentido de vender al fiado, a crédito. Traducimos así, tratando de reflejar de alguna manera la obsesiva repetición del verbo *credo* que se inicia aquí y llegará a su cenit en vv. 482 y ss. Cfr. *infra*. n. 65.

[59] Lit. "establo propio de esclavos". La expresión es oscura. No creemos, con Woytek, que *servitricium* sea un genitivo plural, sino un adjetivo. Dado el paralelismo existente entre la retahíla de insultos de Dórdalo y de Tóxilo, estamos convencidos de que la expresión *stabulum servitricium*, independientemente de su significado, es un remedo del *lutum lenonium*, con que Tóxilo había saludado a Dórdalo.

[60] Lit. "sudadera del látigo", en el sentido de "persona que provoca el sudor del látigo", de tanto hacerlo trabajar en sus espaldas. Cfr. *Asin*. 297 *gymnasium flagri*.

[61] Dado que la amiga de Tóxilo todavía no ha sido liberada (cfr. 438 y ss.), hay que deducir que el desconfiado lenón exige el pago por adelantado.

[62] Cfr. n. 58.

[63] El verbo *credo* ("fiar") parece que aquí está empleado en el sentido de confiar al banquero el dinero para su custodia y, por tanto, no se trata exactamente del mismo "fiar", que el del lenón a Tóxilo.

más velocidad que una liebre cuando se le abre la puerta de su encierro y se la deja suelta en el circo.

Tóxilo.— *(Dándole la bolsa del dinero.)* Anda, toma esto.

Dórdalo.— Venga, dámelo.

Tóxilo.— Dentro encontrarás seiscientos escudos de curso legal, bien contados. Pon en libertad a la mujer y tráemela aquí al instante.

Dórdalo.— Enseguida estará aquí. El problema, por Hércules, es que no sé a quien confiar las monedas para que las examine[64].

Tóxilo.— ¿A lo mejor tienes miedo de dejárselas tocar a alguien?

Dórdalo.— ¿Y qué tiene de extraño, sabiendo que los banqueros desaparecen del foro más deprisa de lo que giran los ejes de una cuádriga en una carrera?

Tóxilo.— Vete al foro por las callejas secundarias y, al mismo tiempo, envíame a casa a la chica por el huerto.

Dórdalo.— Te aseguro que en un instante estará aquí.

Tóxilo.— Pero que no se deje ver en público.

Dórdalo.— Me parece muy razonable.

Tóxilo.— Mañana irá a ofrecer el sacrificio de acción de gracias a los dioses.

Dórdalo.— Sí, sí, por Hércules.

Tóxilo.— Todavía estás aquí y ya tenías que haber vuelto. *(Dórdalo sale.)*

ACTO CUARTO

ESCENA PRIMERA

Tóxilo

Cualquier empresa que se acomete con sensatez y prudencia, suele resultar un éxito completo. La verdad, por Pólux, es que según la diligencia que uno pone en realizar sus empresas, así suelen acabar en fracaso o en éxito. A un tonto y un inútil las cosas siempre le salen mal. Pero a un tipo listo todo

---

[64] Dórdalo lo que pretende es que un experto compruebe la autenticidad de las monedas. Se trata de la función que desempeñaría más tarde el *nummularius*.

le sale de maravilla. Mi intriga yo la he urdido con habilidad y astucia. Por eso estoy seguro de que se va a ver coronada por el éxito. Al lenón voy tenderle una trampa, de la que no va a ser capaz de salir en la vida. *(Acercándose a la puerta de su casa.)* ¡Eh, Sagaristión! Sal y trae a la doncella y, también, esas 460 tablillas que redacté y te entregué, las que tú me trajiste de parte de mi amo de la lejana Persia.

ESCENA SEGUNDA

SAGARISTIÓN, TÓXILO, DONCELLA

SAGARISTIÓN.— *(Disfrazado de persa, saliendo de casa de Tóxilo con la hija de Saciadón, disfrazada también.)* ¿Te he hecho esperar?
TÓXILO.— ¡Bravo, bravo! Con ese atuendo pareces un rey. La tiara realza maravillosamente tu atavío. Y a esta extranjera ¡qué divinamente le sientan sus sandalitas! Pero, ¿ya habéis ensayado bien vuestro papel?
SAGARISTIÓN.— Jamás hubo actor trágico o cómico que haya ensayado más el suyo.
TÓXILO.— ¡Es inestimable, por Hércules, la ayuda que me prestas! Pero, venga, retírate a ese lado, aléjate de mi vista y estate callado. Cuando me veas hablando con el lenón, entonces será el momento de acercarte. Ahora, venga, ale- 470 jaos. *(Sagaristión y la joven se retiran a un lado de la escena.)*

ESCENA TERCERA

DÓRDALO, TÓXILO

DÓRDALO.— *(Regresando del foro, sin ver a Tóxilo.)* Al hombre al que los dioses aman, siempre le envían alguna ganancia. Yo, por ejemplo, hoy me he ahorrado dos panes diarios. Y es que una esclava que me pertenecía, ahora se pertenece sí misma. Con dinero logró esta victoria. Hoy ya cenará a expensas de otro y no probará ni un bocado de lo mío. ¿No soy yo todo un modelo y ejemplo de ciudadano por haber hecho a la populosísima ciudad de Atenas aún más populosa y haber acrecentado el número de sus habitantes con una nueva ciudadana? Pero, ¡qué generoso he sido hoy, a cuánta gente he fiado! Y no exigido garantía a nadie. De todos me he fiado sin reserva. Y no temo que de aquellos a quienes he fiado, ni uno solo se atreva a negar su deuda ante la justicia. A partir de hoy quiero ser una buena persona... lo que no ha ocurrido ni ocurrirá jamás.

TÓXILO.— *(Aparte.)* A este tipo lo voy a hacer caer yo en la 480 trampa con mis astutas trapacerías. La emboscada ya ha sido tendida contra él hábilmente. Le hablaré. *(A Dórdalo.)* ¿Qué hay de nuevo?

DÓRDALO.— Fío[65].

TÓXILO.— ¿De dónde vienes, Dórdalo?

DÓRDALO.— Me fío de ti. Que los dioses te concedan tus deseos.

TÓXILO.— Oye, ¿ya has manumitido a la chica?

DÓRDALO.— Me fío, por Pólux; te repito que me fío de ti.

TÓXILO.— ¿Has aumentado ya el número de tus libertos?

---

[65] Obsérvese el efecto cómico, típicamente plautino, de la repetición del verbo *credo* ("fío", "me fío"). Además creemos que hay que ver en el pasaje un variado juego de palabras basado en los varios significados de *credo:* al significado principal ("fiar", "dar crédito", milagro que el lenón parece estar dispuesto a realizar: cfr. 476 y ss.), que subyace a su uso en todo el pasaje, se une un segundo que alternativamente puede ser:
1) "Te creo", respuesta anticipada a los deseos de buena suerte típicos de los saludos, que el lenón en su euforia espera oír de Tóxilo (cfr. *Bacch.* 184, *Epid.* 128; *Trin.* 1073). Este valor tendría *credo* las dos veces que es empleado en el verso 482. La fórmula empleada por el lenón en 483 *(di dent quae velis)*, que no responde a ningún buen deseo anterior de Tóxilo, parece confirmar esta interpretación.
2) "Doy crédito a tus palabras" ("me fío de ti"): cfr. 487.
3) Y, posiblemente, también el sentido de "creo que sí, estoy de acuerdo con lo que dices", equivalente en la práctica a un "sí": cfr. 484.

Deteniéndonos ahora en este comienzo, Tóxilo pregunta a Dórdalo cómo está, utilizando la fórmula habitual, *Quid agis?*, que literalmente significa "¿Qué haces?". La respuesta del Lenón es doble: al sentido como saludo responde con un también convencional "te creo", respuesta anticipada, como hemos dicho, a los posibles buenos deseos de saludo (Me alegro de verte o algo similar) que espera oír de Tóxilo; como auténtica pregunta, la respuesta sería "fío", es decir, "doy crédito", como acaba de declarar hace un momento. En la traducción,

DÓRDALO.— Me matas con tus monsergas, ¿no te digo que me fío de ti?
TÓXILO.— Dime de verdad: ¿ya es libre?
DÓRDALO.— Ve al foro y pregúntale al pretor, si no te fías de mí. Sí, ya es libre. ¿No me oyes?
TÓXILO.— Que los dioses todos te protejan. Jamás, de hoy en adelante, desearé mal alguno[66] a ti o a cualquiera de los tuyos.
DÓRDALO.— *(Con ironía.)* Está bien. No hace falta que 490 jures. Me fío totalmente de ti.
TÓXILO.— ¿Y dónde está ahora tu liberta?
DÓRDALO.— En tu casa.
TÓXILO.— ¿En mi casa, dices?
DÓRDALO.— Sí, en tu casa. Te digo que está en tu casa.
TÓXILO.— Te juro por los dioses que en recompensa por esa acción mil favores recibirás de mí. *(En tono misterioso.)* Ahora mismo te voy a revelar un secreto que te ocultaba y que te va a permitir obtener inmensos beneficios. Quiero que te acuerdes de mí toda la vida.
DÓRDALO.— Mis orejas esperan que tus buenas palabras sean confirmadas por tus buenas acciones.
TÓXILO.— Tus méritos te hacen merecedor de ello; y, para que veas que estoy dispuesto a cumplir mis palabras, toma, coge estas tablillas y léelas con atención.
DÓRDALO.— ¿Y esas tablillas a mí qué me importan?
TÓXILO.— Claro que te importan y te interesan. Me las han traído de Persia, de parte de mi amo.
DÓRDALO.— ¿Cuándo?
TÓXILO.— No hace mucho.
DÓRDALO.— ¿Y qué dicen?
TÓXILO.— Pregúntaselo a ellas y ellas te lo dirán.
DÓRDALO.— Dámelas, pues. *(Dórdalo coge las tablillas que* 500 *le da Tóxilo.)*
TÓXILO.— Pero léelas en voz alta.
DÓRDALO.— Cállate, mientras leo.
TÓXILO.— Lee, que no abriré la boca.
DÓRDALO.— *(Leyendo la carta.)* "Timárquides a Tóxilo y a todos los de su casa desea salud. Si estáis bien, me alegro. Yo estoy perfectamente, me dedico a mis negocios y obtengo ganancias. Al menos en ocho meses me es imposible regresar

---

lamentablemente, se pierden todos estos matices.

a casa, ya que un asunto importante me detiene aquí. Los persas han conquistado la ciudad árabe de Crisópolis[67], una ciudad antigua, llena de tesoros. Ahora el botín está siendo transportado aquí para ser vendido en pública subasta. Éste es el motivo que me mantiene alejado de mi casa. Quiero que se 510 proporcione ayuda y hospitalidad al portador de estas tablillas. Complácelo en todos sus deseos, pues me ha tratado en su casa con la máxima consideración." *(Interrumpiendo la lectura de la carta, a Tóxilo.)* ¿Y a mí qué me importa o me interesa lo que hagan los persas o lo que haga tu amo?

Tóxilo.— Calla, y no digas tonterías. Tú ignoras la suerte que te espera y las ganas que tiene la Fortuna de las Ganancias de iluminar tu vida[68].

Dórdalo.— ¿Cuál es esa Fortuna de las Ganancias?

Tóxilo.— *(Señalando las tablillas.)* Pregúntales a ellas, que son las que lo saben. Yo sé tanto como tú, salvo que he leído la carta primero. Pero sigue leyendo y las mismas tablillas responderán a tu pregunta.

Dórdalo.— Buen consejo. Cierra la boca.

Tóxilo.— Ahora vas a llegar a la parte que te interesa.

Dórdalo.— *(Reanudando la lectura de la carta.)* "El por- 520 tador de estas tablillas lleva consigo una doncella noble, de una belleza cautivadora, robada a sus padres y traída de los confines de Arabia. Quiero que te encargues de que sea vendida ahí, advirtiéndole al comprador que la adquiere por su cuenta y riesgo. Pues nadie le garantizará ni le transmitirá el pleno dominio sobre ella[69]. Encárgate de que a nuestro hués-

---

[66] Lit. "nada que no desees".
[67] Lit. "La ciudad del oro", en alusión a su inmensas riquezas. Es, por supuesto, una ciudad imaginaria.
[68] Lit. "la antorchita que la Fortuna Lucrifera quiere encenderte". Recuérdese que en Roma la Fortuna era venerada bajo diferentes invocaciones: *Muliebris, Virilis, Primigenia*, etc.: cfr. Plutarco, *Quaest. Rom.* 74. En el texto, probablemente hay un juego de palabras entre *lucrifera* y *lucifera*, lo que explica que la Fortuna encienda una antorcha. En nuestra traducción hemos tratado de sugerirlo de alguna manera con la paranomasia *"ganas... Ganancias"*. Descartamos, como parece sugerir Ernout, que *faculam* pueda significar cometa, entre otras cosas porque para los antiguos éstos eran signos de mal agüero: Cfr. Séneca. *Nat.* 7,1,5 *Non enim desunt qui terreant, qui significationes eius (sc. cometae) graves praedicent.*
[69] Sobre la *mancipatio*, acto del derecho romano por el que se transmite la propiedad absoluta de una cosa, cfr. n. 26 del *Mercator*.

[268]

ped se le pague en monedas de curso legal y bien contadas. Encárgate de todo esto y procura que mi huésped sea bien tratado. Adiós."

Tóxilo.— ¿Y qué? Ahora que has leído el mensaje confiado a la cera, ¿te fías de mí?

Dórdalo.— ¿Y dónde está ahora el huésped que te ha traído estas tablillas?

Tóxilo.— En un momento creo yo que estará aquí. Fue a 530 buscar a la joven a la nave.

Dórdalo.— Pero, ¿qué necesidad tengo yo de pleitos y de líos? ¿Para qué voy a tirar a la calle este dinero? Si no se me garantiza el pleno dominio, ¿qué necesidad tengo de comprar esta mercancía?

Tóxilo.— ¿Quieres callarte de una vez? Nunca imaginé que fueras tan imbécil. ¿De qué tienes miedo?

Dórdalo.— No sé pero lo cierto es que tengo miedo. Yo ya he experimentado lo que pasa más de una vez. No soy un novato para meterme en semejante lío.

Tóxilo.— Para mí[70] no hay ningún peligro.

Dórdalo.— Eso ya lo sé. Pero temo lo que me pueda pasar a mí.

Tóxilo.— A mí desde luego este asunto ni me va ni me viene. Si hago todo esto, es simplemente por hacerte un favor, para darte la posibilidad de anticiparte a otros a hacer un buen negocio.

Dórdalo.— Muchas gracias. Pero es más agradable escar- 540 mentar en cabeza ajena a que los demás escarmienten en la tuya.

Tóxilo.— ¿Temes que alguien venga de los confines de Arabia a buscarla aquí? Decídete de una vez a comprarla.

Dórdalo.— Al menos me gustaría ver la mercancía.

Tóxilo.— Es justo lo que dices. *(Señalando a Sagaristión que se acerca acompañado por la hija del parásito.)* Pero, mira, ¡qué oportunamente llega el huésped que me trajo las tablillas!

Dórdalo.— *(Señalando a Sagaristión.)* ¿Es él?

Tóxilo.— Sí.

---

[70] Juego de palabras, que hemos tratado de reflejar en español: en latín Tóxilo hace depender *mihi* de *videtur* ("Me parece que no hay ningún peligro."). Pero Dórdalo, siempre suspicaz, interpreta el *mihi* dependiente de *nihil pericli (sc. esse:* "Parece que no hay ningún peligro para mí.").

Dórdalo.— *(Señalando a la hija de Saciadón.)* ¿Y ésta es la doncella robada?

Tóxilo.— Sé lo mismo que tú. Lo único que sé es que, quienquiera que sea, por Pólux, que tiene un aspecto bien noble.

Dórdalo.— Sí, no está mal.

Tóxilo.— *(Aparte.)* ¡Qué remilgado el muy verdugo! *(A Dórdalo.)* Examinemos en silencio su figura.

Dórdalo.— Apruebo tu consejo. *(Se retiran a un lado de la escena.)*

ESCENA CUARTA

Sagaristión, La Doncella, Tóxilo, Dórdalo

Sagaristión.— *(A la hija del parásito.)* ¿Qué te parece Atenas? ¿No te parece una ciudad próspera y floreciente?

Doncella.— Sólo he visto el aspecto exterior de la ciudad, 550 todavía no he podido observar las costumbres de sus habitantes[71].

Tóxilo.— *(Aparte, a Dórdalo.)* Di la verdad: ¿Las primeras palabras que ha pronunciado no demuestran a las claras su educación?

Dórdalo.— *(Imitando el tono solemne y sentencioso de la joven.)* Por sus primeras palabras todavía no puedo juzgar su sabiduría.

Sagaristión.— ¿Y qué piensas de lo que has visto? ¿Crees que la ciudad está bien protegida por sus murallas?

Doncella.— Si sus habitantes son virtuosos, en ese caso creo que está bien protegida. Si han sido desterradas de la ciudad la Mala Fe, la Malversación, la Avaricia, en cuarto lugar la Malevolencia, en quinto la Intriga, en sexto la Calumnia, en séptimo el Perjurio...

Tóxilo.— ¡Hurra!

Doncella.— ... en octavo la Pereza, en noveno la Injusticia y, en décimo, el más peligroso de los vicios, el Crimen, si todas estas plagas están lejos de una ciudad, esa ciudad está suficientemente protegida con una simple muralla; pero, si

560

---

[71] Cfr. Homero, *Odisea* 1,3.

moran en su interior, ni cien murallas bastarían para salvarla.

Tóxilo.— *(Aparte, a Dórdalo.)* Escucha.

Dórdalo.— ¿Qué quieres?

Tóxilo.— Tú estás incluido en esos diez cofrades. No te queda más remedio que irte al destierro.

Dórdalo.— ¿Por qué?

Tóxilo.— Porque eres un perjuro.

Dórdalo.— A fe que no ha dicho una necedad.

Tóxilo.— Te digo que te conviene. Cómprala.

Dórdalo.— Te juro, por Pólux, que cuanto más la contemplo, más me gusta.

Tóxilo.— Si la compras, por los dioses inmortales, que no habrá otro lenón más rico que tú. Despojarás a todo el mundo de sus fincas y sus esclavos, a tu capricho. Tendrás trato con los más altos personajes. Todos desearán tu amistad. Vendrán de fiesta a tu casa.

Dórdalo.— Pero yo les prohibiré la entrada.

Tóxilo.— Pero ellos vendrán de noche a darte una serenata a la puerta de tu casa y te quemarán la puerta. Así que 570 harías bien en poner puerta de hierro a tu casa, cambiar tu casa por otra de hierro, ponerle jambas de hierro, una tranca de hierro y una anilla de hierro. No escatimes, por favor, hierro. A ti mismo haz que te pongan gruesos grilletes de hierro.

Dórdalo.— Vete al mismísimo diablo.

Tóxilo.— Vete tú... a comprarla. Hazme caso.

Dórdalo.— Al menos desearía saber lo que pide por ella.

Tóxilo.— ¿Quieres que lo llame?

Dórdalo.— Yo me acercaré a él.

Tóxilo.— ¿Qué hay de nuevo, huésped?

Sagaristión.— Aquí estoy de vuelta y te traigo a la chica, como te dije hace un rato. Pues nuestra nave entró ayer ya de noche en puerto. Quiero venderla, si es posible. Si no, quiero irme de aquí cuanto antes.

Dórdalo.— *(A Sagaristión.)* ¡Bienvenido[72], joven!

---

[72] Dórdalo desea simplemente salud a Sagaristión. Pero la fórmula empleada *(salvus sis),* que en principio es un simple sinónimo de *salve,* tiene también el sentido coloquial de "estar salvado" "salir todo bien", etc., que justifica la contestación de Sagaristión. Hemos tratado de reproducir de alguna manera el juego de palabras en nuestra traducción.

SAGARISTIÓN.— Sí, bienvenido si la vendo a buen precio.
TÓXILO.— Comprador que te la pague al precio que él, no 580 encontrarás otro.
SAGARISTIÓN.— ¿Eres tú amigo suyo?
TÓXILO.— Tanto como los dioses que habitan en el cielo.
DÓRDALO.— Entonces eres con certeza mi enemigo. Pues jamás hubo dios alguno tan bondadoso que fuera propicio a la raza de los lenones.
SAGARISTIÓN.— *(A Dórdalo.)* Atiende: ¿tú tienes interés en comprarla?
DÓRDALO.— Si tú tienes interés en venderla, yo también lo tengo en comprarla. Pero si tú no tienes prisa por venderla, yo tampoco la tengo por comprarla.
SAGARISTIÓN.— Dime, indícame su precio.
DÓRDALO.— Tú eres el dueño. A ti te corresponde decirlo.
TÓXILO.— Es justo lo que dice.
SAGARISTIÓN.— ¿Quieres hacer una buena compra?
DÓRDALO.— ¿Y tú quieres hacer una buena venta?
TÓXILO.— Yo estoy seguro, por Hércules, de que los dos queréis.
DÓRDALO.— *(A Sagaristión.)* Vamos, dime el precio exacto.
SAGARISTIÓN.— Pero te lo advierto de antemano: nadie te garantizará la propiedad absoluta de la chica. ¿Estás enterado?
DÓRDALO.— Sí, estoy enterado. Vamos, dime en cuánto me la dejas, por cuánto me la puedo llevar. 590
TÓXILO.— Calla, calla, que eres tan tonto como un niño pequeño[73].
DÓRDALO.— ¿Por qué?
TÓXILO.— Pues porque creo que antes deberías hacerle a la chica una serie de preguntas referentes al caso.
DÓRDALO.— Por Hércules que no me has dado un mal consejo. Fíjate tú: todo un astuto lenón como yo casi caigo en la trampa, si tu no hubieras estado a mi lado. ¡Lo importante que es disponer de un amigo, cuando se hace un negocio!
TÓXILO.— Creo que debes preguntarle por su linaje, por su país, por sus padres, no vayas a decir después que la compraste a ciegas, impulsado o embaucado por mí.
DÓRDALO.— Sí, sí. Aplaudo tu consejo.
TÓXILO.— *(A Sagaristión.)* Si no te importa, este hombre quería hacerle unas preguntas a la chica.

---

[73] Los niños eran ejemplo proverbial de estupidez: cfr. *Bacch.* 123.

[272]

SAGARISTIÓN.— De acuerdo; como quiera. 600
TÓXILO.— *(A Dórdalo.)* ¿Por qué te quedas ahí plantado? Anda, acércate a él y pídele tú mismo que te dé permiso para preguntarle lo que quieras. Aunque a mí ya me ha dado la autorización, prefiero que se la pidas tú personalmente a él, para que no te menosprecie.
DÓRDALO.— ¡Buen consejo! *(A Sagaristión.)* Extranjero, me gustaría preguntarle a la muchacha unas cuantas cosas.
SAGARISTIÓN.— Todo lo que quieras.
DÓRDALO.— Dile que se acerque a mí.
SAGARISTIÓN.— *(A la joven.)* Acércate y sé complaciente con él. *(A Dórdalo.)* Interrógala, pregúntale lo que quieras.
TÓXILO.— *(A la joven.)* Vamos, vamos, ahora te toca a ti. Procura trabar combate con buenos auspicios.
DONCELLA.— Los auspicios son favorables. Calla. Trataré de que regresemos al campamento cargados con un hermoso botín.
TÓXILO.— *(A Dórdalo.)* Retírate un poco. Yo te la llevaré.
DÓRDALO.— De acuerdo; actúa como consideres mejor para nuestros intereses.
TÓXILO.— *(A la joven.)* ¡Eh, jovencita, ven! *(Aparte, a la jo-* 610 *ven.)* Por favor, fíjate bien en lo que haces.
DONCELLA.— Cállate. Actuaré a tu entera satisfacción.
TÓXILO.— Sígueme. *(A Dórdalo.)* Aquí te la traigo. Pregúntale lo que quieras. *(Hace ademán de retirarse.)*
DÓRDALO.— No, prefiero que estés presente.
TÓXILO.— Yo tengo que atender a mi huésped, como mi amo me ordenó. Además, a lo mejor él no quiere que esté presente.
SAGARISTIÓN.— Sí, sí, puedes estar.
TÓXILO.— *(Acercándose a Dórdalo.)* Aquí estoy para ayudarte.
DÓRDALO.— Y también para ayudarte a ti, porque el que ayuda a un amigo se ayuda a sí mismo.
SAGARISTIÓN.— Interrógala.
TÓXILO.— *(A la joven.)* Vamos, estate atenta[74].

---

[74] Entiéndanse estas palabras en el doble sentido de: a) no vayas a equivocarte (advertencia) y b) estate atenta a las preguntas del lenón, para contestar adecuadamente (cortesía con el lenón). A partir de aquí todas las palabras dichas por la doncella y por Tóxilo tienen un doble sentido según vayan dirigidas al lenón o sean interpretadas en el contexto de la trampa que se le está tendiendo.

Doncella.— Basta de palabras. Aunque sóy una esclava, conozco mi deber y a sus preguntas sabré responder la verdad, tal como me han enseñado[75].

Tóxilo.— *(Señalando a Dórdalo.)* Joven, este hombre es todo un caballero.

Doncella.— No lo dudo.

Tóxilo.— No serás esclava mucho tiempo en su casa[76].

Doncella.— Eso espero, por Pólux, si mis padres cumplen con su deber.

Dórdalo.— No te extrañes de que te preguntemos por tu patria y por tus padres.

Doncella.— ¿Y por qué iba a extrañarme, buen hombre? *(Llorando.)* La esclavitud me ha prohibido extrañarme de cualquier mal que me pueda suceder.

Dórdalo.— No llores.

Tóxilo.— *(Aparte.)* Que los dioses la confundan. ¡Qué lista y astuta es! No tiene pelo de tonta. ¡Con qué facilidad sabe decir la palabra justa!

Dórdalo.— *(A la joven.)* ¿Cuál es tu nombre?

Tóxilo.— *(Aparte.)* Ahora sí que temo que se equivoque.

Doncella.— Fortunata[77] me llamaban en mi patria.

Tóxilo.— *(A Dórdalo.)* Un nombre de buen agüero que no tiene precio. Anda, cómprala. *(Aparte.)* Estaba temblando de miedo a que se equivocara. Pero supo salir airosa del atolladero.

Dórdalo.— Si te compro, espero que sabrás hacer honor a tu nombre para mi provecho.

Tóxilo.— Si la compras, no creo yo que a finales de este mes sea todavía tu esclava.

Dórdalo.— Ojalá fuera cierto.

Tóxilo.— Pero has de poner los medios para que se cumplan tus deseos. *(Aparte.)* Todavía no ha cometido ninguna equivocación.

Dórdalo.— ¿Dónde naciste?

Doncella.— Según me dijo mi madre, en la cocina, en el rincón de la izquierda.

---

[75] El lenón debe entender que le enseñaron a no decir mentiras, pero en realidad está diciendo que va a repetir la verdad (el papel) que su padre y Tóxilo le enseñaron.

[76] Una primera premonición del desenlace del engaño.

[77] Lat. *Lucris*, de *lucrum*, "ganancia".

Tóxilo.— Será una cortesana que te traerá prosperidad, pues ha nacido en lugar caliente, donde hay superabundancia de cosas buenas. *(Aparte.)* ¡Qué estocada ha recibido el lenón, al preguntarle dónde nació! ¡Con qué gracia lo ha burlado!

Dórdalo.— Pero yo lo que quiero saber es cuál es tu patria.

Doncella.— ¿Cuál va a ser, sino ésta en la que me encuentro?

Dórdalo.— Pero yo te pregunto cuál fue.

Doncella.— Todo lo que ha sido, por nada lo tengo, una vez que dejó de ser. Es lo mismo que ocurre con la personas. Una vez que un hombre exhaló su último aliento, ¿para qué sirve preguntar quién fue?

Tóxilo.— Como hay dioses, que ha hablado con sabiduría. Sin embargo, la verdad es que me da pena.

Dórdalo.— De todas formas, venga, joven, dime de una 640 vez cuál es tu patria. ¿Por qué no hablas?

Doncella.— Te lo repito una vez más: desde el momento en que soy esclava aquí, ésta es mi patria.

Tóxilo.— *(A Dórdalo.)* Deja ya de preguntarle eso. ¿No ves que no quiere hablar, para no traer a su memoria el recuerdo de sus desgracias?

Dórdalo.— Dime. ¿Acaso fue hecho prisionero tu padre?

Doncella.— No, no fue hecho prisionero. Pero perdió todos sus bienes.

Tóxilo.— Debe ser de noble linaje, pues no sabe decir más que la verdad.

Dórdalo.— ¿Quién fue? Di su nombre.

Doncella.— ¿Para qué recordar el nombre de un desgraciado? Ahora el nombre que le cuadra es el de Desgraciado y a mí el de Desgraciada.

Dórdalo.— ¿De qué reputación gozaba en su país?

Doncella.— No había otro más apreciado. Esclavos y libres lo querían.

Tóxilo.— Un hombre bien desgraciado, por lo que dices, pues el mismo se perdió y perdió a sus seres queridos. 650

Dórdalo.— Creo que la voy a comprar.

Tóxilo.— ¿Todavía dices "creo"? Sospecho que es de muy alto linaje. Con ella te harás rico.

Dórdalo.— ¡Así lo quieran los dioses!

Tóxilo.— Vamos, cómprala.

Doncella.— Una cosa te aseguro: en cuanto mi padre se entere de que he sido vendida aquí, se presentará aquí en persona y me rescatará de ti.

Tóxilo.— ¿Qué dices?
Dórdalo.— ¿Qué quieres?
Tóxilo.— ¿No oyes lo que dice?
Doncella.— Aunque haya perdido su fortuna, sin embargo tiene amigos.
Dórdalo.— No llores, por favor. Pronto serás libre, si sucumbes muchas veces a los asaltos de mis clientes. ¿Quieres ser mía?
Doncella.— Con tal de que no sea por mucho tiempo, sí quiero.
Tóxilo.— ¿No ves que no puede olvidarse de la libertad? Esta joven te dará grandes ganancias. Decídete de una vez. Yo vuelvo junto al extranjero. *(A la joven.)* Sígueme. *(A Sagaristión.)* Te la devuelvo.
Dórdalo.— *(A Sagaristión.)* Joven, ¿quieres venderla? 660
Sagaristión.— Mejor que perderla.
Dórdalo.— Entonces di en dos palabras. ¿Por cuánto me la vendes? Dime su precio.
Sagaristión.— Te lo diré, puesto que así lo deseas. Es tuya por cien minas[78].
Dórdalo.— Es demasiado.
Sagaristión.— Ochenta.
Dórdalo.— Es demasiado.
Sagaristión.— No te rebajaré ni un céntimo del precio que te voy a decir.
Dórdalo.— ¿Y cuál es ese precio? Habla, dilo pronto.
Sagaristión.— Te la doy por sesenta minas y tú corres con los riesgos.
Dórdalo.— Tóxilo, ¿qué hago?
Tóxilo.— La cólera de los dioses y las diosas tiene que ofuscar tu cerebro, maldito, para que no te apresures a comprarla.
Dórdalo.— *(A Sagaristión.)* De acuerdo.
Tóxilo.— *(A Dórdalo.)* Bravo, has conseguido un hermoso botín. Vete a buscar el dinero. Por Pólux, que ni por trescientas minas hubiese sido cara. Has hecho un buen negocio.
Sagaristión.— *(A Dórdalo.)* Escucha. Por sus ropas tendrás que sumar diez minas.

---

[78] Precio desorbitado. Aunque al final, el precio va a ser rebajado a 60 minas, se trata de la cortesana más cara de todo el teatro plautino. Recuérdese que el precio habitual de una esclava son veinte o treinta minas: cfr. n. 12 del *Curculio*.

DÓRDALO.— Las restaré, no las sumaré.   670
TÓXILO.— *(A Dórdalo.)* Calla, por favor. ¿No ves que sólo busca un pretexto para deshacer el trato? ¿Quieres ir de una vez a buscar el dinero? *(Pequeña laguna.)* ... *(Aparte.)* y ha recibido el castigo que merecía[79].
DÓRDALO.— *(A Tóxilo, señalando a Sagaristión.)* Escucha: tú, mientras tanto, vigílalo.
TÓXILO.— ¿Por qué no te vas de una vez?
DÓRDALO.— Me voy y enseguida traigo el dinero. *(Dórdalo entra en su casa.)*

ESCENA QUINTA

TÓXILO, DONCELLA, SAGARISTIÓN

TÓXILO.— Te felicito, jovencita: nos has prestado una ayuda encomiable, inestimable, demostrando gran sabiduría y prudencia.
DONCELLA.— El bien que se hace a los hombres de bien siempre es apreciado y agradecido.
TÓXILO.— *(A Sagaristión.)* Escucha, tú, Persa. En cuanto el lenón te entregue el dinero, finge que te vas directamente a la nave.
SAGARISTIÓN.— Déjate de consejos.
TÓXILO.— Pero tomas el callejón y vuelves a mi casa, pasando por el huerto.
SAGARISTIÓN.— Eres adivino.
TÓXILO.— Y no se te vaya a ocurrir pirártelas a tu casa con   680
el dinero, te lo advierto.
SAGARISTIÓN.— Cree el ladrón que todos son de su condición.
TÓXILO.— Calla y ahorra saliva. El botín sale a la calle.

---

[79] Como señala Leo, este comentario de Tóxilo, que sólo se conserva en el palimpsesto Ambrosiano, parece que debería estar situado después de la partida de Dórdalo, al final de la escena (v. 672).

ESCENA SEXTA

Dórdalo, Sagaristión, Tóxilo, Doncella

Dórdalo.— *(Mostrando una bolsa con dinero a Sagaristión.)* Aquí dentro hay sesenta minas de plata, en moneda de curso legal. Tan sólo faltan dos escudos.
Sagaristión.— ¿Y qué pretenden esos escudos?
Dórdalo.— Comprar la bolsa u obligarla a regresar a su casa.
Sagaristión.— Tenías mucho miedo, ¿verdad?, bellaco, avaro, de no demostrar ser un lenón perfecto, de perder una bolsita insignificante.
Tóxilo.— *(A Sagaristión.)* Déjalo, por favor. Es un lenón. ¿Qué hace de extraño?
Dórdalo.— Hoy he rezado a los dioses[80] para ganar dinero. No hay cantidad tan pequeña que no me disguste perderla. *(Tendiéndole la bolsa.)* Toma, coge esto, por favor.
Sagaristión.— Cuélgamela del cuello, si no te disgusta.
Dórdalo.— De acuerdo.
Sagaristión.— *(Despidiéndose.)* ¿Queréis algo más de mí?
Tóxilo.— ¿Por qué tienes tanta prisa?
Sagaristión.— Tengo cosas que hacer. Me han encomendado entregar una carta y quiero cumplir el encargo. Además he oído decir que mi hermano gemelo es esclavo en esta ciudad y quiero encontrarlo y rescatarlo.
Tóxilo.— Por Pólux, ahora que lo dices, lo recuerdo. Creo haber visto en la ciudad a un individuo de aspecto exactamente igual al tuyo y de tu misma estatura.
Sagaristión.— Seguro que es mi hermano.
Dórdalo.— Y, a propósito, ¿cómo te llamas?
Sagaristión.— ¿Y a ti qué te importa?[81]
Dórdalo.— ¿Y por qué no ha de importarme?
Sagaristión.— Escucha, pues, y lo sabrás: Falsiloquidoro Vendedoncellónides Gastabromístides Sacatudinerónides Diceloquetemerécides Burlónides Embaucónides Loquetequítides Nuncalorecuperarástides. Ya lo sabes.

690

700

---

[80] Lit. "he tomado los auspicios": cfr. *Rudens* 717.
[81] El texto presenta en este punto una pequeña laguna, pero el sentido no parece dudoso.

Dórdalo.— ¡Por Hércules, vaya colección más variada de nombres tienes!

Sagaristión.— Es costumbre de los persas. Todos tenemos nombres largos y complicados. *(Despidiéndose de nuevo.)* ¿Queréis algo más?

Dórdalo.— Que tengas salud.

Sagaristión.— Y vosotros también. Mi espíritu ya está en la nave.

Tóxilo.— Tendrías que haberte ido mañana y haber cena- 710 do hoy con nosotros.

Sagaristión.— Salud.

ESCENA SÉPTIMA

Tóxilo, Dórdalo, Doncella, Saciadón

Tóxilo.— Ahora que se ha marchado, ya podemos hablar libremente. Hoy sí que ha sido un día de suerte para ti. *(Señalando a la joven.)* Pues no la has comprado, te la han regalado.

Dórdalo.— Él sí que sabe el buen negocio que ha hecho, vendiéndome a una joven robada sin darme garantía alguna. Cogió el dinero y se marchó. ¿Ahora cómo sé yo que no se va a presentar alguien a reclamarla como libre? ¿Adónde iría a buscarlo? ¿A Persia? ¡Tonterías!

Tóxilo.— Creí que me agradecerías el favor que te hice.

Dórdalo.— No, si te lo agradezco, Tóxilo. Pues sé que hi- 720 ciste todo lo posible por ayudarme.

Tóxilo.— ¿Por ayudarte? Di más bien por enriquecerte[82].

Dórdalo.— *(Reaccionando ante un pensamiento súbito.)* ¡Caramba! Quería haber dado hace un momento unas órdenes a mis esclavos y se me ha olvidado. *(Señalando a la joven.)* Vigílala.

Tóxilo.— Está en buenas manos. *(Dórdalo entra en su casa.)*

Doncella.— *(A Tóxilo.)* Mi padre se retrasa.

Tóxilo.— ¿Y si fuera a avisarlo?

Doncella.— Es el momento.

Tóxilo.— *(Acercándose a la puerta de su casa.)* ¡Eh, Sacia-

---

[82] El texto en este punto es corrupto y la traducción sólo aproximada.

dón, sal! Ahora es la ocasión de vengarnos de nuestro enemigo.

SACIADÓN.— *(Aparte.)* Aquí me tienes. ¿Os he hecho esperar?

TÓXILO.— Vamos, retírate hacia aquel lado, apártate de nuestra vista y cállate. Cuando me veas hablando con el lenón, entonces comienza a armar el jaleo.

SACIADÓN.— A buen entendedor con decírselo una vez basta. 730

TÓXILO.— Después, cuando me haya ido...

SACIADÓN.— Anda, cállate. Ya sé lo que quieres decir. *(Se aparta a un lado de la escena.)*

ESCENA OCTAVA

DÓRDALO, TÓXILO, DONCELLA

DÓRDALO.— *(Regresando de su casa.)* Al entrar en casa, he tenido que zurrar la badana a todos los esclavos, pues los muebles y las habitaciones estaban llenos de polvo.

TÓXILO.— ¿Vuelves ya?

DÓRDALO.— Sí.

TÓXILO.— ¡Menudo favor que te he hecho hoy!

DÓRDALO.— Sí, lo reconozco y te lo agradezco.

TÓXILO.— *(Despidiéndose.)* ¿Quieres algo más de mí?

DÓRDALO.— Que lo pases bien.

TÓXILO.— Ese deseo, por Pólux, ahora mismo voy a llevarlo a la práctica en mi casa, pues ahora mismo voy a recostarme en el lecho con tu liberta. *(Tóxilo entra en su casa.)*

ESCENA NOVENA

SACIADÓN, DONCELLA, DÓRDALO

SACIADÓN.— *(Fingiendo un arrebato de cólera.)* Que me muera si no mato a ese tipo. ¡Ah! ¡Magnífico! Precisamente ahí está a la puerta de su casa.

DONCELLA.— Salud, salud, padre mío.

SACIADÓN.— Salud, hija mía. 740

DÓRDALO.— *(Adivinando lo ocurrido.)* ¡Ay! El persa me ha perdido.

DONCELLA.— *(A Dórdalo, señalando a Saciadón.)* Es mi padre.

[280]

Dórdalo.— ¿Cómo? ¿Qué? ¿Tu padre? Estoy completamente perdido. ¿A qué espero, desventurado de mí, para entonar el réquiem por mis sesenta minas?
Saciadón.— Te juro, por Pólux, canalla, que yo haré que tengas que entonarlo también por ti mismo.
Dórdalo.— Soy hombre muerto.
Saciadón.— Vamos, camina ante el tribunal, lenón.
Dórdalo.— ¿Por qué me citas ante la justicia?
Saciadón.— Ya te lo explicaré delante del pretor. Pero te cito ante la justicia.
Dórdalo.— ¿Y no tomas testigos?
Saciadón.— ¿Crees tú, verdugo, que voy a gastar la oreja[83] a un hombre libre por culpa de un individuo como tú, que trafica con ciudadanos libres?   750
Dórdalo.— Déjame explicarte.
Saciadón.— No quiero saber nada.
Dórdalo.— Escucha.
Saciadón.— Soy sordo. Camina. Sígueme por aquí, canalla, ladrón de doncellas. *(A su hija.)* Sígueme por aquí, hija mía. Vamos a ver al pretor.
Doncella.— Te sigo. *(Salen.)*

ACTO QUINTO

ESCENA PRIMERA

Tóxilo, Sagaristión, Lemniselene

Tóxilo.— Ahora que han sido vencidos los enemigos, están a salvo los ciudadanos, está en calma la ciudad, ha sido firmada la paz, terminada la guerra, conseguida la victoria, sin bajas en nuestro ejército y nuestras guarniciones, a ti, Júpiter y a todos los dioses que reinan en el cielo, por la valiosa ayuda que nos habéis prestado os expreso mi gratitud y os doy gracias por haberme permitido tomar cumplida venganza de mi enemigo. Ahora, para celebrarlo, repartiré el botín entre mis colaboradores y daré a cada uno su parte. *(A los esclavos, que*

---

[83] Para tomar a una persona por testigo *(antestatio)*, se acostumbraba a tocarle el lóbulo de la oreja, considerado sede de la memoria: cfr. Plin. *Nat.* 11, 251.

están en la casa.) Vamos, salid. Aquí, delante de la puerta de mi casa, quiero dar un banquete a mis colaboradores. Colocad aquí los lechos, poned aquí lo usual en estos casos. Ante todo quiero que pongáis aquí un cántaro de vino[84], para que yo haga rebosar de gozo, alegría y felicidad a todos aquellos cuya colaboración me ha permitido llevar a cabo con facilidad mis propósitos. Pues es un canalla el hombre que sabe recibir favores pero no sabe devolverlos.

LEMNISELENE.— *(Saliendo de casa y acercándose a Tóxilo.)* Tóxilo mío, ¿por qué estoy sin ti? ¿Y por qué tú estás sin mí?

TÓXILO.— Ea, pues, acércate a mí y abrázame, por favor.

LEMNISELENE.— *(Abrazándolo.)* Claro que sí.

TÓXILO.— ¡Oh, no hay placer más dulce que éste! Pero, por favor, niñita de mis ojos, ¿por qué no nos instalamos ahora mismo en los lechos?

LEMNISELENE.— Tus deseos son los míos.

TÓXILO.— Y lo mismo me sucede a mí. Venga, venga, venga, pues. Tú, Sagaristión, reclínate en el lecho de la izquierda[85].

SAGARISTIÓN.— Ese honor me trae sin cuidado. Dame el compañero[86] que pacté contigo.

TÓXILO.— Espera un segundo.

SAGARISTIÓN.— Ese segundo es un siglo para mí.

TÓXILO.— Vamos, recuéstate. Celebremos y festejemos el

---

[84] El texto es corrupto y el sentido sólo aproximado.

[85] El primer lecho de la izquierda (según se sientan los convidados). Según las normas griegas de preferencia, es el puesto de mayor honor del banquete (en Roma lo sería el *lectus medius* y, especialmente, el *locus imus in medio lecto*). Tóxilo se sentaría probablemente al lado de Lemniselene (cfr. 774), en el lecho de la derecha *(imus)*, dejando libre el *medius lectus*, que sería ocupado posteriormente por el lenón (cfr. 792). Es atractiva la hipótesis de Bettini *(op. cit.,* 265), quien piensa que en la escena no había, a la usanza romana, un *triclinio* (conjunto de tres lechos de un máximo de tres plazas cada uno), sino dos biclinios, es decir, dos lechos de dos plazas (cfr. *Bacch.* 720 y 754). En el de la izquierda, que sería el de mayor honor conforme a las normas griegas, se sentaría Sagaristión y su pareja, que según él mismo Bettini, (cfr. n. siguiente) sería el lenón, mientras que en el otro biclinio se sentarían Tóxilo y Lemniselene.

[86] En general quiere verse una referencia al cántaro de vino. Pero se ha supuesto también que con Sagaristión *parem* podría referirse a Pegnio, a Dórdalo (Chiarini, *La recita. Plauto, la farsa, la festa,* 185 ss. seguido por Bettini) y, al propio Tóxilo (Woyteck).

día de mi cumpleaños[87]. *(A los esclavos.)* Traed agua para las manos; colocad la mesa. *(Poniendo una corona de flores en la cabeza de Lemniselene.)* A una flor como tú le ofrezco esta corona de flores. Tú serás la reina del banquete.
LEMNISELENE.— *(A Pegnio.)* Vamos, chaval, da comienzo a la fiesta; sirve siete copas[88] por cabeza, comenzado por la izquierda.
TÓXILO.— Vamos, Pegnio, mueve las manos, date prisa. Estás tardando mucho en pasar las copas. Venga, dámelas. *(Brindando.)* ¡A mi salud, a la vuestra, a la de mi amada! *(A Lemniselene.)* Los dioses han colmado hoy todos mis deseos, al permitirme abrazarte ya libre.
LEMNISELENE.— Gracias a ti.
TÓXILO.— *(Volviendo a brindar.)* ¡A la salud de todos nosotros! *(A Lemniselene.)* Esta copa mi mano te la pasa a la tuya, como debe hacer el amante con su amada.
LEMNISELENE.— Dámela.
TÓXILO.— Toma.
LEMNISELENE.— *(Brindando.)* ¡A la salud de los que envidian mi dicha y de los se alegran de ella!

ESCENA SEGUNDA

DÓRDALO, LEMNISELENE, SAGARISTIÓN, TÓXILO, PEGNIO

DÓRDALO.— *(Regresando, sin ver a los convidados.)* A cuantos hombres hay, habrá, ha habido o va a haber algún día, a todos los supero yo sólo en desdichas; soy con mucho el hombre más desdichado del mundo. ¡Estoy perdido, estoy muerto! Éste ha sido el día más funesto y más aciago de mi vida. ¡De

---

[87] Posiblemente las palabras de Tóxilo no deban ser interpretadas en sentido literal. Es decir, quizás no se trata del verdadero cumpleaños de Tóxilo, sino de una metáfora para indicar que la liberación de Lemniselene supone para él una especie de segundo nacimiento. (Bettini)

[88] Sobre el *cyathus*, especie de cazo que servía para trasvasar el vino del cántaro a la copa, cfr. n. 86 del *Stichus*. Según Bettini, la razón del número de copas estriba en que se acostumbraba a beber a la salud de una persona tantas veces como el número de letras que componían su nombre. Y siete son las letras de *Toxilus*, que sería el homenajeado.

qué forma me ha burlado Tóxilo y ha saqueado mi fortuna! He arrojado, pobre de mí, a la calle un carro de dinero; me he quedado sin él y también me he quedado sin lo que quería comprar. ¡Que todos los dioses confundan a ese maldito persa, a todos los persas, y a todos los pers...onajes de esta comedia! ¡Qué cantidad de males me ha causado, pobre de mí, el maldito Tóxilo! Como no le fié, tramó contra mí esta intriga. Pero juro, por Pólux, que, si sigo con vida, lo haré colgar de lo alto de la cruz, lo haré cargar de cadenas, en cuanto regrese su amo, lo que espero que suceda pronto... *(Viendo el festín que tiene lugar delante de la casa de Tóxilo.)* Pero, ¿qué estoy viendo? Se puede saber qué comedia es ésta. Ahí están, por Pólux, celebrando una fiesta. Me acercaré a ellos. *(A Tóxilo.)* O buen amigo, salud; *(A Lemniselene.)* y salud a ti también, 790 buena liberta.

LEMNISELENE.— Pero si es Dórdalo.
SAGARISTIÓN.— Dile que se acerque.
TÓXILO.— Acércate, por favor.
SAGARISTIÓN.— Vamos, recibámoslo con un aplauso.
TÓXILO.— Dórdalo, simpatiquísimo, salud. *(Señalándole un sitio en el triclinio.)* Aquí tienes un sitio. Recuéstate aquí[89]. *(A los esclavos.)* Traedle agua para los pies. *(A Pegnio.)* ¿Quieres servirle vino, chaval?

DÓRDALO.— *(A Pegnio.)* Te juro que como me toques con un solo dedo, bribón, te estrello contra el suelo.

PEGNIO.— Y yo acto seguido te saco un ojo con esta copa.

DÓRDALO.— *(A Tóxilo.)* Dime, carne de horca, rompelátigos, ¿estás orgulloso de cómo me has engañado, de cómo me has hecho caer en la trampa, de cómo me la has pegado con el persa?

TÓXILO[90].— Harías bien en dejarte de disputas.

DÓRDALO.— *(A Lemniselene.)* Y tú, buena liberta, estabas enterada de todo esto pero me lo ocultaste, ¿verdad?

LEMNISELENE.— Es un estupidez, cuando uno puede pasárselo bien, preferir dedicarse a las querellas. Eso es mejor que lo 800 dejes para después.

DÓRDALO.— Me arde el corazón[91].

---

[89] Cfr. notas 85 y 86.
[90] Quizás las palabras sentaran mejor en boca de Lemniselene, a quien Woyteck se las atribuye: cfr. 799.
[91] De ira, evidentemente.

Tóxilo.— *(A Pegnio.)* Dale la copa. *(A Dórdalo.)* Apágate el fuego, no sea que del corazón el fuego te pase a la cabeza.

Dórdalo.— Veo que os estáis burlando de mí.

Tóxilo.— *(A Dórdalo.)* ¿Quieres que te presente a un nuevo bailarín?[92] *(A Pegnio.)* Pegnio, ya que se te ofrece la oportunidad, deléitanos con uno de tus números habituales. *(Pegnio da unos pasos de baile delante de Dórdalo.)* ¡Olé! ¡Has estado magistral! ¡Con qué elegancia has bailado!

Pegnio.— Es que lo mío es la elegancia y, además, me apetece reírme de este lenón, porque se lo merece.

Tóxilo.— Continúa.

Pegnio.— *(Abofeteando a Dórdalo, después de hacer ademán de acariciarlo.)* Toma, lenón: esto para ti.

Dórdalo.— ¡Pobre de mí, vaya golpe que me ha dado! 810

Pegnio.— *(Golpeándolo de nuevo.)* Toma, guárdate ésta.

Dórdalo.— *(Con ironía.)* Sí, búrlate de mí a tu antojo, mientras tu amo está ausente.

Pegnio.— *(Volviendo a golpearlo.)* ¿Ves cómo obedezco tus órdenes? Pero tenías tú también que hacerme caso y seguir mis consejos.

Dórdalo.— ¿Qué consejo?

Pegnio.— Coger una cuerda gruesa y colgarte.

Dórdalo.— *(Levantando el bastón, ante un nuevo intento de Pegnio de golpearlo.)* Líbrate mucho de tocarme, si no quieres que con este bastón, te dé una buena zurra.

Pegnio.— Hazlo. Te lo permito.

Tóxilo.— Basta, basta, Pegnio. Para un poco.

Dórdalo.— Os juro, por Pólux, que os aniquilaré.

Pegnio.— Y a ti el que vive en lo alto[93], que mal te quiere y mal te hará. Si no te lo dicen ellos, te lo digo yo. 820

Tóxilo.— *(A Pegnio.)* Vamos, haz circular el vino mielado, sirve de beber, sin parar; llena las copas hasta los bordes. Ya hace un siglo que no tomamos un trago; hace una eternidad que tenemos la garganta seca.

Dórdalo.— Quieran los dioses que lo que bebáis se os indigeste en el estómago.

Sagaristión.— No puedo, lenón, por menos de bailar aque-

---

[92] Los editores consideran habitualmente que estas palabras van dirigidas a Pegnio. Pero esto no tiene sentido. Por ello, siguiendo a Woyteck, varío la puntuación.

[93] Júpiter, evidentemente: cfr. *Amph.* 863.

lla danza[94], que en otro tiempo bailaba Hegeas[95]. *(Baila.)* A ver si te gusta.

Tóxilo.— *(Bailando a su vez.)* También yo quiero imitar la danza que en otro tiempo bailaba Diodoro en Jonia[96].

Dórdalo.— Os voy a dar un buen escarmiento, como no os vayáis.

Tóxilo.— ¿Te atreves a abrir la boca, desvergonzado? Como me enfades, te traigo de nuevo al persa.

Dórdalo.— De acuerdo, por Hércules, me callo. *(A Sagaristión.)* Pero tú eres el persa, tú el que me ha trasquilado hasta la piel.

Tóxilo.— Calla, tonto. Es su hermano gemelo. 830

Dórdalo.— ¿Su hermano gemelo?

Tóxilo.— Y gemelísimo.

Dórdalo.— *(A Sagaristión.)* ¡Que los dioses y las diosas te confundan a ti y a tu hermano gemelo!

Sagaristión.— Eso deséaselo al que te arruinó. Pues yo no tengo culpa de nada.

Dórdalo.— Pues ¡que su culpa recaiga sobre ti!

Tóxilo.— Venga, burlémonos de él, si os parece bien.

Lemniselene.— Si no lo merece, no es preciso. Y yo no debo hacerlo.

Tóxilo.— Supongo que será porque no puso dificultades a que yo te comprara, ¿verdad?

Lemniselene.— Pero...

Tóxilo.— No hay pero que valga. *(Laguna.)* Ándate con ojo y sígueme. Tú tienes que hacer caso a lo que te digo, porque, por Hércules, que si no fuera por mí y por mi ayuda, este tipo hubiera hecho de ti una prostituta a la primera de cambio. Pero así son la mayoría de los libertos. Si no le llevan la contraria a sus patronos[97], no se consideran suficientemente li-

---

[94] El *staticulus*, como dice la palabra, derivada de *sto*, es una danza que consistía en unos movimientos lentos y, probablemente, voluptuosos del cuerpo, sin moverse del mismo sitio.

[95] No tenemos ninguna otra indicación de este bailarín.

[96] Tampoco tenemos ninguna otra noticia de este Diodoro. Sobre la danza jonia cfr. *Pseud.* 1274. Sobre él y Hegea, recién mencionado, Fraenkel *(Elementi,* 349), admite que tanto puede tratarse de famosos bailarines orientales como de nombres inventados por Plauto. Cfr., además, n. 11 de la Introducción.

[97] En realidad el verdadero patrono de Lemniselene es Dórdalo, que fue quien le dio la libertad y así se declara expresamente en otros

bres, ni suficientemente listos, si suficientemente honorables. 840
No quedan satisfechos, si no lo insultan, si no responden con
la ingratitud a quien sólo deben agradecimiento.
LEMNISELENE.— Por Pólux, claro que tus bondades me animan a obedecerte.
TÓXILO.— Yo soy tu patrono, sin discusión, pues yo le he pagado el precio de tu rescate. Y yo quiero que nos burlemos de él a conciencia.
LEMNISELENE.— Yo, por mi parte, pondré todo mi empeño en lograrlo.
DÓRDALO.— *(Que no ha oído la conversación de Tóxilo y la joven.)* A buen seguro que estos tipos están tramando algún daño contra mí.
SAGARISTIÓN.— *(A Tóxilo y Lemniselene.)* ¡Eh, vosotros!
TÓXILO.— Dime.
SAGARISTIÓN.— ¿Es éste el lenón Dórdalo, que compra doncellas libres? ¿Es éste el que en otro tiempo era un bravucón? *(Le da un puñetazo.)*
DÓRDALO.— ¿Qué significa esto? ¡Ay, me ha dado un puñetazo! Os daré un escarmiento.
TÓXILO.— Pero nosotros ya te los hemos dado y te los volveremos a dar. *(Le pellizca.)*
DÓRDALO.— ¡Ay, me ha pellizcado las nalgas!
PEGNIO.— ¿Por qué no? ¿No hace ya mucho tiempo que están acostumbradas a los pinchazos?[98]
DÓRDALO.— ¿Sigues hablando, imbécil?
LEMNISELENE.— *(A Dórdalo.)* Patrono mío, entra, por favor, a cenar.
DÓRDALO.— Perezosa mía[99], ¿también tú te burlas de mí? 850
LEMNISELENE.— ¿Porque te invito a pasarlo bien?
DÓRDALO.— No quiero pasarlo bien.

---

puntos de la comedia: cfr. 737, 789, 798 (donde se habla de Lemniselene como liberta de Dórdalo) y 849, donde Lemniselene dirige a Dórdalo el tratamiento de patrono. Pero Tóxilo ha sido quien a pagado el precio de su rescate y, en consecuencia, a pesar de ser él un esclavo, sin duda se considera el verdadero patrono: cfr. v. 842.

[98] Se quiere ver una alusión obscena en estas palabras de Pegnio.

[99] Lat. *mea ignavia* (lit. "pereza mía"). El sentido de estas palabras del lenón, interpretadas normalmente como un vocativo, no parece a Ernout demasiado satisfactorio. Paratore quiere ver en ellas una prueba de que Lemniselene habría reservado sus favores exclusivamente a Tóxilo.

LEMNISELENE.— Pues no lo pases.

Tóxilo.— ¿Y qué? ¿Ves lo que hacen seiscientos escudos? ¿Ves los problemas que causan?

Dórdalo.— *(Aparte.)* ¡Estoy completamente perdido! ¡Esta gente sabe devolver cumplidamente los favores a sus enemigos!

Tóxilo.— ¿Te hemos castigado ya bastante?

Dórdalo.— Sí, me rindo a la evidencia.

Tóxilo.— Y después te rendirás a la tortura[100].

Dórdalo.— Vete a que te crucifiquen. ¿Es que no me han maltratado ya aquí éstos bastante?

Tóxilo.— Te acordarás de haberte encontrado con Tóxilo. Espectadores, que os vaya bien. El lenón ha muerto. Aplaudid.

---

[100] Tratamos de traducir el doble sentido de *manus dare:* a) "rendirse" (pronunciado por el lenón) b) estirar las manos en la horca (sentido que le da Tóxilo). Sobre la horca cfr. n. 30 del *Miles.*

EL CARTAGINESITO

(Poenulus)

INTRODUCCIÓN

El *Poenulus,* como el *Curculio* y el *Epidicus,* combina en su trama los motivos fundamentales del engaño y del reconocimiento. En la ciudad griega de Calidón vive un joven, Agorastocles, raptado de niño en Cartago y vendido por el raptor a un rico ciudadano etolio, que lo adoptó como hijo y, a su muerte, lo dejó heredero de toda su fortuna. Y en la casa de al lado, en poder de un lenón, viven dos jóvenes hermanas, primas suyas, también raptadas de niñas en Cartago. Precisamente de la mayor de ellas, Adelfasia, sin saber que es su prima, se ha enamorado Agorastocles, mientras que en la menor, Anterástile, ha puesto los ojos un soldado.

Pero Agorastocles no está dispuesto a satisfacer las desmedidas exigencias del lenón por la venta de Adelfasia, por lo que recurre a su esclavo Milfión, que inmediatamente urde un engaño para que su amo pueda rescatar sin gastar un céntimo a su amada. El plan de Milfión es el siguiente: Colibisco, el capataz de labranza de Agorastocles, a quien el lenón no conoce, se presentará en casa de éste disfrazado de extranjero y llevando en la bolsa una importante suma de dinero, que dirá estar dispuesto a gastar en pasar un buen rato. El lenón, naturalmente, arderá en deseos de brindarle hospitalidad y Colibisco, en presencia de unos testigos contratados para la ocasión, le entregará el dinero y entrará en su casa. Inmediatamente después se presentará Agorastocles, acompañado por los testigos, a reclamar al lenón la entrega de un esclavo suyo que se ha refugiado en su casa. El lenón, ignorante de la realidad, lo negará todo, pero, demostrada la verdad, será llevado a juicio y quedará arruinado, pues el juez adjudicará todos sus bienes, incluidas las dos jóvenes, a Agorastocles.

La trampa resulta conforme a lo planeado y ya sólo falta cumplir el mero trámite de llevar ante el juez al lenón cuando van a producirse dos acontecimientos imprevistos. En primer lugar Milfión descubre con sorpresa que las dos jóvenes cortesanas son libres de nacimiento y oriundas de Cartago e inmediatamente después llega el cartaginés Hanón, que recorre el mundo en busca de sus hijas, que le han sido raptadas de niñas. La idea de una nueva trampa surge de inmediato en la mente de Milfión: ¿Y si, aprovechando la ocasión, Hanón se hiciera pasar por el padre de las dos jóvenes y las reclamara en justicia como si fueran sus propias hijas? Pero la aplicación del nuevo plan será totalmente innecesaria porque enseguida se va a descubrir que Hanón no sólo es tío de Agorastocles sino el padre de Anterástile y Adelafasia. Las cosas no pueden terminar mejor: Hanón recupera a sus hijas; el lenón no sólo se queda sin las jóvenes cortesanas sino que ha de comprometerse a pagar a Agorastocles una multa del valor de lo robado y a suministrar gratuitamente al soldado una sustituta de Anterástile; y, en cuanto a Agorastocles, naturalmente, se le concede, como no podía ser menos, la mano de Adelfasia.

Como puede observase por la simple lectura del argumento, el *Poenulus,* como el *Miles*, tiene la peculiaridad de contener dos tramas sucesivas, que dividen claramente la comedia en dos partes y cada una de las cuales se muestra, al menos a primera vista, autosuficiente para conducir la comedia a un feliz desenlace. Dicho de otra manera, para arruinar al lenón y conseguir la liberación de Adelfasia (y Anterástile) bastaría tanto la trampa de Colibisco, que, en cierta medida, se deja sin efecto[1], como el reconocimiento de las jóvenes como hijas de Hanón, motivo éste que, además, lleva acompañada una segunda e innecesaria trampa como es la pretensión de Milfión de que Hanón finja ser el padre de las chicas[2]. En consecuen-

---

[1] No es cierto, sin embargo, que no se deje sentir el efecto de la trama de Colibisco en la segunda parte de la comedia: cfr. Paratore, *Tutte le commedie*, 124-25.

[2] A. S. Grattwick, "Drama" en Kenney, E. J. y Clausen, W. V. (eds.), *The Cambridge History of Classical Literature*, Cambridge 1982, II 1, 98-103 (hay trad. esp. de Elena Bombín: *Historia de la Literatura Clásica*, II *Literatura Latina*, Madrid 1989, 123-27) demuestra que este episodio (vv. 1086-1110) no podía figurar en el original de Alexis y propone como posible fuente de este añadido un pasaje de los Σικυώνιοι (vv. 343 ss.) de Menandro, que nos es conocido por fragmentos papiráceos publicados por primera vez en 1964. Se trataría, según él, del primer ejemplo documental de la clase de *contaminatio* que Terencio practicaba y atribuyó a Plauto.

cia, algunos críticos han querido ver en esta comedia, como en el *Miles*, un claro ejemplo de *contaminatio*[3]. En la trama del modelo principal, el Καρχηδόνιος mencionado en el prólogo de la comedia, cuya acción se desarrollaría en los actos IV y V, Plauto habría insertado la acción de una segunda comedia, cuyo motivo principal sería la "trampa de Colibisco" y que abarcaría los actos I, II y III. Hoy, sin embargo, la crítica plautina es, en general, reacia a admitir este punto de vista[4] y, aunque la tesis de la *contaminatio* no puede ser rotundamente descartada, hay sólidas y fundadas razones para negar su existencia, al menos en los términos en que ha sido tradicionalmente planteada[5]. En primer lugar, aun admitiendo que la "trampa de Colibisco" podría ser suficiente para alimentar la acción de una comedia[6], no se entiende muy bien cómo podría decirse lo mismo del motivo del reconocimiento[7]. Además, si bien es cierto que, desde la óptica de Plauto, el engaño podría ser suficiente para llegar al desenlace de la comedia, probablemente no lo fuera desde la óptica de la Νέα, donde por convención el joven enamorado ha de casarse con su amada y no puede conformarse con tenerla como concubina, por lo que es imprescindible que se produzca el reconocimiento[8]. En consecuencia, dejando al margen otros detalles y admitiendo que Plauto, sin duda, ha hecho modificaciones, especialmente cortes y ampliaciones, que han alterado y desvirtuado la estructura original de la comedia, creemos que puede afirmarse

---

[3] Cfr. F. Leo, *Plautinische Forschungen*[2], 170-178, G. Jachmann, *Plautinisches und Atisches*, 195-208, F, Della Corte, *Da Sarsina a Roma*, 101-103.

[4] Cfr. E. Fraenkel, *Elementi*, 253-267. Ni siquiera creemos que sea necesario admitir con él que la larga escena I 2 fue tomada por Plauto de otro modelo griego y posiblemente basta con suponer que Plauto ha reelaborado libremente una escena del original de Alexis: cfr. W. H. Friedrich, *Euripides und Diphilos* 233-254; K. Gaiser, *Zur Eigenart*, 1060-61; Paratore, *Tutte le commedie*, IV 122-127.

[5] Sobre el tipo de contaminación admitido actualmente cfr. n. 2.

[6] Se ha observado su similitud con la trama del *Persa*. Pero dado que se supone que Plauto ha realizado importantes mutilaciones en el original de esta comedia (cfr. Chiarini, *La recita*, 26-29), habría que suponerlas realizadas también en el modelo de esa parte del *Poenulus*.

[7] La comparación que establece Paratore, *Tutte le commedie*, IV 124, entre *Rudens* y el *Poenulus* desde este punto de vista, nos parece especialmente interesante y digna de atención.

[8] Cfr. Grattwick, *op. cit.*, 98 (trad. esp. 122).

que sus dos intrigas ya estaban presentes en el original griego, lo que cobra especial verosimilitud, si admitimos que su autor es Alexis, escritor que, a diferencia de Menandro, parece haber potenciado este tipo de comedia de doble trama[9].

Así, pasando ya al problema del autor del modelo, recordaremos que se conoce la existencia de dos comedias con el título de Καρχηδόνιος, una de Menandro y otra de Alexis. Tradicionalmente ha venido considerándose como modelo la de Menandro[10], pero la publicación de unos fragmentos de esta comedia ha demostrado que no tienen ninguna relación con el argumento del *Poenulus*, por lo que los estudiosos se inclinan actualmente a ver en Alexis el autor del modelo[11]. Este hecho quedaría confirmado por la tendencia, ya señalada, de Alexis a dotar a sus comedias de una estructura de doble intriga[12].

No disponemos de argumentos definitivos que permitan fijar la fecha exacta de composición del *Poenulus*. Los principales indicios cronológicos, más bien débiles e imprecisos, se han encontrado en los vv. 663-666 y en el v. 694. En el primero de dichos pasajes se ha querido ver una alusión a la conquista de Esparta por Flaminino en el año 195 a. C[13]. y en el

---

[9] Cfr. K. Gaiser, *Zur Eigenart*, 1061 y n. 151; y K. Dér, "Duplex argumentum", *Homonimia* 5 (1983) 129-160.

[10] También a Menandro se ha atribuido, generalmente, la autoría de la comedia griega insertada en el Καρχηδόνιος, que ha querido identificarse con su Μισούμενος. Pero también se ha postulado (Dietze, *De Philemone Comico*, 82) para este segundo original, como en el caso del *Persa*, un modelo de la Comedia Media. Cfr., también, Webster, *Studies in Menander*, 132-39.

[11] Cfr. H. Lucas, "Der Καρχηδόνιος des Alexis als Vorbild des plautinischen *Poenulus*", *RhM* 88 (1939) 189-190; W.G. Arnott, "The Author of the Greek Original of the *Poenulus*", *RhM* 102 (1959) 252-262; "Une citoyenne d'Athènes dans le *Poenulus* de Plaute", *Dioniso* 43 (1969) 355-60; *Menander, Plautus and Terence*, 41; K. Gaiser, *Zur Eigenart*, pág. 1061 y n. 151. G. Maurach, *Plauti Poenulus*, 58-61.

[12] Se ha observado, además, la coincidencia de dos fragmentos del Καρχηδόνιος de Alexis (fr. 100 y fr. 263 Kock) y dos pasajes del *Poenulus* (1317 ss. y 522-25).

[13] Aunque el pasaje, como señala Fraenkel, *Elementi*, 348 n. 1, da impresión de ser producto de la imaginación plautina, la alusión a la conquista de Esparta del año 195 parece un hecho inequívoco. Se ha señalado, sin embargo, el inconveniente que supone que Átalo hubiese muerto en el año 197 a. C. lo que obligaría a postular, entre otras posibles soluciones, una confusión con su sucesor Eumenes II de Pér-

segundo una referencia[14] a la guerra contra Antíoco III del año 191 a. C., que, en consecuencia, ha sido propuesto como fecha de composición de la comedia por importantes estudiosos de la cronología plautina[15]. Pero, dado que en los vv. 524-25 (que hablan de la paz conseguida tras el exterminio de los enemigos y que se corresponden con los vv. 74-75 del *Truculentus,* unánimemente considerada una de las últimas comedias plautinas) podría haber una alusión a la batalla de Magnesia, de fines del 190 o principios del 189 a. C., que supuso la derrota definitiva de las tropas de Antíoco, hay quien retrasa la composición de esta comedia hasta los años 189-188 a. C[16].

Creemos que se trata, sin embargo, de una fecha demasiado baja para una comedia relativamente pobre en versos líricos y por eso consideramos preferible asignar la comedia al periodo intermedio de la actividad de nuestro comediógrafo, situándola en un año indeterminado que bien pudiera ser en torno al 195 a. C.[17].

---

gamo. Además, el uso del presente *(capitur)* referido a la conquista se presta a diversas interpretaciones y, lo que a nuestro entender es más grave, no se explica muy bien por qué tuvo que huir a Etolia a causa de la victoria de Flaminino un mercenario que estaba al servicio de un aliado romano, como era el rey Átalo.

[14] Esta referencia, que es mucho más vaga e imprecisa que la anterior, no creemos que pueda servir de apoyo seguro para la datación de la comedia.

[15] Cfr. Buch, *A Chronology,* 92 ss.; Sedgwick, "Plautine Chronology", *AJPh* 70 (1949) 382; F. Della Corte, *Da Sarsina a Roma,* 62.

[16] Así Schutter, *Quibus annis,* 125, aun reconociendo que las alusiones cronológicas apuntan tanto al periodo entre 197-192 a. C. como entre 189 y 184 a. C. Señalaremos de paso que, como indicamos en notas posteriores, la victoria aludida en los versos 524-25 podría ser la de Cinoscéfalas en el 197 sobre Filipo V e, incluso, la de Zama sobre los cartagineses en el 202 a. C.

[17] Apuntamos esta fecha, tomando como referencia la conquista de Esparta por Flaminino, que, en nuestra opinión, como hemos señalado, es el único indicio cronológico relativamente seguro que puede deducirse de la comedia. En este caso la victoria lograda sobre los enemigos podría ser la lograda en Cinoscéfalas sobre Filipo V en el año 197 a. C. Precisamente es en este año en el que Paratore, que rechaza una fecha tardía, apoyándose también en la escasez de versos líricos, quiere datar la comedia. Para ello ve en los vv. 524-5 una alusión evidente al final de la Segunda Guerra Púnica (aunque admite que la alusión puede extenderse a la de victoria en Cinoscéfalas sobre Fili-

Si la fecha de composición es incierta, de lo que no cabe duda es de que, debido seguramente al favor del público, la comedia fue representada en más de una ocasión. A una reposición, probablemente póstuma, de la comedia, habría que atribuir no sólo su doble título[18], sino también la longitud excepcional del prólogo, alguna de cuyas partes serían postplautinas[19], y, especialmente, la doble redacción del final, junto con el nutrido conjunto de *retractationes* menores fácilmente perceptibles a lo largo de toda la obra[20].

La influencia del *Poenulus* se deja sentir en *La Cassaria* (1508) de Ariosto, inspirada también en *Rudens* y la *Mostella-*

---

po V) y piensa que tanto la selección de un modelo centrado en la figura de un cartaginés como el uso del púnico estarían condicionados por el interés que despertaría por aquellos años en Roma todo lo relacionado con el odiado pueblo enemigo. Naturalmente esta datación le obliga a considerar, al hablar de la conquista de Esparta, aludida en el verso 665, que Plauto no habría registrado un hecho ya ocurrido sino expresado una certeza, un poco de broma y un poco por orgullo nacional. En cuanto a la alusión a Antíoco, también estamos de acuerdo con Paratore en opinar que no tiene por qué corresponderse con un momento de la guerra de Roma contra este monarca y que se adapta mejor a un periodo en el que en Roma se miraba todavía sin recelos su poderío. Ya hemos dicho que la extrema vaguedad de la misma impide, a nuestro juicio, extraer de ella conclusiones definitivas. También Maurach, aun admitiendo la falta de argumentos decisivos, prefiere fijar la composición del *Poenulus* en la época de la guerra contra Antíoco o un poco antes a pensar en una datación tardía.

[18] Recuérdese que el v. 54 parece ofrecer (cfr. n. 14 de la comedia) un título *Patruus* ("El tío"), distinto al de *Poenulus*, correspondiente al del modelo griego y transmitido por los manuscritos.

[19] Se ha supuesto en concreto que a la reposición correspondería, al menos, el juego de palabras sobre los Istrios (v. 4 y 44). Dado que la guerra con los istrios tuvo lugar en el 178/17 a. C., Paratore, *Tutte le commedie* IV fija en ese año la fecha de la reposición de la comedia. Pero, en este caso, habría que admitir que no coincide con la de la *Casina*, que suele fijarse entre el 160 y 150 a. C.: cfr. Introducción general, I 75.

[20] Aunque generalmente tiende a considerarse originario el primer final y suele pensarse que el segundo fue compuesto con motivo de una reposición, la posibilidad de que haya sido al revés, es decir, que el segundo sea el original, cobra fuerza si se tiene en cuenta que el primero refleja el mismo esfuerzo por abreviar que parece deducirse de los ejemplos menores de *retractatio* que se detectan en el interior de la comedia: cfr. Paratore, *Tutte le commedie*, IV 119-120.

ria. Es posible que el uso de una lengua extranjera que hace el cartaginés Hanón y la interpretación cómica que de ella hace Milfión hayan influido en autores posteriores. Pero se trata de un motivo cómico demasiado general para que puedan sacarse conclusiones seguras. Aun así, se han apuntado posibles ecos de dicho procedimiento en la escena IV 4 del *Enrique V* de Shakespeare, en la que un muchacho interpreta en clave cómica las súplicas de un cautivo francés, y, también, en las escena IV 3 y 4 de *El alquimista* de Ben Jonson, en las que Surly habla en una lengua desconocida[21].

---

[21] Cfr. Duckworth, *The Nature of Roman Comedy*, 415 y 422.

PERSONAJES

AGORASTOCLES, joven.
MILFIÓN, esclavo (de Agorastocles).
ADELFASIA, cortesana.
ANTERÁSTILE, cortesana.
LUPO (= LICO[1]), lenón.
ANTAMÉNIDES, soldado.
TESTIGOS.
COLIBISCO, capataz de labranza (de Agorastocles).
SINCERASTO, esclavo (de Lupo).
HANÓN, viejo.
GIDENINE, nodriza (de Adelfasia y Anterástile).
CHAVAL.

La acción transcurre en Calidón (Etolia). Al fondo de la escena se alzan las casas de Agorastocles y del lenón Lupo.

---

[1] Lico, que es el nombre plautino del personaje, en griego significa "lobo". Hemos recurrido, excepcionalmente, a la forma italiana, que en castellano podría considerarse también una simple adaptación culta del correspondiente término latino, para reproducir los numerosos juegos de palabras que se hacen sobre el nombre de este personaje: cfr. 187, 648, 1333, 1382.

ARGUMENTO

(acróstico)

Un niño de siete años es raptado en Cartago[2]. Lo compra un viejo misógino, que lo adopta y lo nombra su heredero. Dos primas suyas y su nodriza también son raptadas. Las compra Lupo que atormenta al amante de una de ellas[3]. Pero éste introduce en casa del lenón a su capataz con una importante cantidad de oro y así lo hace reo de hurto. Llega el cartaginés Hanón, quien descubre que el joven es el hijo de su hermano y reconoce a las dos hijas, que le habían sido raptadas.

---

[2] Pese a la traducción, el ablativo es, naturalmente, separativo.
[3] Se trata de Agorastocles, el amante de Adelfasia.

PRÓLOGO

Me apetece recitar unos versos del *Aquiles* de Aristarco[4]; así que tomaré mi comienzo de esta tragedia. *(Alzando la voz.)* "Callaos, guardad silencio y prestad atención. Os ordena escuchar el general en jefe" de los histrio... nes[5]. Quiere que permanezcáis tranquilos en vuestros asientos[6], tanto los que habéis venido hambrientos como los que habéis venido hartos. Los que habéis comido, habéis sido mucho más listos; los que no lo hicisteis, saciaos de comedia. Realmente, cuando uno tiene en casa qué comer, es una solemne tontería 10 que, por consideración a nosotros, venga a sentarse aquí con el estómago vacío.

---

[4] Aristarco de Tegea fue un poeta trágico griego, contemporáneo de Eurípides, del que tenemos muy escasas noticias. Sabemos por la Suda que escribió unas setenta tragedias y obtuvo dos victorias. Su *Achilles* fue adaptado al latín por Ennio y es de esta adaptación de la que probablemente toma Plauto la cita.

[5] Se ha querido ver aquí un juego de palabras basado en dos posibles sentidos de *histricus*: a) "histriónico", es decir, "de los actores y b) "ístrico", de los istrios, habitantes de Istria, península del Adriático. *Imperator histricus* sería, por tanto, a la vez, jefe de los actores (director de la compañía) y el general vencedor de la guerra contra los Istrios. Con los puntos suspensivos hemos pretendido simplemente llamar la atención sobre el juego de palabras. Dado que la campaña contra los Istrios tuvo lugar en 178/177 a. de C. (cfr. Liv. 41, 9-18; 43, 14-16), seis años después de la muerte de Plauto, Paratore supone que el juego de palabras ha de pertenecer a una reposición póstuma de la comedia y, en consecuencia, asigna esa fecha a la *retractatio* de la comedia, responsable, especialmente, del doble desenlace de la misma. Cfr. Introducción de la comedia.

[6] Sobre la problemática de los asientos en los teatros de la época de Plauto cfr. Introducción general, I 47, n. 20 y n. 5 del *Anfitrión*.

"Levántate, pregonero, y haz callar al público"⁷. Ya hace tiempo que ardo en deseos de averiguar si sabes cumplir con tu deber. Haz trabajar a tu voz, con la que te ganas el pan y el sustento. Pues si no gritas y te quedas callado, el hambre se infiltrará en tu estómago. *(Después de la proclama del heraldo.)* Vamos, siéntate ya. Así ganarás un doble salario⁸.

(Probable laguna de un verso; al público.) A todos los que la presente escuchareis os hago saber que estáis obligados a cumplir mis órdenes. Que ninguna vieja ramera decrépita venga a sentarse al escenario¹⁰; que no abran la boca los lictores ni sus varas; que el acomodador no pase por delante de los espectadores, ni conduzca a nadie a su asiento, mientras los cómicos estén en escena. Los desocupados que se han quedado en sus casas durmiendo más de la cuenta, que se resignen a permanecer de pie o duerman un poco menos. Que los esclavos no ocupen los asientos, para que tengan sitio los hombres libres o que paguen el dinero de su rescate. Y, si no están en condiciones de hacerlo, que se vayan a su casa y eviten así la doble desgracia de ver decoradas sus espaldas, aquí por las varas y por las correas en su casa, por no haber cumplido con su obligación, al regreso de sus amos. Las nodrizas que cuiden a sus pequeñuelos en casa y no los traigan al espectáculo: así ni ellas se morirán de sed ni sus niños de hambre y éstos no balarán de hambre como cabritillos. Las matronas que asistan a la representación en silencio, que rían en silencio; que moderen el timbre de su sonora voz, que dejen para casa los temas de conversación, a fin de no causar molestias tanto aquí como en casa a sus maridos. Y por lo que respecta a los organizadores de los juegos, que no concedan la palma injustamente a ningún artista¹¹ y que nin-

---

⁷ Hay quien supone que estas palabras dirigidas al pregonero podrían provenir también de la adaptación enniana del *Aquiles* de Aristarco pero no hay unanimidad al respecto. B. Segura, *Ennio. Fragmentos*, C.S.I.C, Madrid 1984, 33, se las atribuye a Agamenón.

⁸ El pregonero cobra por gritar su proclama y también por dejar de atormentar al público con sus gritos.

⁹ Traducimos así la fórmula *bonum... factum*, que precedía habitualmente las órdenes o edictos del pretor u otro magistrado.

¹⁰ Quizás en los escalones que llevaban de la orquesta al escenario: cfr. Beare, *La escena romana*, Buenos Aires, 1972², 154.

¹¹ Como hemos indicado en la nota 7 del *Anfitrión*, parece que la palabra "artista" (lat. *artifex)* incluye, además de los actores, al cantor y al flautista.

gún artista sea expulsado del teatro como consecuencia de alguna intriga, que tenga por fin anteponer los malos a los buenos.

¡Ah! Hay otra cosa, que casi se me olvidaba deciros. Mientras se celebra la representación, vosotros, lacayos, tomad al asalto las tabernas. Ahora que se presenta la ocasión, ahora que las tartas humean, echad a correr.

Estas órdenes que por el bien del Estado os he dictado en virtud de mi mando histrió... nico, espero, por Hércules, que cada uno las recuerde por su bien.

Ahora es el turno del argumento. A él quiero pasar, para que vuestra información sea tan buena como la mía. Os voy a trazar sus límites, lindes y confines, pues he sido nombrado apeador de esta operación.

Si no os molesta, quería deciros el título de esta comedia. Si os molesta... de todas formas os lo diré, con tal que me lo permitan aquellos que tienen potestad para hacerlo[12]. Esta comedia se titula Καρχηδόνιος[13]; en latín Plauto Comegachides la ha titulado *Patruus*[14]. Así que ya sabéis el título. Ahora voy

---

[12] Alusión a los organizadores de los juegos, los ediles.

[13] "El cartaginés". Obsérvese que falta el esperado adverbio *graece* ("en griego"), por lo que algunos autores han supuesto la falta de un verso.

[14] "El tío". Nos adscribimos a la opinión generalizada que ve en *Patruus* el título de la comedia latina y concierta el cómico patronímico *Pultiphagonides* ("Comegachides") con *Plautus*; téngase en cuenta que las gachas de harina eran alimento habitual de los romanos (cfr. Catón, *L.L.* 5, 105; Plin., *Nat. Hist.* 18, 83; cfr., también, *Most.* 828 donde la perífrasis *pultifagus opifex barbarus* se aplica cómicamente a un carpintero romano, latino o, al menos, italiano). Aunque admitimos que la construcción gramatical y, especialmente, el orden de palabras puede resultar forzado, preferimos esta interpretación a la de aquellos que, recordando que también los cartagineses eran aficionados a las gachas (cfr. Varrón, *De agr.* 85), conciertan *Pultiphagonides* con *Patruus* y ven en *Patruus Pultiphagonides* el título de la comedia latina (cfr. Paratore, *Tutte le commedie*, IV 137 n. 18, que insiste en la correspondencia entre este título y el de *Poenulus* transmitido por los manuscritos, si admitimos que *Pultiphagonides* se aplique a los cartagineses; cfr. también, F. Copley, "Plautus, Poenulus 53-55", *AJPh* 91 [1970] 77-78). Menos crédito todavía nos merece la opinión de aquellos que, uniendo *Patruus* y *Pultiphagonides*, quieren ver en ellos no el título sino un sobrenombre cómico de Plauto: cfr. Maurach, *Plauti Poenulus*, 118-19. Recordaremos finalmente que algunos autores, y entre

a daros cuenta del resto[15]. Pues el argumento va a ser sometido aquí a vuestra censura. El lugar propio para censar los argumentos es el proscenio[16]. Vosotros sois los agentes jurados[17]. Prestad atención, por favor.

Había en Cartago dos primos hermanos, de noble linaje e inmensas riquezas. Uno de ellos aún vive, el otro ya hace tiempo que ha muerto. Os lo digo con absoluta seguridad, porque me lo dijo el amortajador que le puso la mortaja. Pues bien, el viejo que murió tenía un hijo único, que le fue robado, raptado a su padre en Cartago, cuando sólo tenía siete años[18], seis años antes de la muerte de su padre. El padre, al verse privado de su hijo único, cae enfermo de pena y nombra heredero a su primo hermano. Él partió para el Aqueronte sin un óbolo para el viaje[19]. El raptor del niño, lo trae a Calidón y se lo vende como esclavo a un viejo rico que ansiaba tener hijos pero odiaba a las mujeres. Este viejo, ignorando que se trataba del hijo de un huésped, compra a ese niño, lo adopta como hijo y, al llegarle la hora de su muerte, lo nombra su heredero. Este joven vive *(señala la casa de Agorastocles)* en esa casa.

Ahora vuelvo de nuevo a Cartago. Si alguien quiere darme algún encargo o encomendarme alguna comisión, como no

---

ellos Leo, debido especialmente a la falta del esperado adverbio *graece*, han conjeturado una laguna de un verso.

[15] *Rationes accipere* tiene el doble sentido de: a) oír la explicación que les va a dar el actor (y, por consiguiente, *rationes ceteras accipite* significa, en primer lugar, "escuchad el resto de mi explicación"); b) recibir la declaración de bienes de cada ciudadano. Dado que ésta era una función reservada al censor y sus colaboradores, Plauto compara la explicación del argumento con la rendición de cuentas al censor y al público con sus ayudantes *(iuratores)*.

[16] Téngase en cuenta que en el teatro griego y romano el proscenio era el lugar entre la escena y la orquesta, en el que los actores representaban la comedia (o tragedia). Nosotros diríamos "el escenario".

[17] Ayudantes del censor, sin duda así llamados porque se les había tomado juramento para darles el empleo.

[18] Dado que los vv. 902 y 987, donde se habla de seis años, contradicen este dato, se ha pensado en un error en este punto por influencia del prólogo de los *Menecmos* (v. 24). Pero cfr. n. 111.

[19] Alusión a la moneda que se ponía en la boca a los muertos para que pagasen a Caronte el precio que cobraba por atravesar el río Aqueronte.

me dé dinero, pierde el tiempo; y, si me lo da, perderá algo más que el tiempo[20].

En cuanto al viejo cartaginés que todavía está vivo, el tío de este joven, tenía dos hijas: una de cinco años, otra de cuatro añitos, que juntamente con su nodriza fueron raptadas en Magara[21]. El raptor, las lleva a Anactorio[22] y las vende a las tres juntas, la nodriza y las doncellas, al contado, al hombre (si es que un lenón merece ese nombre) más execrable de cuantos pisan la faz de la tierra. Por lo demás, imaginad vosotros mismos que clase de hombre puede ser, cuando se llama Lupo. De Anactorio, donde vivía antes, se trasladó aquí, a Calidón, no hace mucho tiempo, por motivo de su negocio. *(Señalando la casa del lenón.)* Vive en esa casa. *(Señalando la casa de Agorastocles.)* El joven está perdidamente enamorado de una de ellas, que es prima suya, aunque él no lo sabe ni la ha tocado jamás: ¡A tales tormentos lo somete el lenón! [Y no se ha acostado con ella, ni la ha llevado a su casa, ni el lenón ha querido enviarla.] Al ver que está enamorado de ella, quiere darle un buen sablazo. A la pequeña quiere comprarla como concubina un soldado, que se muere por ella de amor.

Pero el cartaginés, el padre de las dos niñas, desde que las perdió, no ha dejado de buscarlas sin descanso por tierra y por mar. En cuanto pone el pie en una ciudad, inmediatamente averigua donde viven todas y cada una de las cortesanas; les da dinero, las contrata por una noche y, al instante, le pregunta a cada una de dónde es, de qué ciudad, si ha sido hecha prisionera en la guerra o raptada por los piratas, cuál era su familia, quiénes eran sus padres. Así, con habilidad y astucia, va buscando a sus hijas. Además sabe todas las lenguas pero finge a sabiendas no saberlas. En dos palabras, es un verdadero cartaginés[23]. Ayer por la tarde, precisamente, ha arribado al puerto. Se trata del padre de las chicas que *(señala la casa del*

---

[20] Cfr. *Men.* 51-55.
[21] O Megara. Es un barrio de Cartago.
[22] Es la capital de Acarnania, situada a la entrada del golfo de Ambracia, relativamente cerca, por tanto, de Calidón.
[23] En Roma, los cartagineses tenían fama de pérfidos y astutos. Recuérdese que entre los defectos que Livio atribuye a Aníbal se encuentra la *perfidia plus quam punica* (Liv. 21,4). Por su parte, Cicerón, *De harus.* 9, nos dice que los cartagineses destacaban por su astucia: *Nos nec numero Hispanos, nec robore Gallos, nec calliditate Poenos, nec artibus Graecos superavimus.*

lenón) viven en esta casa, que al mismo tiempo es el tío del joven que *(señala la casa de Agorastocles)* vive ahí. ¿Habéis cogido el hilo? Pues si lo habéis cogido, tirad de él pero tened cuidado de no romperlo, por favor; dejadlo desenrollarse hasta el final[24]. ¡Ah, casi se me olvidaba contaros el resto! El viejo que adoptó a este joven como hijo fue huésped de su tío cartaginés[25]. Pues bien, este viejo va a venir hoy aquí y encontrará a sus hijas y al hijo de su hermano, por lo que he podido saber. Voy a cambiarme de ropa. Vosotros juzgad la comedia con imparcialidad. El viejo que va a venir hoy, encontrará a sus hijas y al hijo de su hermano. Por lo demás, seguid bien y sednos favorables. Me voy. Tengo que transformarme en otro personaje. Lo que falta, no faltarán actores para explicároslo. Seguid bien y colaborad con nosotros, para que la Salud os sea propicia.

---

[24] Aunque la traducción sugiere una comparación con una madeja de hilo que se deshace, suele verse en las palabras del prólogo una alusión a un juego de niños en que dos bandos tiran de una cuerda, unos por un lado y otros por otro, hasta ver quiénes arrastran a los contrarios.

[25] Obsérvese que en el verso 75 se dice que era huésped del padre de Agorastocles.

ACTO PRIMERO

ESCENA PRIMERA

Agorastocles, Milfión

Agorastocles.— Con frecuencia, Milfión, te he encomendado muchas misiones complicadas, arriesgadas, aventuradas que tú con tu sabiduría, prudencia, inteligencia y astucia has sabido llevar a feliz término. Y por todos estos favores, confieso que te debo la libertad y una inmensa gratitud.

Milfión.— Un viejo dicho, cuando viene a cuento, siempre es agradable de oír. Porque tus halagos no son para mí, como se dice normalmente, más que músicas celestiales, *rien que belles balivernes*. Ahora me vienes con halagos, pero ayer no tuviste el menor escrúpulo en destrozar en mi espalda tres pellejos de buey.

Agorastocles.— Estoy enamorado, Milfión, y, si el amor me llevó a cometer alguna falta, es justo que me perdones.

Milfión.— *(Con ironía.)* ¡No faltaba más! Pero también yo me muero de amor; así que déjame que te azote, como tú me has azotado, sin motivo alguno. Después, en vista de que estoy enamorado, no te quedará más remedio que perdonarme.

Agorastocles.— Si ése es tu gusto o tu capricho, te lo permito. Cuélgame, átame, azótame. Te lo autorizo, te lo permito.

Milfión.— Sí, para que después retires tu autorización y, en cuanto tú seas desatado, sea yo colgado.

Agorastocles.— ¿Me atrevería yo a hacer tal cosa, especialmente a ti? Pero si sólo con verte azotar, ya un vivo dolor se apodera...

Milfión.— Sí, de mis espaldas.

Agorastocles.— No, de las mías.

Milfión.— Eso quisiera yo... Pero, ¿qué es lo que quieres?

AGORASTOCLES.— ¿Para qué voy a mentirte? Amo a rabiar.

MILFIÓN.— Eso lo saben bien mis espaldas.

AGORASTOCLES.— Me refiero a nuestra vecina, mi querida Adelfasia, la mayor de las dos cortesanas que pertenecen al lenón.

MILFIÓN.— Eso la verdad es que ya te lo he oído hace mucho tiempo.

AGORASTOCLES.— Me muero de amor por ella. Pero ese maldito lenón Lupo, su amo, es el tipo más ruin del mundo.

MILFIÓN.— ¿Quieres darle un buen castigo?[26]

AGORASTOCLES.— Ardo en deseos.

MILFIÓN.— Pues regálame a él.

AGORASTOCLES.— Vete al diablo.   160

MILFIÓN.— Dime de verdad, ¿quieres darle un buen tormento?

AGORASTOCLES.— Ardo en deseos.

MILFIÓN.— Pues regálame también a él. Te aseguro que tendrá un buen castigo y un buen tormento.

AGORASTOCLES.— Déjate de bromas.

MILFIÓN.— ¿Quieres tú hacer hoy de tu amada tu liberta, sin gastar un céntimo?

AGORASTOCLES.— Ardo en deseos, Milfión.

MILFIÓN.— Pues yo haré que lo consigas. ¿Tienes en casa trescientos filipos de oro?

AGORASTOCLES.— E incluso seiscientos.

MILFIÓN.— Con trescientos me basta.

AGORASTOCLES.— ¿Y para qué los quieres?

MILFIÓN.— Calla. Hoy te voy a regalar al lenón entero, con su casa entera.

AGORASTOCLES.— ¿Y cómo lo vas a conseguir?

MILFIÓN.— Ahora mismo lo vas a saber. Colibisco, tu capataz de labranza, se encuentra ahora en la ciudad y el lenón no 170 lo conoce. ¿Me entiendes?

AGORASTOCLES.— Claro que te entiendo. Pero no sé dónde quieres ir a parar.

MILFIÓN.— ¿No lo sabes?

AGORASTOCLES.— Te juro que no.

---

[26] Se inicia aquí un juego de palabras, mucho más evidente en latín que en español, basado en el doble sentido de *nequam* y *malum*, que pueden significar tanto "escarmiento, faena" como "bribón, granuja". Para *malum* cfr. *Persa* 369-71.

MILFIÓN.— Pues ahora mismo te lo voy a hacer saber. Le daremos oro para que lo lleve a casa del lenón, diciendo que es extranjero, que viene de otra ciudad; que quiere hacer el amor y pasárselo bien, para lo que necesita un lugar tranquilo en el que pueda echar una cana al aire, sin presencia de testigos. El lenón, codicioso como es del oro, se apresurará a hacerlo entrar en su casa y lo ocultará a él y al oro. 180

AGORASTOCLES.— ¡Buena idea!

MILFIÓN.— Entonces tú le preguntarás si tu esclavo ha ido a su casa. Él creerá que preguntas por mí e inmediatamente te contestará que no. ¿No dudarás que el lenón será en el acto reo de hurto y se verá condenado a pagar una pena del doble del valor de tu oro y de tu esclavo?[27] Y, como no tiene dinero para hacer frente a esta multa, cuando se presente a juicio, el pretor te adjudicará a ti a todos sus esclavos. Así haremos caer en la trampa a ese Lupo[28].

AGORASTOCLES.— ¡Buena idea!

MILFIÓN.— Pero todavía te parecerá mejor, cuando la haya concretado, pues ahora todavía no es más que un esbozo.

AGORASTOCLES.— Yo, si no quieres nada más, me voy al 190 templo de Venus, Milfión. Pues hoy se celebran las Afrodisias[29].

MILFIÓN.— Lo sé.

AGORASTOCLES.— Quiero deleitar mis ojos con las galas cortesaniles.

MILFIÓN.— Primero ocupémonos de nuestro plan. Entre-

---

[27] Me parece preferible esta interpretación (=Nixon, Duckworth), a la de Ernout, seguido por la mayoría de los traductores, que traduce: "Qu'est-ce qui te retient alors, de faire sur le champe condamner le léno pour double vol, vol de l'or e vol de l'homme?" Es sabido que las leyes romanas condenaban al ladrón a una pena del doble: cfr. Catón, *De agri cult.*, Praef., *Maiores nostri sic habuerunt et in nostris legibus posiverunt, furem dupli condemnari, feneratorem quadrupli.* Además, en 1352 Agorastocles exigirá claramente al lenón una indemnización del doble de lo robado y éste pedirá en 1362 que se le rebaje la pena a la mitad, es decir, que se le imponga una pena equivalente a la cantidad robada, los trescientos filipos. Sobre el problema jurídico puede verse D'Ors, *Derecho privado romano*, Pamplona 1977[3], 415 ss.

[28] Recuérdese que "Lupo", como Lico en griego, significa lobo.

[29] Son fiestas en honor de Afrodita (Venus) que se celebraban en la mayoría de las ciudades griegas. En ellas las protagonistas eran, sin duda, las cortesanas.

mos en casa, para enseñar a Colibisco, el capataz, cómo ha de tender esta trampa.

AGORASTOCLES.— Aunque Cupido se agita en mi corazón, a pesar de todo te haré caso.

MILFIÓN.— Te aseguro que te alegrarás de ello. *(Agorastocles entra en casa.)* Este buen amo mío tiene grabada en su corazón la marca del amor y no hay medio de eliminarla sin un gran despilfarro. *(Mirando hacia la casa del lenón.)* Y el 200 culpable de ello es ese canalla de lenón, ese Lupo, contra el que ya tengo bien apuntada la flecha del infortunio, que no tardaré mucho en lanzar con mi arco[30]. Pero ahí sale Adelfasia, seguida por Anterástile. La que va delante es la que vuelve loco a mi amo. Voy a llamarlo. *(Acercándose a la puerta de la casa de Agorastocles.)* ¡Eh! Sal fuera, Agorastocles, si quieres contemplar el espectáculo más hermoso del mundo.

AGORASTOCLES.— *(Saliendo de casa.)* ¿Qué jaleo es éste, Milfión?

MILFIÓN.— Ahí tienes a tu amada, si quieres contemplarla.

AGORASTOCLES.— ¡Oh! ¡Que los dioses te colmen de bendiciones, por haberme ofrecido un espectáculo tan maravilloso!

ESCENA SEGUNDA

ADELFASIA, ANTERÁSTILE, MILFIÓN, AGORASTOCLES, UNA CRIADA

ADELFASIA.— *(A Anterástile.)* Quien quiera buscarse un sin- 210 fín de problemas, sólo tiene que comprar dos cosas: un barco y una mujer. Pues no hay en el mundo otras dos que den más problemas, desde el momento en que te dispones a equiparlas[31]. Jamás se termina de equiparlas y jamás terminan de estar equipadas. Y si digo esto, lo digo aleccionada por mi propia experiencia. Pues desde el alba hasta este momento [desde que despuntó el alba, no hemos cejado ni un momento] ninguna de las dos hemos cejado ni un momento en nuestro empeño por bañarnos, frotarnos, secarnos y engalanarnos, com- 220

---

[30] Lit. "de mi balista". Recuérdese que la balista era una especie de catapulta, que servía para lanzar grandes piedras.

[31] El termino latino *exornare* puede significar tanto "equipar" una nave como "engalanar" a una mujer. En castellano nos ha resultado imposible reflejar con más precisión el doble significado.

ponernos y recomponernos, pintarnos y maquillarnos. Y, al mismo tiempo, dos criadas, que han sido puestas al servicio de cada una de nosotras, se han pasado todo el tiempo lavándonos y relavándonos, mientras dos hombres a fuerza de acarrear agua se han quedado desriñonados. ¡Anda, quita de ahí! ¡Qué cantidad de problemas da una sola mujer! Pero, si se trata de dos, estoy seguro de que a todo un pueblo, por grande que fuera, podrían darle más trabajo del que podría soportar. Se pasan día y noche, a lo largo de toda su vida, engalanándose, bañándose, secándose, acicalándose. En una 230 palabra, las mujeres no tienen sentido de la moderación. Cuando se trata de lavarnos y frotarnos, no sabemos poner punto final nunca. [Pues una mujer que se ha lavado, si no se ha acicalado, en mi opinión es como si no se hubiera lavado.]

ANTERÁSTILE.— Me sorprende de veras, hermana, oírte hablar de esa manera, a ti que eres tan inteligente, tan lista, tan juiciosa, pues, a pesar de todos nuestros esfuerzos por acicalarnos, a duras penas y con mucha dificultad encontramos a unos pobres enamoraduchos.

ADELFASIA.— Eso es cierto. Pero piensa una cosa, hermana: la moderación es en todo la mejor norma de conducta. Todo lo excesivo produce molestias excesivas.

ANTERÁSTILE.— Y tú, hermana, piensa, por favor, que a 240 nosotras se nos compara con el salazón de pescado [carente por completo de atractivo y encanto,] que, si no se tiene a remojo durante mucho tiempo y en mucha agua, huele tan mal y está tan salado que da asco tocarlo. A nosotras nos ocurre lo mismo [las mujeres somos de la misma raza:] somos totalmente insípidas y carentes de gracia si no le ponemos remedio con afeites y gastos.

MILFIÓN.— *(Aparte, a su amo.)* Me parece, Agorastocles, que esta mujer debe de ser cocinera, pues sabe cómo poner a remojo el salazón de pescado.

AGORASTOCLES.— *(Extasiado en la contemplación de su amada.)* No me des la lata.

ADELFASIA.— Deja ese tema, por favor, hermana. Ya es bas- 250 tante que otros nos censuren de esa manera como para que también nosotras mismas pregonemos nuestros defectos.

ANTERÁSTILE.— Me callo.

ADELFASIA.— Muchas gracias. Pero contéstame a una pregunta: ¿Tenemos aquí todo lo necesario para propiciarnos la voluntad de los dioses?

Anterástile.— *(Mostrando las ofrendas.)* Todo lo tengo preparado.

Agorastocles.— *(Aparte.)* ¡Qué día más hermoso, festivo, maravilloso, digno de la propia Venus, en cuyo honor se celebran hoy las Afrodisias!

Milfión.— *(Aparte, a su amo.)* ¿No me estás agradecido por haberte llamado para que salieras? Creo que lo justo sería que me obsequiaras con una jarra de vino añejo. Prométemelo. ¿No contestas? *(Al público.)* Me parece que a mi amo le ha 260 comido la lengua el gato. *(A Agorastocles, que continua extasiado en la contemplación de su amada.)* ¿Qué diablos haces aquí pasmado?

Agorastocles.— Déjame entregarme a mi amor. No me distraigas, cállate.

Milfión.— Me callo.

Agorastocles.— Si te hubieses callado, no hubiera visto la luz del día ese "me callo".

Anterástile.— Vámonos, hermana.

Adelfasia.— Oye, dime, ¿por qué tiene tanta prisa?

Anterástile.— ¿Lo quieres saber? Pues porque nuestro amo nos aguarda junto al templo de Venus.

Adelfasia.— ¡Por Pólux, que aguarde! *(Viendo que su hermana hace ademán de ponerse en marcha.)* Aguarda. Ahora un enorme gentío se agolpa en torno al altar. ¿No querrás mezclarte con esas putas callejeras[32], amigas de los panaderos, sobras de los molineros[33], esas miserables, que apestan a colonia de junco[34], esas asquerosas amantes de los esclavos, que sólo huelen a lupanar y prostíbulo y se sientan en una silla a hacer la calle[35], a las que jamás un hombre libre se ha dignado tocar ni acostarse con ellas, rameras de dos óbolos, apropiadas 270 sólo para la asquerosa chusma de los malditos esclavos.

Milfión.— *(Aparte.)* Vete al diablo. ¿Tienes la osadía de despreciar a los esclavos, hija de perra? ¡Como si fuera hermo-

---

[32] Lat. *prosedas*: cfr. Fest. Paul. 252,14 Lind. *prosedas meretrices appellat Plautus, quod ante stabula sedeant.*

[33] Aunque el sentido de la expresión *reliquias alicarias* es discutido, parece que hay que entender algo así como las "prostitutas que dejan (por no querer para sí) los molineros *(alicarii)*".

[34] Perfume barato y de baja calidad.

[35] La traducción en este punto creemos que ha de ser, forzosamente, libre.

sa y como si los reyes se pelearan por acostarse con ella! ¡Qué monstruo de mujer! ¡Tan chiquitita y soltando tamañas impertinencias! Ni un vaso de agua[36] daría yo por pasar siete noches con ella.

AGORASTOCLES.— *(Siempre extasiado.)* ¡Oh dioses inmortales y omnipotentes! ¿Qué hay entre vosotros más hermoso? ¿Qué tenéis que me permita consideraros más inmortales que yo, que puedo contemplar con mis ojos una obra tan perfecta? Pues Venus no es Venus. La verdadera Venus es ésta, a la que yo estoy dispuesto a venerar, para que me ame y me sea propicia. ¡Milfión! ¡Eh, Milfión! ¿Dónde te has metido?

MILFIÓN.— Aquí estoy a tu lado. Me tienes frito[37].

AGORASTOCLES.— Pues te prefería cocido.

MILFIÓN.— ¡Qué chistoso eres, amo!

AGORASTOCLES.— Todo lo he aprendido de ti.

MILFIÓN.— ¿Incluso a amar a una mujer a la que jamás has tocado?

AGORASTOCLES.— Esto no tiene importancia. A los dioses, por Pólux, también los amo y los temo y, sin embargo, me abstengo de tocarlos.

ANTERÁSTILE.— *(A su hermana.)* Te juro, por Cástor, que, cuando me fijo en nuestro atuendo, me avergüenzo de cómo vamos vestidas.

ADELFASIA.— Pero si vamos muy elegantemente vestidas. En función de las ganancias de nuestro amo y de las nuestras, vamos correctamente vestidas. Es imposible obtener ganancias sin hacer gastos, ya lo sé. Pero no habrá ganancias, si los gastos son superiores, hermana. Por eso es mejor conformarse con un atuendo decoroso que aspirar a uno demasiado lujoso.

AGORASTOCLES.— *(Aparte, a su esclavo.)* Así me amen los dioses, como es cierto que preferiría ser amado por ella que por los dioses, Milfión. Porque esta mujer es capaz de hacer que una piedra se enamore de ella.

---

[36] Lit. "de niebla", término que aquí es interpretado por algunos como "vapor" y por otros como "espuma del vino" (cfr. Ovid. *Fast.* 5, 270). En todo caso, se trata de algo sin valor.

[37] Milfión dice simplemente "Aquí estoy *(assum)* a tu lado." Pero *assum*, además de presente de indicativo del verbo *adsum*, puede ser acusativo de *assus* "asado", sentido en que finge entenderlo cómicamente Agorastocles para así contraponerlo a *elixus* "cocido, hervido".

MILFIÓN.— En eso, por Pólux, no mientes. Porque eres más necio que una piedra[38], por estar enamorado de ella.

AGORASTOCLES.— Pero te aseguro que nunca le he pegado un beso[39].

MILFIÓN.— Espera, que voy corriendo a una tienda a buscar pegamento.

AGORASTOCLES.— ¿Para qué?

MILFIÓN.— Pues para que le pegues un beso.

AGORASTOCLES.— Vete al infierno.

MILFIÓN.— Ya estoy en él.

AGORASTOCLES.— ¿Sigues?

MILFIÓN.— Me callo.

AGORASTOCLES.— Pero que sea para siempre[40].

MILFIÓN.— Pero si eres tú el que me provocas con tus chistes.

ANTERÁSTILE.— *(A su hermana.)* Me parece, hermana, que crees que estás muy bien arreglada. Pero, cuando te compares con las otras cortesanas, entonces te dará mucha rabia ver a alguna mejor arreglada que tú.

ADELFASIA.— Ni la envidia ni la malevolencia han sido nunca mis defectos. Prefiero lucir un buen carácter que muchas joyas. Las joyas son un don de la fortuna, pero el buen carácter lo es de la propia naturaleza. [Yo prefiero mil veces ser tenida por buena que por rica.] A una cortesana le conviene más lucir el pudor que un vestido de púrpura. [A una cortesana le conviene mucho más lucir el pudor que las joyas.] Un hermoso atavío lo ensucia una mala conducta más que el fango. Y, al contrario, una buena conducta con sus obras hace aprobar fácilmente un vestido feo. 300

AGORASTOCLES.— *(Aparte, a su esclavo.)* Oye, tú, ¿estarías dispuesto a realizar una acción noble y heroica?

MILFIÓN.— Claro que sí.

---

[38] La piedra es símbolo proverbial de imbecilidad: cfr., por ej., *Merc.* 632; *Miles* 236; *Most.* 1073. También nosotros a una persona corta de luces la llamamos adoquín.

[39] Se inicia aquí un juego de palabras sobre *limare caput* que propiamente significa "frotar la cabeza" y que Milfión cómicamente va a hacer derivar de *limus* "barro", para interpretarlo posteriormente en el sentido de "embarrar la cabeza".

[40] Posiblemente de el doble sentido de: a) definitivamente b) para toda la eternidad (con referencia a la muerte).

AGORASTOCLES.— ¿Serías capaz de seguir un consejo mío?
MILFIÓN.— Por supuesto.
AGORASTOCLES.— Pues vete a casa y cuélgate.
MILFIÓN.— ¿Por qué? 310
AGORASTOCLES.— Porque jamás volverás a oír tantas palabras tan dulces. ¿De qué te serviría seguir viviendo? Anda, sigue mi consejo y cuélgate.
MILFIÓN.— Siempre que tú estés dispuesto a dejarte colgar, como un racimo de pasas, a mi lado[41].
AGORASTOCLES.— Pero yo la quiero a ella.
MILFIÓN.— Y yo quiero comer y beber.
ADELFASIA.— *(A su hermana.)* Oye, hermana, dime una cosa.
ANTERÁSTILE.— ¿Qué quieres saber?
ADELFASIA.— ¿Te das cuenta de que mis ojos que estaban llenos de legañas, están ya relucientes?
ANTERÁSTILE.— Sí, pero todavía te queda una pequeña legaña en el centro del ojo.
MILFIÓN[42].— *(Aparte.)* Acércate, que te la quito.
AGORASTOCLES.— ¿Cómo? ¿Que te vas a atrever tú a tocar o frotar sus ojos con tus sucias manos?
ANTERÁSTILE.— *(A su hermana.)* Hoy nos hemos abandonado excesivamente a la pereza.
ADELFASIA.— Por favor, ¿por qué dices eso?
ANTERÁSTILE.— Porque teníamos que haber llegado ya hace un rato, antes del alba, al templo de Venus para ser las primeras en encender el fuego del altar.
ADELFASIA.— Pero, ¿qué necesidad había de madrugar tan- 320
to? Son las que tienen caras oscuras como la noche[43], las que

---

[41] Como se sigue haciendo todavía, las uvas eran colgadas de las vigas del techo para que se secaran.

[42] Atribuimos estas palabras a Milfión y no a Anterástile, porque, como señala acertadamente Paratore en la nota correspondiente de su edición, la dureza de la palabras subsiguientes de Agorastocles *(inlutis manibus)*, parece descartar que sea Anterástile la destinataria de las mismas.

[43] No está claro el significado de *nocturna ora.* Una posibilidad es la que hemos apuntado en nuestra traducción y se refería al color oscuro o negro de la cara, despreciado por los romanos. Otra posibilidad es que se trate de una "cara tan horrorosa que sólo puede ser sacada de paseo de noche". También se ha tratado de corregir *nocturna* por *noctuina* ("cara de lechuza"), como en *Curc.* 191, pero el sen-

se adelantan a hacer de noche el sacrificio. Antes incluso de que Venus se levante, se apuran y apresuran a hacer su sacrificio. Pues son tan feas que, si llegan cuando Venus ya está despierta, pienso, por Cástor, que harían a huir a la propia Venus de su santuario.

AGORASTOCLES.— *(Aparte.)* ¡Milfión!

MILFIÓN.— ¡Pobre Milfión! ¿Qué es lo que quieres?

AGORASTOCLES.— ¡Escucha, por Hércules! ¿No son pura miel sus palabras?

MILFIÓN.— Sí, puros pastelillos, sésamo, adormidera, harina de trigo y nueces tostadas.

AGORASTOCLES.— ¿Te parezco enamorado?

MILFIÓN.— Sí, de tu ruina, de lo que Mercurio por ningún concepto se enamora[44].

AGORASTOCLES.— ¿Y crees que es de la ganancia de quien debe enamorarse un enamorado?

ANTERÁSTILE.— *(A su hermana.)* Vámonos, hermana mía.

ADELFASIA.— De acuerdo; como quieras.

ANTERÁSTILE.— Sígueme por aquí.

ADELFASIA.— Te sigo.

MILFIÓN.— *(Aparte, a su amo.)* Se van.   330

AGORASTOCLES.— ¿Y si fuéramos a su encuentro?

MILFIÓN.— Ve a su encuentro.

AGORASTOCLES.— *(A Adelfasia.)* En primer lugar salud a ti, que eres la primera en categoría. *(Anterástile.)* A ti, que eres la segunda, te deseo una salud de segunda categoría. *(A la criada.)* Y a ti, que eres la tercera, una salud sin categoría.

LA CRIADA.— En ese caso, he perdido mi tiempo y mi aceite[45].

AGORASTOCLES.— *(A Adelfasia.)* ¿Adónde vas?

ADELFASIA.— ¿Adónde voy? Al templo de Venus.

AGORASTOCLES.— ¿A qué?

ADELFASIA.— A propiciarme la voluntad de Venus.

AGORASTOCLES.— ¿Cómo? ¿Acaso está irritada contra ti? Por

---

tido del contexto parece adaptarse mejor a las interpretaciones anteriores.

[44] Recuérdese que Mercurio era el dios del comercio y de las ganancias, como queda bien reflejado en el prólogo del *Anfitrión*, recitado por el propio dios: cfr. n. 1 de esa comedia.

[45] Perder el tiempo y el aceite (*oleum et operam perdere*) es una frase proverbial para indicar que todo esfuerzo resultaba inútil. En su origen, probablemente, la expresión se aplicaba a quien trabajaba de noche, a la luz de la *lucerna (oleum)*, sin sacar provecho.

Pólux, que te es propicia. Yo mismo respondo por ella. *(Tratando de abrazarla.)* Dime una cosa.
ADELFASIA.— *(Tratando de soltarse.)* No me molestes, por favor.
AGORASTOCLES.— ¡Oh! ¡Qué cruel eres!
ADELFASIA.— Suéltame, por favor.
AGORASTOCLES.— ¿Por qué tienes tanta prisa? Ahora hay en el templo una gran aglomeración de gente.
ADELFASIA.— Lo sé. Pero quiero ver a otras cortesanas y también quiero ser vista yo.
AGORASTOCLES.— ¿Cómo se te ocurre ir a contemplar fealdades y ofrecer a cambio el espectáculo de tu belleza?
ADELFASIA.— Porque junto al templo de Venus se celebra hoy un mercado de cortesanas. Allí se reúnen los mercaderes 340 y yo quiero mostrarme a ellos.
AGORASTOCLES.— Una mercancía invendible hay que esforzarse en mostrársela al comprador; una buena mercancía encuentra fácilmente comprador, aunque esté escondida en el fondo de la trastienda. Dime, ¿cuándo juntamos nuestras bocas y nuestros cuerpos?[46]
ADELFASIA.— El día en que Orco deje salir a los muertos del Aqueronte.
AGORASTOCLES.— Tengo en casa un buen montón de monedas de oro que tienen el baile de San Vito[47].
ADELFASIA.— Tráelas a mi casa y verás qué pronto las calmo.
MILFIÓN.— ¡Qué simpaticona!
AGORASTOCLES.— Vete al infierno a que te crucifiquen.
MILFIÓN.— Cuanto más la miro, más bobalicona[48] y papanatas me parece.

---

[46] En este punto el texto es discutido, pues hay divergencia entre el ambrosiano y los palatinos. Traducimos, siguiendo la edición de Ernout, según el texto trasmitido por estos últimos. Siguiendo el texto del ambrosiano, la traducción sería: "¿Cuándo nos acariciamos y cantamos juntos una nana?".

[47] Lit. "hidrofóbicas", esto es, que, como perros rabiosos, no se pueden estar quietas en la bolsa y buscan salir de ella (=ser gastadas) a toda costa.

[48] El sentido de *nimbata* no es seguro. Aunque se ha querido relacionar este término con *nimbus*, especie de diadema que utilizaban las jóvenes como adorno de la frente, parece preferible entenderlo en el sentido de "semejante a una nube", "vano", etc., insulto muy próximo al inmediato de *nugae merae:* cfr. nuestras notas a *Curc.* 192 y 199, pasaje del que parece sentirse un fuerte eco en el presente del *Poenulus.*

Adelfasia.— *(A Agorastocles.)* Déjate de rollos, que me aburren.
Agorastocles.— Anda, levántate la capita.
Adelfasia.— Soy pura. Abstente de tocarme, por favor, 350 Agorastocles.
Agorastocles.— Entonces, ¿qué puedo hacer?
Adelfasia.— Si tienes dos dedos de frente, puedes ahorrarte el trabajo de preocuparte de mí.
Agorastocles.— ¿Cómo? ¿Qué no me preocupe de ti? Dime una cosa, Milfión.
Milfión.— *(Aparte.)* ¡Ya está este pelmazo! *(A su amo.)* ¿Qué me quieres?
Agorastocles.— ¿Por qué está ella enfadada conmigo?
Milfión.— ¿Por qué está ella enfadada contigo? ¿Y a mí eso qué me importa? ¿Por qué iba a importarme a mí eso?
Agorastocles.— Pues date por muerto, si no me la dejas tan calmada como lo está el mar en la época en que el alción empolla sus huevos[49].
Milfión.— ¿Qué quieres que haga?
Agorastocles.— Suplícale, halágala, acaríciala.
Milfión.— Con mucho gusto. Pero guárdate mucho, por favor, de peinar después a tu embajador a puñetazos.
Agorastocles.— No haré tal cosa.
Adelfasia.— *(A Agorastocles.)* Tú no te portas bien conmigo, pues me detienes y me molestas. Me haces todo tipo de buenas 360 promesas y todas se las lleva el viento. Juraste liberarme no una sino mil veces. Esperando que cumplieras tu palabra, no he buscado ayuda en otra parte y tu libertad no aparece por ningún sitio. Así que sigo siendo esclava como antes. *(A Anterástile.)* Vamos, hermana. *(A Agorastocles.)* Apártate de mí.
Agorastocles.— ¡Estoy perdido! ¿No dices nada, Milfión?
Milfión.— *(A Adelfasia.)* Amor mío, cariño mío, vida mía, tesoro mío, niñita de mis ojos, boquita mía, alma mía[50], pichoncito mío[51], bomboncito mío[52], corazón mío, calostro mío, queso mío tiernecito.

---

[49] Esto es, del 14 al 28 de diciembre: cfr. Plinio 2,125 *Ante brumam autem VII diebus totidemque post eam sternitur mare alcyonum feturae, unde nomen ii dies traxere* y comentario *ad loc.* de Beaujeu); cfr. también la nota 3 de *Casina*.
[50] Lit. "salud o salvación mía".
[51] Lit. "beso mío".
[52] Lit. "miel mía".

Agorastocles.— ¿Y le voy a consentir yo que diga tales cosas en mi presencia? ¡Qué me crucifiquen, si no lo hago arrastrar hasta el verdugo al galope tendido de una cuádriga!
Milfión.— *(A Adelfasia.)* Anda, no te enfades con mi amo. 370 Hazme ese favor. Te prometo, muñeca[53], que, si calmas tu enfado, él pagará tu rescate y hará de ti una mujer libre, una ciudadana de Atenas[54]. ¿Por qué no le permites acercarse a ti? A las personas que bien te quieren bien, ¿por qué no las quieres bien también tú? Si antes faltó alguna vez a su palabra, de ahora en adelante cumplirá fielmente sus promesas. Déjame que te convenza, déjame que te coja por las orejitas[55], déjame que te dé un beso.
Adelfasia.— Haz el favor de apartarte de mí, farsante, digno esclavo de tal amo.
Milfión.— ¿Sabes lo que va a pasar? Pues que yo le voy a hacer verter una lagrimitas, si no logro aplacarte, y mucho me temo que, si no te aplaco, él me dé una zurrita. Sé muy bien cómo se porta, cuando está de mal humor. Así que, por 380 favor, cariño mío, déjate convencer.
Agorastocles.— ¡No valgo yo un perro chico, si a este bribón no le arranco los ojos y los dientes! *(Golpeando a Milfión.)* Toma por tu amor, toma por tu bomboncito, toma por tu corazón, toma por tu alma, toma por tu pichoncito.
Milfión.— Estás cometiendo un sacrilegio, amo, por golpear a un embajador.

---

[53] La palabra *ninnium,* aunque mantenida por los editores, ha sido considerada tradicionalmente de significado oscuro o desconocido. En nuestra traducción seguimos la interpretación, hoy día generalmente admitida, de A. Traina, "Note Plautine III, *Ninnium (Poen.* 371)", *RFIC* 94 (1966) 50-53, que, considera, dicho término como un préstamo del griego νιννίον, "caballito" (juguete infantil) y considera que el término pasó a convertirse en un apelativo cariñoso.

[54] Téngase en cuenta que la acción de la comedia se desarrolla en Calidón. Coincido con Ussing y Paratore en que debe tratarse de un despiste de Plauto, que inconscientemente ha trasladado la escena a Atenas, pues en esta ciudad transcurre habitualmente la acción de sus comedias. Recordaremos, sin embargo, que este dato ha sido utilizado por los partidarios de la teoría de la contaminación para ver aquí una huella del segundo original que Plauto habría fundido con el Καρχηδόνιος: cfr. Leo, *Plautinische Forschungen,* 171, n. 1; Fraenkel, *Elementi,* 265.

[55] Signo de ternura: cfr. *Asin.* 668.

AGORASTOCLES.— *(Redoblando sus golpes.)* Con mayor motivo. [Toma otra más por la niñita de tus ojos, por tu boquita y por tu lengua.
MILFIÓN.— ¿No vas a parar nunca?]
AGORASTOCLES.— ¿Fue así como te ordené yo defender mi causa?
MILFIÓN.— ¿Cómo tenía, pues, que defenderla?
AGORASTOCLES.— ¿Me lo preguntas? Esto es lo que tenías que haber dicho, bribón: amor de mi amo, te lo suplico, bomboncito suyo, corazón suyo, boquita suya, lengua suya, pichoncito suyo, tesoro suyo, encantadora alma suya, tesoro suyo, calostro suyo, dulcito queso suyo, ¡bribón! [Corazón suyo, prenda suya, pichoncito suyo, ¡bribón!] Todo lo que decías que era tuyo, tenías que haber dicho que era mío.
MILFIÓN.— *(A Adelfasia.)* Te lo suplico, por Hércules, amor suyo y odio mío, pechugona amiga suya, acérrima enemiga mía, niña de sus ojos, legaña de los míos, miel suya, hiel mía: no te enfades con él o, si ello es imposible, coge una cuerda y cuélgate juntamente con tu amo y todos los esclavos de vuestra casa. Pues estoy viendo que por tu culpa he de beber un trago amargo y, de hecho, por culpa de vuestro amor, ya tengo toda la espalda llena de cicatrices como una ostra.
ADELFASIA.— ¿Cómo quieres, por favor, que evite que te pegue, si no soy capaz de evitar que me mienta?
ANTERÁSTILE.— *(A su hermana.)* Por favor, respóndele algo oportuno, para que deje de ser inoportuno. Pues nos está reteniendo aquí, impidiéndonos cumplir con nuestras obligaciones.
ADELFASIA.— Tienes razón. *(A Agorastocles.)* Por esta vez, pero sólo por esta vez, voy volver a perdonarte, Agorastocles. Ya no estoy enfadada.
AGORASTOCLES.— ¿De verdad?
ADELFASIA.— De verdad.
AGORASTOCLES.— Pues dame un beso, para que te crea.
ADELFASIA.— Luego, cuando vuelva del sacrificio, te lo daré.
AGORASTOCLES.— Pues echa a correr.
ADELFASIA.— *(A Anterástile.)* Sígueme, hermana mía.
AGORASTOCLES.— *(A Adelfasia.)* Escucha un momento.
ADELFASIA.— Te escucho.
AGORASTOCLES.— Dale muchos saludos a Venus de mi parte.
ADELFASIA.— Se los daré.
AGORASTOCLES.— Escucha otra cosa.
ADELFASIA.— ¿Qué quieres?

AGORASTOCLES.— Abrevias tus oraciones. *(Cuando ya sale.)* Y escucha otra cosa. Mira... *(Adelfasia y Anterástile salen.)* Miró. Lo mismo, por Pólux, estoy seguro de que hará Venus por ti[56].

ESCENA TERCERA

AGORASTOCLES, MILFIÓN

AGORASTOCLES.— ¿Qué me sugieres ahora, Milfión? 410
MILFIÓN.— Que me azotes y subastes tu casa. Pues puedes venderla sin ningún inconveniente.
AGORASTOCLES.— ¿Por qué?
MILFIÓN.— Porque la mayor parte del día resides en mi cara[57].
AGORASTOCLES.— No hablemos de eso.
MILFIÓN.— Entonces, ¿qué es lo que quieres?
AGORASTOCLES.— Los trescientos filipos ya se los di a Colibisco, el capataz, hace un rato, antes de que me llamaras para que saliera. Ahora te suplico, Milfión, por esta tu mano derecha, por esta tu mano izquierda, su hermana, por tus ojos [por mis amores, por mi querida Adelfasia], por tu libertad...
MILFIÓN.— ¡Ah! En ese caso poco valen tus súplicas. 420
AGORASTOCLES.— Milfioncito mío, tesoro mío, salvador mío, cumple la promesa que me hiciste. Ayúdame a arruinar al lenón.
MILFIÓN.— Eso es sencillísimo. Tú ve a buscar los testigos. Yo, entretanto, iré a casa a equipar a tu capataz con mis vestidos y trapacerías. Vete corriendo.
AGORASTOCLES.— Huyo.
MILFIÓN.— Eso es más propio de mí que de ti[58].
AGORASTOCLES.— Te prometo, te prometo, que si logras llevar a término felizmente esta empresa...

---

[56] Es decir, mirará por ti: cfr. *Capt.* 834 y nota correspondiente. Se trata de un juego de palabras, basado en el doble sentido de *respicere*, "mirar", mucho más evidente en latín que en castellano: 1) "volver la cabeza hacia" "mirar para" y 2) "mirar por" "proteger".

[57] Es decir, "te pasas el día pegándome". Por ese motivo las manos de Agorastocles estarían constantemente en la cara de su esclavo. La verdad es que la metáfora no parece demasiado afortunada.

[58] Es decir, huir es propio de esclavos y no de hombres libres.

Milfión.— Anda, vete.
Agorastocles.— ... te prometo que no podré...
Milfión.— Anda, lárgate.
Agorastocles.— ... dejar hoy mismo de liberarte.
Milfión.— Anda, vete. 430
Agorastocles.— Por nada del mundo...
Milfión.— ¡Vaya por Dios!
Agorastocles.— ¡Santo Dios!
Milfión.— Anda, lárgate.
Agorastocles.— Por todos los muertos del Aqueronte...
Milfión.— ¿Quieres largarte?
Agorastocles.— ... y por toda el agua del mar...
Milfión.— ¿Vas a largarte?
Agorastocles.— ... y por todas las nubes...
Milfión.— ¿Sigues erre que erre?
Agorastocles.— ... y por todas las estrellas del cielo...
Milfión.— ¿Sigues machacándome los oídos?
Agorastocles.— Y por esto y por aquello y... Te lo digo muy en serio... Te juro por Hércules... Resumiendo, ¿por qué no?, cuando con una sola palabra... puede decirse lo que se quiere... Te juro de verdad, por Hércules... ¿Sabes lo que te digo? Te juro por los dioses... ¿Quieres que te diga con toda sinceridad lo que aquí entre tú y yo podemos decirnos?... Te juro por Júpiter... ¿Sabes lo que pienso? ¿Entiendes lo que te 440 digo?

Milfión.— Si no puedo conseguir que te largues, me largaré yo mismo. Pues para descifrar el significado de tus palabras, habría que recurrir a Edipo, el único que supo interpretar el enigma de la esfinge. *(Entra en casa.)*

Agorastocles.— *(Solo.)* Se ha marchado enfadado. Ahora he de tomar precauciones para no retrasar, por mi culpa, la consecución de mi amor. Iré a buscar a los testigos, ya que el amor me ordena a mí, un hombre libre, obedecer a un esclavo.

ACTO SEGUNDO

ESCENA ÚNICA

Lupo, Antaménides

Lupo.— *(Solo.)* ¡Que todos los dioses maldigan al lenón que a partir de hoy sacrifique a Venus la menor de las víctimas o al que le ofrende un sólo grano de incienso! Pues en este aciago día en que la cólera de mis[59] dioses me persigue, he sacrificado seis corderos a Venus y no he conseguido propiciarme su voluntad. En vista de que no conseguía ningún signo favorable, me marché del templo en el acto, inflamado de cólera, y prohibí trocear las entrañas[60]. [Y tampoco quise examinarlas. Puesto que el arúspice me dijo que no eran de buen agüero, pensé que la diosa no se lo merecía.] ¡Vaya chasco que le he dado a la avara Venus! Ya que no quiso conformarse con lo que era suficiente, di por zanjada la cuestión. ¡Así me las gasto, así soy yo! Os aseguro que de ahora en adelante los demás dioses y diosas serán menos avariciosos y más fáciles de contentar, cuando sepan el chasco que le ha dado a Venus un lenón. Y, para no ser menos, su digno servidor, el arúspice, un hombre que no vale un perro chico, afirmaba que las entrañas me anunciaban una desgracia y una pérdida de dinero y que la cólera de los dioses me perseguía. Mas, ¿qué caso se le puede hacer a un tipo como ése, ya sea en lo divino o en lo huma-

---

[59] ¿Se trata de las divinidades más próximas a los intereses del lenón, como Venus, diosas del amor y Mercurio, dios de las ganancias? ¿O se trata de un simple adjetivo cariñoso ("mis queridos dioses"), irónico en este caso?

[60] Después del sacrificio y tras proceder al examen de las entrañas, éstas "se cortan en trozos, siguiendo unas reglas litúrgicas escrupulosamente detalladas, se les añade parte de sangre y algunos trozos de carne determinados también minuciosamente por el ritual. Todo ello se cuece según prescripciones determinadas, se mezcla de nuevo con *mola salsa* y se quema sobre el altar. El resto de la víctima... se consideraba profana y era consumida por los asistentes, que suelen guardar parte de lo que les toca para sus familiares y amigos, de forma que participen por lo menos así del acto y de los efectos del sacrificio, con lo cual místicamente se unían al dios, en cuyo honor se había hecho el sacrifico." (Guillén, *Urbs Roma*, III 133) En consecuencia, trocear las entrañas supone reservar una parte para la divinidad.

[323]

no? Al poco rato recibí una mina de plata de regalo. Pero, ¿dónde diablos se habrá quedado el soldado, que acaba de dármela, al que yo he invitado a comer en mi casa? *(Entra* 470 *Antaménides.)* ¡Ah! Ahí viene.

ANTAMÉNIDES.— Como te decía, lenoncillo, en aquella batalla ptenantrópica[61], maté con mis propias manos y en un solo día sesenta mil hombres voladores.

LUPO.— ¿Hombres voladores?

ANTAMÉNIDES.— Sí, eso digo.

LUPO.— ¡Santo cielo! Pero, ¿es que existen en alguna parte los hombres voladores?

ANTAMÉNIDES.— Existieron. Pero yo los maté a todos.

LUPO.— ¿Y cómo lo lograste?

ANTAMÉNIDES.— Te lo explicaré. Repartí entre mis legionarios liga[62] y hondas. Comenzaron por extender en ellas hojas de tusílago.

LUPO.— ¿Para qué? 480

ANTAMÉNIDES.— Para evitar que la liga se adhiriese a las hondas.

LUPO.— Sigue. Por Hércules, que mientes más que hablas. ¿Qué pasó después?

ANTAMÉNIDES.— En sus hondas colocaron pelotas de liga de tamaño regularcillo, con las que les di orden de bombardear a aquellos hombres voladores. En una palabra: a medida que

---

[61] El texto transmitido por los manuscritos, *pentetronica*, no parece tener sentido, salvo que se quiera ver en él un *pentethronica* "que tiene cinco tronos", "de los cinco tronos" (Cfr. F. Bader, *La formation des composés nominaux en latin*, París 1966, 282). Traducimos según la atractiva enmienda de Ritschl (asumida por Legrand, *Daos*, 589) *ptenantropica*: ("de los hombres voladores": del gr. *ptenós* "alado", "volador" y *ánthropos* "hombre"), término que se correspondería, por su significado, con la expresión latina *volatici homines*, citada a continuación. Otras propuestas interesantes son la de Gronovius *ptenornithica* ("de pájaros voladores") y, aunque en este caso nos parece menos afortunada, la de Leo *ptenolatronica* ("de los ladrones voladores"), sobre la base de *Miles* 43. De todas formas cabe siempre la posibilidad de que se trate simplemente de una palabra exótica y grandilocuente, sin significación especial, o, como quiere Grimal, que oculte una gracia del texto griego, como podía ser la parodia de una batalla célebre o contemporánea.

[62] La liga o visco es una materia pegajosa, obtenida principalmente del jugo del muérdago, con la que se untan las trampas para cazar pájaros: cfr. *Bacch*. 50.

eran alcanzados por la liga, caían a tierra por millares, como si fueran peras. Y, según iban cayendo, yo al instante los mataba, atravesándoles el cerebro con una de sus plumas, como se hace con las tórtolas.

Lupo.— Si es cierto lo que dices, que Júpiter me condene a ofrecer constantemente sacrificios, sin obtener jamás un signo favorable.

Antaménides.— ¿Es que no me crees? 490

Lupo.— Te creo, en la medida en que te tengo que creer. Vamos, entremos en casa.

Antaménides.— Mientras esperamos a que traigan las entrañas, quiero contarte otra batalla.

Lupo.— No me interesa.

Antaménides.— Escucha.

Lupo.— Te juro, que no te escucharé.

Antaménides.— ¿Cómo? Te juro que te romperé la cabeza a puñetazos si no me escuchas o te vas a que te crucifiquen.

Lupo.— Prefiero que me crucifiquen.

Antaménides.— ¿Es tu última palabra?

Lupo.— La última.

Antaménides.— En ese caso, ya que hoy es un día muy apropiado, el día de las Afrodisias, adjudícame de tus dos cortesanas a la más jovencita.

Lupo.— Acabo de ofrecer un sacrificio a los dioses; todos 500 los asuntos serios los pospongo para otro día.

Antaménides.— Pero yo tengo por norma considerar laborables los días festivos. Entremos ahora mismo.

Lupo.— Sígueme.

Antaménides.— Te sigo. Por este día, soy un mercenario a tu servicio.

ACTO TERCERO

ESCENA PRIMERA

Agorastocles, Testigos

Agorastocles.— Juro por lo dioses que no hay en el mundo cosa más exasperante que un amigo lento, especialmente para un enamorado que, haga lo que haga, siempre tiene prisa. Ahí tenéis, por ejemplo, a esos testigos que traigo conmigo, unos hombres superpachorrudos, más lentos que una barcaza de carga⁶³, cuando reina en la mar una calma chicha. Y eso, por Hércules, que evité recurrir a mis amigos viejos. Sabía que la edad los había vuelvo más lentos y, por eso, temí que fueran una rémora para mi amor. Pero de nada me ha servido 510 haber elegido a estos próceres trabípodos⁶⁴, más lentos que una tortuga. *(A los testigos.)* Vamos, si estáis dispuestos a caminar, caminad o íos al infierno. ¿Creéis que ése es el paso apropiado para unos amigos que van a prestar ayuda a un enamorado? A fe que vuestros pasos parecen cernidos por una criba de harina⁶⁵. Ha de ser con grilletes como aprendisteis a caminar a ese paso.

Testigo⁶⁶.— Oye, amigo, aunque para ti no seamos más que unos plebeyos y unos pobres, si nos insultas, por muy rico y muy noble que seas, has de saber que no tendremos reparo en mandar a la porra a un rico. Nosotros no estamos obligados a servir a tus amores u odios. El dinero que paga-

---

⁶³ *Corbita*, era propiamente una especie de barco de carga, lento y pesado, así llamado porque en lo alto del palo mayor llevaba una especie de cesto o cofa *(corbis)*, donde se colocaba un vigía. Se movían sólo a vela, por lo que no podían avanzar cuando no soplaba el viento.

⁶⁴ Es decir, "que tienen trabas en los pies" y, por tanto sólo pueden moverse muy despacio. Hemos tratado de reproducir de alguna forma el compuesto plautino *(loripedes)*. Para la interpretación de *procos* seguimos a cfr. Traina, A., "Note Plautine IV, Procos loripedes (Poen. 510)", *RFIC* 96 (1968) 403-407. El término estaría utilizado, naturalmente, en sentido irónico.

⁶⁵ Criba muy fina, que servía para cernir la flor de la harina, y que permitiría un paso de la harina muy lento. Creemos que se compara la lentitud de los pasos de los testigos con la lentitud del paso de la harina, mejor que la exigua longitud de los pasos con la pequeñísimo diámetro de los agujeros de la criba, como sugiere la traducción de Ernout: "Vous marchez à pas plus menus que les mailles d'un tamis à farine".

⁶⁶ Paratore (cfr. su nota a este pasaje de la comedia) quiere ver en esta intervención de los testigos, la huella de un segundo coro, similar al tradicionalmente reconocido de los pescadores en el acto II de la *Rudens*. Sin embargo, habría que excluir completamente el carácter musical del mismo y admitir que o bien el coro estaría representado por un solo actor, en cuyo caso correspondería al público imaginar el séquito de sus compañeros, o, como parece más probable, que en escena apareciera realmente un grupo de testigos, pero el encargado de hablar fuese uno solo de ellos, una especie de corifeo.

mos por nuestro rescate, lo pagamos de nuestro bolsillo, no del tuyo. Nosotros tenemos derecho a ser tratados como libres. Tú nos importas un bledo. No vayas a pensar que hemos sido condenados a ser esclavos de tu amor. Los hombres libres deben caminar por la ciudad despacio. Correr y tener prisa es, en mi opinión, propio de esclavos. Especialmente en una ciudad en que reina la paz y que ha aniquilado a sus enemigos, no se deben armar alborotos. Si tenías tanta prisa, tenías que haber ido ayer a buscarnos como testigos. No pienses que ninguno de nosotros va a correr hoy por las calles o que nos expondremos a que la gente nos persiga a pedradas como a posesos.

AGORASTOCLES.— Seguro que si os hubiera pedido que me acompañaseis al templo para participar del banquete ritual[67], hubierais corrido más veloces que un ciervo o dado pasos más largos que un zancudo[68]. Pero, como os he pedido que me acompañéis para colaborar conmigo como testigos, padecéis reuma en los pies y camináis más lentos que un caracol.

TESTIGO.— Es que no te parece razón suficiente para correr al galope poder beber y comer a placer, hasta reventar, a costa del prójimo, especialmente si no estás obligado a devolver de mala gana la invitación a tu anfitrión. Pero, sin embargo, con todo y con eso, a pesar de que somos unos pobretones, tenemos en casa de qué comer. No hay razón para que nos desprecies tan altaneramente. Por poquito que sea lo que tengamos en casa, todo es nuestro y no tuyo. Ni necesitamos pedirle dinero a nadie ni nadie necesita venir a nuestra casa a reclamarnos una deuda. Ninguno de nosotros está dispuesto a herniarse[69] por tu cara bonita.

AGORASTOCLES.— ¡Qué mal genio tenéis! Os aseguro que todo os lo dije de broma.

TESTIGO.— Pues considera también dicha de broma nuestra respuesta.

---

[67] Quizás, como piensa Maurach, apoyándose en *Asin.* 220, *in aedem* significa no "al templo" sino "a mi propia casa", pero Plauto, normalmente, reserva este sentido al plural. Cfr., sin embargo, *Truc.* 406 y nota correspondiente, donde se plantea un problema similar.

[68] *Grallator* significa propiamente "el que anda sobre zancos" y, según Ernout, se refiere en concreto al actor que en las pantomimas, subido sobre zancos, desempeñaba el papel de Egipán.

[69] Lit. "romperse los pulmones": cfr. *Merc.* 138.

Agorastocles.— Os lo suplico, por Hércules, tomad una nave ligera y no una barcaza para ayudarme. Agilizad, al menos, el paso. Pues, que corráis, no me atrevo a pedíroslo.

Testigo.— Si quieres hacer las cosas con calma y despacio, cuenta con nosotros. Pero, si tienes mucha prisa, mejor sería que buscaras como testigos a unos atletas.

Agorastocles.— Ya conocéis el asunto. Ya os expliqué lo que necesito de vosotros para ajustarle las cuentas *(señalando la casa de Lupo)* a ese lenón, que lleva tanto tiempo burlándose de mis amores. Ya sabéis la trampa que le tenemos preparada: todo lo relacionado con el oro y mi esclavo.

Testigo.— Todo eso nosotros ya lo sabemos. Lo importante es asegurarse que lo sepan los espectadores. Para ellos es para quienes se representa esta comedia. A ellos es a los que tienes que informar para que en cada momento sepan lo que estás haciendo. De nosotros tú no te preocupes. Lo sabemos todo, ya que nos hemos estudiado el papel juntamente contigo, para estar en condiciones de contestar a tus preguntas[70].

Agorastocles.— Así es, en efecto. Pero, venga, para que compruebe que lo sabéis, explicádmelo todo y repetidme todo lo que os dije hace un momento.

Testigo.— ¿Cómo? ¿Es que acaso intentas examinarnos? ¿Crees que no nos acordamos de que hace un momento has dado trescientos filipos a tu capataz Colibisco, para que se los entregara al lenón, tu mortal enemigo, fingiendo ser un extranjero, venido de otra ciudad? En cuanto él le haya entregado el dinero, te presentarás tú en casa del lenón, preguntando si está allí tu esclavo con el dinero.

Agorastocles.— Lo recordáis perfectamente. Estoy salvado.

Testigo.— Él responderá que no, pensando que buscas a tu buen Milfión. Y la mentira duplicará el valor de todo lo robado[71]. El lenón te será adjudicado por el juez[72]. Para esto es para lo que quieres utilizarnos como testigos.

Agorastocles.— Lo habéis cogido bien[73].

---

[70] Cfr. versos 720 y ss.
[71] Volvemos a encontrarnos con el mismo problema planteado en el verso 184 (cfr. n. 27). Ernout traduce: "et par là il commettra un double vol."
[72] Cfr. 186.
[73] Es frecuente en Plauto el juego de palabras basado en el doble sentido de *tenere rem*, que puede significar, como "coger" en castellano, "agarrar" y "entender": cfr. 116.

Testigo.— A duras penas, por Hércules. Es tan poquita cosa que trabajo nos ha costado cogerlo con las puntitas de los dedos.

Agorastocles.— Hay que actuar de prisa y a la carrera. *(Al testigo que ha hablado en nombre del resto.)* Apura todo lo que puedas.

Testigo.— En ese caso, adiós, muy buenas. Es mejor buscarte unos testigos veloces. Nosotros somos lentos.

Agorastocles.— *(Con ironía.)* Pero si camináis que da gloria veros. Lo que es una desgracia es oíros hablar. *(Amenazante.)* ¡Ojalá vuestros muslos se caigan hasta los talones! 570

Testigo.— Y ojalá que a ti, por Pólux, la lengua se te caiga hasta la espalda o hasta el suelo.

Agorastocles.— ¡Venga ya! No deberíais enfadaros por una cosa que os dije de broma.

Testigo.— Y tampoco tú deberías insultar, aunque sólo sea de broma, a unos amigos.

Agorastocles.— Dejemos esto. Ya sabéis lo que quiero de vosotros.

Testigo.— Lo sabemos perfectamente. Arruinar a este pérfido lenón, es lo que lo que te propones.

Agorastocles.— Lo habéis entendido bien. *(Viendo salir de su casa a Milfión y Colibisco.)* ¡Viva! ¡Qué oportunamente sale de casa Milfión, acompañado por el capataz! *(Fijándose en Colibisco.)* ¡Vaya atuendo que trae puesto! Es digno de un rey y pintiparado para nuestro engaño.

ESCENA SEGUNDA

Milfión, Colibisco, Agorastocles, Testigos

Milfión.— *(A Colibisco, sin ver a los otros personajes.)* ¿Recuerdas bien mis instrucciones?

Colibisco.— Perfectamente.

Milfión.— Procura acordarte de todo.

Colibisco.— En dos palabras, me acordaré mejor de lo que lo haría un acordeón[74].

---

[74] Hemos solucionado como hemos podido el juego de palabras plautino basado en el doble significado de *callere:* a) recordar bien, saber bien una cosa y b) tener callos en la piel o una piel callosa

MILFIÓN.— Procura no olvidar ni una letra de tu papel para 580
el buen éxito de nuestra añagaza.
COLIBISCO.— Te juro, por Pólux, que me lo sé mejor de lo
que cualquier actor trágico o cómico pueda saberse el suyo.
MILFIÓN.— *(Aparte.)* ¡Bravo muchacho!
AGORASTOCLES.— *(A los testigos.)* Acerquémonos.
MILFIÓN.— *(Viendo a Agorastocles.)* ¿Has traído a los testigos?
AGORASTOCLES.— *(Señalando a los testigos.)* Ahí los tienes.
MILFIÓN.— *(Después de observarlos.)* No podrías haber traído a unos tipos más apropiados para nuestra misión. Para ellos no hay día inhábil; jamás se apartan del comicio[75]; ahí tienen su domicilio; ahí puedes verlos más a menudo que al pretor. Pues hoy los abogados profesionales[76] no saben tanto derecho como éstos, que, si no tienen un pleito que entablar, lo compran con dinero.
TESTIGO.— ¡Que los dioses te confundan!
MILFIÓN.— A vosotros... con todo y con eso he de agradeceros sinceramente y de corazón la ayuda que prestáis a mi amo en sus amores. *(Agorastocles.)* Pero, ¿ya saben de qué se 590
trata?
AGORASTOCLES.— De pe a pa.
MILFIÓN.— *(A los testigos.)* En ese caso, prestadme atención. ¿Conocéis vosotros al lenón Lupo?
TESTIGO.— Sí.
COLIBISCO.— Pero yo no sé qué aspecto tiene. Necesito que me indiquéis quién es.
TESTIGO.— Nosotros nos encargaremos de ello. Basta ya de instrucciones.

(como los jabalíes): cfr. *Persa* 305 y nota, donde pudimos resolver el problema de forma más airosa.

[75] Lit. "Ninguno de ellos es inhábil. Todos son comiciales..." Milfión trata a los testigos como si fueran días, juego de palabras que no hemos podido reflejar en la traducción. Dado que los testigos no se separan nunca del comicio (parte del foro, donde el pretor administraba la justicia), son siempre *comitiales* y, dado que *comitialis* (sinónimo de *fastus*) es también el día en que puede administrarse la justicia, en consecuencia, Milfión se permite la gracia de decir que los testigos nunca son "inhábiles" (*nefasti*) sino siempre "laborables".

[76] No está claro el sentido de la expresión *qui lites creant* que, siguiendo a Ernout, hemos traducido como "abogados profesionales".

AGORASTOCLES.— *(Señalando a Colibisco.)* Él tiene trescientos filipos bien contados.

TESTIGO.— Es preciso, pues, que examinemos ese oro, Agorastocles, para que sepamos qué hemos de decir luego, cuando nos llegue el momento de testificar.

COLIBISCO.— *(Mostrando el contenido de la bolsa.)* Venga, examinadlo.

TESTIGO.— No cabe duda, espectadores, de que aquí hay oro, aunque oro comedia. Con ese oro bien macerado[77] se ceban los bueyes en el país de los bárbaros[78]. Pero fingiremos que es oro.

COLIBISCO.— Y fingid también que yo soy extranjero. 600

TESTIGO.— Por supuesto. Y fingiremos también que tú hoy, a tu llegada, nos rogaste que te indicáramos donde había una casa de placer, un lugar donde con total libertad pudieras entregarte al amor, a la bebida, divertirte a la griega.

COLIBISCO.— ¡Por Pólux, vaya bribones más redomados!

AGORASTOCLES.— Fui yo, quien les enseñó la lección.

MILFIÓN.— *(Con ironía.)* ¿Y a ti quién te la enseñó?

COLIBISCO.— Venga, entrad en casa, Agorastocles, no vaya a veros el lenón aquí conmigo y esto ponga en peligro el resultado de nuestra trampa.

TESTIGO.— Este hombre sabe más que Lepe[79]. Haced lo que os ordena.

AGORASTOCLES.— Entremos. *(A los testigos.)* Pero vosotros...

TESTIGO.— Basta de advertencias. Vete.

AGORASTOCLES.— Me voy.

TESTIGO.— Por los dioses inmortales, te lo suplico, vete de una vez.

AGORASTOCLES.— Me voy. *(Entra en casa, seguido por Milfión.)*

TESTIGO.— Ahora demuestras cordura.

COLIBISCO.— ¡Chsss! Calla.

TESTIGO.— ¿Qué pasa?

COLIBISCO.— La puerta acaba de cometer una tremenda grosería.

---

[77] Para simular monedas de oro en las comedias se empleaban granos de altramuz, que, macerados en agua caliente, se usaban como alimento del ganado.
[78] Es decir, en Italia, como es habitual.
[79] Cfr. n. 95 de la *Mostellaria*.

Testigo.— ¿Qué grosería? 610
Colibisco.— Se ha echado un sonoro pedo[80].
Testigo.— ¡Que los dioses te confundan! Colócate detrás de nosotros.
Colibisco.— De acuerdo.
Testigo.— Nosotros iremos delante.
Colibisco.— Los señoritos de ciudad siempre son iguales: a todo el mundo quieren darle el trasero[81].
Testigo.— Ese hombre que sale es el lenón.
Colibisco.— Buen lenón ha de ser, pues mala facha tiene. Aprovechando que ha salido de su casa, ahora mismo le voy a chupar la sangre, a distancia.

ESCENA TERCERA

Lupo, Testigos, Colibisco

Lupo.— *(A Antaménides, que queda en casa.)* Enseguida vuelvo, soldado. Voy a buscar unos comensales agradables para que cenen con nosotros. Entretanto traerán las entrañas de las víctimas y también volverán a casa las chicas del sacrificio. Pero, ¿qué significa ese tropel de gente que se dirige a mi casa? ¿Qué querrán?[82] ¿Y quién será ese hombre vestido de clá- 620 mide que les sigue a distancia?

Testigo.— Nosotros, ciudadanos etolios, te saludamos, Lupo, aunque te dirigimos este saludo de mala gana [pues los lenones no nos inspiran mucha simpatía][83].

Lupo.— *(Devolviéndoles el ataque.)* Os deseo lo mejor para vosotros, aunque estoy completamente seguro de que esto nunca sucederá ni la Fortuna lo consentirá.

Testigo.— Los necios como tú tienen un tesoro en su len-

---

[80] El chiste es algo menos "grosero" en el original, pues en latín el mismo verbo *crepo* que designa habitualmente el ruido de la puerta, que anuncia la salida de un personaje, puede significar también "peerse", "expulsar una ventosidad con ruido".

[81] Equívoco homosexual, evidentemente.

[82] Lit. "¿Qué vendrán a traer?" La expresión del lenón parece implicar que le van a dar algo, signo de avaricia.

[83] Es evidente que este verso (622b), que repite el 639 es producto de una interpolación, con el propósito de acortar la escena.

gua pues su único oficio consiste en insultar a quienes valen más que ellos.

Lupo.— Quien desconoce el camino para llegar hasta el mar, forzoso es que se busque por compañero de viaje un río. Yo desconocía el camino del insulto. En este momento vosotros me servís de río. Estoy dispuesto a seguir vuestro cauce. Si me tratáis con respeto, seguiré por vuestra orilla; si me insultáis, seguiré vuestro camino.

Testigo.— Haciendo un favor a un canalla se corre el mismo peligro que haciendo daño a una persona honrada.

Lupo.— ¿Por qué?

Testigo.— Te lo explicaré: porque cualquier favor que le hagas a un canalla, es favor perdido; en cambio, cualquier daño que le hagas a una persona honrada, dura eternamente.

Lupo.— ¡Muy agudo! Pero, ¿eso qué tiene que ver conmigo?

Testigo.— Pues que venimos a hacerte un favor, aunque los lenones no nos inspiran mucha simpatía.

Lupo.— Si me traéis algún regalo, os lo agradezco.

Testigo.— Regalo de nuestro bolsillo no te traemos ninguno, ni te damos ninguno, ni te prometemos ninguno, ni tenemos la intención de darte ninguno.

Lupo.— A fe que os creo: se ve que sois muy generosos. Pero, entonces, ¿qué queréis?

Testigo.— *(Señalando a Colibisco.)* A este hombre vestido de clámide que aquí ves, la cólera de Marte lo persigue.

Colibisco.— *(Aparte.)* ¡Que esa maldición recaiga sobre vuestras cabezas!

Testigo.— Y te lo traemos, Lupo, para que lo desplumes[84].

Colibisco.— *(Aparte, señalándose a sí mismo.)* Hoy este cazador volverá a casa con una magnífica presa. Los perros ya empujan hábilmente al lobo contra las redes.

Lupo.— ¿Quién es?

Testigo.— Nosotros no sabemos quién es. Lo único que sabemos es que esta mañana fuimos al puerto y lo vimos desembarcar de una nave de carga. Nada más desembarcar, se dirige a nosotros y nos saluda; nosotros le devolvemos el saludo.

---

[84] La frase latina es ambigua y puede significar tanto "te lo traemos para que lo desplumes" como "lo traemos para que te desplume". En la anfibología hay que ver un intento cómico de anticipar el desenlace de la comedia.

Colibisco.— *(Aparte.)* ¡Qué bribones! ¡Con qué habilidad comienzan su impostura!
Lupo.— ¿Y después?
Testigo.— Traba conversación con nosotros. Dice que es extranjero, que no conoce esta ciudad, que quiere conseguir un lugar donde echar una cana al aire con total libertad. Nosotros te lo hemos traído. Tú, si los dioses te protegen, tienes la oportunidad de hacer un buen negocio.
Lupo.— ¿Tan ansioso está de placer? 660
Testigo.— Tiene oro.
Lupo.— Esta presa no la dejaré escapar.
Testigo.— Quiere beber y hacer el amor.
Lupo.— Le proporcionaré un lugar maravilloso.
Testigo.— Pero, sobre todo, quiere la máxima reserva y discreción, que nadie se entere de que está aquí, que no haya testigos. Pues, según él mismo nos dijo, era en Esparta mercenario al servicio del rey Átalo[85]. Pero tuvo que huir de la ciudad, al ser conquistada[86].
Colibisco.— *(Aparte.)* ¡Qué magnífica ocurrencia la del mercenario! ¡La de Esparta, excepcional!
Lupo.— ¡Que los dioses y las diosas os colmen de favores por haberme dado tan buenos consejos y proporcionado una presa tan buena!
Testigo.— Más aún, para que pongas mayor interés, según él mismo nos dijo, lleva trescientos filipos de escolta[87]. 670
Lupo.— ¡Soy un rey, si hoy consigo atraerlo a mi casa!
Testigo.— Pero si ya es tuyo.
Lupo.— Por favor, os lo suplico, aconsejadle que venga a hospedarse a mi casa. Decidle que no encontrará un alojamiento mejor.
Testigo.— No es cosa nuestra aconsejar ni desaconsejar a un extranjero. Vela tú por tus intereses, si tienes cabeza. Nosotros te hemos traído el pichón al cebadero; ahora te toca a ti cazarlo, si de verdad quieres cazarlo[88]. *(Los testigos hacen ademán de irse.)*

---

[85] Cfr. *Persa* 339 y nota correspondiente.
[86] Sobre la importancia de este dato para la datación de la comedia, cfr. Introducción de la misma.
[87] Es decir, para gastos. La expresión conviene al carácter militar de Colibisco.
[88] También aquí la expresión latina es ambigua y puede entenderse, "si quieres ser cazado tú".

Colibisco.— *(A los testigos, señalando al lenón.)* ¿Ya os vais? ¿Y qué hay del encargo que os he hecho, amigos?
Testigo.— *(Señalando al lenón.)* A él, joven, es a quien debes explicarle tus deseos. Es la persona más indicada para encontrarte lo que buscas.
Colibisco.— *(En bajo, para no ser oído por el lenón.)* Me gustaría que estuvierais presentes, cuando le entregue el oro.
Testigo.— Observaremos la entrega un poco retirados.
Colibisco.— *(En alto.)* Muchas gracias, me habéis prestado un gran servicio. *(Los testigos se retiran al fondo de la escena.)*
Lupo.— *(Aparte.)* Hacia mí se dirige la ganancia.
Colibisco.— *(Que ha oído las palabras del lenón, aparte.)* Sí, a la manera de un asno que cocea.
Lupo.— *(Aparte.)* Me dirigiré a él cariñosamente. *(A Colibisco.)* Amigo, recibe el saludo de un amigo. Me alegro de que llegues sano y salvo.
Colibisco.— Los dioses te colmen de favores, ya que demuestras tanto interés por mi salud.
Lupo.— Dicen que buscas alojamiento.
Colibisco.— Es cierto.
Lupo.— Según me dijeron esos hombres que acaban de marcharse, buscas un lugar libre de moscas[89].
Colibisco.— En absoluto.
Lupo.— ¿Y eso?
Colibisco.— Porque si buscara un alojamiento libre de moscas, nada más llegar, hubiera ido directamente a la cárcel[90].

---

[89] Cfr. nota siguiente.
[90] Por moscas se entiende normalmente "los parásitos o gorrones", que uno no logra quitarse nunca de encima. La cárcel sería, desde este punto de vista, uno de los pocos lugares en que uno podía sentirse libre de inoportunos. Pero quizás no sea necesario, sin embargo, ver en las moscas una alusión a los parásitos y "un lugar libre de moscas" signifique simplemente un lugar "en que no haya ni moscas", es decir, completamente libre de testigos (cfr. sobre la omnipresencia de las moscas *Merc.* 365). De admitirse esta interpretación, en la respuesta de Colibisco habría que ver, con Lambino, un equívoco gramatical: Colibisco fingiría entender *a muscis* dependiendo de *quaeritare* ("si quisiera pedir alojamiento a las moscas") en lugar de hacerlo depender de *liberum*, como sería de esperar ("si quisiera un alojamiento libre de moscas"). Y, evidentemente, si el alojamiento tuviera que pedírselo a las moscas, la cárcel, dada la presumible abundancia de

Lo que busco es un alojamiento donde se me cuide con más mimo que a los ojos del rey Antíoco[91].

Lupo.— Por Pólux, pues yo puedo ofrecerte ese agradable alojamiento, si no tienes inconveniente en instalarte en una linda alcoba y tumbarte en un lecho lindamente tapizado, donde podrás abrazar y acariciar a tu gusto a una linda mujer.

Colibisco.— Vas por buen camino, lenón.

Lupo.— Y donde podrás regar tu juventud con vinos de Léucade, Lesbos, Tasos y Quíos, tan viejos que no tienen un solo diente. Y donde yo te bañaré con torrentes de perfumes. En dos palabras, haré que, en el lugar donde tú te bañes, el bañero pueda abrir una perfumería. Pero son como salteadores de caminos[92] todos estos lujos que te acabo de mencionar.

Colibisco.— ¿Por qué?

Lupo.— Porque te obligan a entregar el oro que llevas encima[93].

Colibisco.— Te juro, por Hércules, que no tienes tú más ganas de recibirlo que yo de entregártelo.

Testigo.— *(Aparte.)* ¿Y si llamamos a Agorastocles, para que él mismo sea su más fehaciente testigo? *(Llamando a la puerta de la casa de Agorastocles.)* ¡Eh, Agorastocles, si quieres atrapar al ladrón, sal a toda prisa, para que contemples con tus propios ojos la entrega del oro al lenón!

---

suciedad y, en consecuencia, moscas en ella, sería probablemente el primer lugar más apropiado para acudir. Recordaremos, finalmente, que Lindsay, leyendo *muschis,* que en griego podría significar "órganos sexuales" (*CR* 10 (1896) 33), quiere ver un juego de palabras obsceno en el pasaje.

[91] No consta que el rey Antíoco estuviera enfermo de los ojos. Es posible que los ojos simbolicen una parte del cuerpo muy delicada y que, en consecuencia, requiere los máximos cuidados. También se ha querido ver una referencia a los ministros y altos dignatarios de la corte que solían llamarse "ojos y oídos" del rey.

[92] O soldados mercenarios, que reclaman su soldada.

[93] Lit. "te exigen el oro al contado".

ESCENA CUARTA

AGORASTOCLES, TESTIGOS, COLIBISCO, LUPO

AGORASTOCLES.— *(Saliendo de casa.)* ¿Qué pasa? ¿Qué queréis, testigos?
TESTIGO.— Mira a la derecha. Tu esclavo va a entregar el oro al lenón.
COLIBISCO.— *(Entregándole la bolsa al lenón.)* Toma, coge esto, por favor. Aquí dentro hay trescientas monedas bien contadas, de esas que llaman filipos. Cuídame bien y cobra de ellas mis gastos. Tengo prisa por gastarlas.
LUPO.— Te juro, por Pólux, que te has buscado un administrador[94] al que le gusta derrochar el dinero. Vamos, entremos en casa.
COLIBISCO.— *(Sin moverse del sitio.)* Te sigo.
LUPO.— Vamos, vamos, camina. En casa hablaremos de lo demás.
COLIBISCO.— Aprovecharé la ocasión para contarte mis gestas espartanas.
LUPO.— Sígueme, pues. 720
COLIBISCO.— Llévame a tu casa. Soy tu esclavo. *(Colibisco y el lenón entran en la casa de este último.)*
AGORASTOCLES.— *(A los testigos.)* ¿Y ahora qué me aconsejáis?
TESTIGO.— Que cumplas con tu deber.
AGORASTOCLES.— ¿Y si la pasión no me lo permite?
TESTIGO.— Haz lo que te permita.
AGORASTOCLES.— ¿Habéis visto al lenón recibir el dinero?
TESTIGO.— Sí, lo hemos visto.
AGORASTOCLES.— Y el que se lo entregó, ¿sabéis que es mi esclavo?
TESTIGO.— Sí, lo sabemos.
AGORASTOCLES.— ¿Y que eso va en contra de las leyes frecuentemente aprobadas por el pueblo?
TESTIGO.— Sí, lo sabemos.
AGORASTOCLES.— Pues, de todo esto quiero que os acordéis más tarde, cuando sea preciso, ante el pretor.
TESTIGO.— Nos acordaremos.
AGORASTOCLES.— *(Señalando la puerta del lenón.)* ¿Qué os

---

[94] *Promus* significa propiamente "despensero".

parece si, ahora que el asunto aún está fresco, llamo a la puerta?

Testigo.— Buena idea.

Agorastocles.— ¿Y si llamo y no me abre?

Testigo.— Echa abajo la puerta[95].

Agorastocles.— Y si sale el lenón, ¿te parece bien que le 730 pregunte si mi esclavo está o no está en su casa...

Testigo.— ¿Por qué no?

Agorastocles.— ...con doscientos filipos de oro?

Testigo.— ¿Por qué no?

Agorastocles.— En el acto el lenón se despistará.

Testigo.— ¿Por qué motivo?

Agorastocles.— ¡Qué preguntas! Porque diré cien monedas menos de la cuenta.

Testigo.— Bien pensado.

Agorastocles.— Y creerá que estoy preguntando por otro.

Testigo.— Está claro.

Agorastocles.— En el acto me responderá que no.

Testigo.— Y lo jurará.

Agorastocles.— Con lo que se hará reo de hurto.

Testigo.— De eso no hay duda.

Agorastocles.— De todo el dinero que le ha sido entregado.

Testigo.— ¿Por qué no?

Agorastocles.— ¡Qué Diéspiter os confunda!

Testigo.— Y a ti ¿por qué no?

Agorastocles.— Voy a llamar a la puerta. 740

Testigo.— Sí, ¿por qué no?

Agorastocles.— Es hora de callarse, pues ha sonado la puerta. Veo salir al lenón Lupo. Ayudadme, por favor.

---

[95] El texto latino presenta en este punto un juego de palabras intraducible, basado en el doble sentido de *pultem*: a) presente de subjuntivo de *pulto*, "llamar a la puerta (cfr. *aedis pultem* 728; *pultabo ianuam* 741)" y b) acs. sg. de *puls, pultis*: "polenta, gachas". Agorastocles dice, simplemente, "¿Y si llamo y no me abre la puerta? *(Si pultem, non recludet [sc. portam]?)*", a lo que el testigo debería responder "echa abajo la puerta" *(portam frangito)*. Pero el testigo entendiendo *pultem* como acusativo de singular de *puls* (como si Agorastocles hubiera dicho "¿Y si abro las gachas?"), en su respuesta, sustituye el esperado *portam* por el inesperado y cómico *pultem* ("rompe las gachas"). En la traducción hemos renunciado a reflejar el juego de palabras.

Testigo.— ¿Por qué no? Y, si te parece bien, nos cubrimos la cabeza, para que el lenón no nos reconozca y no se dé cuenta de que hemos sido el reclamo que lo indujo a caer en una trampa tan peligrosa.

ESCENA QUINTA

Lupo, Agorastocles, Testigos

Lupo.— *(Saliendo de casa, sin ver a los demás.)* ¡Que se cuelguen de una vez todos los arúspices, si creen que a partir de hoy yo voy a creer una sola de sus palabras! ¿No me dijeron hace un rato, durante la celebración del sacrificio, que me amenazaba una tremenda desgracia y una enorme pérdida? 750 Yo, en cambio, he salido del apuro con una bonita ganancia.

Agorastocles.— Salud, lenón.

Lupo.— Los dioses te sean propicios, Agorastocles.

Agorastocles.— Me da la impresión de que ahora me saludas con más amabilidad que antes.

Lupo.— Tras la tempestad viene la calma, como les sucede a los barcos en la mar. Según la dirección del viento, así hay que orientar las velas[96].

Agorastocles.— ¿Se encuentran bien de salud en tu casa las personas a que se la deseo? Pero a ti no te la deseo.

Lupo.— Están bien, como deseas, pero no son para ti.

Agorastocles.— Anda, por favor, envíame hoy a tu esclava Adelfasia a mi casa, ya que hoy se celebra la solemne y famosa fiesta de la Afrodisias.

Lupo.— Tú has tomado hoy una comida muy caliente, ¿verdad?

Agorastocles.— ¿Por qué? 760

Lupo.— Porque tratas de refrescarte la boca pidiendo estupideces[97].

Agorastocles.— *(Cambiando de tono.)* Escucha un momento, lenón. Me ha llegado el rumor de que mi esclavo estaba en tu casa.

---

[96] Cfr. *Epid.* 49.

[97] El chiste del texto latino se basa en la identificación de "frío" y "necio, estúpido". Decir "estupideces", es decir, "cosas frías" implica "refrescar la boca": cfr. *Rudens* 1326.

Lupo.— ¿En mi casa? Eso es absolutamente falso.

Agorastocles.— Mientes. Pues vino a tu casa y te trajo oro. Así me lo han comunicado unas personas que merecen toda mi confianza.

Lupo.— Eres un bribón. Vienes a mi casa acompañado de testigos para tratar de pillarme. En mi casa no hay nadie de los tuyos ni nada que te pertenezca.

Agorastocles.— *(A los testigos.)* Tomad nota de lo que dice, testigos.

Testigo.— La tomamos.

Lupo.— ¡Ja, ja, ja! Ya sé lo que pasa. Acabo de darme cuenta. Esos individuos que me han puesto en contacto con el extranjero espartano, ahora están rabiosos al ver que los trescientos filipos van a engrosar mis arcas. Y, como sabían que *(señalando a Agorastocles)* él era mi enemigo, lo enviaron para decir que un esclavo suyo se encontraba en mi casa con una suma de oro. Han tramado esta trampa, para quitarme el oro y repartírselo entre ellos. Pretenden quitarle al lobo un cordero. Están de broma.

Agorastocles.— ¿Afirmas que no están en tu casa ni mi oro ni mi esclavo?

Agorastocles.— Lo afirmo y seguiré afirmándolo, si es necesario, hasta quedarme afónico.

Testigo.— Estás perdido, lenón. Pues ese individuo que te presentamos como espartano, que te entregó hace un momento los trescientos filipos *(señalando la bolsa que tiene el lenón),* que están dentro de esa bolsa, es su capataz.

Lupo.— ¡Malditos seáis!

Testigo.— Pero tú ya lo eres.

Agorastocles.— *(Tratando de arrebatarle a bolsa al lenón.)* Vamos, suelta esa bolsa en el acto, bribón. Te he cogido en flagrante delito de robo. *(A los testigos.)* Ayudadme, por favor, hasta que veáis que me llevo de su casa a mi esclavo. *(Entra en casa de Lupo.)*

Lupo.— *(Aparte.)* Ahora sí que está claro que soy hombre muerto, sin ningún género de dudas. Esos malditos se pusieron de acuerdo para tenderme esta emboscada. Pero, ¿a qué espero para darme a la fuga e irme al infierno, antes de que me arrastren, agarrado por el cuello, a presencia del pretor? ¡Ay, qué buenos adivinos han resultado ser los arúspices que consulté! Si estos tipos te anuncian una buena noticia, tarda siglos en cumplirse; pero si te anuncian una desgracia, se realiza en el acto. Ahora no me queda más remedio que ir a preguntar a mis amigos qué método les parece mejor para... que me ahorque. *(Sale.)*

ESCENA SEXTA

Agorastocles, Colibisco, Testigos

Agorastocles.— *(Saliendo de casa del lenón con Colibisco.)* Vamos, camina, para que los testigos te vean salir de esta casa. *(A los testigos.)* ¿Es éste mi esclavo?
Colibisco.— Por Hércules, claro que soy tu esclavo, Agorastocles.
Agorastocles.— *(Volviéndose hacia el lugar en que estaba el lenón.)* ¿Y ahora qué, canalla de lenón?
Testigo.— Tu parte contraria se ha marchado.
Agorastocles.— ¡Ojalá se haya ido al infierno!
Testigo.— Eso queremos nosotros, como es nuestro deber. 800
Agorastocles.— Mañana presentaré una demanda contra él.
Colibisco.— ¿Quieres algo de mí?
Agorastocles.— Que te vayas y te pongas tu ropa.
Colibisco.— *(Al público.)* De algo me ha servido transformarme en soldado. Al menos he obtenido un pequeño botín en casa del lenón. Mientras sus esclavos dormían la siesta, me he llenado la panza con las entrañas de las víctimas hasta reventar. Me voy a casa.
Agorastocles.— *(A los testigos.)* Muchas gracias por vuestra amabilidad, testigos. Me habéis prestado un buen servicio. Mañana por la mañana, por favor, reuníos conmigo en el comicio. *(A Colibisco.)* Tú sígueme. Vámonos a casa. *(A los testigos, despidiéndose.)* Os deseo salud.
Testigo.— Y nosotros a ti. *(Agorastocles y Colibisco entran en casa.)* ¡Habrase visto tamaña injusticia! Quiere que le sirva- 810 mos y que comamos a nuestras expensas. Pero así son nuestros ricos. Si les haces un favor, su agradecimiento es más ligero que una pluma. Pero si los ofendes, su cólera pesa tanto como el plomo. Venga, vámonos de una vez a nuestras casas, ya que hemos conseguido nuestro propósito de perder al corruptor de nuestros conciudadanos. *(Salen.)*

ACTO CUARTO

ESCENA PRIMERA

Milfión

Estoy ansioso por conocer el resultado de mi intriga. Me muero de ganas de perder al lenón, que trae a mi pobre amo por la calle de la amargura, aunque él me azota constantemente y me muele a puñetazos y patadas. ¡Qué desgracia es la de ser esclavo de un enamorado, especialmente si no posee al ser que ama! ¡Caramba! Si ahí veo a Sincerasto, el esclavo del lenón, que regresa del santuario. Escucharé lo que dice.

ESCENA SEGUNDA

Sincerasto, Milfión

Sincerasto.— Está comprobado que los dioses y los hombres tienen poca simpatía por quien sirve a un amo igual, semejante al mío. En todo el mundo no hay un individuo más perjuro o bellaco que mi amo ni más ruin y rastrero. Juro por los dioses que preferiría pasar toda la vida en las latomías[98] o en el molino, aprisionado por un robusto cepo[99] de hierro, a ser esclavo de este lenón. ¡Qué raza de gente la suya! ¡Cuántas cosas inventan para corromper a la gente! ¡Santo cielo! En su casa se puede ver a todo tipo de personas, como si se hubiera llegado al Aqueronte: patricios, plebeyos[100], libertos, ladrones

---

[98] Eran las canteras de piedra en las que se solía condenar a trabajos forzados a los malhechores. Las más famosas fueron, sin duda, las de Siracusa: cfr. Cic. *Verr.* 1,14.
[99] No está claro si *latere* ha de relacionarse con *later* ("ladrillo") o *latus* ("costado"). Aunque nos hemos inclinado por la primera posibilidad (a pesar de la *contradictio in terminis* que supone *later ferreus*, pues una cosa no puede ser de barro e hierro, al mismo tiempo; pero cfr. en esp. un "cepo de hierro") no es de descartar la segunda, seguida por Ernout y otros traductores. El sentido en este caso sería: "atado por el costado con una fuerte cadena de hierro".
[100] Lit. "caballeros e infantes". Pero, sin duda se trata de clases sociales y no tipos de tropas: ricos/pobres. Téngase en cuenta, además, que los primeros "caballeros" eran la élite de los patricios.

o incluso esclavos fugitivos, apaleados, encadenados, condenados a la esclavitud por sus deudas. Con tal de que tengan dinero para pagar, sean quienes sean, se admite a todo tipo de personas. En consecuencia, toda la casa está llena de oscuros escondrijos. Se bebe y se come como en una taberna, exactamente igual. Allí se pueden ver cartas escritas en arcilla y selladas con pez, en las que están grabados los nombres de los cónsules con letras de un codo de altura[101]. Pues en nuestra casa reclutamos legiones de ánforas de vino.

MILFIÓN.— *(Aparte, con ironía.)* Nada me extrañaría que su amo lo hubiese nombrado su heredero. Pues, según habla, parece que está ensayando su oración fúnebre. Me gustaría hablar con él, si no lo estuviera escuchando con tanto placer. 840

SINCERASTO.— Cuando veo las cosas que pasan en esta casa, un inmenso sufrimiento se apodera de mí. ¡Decir que esclavos pagados a precios de oro son despojados de sus peculios con gran perjuicio para sus amos![102] Y al final el provecho no se ve por ninguna parte: dinero mal adquirido pronto desvanecido[103].

MILFIÓN.— *(Aparte.)* Habla como si fuera un modelo de esclavo, cuando, por Hércules, es un bribón capaz de dar lecciones de depravación a la propia Depravación.

SINCERASTO.— Ahora traigo a casa los utensilios del sacrificio; vengo del templo de Venus, donde mi amo, pese a las numerosas víctimas que inmoló, no fue capaz de propiciarse la voluntad de la diosa Venus en su día de fiesta.

MILFIÓN.— *(Aparte.)* ¡Hurra por Venus!

SINCERASTO.— En cambio, nuestras cortesanas, en cuanto inmolaron la primera víctima, en el acto lograron aplacar a Venus. 850

MILFIÓN.— *(Aparte.)* ¡Hurra por Venus de nuevo!

SINCERASTO.— Ahora me voy a casa.

MILFIÓN.— *(A Sincerasto desde su espalda.)* ¡Eh, Sincerasto!

SINCERASTO.— *(Sin volverse.)* ¿Quién llama a Sincerasto?

---

[101] Sincerasto compara con cartas las inscripciones que se grababan en las ánforas (hechas de barro o arcilla) utilizadas para conservar el vino, para señalar su antigüedad. A tal fin se indicaba el nombre de los cónsules bajo cuyo consulado habían sido selladas.

[102] Pues de esta forma nunca podrían recuperar, sin duda incrementado, el dinero que les habían costado.

[103] Hemos tratado de reflejar el tono de refrán que tienen las palabras de Sincerasto.

Milfión.— Un amigo tuyo.
Sincerasto.— Pues no es propio de amigos detener a una persona cargada con tanto peso.
Milfión.— Pero en compensación por haberte detenido, estaré a tu disposición para lo que quieras, para lo que ordenes. Da por firmado el trato.
Sincerasto.— Si es verdad lo que dices, estoy a tus órdenes.
Milfión.— ¿Con que condiciones?
Sincerasto.— Con la condición de que, cuando me vayan a dar una paliza, tú pongas la espalda. ¡Largo de aquí! No sé quién diablos eres.
Milfión.— Soy un bribón.
Sincerasto.— Peor para ti.
Milfión.— Quiero hablar contigo.
Sincerasto.— Pero es que esta carga me pesa.
Milfión.— Pues déjala en el suelo y mira para mí.
Sincerasto.— *(Dándose la vuelta.)* Bueno, de acuerdo, aunque tengo mucho que hacer.
Milfión.— ¡Salud, Sincerasto!
Sincerasto.— ¡Oh, Milfión! ¡Que todos los dioses y diosas protejan...!
Milfión.— ¿A quién?
Sincerasto.— Ni a ti ni a mí, Milfión, ni tampoco a mi amo.   860
Milfión.— ¿A quién han de proteger, pues?
Sincerasto.— A cualquiera que se lo merezca. Porque ninguno de nosotros se lo merece.
Milfión.— Hablas que da gusto oírte.
Sincerasto.— Es lo mío[104].
Milfión.— ¿Cómo estás? ¿Qué haces?[105]
Sincerasto.— Lo que los adúlteros cogidos *in fraganti* normalmente no pueden hacer.
Milfión.— ¿Y eso qué es?

---

[104] Quizás, como en *Epid.* 25, donde se usa la misma expresión, hay aquí un juego de palabras sobre el nombre del personaje, probablemente explicado a partir del latín *sincerus* ("sincero" "franco", sentido documentado especialmente para el adv. *sincere*): téngase en cuenta que Sincerasto "muy sinceramente" acaba de incluirse a él mismo y a su amo en las personas que no son dignas del favor divino.

[105] Una vez más la fórmula latina de saludo *¿quid agis?* (¿Cómo estás?) es interpretada al pie de la letra, lo que nos obliga a duplicar su traducción.

SINCERASTO.— Traigo los utensilios intactos[106].
MILFIÓN.— ¡Que los dioses te confundan a ti y a tu amo!
SINCERASTO.— A mí no me confundirán; pero a mi amo sí que puedo hacer que lo confundan, si quiero. Sí, puedo hacer que lo confundan, si no tuviera miedo de las consecuencias, Milfión.
MILFIÓN.— ¿Cómo es eso? Explícamelo.
SINCERASTO.— Tú eres un maldito bribón, ¿verdad?
MILFIÓN.— Sí, lo soy.
SINCERASTO.— Pues mi suerte también es maldita.
MILFIÓN.— Piensa bien si te mereces otra cosa. Porque, ¿qué motivos tienes para quejarte de tu maldita suerte, cuando tienes en casa qué comer y a quién amar, hasta hartarte? Y, además, no tienes que pagarle ni un céntimo a tu amiga sino que te acuestas con ella gratis.
SINCERASTO.— Así me ame Diéspiter...
MILFIÓN.— *(Interrumpiéndolo, con ironía.)* Por Pólux, tanto como te mereces.
SINCERASTO.— ... como es cierto que deseo la ruina *(señalando la casa del lenón)* de esta casa. 870
MILFIÓN.— Pues, si lo deseas, haz algo para lograrlo.
SINCERASTO.— Sin plumas no es fácil volar y mis alas[107] no tienen plumas.
MILFIÓN.— *(Señalando las axilas de Sincerasto.)* Tú no te las depiles y verás, por Pólux, cómo dentro de dos meses estarán en condiciones de volar tus nauseabundas axilas[108].
SINCERASTO.— Vete al infierno.
MILFIÓN.— Vete tú y tu amo.
SINCERASTO.— La verdad es que, quien bien lo conozca, puede arruinarlo al instante.
MILFIÓN.— ¿Por qué?

---

[106] Esta claro que *vasa* ("utensilios") tiene un segundo sentido erótico. Recuérdese que a los adúlteros cogidos *in fraganti* se les imponía como castigo la castración. Cfr. nota al v. 62 (v. 585) del *Truculentus*.

[107] Esto es, mis axilas. Recuérdese que en latín la palabra *ala* podía significar tanto "ala" como "axila, sobaco".

[108] Creemos que la metáfora plautina no implica tanto, como Ernout traduce, que Sincerasto vaya a tener chivos alados, sino que será él mismo el que tendrá alas (lit. "axilas aladas") en sus axilas que huelen a chivo.

Sincerasto.— Como si tú fueras una persona capaz de guardar un secreto.

Milfión.— Lo guardaré más celosamente que una mujer muda.

Sincerasto.— Me animaría a fiarme de ti si no te conociera.

Milfión.— Créeme. No tengas miedo. Yo asumo los riesgos.

Sincerasto.— Sé que hago mal en fiarme de ti pero, de todas formas, me fiaré.

Milfión.— ¿Sabes que tu amo es enemigo mortal del mío...

Sincerasto.— Sí, lo sé.

Milfión.— ... a causa de su amor? 880

Sincerasto.— Pierdes el tiempo.

Milfión.— ¿Por qué?

Sincerasto.— Porque quieres enseñarme una lección que ya sé.

Milfión.— En ese caso, ¿cómo puedes dudar de que mi amo hará con sumo gusto al tuyo todo el daño que pueda y que él se merece? Si tú, por tu parte, colaboras un poco, tanto más fácil le será lograr sus objetivos.

Sincerasto.— Pero me da miedo, Milfión...

Milfión.— ¿Qué es lo que te da miedo?

Sincerasto.— Que, al tratar de tenderle la emboscada, labre mi propia ruina. Si mi amo se entera de que le he dicho algo a alguien, en el acto me convertirá de Sincerasto en Piernasrotas[109].

Milfión.— Te juro, por Pólux, que no se lo contaré a nadie, excepto a mi amo, y aun a él, con la condición de que no le diga a nadie que la información proviene de ti.

Sincerasto.— Sé que hago mal en fiarme, pero, de todas formas, me fiaré de ti. No obstante, guárdate para ti el secreto. 890

Milfión.— La Buena Fe no es más de fiar que yo. Habla, que éste es el momento y lugar adecuados, con total libertad: estamos solos.

Sincerasto.— Si tu amo quiere hacer una buena obra, arruinará al mío.

Milfión.— ¿Cómo?

Sincerasto.— Fácilmente.

Milfión.— Pues hazme saber esa facilidad, para que él pueda saberla también.

---

[109] Cfr. *Bacch.* 362.

Sincerasto.— Adelfasia, a la que tu amo ama tan apasionadamente, es libre de nacimiento.
Milfión.— ¿Cómo?
Sincerasto.— De la misma manera que su hermana Anterástile.
Milfión.— Dame una prueba, para que te crea.
Sincerasto.— Pues que las compró de pequeñitas en Anactorio a un pirata siciliano.
Milfión.— ¿Por cuánto?
Sincerasto.— Por dieciocho minas[110].
Milfión.— ¿A las dos?
Sincerasto.— Y también a Gidenine, su nodriza. El vendedor advirtió que vendía niñas robadas. Según afirmó, eran 900 libres de nacimiento y oriundas de Cartago.
Milfión.— ¡Santo cielo! ¡Qué maravillosa coincidencia! Porque mi amo Agorastocles también nació en esa ciudad y allí fue robado cuando tenía unos seis años[111]. Después el raptor lo trajo a esta ciudad y aquí se lo vendió a mi amo, que lo adoptó como hijo y lo nombró heredero de sus riquezas, al llegarle la hora de la muerte.
Sincerasto.— Todo lo que dices facilita las cosas: no tiene más que presentar una demanda en reivindicación de su libertad, argumentando que son compatriotas suyas.
Milfión.— Cállate, cállate.
Sincerasto.— No cabe duda de que, si consigue quitárselas, le habrá dado al leñón jaque mate[112].
Milfión.— Es más, te aseguro que habrá perdido la partida, antes de haber podido mover una sola pieza. Todo está planeado.

---

[110] Cantidad ridícula de dinero para dos jóvenes esclavas (aun tratándose de dos niñas). La observación, sin duda, es hecha para justificar la sinceridad del vendedor, advirtiendo que se trata de niñas robadas.

[111] Cfr. también 987. Recuérdese que en el prólogo se habla de siete años: cfr. v. 66 y nota. ¿Provendrá la confusión de que, como se dice en el v. 67, fue raptado seis años antes de la muerte de su padre?

[112] La expresión latina *ad incitas (sc. calces) redigere*, está tomada del *ludus calculorum* o *latrunculorum*, una especie de juego de ajedrez o damas, y se decía cuando las piezas caían en una posición tal que no podían moverse, lo que implicaba la pérdida de la partida. La expresión vuelve a encontrarse en *Trin.* 537. Sobre el *ludus latrunculorum* cfr. J. Guillén, *Urbs Roma*, Salamanca 1978, II 321-322.

SINCERASTO.— ¡Quieran los dioses concederme la dicha de dejar de ser esclavo de este lenón!

MILFIÓN.— Es más, te seguro, por Hércules, que pronto 910 serás mi compañero de libertad si los dioses nos son propicios.

SINCERASTO.— ¡Quiéranlo los dioses! ¿Quieres algo más de mí, Milfión?

MILFIÓN.— No. Ten salud y que te vaya bien.

SINCERASTO.— Eso, por Pólux, depende de ti y de tu amo. Ten salud y procura mantener en secreto lo que te he dicho.

MILFIÓN.— No me has dicho nada. Adiós.

SINCERASTO.— Pero de nada va a servir, si no golpeáis el hierro, cuando aún está caliente[113].

MILFIÓN.— *(Con ironía.)* Gracias por el consejo. Lo tendré en cuenta.

SINCERASTO.— Los materiales son buenos. Sólo falta que encargues el trabajo a un buen artesano.

MILFIÓN.— ¿Quieres callarte?

SINCERASTO.— Me callo y me marcho.

MILFIÓN.— ¡Qué alivio! *(Sincerasto sale.)* Por fin se marchó. No cabe duda de que los dioses inmortales quieren la salvación de mi amo y la ruina total del lenón. Un inmenso peligro se cierne sobre su cabeza. ¿Os dais cuenta de que ya antes de que lo alcance el primer dardo, ya lo amenaza otro? Entraré en 920 casa para contárselo todo a mi amo. Porque llamarlo para que salga a la calle y repetir por segunda vez aquí todo lo que acabáis de oír, sería una completa estupidez. Prefiero aburrir en casa sólo a mi amo a aburriros aquí a todos vosotros. ¡Dioses inmortales, qué catástrofe, que desastre se le avecina al lenón! Pero, ¿qué hago aquí perdiendo el tiempo? Tal como están planteadas las cosas, está prohibido tomarse el menor respiro. Pues, por una parte, hay que explotar hábilmente el secreto que me acaba de ser confiado y, por otra, hay que prestar atención a nuestro proyecto autóctono. Si por mi causa se produjera alguna dilación, haría bien dándome una buena paliza. Ahora entraré en casa y en ella esperaré a que mi amo regrese del foro.

---

[113] La imagen está tomada evidentemente de la lengua de la fragua.

ACTO QUINTO

ESCENA PRIMERA

HANÓN

HANÓN[114].— *(Vestido de cartaginés y seguido por un gru-* 930
po de esclavos africanos.) Yth alonim ualonuth si corathi sy

---

[114] El acto V del *Poenulus* comienza con un monólogo de Hanón que, tal como nos ha sido transmitido por los manuscritos, puede descomponerse en tres secciones bien diferenciadas, de diez versos cada una: la primera (vv. 930-39) en púnico, conservada sólo en los Palatinos; la segunda (vv. 940-49) también en púnico, conservada, aunque con serias discrepancias, tanto en los Palatinos como en el palimpsesto Ambrosiano); y la tercera (vv. 949-950, de los que suele eliminarse el 954, que repite al 952, con lo que siguen siendo diez como los apartados anteriores) en latín.
  Pues bien, hoy día, especialmente después de los trabajos más recientes, parece que puede afirmarse que las dos secciones en lengua púnica representan una doble tradición del mismo texto plautino. De ellas, la segunda sección (vv. 940-949) sería el texto primitivo, mientras que la primera (vv. 930-939) no sería más que una restauración tardía (siglo III-V d. C.) de la antigua y corrupta versión del monólogo. En cuanto al texto latino, que sigue, parece ser una precisa traducción del texto púnico anterior, añadida, seguramente, por Plauto con el propósito de informar a los espectadores del contenido de la palabras de Hanón, de las que no debían haber entendido demasiado, aunque hay quien considera la traducción postplautina: cfr. Maurach, *Plauti Poenulus*, 317 ss.
  Por nuestra parte, en consecuencia de lo dicho, simplemente para tratar de reproducir el efecto dramático del uso de una lengua exótica, reproducimos el texto púnico en una única versión, siguiendo la edición de Maurach, que es en lo esencial la de Sznyzer. Y dado que, como hemos señalado, el texto latino subsiguiente reproduce con bastante precisión el contenido del original púnico, nos limitamos a traducir estos últimos, sin ofrecer una nueva versión del texto púnico.
  Sobre toda esta cuestión del texto púnico, además de las notas de comentaristas y editores, puede verse: L.H.Gray, "The Punic passages in the *Poenulus* of Plautus", *American Journal of Semitic Languages* 39 (1922-23) 73-88; I. Opelt. "Die Punische-Lateinische Bilingue im Plautinischen *Poenulus*", *Hermes* 94 (1966) 435-444; C.R. Krahmalkov, "The Punic Speech of Hanno". *Or* 39 (1970) 52-74; J.J. Glück, "Punisch in plautinischer Metrik", *Semitics* 2 (1971/2) 39 ss; A.S. Gratwick,

*macon syth chy mlachthi in ythmum ysthyalm ychi ibarcu
mysehi li pho caneth yth bynuthi iad iadyn byn ui bymarob
sylklohom alonim uybymysyrthoho[m] byth lymnmoth ynno-
cho thuulech Antidamas chon ys si dobrim chy fel yth chil ys
chon chen liful ythg binim ys dyburth innocho thu Agorastocles yth emanethi hy chirs aelichot sith naso[t] bynny id li chi
ily gubulim lasibitthim bodi aly thera ynnynnu yslym m<i>m
cho th iusim.*

A los dioses y diosas protectores de esta ciudad suplico que se cumpla felizmente el objetivo de mi viaje. Concededme, oh dioses, la gracia de encontrar aquí a mis hijas y al hijo de mi hermano [las hijas que me han sido robadas, y el hijo de mi hermano]. Yo imploro vuestra misericordia. En esta ciudad tenía yo hace años un huésped, de nombre Antidamante. Dicen que le ha llegado la hora que le tenía que llegar y aseguran que su hijo Agorastocles vive aquí. Precisamente para entregársela a él, llevo conmigo esta tésera de la hospitalidad[115]. Me han indicado que vive en esta zona. *(Viendo salir de casa a Agorastocles y Milfión.)* Preguntaré a la gente que sale de esta casa.

ESCENA SEGUNDA

AGORASTOCLES, MILFIÓN, HANÓN

AGORASTOCLES.— *(A Milfión, sin ver a Hanón.)* ¿Tú me aseguras, Milfión, que Sincerasto te ha dicho que las dos eran libres de nacimiento, robadas y oriundas de Cartago?

MILFIÓN.— Sí. Y, si quieres hacer las cosas bien, en el acto presentarás una demanda en reivindicación de su libertad.

"Hanno's Punic Speech in the Poenulus of Plautus". *Hermes* 99 (1971) 25-45; M. Sznycer, *Les passages puniques en transcription latine dans le "Poenulus" de Plaute*, París 1976; A. V. den Branden, "Le texte punique dans le Poenulus de Plaute", *B&O* 26 (1984) 159-180; C.R.Krahmalkov, "Observations on the Punic Monologues of Hanno in the *Poenulus*", *Or* 57 (1988) 55-66.

[115] La tésera de la hospitalidad era una pequeño objeto, generalmente de cerámica, que se dividía en dos partes iguales, cada una de las cuales quedaba en poder de uno de los dos huéspedes, para servir, llegado el caso, de comprobación de su personalidad.

Pues sería una ignominia para ti tolerar que sean esclavas delante de tus narices unas compatriotas tuyas, que en su patria fueron libres.

HANÓN.— *(Aparte.)* ¡Oh dioses inmortales, yo imploro vuestra misericordia! ¡Con qué avidez devoran mis oídos estas dulces palabras! La conversación de estos hombres es pura cal[116]. ¡Qué pronto ha borrado mis negros pensamientos! 970

AGORASTOCLES.— Si tuviera testigos para demostrarlo, seguiría tus consejos.

MILFIÓN.— ¿A qué me vienes con testigos? Lo que tienes que hacer es actuar con decisión. De una forma u otra la Fortuna acudirá en tu ayuda.

AGORASTOCLES.— Meterse en un pleito es mucho más fácil que ganarlo.

MILFIÓN.— *(Viendo a Hanón.)* Pero, ¿qué ave es ésa que viene hacia aquí en túnicas?[117] ¿Es que le habrán robado la capa en los baños?

AGORASTOCLES.— Su aspecto, por Pólux, es de cartaginés.

MILFIÓN.— Es un guga[118]. ¡Y qué esclavos más viejos y ancianos trae consigo, por Pólux!

---

[116] Lit. "creta". De la misma manera que la cal se utiliza para blanquear las paredes, la "creta" se utilizaba para limpiar y blanquear la lana de las togas: piénsese especialmente en las togas blanquísimas de los *candidati*.

[117] A Hanón las mangas de su túnica, que le cuelgan por ambas partes de su cuerpo a manera de alas, le dan aspecto de pájaro. Sobre el plural, cfr. n. 42 de la *Aulularia*.

[118] El término *gugga* es de significación oscura y discutida, por lo que hemos renunciado a traducirlo. Generalmente suele considerarse un término injurioso aplicado por el pueblo a los cartagineses. Según A. Capizzi, *Introduzione a Parmenide*, Bari 1977, 48-49, citado por Paratore, este término, que ya se encontraría en el modelo griego, estaría relacionado con el verbo gr. γογγύζω ("murmurar", "gruñir", "refunfuñar") y se aplicaría a quien habla una lengua que parece un conjunto de sonidos inarticulados y a quien trata de engañar al prójimo usando varias lenguas, por lo que el término estaría relacionado por su significado con los términos *migdilix* y *bisulci lingua*, que son usados como insultos contra Hanón posteriormente en esta misma escena (cfr. 1033 y 1034). A esta interpretación creemos que podría corresponder, aproximadamente, el término castellano "gringo". También se ha pensado que podría tratarse del nombre de un ave, que bien por su color (purpúreo) o por su carácter (pérfido para con otras aves), recordara de alguna manera a los cartagineses: cfr. Gratwick,

AGORÁSTOCLES.— ¿Cómo lo sabes?
MILFIÓN.— ¿No ves cómo caminan encorvados bajo el peso de la carga?[119] Y me parece que no tienen dedos en las manos. 980
AGORÁSTOCLES.— ¿Por qué?
MILFIÓN.— Porque llevan los anillos colgando de las orejas.
HANÓN.— *(Aparte.)* Me acercaré a ellos y les hablaré en cartaginés. Si me contestan, seguiré hablando en cartaginés. En caso contrario, adaptaré mi lengua a su manera de hablar.
MILFIÓN.— *(A Agorástocles.)* Dime, ¿te acuerdas de algo de cartaginés?
AGORÁSTOCLES.— De nada, por Pólux. Pues, dime, ¿cómo podía saber cartaginés, si fui raptado y llevado de Cartago a los seis años?[120]
HANÓN.— *(Aparte.)* ¡Oh dioses inmortales, cuantísimos niños de condición libre fueron raptados y llevados como tú de Cartago?[121]
MILFIÓN.— *(A Agorástocles.)* Dime una cosa. 990
AGORÁSTOCLES.— ¿Qué quieres?
MILFIÓN.— ¿Quieres que me dirija a él en cartaginés?
AGORÁSTOCLES.— ¿Es que sabes cartaginés?
MILFIÓN.— No hay en el mundo cartaginés más ducho que yo en el arte de la cartaginesería[122].
AGORÁSTOCLES.— Dirígete a él y pregúntale qué quiere, a qué ha venido, quién es, de qué país es, de qué familia desciende. No escatimes preguntas.

"*Poenulus* 967-981. Some Notes", *Glotta* 50 (1972) 228-33. Maurach admite que una identificación con el *nycticorax* ("cuervo nocturno") podría no ser disparatada.

[119] Es decir, Milfión deduce la vejez de los esclavos de Hanón simplemente de que caminan encorvados, aunque sólo sea por el peso de la carga y no, como en el caso de la verdadera vejez, por el de los años.

[120] Cfr. notas 18 y 111 de esta comedia.

[121] No creo que pueda verse una alusión a las consecuencias de una guerra (la Segunda Guerra Púnica en este caso), como han querido ver algunos estudiosos. Pienso que se alude simplemente a raptos individuales hechos por piratas.

[122] Seguimos, como no podía ser de otro modo, la traducción de Ernout. Está claro que Milfión juega con el doble sentido de la palabra "púnico": "cartaginés" (dicho especialmente de la lengua) y "pérfido como un cartaginés", en alusión a la proverbial perfidia púnica: cfr. n. 23.

MILFIÓN.— *(Dirigiéndose a Hanón.)* Avo[123] ¿De qué país sois? ¿De qué ciudad?
HANÓN.— *Anno byn mytthymballe udradait annech*[124].
AGORASTOCLES.— ¿Qué dice?
MILFIÓN.— Dice que es Hanón, oriundo de Cartago, hijo del cartaginés Mutúmbal.
HANÓN.— *Avo*[125].
MILFIÓN.— Te saluda.
HANÓN.— *Donni*[126].
MILFIÓN.— Un don quiere hacerte. ¿No oyes cómo te lo promete?
AGORASTOCLES.— Salúdalo a su vez de mi parte, en cartaginés. 1000
MILFIÓN.— *(A Hanón.) Avo donni*[127]. *(Señalando a Agorastocles.)* Él me encarga que te lo diga de su parte.
HANÓN.— *Me har bocca*[128].
MILFIÓN.— Eso ojalá te ocurra a ti mejor que a mí.
AGORASTOCLES.— ¿Qué dice?
MILFIÓN.— Dice que le duele la boca. A lo mejor cree que somos médicos.
AGORASTOCLES.— En ese caso, dile que no lo somos. No quiero inducir a error a un extranjero.
MILFIÓN.— *(A Hanón.)* ¿Lo oyes?[129]

---

[123] "Salud". Se piensa que de esta palabra cartaginesa podría derivar el saludo latino *ave*.

[124] "Soy Hanón, hijo de Mutúmbal, un cartaginés." Advertimos que la traducción que ofrecemos de los pasajes púnicos sólo tiene carácter orientativo y no pretende ser una interpretación exacta y fiel del texto púnico, lo que, por otra parte, dadas las enormes dificultades e incertidumbres que presenta en numerosos puntos su interpretación, resulta tarea poco menos que imposible. Para más detalles, remitimos a la bibliografía citada (n. 114) y, especialmente, a la monografía de Sznycer, al artículo de Glück y al comentario de Maurach.

[125] "Salud."

[126] "Señor."

[127] "Salud, señor." Obsérvese que Milfión se limita a repetir las dos palabras de Hanón. Da impresión de que los conocimientos púnicos de Milfión se limitan a la palabra *avo*.

[128] Podría tratarse de un saludo. Algo así como "Me alegro de conoceros". Pero el sentido del texto púnico es controvertido.

[129] Parece que Milfión da por supuesto que Hanón ha entendido las palabras de Agorastocles y, por tanto, no necesita repetírselas. Obsérvese que ya antes Milfión le ha hecho preguntas en latín a las que

HANÓN.— *Rufeyn nyccho issam*[130].

AGORASTOCLES.— Sí, quiero que se le diga toda la verdad. Pregúntale si necesita alguna cosa.

MILFIÓN.— Tú, que no llevas cinturón[131], dime, ¿a qué habéis venido a esta ciudad o qué queréis?

HANÓN.— *Muphursa*[132]. 1010

AGORASTOCLES.— ¿Qué dice?

HANÓN.— *Ratoonec ahicanna*[133].

AGORASTOCLES.— ¿A qué venido?

MILFIÓN.— ¿No lo oyes? Dice que quiere darle a los ediles unos ratones africanos[134] para el desfile de los juegos.

HANÓN.— *Lech lachanna nilimniichto*[135].

AGORASTOCLES.— ¿Y ahora qué dice?

MILFIÓN.— Que ha traído cucharas, tubos y nueces. Te ruega que le ayudes a venderlos.

AGORASTOCLES.— Debe de ser mercader.

Hanón ha respondido en púnico (cfr. 994). Esto parece contradecirse con la actitud de Agorastocles que necesita de Milfión como intérprete, pero evidentemente la interpretación del esclavo era necesaria para poder justificar los chistes.

[130] "Así que no sois médicos. Sin duda es (sc. Agorastocles) un hombre honrado". Habría que suponer, como dijimos en la nota anterior, que Hanón ha entendido las palabras de Agorastocles.

[131] Es probable que no se trate simplemente de una descripción del vestido de Hanón, sino de una doble injuria en cuanto se le califica de desaliñado, por no llevar ceñido el vestido a la cintura, y pobre, pues los viajeros llevaban el dinero en el cinturón: cfr. n. 78 del *Pseudolus*.

[132] "¿Qué significa esto?". Pero podría tratarse también de un insulto o maldición: "¡Basura!" (cfr. *caenum* en latín).

[133] "¿Quién responde a los viajeros?" o "¿Quién va a guiarme?" El texto púnico dice *Miuulec hianna* pero lo hemos adaptado para facilitar la comprensión del juego de palabras.

[134] Suele considerarse que con la expresión "ratones africanos" (*mures africani*) se designa a las panteras o algún felino similar, de la misma manera que el avestruz se llamaba *passer marinus* y los elefantes *boves Lucae* ("bueyes de Lucania", porque su primera aparición tuvo lugar en la batalla de Heraclea). Maurach, sin embargo, considera gratuita e inverosímil tal interpretación, dado la gran diferencia existente entre los ratones y los felinos. En consecuencia, cree que la comicidad de la expresión radica en que difícilmente se podían admitir ratones en un desfile.

[135] "Vete al diablo, esclavo."

HANÓN.— *Assadam*[136].
MILFIÓN.— Sí, sí y que sea bien gordita.
HANÓN.— *Palu borc illa*[137].
AGORASTOCLES.— Milfión, ¿ahora qué dice?
MILFIÓN.— Que le han dado para vender palas y horquillas, supongo que para la cosecha, si a ti no se te ocurre una idea mejor, para labrar el huerto y recoger el trigo[138].   1020
AGORASTOCLES.— ¿Y a mí eso que me importa?
MILFIÓN.— Quiere informarte, para que no vayas a pensar que oculta objetos robados.
HANÓN.— *Mufonnim bajcanizim*[139].
MILFIÓN.— *(A Agorastocles.)* ¡Eh! ¡Ni se te ocurra hacer lo que te pide!
AGORASTOCLES.— ¿Qué dice? ¿Qué me pide? Vamos, dímelo.
MILFIÓN.— Quiere que lo hagas extender bajo un cañizo y poner encima muchas piedras, para que lo mates[140].
HANÓN.— *Gunebal samen lyryla*[141].
AGORASTOCLES.— Dime, ¿qué significa eso? ¿Qué dice?
MILFIÓN.— Por Hércules, ahora no entiendo nada.
HANÓN.— Pues para que entiendas, a partir de ahora hablaré en latín. Tienes que ser, por Hércules, un granuja y un bri- 1030
bón de esclavo para burlarte de un extranjero recién llegado.
MILFIÓN.— Y tú, por Hércules, un sicofanta y un impostor, que ha venido aquí a tratar de engañarnos, mestizo[142] de lengua bífida, como las serpientes.

---

[136] "Pecador". Parece que se trata de un insulto dirigido contra Milfión. El texto púnico dice *assam*, que nuevamente hemos adaptado para facilitar la comprensión del juego de palabras.

[137] "¡Eres muy chistoso!" El texto púnico dice *Palu mirga detha*.

[138] Este último verso (1020), que encaja mal en el conjunto y parece una ditografía del anterior, es considerado interpolado por algunos editores.

[139] *Mufonnim siccoratim*, dice el texto púnico, que quizás signifique algo así como "¡Con qué imbécil he ido a topar!" Pero el sentido es incierto y discutido. Está claro que *siccoratim* está puesto para justificar el juego de palabras con el *sub cratim* subsiguiente.

[140] Cfr. Liv. 1,51,9.

[141] "¡Que Baal me sea propicio!" o "¡Que Baal te confunda (sc. a Milfión)!"

[142] El sentido de *migdilix* dista mucho de ser claro. Escalígero ha propuesto leer *migdilibs*, "medio libio", sentido a que ajustamos nuestra traducción. Los cartagineses serían, en efecto, mezcla de fenicios y

AGORASTOCLES.— *(A Milfión.)* Déjate de insultos y controla tu lengua. Si tienes dos dedos de frente, te abstendrás de insultar a este hombre. No quiero que injuries a mis parientes[143]. *(A Hanón.)* Pues has de saber que yo nací en Cartago.
HANÓN.— ¡Oh compatriota mío, salud!
AGORASTOCLES.— ¡Y salud a ti, por Pólux, quienquiera que seas! Si necesitas alguna cosa, por favor, habla, manda, en 1040 atención a nuestra patria común.
HANÓN.— Muchas gracias. [Pero yo tengo aquí un huésped; busco al hijo de Antidamante, Agorastocles. Dime dónde vive, si lo conoces.] Pero, ¿conoces en esta ciudad a un joven llamado Agorastocles?
AGORASTOCLES.— Si buscas al hijo adoptivo de Antidamante, yo mismo soy ése que buscas.
HANÓN.— ¿Cómo? ¿Qué es lo que oigo?
AGORASTOCLES.— Que soy el hijo de Antidamante.
HANÓN.— *(Mostrando una tésera de la hospitalidad.)* En ese caso, si quieres comparar nuestras téseras de la hospitalidad, aquí tienes la mía.
AGORASTOCLES.— Vamos, muéstramela. *(Tras haberla examinado.)* Es completamente igual a la que tengo en casa.
HANÓN.— ¡Oh mi querido huésped, te deseo mucha salud! 1050 Pues tu padre Antidamante fue mi huésped, tras haberlo sido de mi padre. Ésta es la tésera de la hospitalidad que intercambié con él.
AGORASTOCLES.— En consecuencia, aquí, en mi casa, se te dará hospitalidad, pues no reniego ni de nuestro lazo de hospitalidad ni de Cartago, donde nací.
HANÓN.— ¡Que los dioses te concedan todos tus deseos! Pero, dime, ¿cómo puede ser que nacieras en Cartago, si tu padre era etolio?
AGORASTOCLES.— Me raptaron en Cartago. Después me compró tu huésped Antidamante y me adoptó como hijo.

---

africanos. Es muy posible que Milfión esté pensando especialmente en el don de lenguas del cartaginés (cfr. 112). Precisamente en este aspecto va a insistirse a continuación: cfr. *bisulci lingua* del verso siguiente; cfr. también Verg. *Aen.* 1, 661 *quippe domum timet ambiguam Tyriosque bilingues*.

[143] Evidentemente Agorastocles simplemente quiere decir que es compatriota de Hanón. Pero el término que utiliza, *consanguineus*, indica algo más que un simple "compatriota" y de ahí nuestra traducción.

HANÓN.— También él era hijo adoptivo de Demarco. Pero 1060 dejémoslo a él y volvamos a ti. Dime, ¿acaso te acuerdas del nombre de tus padres?
AGORASTOCLES.— Sí, me acuerdo tanto del de mi padre como del mi madre.
HANÓN.— Pues dímelos, por si los conozco o si son parientes míos.
AGORASTOCLES.— Ampsígura se llamaba mi madre y Yahón mi padre.
HANÓN.— ¡Ojalá tuvieras la suerte de que tu padre y tu madre estuvieran vivos!
AGORASTOCLES.— ¿Es que han muerto?
HANÓN.— Sí y mucho me dolió su muerte. Porque Ampsígura, tu madre, era prima mía por parte de madre[144] y tu padre no sólo era primo mío por parte de padre[145] sino que, al lle- 1070 garle la hora de la muerte, me nombró su heredero. No sabes el vivo dolor que me produjo su pérdida. Pero si es cierto que eres el hijo de Yahón, debes tener en la mano izquierda la marca de un mordisco que te dio, de niño, un mono con el que jugabas. Enséñamela, que quiero verla. Abre la mano, por favor. *(Observando la mano de Agorastocles.)* Sí, ahí tienes la marca.
AGORASTOCLES.— Salud, mi querido tío.
HANÓN.— Y a ti también, Agorastocles. Me parece que he vuelto a nacer, al encontrarte.
MILFIÓN.— Pero, ¿me permites que te dé un consejo?
HANÓN.— Con mucho gusto.
MILFIÓN.— Tienes que devolverle al hijo los bienes de su 1080 padre. Es de justicia que sea dueño de los bienes que pertenecieron a su padre.
HANÓN.— No deseo otra cosa. Todo le será devuelto. Le entregaré su fortuna intacta, cuando vaya a Cartago.
MILFIÓN.— Devuélvesela, por favor, aunque se quede a vivir aquí.
HANÓN.— Pero si todo lo mío será también para él, si me sucede algo.
MILFIÓN.— ¡Se me acaba de ocurrir una idea luminosa!
HANÓN.— ¿De qué se trata?

---

[144] *Sobrina* (de *soror*) significa exactamente que sus madres eran hermanas.
[145] Es decir, sus padres eran hermanos.

MILFIÓN.— Necesito tu ayuda.

HANÓN.— Pídeme lo que quieras. Te aseguro que me tienes a tu disposición, para lo que desees. ¿De qué se trata?

MILFIÓN.— ¿Serías capaz de jugarle una mala pasada a alguien?

HANÓN.— A un enemigo, sí; a un amigo, sería una locura. 1090

MILFIÓN.— Se trata, por Hércules, de un enemigo de mi amo.

HANÓN.— Le haría una faena encantado.

MILFIÓN.— Mi amo está enamorado de una joven, propiedad de un lenón.

HANÓN.— Creo que obra juiciosamente.

MILFIÓN.— *(Señalando la casa de Lupo.)* El lenón vive en esa casa. Es nuestro vecino.

HANÓN.— Le haría una faena encantado.

MILFIÓN.— Y tiene como esclavas a dos cortesanas muy jovencitas, que son hermanas. De una de ellas es de la que está perdidamente enamorado mi amo. Pero su honra ni una sola vez la ha mancillado.

HANÓN.— ¡Amarga forma de amar!

MILFIÓN.— Pues el lenón se burla de él.

HANÓN.— Hace su oficio.

MILFIÓN.— Por lo que mi amo quiere darle un escarmiento.

HANÓN.— Bravo por él, si lo consigue.

MILFIÓN.— Pues bien, éste es el plan que he tramado y la maquinación que he urdido: te enviaremos a ti para que digas[146] que son tus hijas y que fueron raptadas de pequeñitas 1100 en Cartago y, en consecuencia presentes una demanda en reivindicación de su libertad, como si de verdad fueran hijas tuyas las dos. ¿Entiendes?

HANÓN.— *(Llorando de emoción.)* Claro que entiendo, por Hércules. Pues también yo tenía dos hijas, que me fueron raptadas juntamente con su nodriza de pequeñitas.

MILFIÓN.— ¡Qué bien sabes fingir, por Hércules! Me gusta cómo empieza esto.

HANÓN.— *(Llorando.)* ¡Ay! Mejor de lo que yo quisiera.

MILFIÓN.— ¡Bravo, por Hércules! ¡Qué tipo más astuto, pícaro y cruel, taimado y ladino! ¡Cómo llora, para dar con sus lágrimas mayor verosimilitud a sus palabras! Hasta a mí, el ingeniero de la intriga, me supera en astucia. 1110

---

[146] Nótese la fuerte ironía dramática de esta escena.

Hanón.— Pero su nodriza dime qué aspecto tiene.
Milfión.— No muy alta, de tez morena...
Hanón.— Es ella.
Milfión.— ... guapa de cara, de boca pequeña[147] y ojos muy negros.
Hanón.— ¡Por Hércules, que bien has sabido retratarla con tus palabras!
Milfión.— ¿Quieres verla?
Hanón.— Preferiría ver a mis hijas. Pero ve a llamarla. Si de verdad son mis hijas, si de verdad es mi nodriza, me reconocerá en el acto.
Milfión.— *(Llamando a la puerta de la casa del lenón.)* ¡Eh! ¿No hay nadie? Decid a Gidenine que salga a la calle. Hay aquí una persona que quiere verla.

ESCENA TERCERA

Gidenine, Milfión, Hanón, Agorastocles, Chaval

Gidenine.— ¿Quién llama a la puerta? 1120
Milfión.— Tu vecino de al lado.
Gidenine.— ¿Qué quieres?
Milfión.— *(Señalando a Hanón.)* Mira, ¿conoces tú a ese hombre que sólo lleva puesta la túnica?
Gidenine.— Pero, ¿a quién estoy viendo? ¡Oh Júpiter Supremo! Pero si es mi amo, el padre de las niñas que yo crié, el cartaginés Hanón.
Milfión.— ¡Pero será bribona también ella! No hay duda de que este cartaginés es un mago de categoría, pues ha conseguido convencer a todo el mundo de lo que se propuso[148].

---

[147] En este punto se supone que los manuscritos presentan una pequeña laguna, que rellenamos siguiendo la conjetura *parvo* de Pylades.

[148] Ernout comenta que estos dos últimos versos parecen en contradicción con el comentario anterior ("¡Vaya bribona!"). Si Gidenine es una bribona, no es necesario hacer intervenir las artes mágicas de Hanón. Esa misma razón lleva a Leo a considerar interpolados dichos versos. Pero quizás sea llevar el análisis lógico demasiado lejos. Lo que ocurre es que Milfión no acierta a comprender que su engaño se está convirtiendo en realidad y trata, simplemente, de buscar una explicación a los hechos.

GIDENINE.— ¡Oh amo mío Hanón, salud! ¡A ti, a quien ni tus hijas ni yo teníamos la más pequeña esperanza de volver a ver, salud! *(Viendo que Hanón reacciona aparentemente extrañado ante sus palabras.)* Pero... deja de mirarme tan fijamente con esa cara de asombro. ¿Es que no reconoces a Gidenine, tu esclava?

HANÓN.— Sí. Pero, ¿dónde están mis hijas? Eso es lo que deseo saber.

GIDENINE.— En el templo de Venus.

HANÓN.— ¿Y, dime, qué hacen allí?

GIDENINE.— Hoy se celebran las Afrodisias, la fiesta de Venus. Fueron a implorarle a la diosa su protección.

MILFIÓN.— Por Pólux, pues por lo que veo, ya la han obtenido, porque su padre está aquí.

AGORASTOCLES.— ¿Cómo? ¿Es que son hijas suyas?

GIDENINE.— Como lo dices. *(A Hanón.)* Tu amor paternal nos ha prestado un socorro decisivo, haciéndote llegar aquí hoy en el momento preciso. Pues de lo contrario hoy les hubieran sido cambiados sus nombres y se hubieran iniciado en el oficio de la prostitución, indigno de su linaje.

CHAVAL.— *Avamma illi*[149].

GIDENINE.— *Hauon bane silli in mustine mepstaetenes tas dum et alanna cestimim*[150].

AGORASTOCLES.— *(A Hanón.)* ¿Qué es lo que hablan entre sí? Dímelo.

HANÓN.— Este chaval saluda a su madre y ella a su hijo. *(A Gidenine.)* Cállate y economiza enseres femeninos.

AGORASTOCLES.— ¿Qué enseres son ésos?

HANÓN.— Agudos gritos sin fin. *(A Milfión.)* Tú conduce a casa a mis esclavos y llévate a la nodriza con ellos.

AGORASTOCLES.— *(A Milfión.)* Haz lo que te manda.

MILFIÓN.— Pero, ¿y quién te mostrará a tus hijas?

AGORASTOCLES.— Yo sabré hacerlo estupendísimamente.

MILFIÓN.— En ese caso, me voy.

AGORASTOCLES.— Preferiría que lo hicieras en vez de decirlo. Y quiero que se prepare un banquete para celebrar la llegada de mi tío.

1130

1140

1150

---

[149] "¡Oh, madre mía!".
[150] "¡Oh, hijo mío!..." Solo las primeras palabras de la madre son comprensibles.

[360]

MILFIÓN.— *(A los esclavos de Hanón.) Cabronni*[151], venid conmigo, que ahora mismo os voy a encerrar en el molino y después en el pozo[152] y os voy a encadenar a un pesado tronco de encina[153]. Os aseguro que no quedaréis muy contentos con nuestra hospitalidad. *(Milfión entra con los esclavos de Hanón en casa de Agorastocles.)*[154]

AGORASTOCLES.— *(A Hanón.)* Escucha, tío. Te voy a pedir una cosa y no me la niegues. Concédeme la mano de tu hija mayor.

HANÓN.— Da el trato por hecho.

AGORASTOCLES.— ¿Me das tu palabra?

HANÓN.— Sí, te doy mi palabra.

AGORASTOCLES.— *(Abrazándolo.)* ¡Mi querido tío, salud! Porque ahora sí que formas parte de mis seres queridos. Ahora, por fin, puedo hablar con ella con total libertad. Ahora, tío, 1160 si quieres ver a tus hijas, sígueme.

HANÓN.— Hace rato que lo deseo. Te sigo. [Y si fuéramos a su encuentro?

AGORASTOCLES.— Pero temo que podamos cruzarnos por el camino.

HANÓN.— ¡Gran Júpiter, después de tanta infelicidad devuélveme la felicidad perdida!

AGORASTOCLES.— Yo ahora sí que estoy seguro de que voy a poseer a mi amada.] Pero ahí las estoy viendo.

HANÓN.— *(Viendo llegar a Adelfasia con Anterástile.)* ¿Éstas son mis hijas? De pequeñitas que eran, ¡qué grandes se han vuelto!

AGORASTOCLES[155].— ¿Sabes lo que pasa? Son actrices de tragedia y, por eso, tienen la costumbre de elevarse sobre coturnos[156].

---

[151] *Lachanna*, dice el texto púnico. Parece que Milfión utiliza una palabra que ha oído en 1013, que probablemente ha interpretado como un insulto, como hemos pretendido sugerir con la adaptación del texto.

[152] Cfr. n. 19 de la *Aulularia*.

[153] Prop. 4,7,44.

[154] Pero cfr. nota siguiente.

[155] Atribuimos, siguiendo a Leo, estos versos a Agorastocles, ya que no es lógico que Milfión después de las palabras de Agorastocles en 1150 siga en escena.

[156] El texto de los manuscritos en este punto es corrupto. Seguimos la enmienda de Leo, calificada de "espléndida" por Fraenkel *(Elemen-*

Milfión.— [Por Hércules, me parece que lo que dije de broma, se va a realizar en serio y de veras. Creo que se va a 1170 descubrir que son sus hijas.
Agorastocles.— Eso, por Pólux, ya está demostrado. Tú, Milfión, llévate a los esclavos a casa. Nosotros las esperaremos aquí.]

ESCENA CUARTA

Adelfasia, Anterástile, Agorastocles, Hanón

Adelfasia.— Le valió la pena a cualquier persona amante de la belleza regalar sus ojos con el espectáculo del templo engalanado. Me encantaron, por Cástor, las preciosísimas ofrendas de las cortesanas, dignas de la bellísima Venus, cuyo poder hoy no pude por menos de admirar. ¡Cuánta hermosura allí había! ¡Y todo estaba colocado en su sitio, con una elegancia exquisita! El incienso, la mirra, todo tipo de perfumes inundaban el templo. Nada deslucido me pareció, oh Venus, tu día 1180 de fiesta ni tu templo. Pues, ¡qué gran cantidad de devotas acudieron a venerar a la Venus de Calidón!
Anterástile.— La verdad es que, por lo que respecta a nosotras dos, hermana, nos hemos llevado la palma de la belleza y hemos conquistado los favores de la diosa. Y, además, no hemos sido objeto de burlas por parte de los jóvenes, como les ocurrió, hermana, a todas las demás.
Adelfasia.— Preferiría, hermana, que fueran otros los que opinaran así al oírte cantar a ti tus propias alabanzas.
Anterástile.— Espero que así sea.
Adelfasia.— Y yo también, por Pólux. Cuando comparo nuestro natural y el de las otras, me doy cuenta de que hemos nacido de un linaje que nos obliga a permanecer puras, libres de toda falta.

---

ti, 37) y aceptada por numerosos editores (Paratore, Maurach, etc.): *tragicae sunt: in calones sustolli solent*. Ernout, en cambio, sigue la propuesta de Lindsay, "Plautus, *Poenulus* 1168" *CQ* 12 (1918) 140: *Thraecae sunt; in celonem sustolli solent*. La traducción sería: "Son yeguas de Tracia: tienen la costumbre de encabritarse en presencia del macho." En este caso se quiere ver una alusión a las salvajes yeguas de Diomedes, rey de Tracia, de quienes se apoderó Hércules en su noveno trabajo.

HANÓN.— *(Aparte.)* Júpiter, que proteges y alimentas la estirpe humana, a quien debemos la vida y la existencia, de quien dependen las esperanzas de todos los hombres, concédeme, te lo suplico, que este día sea un día venturoso para mí, y a aquellas hijas, de las que durante tantos años he estado privado y que me han sido raptadas de pequeñitas en su propia 1190 patria, devuélveles la libertad para demostrarme que una piedad inquebrantable siempre obtiene su recompensa.

AGORASTOCLES.— *(A Hanón.)* Te aseguro que Júpiter accederá a todas tus súplicas, pues está sometido a mis órdenes y me teme[157].

HANÓN.— Calla, por favor.

AGORASTOCLES.— No llores, tío.

ANTERÁSTILE.— ¡Qué alegría más grande, hermana mía, le produce al ser humano ver coronados sus esfuerzos por la palma de la victoria, como nos ha pasado hoy a nosotros, que hemos superado en belleza a nuestras rivales!

ADELFASIA.— Eres más boba, hermana, de lo que pensaba. Dime, ¿o es que acaso te crees hermosa porque no te tiznaron la cara con hollín?[158]

AGORASTOCLES.— *(Aparte, a Hanón.)* ¡Oh, querido tío!

HANÓN.— ¿Qué pasa, hijo de mi primo?[159] ¿Qué quieres? Habla.

---

[157] Parece fuera de tono y difícil de justificar este comentario de Agorastocles. No creo que se trate de un simple comentario irreverente o antirreligioso. Sin duda hay en él alguna alusión oculta que se nos escapa. Todo encajaría perfectamente si Júpiter designase al lenón. Esto se podría explicar bien si el lenón hubiese sido el actor que en el *Anfitrión* hubiese hecho el papel de Júpiter y Agorastocles fuese el *dominus gregis*, quizás el propio Plauto. De todas formas, pese a los paralelismos que pueden encontrarse entre las dos comedias (cfr. especialmente detalles del prólogo), la cronología habitualmente defendida para ellas (cfr. Introducción general, I 27) no es especialmente favorable a esta hipótesis. De ser cierta esta interpretación, habría que ver en ella uno más de los muchos ejemplos de metateatro, tan frecuentes en la obra de Plauto.

[158] De este texto parece deducirse que las cortesanas feas o mal arregladas eran sometidas a diversas burlas por parte de los jóvenes. Ernout remite a Petron. *Satyr.* 22, 1, donde una esclava rechazada somete a Ascilto a una afrenta similar, mientras duerme.

[159] El texto latino dice *frater*, pero recuérdese que se dijo expresamente que Agorastocles era hijo de un primo de Hanón (cfr. 1069) y que *frater* en latín puede designar tanto a los hermanos como a los

AGORÁSTOCLES.—— Quiero que me escuches.
HANÓN.—— Pero si te estoy escuchando.
AGORÁSTOCLES.—— Tío mío, tiíto del alma.
HANÓN.—— ¿Qué pasa?
AGORÁSTOCLES.—— Es maravillosa y elegante. ¡Qué juiciosa es!
HANÓN.—— En eso del juicio sale a su padre.
AGORÁSTOCLES.—— ¿Qué dices? Hace ya mucho tiempo que agotó el juicio heredado de ti. Ahora todo el juicio que posee, 1200 toda la sensatez que tiene proviene de mi amor.
ADELFASIA.—— Aunque somos esclavas, el linaje del que descendemos nos impide hacer algo que nos exponga a las burlas de la gente. Los defectos de las mujeres son infinitos, pero de entre tantos el mayor es que se gustan demasiado a sí mismas y no se esfuerzan por gustar a los hombres.
ANTERÁSTILE.—— ¡Qué extraordinaria alegría me han dado los presagios derivados de las entrañas, hermana, y lo que dijo el arúspice de nosotras dos...
AGORÁSTOCLES.—— ¡Ojalá hubiera dicho algo de mí!
ANTERÁSTILE.—— ... que, contra la voluntad de nuestro amo, dentro de pocos días seríamos libres! Pero, como los dioses o nuestros padres no acudan en nuestra ayuda, no veo yo fundamento a esa esperanza.
AGORÁSTOCLES.—— *(Aparte, a Hanón.)* Sin duda fue pensando en mí, por lo que el arúspice les prometió la libertad, tío, estoy seguro; lo hizo porque sabe que estoy enamorado de 1210 Adelfasia.
ADELFASIA.—— Hermana, sígueme por aquí.
ANTERÁSTILE.—— Te sigo.
HANÓN.—— Antes de que os vayáis, quiero hablar con vosotras. Si no os importa, deteneos.
ADELFASIA.—— ¿Quién nos llama?
AGORÁSTOCLES.—— Una persona que desea haceros bien.
ADELFASIA.—— Tienes la ocasión de demostrarlo. Pero, ¿de quién se trata?
AGORÁSTOCLES.—— De alguien que os quiere bien.
ADELFASIA.—— Me conformo con que no quiera hacernos daño.
AGORÁSTOCLES.—— Es un hombre bueno, cariño mío.
ADELFASIA.—— Prefiero eso a que sea un malvado.

---

primos: cfr. Cic. *fin.* 5,1,1 *L. Cicero frater noster, cognatione patruelis, amore germanus.*

AGORASTOCLES.— Si has de trabar amistad con alguien, con él debes trabarla.
ADELFASIA.— No es ése mi deseo.
AGORASTOCLES.— Quiere colmaros de bienes.
ADELFASIA.— Demostrará ser bueno haciendo el bien a dos chicas buenas.
HANÓN.— Puedo daros a vosotras una gran alegría...
ADELFASIA.— Y nosotras a ti, por Pólux, mucho placer.
HANÓN.— ... y la libertad.
ADELFASIA.— A ese precio, te resultará fácil hacernos tuyas[160].
AGORASTOCLES.— *(Aparte, a Hanón.)* Querido tío, te juro por los dioses, que si yo fuera Júpiter, ahora mismo la tomaría 1220 por esposa y pondría a Juno de patitas en la calle. ¡Qué palabras más pudorosas, más juiciosas y apropiadas! ¡Con qué modestia se ha expresado!
HANÓN.— No hay duda de que es hija mía. Pero, ¡con qué tacto he sabido abordarlas! ¿No crees?
AGORASTOCLES.— Maravillosa y adecuadamente, por Hércules.
HANÓN.— ¿Sigo poniéndolas a prueba?
AGORASTOCLES.— Abrevia tus discursos, que los espectadores están sedientos.
HANÓN.— De acuerdo. Cumplamos con nuestra obligación. *(A sus hijas.)* Os cito ante el juez.
AGORASTOCLES.— Ahora, tío, sí que mereces un aplauso. *(Señalando a Adelfasia.)* ¿Quieres que la detenga?
HANÓN.— Agárrala.
ADELFASIA.— ¿Acaso este viejo es tu tío, Agorastocles?
AGORASTOCLES.— Pronto lo sabrás. Ahora te juro que voy a tomarme cumplida venganza de ti; te aseguro que voy a hacerte... mi prometida.
HANÓN.— Caminad a presencia del juez. No perdáis el

---

[160] En estas palabras muy probablemente hay que ver, más que una proposición obscena (fuera de tono en boca de Adelfasia), una ironía dramática, ya que, con su doble sentido (amantes tuyas o hijas tuyas) anticipan en cierta medida la realidad de los hechos. Obsérvese que más abajo (v. 1222), cuando Hanón reconoce sin discusión que Adelfasia tiene que ser su hija, emplea exclusivamente el adjetivo *mea*.

tiempo. *(A Agorastocles.)* Condúceme y sírveme de testigo[161].

AGORASTOCLES.— Yo te serviré de testigo. Después la aca- 1230
riciaré y la abrazaré. *(Rectificando repentinamente.)* Lo
que quería decir era que... No, por Hércules, he dicho lo que
quería.

HANÓN.— Estáis perdiendo el tiempo. *(A sus hijas.)* Os cito
ante el juez, a no ser que consideréis más honroso que os
detenga.

ADELFASIA.— ¿Por qué nos citas ante el juez? ¿Qué te debemos?

AGORASTOCLES.— Os lo dirá ante el tribunal.

ADELFASIA.— ¿También mis perros se ponen a ladrarme?

AGORASTOCLES.— Pues tú acarícialos. Dame en lugar de un
mendrugo de pan un beso, en lugar de un hueso alárgame la
lengua; de esta forma te prometo que *(señalándose a sí mismo)* a este perro te lo volveré más tranquilo que una balsa de
aceite.

HANÓN.— Caminad de una vez.

ADELFASIA.— ¿Qué daño te hemos hecho?

HANÓN.— Sois las dos unas ladronas.

ADELFASIA.— ¿Te hemos robado algo nosotras?

HANÓN.— Sí, vosotras.

AGORASTOCLES.— Y yo estoy de testigo.

ADELFASIA.— ¿Y qué hemos robado?

AGORASTOCLES.— Preguntádselo a él.

HANÓN.— Durante mucho años me habéis escondido y
ocultado a mis hijas, y eso que eran libres de nacimiento y 1240
condición y de muy noble familia.

ADELFASIA.— Jamás, por Cástor, podrás demostrar nuestra
culpabilidad en ese crimen.

AGORASTOCLES.— Te apuesto un beso a que estás mintiendo.
Si gano, me lo das tú y, si pierdo, te lo doy yo[162].

ADELFASIA.— Contigo no estoy hablando. Apártate, por
favor.

AGORASTOCLES.— Pues tendrás que hablar conmigo, por
Hércules. *(Señalando a Hanón.)* Porque éste es mi tío. Así
que forzoso es que defienda sus intereses. Por eso denunciaré
que sois culpables de múltiples robos y que tenéis a sus hijas

---

[161] Sobre el significado del verbo *antestor* cfr. E. Paratore, "*Antestor* nel *Curculio* e nel *Poenulus*", *Dioniso*, 36 (1962) 98-122.

[162] Está claro que Agorastocles nunca perderá la apuesta.

en vuestra casa, sometidas a la esclavitud, sabiendo que eran libres y que fueron raptadas y arrancadas de su patria.

ADELFASIA.— Pero, ¿dónde están? ¿A quiénes, por favor[163]...

AGORASTOCLES.— *(Aparte, Hanón.)* Creo que ya las hemos torturado bastante.

HANÓN.— ¿Qué te parece si se lo explicamos todo?

AGORASTOCLES.— Por Hércules, que me muy parece bien, tío.

ADELFASIA.— *(A Anterástile.)* Me aterra este misterio, hermana mía. Estoy desconcertada; me falta la vida. 1250

HANÓN.— Escuchad, jovencitas. En primer lugar, si fuera posible que los dioses no trataran injustamente a las personas justas[164], ése hubiera sido mi deseo. Pero ahora, por la felicidad que nos conceden los dioses a mí, a vosotras y a vuestra madre, creo que hemos de estarle agradecidos eternamente, dado que los dioses inmortales reconocen y premian nuestra piedad. Vosotras sois las dos hijas mías y Agorastocles es vuestro primo, el hijo de mi primo.

ADELFASIA.— *(A su hermana.)* Dime, ¿no crees que nos están engatusando con una falsa alegría?

AGORASTOCLES.— Os juro por los dioses que éste es vuestro padre. Rendíos a la evidencia.

ADELFASIA.— ¡Salud, padre inesperado! Déjanos abrazarte. 1260 *(Se abraza a Hanón.)*

ANTERÁSTILE.— ¡Ansiado y deseado padre, salud! Ya que las dos somos tus hijas, debemos abrazarte las dos. *(Se abraza también a Hanón.)*

AGORASTOCLES.— ¿Y a mí quién me abrazará?

HANÓN.— ¡Ahora sí que soy feliz! Esta alegría me calma las angustias de muchos años.

ADELFASIA.— Nos cuesta trabajo creer esto.

HANÓN.— Pues os diré una cosa para que os cueste menos: vuestra nodriza ya antes me ha reconocido.

ADELFASIA.— ¿Y dónde está ella, por favor?

HANÓN.— En casa de Agorastocles.

AGORASTOCLES.— *(A las chicas.)* Decidme, ¿qué placer os da abrazarle el cuello tanto tiempo? *(A Adelfasia.)* Suéltalo al menos tú. No quiero que lo abraces...

ADELFASIA.— Me estás molestando.

---

[163] "Os referís", sería el esperado complemento del verso.
[164] Traducimos así para respectar de alguna manera el juego de palabras latino.

Agorastocles.— ... antes que me prometa tu mano.
Adelfasia.— Está bien, lo dejo. *(A Hanón.)* Padre tan esperado, salud[165].
Hanón.— Encadenémonos los unos a los otros con las cadenas de nuestros brazos. ¿Qué seres hay hoy más felices en el mundo?
Agorastocles.— ¡Justa recompensa para los justos!
Hanón.— *(Viendo a Agorastocles abrazar a Adelfasia.)* Al fin vio satisfechos sus deseos.
Agorastocles.— ¡Oh pintor Apeles, oh Zeuxis![166] ¿Por qué habéis muerto tan prematuramente? Teníais que estar vivos para pintar un cuadro tan hermoso. Pues los demás pintores me parecen indignos de pintar tales temas.
Hanón.— Dioses y diosas todos, es mi obligación daros las gracias por haberme concedido la alegría inmensa y el inmenso gozo de ver a mis hijas retornar a mis brazos y a mi potestad.
Adelfasia.— Padre mío, tu piedad[167] nos ha prestado un socorro decisivo.
Agorastocles.— Tío, procura no olvidarte de que me has prometido en matrimonio a tu hija mayor.
Hanón.— No lo olvidaré.
Agorastocles.— Y no olvides la dote prometida.

ESCENA QUINTA

Antaménides, Adelfasia, Anterástile, Hanón, Agorastocles

Antaménides.— *(Saliendo de la casa del lenón, sin ver a los otros personajes.)* Si no tomo cumplida venganza del lenón,

---

[165] En este punto el orden de los versos es discutido.
[166] Dos célebres pintores griegos. Apeles fue pintor de Alejandro el Magno. Una de sus obras más famosas fue *El nacimiento de Afrodita*. También era suyo el original del mosaico pompeyano que relata la victoria del conquistador macedonio sobre Darío en Isos. Zeuxis, nacido en Heraclea (Lucania), vivió en la segunda mitad del siglo V. Su pintura era tan realista que se contaba que los pájaros acudían a picotear los racimos por él pintados.
[167] Probablemente la *pietas* implica no sólo amor paternal sino también, desde una perspectiva más general, respeto y devoción a los dioses.

para compensar la pérdida de la mina que le di, autorizo a todos los bufones de la ciudad a reírse de mí. Además, el muy bellaco, apartándome de mis ocupaciones, me invita a comer a su casa y él se va de paseo, dejándome allí plantado, como si fuera su atriense[168]. Así, en vista de que ni el lenón ni las chicas aparecían y de que no se me servía nada de comer, en compensación por la parte principal de la comida *(mostrando un paquete que lleva en la mano)*, cogí esto en prenda y me largué a la calle. Así me las gastaré en estos casos; le impondré una contribución de guerra al lenoncillo. Creyó que había encontrado a un tonto, al que podía birlarle una mina. Pero, ¡cómo me gustaría, en este estado de cólera en que estoy, encontrarme con mi amiga! Por Pólux, que a puñetazos le dejaría todo el cuerpo negro como el de un mirlo. La pintaría hasta tal punto de negro que parecería más negra que los etíopes que llevan los calderos de agua en el circo durante la celebración de los juegos[169].

ADELFASIA.— *(A Agorastocles.)* Estréchame fuertemente entre tus brazos, cariño mío. A mí me dan mucho miedo los milanos. Es un ave rapaz y tengo miedo que se lleve a tu pollito.

ANTAMÉNIDES.— Estoy perdiendo el tiempo. *(Mostrando nuevamente el paquete que cogió en casa del lenón.)* Con esto podré comprar un buen almuerzo, más o menos. *(Viendo a Anterástile abrazada a su padre.)* Pero, ¿qué es esto? ¿Qué significa esto? ¿Qué es esto? ¿Qué veo? ¿Cómo es posible? ¿Qué significa este emparejamiento? ¿Qué quiere decir este apareamiento? ¿Quién es ese tipo al que le cuelga la túnica hasta los pies[170], cual mozo de taberna? ¿Es cierto lo que estoy viendo? ¿No es ésa mi amiga Anterástile? Claro que es ella, sin duda alguna. Ya hace tiempo que sabía yo que no le importaba un comino. ¿No le dará vergüenza a una joven abrazar a un mozo de cuerda en plena calle? Por Hércules, que a ese tipo voy a

---

[168] Sobre el atriense cfr. n. 16 de la *Asinaria*.

[169] Aunque la expresión *qui cortinam ferunt* no es del todo clara, suele verse una alusión al agua que servía para lavar los caballos sudorosos y sucios por el polvo de la carrera o regar el suelo del circo.

[170] En Roma a los hombres la túnica les caía hasta un poco más abajo de las rodillas; las de las mujeres eran más anchas y largas (Cfr. Quint. 11, 3, 138). Llevar una túnica que colgara hasta los talones *(tunica talaris)*, como se puso de moda a finales de la República, era signo de afeminamiento: cfr. Guillén, *Urbs Roma*, I 270-1.

entregárselo yo inmediatamente al verdugo para que lo torture de pies a cabeza. No hay duda de que son raza de mujeriegos esos tipos que arrastran la túnica. Pero antes quiero decir dos palabras a mi amante africana. *(A Anterástile.)* Eh tú, sí tú, mujer, ¿no te da vergüenza? *(A Hanón.)* Y tú ¿qué tienes que ver con ella? Contesta.

HANÓN.— Joven, salud.

ANTAMÉNIDES.— No la acepto. Mi salud a ti nada te importa. ¿Cómo te atreves a tocarla, aunque sólo sea con la punta de un dedo?

HANÓN.— Porque me da la gana.

ANTAMÉNIDES.— ¿Te da la gana?

HANÓN.— Eso digo.

ANTAMÉNIDES.— Vete a que te cuelguen, deslenguado[171]. 1310 ¿Cómo te atreves a hacer el amor en plena calle, basura de hombre[172], o acariciar a las amadas de los verdaderos machos, sardina desollada, desharrapado[173], andrajoso[174], hominicaco[175], que apestas más a ajo y cebolla que los remeros romanos?

AGORASTOCLES.— Dime, joven, ¿acaso te pican las mandíbu-

---

[171] A partir de aquí se inician una serie de injurias que Antaménides va a dirigir a Hanón y cuyo significado exacto se nos escapa en la mayoría de los casos. En la traducción, para facilitar la comprensión y aun a riesgo de ser poco exactos, hemos preferido destacar el carácter injurioso de las palabras del soldado. *Ligula* que Ernout traduce por "méchante langue", suele entenderse en el sentido de "lengüeta de zapato" o, incluso, "cuchara".

[172] Sobre el *hallex* cfr. n. 23 del *Persa*.

[173] El oscuro *sarrapis sementium* suele explicarse como una referencia al dios Serapis, cuya imagen, vestida con una larga túnica desceñida, era llevada en procesión en Egipto en la época de la siembra, para lograr una buena cosecha. Parece que tanto este insulto como el inmediato se refieren al aspecto, cuando menos extravagante, de Hanón, sin capa, con la túnica hasta el suelo, etc. aludido en diversas ocasiones.

[174] *Manstruca* o *mastruga* parece significar un vestido de piel que usaban los sardos y los germanos, vestido que probablemente no era el colmo de la elegancia.

[175] El significado de *halagorasama* o quizás mejor de *halagora* y *sampsa* tampoco es muy claro. *Halagora* (gr. ἅλς y ἀγορά) suele explicarse como "mercado de sal" (mercancía de poco valor); *sampsa* como una especie de "conserva de pulpa de aceitunas", trituradas y aderezadas con ciertas hierbas. Quizás este último insulto incide en el aliento maloliente, como se va a indicar claramente a continuación.

las o los dientes, para venir a molestar a este viejo?[176] ¿O es que buscas una paliza?

ANTAMÉNIDES.— ¿Por qué no acompañaste tus palabras con el son del tamboril? Pues me tienes más pinta de maricón que de verdadero hombre[177].

AGORASTOCLES.— ¿Ah, sí? ¿Quieres saber lo maricón que soy? *(Acercándose a la puerta de su casa para llamar a sus criados.)* ¡Salid a la calle, esclavos! ¡Traed estacas! 1320

ANTAMÉNIDES.— ¡Hombre, por favor, una cosa que te dije de broma, no vayas a tomártela en serio!

ANTERÁSTILE.— Por favor, Antaménides, ¿cómo se te ocurre injuriar de esa manera a nuestro primo y a nuestro padre? Porque éste es nuestro padre, que acaba de reconocernos como sus hijas y a Agorastocles como el hijo de su primo[178].

ANTAMÉNIDES.— Te juro por Júpiter que me alegro de verdad. Es para mí una gran satisfacción y alegría saber que al lenón le ha sucedido una terrible desgracia y que la fortuna os ha sonreído como os merecéis.

ANTERÁSTILE.— *(A su padre.)* Parece creíble, por Cástor, lo que dice. Créelo, padre mío.

HANÓN.— Lo creo. 1330

AGORASTOCLES.— También yo lo creo. Pero ahí llega el lenón, muy oportunamente[179]. Ahí veo a nuestro buen hombre, que vuelve a casa.

[HANÓN.— ¿Quién es?

AGORASTOCLES.— Como prefieras, el lenón o el *lupo*[180]. Él fue quien retuvo a tus hijas en la esclavitud y quien me ha robado mi oro[181].

---

[176] Recuérdese que el picor de dientes o de espalda era signo premonitorio de una paliza inminente: cfr. n. 21 del *Anfitrión*.

[177] En realidad, Antaménides lo está acusando más de castrado que de afeminado, ya que el tamboril era un instrumento característico de los sacerdotes de Cibeles, los galos, que se habían privado de los atributos de la virilidad: cfr. el famoso poema 63 de Catulo sobre la leyenda de Atis.

[178] Cfr. nota 159.

[179] Omitimos la traducción del verso 1331 por ser una simple ditografía del 1330.

[180] Hay quien quiere ver un juego de palabras, basado en la pronunciación relajada de la *n* de lenón: "el le...ón o el lupo (lobo)". El juego de palabras se repetiría en 1382.

[181] Alusión al episodio de Colibisco.

[371]

HANÓN.— ¡Vaya sujeto más ejemplar que conoces!]
AGORASTOCLES.— Arrastrémoslo a presencia del juez.
HANÓN.— En modo alguno.
AGORASTOCLES.— ¿Por qué?
HANÓN.— Porque es mucho mejor obligarle a pagar una indemnización por daños y perjuicios[182].

ESCENA SEXTA

LUPO, AGORASTOCLES, HANÓN, ANTAMÉNIDES

LUPO.— Nadie se arrepiente, al menos en mi opinión, de contar con franqueza sus problemas a sus amigos. En mi caso, todos mis amigos están de acuerdo en que lo que debo hacer es colgarme para evitar verme condenado a ser esclavo de Agorastocles.
AGORASTOCLES.— Lenón, caminemos a presencia del juez.
LUPO.— Te lo suplico, Agorastocles, permíteme colgarme.
HANÓN.— Te cito ante el juez.
LUPO.— ¿Y yo qué tengo que ver contigo?
HANÓN.— Pues que declaro que estas dos jóvenes son libres de nacimiento y condición y las dos son hijas mías. Fueron raptadas con su nodriza de pequeñitas.

―――――――

[182] Texto y sentido son discutidos. Lo único que parece incuestionable es que Hanón, receloso de la actitud de los jueces (cfr. 1043 ss.), trata de llegar a un acuerdo privado con el lenón, para obligarlo al pago de determinadas indemnizaciones sin necesidad de recurrir a la justicia. Se trata de la solución a que finalmente se llega y que el propio lenón acepta de buen grado (cfr. 1361 ss.). No parece, por tanto, acertada la interpretación de Ernout ("Parce qu'il vaut bien mieux l'y amener par une action en dommages et intérets.") pues también implica el recurso a la vía legal, que Hanón parece querer evitar a toda costa. Otros autores piensan que lo que propone Hanón es obligar al lenón a pagar el castigo no por vía legal, sino a fuerza de insultos (*iniuriae*). Así, por ejemplo, Paratore traduce: "Perché è molto meglio trascinarlo a quello che vogliamo con una serqua di minacce e d'insulti". Esta propuesta, sin embargo, no parece demasiado acorde con el carácter de Hanón ni con el desarrollo posterior de los acontecimientos, pues en ninguna parte del final Lupo es sometido a una sesión de insultos como con frecuencia ocurre en otros pasajes de las comedias plautinas.

Lupo.— Eso ya hace mucho que lo sabía y siempre me maravilló que nadie viniera a revindicar su libertad. Mías, desde luego, no son.
Antaménides.— Lenón, camina a presencia del juez.
Lupo.— Te refieres a la comida, ¿verdad? Te la debo, te la 1350 daré.
Agorastocles.— Y yo, exijo una pena del doble por el robo[183].
Lupo.— *(Extendiendo el cuello.)* Cóbrate de aquí lo que quieras.
Hanón.— Y yo un castigo ejemplar.
Lupo.— *(Igual.)* Cóbrate de aquí lo que quieras.
[Antaménides.— Y yo una mina de plata.
Lupo.— *(Igual.)* Cóbrate de aquí lo que quieras. Con mi cuello zanjaré las deudas de todos, como si fuera un mozo de cuerda[184].
Agorastocles.— ¿Acaso tienes algo que objetar contra mi demanda?
Lupo.— Ni una palabra.
Agorastocles.— Entrad, pues, en casa, chicas. *(A Hanón.)* Y tú, querido tío, concédeme, como me prometiste, la mano de tu hija.
Hanón.— No podría actuar de otra manera.
Antaménides.— *(A Agorastocles, despidiéndose.)* ¡Que te vaya bien!
Agorastocles.— ¡Y que te vaya bien a ti también!]
Antaménides.— *(Mostrando el paquete que cogió en casa del lenón.)* Lenón, esto me lo llevo en prenda por la mina que me debes.
Lupo.— ¡Soy hombre muerto, por Hércules! 1360
Agorastocles.— Todavía no, pero dentro de no mucho sí que lo serás, cuando llegues a presencia del juez.
Lupo.— No es preciso. Yo mismo me adjudico a ti como esclavo. ¿Qué necesidad tenemos del pretor? Pero, te lo suplico, conténtate con que te pague una pena sencilla[185], trescien-

---

[183] Cfr. n. 27 (v. 184).
[184] El cuello era, evidentemente, el instrumento de trabajo de los porteadores o mozos de cuerda (lat. *baioli*), que llevaban la carga a la espalda, apoyada sobre el cuello.
[185] Es decir, equivalente a la cantidad robada, en lugar de la pena del doble que, como se ha dicho, preveía la legislación para estos casos de hurto.

tos filipos. Espero que, arañando por un lado y por otro, conseguiré reunirlos. Mañana haré subasta de mis bienes.

Agorastocles.— Sí, pero a condición de que entretanto quedes detenido en mi casa, encerrado en una jaula de madera[186].

Lupo.— De acuerdo.

Agorastocles.— Sígueme a casa, querido tío. Celebremos con alegría este día de fiesta, tan nefasto para él como dichoso para nosotros. *(A los espectadores.)* Seguid bien, que ya está bien de hablar. Al fin, todo el mal ha recaído sobre el lenón. 1370 Ya sólo falta el último aderezo de la comedia: si la obra os ha gustado, reclama vuestros aplausos.

(Segundo desenlace.)[187]

ESCENA SÉPTIMA

Agorastocles, Lupo, Hanón, Antaménides,
Anterástile, Adelfasia

Agorastocles.— ¿Qué haces, soldado? ¿Cómo se te ocurre insultar a mi tío? Y no te extrañes de que las muchachas vayan detrás de él. Acaba de reconocerlas como hijas suyas a las dos.

Lupo.— *(Aparte, fuertemente sorprendido.)* ¿Qué? ¿Qué palabras han golpeado mis tímpanos? Ahora sí que estoy perdido.

Antaménides.— ¿Y dónde perdieron[188] la libertad? ¿De qué país eran?[189]

---

[186] O simplemente, "sujeto por un cepo de madera". Aunque los cepos solían ser de hierro, también los había de madera: cfr. gr. ξυ–λοπέδη.

[187] Como ya hemos señalado en la Introducción, esta comedia presenta la peculiaridad de poseer dos finales, fruto de una reposición. Ya hemos señalado la posibilidad de que fuera el segundo y no el primero el originario.

[188] Traducimos así para mantener el juego de palabras sobre el verbo *pereo (perditus)* del verbo latino.

[189] Esta pregunta del soldado parece en contradicción con sus palabras de 1304 en que declara que su amante es africana.

AGORASTOCLES.— Son cartaginesas.

LUPO.— *(Aparte.)* Yo sí que he perdido la vida. Siempre tuve el temor de que alguien las reconociera. Y este temor acaba de hacerse realidad. ¡Ay, pobre de mí! Creo que he perdido las dieciocho minas que me costaron. 1380

AGORASTOCLES.— Y también vas a perder la vida, Lupo.

HANÓN.— *(A Agorastocles.)* ¿Quién es este hombre?

AGORASTOCLES.— Como prefieras, el lenón o el *lupo*. Él fue quien retuvo a tus hijas en la esclavitud y quien me ha robado el oro.

HANÓN.— ¡Vaya sujeto más ejemplar que conoces!

AGORASTOCLES.— Lenón, siempre creí que eras un bribonzuelo; pero por algo los que te conocen mejor aseguran que también eres un ladronzuelo[190].

LUPO.— *(Aparte.)* Me acercaré a él. *(A Agorastocles, arrojándose a sus pies y abrazándose a sus rodillas.)* Por tus rodillas te lo suplico, a ti y a este viejo, que, por lo que veo, es pariente tuyo[191], ya que sois hombres de bien, como corresponde a los hombres de bien, sed indulgentes con quien os 1390 suplica. Ya hace tiempo que yo sabía que las chicas eran libres y esperaba que en cualquier momento se presentara alguien para reivindicar su libertad. Pues mías, desde luego, no son. En cuanto a tu oro, no te preocupes que te lo devolveré; lo tengo en mi casa. Te juro, además, Agorastocles, que no he obrado con mala intención.

AGORASTOCLES.— Lo que debo hacer, ya lo pensaré yo. Suéltame las rodillas.

LUPO.— Las suelto, si ésa es tu voluntad.

ANTAMÉNIDES.— ¡Oye, tú, lenón!

LUPO.— ¿Qué quieres al lenón? ¿No ves que estoy ocupado?

---

[190] Reproducimos imprecisamente por "bribonzuelo/ladronzuelo" la oposición latina *rapacem/furacem*, tratando de reflejar especialmente los aspectos formales de la oposición. En cuanto a la diferencia de significado de ambos términos latinos, que en muchos contextos son casi sinónimos, creemos que *furax* se aplica al verdadero ladrón (recuérdese que al lenón se le está acusando de querer robar trescientas minas a Agorastocles), mientras que *rapax* aludiría a la falta de escrúpulos del lenón para sacar todo el dinero posible a sus clientes y que le lleva a aprovecharse de su amor para cobrarles lo máximo posible por sus servicios.

[191] Cfr. 1372.

[375]

Antamémides.— Quiero que me devuelvas la mina de plata, antes que te metamos en el calabozo[192].
Lupo.— ¡No lo quieran los dioses!   1400
Antamémides.— Pues así será. Hoy cenarás fuera de casa. El oro, la plata, el cuello son tres cosas lenón que nos debes a un tiempo.
Hanón.— *(Aparte.)* Estoy pensando para mis adentros qué debo hacer en esta situación. Si quiero vengarme de él, habré de entablar juicio en una ciudad extranjera. Y, por lo que he oído del carácter y las costumbres de la gente de esta ciudad...
Adelfasia.— Padre mío, no te metas en pleitos con ese hombre, por favor. Sería inútil.
Anterástile.— Haz caso a mi hermana. Deja, renuncia a pelearte con un canalla.
Hanón.— Escúchame, por favor, lenón. Aunque estoy convencido de que mereces la muerte, no me querellaré contigo.
Agorastocles.— Ni yo. Si me devuelves el oro, lenón, cuando salgas del calabozo, te aseguro que... irás directamente a la cárcel[193].
Lupo.— ¿Ya sales con las tuyas?   1410
Antamémides.— Cartaginés, yo quiero pedirte disculpas. Si, arrastrado por la ira, dije alguna cosa que no fue de tu agrado, te pido perdón. Te juro por los dioses, que me alegro de que hayas encontrado a tus hijas.
Hanón.— Te perdono y te creo.
Antamémides.— En cuanto a ti, lenón, o me proporcionas una amiga[194] o me devuelves la mina.
Lupo.— ¿Te conformas con la flautista?
Antamémides.— ¡Al diablo con la flautista! No se sabe qué tiene más grandes si los carrillos o las tetas.
Lupo.— Te proporcionaré una que te guste.
Antamémides.— Procúralo.
Lupo.— *(A Agorastocles.)* El oro mañana te lo llevaré a tu casa.

---

[192] Se trata, evidentemente, de una prisión privada en casa de Agorastocles, en espera del juicio que lo conduciría a la cárcel. Como se sabe, *nervus* significa propiamente una especie de cepo o grilletes.
[193] Típico ἀπροσδόκητον plautino. El final esperado sería: "serás puesto en libertad".
[194] Evidentemente tal amiga no puede ser ya Anterástile, como podía sugerir la traducción de Ernout.

AGORASTOCLES.— Procura no olvidarlo.
LUPO.— Soldado, sígueme.
ANTAMÉNIDES.— Claro que te sigo. *(Entran ambos en casa del lenón.)*
AGORASTOCLES.— Dime, tío. ¿Cuándo piensas marcharte para Cartago? Porque estoy decidido a irme contigo.   1420
HANÓN.— En cuanto pueda.
AGORASTOCLES.— Hasta que realice la subasta de mis bienes, será preciso que te quedes aquí unos días.
HANÓN.— De acuerdo.
AGORASTOCLES.— Ahora, venga, vámonos, si te parece, a reponer nuestras fuerzas. *(A los espectadores.)* Aplaudid.

PSÉUDOLO

(Pseudolus)

INTRODUCCIÓN

El *Pseudolus*, probablemente la mejor y más característica de las comedias de Plauto, tiene una trama tópica, cuyo motivo central es el engaño llevado a cabo por un esclavo contra un lenón para arrebatarle una cortesana amada por su amo y que ya había sido vendida a un soldado. Veamos las líneas maestras de su argumento.

El joven Calidoro ama apasionadamente a Violeta (Fenicia), una cortesana que pertenece al lenón Balión, pero no sólo carece del dinero necesario para rescatarla sino que, para mayor desesperación, por una carta de la propia Violeta averigua que su amada ha sido vendida por veinte minas a un soldado. Éste ya ha pagado quince a cuenta y Balión sólo espera que un mensajero suyo, debidamente acreditado por una contraseña, le abone las cinco restantes, para entregarle la muchacha. El plazo fijado para la entrega expira, precisamente, aquel mismo día. En su impotencia, Calidoro acude a su esclavo Pséudolo, que promete solemnemente a su amo birlar la cortesana al lenón o conseguir las veinte minas necesarias para el pago de su rescate[1]. Y dado que del lenón por las buenas no se puede lograr nada[2], Pséudolo, sin saber muy bien lo

---

[1] Pséudolo (cfr. vv. 112-13) presenta aparentemente dos ofertas alternativas pero uno tiene la impresión de que se trata, más bien, de objetivos complementarios: el primero implica librarse del soldado, el segundo pagar el precio de la joven. Este punto de vista parece confirmado por los vv. 524-29 y 535-37.

[2] La única concesión que aparentemente logran Calidoro y Pséudolo como compensación a la larga sarta de improperios con que deleitan los oídos del lenón, es que se comprometa a romper el trato con el soldado y venderle la muchacha a Calidoro, si el mensajero del sol-

que hacer, pero seguro de sí mismo y del éxito de su empresa, apunta su artillería directamente contra Simón (vv. 412-13), a quien advierte claramente de su intención de estafarle (vv. 508-9), para acabar conformándose con su promesa de que le dará voluntariamente las veinte minas que vale la joven, si consigue apoderarse de ella (vv. 535 ss.).

Presume ya Pséudolo de tener en su cabeza madurando un maravilloso plan[3], cuando la oportuna llegada de Afánax (Hárpax), el mensajero del soldado, le va a obligar a abandonarlo y a forjar otro sobre la marcha[4]. Presentándose al mensajero como *factotum* de Balión y fingiendo que su amo no está en casa, trata de conseguir inútilmente que le entregue las cinco minas, pero logra apoderarse de la contraseña enviada por el soldado. Después, mientras el mensajero se va a descansar de las fatigas del viaje, Pséudolo disfraza adecuadamente a un esclavo y lo envía, con la contraseña y cinco minas prestadas, a casa del lenón para que le sea entregada la muchacha. Todo sale a pedir de boca y el lenón cae en la trampa. Tan contento está Balión creyendo que ha conjurado las amenazas del esclavo que, encontrándose con Simón, le promete veinte minas, si Pséudolo logra quitarle a la muchacha, y, además, se la regala[5]. Su alegría, sin embargo, va a transformarse en llanto

---

dado no recoge a la chica en el plazo establecido: cfr. vv. 374-77. Pero tenemos la impresión de que se trata simplemente de un recurso, probablemente inventado por Plauto, para poner de relieve la perfidia del lenón.

[3] No creemos que las palabras de Pséudolo respondan a una realidad efectiva y que, en consecuencia, la llegada del mensajero suponga un cambio en sus proyectos. Las palabras del esclavo no son más que una bravata, un autoelogio que tratan de entretener al público (cfr. 562 ss.) y que no encierran el más mínimo significado.

[4] En realidad, aunque no haya sido apuntada anteriormente, es la única posibilidad de conseguir que el soldado no se lleva a su amada. Téngase en cuenta, incluso, que la posibilidad apuntada por el lenón de romper el trato con el soldado, aparte de ser, como señalamos en la nota 2, un intento de exagerar la perfidia del lenón (y así lo declara el propio lenón), implica como requisito previo que el soldado no se atuviese al plazo fijado para recoger a la cortesana.

[5] Cfr. vv. 1070-75. Aquí vemos una prueba de que, como señalamos en la n. 1, las dos condiciones expuestas por Pséudolo en el acto primero para satisfacer los deseos de su amo (vv. 112-13) son complementarias y en el fondo de la cuestión subyace que no basta con birlar a la chica sino que después hay que pagar el precio de su rescate.

cuando, al presentarse el verdadero Afánax, se ve obligado a reconocer que ha sido burlado. En consecuencia, no sólo tiene que devolver las quince minas al soldado sino que ha de pagar las veinte prometidas a Simón y, además, se queda sin la muchacha. Al final, Pséudolo, borracho, después de describir con detalle la fiesta en que Calidoro celebra la liberación de su amada, exige, altanero, a su amo el pago de las veinte minas, aunque, después, apiadándose de él, le promete que, si se suma a la fiesta, le perdonará, por lo menos, la mitad de la suma apostada.

No se conoce el modelo griego que inspiró esta comedia. Algunos estudiosos han supuesto que podría ser una obra de Menandro[6] pero también se ha propuesto como autor del original a Filemón[7] y a Alexis[8]. De todas formas, de lo que no cabe duda es de que Plauto reelaboró con total libertad su modelo, adaptándolo a sus gustos y a los de su público romano. Consecuencia de esta libre adaptación son, sin duda, un determinado número de contradicciones o cabos sueltos que una lectura atenta permite detectar en la obra y que generalmente han querido explicarse recurriendo a la teoría de la *contaminatio*[9]. La principal de las contradicciones, quizás, con-

---

[6] En concreto, sobre la base del v. 412, se ha pensado en su θησαυρός: cfr. Leo, "Lectiones Plautinae" *Hermes* 18 (1883) 563-564; F. Hueffner, *De Plauti comoediarum exemplis Atticis*, Gotinga 1894, 17; Della Corte, *Da Sarsina a Roma*, 201. Por la autoría de Menandro se inclina también Webster, *Studies in Later Greek Comedy*, 184 ss. Sin embargo, esta hipótesis, como señala Paratore *(Plauto*, 54; *Tutte le commedie* IV 293), tiene el grave inconveniente de que en las comedias menandreas suele faltar la figura del lenón, que en ésta desempeña un papel fundamental.

[7] Cfr. C. Dietze, *De Filemone Comico*, Gotinga, 1901, 33. B. Krysiniel-Józéfowicz, *De quibusdam Plauti exemplaribus Graecis,* Turín 1949, cree poder identificar una de las dos comedias supuestamente fundidas por Plauto con el Σάρδιος de Filemón.

[8] Cfr. T. Mantero, "Lo *Pseudolus* Plautino e i frammenti del *Pseudomenos* di Alessi", *Maia* 18 (1966) 392-409. K. Dér, "Duplex argumentum" *Homonimia* (1983) 129-160, también argumenta a favor del Ψευδόμενος de Alexis como modelo del *Pseudolus*.

[9] Cfr. F. Leo, "Über den *Pseudolus* des Plautus", *NAWG* (1903) 673-692; F. Klinger, "Über zwei Szenen des Plautinischen *Pseudolus"*, *Hermes* 64 (1929) 110-139; J.N. Hough, *The composition of Pseudolus of Plautus*, Lancaster 1931; G. Jachmann, "Zum *Pseudolus* des Plautus", *Philologus* 88 (1933) 443-456.

siste en que Pséudolo, después de proclamar su intención de atacar a Simón (412-13) e, incluso, apostar con él que será capaz de estafarle las veinte minas necesarias para la liberación de la muchacha (507-15), admite que primero tiene que birlar la cortesana al lenón y acaba conformándose con que Simón le prometa darle, como premio de su triunfo en el primer combate, las veinte minas que vale su rescate[10]. Dado, pues, que en la comedia no se desarrolla el engaño de Simón[11], se ha supuesto que Plauto habría mezclado torpemente dos modelos griegos, uno que contendría el engaño del lenón y otro el del padre[12]. Incluso una persona como Paratore, ha-

---

[10] Además de está contradicción y la relativa a la desaparición de la acción de Califón, que es comentada más abajo, se han señalado inconsecuencias entre las escenas I 1 y I 3 (mientras en I 1 Calidoro averigua que su amada ha sido vendida a un soldado, en I 3 parece desprenderse que existía un acuerdo entre Balión y Calidoro para vender a este último la joven y, además, Balión vuelve a informar a Calidoro y Pséudolo de lo que ya sabían sobre la venta de Violeta al soldado, ante lo que ambos demuestran gran sorpresa e indignación). También se ha apuntado la incongruencia que supone el abandono del plan aludido por Pséudolo en II 1 (pero cfr. n. 16), las aparentemente contradictorias referencias al día de la entrega (cfr. n. 18 de la comedia), y diferentes indicaciones sobre la posición de la casa del lenón dadas por el verdadero y falso Afánax (cfr. n. 123 de la comedia), así como la falta de indicación sobre el lugar a que es llevada Violeta después de ser birlada al lenón y de donde sale Pséudolo borracho en el acto final de la comedia (cfr. n. 133 de la misma). Tampoco se entiende muy bien qué pinta el *puer* de III 1 ni qué pasa con la fiesta de cumpleaños del lenón, para lo que éste contrata a un cocinero y de la que no vuelve a hablarse. Sobre este particular, además de los estudios sobre la contaminación anteriormente citados, puede verse: G. Williams, "Some problems in the construction of Plautus' *Pseudolus*", *Hermes* 84 (1956) 424-455 y A. Önnefors, "Ein paar Probleme im Plautinischen Pseudolus", *Eranos* 65 (1958) 21-40.

[11] Simplemente en la última escena Pséudolo recuerda a su amo que debe pagarle la cantidad apostada. Cfr. además nota siguiente.

[12] La referencia a los tres engañados en vv. 690-1 (y 705), que para Paratore, *Tutte le commedie* IV 295, es prueba de que en el segundo modelo griego el motivo principal de la trama era el engaño del viejo, no creemos que aporte ninguna novedad sobre lo dicho, es decir, el engaño ahí aludido puede identificarse con la pérdida de la apuesta por parte del viejo. Téngase en cuenta, además, que Plauto juega probablemente con la magia del número tres: cfr. *Bacch.* 953 ss.

bitualmente reacio a admitir la tesis de la *contaminatio*[13], defiende un tipo de contaminación *sui generis*, suponiendo que Plauto ha combinado un modelo de la *Néa* con la trama del *Curculio,* que, después de la composición de esta comedia, habría permanecido como esquema tópico en su fantasía[14]. Aunque la tesis de la contaminación no sea completamente descartable, no creemos, sin embargo, que sea preciso recurrir a ella y ni siquiera consideramos necesario pensar que el modelo griego ya presentara los dos engaños y Plauto hubiera suprimido el engaño del padre, a fin de no alargar demasiado una comedia, que posiblemente con sus añadidos ya había hecho bastante larga[15]. En nuestra opinión, como hemos tratado de insinuar en las notas a nuestro resumen de la trama, la liberación de Violeta implica dos engaños, en primer lugar birlársela al soldado y, en segundo lugar, pagar el precio de su rescate. Es para este segundo propósito para lo que cobra sentido la idea de estafar a Simón y, para ello, la promesa hecha por el propio Simón al esclavo se revela como suficiente, sin necesidad de recurrir al engaño. En otras palabras, pensamos que, desde la lógica de Pséudolo, puede identificarse la apuesta de Simón con el pretendido engaño y que, si, aparentemente, existe alguna contradicción entre ambas es sencillamente porque Plauto ha potenciado y magnificado, para deleite de sus espectadores, el motivo del engaño[16]. En lo que sí estamos

---

[13] Sólo la admite para el *Miles* y, advirtiendo su carácter singular, para esta comedia. Por nuestra parte, discrepamos de su opinión en los dos casos. Incluso, aun en el caso de admitir un tipo de contaminación para el *Pseudolus*, nos inclinaríamos a pensar que una comedia con una trama similar a la del *Curculio* era el motivo fundamental y que el motivo del engaño del viejo sería el añadido. Esto no quiere decir naturalmente que las contradicciones no puedan ser en la mayoría de los casos consecuencia de pequeños añadidos efectuados por Plauto, inventados por él mismo o tomados de una segunda comedia griega. Pero aun en este caso el engaño del viejo por comparación con la estafa del lenón nos parece un motivo secundario.
[14] Cfr. E. Paratore, "La structure du *Pseudolus*", *REL* 41 (1963) 123-64; *Plauto*, 52-54; *Tutte le commedie*, IV 293-96.
[15] Duckworth, *The Nature of Roman Comedy*, 162 y 206.
[16] Un ejemplo clarísimo de este procedimiento, lo tenemos en la escena II 1, en que Pséudolo asegura tener un maravilloso plan, del que nunca llegamos a enterarnos y que probablemente, como hemos explicado en la nota 3, ni siquiera ha existido en su imaginación, porque de lo que se trata es de entretener al público con sus fanfarrona-

de acuerdo con Paratore es en que Plauto ha mutilado la escena del reconocimiento de Violeta como hija de Califón[17]. Esta suposición permitiría explicar no sólo el matrimonio de Calidoro con Violeta, que de acuerdo con las convenciones de la *Néa*, debía producirse en el original griego, sino que explicaría también otra importante inconsecuencia de la trama, como es la desaparición de la acción de Califón, después de haberle pedido Pséudolo que renuncie a su proyectado viaje al campo y permanezca en su casa, dispuesto a ayudarle[18].

Como es sabido[19], el *Pseudolus* es una de las dos comedias plautinas cuyas fechas de representación conocemos por sus didascalias, conservadas en el palimpsesto Ambrosiano. Por ellas sabemos que el *Pseudolus* fue representado por primera vez en los *Ludi Megalenses* del año 191, siendo pretor urbano M. Junio Bruto[20]. Pertenece, por tanto, esta comedia a la vejez del poeta, lo que aparece confirmado no sólo por el testimonio de Cicerón[21] sino por la madurez que Plauto ha alcanzado

---

das. Otro ejemplo más que probable son las palabras con que Pséudolo describe al amigo de Carino cuya ayuda necesita: cfr. 385-6 *Ad eam rem usust homine astuto, docto, cauto et callido, // qui imperata ecfecta reddat, non qui vigilans dormiat*. A partir de esta descripción uno está tentado a pensar que Pséudolo piensa en Mono que aparece caracterizado en términos similares de astucia y picardía más adelante (vv. 724 ss. 905 ss. y 1017 ss.: obsérvese que en 725 y 907 se le aplican como en 385 los calificativos de *doctus* y *astutus*) pero por lo que después se dice, ha de tratarse de Carino (cfr. 711). La consecuencia que se extrae es que Plauto magnificó el carácter astuto del personaje, que no podría estar presente en el original.

[17] Acertadamente se ha señalado (cfr. Paratore, *Tutte le commedie*, IV 294-5) que el verso 1311, en que se presenta a Violeta como libre, sin que nadie la haya liberado, ofrece una huella de esta situación en el original. Es lo mismo que ha hecho, muy probablemente, en *Casina* y en el *Persa*.

[18] Cfr. vv. 547 ss. Opinamos también, con Paratore, que es en casa de Califón donde se oculta a Violeta después de su "rapto" y donde se celebra la fiesta de la que sale borracho Pséudolo al final de la comedia: cfr. nota 133. Así se explicaría, también, que Pséudolo pudiera repartir con su amo la suma que en principio estaría destinada al pago del rescate, aunque esto no sería necesario asumirlo, por la promesa de Balión a Simón de que también le regala la muchacha (v. 1075).

[19] Cfr. Introducción general I 23 y n. 1 de la comedia.

[20] Cfr. Liv. 36, 36.

[21] *De Senec*. 50.

en el dominio de su arte y, especialmente, por el número y la maestría de sus cánticos.

Pese al esquematismo de la trama, el *Pséudolo* es una de las comedias en que mejor se percibe la genialidad de Plauto. Dos personajes destacan sobre los demás, Pséudolo, el mejor ejemplo de esclavo intrigante de todo el teatro de Plauto, y el lenón Balión, uno de los personajes mejor caracterizados de toda su producción. Si a ello añadimos, entre otras cosas, la rapidez de la acción, la riqueza de la lengua, la viveza del diálogo, la abundancia de chistes, el exaltación triunfal del esclavo, la humillación de los poderosos y de los bellacos y, en fin, la mencionada abundancia y maestría de las partes cantadas, podemos imaginar que, como no podía ser menos, el éxito del *Pseudolus* entre el público romano debe de haber sido notable. Nada tiene de particular, entonces, que, como nos dice Cicerón[22], el propio Plauto en su vejez se sintiera orgulloso de esta comedia. Parece, además, que el éxito la acompañó también después de la muerte de Plauto. Los pequeños restos de un prólogo, probablemente postplautino[23], que conservamos, podrían denunciar que esta comedia, como el *Poenulus* y la *Casina*, fue objeto de una reposición póstuma. Y sabemos que todavía se representaba en tiempos de Cicerón, pues también este autor nos informa[24] de que en su época su amigo Roscio representaba el papel de Balión.

En contraste con el mencionado éxito, la influencia del Pseudolus en la literatura posterior no parece haber sido muy grande. Se deja sentir, especialmente, en *La trappolaria* de G. della Porta (ca. 1538-1615) y, a través de ésta, en el *Ignoramus* (1615) de George Ruggle.

---

[22] *De Senec.* 50.
[23] A. ÖNNEFORS, "Ein paar Probleme im Plautinischen Pseudolus", *Eranos* 65 (1958) 21 ss; Willcock, *Plautus. Pseudolus*, Bristol 1991², 1 y 96.
[24] *Pro Roscio comoedo* 7, 20.

DIDASCALIA[1]

REPRESENTADA EN LOS JUEGOS MEGALENSES[2], SIENDO PRETOR URBANO MARCO JUNIO, HIJO DE MARCO[3].

---

[1] Como ya hemos dicho (cfr. Introducción general, I 23, n. 2 y 3, adonde remitimos para más información al respecto), se llama "didascalia" a la breve nota que traen los manuscritos al frente de algunas comedias, con información sobre detalles relativos a la primera representación de la misma. Recordaremos también que sólo se han conservado dos didascalias de las comedias plautinas: ésta, muy mutilada, del *Pseudolus* y la más completa del *Stichus*. Se han conservado, en cambio, las didascalias de cinco de las seis comedias de Terencio (todas menos la de *Andria*, que ha sido reconstruida a partir de los datos ofrecidos por Donato en su comentario de esta comedia).

[2] Los juegos megalenses se celebraban en Roma del 4 al 10 de Abril en honor de la diosa Cibeles, la *Magna* (gr. μεγάλη, de donde proviene su nombre) *Mater Idaea*. Fueron instituidos en el año 204 a. C., cuando los romanos, para conjurar los peligros de la Segunda Guerra Púnica, siguiendo las indicaciones de los Libros Sibilinos y del oráculo de Delfos, y con la ayuda de Átalo, rey de Pérgamo, trajeron a Roma el ídolo de piedra que los habitantes de Pesinunte, ciudad de Frigia, creían que representaba a la diosa Cibeles: cfr. Liv. 29,10-11. Trece años después, en el año 191, con motivo de la consagración del templo de la diosa, según algunas versiones recogidas por Livio (36, 36; pero cfr. 34, 54), se incluyeron por primera vez en estos juegos representaciones dramáticas, una de las cuales fue, sin duda, la del *Pseudolus* plautino. En los *Ludi Megalenses* se representaron, según las indicaciones de las correspondientes didascalias, cuatro de las seis comedias de Terencio: *Andria*, *Heautontimorumenos*, *Eunuchus* y *Hecyra*.

[3] Marco Junio Bruto fue, según Livio (36,36), el pretor encargado de organizar los juegos megalenses el año 191 a. C.

PERSONAJES

Pséudolo, esclavo.
Calidoro, joven.
Balión, lenón.
Lorarios.
Cortesanas.
Simón, viejo.
Califón, viejo.
Afánax[4] (= Hárpax), asistente.
Carino, joven.
Chaval.
Cocinero.
Mono (= Simia), sicofanta.
Violeta[5] (= Fenicia), cortesana.

La acción transcurre en Atenas. Al fondo de la escena se alzan tres casas[6]: la de Simón, la del lenón Balión y la de Califón, amigo y vecino de Simón[7].

---

[4] Traduzco el nombre de este personaje para poder reproducir de alguna manera el juego de palabras que se hace en 654 (cfr. n. 80) y 1010.

[5] Traducimos el nombre del personaje para poder reflejar el juego de palabras del verso 229.

[6] Cfr. v. 952.

[7] Cfr. v. 411 y 456.

ARGUMENTO I

(acróstico)

Un soldado paga a un lenón quince minas al contado y, al mismo tiempo, le deja como contraseña la impronta de su sello[8], para que entregue a Violeta a la persona que le presente una similar con el resto del dinero. Cuando llega el asistente del soldado, Pséudolo, haciéndose pasar por Siro, esclavo de Balión, le birla la contraseña, con lo que presta una gran ayuda a su amo. Pues el lenón entrega la chica a un tal Mono, que (Pséudolo) ha hecho pasar por el asistente. Llega el verdadero Afánax, se descubre todo el asunto y el viejo paga el dinero que había apostado[9].

ARGUMENTO II

El joven Calidoro estaba perdidamente enamorado de la cortesana Violeta pero no tenía dinero. A dicha cortesana la compra por veinte minas un soldado, que se marcha después de haber pagado quince. A la ramera la deja en casa del lenón, juntamente con una contraseña con el ruego de que a la persona que llevara una similar con el resto del dinero, se le entregara la chica comprada. Pronto llega para hacerse cargo de la ramera el sirviente enviado por el soldado. Sale a su encuentro Pséudolo, esclavo del joven, que, astutamente, se

---

[8] Cfr. vv. 55-56.
[9] Como de costumbre, resulta difícil seguir por el argumento acróstico la trama de la comedia.

hace pasar por el atriense del lenón. Le quita la contraseña y se la da a un falso mensajero juntamente con cinco minas que ha pedido prestadas. El falso asistente engaña al lenón. Calidoro logra adueñarse de la ramera y Pséudolo de una jarra de vino.

PRÓLOGO

Es mejor que estiréis vuestras piernas y os pongáis de pie, pues va a comenzar una larga comedia de Plauto[10].

ACTO PRIMERO

ESCENA PRIMERA

PSÉUDOLO, CALIDORO

PSÉUDOLO.— Si por tu silencio, amo, pudiera averiguar qué terribles congojas acongojan tu corazón, ahorraría encantado un trabajo a dos personas: a mí el de preguntarte, a ti el de responderme. Pero, como ello es imposible, la necesidad me obliga a hacerte una pregunta. Contéstame: ¿qué es lo que te pasa que hace ya tantos días que, con cara de muerto, llevas contigo a todas partes esas tablillas y las bañas con tus lágrimas, sin hacer a nadie partícipe de tus pensamientos?

---

[10] Este fragmento de dos versos corresponde a un prólogo perdido, redactado, probablemente, con ocasión de una reposición de la comedia: cfr. *Cas.* 11-13, un fragmento declarado explícitamente postplautino, donde aparece la misma expresión *plautina fabula*. En cuanto a su sentido, no aparece tratarse tanto de una conminación a los espectadores inquietos a que se levanten y marchen, si no están dispuestos a estar callados y atentos, como podría deducirse de la comparación del pasaje con *Epid.* 733 *(Plaudite et valete; lumbos surgite atque extollite),* cuanto de una invitación a estirar las piernas para relajarse un poco a un público que, seguramente, llevaba ya varias horas esperando el comienzo de una comedia, que, además, se preveía de larga duración.

CALIDORO.— ¡Mil congojas me acongojan, Pséudolo!
PSÉUDOLO.— ¡No lo quiera Júpiter!
CALIDORO.— Nada tiene esto que ver con la voluntad de Júpiter. Es la vara de Venus la que me azota, no la de Júpiter.
PSÉUDOLO.— ¿Y puedo saber de qué se trata? Pues hasta ahora siempre me has tenido por el confidente más íntimo de tus pensamientos.
CALIDORO.— Y no he cambiado de opinión.
PSÉUDOLO.— Infórmame de lo que te pasa y te ayudaré con mi dinero, con mis servicios o, al menos, con un buen consejo.
CALIDORO.— *(Tendiéndole las tablillas.)* Toma estas tablillas y, valiéndote de ellas, cuéntate a ti mismo la congoja y la pena que angustian mi corazón.
PSÉUDOLO.— Tus órdenes serán cumplidas. *(Después de haber mirado lo escrito en las tablillas.)* Pero, ¿qué es esto, por favor?
CALIDORO.— ¿Lo qué?
PSÉUDOLO.— Me da impresión de que estas letras quieren tener hijos, pues montan unas sobre otras[11].
CALIDORO.— ¿Ya estás con tus bromas?
PSÉUDOLO.— Bien creo yo, por Pólux, que como no las lea la Sibila[12], no hay nadie en el mundo que las pueda descifrar.
CALIDORO.— ¿Por qué eres tan cruel con unas letras tan adorables, con unas tablillas tan adorables, escritas por una mano tan adorable?
PSÉUDOLO.— ¡Oh, cielos! ¿Es que las gallinas tienen manos? Porque tiene que haber sido una gallina la que escribió esos garabatos.
CALIDORO.— Eres un antipático. Lee o devuélveme las tablillas.
PSÉUDOLO.— No. Las leeré, y de cabo a rabo. Atiende con toda tu alma.
CALIDORO.— Mi alma está ausente[13].

---

[11] La expresión naturalmente tiene un doble sentido.
[12] Pséudolo está pensando seguramente en los Libros Sibilinos, las oscuras predicciones atribuidas a la Sibila de Cumas, depositados en el Capitolio y custodiados por un colegio especial de sacerdotes, que los romanos consultaban en circunstancias críticas. Dado que la Sibila había escrito tan oscuras predicciones, era lógico que fuera la persona más indicada para interpretar cualquier texto oscuro.
[13] El texto latino presenta en este punto un juego de palabras, que

Pséudolo.— Pues requiérela para que comparezca.
Calidoro.— No, yo me callaré. Requiérela tú para salga de la cera. Porque es ahí donde está mi alma y no en mi cuerpo.
Pséudolo.— *(Mirando la carta.)* Veo a tu amada, Calidoro.
Calidoro.— *(Con emoción.)* ¿Dónde, dónde está?
Pséudolo.— Hela ahí tendida en las tablillas; está acostada en la cera[14].
Calidoro.— ¡Que todos los dioses y las diosas[15]...!
Pséudolo.— Me protejan, ¿verdad?
Calidoro.— *(En tono arrebatado.)* Como hierba de verano, mi vida breve fue. De repente vine al mundo; de repente me marchité.
Pséudolo.— Calla, mientras leo las tablillas.
Calidoro.— Léelas, pues.
Pséudolo.— "Violeta a Calidoro, su amante, por mediación de esta cera, de esta madera[16] y de estas letras envía salud y te pide salud con los ojos deshechos en lágrimas y con el alma, el corazón y el espíritu desfallecidos."
Calidoro.— ¡Ay de mí, Pséudolo, que en ninguna parte encuentro salud para enviarle!
Pséudolo.— ¿Qué salud?
Calidoro.— Salud monetaria.
Pséudolo.— ¿A cambio de salud epistolaria quieres enviarle tú salud monetaria? Por favor, piensa bien en lo que haces.
Calidoro.— Anda, lee. Por las tablillas enseguida vas a saber, te lo aseguro, la imperiosa necesidad que tengo de obtener dinero.
Pséudolo.— *(Reanudando la lectura.)* "El lenón, cariño

---

queda desdibujado en la traducción. Calidoro dice a su esclavo que su alma no está presente: *non adest*. Pero esta expresión era la usual en el lenguaje forense para indicar que una persona citada no había comparecido ante el tribunal, lo que justifica la respuesta de Pséudolo.

[14] Lo que está viendo realmente son las letras de su nombre al comienzo de la carta.

[15] Lógicamente el final esperado de las palabras de Calidoro sería "te maldigan", pero Pséudolo, por si las moscas, se adelanta e invierte el sentido de la maldición.

[16] Leemos *lignum* ("madera"), en vez de *linum* ("lino"), transmitido por los manuscritos, como parece exigido por *lignea salute* del verso 47. La alusión al "lino" (el cordelito con que se ataban las tablillas) no parece justificada en este caso, a diferencia de *Bacch.* 749, donde los términos cera y lino vuelven a aparecer coordinados.

mío, me ha vendido por veinte minas[17] a un extranjero, un soldado macedonio que antes de partir, ha entregado quince minas. Sólo son cinco minas las que me retienen aquí. Por este motivo el soldado dejó aquí como contraseña su propia efigie grabada en cera por medio de su anillo, para que el lenón me envíe con el que le presente una contraseña igual. Y la fecha fijada para la entrega fueron las próximas fiestas Dionisiacas[18]".

CALIDORO.— ¡Y son mañana! Es inminente mi final, a no ser que acudas en mi auxilio.

PSÉUDOLO.— Déjame acabar de leer.

CALIDORO.— Te dejo, pues así me parece que estoy hablando con ella. Lee. Una bebida dulce y amarga en la misma copa me vas a servir.

PSÉUDOLO.— "Ya nuestros amores, nuestros ratos, nuestros tratos, bromas, juegos, charlas y besuqueación, de los cuerpos

---

[17] Sobre el precio de una esclava, cfr. nota 12 del *Curculio*.

[18] El día en cuestión es, según se desprende inequívocamente de 373-4 y 623, el día de hoy. Dado que a continuación se dice que las fiestas dionisíacas son mañana, se ha tratado de solucionar la incongruencia interpretando *proxuma Dionysia* como "la víspera de las fiestas dionisíacas" (*proxuma* sería un adjetivo concertado con *dies*, que regiría un acusativo; la expresión, similar a las cesarianas *proximi Rhenum (Gal.* 1,54,1) o *proximus mare (Gal.* 3,7,2), equivaldría por su sentido a *pridie Dionysia* (cfr. Cic. *ad Att.* 2,3,4 *pridie Compitalia*). Pero, aun admitiendo esta explicación, habría que considerar corrupto el verso 82 en que vuelve a repetirse que la joven será entregada mañana, es decir, se identifica indirectamente el día de mañana con las fiestas. Por nuestra parte, aunque sin total convicción, nos atreveríamos a sugerir que, como ocurre en el *Heautontimorumenos* terenciano (cfr. v. 162), probablemente la acción del modelo griego se desarrollaba precisamente en las fiestas dionisíacas, lo que cuadraría perfectamente con lo dicho en 373-4 y 623. Habría que atribuir a un despiste de Plauto haber identificado tal día con mañana y no con hoy en el verso que comentamos (59) y en el 82. Téngase en cuenta que esta escena primera está abarrotada de signos de reelaboración plautina y es muy probable que tanto el comentario con que se interrumpe la lectura de la carta en este pasaje como el chiste sobre *eheu!* en 79-84 sean obra suya. Quedaría por explicar, sin embargo, el motivo del error plautino. Recordaremos, finalmente, que las Dionisíacas eran fiestas en honor de Dioniso, que se celebraban con gran solemnidad en diversas ciudades griegas, pero especialmente en Atenas, donde tenían lugar en el mes de Elafebolión (marzo-abril). Consistían fundamentalmente en procesiones y representaciones teatrales. Cfr. *Cist.* 89 y *Curc.* 644.

enamorados el fuerte apretujón, de los tiernos labios los dulces mordisquitos, de nuestras orgías los cariñitos[19], de las tetillas encrespadillas los apretoncitos, de todos estos gozos a mí y lo mismo a ti llega el desgarramiento, el alejamiento, la devastación, si yo en ti no encuentro o tú no encuentras en mí la salvación. Que supieras quise todo lo que supe yo. Ahora voy a comprobar si me amas o no. Adiós."

CALIDORO.— Una carta conmovedora, ¿verdad, Pséudolo?
PSÉUDOLO.— ¡Oh, sí! Desgarradora.
CALIDORO.— ¿Y cómo es que no lloras?
PSÉUDOLO.— Tengo ojos de piedra pómez[20]. Soy incapaz de conseguir que escupan una sola lágrima.
CALIDORO.— ¿Por qué?
PSÉUDOLO.— Soy de la raza de los ojisecos.
CALIDORO.— ¿Es que no piensas ayudarme?
PSÉUDOLO.— ¿Qué puedo hacer por ti?
CALIDORO.— ¡Ay!
PSÉUDOLO.— ¿Ay? Eso, por Hércules, no lo escatimes. Yo te daré cuantos quieras.
CALIDORO.— Soy un desgraciado. No soy capaz de encontrar a nadie que me preste un céntimo...
PSÉUDOLO.— ¡Ay!
CALIDORO.— Y en casa no tengo un céntimo.
PSÉUDOLO.— ¡Ay!
CALIDORO.— El soldado va a llevarse a la chica mañana[21].
PSÉUDOLO.— ¡Ay!
CALIDORO.— ¿Ésa es tu forma de ayudarme?
PSÉUDOLO.— Te doy de lo que tengo. De ayes tengo en casa un tesoro inagotable.
CALIDORO.— Hoy ha sido mi fin. Pero, ¿podías prestarme sólo una dracma, que mañana te devolveré?
PSÉUDOLO.— Ni aunque me empeñara a mí mismo, por Hércules. Pero, ¿para qué quieres una dracma?

---

[19] Los manuscritos en este punto presentan una pequeña laguna. En nuestra traducción hemos seguido la conjetura propuesta por A. Pociña y A. López, "Plauto, *Pseudolus* 67b", *Emerita* 43 (1975) 245-8: *nostrorum orgiorum <palpat>iunculae*, lectura que no sólo brinda un hexámetro perfecto, sino que se adapta perfectamente al texto transmitido por manuscritos y concuerda con las otras formaciones plautinas del contexto.

[20] La piedra pómez es símbolo proverbial de aridez.

[21] Cfr. v. 59 y n. 18.

CALIDORO.— Para comprar una cuerda.
PSÉUDOLO.— ¿Para qué?
CALIDORO.— Para hacer de mí un colgante. Estoy decidido: 90 antes de la noche en la noche me hundiré.
PSÉUDOLO.— Y entonces ¿quién me devolverá a mí la dracma, si te la presto? ¿No querrás colgarte a propósito para estafarme, si llego a prestarte la dracma?
CALIDORO.— Te juro que de ninguna manera puedo seguir viviendo si me es quitada o arrebatada por otro.
PSÉUDOLO.— ¿Por qué lloras, cuclillo?[22] Vivirás.
CALIDORO.— ¿Cómo no voy a llorar si no dispongo de blanca ni puedo esperar que nadie me preste un céntimo[23]?
PSÉUDOLO.— Pues por lo que oigo decir a estas letras, a no 100 ser que llores dácrimas[24] de plata, con esas lágrimas con que intentas demostrar tus sentimientos, vas a conseguir lo mismo que con el agua que se puede llevar en una criba. Pero, no temas, que yo a ti en tus dificultades amorosas no te abandonaré. Espero que hoy en alguna parte con mis buenas o malas mañas[25] te conseguiré socorro monetario. No sé, no sé dónde lo conseguiré pero estoy seguro de que lo conseguiré: me lo dicen las cejas, que me se me levantan[26].
CALIDORO.— ¡Ojalá concuerden los hechos con tus dichos!
PSÉUDOLO.— Sabes tú muy bien, si saco a mis dioses en 110 procesión, los tremendos líos y alborotos que suelo armar[27].
CALIDORO.— En ti tengo ahora depositadas todas las esperanzas de mi vida.
PSÉUDOLO.— ¿Te basta con que logre que la chica sea tuya o con que te consiga veinte minas?

---

[22] Cfr. n. 45 del *Persa*.

[23] Lit. un as *(libella)*, pequeña moneda equivalente a la décima parte del denario.

[24] Modificamos así la palabra dracma para reflejar mejor el juego de palabras *dracumis/lacrumis*, que es más evidente en el texto latino.

[25] El texto en este punto no es seguro. Seguimos en nuestra traducción la conjetura de Goetz que lee: *mala mea*.

[26] Era éste un presagio favorable: cfr. Teócrito, *Idil.* 3,37. Cfr., además, *Miles* 694 donde se habla de las mujeres que adivinaban el porvenir observando las cejas.

[27] Pséudolo, probablemente, está comparándose a una de las muchas bacantes que, tras la procesión en que llevaban sus objetos sagrados al monte Citerón, se dejaban arrastrar por el delirio del dios. Cfr. Verg. *Aen.* 4,301.

CALIDORO.— Me basta... si lo consigues.
PSÉUDOLO.— Pídeme veinte minas[28], para que sepas que estoy dispuesto a cumplir mis promesas. Pídemelas, por favor, te lo ruego. Me muero de ganas de prometértelas.
CALIDORO.— ¿Me vas a dar hoy veinte minas?
PSÉUDOLO.— Te las daré. No me des más la lata. Y, para que no digas que no te he avisado, te lo advierto de antemano: 120 si no puedo estafar a otro, estafaré a tu padre.
CALIDORO.— ¡Que los dioses te protejan siempre para mi bien! Pero, si lo permite la piedad filial, por mí, puedes estafar a mi madre también.
PSÉUDOLO.— Por este tema puedes dormir a brazo suelto.
CALIDORO.— ¿Querrás decir a pierna suelta?
PSÉUDOLO.— Sí, pero lo primero es menos vulgar. Ahora, para que nadie diga que no lo he avisado, os advierto a todos: *(en tono de proclama)* a todos los hombres presentes en la asamblea, a todo el público, en general, a todos mis amigos y conocidos les hago saber que hoy deben guardarse y no deben fiarse de mí.
CALIDORO.— ¡Chsss! Calla, por favor. 130
PSÉUDOLO.— ¿Qué pasa?
CALIDORO.— La puerta del lenón ha crujido.
PSÉUDOLO.— Ojalá hubieran crujido sus huesos[29].
CALIDORO.— Precisamente es él el que sale, ese príncipe de los perjuros.

ESCENA SEGUNDA

BALIÓN, LORARIOS, CORTESANAS, PSÉUDOLO, CALIDORO, CHAVAL

BALIÓN.— *(A sus esclavos.)* Salid, vamos, salid, gandules, que en maldita hora tuve la maldita idea de comprar a quie-

---

[28] La realización de un pacto verbal *(sponsio* o *stipulatio)*, que basa su fuerza en la pronunciación formal de las palabras de compromiso, era habitual entre los romanos y es un motivo recurrente en las comedias de Plauto. Cfr., por ej., vv. 536-8 y 1076-8 de esta misma comedia.
[29] Es el crujido que se produce al romperse los huesos como consecuencia de los estacazos que en cualquier tipo de tormento le fueran propinados. Recordaremos, como ejemplo, que a los esclavos, tras ser crucificados, les eran rotos a golpes los huesos de sus piernas. Cfr. *Trin.* 1021 *cruricrepidae* y *Poen.* 886 *crurifragium*.

nes jamás se les ocurre hacer nada bueno y de quienes no hay forma de sacar provecho, si no es a costa de palos. *(Los golpea.)* En mi vida he visto hombres más parecidos a asnos. ¡Tan llenas de callos tienen sus espaldas! Si los golpeas, te haces tú mismo más daño. Así es como son, así es como piensan estos malditos rompelátigos: "En cuanto se te presente la ocasión, roba, hurta, apaña, afana, bebe, come, escapa." Ésta es su tarea, hasta el punto de que sería mejor dejar lobos al cuidado de ovejas que a ellos al cuidado de la casa. Y eso que, si te fías de su aspecto, no parecen malos... *(Alzando la voz, en tono de proclama.)* Ahora, si a mi bando no prestáis todos atención, si no apartáis de vuestro cuerpo la pereza y el sueño de vuestros ojos, os aseguro que os decoraré vuestras espaldas con más vivos colores que los de las colchas bordadas de Campania[30] o de los tapices rasos de Alejandría con todos sus animales. Ya ayer os he dictado mis órdenes y he repartido vuestras tareas, pero sois de naturaleza tan indolente y perversa que me obligáis a recordaros vuestro oficio a palos. De tal pasta estáis hechos, que *(mostrando su látigo)* a éste y a mí superáis en dureza. Fíjate, mira qué distraídos están. Escuchad, atended, prestad oídos a lo que os voy a decir, raza de recibepalos. Vuestro cuero, por Pólux, nunca será más duro que el cuero de mi látigo. *(Los golpea.)* Y ahora ¿qué? ¿Os duele? ¡Tomad! Así es como se da a los esclavos que se ríen de su amo. Poneos todos frente a mí y prestad atención a lo que os voy a decir. *(A un esclavo.)* Tú, que tienes el cántaro, acarrea agua y encárgate de llenarle el caldero[31] al cocinero. *(A otro.)* A ti, el del hacha, te nombro ministro[32] de la Cortaleña.

[ESCLAVO.— Pero es que el hacha está embotada.

BALIÓN.— Da igual. También lo estáis todos vosotros por efecto de los palos. ¿Y acaso por ello renuncio a utilizar vues-

---

[30] Se trata de unos cobertores con que se cubrían los lechos del triclinio durante las comidas. Los tapices de Alejandría eran una especie de alfombras de vivos colores. Cfr. *Stich.* 378

[31] El *ahenum* era el recipiente de cobre que, colocado sobre el fuego del hogar, servía para calentar el agua. No debe confundirse con las cacerolas en que se cocinaba.

[32] Quizás la palabra "prefecto" hubiera respetado mejor el ambiente histórico. Pero consideramos cómicamente más efectivo el empleo de ministro y, como sabemos, Plauto se cuidaba poco de estos anacronismos.

tros servicios?][33] *(A otro esclavo.)* A ti te encomiendo que reluzca la casa. Ya tienes trabajo. Deprisa, vete adentro. *(A otro.)* A ti te nombro sumo lectífice[34]. *(A otro.)* Tú limpia la plata y colócala también. Cuando vuelva del foro, quiero que todo esté preparado, todo barrido, fregado, secado, colocado, lavado, perfumado. Pues hoy es el día de mi cumpleaños y todos debéis festejarlo. *(A otro.)* Jamón, lacón, tocino, chorizo[35] pon tú a cocer. ¿Me has oído? Quiero agasajar opíparamente a unos grandes personajes, para que crean que soy rico. *(A todos.)* Íos adentro y daos prisa en hacer lo que he dicho; que el cocinero, cuando llegue, no tenga que esperar. Yo me voy al mercado a comprar todo el pescado que haya al precio que valga. *(Al esclavo que lleva a la espalda la bolsa del dinero.)* Vamos, 170 chaval, ve delante. Hay que tener cuidado de que nadie vaya a agujerear la bolsa[36]. O, mejor, espera un momento. Por poco me olvido de decir una cosa en casa. *(A sus cortesanas.)* Escuchadme. A vosotras mujeres este bando doy. Vosotras, jovencitas, que de fastuosidades, comodidades y voluptuosidades vivís rodeaditas, de grandes señores ilustres amigas, hoy voy a saber y a comprobar quién piensa en su estómago, quien en su porvenir[37], quien se ocupa de sus intereses o sólo de dormir. A quién pondré en venta, a quién en libertad, hoy voy a averiguar. Que sobre mi casa caiga una lluvia de regalos, procedentes de vuestros amantes, habéis de procurar. Pues, si hoy mi despensa de provisiones para un año no queda llena, mañana os convertiré en putas callejeras[38]. Que hoy es el día

---

[33] Los versos 159 y 160 son los únicos que interrumpen la larga perorata de Balión (133-193). Dado que, además, son de difícil medida, algunos editores, entre los que se encuentra Ernout, los consideran interpolados.
[34] Es decir, te nombro encargado de preparar los lechos. Pero, hemos querido reproducir de alguna manera la cómica solemnidad del término latino *lectisternator*, que a su significado literal ("el que coloca los lechos") une la evocación del *lectisternium*, el banquete que se ofrecía a los dioses en ciertas solemnidades.
[35] Plauto dice "jamón, tocino, lechecillas, ubre de cerda", este último uno de los manjares más exquisitos para los romanos.
[36] El esclavo lleva la bolsa del dinero a la espalda, colgada del cuello. Por eso Balión lo manda ir delante, para vigilar él que nadie fuera a aprovecharse de un descuido del criado y robarle el dinero.
[37] Lit. "en su cabeza", es decir, "en su libertad".
[38] Balión amenaza a sus cortesanas con bajarlas de categoría y de

de mi cumpleaños vosotras ya lo sabéis. ¿Dónde están esos amantes para quienes sois la niña de sus ojos, sois su vida, sois sus delicias, sois su boquita, su tetita, su bomboncito? 180 Procurad que batallones de portarregalos se alineen hoy a la puerta de nuestra casa. ¿Para qué os proporciono vestidos, joyas y todo cuando necesitáis? ¿Y qué me dais a cambio más que disgustos, malvadas? El vino es lo único que os gusta. Con él empapáis vuestras tripas, mientras yo me muero de sed. Pero creo que lo mejor es llamar a cada una por su nombre, para que dentro de un momento ninguna me vaya a decir que no la había avisado. Atendedme todas. Por ti, Dulcita[39], voy a empezar, por ti que eres la amiga de los mercaderes de trigo, que tienen todos ellos montañas de trigo en sus almacenes. Procura que me traigan todo el trigo suficiente para 190 un año para mí y para toda mi familia, procura que mi granero rebose tanto de trigo que mis conciudadanos me cambien el nombre y en lugar de él lenón Balión me llamen el rey Jasón[40].

PSÉUDOLO.— *(Aparte, a Calidoro.)* ¿Oyes lo que dice el granuja? ¿No te parece que tiene delirios de grandeza? A fe que sí, y también delirios de maldad. Pero calla y atiende.

BALIÓN.— Pecaditos[41], tú que tienes por amantes a los carniceros, dignos rivales de los lenones, ya que al igual que

---

queridas de los grandes señores entregarlas al primero que pase por la puerta. Sobre la clasificación de las cortesanas que implican estas palabras de Balión: cfr. n. 14 de la *Aulularia*.

[39] *Hedilium,* en el original, diminutivo del adj. gr. ἡδύς "dulce".

[40] Se ha pensado que se alude a Jasón (Tesalia), tirano de Feras (Tesalia), que en el primer tercio del siglo IV a. C. fue el primer suministrador de trigo de Atenas: cfr. J. J. Tierney, "Some Attic Elements in Plautus", *PRIA* 50 (1945), 42-48. Sin embargo, quizás, se trate simplemente de una alusión a la leyenda de Jasón y el vellocino de oro: cfr. Fraenkel, *Elementi,* 28, quien comparte la sospecha de Wilamowitz, "Antigonos von Karystos" *Philologische Untersuchungen,* 4 (1881) n. 141, de que en el original griego podría aludirse a Yasión, uno de los amantes de Deméter, la diosa de los cereales. Según la leyenda, se acostó con ella sobre un campo tres veces arado y de esta unión nació Pluto.

[41] Lat. *Aeschrodora,* del gr. αἰσχρός "vergonzoso" "deshonesto" y δῶρον "regalo". Marmorale lo explica como: "colei che ricaba doni dalla sua vergoña" y G. Calvo como "regalo de vicios". Probablemente este nombre está modelado sobre la base de los muchos nombres griegos en -doro/-a (por ej. Apolodoro, Teodora), utilizando un primer elemento muy apropiado para una prostituta.

nosotros se enriquecen con el tráfico de carne[42], escucha: si hoy no tengo tres carnarios[43] cargados de canales de cerdo de buen peso, mañana, de la misma manera que a Dirce[44], según dicen, los dos hijos de Júpiter[45] la ataron a un toro, yo a ti te colgaré de un carnario que, te lo aseguro, hará para ti las 200 veces de toro.

PSÉUDOLO.— *(Aparte.)* Sólo de oírlo me inflamo de cólera. ¡Y decir que la juventud ateniense tolera que tal individuo viva en nuestra ciudad! ¿Dónde están, dónde se esconden esos mozos que están en la flor de la vida y que aman a sus muchachas? ¿Cómo no se juntan para todos a una liberar a este pueblo de esta plaga? Pero, tonto de mí, bobo de mí, ¿cómo van a atreverse a tal cosa, si el amor los convierte en esclavos y les impide hacer contra ellos[46] lo que no quieran?

CALIDORO.— ¡Chsss! Calla.
PSÉUDOLO.— ¿Qué pasa?
CALIDORO.— Que me estás fastidiando, me estás molestando, porque no me dejas oír.
PSÉUDOLO.— Está bien. Me callo.
CALIDORO.— Prefiero que lo hagas a que lo digas.
BALIÓN.— Ahora tú, Olivita[47], préstame atención. Ya que 210

---

[42] Traduzco muy libremente un juego de palabras imposible de verter literalmente al español. Balión lit. dice: "(los carniceros) que ganan suciamente su dinero con sus sucios perjurios" *iure iurando*, pero como sabemos, *ius* puede entenderse también en el sentido de "salsa" y ha de verse por tanto un segundo sentido en alusión a las salsas que los propios carniceros prepararían en las tabernas que tendrían abiertas para el bajo pueblo.

[43] El carnario, que se suele traducir habitualmente por "garfio", "gancho" o "garabato", era propiamente una especie de chasis colgado del techo y provisto de ganchos o clavos para colgar las provisiones saladas, en especial la matanza del cerdo, pero también frutos secos, hierbas, etc. Ante la imposibilidad de encontrar un equivalente exacto en español, recurrimos una vez más a la simple adaptación del término. No se olvide que de carnario viene carnero.

[44] Dirce, esposa de Lico, rey de Tebas, trató cruelmente a Antíope, sobrina de su marido, por lo cual los hijos de ésta, Anfión y Zeto, la ataron a un toro salvaje, que la arrastró hasta producirle la muerte. Se trata del tema que inspiró el conocido grupo escultórico el *Toro Farnesio*.

[45] Anfión y Zeto, hijos de Júpiter y Antíope: cfr. nota anterior.

[46] Los lenones, naturalmente.

[47] Traducimos así, un poco caprichosamente, el nombre de *Xysti-*

tus amantes de aceite tienen grandes stocks[48], si hoy no me envían a casa muchos odres de aceite, metida en un odre[49] te enviaré al prostíbulo[50]. Allí se te dará una cama, y no precisamente para dormir, sino para que hasta el agotamiento... Ya sabes lo que quiero decir. Dime tú, víbora, que tienes tantos amantes tan cargados de aceite, ¿acaso alguno de tus camaradas con el aceite que tú consigues puede ungirse los cabellos aunque sólo sea un poquito? ¿O acaso yo mismo en mis guisos puedo echar un chorrito? Claro que ya sé que a ti el aceite te importa un comino. Es con vino con lo que tú te perfumas. Deja, deja, que ya te ajustaré, por Hércules, yo a ti todas las cuentas de una vez, si hoy no desmientes todas mis acusaciones. *(A Violeta.)* Y tú, que por tu libertad el rescate siempre estás a punto de pagar, que sólo sabes prometer, pero no sabes cumplir tus promesas, a ti, Violeta[51], que haces las delicias de los más nobles personajes, te digo esto: si hoy de las fincas de tus amigos no se me traen provisiones de todo tipo, mañana, Violeta, con la espalda violácea[52] visitarás el prostíbulo. 220

---

lis, que quizás tiene que ver con el gr. ξυστός, especie de gimnasio cubierto, en el que durante el mal tiempo se hacían los ejercicios gimnásticos. Recuérdese el nombre de *Palaestra* dado a una de las dos jóvenes protagonistas de la *Rudens*. Dado que los amantes de esta cortesana son los grandes aceiteros, su nombre podría evocar el mucho aceite que se consumía en los gimnasios.

[48] Como señala Ernout, δύναμις en el sentido de "cantidad" "abundancia" (lat. *copia, vis)* podría ser un término técnico de la lengua del comercio y por ello en nuestra traducción hemos recurrido, como él, al anglicismo "stock".

[49] Castigo típico de los parricidas: cfr. n. 21 del *Epidicus.*

[50] Mientras las cortesanas se relacionaban con sus clientes en estancias de lujo, las rameras vulgares (cfr. v. 178 y n. 38 de esta comedia) eran obligadas a prostituirse, sin duda a destajo, al primero que llegaba en una habitación aneja a la casa *(pergula)*, que sin duda carecía de las mínimas comodidades.

[51] Lat. *Phoenicium* (leído Poenicium, sin aspiración, como era habitual), lit. "Fenicia" en juego de palabras con *poenicium* "de color púrpura". Una vez más hemos tratado de reflejar como hemos podido el juego de palabras.

[52] Esto es, morada por los golpes recibidos.

ESCENA TERCERA

Calidoro, Pséudolo, Balión

Calidoro.— Pséudolo, ¿no oyes lo que dice? 230
Pséudolo.— Claro que lo oigo, amo, y lo escucho con mucha atención.
Calidoro.— ¿Y qué me aconsejas que le envíe para que no prostituya a mi amiga?
Pséudolo.— No te preocupes; estate tranquilo. Yo me preocuparé por ti y por mí. Ya hace tiempo que él y yo, los dos, nos queremos bien y estamos unidos por una vieja amistad. Hoy con motivo de su cumpleaños le voy a enviar un regalo... explosivo.
Calidoro.— ¿Qué hay que hacer?
Pséudolo.— ¿Quieres ocuparte de otra cosa?
Calidoro.— Pero...
Pséudolo.— *(Remedándolo.)* Empero...
Calidoro.— Mi corazón sufre.
Pséudolo.— Endurece tu corazón.
Calidoro.— No puedo.
Pséudolo.— Inténtalo.
Calidoro.— ¿Cómo?
Pséudolo.— Domina tu pasión. Piensa en tus intereses, en vez de, en medio de la adversidad, prestar oídos a tu corazón.
Calidoro.— ¡Tonterías! El enamorado sólo siente placer en actuar insensatamente.
Pséudolo.— ¿Continúas?
Calidoro.— ¡Oh, mi querido Pséudolo, permíteme ser un insensato!
Pséudolo.— Déjame en paz, por favor.
Calidoro.— Permíteme...
Pséudolo.— Te lo permito, con tal que me dejes marchar. *(Hace ademán de marcharse.)*
Calidoro.— ¡Espera, espera! Seré como quieras que sea.
Pséudolo.— Ahora, por fin, entras en razón. 240
Balión.— El día avanza y yo no hago nada. *(A su esclavo.)* Anda delante, chaval.
Calidoro.— *(A Pséudolo.)* Mira, se va. Llámalo.
Pséudolo.— No tengas prisa. Despacio.
Calidoro.— Pero no esperes a que se vaya.

[405]

BALIÓN.— *(A su esclavo.)* ¿Por qué diablos vas tan despacio, chaval?

PSÉUDOLO.— *(A Balión.)* ¡El del cumpleaños, eh, el del cumpleaños, a ti te digo, eh, el del cumpleaños! Vuelve atrás y mira aquí. Aunque ya sabemos que estás muy ocupado, queremos que te detengas un momento. Espera. Hay aquí dos personas que quieren hablar contigo.

BALIÓN.— ¿Qué sucede? Quién es el importuno que me detiene, cuando estoy tan ocupado.

PSÉUDOLO.— Uno que fue tu salvación.

BALIÓN.— El que fue, muerto está. Necesito uno que lo sea.

PSÉUDOLO.— ¡Qué arrogancia!

BALIÓN.— ¡Qué pesado! *(Hace ademán de continuar su camino.)*

CALIDORO.— Agárralo, síguelo.

BALIÓN.— Vamos, chaval.

PSÉUDOLO.— *(Adelantándose para cerrarle el paso.)* Cortémosle el paso por aquí. 250

BALIÓN.— *(A Pséudolo.)* Quienquiera que seas, que Júpiter te confunda.

PSÉUDOLO.— A ti... te estoy hablando[53].

BALIÓN.— Y a vosotros dos... os hablo yo. *(A su esclavo.)* Tuerce por aquí, chaval.

PSÉUDOLO.— ¿No nos permites hablar contigo?

BALIÓN.— Es que a mí no me apetece.

PSÉUDOLO.— ¿Y si fuera para tu bien?

BALIÓN.— ¿Me permitís, por favor, marchar, sí o no?

PSÉUDOLO.— ¡Eh, espera!

BALIÓN.— Suéltame.

CALIDORO.— Escucha, Balión.

BALIÓN.— A vanilocuentes hago oídos sordos.

CALIDORO.— Mientras tuve, te di.

BALIÓN.— No te pido lo que me diste.

CALIDORO.— Cuando tenga, te daré.

BALIÓN.— Cuando tengas, podrás llevártela.

---

[53] La fórmula empleada por Pséudolo *(te volo)* es la habitual cuando uno quiere reclamar la atención de otra persona, pero aquí es empleada por el esclavo para desviar malintencionadamente la maldición del lenón. La respuesta del lenón mantiene el tono ambiguo de las palabras de Pséudolo.

CALIDORO.— ¡Ay, qué estúpidamente perdido fue todo lo 260
que te traje y te di!
BALIÓN.— Muerto don Dinero, lo demás son cuentos. ¿No
ves, estúpido, que el pleito ya está sentenciado?
PSÉUDOLO.— *(Señalando a Calidoro.)* Averigua, al menos,
quién es la persona con que estás hablando.
BALIÓN.— Ya hace tiempo que sé quién fue; quién es, que
lo averigüe él. *(A esclavo.)* Camina, tú. *(Les da la espalda y emprende su camino.)*
PSÉUDOLO.— Balión, ¿no vas a dignarte echar siquiera una
mirada atrás? Hay ganancia para ti.
BALIÓN.— En ese caso, sí. Pues, aunque estuviera celebrando un sacrificio a Júpiter Supremo y tuviera en las manos las entrañas de la víctima para ofrendárselas, si en ese momento se me ofreciera alguna ganancia, optaría por abandonar la ceremonia divina. El culto al dinero no puede posponerse, sea lo que sea lo que estés haciendo.
PSÉUDOLO.— Hasta los dioses, a quienes se debe el máximo
temor, le importan un bledo.
BALIÓN.— *(Aparte.)* Les hablaré. *(A Pséudolo.)* Salud, el 270
más bribón de los esclavos de Atenas.
PSÉUDOLO.— Que los dioses y las diosas te guarden... como
deseamos él y yo; o, si no es eso lo que te mereces... ni te
guarden ni te protejan.
BALIÓN.— ¿Qué hay, Calidoro?
CALIDORO.— Amor y miseria crueles.
BALIÓN.— Me compadecería yo de ti, si a mis gentes pudiera alimentar con compasión.
PSÉUDOLO.— Anda, que ya sabemos qué clase de persona
eres. No hace falta que lo pregones. Pero, ¿sabes lo que queremos?
BALIÓN.— Por Pólux, poco más o menos: que me parta un
rayo.
PSÉUDOLO.— Sí, eso, pero también otra cosa. Por favor,
escucha.
BALIÓN.— Te escucho. Pero resume en pocas palabras lo
que quieres, que estoy muy ocupado.
PSÉUDOLO.— *(Señalando a Calidoro.)* Él está avergonzado
de no haberte dado todavía por el rescate de su amiga las
veinte minas que te prometió y en el plazo que te prometió. 280
BALIÓN.— La vergüenza se soporta bastante mejor que la
pena. A él le avergüenza no habérmelas dado; a mí me apena
no haberlas recibido.

PSÉUDOLO.— Pero te las dará, las conseguirá. Espera tan sólo unos pocos días. Porque lo que él teme es que la vendas a causa de tu enemistad con él.

BALIÓN.— Ocasión tuvo, si hubiera querido, de haberme dado ya hace tiempo el dinero.

CALIDORO.— ¿Y si no tuve?

BALIÓN.— Si de verdad estabas enamorado, lo hubieras pedido prestado. Hubieras acudido al usurero, le hubieras ofrecido un reditillo suplementario, hubieras robado a tu padre.

PSÉUDOLO.— ¿Que hubiera robado a su padre, grandísimo bellaco? No hay peligro de que des un buen consejo.

BALIÓN.— No es propio de lenones.

CALIDORO.— ¿Cómo hubiera podido yo robarle algo a mi 290 padre, un viejo tan precavido? Además, aun cuando hubiera podido hacerlo, la piedad filial me lo prohíbe.

BALIÓN.— Entiendo. Pues de noche abraza a la Piedad, en vez de abrazar a Violeta. Pero, ya que veo que antepones la piedad al amor, dime, ¿es que todos los hombres son tus padres? ¿No tienes a nadie a quien puedas pedirle un préstamo?

CALIDORO.— Pero si hasta ya ha caído en desuso la propia palabra "préstamo".

PSÉUDOLO.— Oye tú, ¿es que no sabes, por Hércules, que desde que tomaron la costumbre de levantarse borrachos de la mesa esos tipos que no saben más que reclamar lo suyo pero nunca devuelven lo de los demás, desde entonces todo el mundo se guarda mucho de prestar a nadie un céntimo?[54]

CALIDORO.— ¡Ay, desgraciado de mí, que en ninguna parte puedo encontrar un céntimo! Desgraciado de mí, que muero 300 de amor y penuria monetaria.

BALIÓN.— Por Hércules, compra aceite al fiado y véndelo al contado. En un momento, por Hércules, podrás ganar por lo menos doscientas minas contantes y sonantes.

---

[54] El sentido de estas palabras de Pséudolo es muy oscuro. Ernout sugiere que puede haber un juego de palabras sobre los dos sentidos de palabra "mesa", que podía significar tanto la mesa de comer como la mesa o mostrador en que los banqueros colocaban las sumas de dinero necesarias para sus negocios *(mensa argentaria)*. De acuerdo con esta interpretación, Pséudolo aludiría a la vez a los banqueros que reclaman insistentemente lo que se les debe, sin devolver jamás lo que ellos deben (cfr. por ej., *Cas.* 27-28, *Curc.* 371 ss.), y a los que exigen, como una deuda, ser invitados a cenar, sin devolver jamás la invitación a nadie.

CALIDORO.— ¡Muerto soy! Me mata la ley de los veinticinco años[55]. Todo el mundo tiene miedo de fiarme.
BALIÓN.— Pues la misma ley vale para mí. Tengo miedo de fiarte.
PSÉUDOLO.— ¿De fiarle? Oye, ¿es que te parece poco lo que le has sacado ya?
BALIÓN.— El único amante digno de este nombre es el que persevera en dar. Ha de dar y dar constantemente. Y, cuando se le acabe el dinero, que deje también de amar.
CALIDORO.— ¿No sientes compasión?
BALIÓN.— Vienes con las manos vacías. A tu voz le falta timbre... metálico. No te oigo[56]. Aunque, por mi parte, yo desearía verte vivo y sano.
PSÉUDOLO.— Oye, ¿es que ya está muerto?
BALIÓN.— Esté como esté, para mí desde luego que con 310 las palabras que me dice está muerto. Dejó de existir el amante, en cuanto suplica al lenón. Tú a mi casa acude siempre con lágrimas de plata. Cuando tengas que lamentarte, como ahora, de que no tienes dinero, no vayas a quejarte a tu madrastra.
PSÉUDOLO.— Oye, ¿es que estás casado con su padre?
BALIÓN.— Líbrenme de ello los dioses.
PSÉUDOLO.— Accede a nuestras peticiones, Balión. Fíate de mí, si tienes miedo de fiarte de él. En el plazo de tres días yo sacaré de donde sea, de las entrañas de la tierra o del fondo mar, el dinero que exiges.
BALIÓN.— ¿Y voy a fiarme yo de ti?
PSÉUDOLO.— ¿Por qué no?

---

[55] Se trata de la *lex Plaetoria* o *Laetoria* (cfr. D'Ors, *Derecho privado romano*, 352 n. 3), que establecía una serie de sanciones contra los que engañaban en los negocios a los mayores de catorce años y menores de veinticinco, que tenían ya plena capacidad jurídica. Para evitar el riesgo de una impugnación del negocio celebrado con el menor, se requería la presencia de un curador que asistiese al menor. A esta ley se alude también en *Rudens* 1382. Cfr., además, Cic. *Nat. Deor.* 3,74 y *De offic.* 3,61. Aunque no se conoce la fecha de su promulgación, hay que suponer que fue promulgada poco antes de la representación de la comedia.

[56] Traducimos libremente un nuevo juego de palabras. Balión lo que dice realmente es: *dicta non sonant*, que pueden significar tanto "Tus palabras no suenan" (y por tanto no te oigo), como "tus palabras no son acompañadas por ningún sonido (metálico)".

Balión.— Porque sería lo mismo que atar a una perra que tiene costumbre de escapar, con tripas de cordero.

Calidoro.— ¿Tan mal me agradeces todo el bien que te he hecho? 320

Balión.— Bueno, ¿qué es lo que quieres?

Calidoro.— Que esperes tan sólo unos seis días, que no la vendas y que no arruines a un enamorado.

Balión.— Puedes estar tranquilo. Esperaré incluso seis meses, si es preciso.

Calidoro.— ¡Viva! ¡Qué amabilísimo eres!

Balión.— Es más, ¿quieres que convierta tu alegría en alborozo?

Calidoro.— Explícate.

Balión.— Pues que ya no tengo en venta a Violeta.

Calidoro.— ¿No la tienes?

Balión.— De verdad que no, por Hércules.

Calidoro.— Pséudolo, ve a buscar corderos, bueyes, matarifes, para que yo ofrezca un sacrificio a este Júpiter Supremo. Pues para mí ahora este hombre es mucho más Júpiter que Júpiter.

Balión.— Nada de bueyes. Para aplacarme bastan entrañas de cordero.

Calidoro.— *(A Pséudolo.)* ¡Date prisa! ¿A qué esperas? Ve a 330 buscar corderos. ¿No oyes lo que dice Júpiter?

Pséudolo.— Enseguida estoy de vuelta. Pero antes he de echar una carrera hasta las afueras de la ciudad[57].

Calidoro.— ¿Para qué?

Pséudolo.— Para buscar a dos matarifes con sus campanillas[58]. También traeré dos rebaños de varas de olmo para que este Júpiter quede satisfecho hasta la saciedad con el sacrificio.

Balión.— ¡Vete al infierno!

Pséudolo.— Ahí es a donde va a ir nuestro Júpiter lenonio.

Balión.— *(A Calidoro.)* Pues a ti te conviene que yo muera.

Calidoro.— ¿Por qué?

Balión.— Te lo explicaré: pues, por Pólux, porque, mientras yo esté vivito y coleante, nunca serás persona cabal. *(A Pséudolo.)* A ti, en cambio, no te conviene que yo muera.

Pséudolo.— ¿Por qué?

---

[57] Los verdugos *(carnifices)*, a quienes representan cómicamente los matarifes, vivían fuera de la ciudad, *extra portam Esquilinam*.

[58] Probablemente se trata de las campanillas con que advertían su presencia los verdugos: cfr. *Truc.* 782.

BALIÓN.— Sí, porque si yo muriera, serías tú el mayor bribón de Atenas.

CALIDORO.— Contéstame, por favor, pero en serio, a esta 340 pregunta. ¿De verdad que tú ya no tienes en venta a mi amiga Violeta?

BALIÓN.— De verdad que no, por Pólux... porque ya hace tiempo que la vendí.

CALIDORO.— ¿Cómo?

BALIÓN.— Sin sus ropas pero con todas sus vísceras[59].

CALIDORO.— ¿Has vendido tú a mi amiga?

BALIÓN.— Sí. Por veinte minas.

CALIDORO.— ¿Por veinte minas?

BALIÓN.— Bueno, si prefieres, por dos mil dracmas[60], a un soldado macedonio. Y ya he cobrado quince minas.

CALIDORO.— ¿Qué es lo que te oigo?

BALIÓN.— Que tu amiga se convirtió en dinero.

CALIDORO.— ¿Y cómo te atreviste a venderla?

BALIÓN.— Me dio la gana. Era mía.

CALIDORO.— Oye, Pséudolo, ve a buscar una espada.

PSÉUDOLO.— ¿Para qué?

CALIDORO.— Para matarlo a él y después matarme yo.

PSÉUDOLO.— Mejor mátate a ti sólo, que a él pronto el ham- 350 bre lo matará.

CALIDORO.— Dime tú, el mayor perjuro que jamás pisó la tierra, ¿no me juraste que a Violeta no se la venderías a nadie más que a mí?

BALIÓN.— Es cierto.

CALIDORO.— ¿Y no es cierto que lo juraste por todos los santos?

BALIÓN.— Y cumpleaños también[61].

---

[59] La expresión es cruel: en el precio de compra no están incluidas los vestidos y joyas (*ornamenta*) de la joven, pero sí sus "vísceras". Cfr. *Curc.* 344 donde se dice que el soldado Terapontígono ha comprado a Planesia por treinta minas y ha pagado otras diez suplementarias por sus vestidos y joyas.

[60] Recuérdese que la mina valía cien dracmas, por lo que Balión repite el mismo precio de otra manera. En el texto latino lo que dice en realidad es "cuatro veces cinco minas".

[61] Reflejamos libremente un juego de palabras latino. Calidoro le pregunta a Balión si juró "con palabras solemnes", *conceptis verbis*. Pero *conceptis* significa propiamente "reunidas, ordenadas", por lo que el lenón contesta: *etiam consutis quoque*, "y cosidas también".

CALIDORO.— Has cometido perjurio. Eres un sacrílego.
BALIÓN.— Pero guardé el dinero en mi cofre. Y ahora yo, pese a mis sacrilegios, tengo el dinero en casa a mi disposición; en cambio tú, pese a tu piedad y a tu noble linaje, no tienes un céntimo.
CALIDORO.— Pséudolo, ponte al otro lado y cólmalo de injurias.
PSÉUDOLO.— De acuerdo. No correré tanto a ver al pretor el día de mi liberación[62].
CALIDORO.— Llénalo de insultos.
PSÉUDOLO.— *(A Balión.)* Ahora mismo te voy a moler a insultos. ¡Sinvergüenza! 360
BALIÓN.— Así es.
PSÉUDOLO.— ¡Canalla!
BALIÓN.— Es cierto.
PSÉUDOLO.— ¡Bellaco!
BALIÓN.— ¿Por qué no?
PSÉUDOLO.— ¡Ladrón de sepulturas!
BALIÓN.— Claro que sí.
PSÉUDOLO.— ¡Granuja!
BALIÓN.— Estupendo.
PSÉUDOLO.— ¡Traidor de los amigos!
BALIÓN.— Es mi forma de ser.
PSÉUDOLO.— ¡Parricida!
BALIÓN.— *(A Calidoro.)* Sigue tú.
CALIDORO.— ¡Sacrílego!
BALIÓN.— Lo confieso.
PSÉUDOLO.— ¡Perjuro!
BALIÓN.— Esa canción es muy vieja.
CALIDORO.— ¡Violador de leyes!
BALIÓN.— Magnífico.
PSÉUDOLO.— ¡Corruptor de la juventud!
BALIÓN.— Perfecto.
CALIDORO.— ¡Ladrón!
BALIÓN.— ¡Viva!
PSÉUDOLO.— ¡Esclavo fugitivo!
BALIÓN.— ¡Hurra!
CALIDORO.— ¡Timador de la gente!

---

[62] Recuérdese que la liberación de un esclavo debía hacerse ante el pretor.

Balión.— Sin duda alguna.
Pséudolo.— ¡Estafador!
Calidoro.— ¡Vil lenón!
Pséudolo.— ¡Basura!
Balión.— ¡Qué bien cantáis!
Calidoro.— Tú has pegado a tu padre y a tu madre.
Balión.— Y los maté, para no tener que alimentarlos. ¿Es que hice algo malo?
Pséudolo.— *(A Calidoro.)* Insultarlo es como echar agua en un tonel agujereado. Es perder el tiempo.
Balión.— ¿Queréis decirme alguna cosa más? 370
Calidoro.— ¿No te da vergüenza?
Balión.— ¿Y a ti no te da vergüenza que sepan que tienes la bolsa vacía, como una nuez hueca? Pero, a pesar de que habéis proferido muchas y graves injurias contra mí, si el soldado no me trae hoy[63] las cinco minas que me debe, porque hoy acaba el plazo fijado para la entrega del dinero, si no me las trae, pienso que puedo cumplir con mi deber.
Calidoro.— ¿Con qué deber?
Balión.— Si tú me traes el dinero, romperé mi compromiso con él. Éste es mi deber. Si tuviera tiempo, seguiría hablando contigo. Pero sin dinero es inútil que vengas a implorarme compasión. Ya conoces mi decisión. Así que piensa en lo que has de hacer. *(Balión hace ademán de marcharse.)*
Calidoro.— ¿Ya te vas? 380
Balión.— En este momento estoy lleno de ocupaciones.
Pséudolo.— Pues en el futuro lo estarás más. *(Balión sale.)* Este tipo ya es mío, a no ser que todos los dioses y los hombres me abandonen. Lo deshuesaré exactamente igual que un cocinero a una murena[64]. Ahora, Calidoro, quiero que me hagas un favor.
Calidoro.— Estoy a tus órdenes.
Pséudolo.— *(Señalando la casa de Simón.)* Esta fortaleza quiero sitiarla para conquistarla hoy. Y para ello necesito a un tipo astuto, listo, prudente, pillo, que sea capaz de ejecutar al pie de la letra mis órdenes, que no se duerma de pie[65].
Calidoro.— Dime, ¿qué vas a hacer?

---

[63] Cfr. v. 59 y n. 18.
[64] Cfr. *Amph.* 318-320 y n. 24.
[65] Lit. "despierto".

Pséudolo.— A su tiempo lo sabrás. No quiero tener que repetirlo dos veces. Así las comedias se hacen interminables[66].
Calidoro.— Tienes toda la razón.
Pséudolo.— Date prisa y tráeme pronto a ese hombre.
Calidoro.— De entre muchos amigos pocos hay que sean de fiar.
Pséudolo.— Eso ya lo sé. Así que tu tarea es doble: primero entre tus muchos amigos haz una selección; después entre esos pocos busca uno que sea de fiar.
Calidoro.— Enseguida estará aquí.
Pséudolo.— ¿Quieres marcharte? Tú mismo te estás retrasando con tanto hablar.

ESCENA CUARTA

Pséudolo

Se ha marchado y te has quedado tú sólo, Pséudolo. ¿Qué vas a hacer ahora, después de haber sido tan pródigo en generosas promesas con el hijo del amo? ¿Cómo las vas a cumplir? Si no tienes ni el más simple boceto de un plan concreto [ni pizca de dinero, ni sé qué diablos hacer] ni sabes por donde comenzar a tejer la trama ni en qué punto concreto has de acabar de tejerla. Pero así como el poeta, cuando coge sus tablillas, aunque busca lo que no existe en ninguna parte, sin embargo lo halla y lo que es mentira hace que parezca verdad, yo también me haré poeta: las veinte minas, aunque no existen en ninguna parte, pese a todo las encontraré. Además, ya hace tiempo que se las había prometido y ya abrigué el propósito de dar un sablazo a nuestro viejo. Pero no se cómo diablos adivinó mis intenciones. Pero he de callar y cerrar la boca. Ahí veo venir a mi amo Simón, acompañado por su vecino Califón. De este viejo sepulcro desenterraré hoy veinte minas para dárselas a mi joven amo. Ahora me retiraré a un lado, para escuchar su conversación.

---

[66] Cfr. *Cas.* 1005-6 y *Merc.* 1007.

ESCENA QUINTA

Simón, Califón, Pséudolo

Simón.— Si entre todos los pródigos y libertinos de Atenas hubiera que elegir rey, a mi hijo, creo yo que nadie le quitaría este honor. Y es que en este momento en toda la ciudad la gente no habla más que de él, de su intención de liberar a su amiga y de sus esfuerzos por encontrar el dinero necesario 420 para este fin. Esto es lo que me cuenta la gente, pero ya hace tiempo que me había dado cuenta y que me lo olía yo. Pero me hacía el tonto.

Pséudolo.— *(Aparte.)* El viejo ya se ha olido el pastel. Se han ido al traste nuestros proyectos; estamos en un atolladero. El camino que pensaba seguir para el avituallamiento monetario, está completamente bloqueado. Ha adivinado nuestras intenciones. Los ladrones se han quedado sin botín.

Califón.— A quienes propagan chismes y a quienes los escuchan, si de mí dependiera, los colgarían a todos, por la lengua a los primeros, por las orejas a los segundos. Pues esas 430 habladurías que han llegado a tus oídos, eso de que tu hijo quiere estafarte dinero para sus amores, ¿quién sabe si no son más que mentiras? Pero, aun suponiendo que fueran verdad, especialmente dados los tiempos que corren, ¿qué tiene de extraño o de novedoso que él, un joven, se enamore de una muchacha y quiera liberarla?

Pséudolo.— *(Aparte.)* ¡Qué viejo más encantador!

Simón.— Pero yo, un viejo, no quiero.

Califón.— Pues es inútil que no quieras. O no hubieras hecho otro tanto en tu juventud. Intachable ha de ser la conducta del padre que pretenda que la de su hijo sea todavía más intachable. Y con todo lo que tú has derrochado en tus calavera- 440 das, hubiera bastado para hacer un reparto entre todo el pueblo, sin excluir a nadie. ¿Y ahora te extraña que el hijo siga las huellas de su padre?

Pséudolo.— *(Aparte.)* ¡*Mon dieu*, qué pocos hombres comprensivos hay! He ahí un padre, como debían ser todos los padres con sus hijos.

Simón.— ¿Quién habla aquí? ¡Ah, si es mi esclavo Pséudolo! Éste es el pedazo de granuja que me corrompe a mi hijo. Éste es su guía, éste su preceptor. A este tipo me muero de ganas de colgarlo en la cruz.

[415]

CALIFÓN.— No es propio de personas juiciosas dejarse dominar por la ira. ¡Cuánto mejor es dirigirse a él con palabras 450 amables y tratar de averiguar si es cierto o no es cierto lo que te han contado! Un buen carácter en un mal aprieto reduce el mal a la mitad.

SIMÓN.— Te haré caso.

PSÉUDOLO.— *(Aparte.)* Vienen hacia ti, Pséudolo. Prepara tus armas oratorias contra el viejo. *(En alto.)* A mi amo en primer lugar deseo salud, como es mi deber; después, si sobra alguna, hago partícipes a los vecinos.

SIMÓN.— Salud. ¿Cómo estás?

PSÉUDOLO.— De pie, como me ves.

SIMÓN.— *(A Califón.)* ¡Mira qué postura la suya, Califón! Parece un rey.

CALIFÓN.— Una postura firme y altiva, me parece a mí.

PSÉUDOLO.— El esclavo libre de toda culpa y toda falta ha 460 de ser arrogante especialmente ante su amo.

CALIFÓN.— Hay algo que queremos preguntarte, algo de lo que un poco confusamente nosotros ya estamos enterados y ya hemos oído hablar.

SIMÓN.— Te apabullará de tal manera con sus discursos, que creerás que estás hablando no con Pséudolo sino con Sócrates.

PSÉUDOLO.— Sí, ya hace tiempo que me tienes en poco aprecio, lo veo. Me doy cuenta de que tienes poca confianza en mí. Quieres que sea malo; pero seré un esclavo ejemplar.

SIMÓN.— Por favor, Pséudolo, desaloja de inquilinos los aposentos de tus orejas, para que mis palabras puedan instalarse en ellas, como es mi voluntad. 470

PSÉUDOLO.— Anda, di lo que sea, aunque estoy enfadado contigo.

SIMÓN.— ¿Enfadado conmigo? ¿Un esclavo enfadado con su amo?

PSÉUDOLO.— ¿Tan extraño te parece?

SIMÓN.— ¡Por Hércules! Oyéndote hablar, está claro que he de guardarme de tu ira y que piensas pegarme, aunque no de la misma manera que contigo suelo hacer yo[67]. *(A Califón.)* ¿Tú qué opinas?

---

[67] Es decir, no piensa "pegarle", sino "pegársela". El verbo latino *verberare*, ... que traducimos, como es habitual, por "golpear", es empleado por Plauto con el doble sentido de "pegar" y "pegársela" (estafar).

CALIFÓN.— Pienso que tiene razón en estar enfadado contigo, ya que tienes tan poca confianza en él.
SIMÓN.— Bueno, deja que esté enfadado. De que me haga daño, yo me guardaré. *(A Pséudolo.)* Pero, dime. Contéstame a una pregunta.
PSÉUDOLO.— Pregunta lo que quieras. Si yo lo sé, podrás 480 decir que fue el oráculo de Delfos el que te contestó[68].
SIMÓN.— Préstame, pues, atención y no te olvides de tu promesa. Dime. ¿Estás enterado de que mi hijo es amante de una flautista?
PSÉUDOLO.— *Oui, c'est vrai.*
SIMÓN.— ¿Y de que la quiere libertar?
PSÉUDOLO.— *Oui, ça aussi c'est vrai.*
SIMÓN.— ¿Y tienes la intención de estafarme veinte minas [, valiéndote de tus artimañas y malas artes]?
PSÉUDOLO.— ¿Estafarte yo a ti veinte minas?
SIMÓN.— Sí, para dárselas a mi hijo, para que libere a su amiga. Confiesa, di: *Oui, ça aussi, c'est vrai.*
PSÉUDOLO.— *Oui, ça aussi, c'est vrai.*
CALIFÓN.— *(Asombrado.)* ¡Si confiesa!
SIMÓN.— ¿Qué, Califón? ¿No te lo decía yo hace un rato?
CALIFÓN.— Sí, lo recuerdo. 490
SIMÓN.— *(A Pséudolo.)* ¿Y por qué, nada más saberlo, no me lo hiciste saber a mí? ¿Por qué me lo ocultaste?
PSÉUDOLO.— Verás: es que no quería sentar el mal precedente de un esclavo acusando a su amo ante su amo.
SIMÓN.— Habría que mandarlo de cabeza al molino[69].
CALIFÓN.— ¿Acaso ha cometido alguna falta, Simón?
SIMÓN.— Sí y gravísima.
PSÉUDOLO.— *(A Califón.)* Deja. Yo sé bien lo que hago. Las culpas son mías. *(A Simón.)* Ahora atiéndeme. La razón por la que no te he informado de los amores de tu hijo, es porque yo sabía que, si lo hubiera hecho, me esperaba el molino.
SIMÓN.— ¿Y no sabías que también te esperaba, como casti- 500 go mío, el molino, si te lo callabas?
PSÉUDOLO.— Sí, lo sabía.

---

[68] Es decir, mi respuesta va a ser más verídica que la del propio Apolo en Delfos.
[69] Como se sabe, éste era uno de los lugares de castigo más temidos por los esclavos, que eran obligados a trabajar extenuantemente dando vueltas a la muela del molino.

Simón.— ¿Y, entonces, por qué no me lo dijiste?

Pséudolo.— Porque aquel peligro estaba cerca, éste quedaba lejos. Aquél era inminente, para éste faltaban unos diíllas.

Simón.— ¿Y ahora qué vais a hacer? Porque a mí, desde luego, no podéis quitarme el dinero, especialmente después de haber adivinado vuestras intenciones. Y voy a dar orden a todo el mundo de que nadie os preste un céntimo.

Pséudolo.— Te juro, por Pólux, que a nadie le pediré un céntimo, mientras tú estés con vida. Serás tú, por Hércules, el que me darás el dinero; será de ti de quien lo conseguiré.

Simón.— ¿Que lo vas a conseguir de mí?

Pséudolo.— Sin lugar a dudas.

Simón.— Te autorizo a que me arranques un ojo si te lo doy. 510

Pséudolo.— Me lo darás. Te lo advierto, para que te guardes de mí.

Simón.— De lo que estoy seguro, por Pólux, es de que, para quitármelo, tendrás que hacer una gran proeza o un milagro.

Pséudolo.— Lo haré.

Simón.— ¿Y si no logras quitármelo?

Pséudolo.— Muéleme a palos. Pero, ¿y si te lo quito?

Simón.— Pongo a Júpiter por testigo de que quedarás para siempre libre de castigo.

Pséudolo.— Procura no olvidarlo.

Simón.— ¿No voy a saber yo guardarme de ti, estando advertido?

Pséudolo.— Te lo advierto para que te guardes; te lo advierto, repito, para que te guardes. Guárdate. *(Señalando las manos de Simón.)* Mira, con esas manos me darás tú hoy el dinero.

Califón.— ¡Por Pólux, qué tipo más excepcional, si cumple su promesa!

Pséudolo.— *(A Simón.)* Haz de mí tu esclavo, si no lo 520 logro.

Simón.— Eres muy amable y gentil. *(Con ironía.)* Porque ahora no eres mi esclavo, ¿verdad?

Pséudolo.— ¿Quieres que te diga una cosa que os va a maravillar aún más?

Simón.— Por Hércules, que estoy deseando oírla, pues me encanta oírte hablar. [Venga, pues me encanta oírte hablar.][70]

---

[70] Algunos editores atribuyen este verso a Califón, aunque parece más verosímil que se trate de una simple ditografía del precedente y, por tanto, deba ser eliminado.

PSÉUDOLO.— Antes de entablar este combate contigo, libraré yo otro combate, glorioso y memorable.
SIMÓN.— ¿Qué combate?
PSÉUDOLO.— *(Señalando la casa de Balión.)* Mira, a ese lenón vecino tuyo, valiéndome de mis artimañas y malas artes, la flautista por la que tu hijo se muere de amor, se la voy a birlar hábilmente.
SIMÓN.— ¿Qué dices?
PSÉUDOLO.— Y tendré concluidas las dos empresas hoy al 530 anochecer.
SIMÓN.— Si de verdad logras realizar esas proezas, como presumes, habrás sobrepasado en valor al rey Agatocles[71]. Pero si fracasas, ¿quién podrá impedir que en el acto te encierre en el molino?
PSÉUDOLO.— Y no un solo día, por Hércules, sino todos los días de mi vida. Pero si lo logro, ¿me darás el dinero para pagar al lenón, en el acto, por tu propia voluntad?
CALIFÓN.— Es muy justo lo que pide Pséudolo. Dile que aceptas.
SIMÓN.— Pero es que, ¿sabes lo que se me acaba de ocurrir? ¿Y si los dos se han confabulado, Califón, y se han puesto 540 de acuerdo para estafarme mi dinero, valiéndose de sus artimañas?
PSÉUDOLO.— ¿Habría alguien más osado que yo si me atreviera a cometer semejante fechoría? No, Simón, de ninguna manera. Escucha lo que te digo: si nos hemos confabulado, si hemos tramado algún complot o si hemos llegado a algún acuerdo entre nosotros sobre este asunto, de la misma manera que se trazan las letras en el papiro con la pluma, haz que graben toda mi espalda con punzones de olmo[72].
SIMÓN.— Pues, ya que así lo quieres, anuncia de una vez el comienzo del espectáculo.

---

[71] Sobre Agatocles cfr. n. 96 de la *Mostellaria*.
[72] Es curioso que en la comparación desarrollada por Pséudolo entre la escritura y el tatuaje corporal que producen los azotes, se alude alternativamente a los dos sistemas de escritura empleados por los romanos: primero se habla de escribir con pluma en papiro, para luego, quizás con más realismo, aludir al punzón con que se rayaba la cera de las tablillas. Creemos, sin embargo, que esta, por así decir, falta de rigor que implica la doble comparación, no ha de entenderse como un defecto en la robusta imaginación de Plauto/Pséudolo.

Pséudolo.— Califón, por favor, préstame hoy tu colaboración. No te ocupes hoy de ningún otro asunto[73].
Califón.— Pero es que ayer ya había planeado ir a la finca.
Pséudolo.— Pues desbarata los planes que hiciste. 550
Califón.— De acuerdo. Está decidido. No me voy en atención a ti. Me muero de ganas por asistir a tu espectáculo, Pséudolo. Y si veo que no te da el dinero que te prometió, antes de que te quedes sin él, te lo daré yo.
Simón.— No faltaré a mi palabra.
Pséudolo.— Sí, porque si no me lo das, te lo reclamaré a voz en grito. Venga, retiraos de una vez a casa y dejad el campo libre a mis artimañas. Les ha llegado su turno.
Califón.— De acuerdo. Como quieras.
Pséudolo.— Pero tú quiero que no te muevas de casa. 560
Califón.— Ya sabes que cuentas con mi colaboración.
Simón.— Yo, en cambio, me voy al foro. Pero enseguida estaré aquí de vuelta.
Pséudolo.— Vuelve enseguida. *(Salen los dos viejos. Pséudolo solo, al público.)* Tengo la sospecha de que vosotros sospecháis que he prometido realizar tamañas proezas sólo para teneros entretenidos, hasta que llegue a su fin esta comedia y creo que me creéis incapaz de cumplir mis promesas. Pero no faltaré a mi palabra. Y eso que, sobre el modo en que lo voy a hacer, que yo sepa, de cierto todavía nada sé: pero sé que lo lograré. El que sale a escena, siempre debe aportar alguna novedad y en un estilo nuevo. Y si no es capaz de ello, que 570 ceda el puesto al que sea capaz de hacerlo. Ahora quiero retirarme un ratito a casa, el tiempo suficiente para organizar en mi cabeza las legiones de mis imposturas. Pero volveré pronto[74]; no os haré esperar demasiado. Entre tanto el flautista hará vuestras delicias.

---

[73] Obsérvese que, después de la insistencia con que Pséudolo pide a Califón que se quede en la ciudad para ayudarlo, su ayuda no se utiliza y Califón no vuelve a aparecer en el resto de la comedia. Sobre este problema, véase la Introducción de la comedia.
[74] Traducimos según la enmienda de Leo: *Sed mox exibo*.

ACTO SEGUNDO

ESCENA PRIMERA

PSÉUDOLO

(Saliendo de casa.) ¡Santo Júpiter, qué maravillosa y felizmente resultan todas mis empresas! No abrigo la menor duda ni siento el más leve temor: mi plan ya está guardado en mi cerebro[75]. ¡Qué insensatez supone confiar una empresa importante a un corazón temeroso! Pues todas las cosas resultan según se las hace, según la importancia que se les da. Yo, por ejemplo, ya he ordenado previamente en mi cerebro mis tropas, mi doble y triple línea de engaños y artimañas de manera que, cuando trabe combate con mis enemigos —confiando en el valor de mis antepasados me atrevo a decirlo, confiando también en mi inventiva, mi malicia y mi perfidia— fácilmente venceré, fácilmente recogeré los despojos de mis adversarios gracias a mis traiciones. Y a ese enemigo común mío y vuestro, a Balión, lo destruiré con las balas de mis balistas[76]. Prestad atención. *(Señalando la casa de Balión.)* A esta fortaleza quiero yo ponerle sitio para conquistarla hoy mismo. Contra ella voy a conducir a mis legiones. Si consigo la victoria —y haré que la operación sea fácil para mis camaradas—, acto seguido *(señalando ahora la casa de Simón)* contra esta vieja fortaleza dirigiré directamente mis tropas. Con el botín que consiga ahí, cargaré y llenaré mis manos y las de mis camaradas a fin de que todo el mundo sepa que he nacido para infundir terror y pánico entre mis enemigos. Mi linaje es tal que me obliga a realizar grandes hazañas, que en el futuro me den una fama y gloria imperecederas... *(Viendo llegar a Afánax.)*

580

590

---

[75] Curiosamente tan guardado que ni nos los dice ni nos lo dirá jamás, porque la fortuita llegada de Afánax le abrirá a Pséudolo un nuevo camino con el que no contaba y que va a seguir para la resolución feliz de su empresa. Cfr. Introducción de la comedia, esp. notas 3 y 16.

[76] Como se sabe, la balista era una especie de catapulta, que servía para lanzar grandes piedras. En nuestra traducción hemos tratado de reflejar la eficaz paranomasia *Ballionen exballistabo* del texto latino.

Pero, ¿quién es este individuo que estoy viendo? ¿Quién es este desconocido que se presenta ante mi vista? Tengo curiosidad por saber qué es lo que quiere con su espada. Me retiraré a una lado para espiar lo que hace.

ESCENA SEGUNDA

Afánax, Pséudolo

Afánax.— *(Vestido de viajero, con una espada al cinto.)* Sí, éste es el lugar, éste el barrio que me indicó mi amo, el soldado, por lo que veo y puedo deducir de las señas que me dio. Era en la séptima casa a partir de la puerta de la ciudad, donde habitaba el lenón, al que me mandó traerle esta contraseña y este dinero *(muestra la carta y la bolsa que lleva consigo).* Ojalá encontrara a alguien que me confirmara dónde vive el lenón Balión.
Pséudolo.— *(Aparte.)* [¡Chsss! Calla, calla. Este tipo ya es 600 mío, si todos los dioses y los hombres no me abandonan.] Ahora necesito un plan nuevo, pues una nueva circunstancia se me ha presentado de improviso. Ante todo atenderé a esto. De momento dejo a un lado el plan que había proyectado[77]. Por Pólux, que a este mensajero castrense le voy a sacudir yo el polvo a conciencia.
Afánax.— Llamaré a la puerta y haré salir a alguien a la calle.
Pséudolo.— *(A Afánax.)* Quienquiera que seas, quiero ahorrarte el trabajo de golpear la puerta, pues he salido a la calle precisamente para interceder por ella y protegerla.
Afánax.— ¿Eres tú Balión?
Pséudolo.— No, pero soy Vicebalión.
Afánax.— ¿Qué nombre es ése?
Pséudolo.— Soy el bodeguero, el administrador de su despensa.
Afánax.— Vamos, como si dijéramos su atriense.
Pséudolo.— No, yo soy quien da las órdenes al atriense.
Afánax.— Y tú ¿qué eres, esclavo o libre? 610
Pséudolo.— De momento la verdad es que soy esclavo.

---

[77] Se trata del plan aludido en 575. Cfr. también 675-7.

Afánax.— De eso tienes pinta y no pareces digno de ser libre.
Pséudolo.— ¿Por qué no te miras al espejo, antes de decir injurias contra el prójimo?
Afánax.— *(Aparte.)* Este tipo tiene que ser un bribón.
Pséudolo.— *(Aparte.)* Los dioses me salvan y me protegen, pues éste va a ser el yunque en el que voy a forjar hoy mil trapacerías.
Afánax.— *(Aparte.)* ¿Qué estará hablando él a solas consigo mismo?
Pséudolo.— Dime tú, joven.
Afánax.— ¿Qué quieres?
Pséudolo.— ¿Vienes o no vienes de parte del soldado macedonio? ¿No eres tú el esclavo de ese militar que nos compró una chica, que le dio quince minas a mi amo, el lenón, y le debe todavía cinco?
Afánax.— Sí. Pero tú, ¿de qué diablos me conoces? ¿Dónde 620 me viste o hablaste alguna vez conmigo? Porque yo, desde luego, hasta hoy no había estado nunca en Atenas ni hasta hoy mis ojos te habían visto nunca.
Pséudolo.— Pero es que tienes pinta de venir de su parte. Porque, cuando se fue, se fijó este día como fecha tope para enviarnos el dinero y todavía no nos lo envió.
Afánax.— Sí, el dinero ya está aquí.
Pséudolo.— ¿Lo traes tú?
Afánax.— Sí, yo mismo.
Pséudolo.— ¿Y a qué esperas para dármelo?
Afánax.— ¿Dártelo yo a ti?
Pséudolo.— Sí, claro, a mí. Yo soy el administrador y contable de mi amo Balión, yo cobro a sus deudores y pago sus acreedores.
Afánax.— Ni aunque fueras, por Hércules, el tesorero del Supremo Júpiter, te confiaría jamás una perra chica.
Pséudolo.— En el tiempo que tardas en estornudar, el asun- 630 to quedará re-suelto.
Afánax.— *(Señalando la bolsa que sujeta tiene en la cintura.)* Pero prefiero que esté re-atado a mi cuello[78].

---

[78] Tratamos de reproducir un juego de palabras basado en el doble significado de *soluta:* "zanjada, saldada" (la deuda) y "suelto", "liberado" al que se opone el *vinctam* "atado" en la contestación de Afánax. Recuérdese que el dinero se llevaba bien en el cinturón *(zona:* cfr.

[423]

PSÉUDOLO.— ¡Vete al diablo! ¿Quién eres tú para poner en duda mi honradez? Como si a diario no se me confiaran a mí, a solas, sumas mil veces mayores.
AFÁNAX.— Es posible que otros piensen así. Yo, desde luego, no me fío de ti.
PSÉUDOLO.— ¿No estarás insinuando que quiero estafarte el dinero?
AFÁNAX.— No, el que lo estás insinuando eres tú. Yo simplemente lo sospecho. Pero, ¿cómo te llamas?
PSÉUDOLO.— *(Aparte.)* El lenón tiene un esclavo que se llama Siro. Le diré que me llamo así. *(A Afánax.)* Me llamo Siro.
AFÁNAX.— ¿Siro?
PSÉUDOLO.— Sí, ése es mi nombre.
AFÁNAX.— Hablamos demasiado. Si tu amo está en casa, llámalo, para que yo pueda cumplir el encargo que me ha traído hasta aquí, te llames como te llames.
PSÉUDOLO.— Si estuviera en casa, lo llamaría. Pero, si quieres darme a mí el dinero, la deuda quedará más saldada que si se lo hubieras dado a él en persona. 640
AFÁNAX.— ¿Sabes una cosa? Mi amo me envió a entregar el dinero, no a perderlo. Porque estoy seguro de que tienes calentura por no poder clavar tus uñas en él. De no ser a Balión en persona, yo no le entregaré un céntimo a nadie.
PSÉUDOLO.— Pero él ahora está ocupado. Está en un juicio[79].
AFÁNAX.— ¡Los dioses le sean propicios! Cuando yo crea que ya puedo encontrarlo en casa, volveré. Tú, toma, coge ahora esta carta y dásela a él. En ella está la contraseña convenida entre mi amo y el tuyo en relación con la chica.
PSÉUDOLO.— Sí, ya lo sé. A la persona que nos trajera el dinero y la impronta de su retrato grabada en cera, decía que 650

Trin. 862 *sector zonarius* en referencia a los carteristas, *Truc.* 954-5 y, quizás también, *Poen.* 1008 y n. *ad loc.)* bien en una bolsa *(crumina)* colgada del cuello en bandolera (cfr. *Asin.* 657, *Pseud.* 170, *Truc.* 652 y 956). Sumamente interesante es este último pasaje donde se contraponen los dos procedimientos. En el pasaje que ahora nos afecta creemos que se alude al segundo procedimiento.

[79] *Apud iudicem* indica exactamente que el proceso judicial se encuentra en su segunda fase, cuando, después de la instrucción previa del magistrado (fase *in iure),* la causa es vista por un jurado formado por uno o varios particulares nombrados por el magistrado que se encargarán de emitir una sentencia sobre el caso.

nosotros deberíamos entregarle la chica. Aquí dejó también una impronta de su retrato.
AFÁNAX.— Estás al tanto de todo.
PSÉUDOLO.— ¡Faltaría más!
AFÁNAX.— Dale pues esta contraseña a tu amo.
PSÉUDOLO.— De acuerdo. Pero, ¿cuál es tu nombre?
AFÁNAX.— Afánax.
PSÉUDOLO.— ¡Largo de aquí, Afánax! No me gusta tu nombre. Te juro, por Hércules, que tú en nuestra casa no entrarás, no sea que vayas a *afanar* alguna cosa[80].
AFÁNAX.— Son las armas de los enemigos[81] las que suelo robar en el campo de batalla. De ahí me viene mi nombre.
PSÉUDOLO.— Di más bien de robar cubiertos de plata[82] en las casas.
AFÁNAX.— No es verdad. Pero, ¿sabes qué favor te pido, Siro?
PSÉUDOLO.— Lo sabré, si me lo dices.
AFÁNAX.— Yo me hospedo en la tercera posada fuera del recinto de la ciudad, en casa de esa vieja coja y gorda como un tonel llamada Críside.
PSÉUDOLO.— ¿Y qué quieres? 660
AFÁNAX.— Que vayas a buscarme allí, cuando regrese tu amo.
PSÉUDOLO.— Como quieras; de acuerdo.
AFÁNAX.— Como vengo cansado del camino, quiero descansar un poco.
PSÉUDOLO.— Haces bien; tu plan me parece estupendo. Pero procura que no te tenga que andar buscando, cuando vaya a llamarte.
AFÁNAX.— En cuanto coma, me entregaré al sueño.
PSÉUDOLO.— Me parece buena idea.
AFÁNAX.— *(Despidiéndose.)* ¿Quieres algo más?

---

[80] Hemos tenido que renunciar a la traducción habitual en francés de las palabras que están en griego en el texto plautino ante la dificultad de reproducir en esta lengua el juego de palabras montado sobre el nombre del personaje. Recordaremos que en griego ἅρπαξ significa "ladrón".
[81] Lit. "Es a los enemigos vivos a quienes suelo raptar...".
[82] El texto dice *vasa ahena,* lit. "vajilla de bronce", sin duda una vajilla de lujo, por oposición a la "vajilla de barro" *(vasa fictilia)* utilizada habitualmente en las casas pobres. Modificamos la traducción para facilitar la comprensión.

PSÉUDOLO.— Que te vayas a dormir.
AFÁNAX.— Me voy.
PSÉUDOLO.— ¡Ah! Escucha, Afánax. Por favor, haz que te tapen bien. Te sentirás mejor, si sudas mucho. *(Afánax sale.)*

ESCENA TERCERA

PSÉUDOLO

¡Dioses inmortales, me ha salvado la vida este hombre con su llegada! Con su viático[83] me ha librado del extravío y me ha devuelto al buen camino. En verdad que ni la propia Oportunidad pudo ser más oportuna que esta carta, que tan oportunamente me acaban de entregar. En realidad lo que me acaban de entregar es un cuerno de la abundancia, donde puedo hallar cuanto deseo. Aquí están todos los engaños, todas las artimañas, todas las imposturas, aquí está todo el dinero que necesito, aquí está la amiga que ama el hijo de mi amo. Ahora yo ¡qué importancia me voy a dar y qué aires de grandeza! Todos los detalles del plan que había tramado para robarle la chiquilla al lenón, ya los tenía fijados, pulidos todos y ordenados, como me había parecido mejor, concretados y perfilados. Pero sin miedo a equivocarse se puede decir que los planes de cien sabios una sola diosa los desbarata: la Fortuna. Y no es menos cierto que, en la medida en que uno tiene de su parte a la Fortuna, así sobresale entre los demás y, en consecuencia, todos dicen que es una persona lista. Cuando nos enteramos de que el éxito corona la empresa de alguien, todos decimos que es un lince y, en cambio, tildamos de tonto, al que las cosas le salen mal. Pero los tontos somos nosotros que no nos damos cuenta de lo equivocados que estamos cuando deseamos ardientemente que nos suceda algo. ¡Como si pudiéramos saber qué es lo que nos conviene! Dejamos lo seguro y codiciamos lo inseguro. Y lo que ocurre finalmente es que en medio de nuestros dolores y sinsabores nos sorprende la muerte subrepticiamente. Pero, basta ya de filosofías. Ya he hablado largo y tendido. ¡Dioses inmortales! Pagada a peso de orical-

---

[83] Viático tiene aquí el sentido de "lo que llevaba consigo en el viaje", y se refiere, evidentemente, a la carta.

co[84] no hubiese sido cara la mentira que acabo de inventar, 690
cuando dije que era esclavo del lenón. Ahora con esta carta
voy a burlar a tres personas: a mi amo, al lenón y al que me la
entregó. *(Viendo llegar a Calidoro.)* ¡Viva! ¡La fortuna de nuevo me sonríe! He aquí otro deseo mío que se cumple. Ahí llega Calidoro, que viene acompañado no sé por quién.

ESCENA CUARTA

Calidoro, Carino, Pséudolo

Calidoro.— Mis alegrías y mis penas ya te las he contado
todas. Conoces mis amores, conoces mis sinsabores, conoces
mi penuria económica.
Carino.— Estoy enterado de todo. Tú lo único que tienes
que decirme es lo que quieres que haga.
[Calidoro.— Lo demás ya te lo he contado pero no sé si
estás enterado de lo de la contraseña[85].
Carino.— De todo, te digo. Tú lo único que tienes que decirme es lo que quieres que haga.]
Calidoro.— Pséudolo me ordenó que le llevara un hombre
valiente, una persona que me quisiera bien.
Carino.— Pues has cumplido sus órdenes a la perfección.
Llevas un amigo que te quiere bien. Pero, ese Pséudolo es 700
nuevo para mí.
Calidoro.— Es un tipo genial. *C'est mon trouvateur*[86]. Él
fue quien me prometió conseguir todo lo que te dije.
Pséudolo.— *(Aparte.)* Usaré un tono magnilocuente para
dirigirle la palabra.
Calidoro.— ¿De quién es la voz que se oye?
Pséudolo.— ¡Oh, oh, a ti, a ti, noble príncipe, te suplico, a
ti, señor todopoderoso de Pséudolo, te busco para darte tres

---

[84] Sobre este metal o, quizás mejor, aleación metálica, que pasaba
por ser más valioso que el oro, cfr. n. 28 del *Curculio*.
[85] El texto en este punto es corrupto y el sentido conjetural. Por lo
demás, parece muy probable que los versos 696a y b, que señalamos
en nuestra traducción entre corchetes, sean producto de una interpolación.
[86] "Es mi conseguidor". En el original está en griego y por eso lo
traducimos en francés.

veces, de tres formas, una triple, tres, un trío de dichas, tres alegrías, con tres ardides tres veces ganadas a tres enemigos, traidoramente conseguidas, con malicia, con astucia y con perfidia! Y todo ello te lo traigo en este papelito tan chiquitito, en el que hay impreso un sello.

CALIDORO.— *(A Carino.)* Éste es nuestro hombre.
CARINO.— ¡Cómo parodia el estilo trágico el muy bellaco!
PSÉUDOLO.— Encamina a mí tus pasos, avanza a mi encuentro. Extiende sin miedo para saludarme tu brazo.
CALIDORO.— Dime, ¿cómo he de saludarte, como mi Esperanza o como mi Salvación, Pséudolo?
PSÉUDOLO.— Mejor como ambas cosas.   710
CALIDORO.— Salud, Ambas-cosas. Pero, ¿qué ha sucedido?
PSÉUDOLO.— ¿De qué tienes miedo?
CALIDORO.— Éste es el amigo que te llevo.
PSÉUDOLO.— ¿Cómo que me llevas?
CALIDORO.— Que te traigo[87], quiero decir.
PSÉUDOLO.— ¿Quién es ése?
CALIDORO.— Carino.
PSÉUDOLO.— ¡Bravo! *(A Carino.) Merci beaucoup, mon cher ami*[88].
CARINO.— Cualquier cosa que necesites, no dudes en ordenármela.
PSÉUDOLO.— Muchas gracias. Pero no te preocupes, Carino; no queremos ocasionarte molestias.
CARINO.— ¿Ocasionarme molestias vosotros? A mí os aseguro que no me molesta nada.
PSÉUDOLO.— Entonces, espera. *(Mostrando la carta.)*
CALIDORO.— ¿Qué es eso?[89]

---

[87] Con la oposición llevar/traer reflejamos la establecida en el texto latino entre *apporto* (referido a cosas) y *adduco* (usado para personas).

[88] Las palabras, evidentemente, están en griego en el original y suponen un doble juego de palabras: En primer lugar un juego etimológico sobre el nombre de Carino, derivado del gr. χάρις, "gracia" (en el sentido de "hombre dotado de gracia, encanto"). En segundo lugar, como señala acertadamente Ernout, la expresión χάριν τούτῳ ποιῶ puede significar tanto "le doy las gracias" como *"je t'en fais grâce de lui"*, es decir, "te dispenso de él", "no lo quiero para nada". En nuestra traducción, intentando reflejar de alguna manera al menos el juego etimológico hemos relacionado voluntariamente Carino con "caro, querido".

[89] Tanto estas palabras como las siguientes de Calidoro son atribuidas por los manuscritos palatinos a Carino.

PSÉUDOLO.— Esta carta acabo de interceptarla con la contraseña.
CALIDORO.— ¿Contraseña? ¿Qué contraseña?
PSÉUDOLO.— La que acaban de traer de parte del soldado. A un esclavo suyo, que la traía juntamente con cinco minas y que venía a buscar a tu amiga, acabo de pegársela bien pegada.
CALIDORO.— ¿Cómo? 720
PSÉUDOLO.— Es para los espectadores para quienes se representa esta comedia. Ellos ya lo saben, porque estaban presentes. A vosotros os lo contaré más tarde.
CALIDORO.— ¿Y ahora qué vamos a hacer?
PSÉUDOLO.— Tú prepárate a abrazar hoy a tu amiga liberada.
CALIDORO.— ¿De verdad?
PSÉUDOLO.— Sí, de verdad, si es que los dioses me dan vida. Pero es preciso que encontréis a un hombre rápidamente.
CARINO.— ¿De qué aspecto?
PSÉUDOLO.— Bribón, pícaro, astuto, que, en cuanto haya recibido las primeras instrucciones, sepa por sí mismo seguir adelante, sin que nadie tenga que decirle lo que debe hacer, y que no haya sido muy visto por aquí.
CARINO.— Si es esclavo, ¿hay algún inconveniente?
PSÉUDOLO.— Al contrario, lo prefiero con mucho esclavo a libre.
CARINO.— Creo que puedo proporcionarte un tipo bribón y astuto, que acaba de llegar de Caristo[90], enviado por mi padre, 730 y que todavía no ha puesto el pie fuera de casa ni había venido nunca a Atenas hasta el día de ayer.
PSÉUDOLO.— Eres maravilloso. Pero necesito encontrar a alguien que me preste cinco minas, que le devolveré hoy mismo. Pues *(señalando a Calidoro)* su padre me las debe.
CARINO.— Te las prestaré yo. No recurras a otro.
PSÉUDOLO.— ¡Qué hombre más providencial! También necesito una clámide, una espada y un pétaso[91].
CARINO.— Los tengo en casa. Te los puedo prestar.
PSÉUDOLO.— ¡Dioses inmortales, éste no es Carino sino Abundantino[92]. Pero, ese esclavo tuyo que ha venido de Caristo ¿tiene juicio?

---

[90] Ciudad de Eubea.
[91] Sobre el pétaso cfr. n. 14 del *Anfitrión*.
[92] Lit. "La Abundancia". Se trata de un nuevo juego de palabras, basado en una falsa etimología de Carino que Plauto finge relacionar con *carere* y, por tanto, contrapone con *abundare*.

Carino.— Sí, innumerables juicios pendientes.
Pséudolo.— Pues le conviene buscarse un buen abogado[93]. ¿Y tiene vino ácido[94] en la despensa de su cerebro?
Carino.— Y muy ácido.
Pséudolo.— ¿Y si tuviera que servir una bebida dulce, tendría existencias en la misma despensa?
Carino.— ¿Me lo preguntas? Moscatel[95], vino de pasas, mosto, hidromiel, miel de todo tipo. ¡Como que ya hace tiempo pensó poner en su cabeza un supermercado!
Pséudolo.— ¡Bravo, Carino! ¡Con qué gracia me hieres con mis propias armas! ¿Y se puede saber cómo se llama ese esclavo?
Carino.— Mono[96].
Pséudolo.— ¿Y, si se encuentra en apuros, sabe solucionar los problemas?
Carino.— Mejor que un profesor de matemáticas[97].
Pséudolo.— ¿Y es persona responsable?[98]
Carino.— Sí, de innumerables fechorías.
Pséudolo.— ¿Y si lo cogen *in fraganti*?

---

[93] Ante la imposibilidad de reproducir directamente el cómico diálogo plautino hemos decidido adaptarlo. En el original Carino pregunta simplemente a Pséudolo si el tal esclavo es persona lista *(ecquid sapit?)*, utilizando para ello el verbo *sapio*, habitual con este sentido. Pero Pséudolo interpreta dicho verbo en el sentido también usual de "oler a", respondiendo, en consecuencia, como si se le preguntara "¿Huele a algo?", "Sí, a chivo en los sobacos" *(hircum ab alis)*. Y Carino entonces, siguiéndole el juego, no pierde la ocasión de dar un bienintencionado consejo: "En ese caso, le conviene ponerse una túnica con mangas".

[94] El vino ácido o vinagre (cfr. la expresión *italum acetum*) designaba el espíritu de mordacidad. Nosotros diríamos "mala uva o mala leche". Pero ante el carácter excesivamente vulgar de ambas expresiones hemos preferido mantener la metáfora latina.

[95] Lit. "vino de mirra", es decir, perfumado con mirra. Los romanos eran aficionados a mezclar los vinos con especias.

[96] Lat. *Simia*. Sin duda el personaje debe su nombre a que va a resultar un gran imitador o, lo que es lo mismo, un consumado impostor.

[97] Lit.: —¿Y sabe desenvolverse (dar vueltas) en las dificultades? —Una peonza no da vueltas tan deprisa como él.

[98] Lat. *argutus*, adjetivo que propiamente significa "ingenioso, elocuente", pero que también puede ser interpretado participio de *arguo* en el sentido de "convicto, condenado".

CARINO.— Se escurre como una anguila.
PSÉUDOLO.— ¿Y es un tipo listo?
CARINO.— Más listo que Calixto[99].
PSÉUDOLO.— Es un dechado de perfección, por lo que te oigo contar.
CARINO.— ¡No lo sabes tú bien! En cuanto te vea, te explicará por anticipado lo que quieres de él. Pero, ¿qué piensas hacer?
PSÉUDOLO.— Te lo explicaré. Cuando lo haya disfrazado, quiero que se haga pasar por el esclavo del soldado. Quiero que le lleve la contraseña al lenón, juntamente con las cinco minas, y que recoja a la chica. He ahí toda la historia. El resto, es decir, el detalle de lo que tiene que hacer, ya se lo explicaré yo a él.
CALIDORO.— ¿A qué esperamos, pues?
PSÉUDOLO.— Disfrazad a vuestro hombre con todos su disfraces y llevádmelo a la mesa del banquero Esquino. Pero daos prisa.
CARINO.— Llegaremos allí antes que tú.
PSÉUDOLO.— Echad, pues, a correr. *(Calidoro y Carino salen.)* Todas las dudas e incertidumbres que había antes en mi alma, ya se han disipado. Mi espíritu está tranquilo, mi camino despejado. Colocaré en formación tras sus estandartes a todas mis legiones y las conduciré al combate. Las aves vuelan por la izquierda[100], los auspicios son claros y favorables. Estoy seguro de que puedo aniquilar a mis enemigos. Ahora me voy al foro a dar un montón de instrucciones a Mono sobre lo que tiene que hacer, para que no vacile y lleve hábilmente a buen término nuestro engaño. Pronto, os lo aseguro, habremos conquistado la fortaleza del lenón.

---

[99] En latín el juego de palabras se hace con *scitus* ("listo") y *plebiscitum*. Lo que se dice literalmente es algo así como "ninguna lista (lit. ningún decreto) es más lista que él": cfr. *Cas.* 525 y n. 41.
[100] Señal de buen agüero: cfr. *Epid.* 183-4.

ACTO TERCERO

ESCENA PRIMERA

Un chaval[101]

Al chaval al que los dioses condenan a ser esclavo de un lenón, si, además, lo hacen feo, os aseguro que, por lo que yo alcanzo a entender, lo condenan a una terrible desventura y 770 un sinfín de sufrimientos. A mí, sin ir más lejos, ésta es la esclavitud que me ha tocado en suerte padecer, en la que me veo afligido por todas las desgracias existentes, tanto las grandes como las pequeñas. Y no soy capaz de encontrar a ningún mozo que me quiera y me trate con un poco más de cariñito. Hoy es el cumpleaños del lenón y nos ha amenazado a todos, desde el mayor hasta el más pequeño, con que, quien no le hiciera hoy un regalo, moriría mañana entre los mayores tormentos. Y no sé cómo diablos voy a arreglármelas para salir de este atolladero. Yo no tengo los medios para hacer lo que 780 hacen los que tienen medios. El caso es que, si hoy no le hago un regalo al lenón, mañana seré condenado a beber el brebaje de los bataneros[102]. ¡Ay, qué pequeñito soy yo todavía para tener que soportar esto! Pero, os aseguro, por Pólux, que es tan grande, pobre de mí, el miedo que tengo al castigo, que si alguien me da por... compasión[103] una pequeña limosna, aun-

---

[101] Este monólogo es considerado injustificado y, en consecuencia, espurio por algunos editores. Ernout, en concreto, sospecha que puede haber sido introducido por un interpolador para suprimir la escena II del acto I. Willcock, siguiendo a Prescott, sugiere, que podría tratarse de un procedimiento para dar tiempo al actor que desempeña el papel de Pséudolo a disfrazarse de cocinero, suponiendo que desempeñara también esta función.

[102] El sentido es oscuro. Puede aludir tanto al "tratamiento" de golpes que los bataneros solían propinar a las telas de lana para restaurarlas como a los compuestos de orina que les servían para blanquearlas y quitarles las manchas. En último extremo las palabras del chaval implican que ha de beber un cáliz amargo y que va a recibir una buena ración de estacazos.

[103] Traducimos así para insinuar mejor el segundo sentido obsceno que las palabras del chaval implican.

que dicen que el dolor te hace dar grandes alaridos, creo que seré capaz de apretar los dientes sea como sea. Pero ahora lo que he de apretar y cerrar es la boca. Ahí viene mi amo que vuelve a casa acompañado por un cocinero.

ESCENA SEGUNDA

BALIÓN, COCINERO, CHAVAL

BALIÓN.— Decir el foro de los cocineros es decir una tonte- 790
ría, porque no es el foro de los cocineros sino el foro de los ladrones[104]. Y es que, si me hubiera comprometido bajo juramento a ir en busca del peor de los cocineros, no hubiera podido encontrar a un tipo peor que el que traigo: un charlatán, un fanfarrón, un insulso, un inútil. Es más, estoy convencido de que la causa por la que Orco no quiso recibirlo en su reino, es para que hubiera aquí alguien que guisara la comida a los muertos. Pues es el único capaz de cocinar a su gusto.
COCINERO.— Y si era esa tu opinión sobre mí, ¿por qué me contrataste?
BALIÓN.— Porque no tuve más remedio. No había otro. 800
Pero, si de verdad eres un buen cocinero, ¿por qué eras el único que quedaba sentado en el foro?
COCINERO.— Te lo diré. Es la avaricia humana la responsable de que fueran despreciados mis servicios, no mi falta de talento.
BALIÓN.— ¿Por qué?
COCINERO.— Te lo explicaré. Porque es que, cuando la gente viene a contratar a un cocinero, nadie busca al mejor y más caro sino que todos prefieren contratar al más barato. Por eso era yo el único que estaba hoy sentado en el foro. ¡Allá ellos si están dispuestos a trabajar por una dracma! A mí, por menos de un escudo[105], nadie me hace levantar de mi sitio. Y es que yo 810

---

[104] El comentario de Balión además de una crítica tópica a los cocineros, acusados de ladrones, implica un juego etimológico tan del gusto de Plauto entre *forum* y *furinum* que resulta imposible de reproducir en castellano.
[105] Siguiendo a Ernout, traducimos por un impreciso "escudo" un término de significado impreciso *(nummus)* que, por oposición a dracma, parece adquirir en algunos contextos el valor de un didracma (dos dracmas), que aquí sería muy apropiado: cfr. *Truc.* 561-2 y n. 59.

no preparo la cena como los otros cocineros, que te sirven un prado de especias en el plato, que toman a los comensales por bueyes y les hacen comer montañas de hierbas, hierbas que a su vez condimentan con otras hierbas. Echan en la comida cilandro, hinojo, ajo, perejil; añaden acedera, repollo, acelgas, bledos. Y en esta ensalada disuelven un kilo de laserpicio[106]. Y machacan la maldita mostaza, que a quienes la machacan, antes de terminar de machacarla, hace brotar buenas lágrimas de sus ojos. Estos tipos cuando cocinan, cuando preparan una cena, no usan especias sino harpías[107], capaces de devorar las entrañas de los comensales vivos. ¿Qué tiene de particular que aquí la gente tenga una vida tan corta, si se atiborran la panza de hierbas de este tipo, que incluso nombrar da miedo y ya no digamos comerlas? Unas hierbas que no come el ganado, se dan de comer a los hombres.

Balión.— Oye, ¿es que acaso tú utilizas condimentos divinos, capaces que alargar la vida a los hombres, para atreverte a criticar esos otros condimentos?

Cocinero.— Puedes decirlo en voz alta. Porque hasta doscientos años podrán vivir las personas que coman a diario los platos que yo condimente. Pues, cuando yo pongo en las cacerolas cicilendro o cepolendro, ajedrea o alcaravea[108], se ponen ellas solas a hervir en el acto. Éstas son las especias adecuadas para los animales de Neptuno. Los animales terrestres los condimento con cicimandro, gariofilo o huacatay[109].

Balión.— ¡Que Júpiter y todos los dioses te confundan, a ti y a todos tus condimentos y a todas tus mentiras!

Cocinero.— ¿Quieres dejarme hablar, por favor?

Balión.— Habla y vete a que te crucifiquen.

---

[106] El laserpicio o silfio era una planta umbelífera, muy apreciada en la Antigüedad, que abundaba en la Cirenaica: cfr. *Rudens* 630. Se utilizaba como condimento y con fines medicinales.

[107] Las *striges* eran una especie de mujeres-vampiro que, según la creencia popular, chupaban la sangre y devoraban las vísceras de los niños durante la noche: cfr. Ovid. *Fast.* 133 ss.; Petron. *Sat.* 63 y 114.

[108] Lat. *maccidem aut secaptidem*. Traducimos libremente tratando de reproducir la rima. *Maccis* y *secaptis* (o *saucaptis*) son nombres de especias o condimentos, que probablemente pertenecen sólo a la fértil imaginación plautina.

[109] Lat. *hapalopsis* y *cataractria*. Hemos recurrido a dos nombres de especias poco conocidas para traducir los nombres de dos condimentos que podrían ser simplemente inventados.

Cocinero.— Cuando todas las cacerolas hierven, las desta- 840
po todas y el olor sube corriendo al cielo.
Balión.— ¿El olor corriendo?
Cocinero.— ¡Ah!, fue un despiste; me equivoqué. Quería
decir "volando"[110]. Y este olor es lo que cena Júpiter a diario.
Balión.— Y si no vas a cocinar a ninguna parte, ¿qué cena
Júpiter?
Cocinero.— Se acuesta sin cenar.
Balión.— Vete a que te crucifiquen. ¿Y por esas mañas voy
a darte yo a ti hoy un escudo?[111]
Cocinero.— Sí, reconozco que soy un cocinero muy caro,
pero procuro que luzca mi trabajo en relación con mi salario 850
en las casas adonde voy a cocinar.
Balión.— Di más bien a robar.
Cocinero.— ¿Es que pretendes encontrar algún cocinero
que no tenga uñas largas y afiladas?[112]
Balión.— ¿Y es que tú pretendes encontrar alguna casa, en
la que no te corten la uñas antes de entrar?[113] *(A un esclavo.)*
Y ahora a ti, que me perteneces, yo te ordeno que a toda prisa
retires de su vista todas nuestras cosas. Después no apartes tu
vista de la suya. Adonde mire él, mira también tú. Si va a alguna parte, ve tú con él. Si alarga la mano, extiéndela tú también. 860
Si coge algo suyo, déjaselo coger. Si es nuestro lo que coge,
por la otra parte agárralo tú. Si camina, camina tú; si se para,
párate tú. Si se agacha, agáchate tú. También a sus pinches
pondré a cada uno un vigilante particular.
Cocinero.— Anda, estate tranquilo.

---

[110] El juego de palabras no es exactamente igual en latín. El cocinero debería haber dicho *dimissis manibus*, que es la expresión habitual
en latín para decir "a la carrera", "a toda velocidad", pero, sin duda
cómicamente, dice *dimissis pedibus*, con lo que provoca la crítica de
Balión, que lo va a obligar a una rectificación posterior. A pesar de no
adaptarse exactamente a ella nuestra traducción, preferimos esta lectura, trasmitida por los códices Palatinos, a la del palimpsesto Ambrosiano, seguida por editores de la talla de Ritschl y Leo, que intercambia
ambos términos (empleando primero *dimissis manibus*, es decir, la
expresión correcta, y rectificando después con una expresión inhabitual: *dimissis pedibus)* dando lugar a un juego de palabras mucho más
desvaído en latín.
[111] Cfr. nota 105.
[112] Lit. "uñas de milano o de águila".
[113] Lit. "en la que no te aten las uñas mientras cocinas."

BALIÓN.— Dime, ¿cómo crees que puedo estar tranquilo, metiéndote a ti en casa?

COCINERO.— Porque te voy a preparar yo un bebedizo que... ¿No has oído contar que Medea coció al viejo Pelias[114] y con sus filtros y pociones mágicas lo transformó de viejo en joven de nuevo? Pues lo mismo voy a hacer yo contigo.

BALIÓN.— Oye, ¿no serás tú también un mago envenenador?

COCINERO.— Di más bien un médico salvador.

BALIÓN.— Escucha, ¿y cuánto quieres por enseñarme sólo una de tus recetas?

COCINERO.— ¿Cuál?

BALIÓN.— La necesaria para salvarme yo de tus robos[115].

COCINERO.— Un escudo, si te fías de mí. Si no, ni con una mina[116] tendrías bastante. Pero, ¿es a tus amigos o a tus enemigos a quienes vas a ofrecer tú la cena hoy?

BALIÓN.— Por supuesto, que a mis amigos.

COCINERO.— Pues sería mejor que invitaras a tus enemigos. Porque yo les voy a servir hoy una cena tan exquisita y deliciosamente deliciosa que, cualquiera que pruebe cualquiera

---

[114] Fue Esón, el padre de Jasón, quien, según una versión de la leyenda, fue rejuvenecido por la artes mágicas de Medea. Pelias, en cambio, fue descuartizado y hervido en un caldero por sus propias hijas, a quienes Medea había hecho creer que poseía un filtro mágico capaz de devolver a su padre la juventud. Las palabras del cocinero, en consecuencia, podrían interpretarse como una velada amenaza o, incluso, un intento de hacer reír al público sugiriéndole los verdaderos efectos de sus pócimas. Pero parece preferible ver ellas un simple error o confusión, que debía pasar inadvertido para el público. Un error similar comete el propio Cicerón en *De sen.* 83.

[115] Resulta imposible reproducir en la traducción los innumerables matices del juego de palabras que se desarrolla en este pasaje. Téngase en cuenta para la correcta comprensión del texto latino que *veneficus* es tanto el mago que hace pócimas mágicas como el que hace venenos, cosas difíciles, en último extremo, de diferenciar entre sí. Pero es en contraposición a este último significado como hay que entender el título de *servator hominum*, del que se vanagloria el cocinero. Y, teniendo en cuenta que en latín *servare* puede significar tanto "salvar" como "observar", "vigilar", Balión le pide una receta para "vigilarlo" bien y evitar que le robe.

[116] Recuérdese que la mina valía 100 dracmas. Sobre el escudo cfr. n. 105.

de mis platos, os aseguro, que no podrá por menos de comerse los dedos[117].

BALIÓN.— Entonces, por favor, antes de servirle la cena a los invitados, pruébala tú mismo y dásela a probar a tus pinches, para que os comáis vuestros cleptómanos dedos.

COCINERO.— Me parece que no crees lo que te digo.

BALIÓN.— Anda, no des la lata. Ya has repicado demasiado. Cállate. *(Señalando su casa.)* Mira, ésa es mi casa. Entra y prepara la cena. Date prisa.

PINCHE[118].— Reclínate a la mesa y llama a los comensales. La cena se está enfriando[119].

BALIÓN.— ¡Mirad, por favor, fijaos qué casta! Este aprendiz de lameplatos es ya un bribón consumado. *(Entra en casa de Balión el cocinero con sus pinches.)* La verdad es que no sé a qué flanco atender primero, con los ladrones metidos en mi casa y el bandido apostado en la de al lado. Porque mi vecino, el padre de Calidoro, al que acabo de encontrar en el foro, me ha recomendado encarecidamente que tenga cuidado con su esclavo Pséudolo y que no me fíe de él. Pues me advirtió que andaría intrigando todo el día para birlarme, si pudiera, a la chica. Me ha dicho que le había prometido solemnemente que hoy, con sus engaños, me quitaría a Violeta. Ahora voy a entrar en casa y advertir a todo el mundo que nadie se fíe ni en lo más mínimo de Pséudolo.

ACTO CUARTO

ESCENA PRIMERA

PSÉUDOLO, MONO

PSÉUDOLO.— *(Creyéndose acompañado por Mono.)* Si alguna vez a alguna persona los dioses inmortales quisieron auxiliar y socorrer, es sin duda a mí y a Calidoro. Está claro que

---

[117] Nosotros diríamos "chuparse los dedos", pero el comentario inmediato de Balión nos obliga a mantener la metáfora latina.

[118] Pese a las reticencias de algunos editores, entre ellos Ernout, nos parece preferible atribuir estas palabras a un pinche del cocinero, en lugar de al cocinero, como hacen los manuscritos, ya que así tiene pleno sentido el comentario subsiguiente de Balión.

[119] Lit. "estropeando".

quieren mi salvación y la ruina del lenón, ya que han creado, para que colaborara conmigo, un hombre tan hábil y astuto como tú. *(Dándose cuenta de que Mono no lo sigue.)* Pero, ¿dónde se ha metido? ¡Seré tonto, que estoy hablando yo solo, conmigo mismo! Por Hércules, creo que me ha tomado el pelo. Un granuja como yo no ha sabido defenderse de otro granuja como él. Por Pólux, ahora sí que estoy perdido, si de verdad este tipo se ha fugado. Me será imposible conseguir mis propósitos. Pero, ¡mirad!, ahí veo a esa estatua labrada a estacazos[120]. ¡Qué manera de andar, con qué altanería se mueve! *(A Mono.)* Eh, te estaba buscando por todas partes. Estaba muerto de miedo de pensar que te hubieses fugado.

910

Mono.— Sí, eso tenía que haber hecho, lo reconozco[121].
Pséudolo.— ¿Dónde te quedaste?
Mono.— Donde me dio la gana.
Pséudolo.— Eso ya lo sé.
Mono.— Entonces, ¿por qué me preguntas lo que ya sabes?
Pséudolo.— Bueno, lo que quiero es darte unos consejos.
Mono.— Consejos más necesitas recibirlos tú que dármelos a mí.
Pséudolo.— Creo que me tratas con desprecio.
Mono.— ¿Cómo no voy a tratarte con desprecio si soy un glorioso guerrero?
Pséudolo.— Ahora quiero que nos ocupemos de nuestro asunto.
Mono.— ¿Es que me estoy ocupando de otra cosa?
Pséudolo.— Camina deprisa, pues.
Mono.— No, prefiero ir despacio.
Pséudolo.— Ahora es la ocasión. Mientras el otro está durmiendo, quiero que tú te adelantes y te presentes primero.
Mono.— ¿Qué prisa tienes? ¡Calma! No tengas miedo. Quiera Júpiter que se presente ahora ese tipo, quien quiera que sea, enviado por el soldado. Te juro, por Pólux, que jamás será él más Afánax que yo. Estate tranquilo. Yo te solucionaré este problema de maravilla. Con mis engaños y mentiras, infundiré tal pánico a ese militar forastero que él mismo negará ser quien es y declarará que yo soy quien es él.

920

930

---

[120] Cfr. *Capt.* 951 y nota 69 de dicha comedia.
[121] Mono, descaradamente, se presenta como prototipo de mal esclavo, cuya principal meta era la de huir.

[438]

Pséudolo.— ¿Cómo lo conseguirás?

Mono.— Me matas con tus preguntas.

Pséudolo.— ¡Qué hombre más encantador!

Mono.— Hasta a ti, que eres mi maestro, te superaré en engaños y mentiras, te lo advierto.

Pséudolo.— ¡Que Júpiter te conserve para mi bien!

Mono.— Di más bien para el mío. Pero, mira, ¿me sienta bien el disfraz?

Pséudolo.— Te queda perfecto.

Mono.— Me alegro.

Pséudolo.— Pido a los dioses que te concedan todo lo que desees. Porque si les pidiera que te concedieran sólo lo que mereces, menos que nada te correspondería. En mi vida he visto un hombre más bribón y malvado que éste.

Mono.— ¿A mí me vienes con esas?

Pséudolo.— Me callo, me callo. Pero, ¡no sabes el premio que te voy a dar si llevas a buen fin esta empresa!

Mono.— ¿Quieres callarte? Recordar la lección al que sabe 940 la lección sólo sirve para que se olvide de la lección que sabe. Yo lo sé todo. Todo está guardado en mi memoria. Los engaños los tengo perfectamente planeados.

Pséudolo.— ¡Qué dechado de virtudes!

Mono.— Eso ni lo soy yo ni lo eres tú.

Pséudolo.— Procura no tropezar.

Mono.— ¿Quieres callarte?

Pséudolo.— Que los dioses me protejan...

Mono.— *(Interrumpiéndolo.)* Eso los dioses no lo harán jamás. Así que lo que vas a decir es pura mentira.

Pséudolo.— ... como es cierto, Mono, que por tu perfidia yo te quiero, te temo y te tengo en alta estima...

Mono.— Esas patrañas soy yo el que se las suelo endilgar a los demás. A mí no me puedes dar el camelo.

Pséudolo.— ... y que te agasajaré exquisitamente hoy, en cuanto hayas terminado nuestra tarea...

Mono.— *(Incrédulo.)* ¡Ja, ja, ja!

Pséudolo.— ... con exquisitos manjares, vino, perfumes y, entre copa y copa, tajadas exquisitas. Y a tu lado tendrás una mujer exquisita, que no parará de darte besos.

Mono.— *(Con ironía.)* ¡Muchas gracias por tan exquisito agasajo!

Pséudolo.— Tú consigue nuestros propósitos y entonces te aseguro que te daré motivos para decir eso.

Mono.— Y si no lo consigo, que el verdugo me agasaje 950

con mil torturas, ¿verdad? Pero date prisa en mostrarme cuál es la puerta del lenón.
PSÉUDOLO.— Es la tercera.
MONO.— ¡Chsss! Calla, la puerta se abre.
PSÉUDOLO.— Seguro que se siente mal.
MONO.— ¿Por qué?
PSÉUDOLO.— Por Pólux, pues porque vomita al propio lenón.
MONO.— *(Viendo salir a Balión.)* ¿Ése es el lenón?
PSÉUDOLO.— Sí.
MONO.— ¡Mala mercancía!
PSÉUDOLO.— Mira, por favor, cómo camina de lado, en vez de caminar de frente[122]. Parece un cangrejo.

ESCENA SEGUNDA

BALIÓN, PSÉUDOLO, MONO

BALIÓN.— *(Saliendo de casa, sin ver a los otros.)* Menos bribón de lo que yo pensaba, me parece que es este cocinero. Pues de momento todavía no afanó más que una copa y una jarra.
PSÉUDOLO.— *(A Mono, en bajo.)* Oye, tú, ahora es la ocasión y el momento propicio.
MONO.— Estoy de acuerdo contigo.
PSÉUDOLO.— Pon en acción tus trapacerías. Yo estaré aquí al acecho.
MONO.— *(Acercándose a Balión y fingiendo buscar una* 960 *casa.)* Me acuerdo bien del número. Éste es el sexto callejón a partir de la puerta de la ciudad[123]. Fue en este callejón en el

---

[122] Cfr. Varr., *Ling. lat.* 7, 81.
[123] La dirección que de la casa de Balión da Mono no parece corresponderse con la dada por Afánax (= Hárpax) en 597, especialmente si damos a *angiportum* en este pasaje el mismo sentido que, aparentemente, le corresponde, inmediatamente después, en 971: "callejuela secundaria". Probablemente Mono está simplemente "imitando" la llegada del verdadero Afánax, improvisando por su cuenta y sin cuidarse de los detalles. Véase sobre la cuestión Willcock, *Plautus. Pseudolus*, 10-11 y n. a v. 960.

que me mandó desviarme. Pero en cuanto al número de la casa, de ése sí que no me acuerdo.

BALIÓN.— *(Aparte.)* ¿Quién será este hombre vestido con clámide? ¿De dónde será? ¿A quién buscará? Tiene aspecto de forastero y su cara no me resulta familiar.

MONO.— *(Fingiendo descubrir en ese momento la presencia de Balión.)* ¡Ah! Ahí veo a una persona que me va a sacar de mi ignorancia e informarme de lo que quiero saber.

BALIÓN.— *(Aparte.)* Viene directamente hacia mí. ¿De qué país será ese individuo?

MONO.— *(A Balión, en tono militar.)* Eh, tú, el de la barba de chivo, contéstame una pregunta.

BALIÓN.— Oye, ¿tú no sabes que lo primero es saludar?

MONO.— Yo no tengo salud para regalar[124].

BALIÓN.— Pues, por Pólux, que recibirás otro tanto de mí.   970

PSÉUDOLO.— *(Aparte.)* El comienzo no puede ser mejor.

MONO.— Quiero preguntarte si conoces a un hombre en este callejón.

BALIÓN.— Sí, a mí mismo.

MONO.— Pocos son los hombres que pueden presumir de eso. Estoy seguro de que en el foro ni uno de cada diez hombres se conoce a sí mismo[125].

PSÉUDOLO.— Estoy salvado. Ya filosofa[126].

MONO.— Busco a un hombre que es un bribón, un violador de las leyes, un infame, un perjuro y un impío.

BALIÓN.— *(Aparte.)* Es a mí a quien busca, pues esos son mis apellidos. Sólo le falta decir mi nombre. *(A Mono.)* ¿Y cuál es su nombre?

MONO.— Balión, el lenón.

BALIÓN.— *(Aparte.)* ¿No lo decía yo? *(A Mono.)* Yo soy, joven, ese que buscas.

MONO.— ¿Tú eres Balión?

BALIÓN.— Sí, lo soy.   980

MONO.— Por tu forma de vestir más pareces un salteador de caminos[127].

---

[124] La relación entre saludar y dar o desear salud es mucho más obvia en latín que en español.
[125] Alusión al famoso proverbio griego, grabado en el frontón del templo de Apolo en Delfos y convertido luego en la máxima favorita de Sócrates, γνῶθι σεαυτόν ("conócete a ti mismo").
[126] Recuérdese que la crítica contra los filósofos es típica de Plauto.
[127] Lit. un "perforador de paredes".

[441]

BALIÓN.— Así, si me encontrara contigo en la oscuridad, supongo que no me pondrías la mano encima[128].
MONO.— Mi amo me encargó que te deseara mucha salud. Toma, coge esta carga. Me ordenó dártela.
BALIÓN.— ¿Quién te lo ordenó?
PSÉUDOLO.— ¡Ay de mí! Mi hombre está en un buen aprieto. No sabe el nombre. ¡Menudo atolladero!
BALIÓN.— *(Señalando la carta.)* ¿Quién dices que me la envía?
MONO.— Mira su retrato y dime tú su nombre, para que pueda estar seguro de que tú eres Balión en persona.
BALIÓN.— Dame la carta.
MONO.— Tómala y reconoce el sello.
BALIÓN.— *(Observando el sello con atención.)* Oh, si es el mismísimo Polimaqueroplágides[129]. Lo reconozco. *(A Mono, que se había alejado un poco.)* ¡Eh!, tú, su nombre es Polimaqueroplágides.
MONO.— Ahora ya sé que hice bien en darte la carta, por- 990 que me has dicho bien el nombre de Polimaqueroplágides.
BALIÓN.— ¿Cómo anda?
MONO.— Con paso firme y marcial[130]. Pero date prisa, por favor, en leer esta carta —es imprescindible—, en recibir inmediatamente el dinero y entregarme a la chica. Pues he de estar hoy en Sición o prepararme para exhalar mañana el último aliento. Mi amo no se anda con bromas.
BALIÓN.— Lo sé. Hablas con una persona que lo conoce bien.
MONO.— Date prisa, pues, en leer la carta.
BALIÓN.— Eso estoy haciendo. Tú cállate. "El soldado Polimaqueroplágides envía al lenón Balión una carta escrita de su puño y letra y sellada con el retrato que convinimos anterior- 1000 mente los dos."

---

[128] Para robarle, claro. Balión está devolviendo el insulto a Mono, llamándole indirectamente ladrón nocturno.

[129] Típico nombre de soldado plautino formado por una cascada de nombres griegos: πολύς ("mucho"), μάχαιρα ("espada"), πληγή ("golpe") y el sufijo patronímico -ίδης. Significaría algo así como "el hijo del que da muchos golpes de espada".

[130] Traducimos libremente para reflejar el juego de palabras. Recuérdese que *quid agis?* es fórmula de saludo ("Cómo estás? ¿Cómo andas?)" que, interpretada al pie de la letra, da lugar a un habitual juego de palabras.

Mono.— La contraseña está en la carta.
Balión.— La veo y la reconozco. Pero, ¿es que no acostumbra el soldado a enviar salud en sus cartas?
Mono.— Así son las normas militares, Balión. Es con la mano con la que envía salud a sus amigos, con la misma mano con que envía la muerte a sus enemigos. Pero sigue por donde ibas; continúa averiguando por ti mismo lo que dice la carta.
Balión.— Escucha. "Te envío a Afánax, mi asistente..." 1010
¿Eres tú ese tal Afánax?
Mono.— Sí, yo soy. Y te aseguro que hago honor a mi nombre[131].
Balión.— "... para que te lleve esta carta. Quiero que recibas el dinero que te dé y que me envíes con él a la chica. En las cartas me digno a enviar salud, a quienes son dignos de salud. Si te considerara digno, te la enviaría."
Mono.— Bien, ¿y qué?
Balión.— Dame el dinero y llévate a la chica.
Mono.— ¿Por quién de los dos esperamos?
Balión.— Vamos, sígueme, pues, a casa.
Mono.— Te sigo. *(Entran en casa de Balión.)*

ESCENA TERCERA

Pséudolo

(Solo.)

Un tipo peor, más astuto y más granuja que este Mono juro, por Pólux, que no lo he visto en mi vida. Este hombre me inspira un pánico y un terror espantoso. ¿Y si se le ocurriese 1020 usar sus malas artes contra mí, como ha hecho con el lenón? ¿Y si, ahora que todo va viento en popa, volviera sus cuernos contra mí, en caso de que se le presentara una ocasión favorable para ejercer su maldad? Y, por Pólux, que no me haría gracia, pues es un tipo que me ha caído en gracia. Ahora estoy muerto de miedo por un triple motivo. En primer lugar temo que este camarada mío deserte de mis filas y se pase al enemigo. Por otra parte, tengo miedo de que mi amo regrese en cualquier momento del foro y de que capture a los ladrones

---

[131] Cfr. n. 80.

con el botín capturado. Y a este doble temor se añade el temor 1030 de que llegue el verdadero Afánax antes de que nuestro Afánax haya partido de aquí con la chica. ¡Ay de mí, estoy perdido! ¡Lo que tardan en salir de casa! Mi corazón ya tiene hecho el equipaje y sólo espera el momento de ver salir a nuestro amigo sin la chica, para abandonar mi pecho y partir para el destierro. *(Viendo salir a Mono con Violeta de casa de Balión.)* ¡Victoria! Pese a todas sus precauciones, he vencido a mis guardianes.

ESCENA CUARTA

Mono, Violeta, Pséudolo

Mono.— *(A Violeta.)* No llores, Violeta. Tú no conoces la verdad. Pero dentro de muy poco tiempo, cuando estés reclinada a la mesa, te aseguro que la conocerás. Yo no te llevo a 1040 casa de ese ogro macedonio de grandes dientes, que ahora te hace llorar. [Te llevo a casa del hombre al que más deseas pertenecer.] Es a Calidoro, te lo aseguro, a quien dentro de muy poco tiempo vas a abrazar.

Pséudolo.— Di, ¿por qué te has entretenido dentro tanto tiempo? Mi corazón está embotado de tanto golpear el pecho.

Mono.— Imbécil, ¿crees que es el momento de ponerte a hacer preguntas, expuestos a las emboscadas del enemigo? ¿No sería mejor marcharnos de aquí a paso ligero?

Pséudolo.— Aunque eres un granuja, pardiez que tienes 1050 razón. Venid por aquí. ¡Hurra![132] ¡Derechos a beber! *(Entran en casa de Califón.)*[133]

---

[132] A pesar de la traducción, que sigue la lectura *triumphe* transmitida por el palimpsesto Ambrosiano, podría tratarse de un genitivo, *triumphi*, dependiente de *cantharum*: cfr. *Bacch.* 972 *ut sit mulsum qui triumphent milites.* La traducción, en este caso, sería: "Vayamos directamente a beber la jarra del triunfo", es decir, "vayamos a celebrar el triunfo con una jarra de vino".

[133] No está claro dónde entran a celebrar la fiesta ni, en consecuencia, de dónde sale Pséudolo borracho en 1246 y a la que se dirigen Simón y Pséudolo al final de la obra. Willcock (pág. 16) dice que no puede tratarse más que de la casa de Carino, que sin duda estaría cerca del lugar de la escena. Por nuestra parte, sin embargo, nos inclina-

ESCENA QUINTA

BALIÓN

¡Uf! Por fin mi corazón ya puede descansar tranquilo, ahora que se ha marchado el mensajero del soldado y se ha llevado a la chica. Deja ahora que venga ese granuja redomado de Pséudolo e intente quitármela con sus engaños. A fe que preferiría yo —no tengo ni la menor duda— jurar en falso mil veces por lo más sagrado a dejarme tomar el pelo y ver cómo se ríe de mí ese bribón. Pero soy yo, por Hércules, el que me voy a reír de él, si lo encuentro. Aunque, seguro que pronto 1060 se va a encontrar[134], como hemos convenido, en el molino. ¡Cómo me gustaría toparme ahora con Simón para compartir con él mi alegría!

ESCENA SEXTA

SIMÓN, BALIÓN

SIMÓN.— *(Regresando del foro.)* Vengo a ver qué hazañas ha realizado nuestro Ulises. Me gustaría saber si ya ha conseguido robar la estatua de la fortaleza baliona[135].
BALIÓN.— *(Saliendo a su encuentro.)* Oh afortunado Simón, dame tu afortunada mano.
SIMÓN.— ¿Qué pasa?
BALIÓN.— Ya...
SIMÓN.— Ya ¿qué?
BALIÓN.— ... no tienes nada que temer.

---

mos a creer que podría tratarse de la casa de Califón, cuyo papel en la reelaboración plautina debe haber sido mucho menor que en el original griego. Cfr. Introducción de la comedia.

[134] Traducimos así para reflejar de alguna manera el juego de palabras *si convenero* ("si lo encuentro") ... *ut convenit* ("como hemos convenido") del texto latino.

[135] Alusión al episodio de la *Ilíada* en que Ulises, acompañado por Diomedes, entró en Troya para robar la estatua de Palas, el *palladium*, pues se creía que, mientras permaneciera en la ciudad, ésta sería inexpugnable: cfr. *Bacch.* 954 y 958.

Simón.— ¿Qué pasa? ¿Ya vino a verte nuestro hombre?
Balión.— No.
Simón.— Entonces, ¿qué motivo hay de alegría?
Balión.— Tus veinte minas, las que apostaste[136] hoy a Pséudolo, están a salvo. 1070
Simón.— ¡Qué más quisiera yo!
Balión.— Pídeme que te dé veinte minas si consigue apoderarse de la chica y si se la da a tu hijo, como le prometió. Pídemelas, por favor. Estoy deseando prometértelas, para que sepas que tu dinero está completamente a salvo. Y, encima, te regalo a la chica.
Simón.— Que yo sepa, no hay ningún peligro en hacer este trato en los términos que has propuesto. ¿Me darás veinte minas?
Balión.— Te las daré.
Simón.— Creo que no he hecho un mal negocio. Pero, ¿has visto a nuestro hombre?
Balión.— Mejor todavía: a los dos a la vez[137].
Simón.— Y ¿qué dice? ¿Qué cuenta? Por favor, ¿qué te dijo? 1080
Balión.— Bobadas de teatro. Los insultos que se les suelen decir a los lenones en las comedias y que hasta los niños conocen. Me acusaba de bribón, de criminal y perjuro.
Simón.— Y no dijo ninguna mentira.
Balión.— Por eso no me enfadé. Pues, ¿de qué sirve insultar a una persona, si los insultos le importan un comino y no se molesta en desmentirlos?
Simón.— Y ¿por qué no temes nada de él? Tengo interés en saberlo.
Balión.— Porque jamás me quitará a la chica. Es imposi-

---

[136] Cfr. 535 y ss. Está claro que no se trata de una verdadera apuesta sino una *stipulatio*, que consistía en una promesa formal y solemne, hecha por una persona a la pregunta formulada por otra, el estipulador. A continuación va a llevarse a cabo una similar entre Balión y Simón que en este caso será el estipulador: cfr. vv. 1077-8.

[137] Se ha querido ver una contradicción entre esta contestación de Balión y la de 1067 y, en consecuencia, algunos editores (Kiessling, Lorenz, Leo) consideran interpolados los versos 1079-1086. Sin embargo, aparte de que no haya que buscar una lógica aplastante en los diálogos plautinos, no creemos que el sentido de las preguntas de Simón sea exactamente el mismo: en el primer momento (v. 1067) le pregunta si Pséudolo ha intentado ya dar el golpe; en el segundo (v. 1079) le pregunta simplemente si se encontró con él.

ble. ¿Te acuerdas de que te dije hace un rato que se la había 1090
vendido a un soldado macedonio?
SIMÓN.— Sí.
BALIÓN.— Pues mira, un criado suyo me trajo el dinero y la contraseña...
SIMÓN.— Sigue.
BALIÓN.— ... que habíamos convenido entre el soldado y yo. Precisamente acaba de llevarse consigo a la chica hace un momento.
SIMÓN.— ¿Palabra de honor?
BALIÓN.— ¿Y dónde tengo yo el honor?
SIMÓN.— Ten cuidado, a ver si nuestro amigo va a haberte tendido alguna trampa.
BALIÓN.— La carta y el retrato no me dejan lugar a dudas. Además, la chica ya está fuera de la ciudad y va camino de Sición.
SIMÓN.— ¡Magnífico, por Hércules! ¿A qué espero para inscribir a Pséudolo en la colonia del Molino?[138] *(Viendo llegar al* 1100 *verdadero Afánax.)* Pero, ¿quién es ese hombre vestido con clámide?
BALIÓN.— Por Pólux, que no lo sé. Pero observemos adónde va y qué hace.

ESCENA SÉPTIMA

AFÁNAX, BALIÓN, SIMÓN

AFÁNAX.— *(Sin ver a los otros.)* Un bribón y un granuja es el esclavo al que le traen al fresco las órdenes de su amo. Pero también es un fresco el que se olvida de cumplir con su deber si alguien no se lo recuerda. Pues los que se creen libres en cuanto lograron substraerse a las miradas del amo, y se van de juerga, frecuentan burdeles y comen lo que tienen, éstos han de soportar toda la vida la condición de esclavos. No tienen

---

[138] Recuérdese que las colonias eran ciudades fundadas por Roma para ocupar un territorio perteneciente a un pueblo vencido y que se poblaban con ciudadanos romanos o latinos. En una clara alusión a una institución romana, es con una de estas colonias con la que Plauto identifica el lugar de castigo a que va a ser enviado Pséudolo, el molino: cfr. n. 69.

pizca de sensatez y lo único que saben es cometer bribonadas. 1110
Con ellos yo ni me relaciono ni hablo y no he tenido jamás trato con ellos. Yo, cuando recibo una orden, aunque mi amo esté ausente, me imagino que está presente. Le tengo miedo cuando está ausente, para no tenérselo cuando está presente. Pero voy a ocuparme de mi misión. Pues hasta ahora he estado en la fonda esperando a Siro, el individuo al que le di la contraseña, como me ordenó[139]. Me dijo que iría a buscarme en cuanto estuviera en casa el lenón. Pero, como no ha ido a llamarme, vengo yo por propia iniciativa a averiguar qué pasa, 1120
no vaya a ser que ese tipo se burle de mí. Lo mejor es que llame a la puerta y haga salir a alguno de dentro. *(Mostrando la bolsa del dinero.)* Quiero darle este dinero al lenón para que me entregue a la chica.

BALIÓN.— *(Aparte, a Simón.)* ¡Oye, tú!
SIMÓN.— ¿Qué quieres?
BALIÓN.— Este hombre ya es mío.
SIMÓN.— ¿Cómo que tuyo?
BALIÓN.— Sí, es mi presa. Busca a una chica; tiene dinero. Estoy deseando hincarle el diente.
SIMÓN.— ¿Ya quieres devorarlo?
BALIÓN.— Ahora, mientras está fresco, calentito y al alcance de la mano, es cuando hay que comérselo. A mí las personas honradas me empobrecen; en cambio los malos me enriquecen. Los hombres de bien son útiles para el pueblo, para mí los malos.
SIMÓN.— ¡Que los dioses te maldigan! ¡Eres un canalla! 1130
AFÁNAX.— Estoy perdiendo el tiempo, por no aporrear la puerta, para saber si está en casa Balión.
BALIÓN.— Es Venus la que me bendice, enviándome a estos despilfarracuartos, ávidos de ruina, que no piensan más que en divertirse y pasárselo bien, que comen, beben y frecuentan el trato de rameras. Son personas bien distintas de ti, que no sabes disfrutar de la vida y ves con malos ojos a aquellos que la disfrutan.
AFÁNAX.— *(Llamando a la puerta de Balión.)* ¡Eh, los de la casa!
BALIÓN.— Va derecho, derechito a mi casa.
[AFÁNAX.— ¡Eh, los de la casa!

---

[139] En el verso 1116 leemos *si ueniret* (Leo, Lindsay, etc.), en lugar de *siuerat* (Ernout).

BALIÓN.— *(A Afánax.)* ¡Eh, joven! ¿Qué se te debe en esa casa?][140] *(En voz baja, a Simón.)* Un buen botín voy yo a sacar de él. Estoy seguro: los auspicios me son favorables.
AFÁNAX.— ¿No abre nadie la puerta?
BALIÓN.— ¡Eh, el de la clámide! ¿Qué se te debe en esa casa?
AFÁNAX.— Busco al dueño de esta casa, al lenón Balión. 1140
BALIÓN.— Seas quien seas, joven, ahórrate el trabajo de buscarlo?
AFÁNAX.— ¿Por qué?
BALIÓN.— Porque lo estás viendo cara a cara, frente a frente.
AFÁNAX.— *(A Simón, señalándolo con el dedo.)* ¿Eres tú?
SIMÓN.— Hombre de la clámide, guárdate mucho de la ira de mi cayado y apunta tu dedo hacia a él. *(Señalando a Balión.)* Él es el lenón.
BALIÓN.— *(Señalando a Simón.)* Y él es un hombre honrado. Pero tú, hombre honrado, muchas veces tienes que soportar en el foro los gritos de tus acreedores, cuando no tienes ni un centavo[141]. Y el único que acude en tu ayuda es este lenón.
AFÁNAX.— *(A Balión.)* ¿Por qué no hablas conmigo?
BALIÓN.— Hablo contigo. ¿Qué quieres?
AFÁNAX.— Darte el dinero.
BALIÓN.— *(Extendiendo la mano.)* Dámelo; ya hace tiempo que tengo extendida la mano.
AFÁNAX.— *(Entregándole la bolsa del dinero.)* Toma. Aquí hay cinco minas bien contadas de plata de ley. Me ordenó 1150 traértelas mi amo Polimaqueroplágides, para saldar su deuda y para que me entregaras a Violeta.
BALIÓN.— ¿Tu amo?
AFÁNAX.— Sí, mi amo.
BALIÓN.— ¿El soldado...?
AFÁNAX.— Sí, el soldado.
BALIÓN.— ¿...macedonio?
AFÁNAX.— Exacto.
BALIÓN.— ¿Te envió Polimaqueroplágides?
AFÁNAX.— Cierto.

---

[140] Balión se dirige a Afánax como si fuera un acreedor que viene a reclamar una deuda. Nosotros diríamos quizás: "¿Qué se te ha perdido en esa casa?"
[141] Cfr. n. 23.

Balión.— ¿Para darme el dinero?
Afánax.— Si de verdad eres el lenón Balión.
Balión.— ¿Y para que yo te entregara la chica?
Afánax.— Así es.
Balión.— ¿Y te dijo que se llamaba Violeta?
Afánax.— Justamente.
Balión.— Espera, que ahora mismo vuelvo.
Afánax.— Pues corre, date prisa, que tengo prisa. ¿No ves que ya está muy avanzado el día?
Balión.— Sí. *(Señalando a Simón.)* Pero quiero hacerle una consulta. Espera un momento, que enseguida vuelvo. *(Acercándose a Simón, que se había mantenido alejado de los otros durante su conversación.)* ¿Y ahora qué hacemos, Simón? ¿Cómo actuamos? He cogido con las manos en la masa al portador del dinero. 1160
Simón.— ¿Cómo?
Balión.— ¿Es que no sabes lo que está pasando?
Simón.— Soy un completo ignorante.
Balión.— Ha sido tu querido Pséudolo el que lo ha enviado, fingiendo que viene de parte del soldado macedonio.
Simón.— ¿Y te ha dado el dinero?
Balión.— *(Mostrando la bolsa.)* ¿Para qué preguntas, lo que estás viendo?
Simón.— ¡Ah! Pues no te olvides de darme la mitad del botín. Hemos de repartirlo entre los dos.
Balión.— ¡Qué diablos, entre los dos! Es todo tuyo.
Afánax.— *(Con impaciencia.)* ¿Quieres atenderme de una vez?
Balión.— Te atiendo. *(A Simón.)* ¿Qué me aconsejas, pues, Simón?
Simón.— Tomémosle el pelo a este falso mensajero hasta que se dé cuenta de que se lo estamos tomando.
Balión.— Ven conmigo. *(A Afánax.)* Dime, conque tú eres esclavo del soldado, ¿verdad?
Afánax.— Evidentemente. 1170
Balión.— ¿Y por cuánto te compró?
Afánax.— Me compró por un triunfo obtenido en la guerra gracias a su valor. Porque yo era el principal caudillo de mi patria.
Balión.— ¿Tu patria? No sabía yo que el soldado había asaltado la cárcel.
Afánax.— Si dices injurias, las oirás.

BALIÓN.— ¿Y cuántos días tardaste en llegar aquí desde Sición?
AFÁNAX.— Día y medio.
BALIÓN.— Pues sí que has apurado, por Pólux.
SIMÓN.— Es un tipo muy veloz. Viéndole las piernas, se da uno cuenta de que puede arrastrar gruesos grilletes.
BALIÓN.— Dime, ¿y de niño solías tú acostarte... con tu ama?[142]
SIMÓN.— Claro que sí.
BALIÓN.— ¿Y solías también...? Ya sabes a qué me refiero.
SIMÓN.— Claro que solía.
AFÁNAX.— Pero, ¿estáis bien de la cabeza?
BALIÓN.— Respóndeme a otra pregunta. De noche, cuando 1180 el soldado estaba de guardia y tú estabas con él, ¿encajaba bien en tu vaina la espada del soldado?[143]
AFÁNAX.— Vete a que te crucifiquen.
BALIÓN.— Ahí es donde vas a ir tú dentro de un momento.
AFÁNAX.— Bien, entrégame a la chica o devuélveme el dinero.
BALIÓN.— Espera.
AFÁNAX.— ¿Qué he de esperar?
BALIÓN.— Dime, ¿esta clámide por cuánto la has alquilado?
AFÁNAX.— ¿Qué dices?
SIMÓN.— ¿Y cuánto has pagado por esta espada?
AFÁNAX.— Una buena ración de eléboro es lo que necesitan estos tíos[144].
BALIÓN.— Oye...
AFÁNAX.— Déjame en paz.
BALIÓN.— ¿Y cuál es el beneficio que este pétaso le proporciona hoy a su propietario?
AFÁNAX.— ¿Cómo que a su propietario? Vosotros deliráis.

---

[142] Lit. "en la cuna", *in cunis*. Pero, sin duda, se produce un equívoco entre *cunae,-arum* "cuna" y *cunnus,-i*, similar al que podría hacerse en gallego entre "cuna" y "cona" (cast. "coño"): cfr. E. Montero, *El latín erótico. Aspectos léxicos y literarios*, Sevilla, 1991, 30. Cfr. sin embargo las reservas de Willcock (com. *ad loc.*) a esta interpretación.

[143] Nueva insinuación homosexual. Cfr. E. Montero, *El latín erótico*, 54.

[144] Como se sabe, el eléboro era para los antiguos el remedio habitual de la locura.

Todo lo que llevo puesto, lo he comprado con el dinero de mi bolsa.

BALIÓN.— Sí, de la bolsa que cuelga entre tus piernas, ¿verdad?[145]

AFÁNAX.— Estos viejos están ungidos de aceite y me parece 1190 que, según las viejas costumbres, buscan una friega[146].

BALIÓN.— Contéstame, por favor, con toda seriedad a esta pregunta. ¿Cuál es tu salario? ¿Por qué pequeña cantidad de dinero te contrató Pséudolo?

AFÁNAX.— ¿Quién es ese Pséudolo?

BALIÓN.— Tu maestro, el que te ha enseñado estos engaños, para que, valiéndote de ellos, me quitaras a la chica.

AFÁNAX.— Pero, ¿de qué Pséudolo, de qué engaños me estás hablando? Yo a ese tipo no lo conozco ni sé de qué color es.

BALIÓN.— ¿Y es que no piensas marcharte? Aquí no tienen hoy nada que hacer los impostores. Así que puedes comunicarle a Pséudolo que otro que llegó antes, se llevó la presa, un tal Afánax.

AFÁNAX.— Pero si Afánax soy yo.

BALIÓN.— Di más bien que quieres serlo. *(A Simón.)* Es 1200 pura y simplemente un impostor.

AFÁNAX.— Yo te he dado el dinero y hace un rato, al llegar, le he dado a tu esclavo la contraseña, esto es, la carta sellada con el retrato de mi amo, aquí, ante la puerta.

BALIÓN.— ¿Que tú le diste la carta a mi esclavo? ¿A qué esclavo?

AFÁNAX.— A Siro.

BALIÓN.— Le falta convicción. Es un mal impostor. Ha aprendido mal su papel. Pero, por Pólux, ¡qué bribón redomado es ese Pséudolo! ¡Con qué maestría ha urdido el engaño! Le ha dado a este tipo exactamente la misma suma que me debía el soldado y ¡qué bien lo ha disfrazado para que me quitara a la chica! Pues la carta es el propio Afánax en persona quien me la ha traído.

---

[145] Nueva insinuación obscena, basada en el doble sentido de *peculium:* a) "dinero particular de cada esclavo" b) "miembro viril": cfr. Montero, *El latín erótico,* 104-105.

[146] Es decir, una buena paliza. La metáfora está tomada de la lengua de los baños, donde a la unción con aceite *(unctio)* seguía el masaje *(fricatio).*

AFÁNAX.— Afánax soy yo. Yo soy el esclavo del soldado 1210
macedonio. Yo no estoy cometiendo ninguna impostura ni
fechoría. Y a ese Pséudolo ni lo conozco ni tengo idea de
quién es.
SIMÓN.— *(A Balión.)* O mucho me engaño, lenón, o te has
quedado sin la chica para siempre.
BALIÓN.— Por Pólux, que eso empiezo a temer y mi temor
aumenta más y más a medida que lo oigo hablar. También a
mí se me ha helado la sangre hace un momento al oír nombrar
a ese Siro, al que este hombre le dio la contraseña. Mucho me
extrañaría que no fuera Pséudolo. *(A Afánax.)* Oye tú, ¿qué
aspecto tenía ese individuo al que le diste la contraseña?
AFÁNAX.— Era un tipo pelirrojo, barrigudo, de piernas gruesas, moreno, de cabeza grande, ojos vivos, tez colorada y pies
enormes[147].
BALIÓN.— Me has matado, al mencionar los pies. Era Pséu- 1220
dolo en persona. Mi vida se acabó. Me muero, Simón.
AFÁNAX.— Por Hércules, que no te dejaré morir, hasta que
me hayas devuelto el dinero, las veinte minas.
SIMÓN.— Y a mí también otras veinte minas.
BALIÓN.— *(A Simón.)* ¿Es que me vas a cobrar el dinero
que te aposté de broma?
SIMÓN.— A los canallas como tú hay que cobrarles y robarles todo lo que se pueda.
BALIÓN.— Al menos entrégame a Pséudolo.
SIMÓN.— ¿Entregarte yo a Pséudolo? ¿Qué delito cometió?
¿No te advertí mil veces que tuvieras cuidado con Pséudolo?
BALIÓN.— Me ha arruinado.
SIMÓN.— A mí, en cambio, se ha contentado con ponerme
una pequeña multa de veinte minas.
BALIÓN.— ¿Y ahora qué puedo hacer?
AFÁNAX.— Dame el dinero y cuélgate.
BALIÓN.— ¡Que los dioses te confundan! Acompáñame, por 1230
favor, al foro para que te pague la deuda.
AFÁNAX.— Te acompaño.
SIMÓN.— ¿Y a mí?
BALIÓN.— Primero pagaré a los forasteros. Mañana atenderé a los ciudadanos. Pséudolo ha firmado mi sentencia de
muerte[148], al enviarme hoy a ese granuja para que me quitara a

---

[147] Cfr. n. 46 del *Mercator*.
[148] Lit. " ha conseguido que los comicios centuriados me condena-

la chica. *(A Afánax.)* Tú, sígueme. *(Al público.)* Y vosotros no esperéis que vuelva a casa por esta calle. Tal como están las cosas, prefiero regresar por las callejas traseras[149].

Afánax.— Si anduvieras tanto como hablas, ya estarías en el foro.

Balión.— Está decidido. En adelante el día de hoy celebraré mi funeral de aniversario en vez celebrar mi fiesta de cumpleaños. *(Sale con Afánax.)*

ESCENA OCTAVA

Simón

¡Menudo sablazo le he dado al lenón y menudo le ha dado mi esclavo, su mortal enemigo! Ahora quiero tenderle una emboscada a Pséudolo, pero muy distinta de las que se tienden en las otras comedias, en las que a los esclavos se les acecha con aguijones y látigos. Yo, en cambio, voy a casa a buscar las veinte minas que le prometí, si lograba sus objetivos. E iré a su encuentro a llevárselas, sin esperar a que me las pida. ¡Vaya tipo más listo, más astuto, más granuja! Este Pséudolo ha superado en astucia a Ulises, que fue quien tramó el engaño del caballo. Ahora me voy a casa. Voy a buscar el dinero para tenderle a Pséudolo la emboscada. 1240

---

ran a muerte". Pséudolo es comparado a un magistrado que propone y saca adelante su propuesta en los comicios. Recuérdese que estos comicios tenían el poder de juzgar en apelación los delitos que llevaran consigo la posible aplicación de la pena capital. Cfr. *Aul.* 700 y *Truc.* 819.

[149] Como en *Most.* 1045 (cfr. n. 140 de esa comedia), parece que aquí *angiporta* designa las callejuelas secundarias a que daría la trasera de las casas y cuyo uso permitiría a los personajes regresar a su casa sin ser vistos por el público.

ACTO QUINTO

ESCENA PRIMERA

Pséudolo

(Borracho, tambaleándose y con las ropas en desorden.)
¿Qué pasa? ¿Es así como hay que comportarse? A ver, pies, ¿os vais a mantener de pie, sí o no? ¿O lo que queréis es que me caiga y que alguien tenga que levantarme del suelo? Por Pólux, que si me caigo, la deshonra será vuestra. ¿Seguís erre que erre? 1250
¡Ah! Tendré que enfadarme. Éste es el principal defecto del vino. Comienza poniéndote la zancadilla, como un luchador sucio. La verdad, por Pólux, es que me he cogido una buena cogorza. Pero, ¡qué manjares más exquisitos, qué lujos más refinados y dignos de los dioses, qué fiesta se nos ha dado en un lugar festivo! ¿Para qué andarse con muchos rodeos? Esto es lo que hace al hombre amar la vida; ahí residen todos los placeres, ahí todas las delicias. Esto es lo que, en mi opinión, más nos asemeja a los dioses. Pues, cuando el amante abraza a 1260
su amante y su boca junta con su boquita, cuando uno y otro en flagrante beso sus lenguas entrelazan, cuando con pecho pechito apretujan o, si les apetece, sus dos cuerpos en uno funden, cuando una mano blanca te sirve una jarra de ambrosía, brindando por el mutuo amor, sin que ningún pesado te dé la lata, ni te moleste, ni te aburra con sus monsergas, y se reparten ungüentos, perfumes, cintas, coronas con profusión, sin tacañería... Por el resto del festín que nadie me pregunte. Ésta es la forma en que yo y mi joven amo hemos festejado alegremente este día, una vez que llevé a término felizmente 1270
mi misión y puse en fuga a mis enemigos. A mis camaradas los dejé recostados en los lechos, entregados a la bebida, abrazados a sus amigas y también dejé allí a mi amiga: quedaban festejándolo y pasándoselo bien. Pero, cuando me puse de pie, todos me piden que baile. *(Bailando ridículamente.)* De este modo moví mis pies para complacerlos, derrochando gracia y buen estilo, porque yo sé como nadie bailar la danza jonia[150].

---

[150] La danza jonia tenía un carácter fuertemente lascivo: cfr. *Persa* 825-6, *Stich*. 769 y Hor., *Carm*. 3, 6, 21-22.

Cubierto con la capa di unos pasos como éstos, en plan de broma. Me aplauden; "otra", "otra" gritan una y otra vez, para que vuelva a bailar. Empecé de nuevo con este otro estilo. No quise repetirme. De vez en cuando me inclinaba sobre mi amiga, para que me besara. Al darme la vuelta, me caigo al suelo. Éste fue el entierro del espectáculo. Y al querer levantarme, ¡pataplaf!, me ensucio completamente la capa. No os podéis imaginar la gracia que les hizo. Para compensar mi caída se me da una copa. Me la bebo. Me cambio inmediatamente de 1280 capa, quitándome la que tenía puesta. A continuación salí a la calle[151] y me vine aquí para despejar la borrachera. Ahora dejo a mi joven amo y vengo a ver al viejo para recordarle nuestro tratado. *(Llamando a la puerta de Simón.)* ¡Abrid, abrid! ¡Eh, que alguien le diga a Simón que estoy aquí!

ESCENA SEGUNDA

Simón, Pséudolo,

Simón.— *(Saliendo de casa.)* Es la voz de un bribón redomado la que me hace salir a la calle. *(Viendo a Pséudolo.)* Pero, ¿qué es esto? ¿Cómo es posible? ¿Qué ven mis ojos?
Pséudolo.— A Pséudolo, tu esclavo, borracho y con una corona en la cabeza.
Simón.— A fe que esto es pasarse de la raya. Pero mira qué pose. ¿Os dais cuenta de que mi presencia no le asusta lo más mínimo? *(Aparte.)* Pensándolo bien, no sé si debo enfurecer- 1290 me con él o mostrarme amable. *(Enseñando la bolsa con el dinero.)* Esto que llevo encima, es lo que me impide descargar mi furia, pues todavía tengo alguna esperanza de conservarlo.
Pséudolo.— Un bribón saluda a un honrado caballero.
Simón.— ¡Qué los dioses te protejan, Pséudolo! *(Rechazándolo violentamente tras recibir en plena cara un eructo que se le escapa de la boca a Pséudolo.)* ¡Puaff! Vete al diablo.
Pséudolo.— ¿Por qué me empujas?
Simón.— Y tú ¿por qué diablos me eructas tu borrachera en la cara?

---

[151] Por la forma de hablar de Pséudolo, da la impresión de que acaba de salir de una de las casas de la escena, que no puede ser otra que la del viejo Califón: cfr. n. 133.

PSÉUDOLO.— Sosténme, por favor, con suavidad; agárrame para que no me caiga. ¿No ves que estoy completamente borracho?

SIMÓN.— ¿Cómo has tenido el atrevimiento de presentarte aquí en pleno día, borracho y con una corona en la cabeza?

PSÉUDOLO.— Me dio la gana.

SIMÓN.— ¿Cómo que te dio la gana? *(Nuevo eructo de Pséudolo en la cara de Simón.)* ¿Sigues eructándome en la cara? 1300

PSÉUDOLO.— Mi eructo huele a rosas. Déjame en paz, Simón.

SIMÓN.— Estoy absolutamente seguro, bribón, de que serías capaz de beberte cuatro de las más abundantes cosechas del monte Másico[152] en una hora.

PSÉUDOLO.— Y en una hora de invierno[153].

SIMÓN.— Una apostilla muy oportuna. Pero dime *(señalando el vientre de Pséudolo)*, ¿se puede saber dónde has cargado tu barca de mercancías?

PSÉUDOLO.— He estado bebiendo con tu hijo hasta hace un instante. Pero, Simón, ¡qué sablazo le hemos dado a Balión! ¡Qué bien he sabido cumplir todas mis promesas!

SIMÓN.— Eres un bribón redomado. 1310

PSÉUDOLO.— La culpa es de la chica que ahora ya es libre y está recostada a la mesa con tu hijo.

SIMÓN.— Todo lo que has hecho me lo sé de pe a pa.

PSÉUDOLO.— ¿A qué esperas, pues, para darme el dinero?

SIMÓN.— Estás en tu derecho de exigirlo, lo reconozco. *(Tendiéndole la bolsa.)* Toma.

PSÉUDOLO.— Asegurabas que no me lo darías pero me lo das. Cárgame la bolsa a la espalda y sígueme por aquí[154].

SIMÓN.— ¿Cargártela yo a ti?

PSÉUDOLO.— Me la cargarás, estoy seguro.

SIMÓN.— ¿Qué castigo puedo ponerle yo a este granuja? ¿No tiene el atrevimiento de venir a quitarme el dinero y a reírse de mí, encima?

---

[152] Célebre zona vinícola de Campania, de donde procedían, por ejemplo, los célebres vinos del Falerno: cfr. Verg., *Aen.* 7,725; Hor., *Carm.*, 2,7,21.
[153] Dado que los romanos dividían el día en doce horas desde la salida hasta la puesta del sol, la horas diurnas (y ha de tratarse necesariamente de una hora diurna, pues con las nocturnas ocurría lo contrario) en invierno eran más cortas que las de verano.
[154] Cfr. *Asin.* 657-660.

[457]

Pséudolo.— ¡Ay de los vencidos![155]

Simón.— Bueno, date la vuelta. Pon la espalda.

Pséudolo.— *(Dándose la vuelta y ofreciendo la espalda a su amo.)* Aquí la tienes.

Simón.— *(Arrojándose a sus rodillas.)* Nunca jamás creí que tendría un día que ponerme de rodillas ante ti. ¡Ay, ay!   1320

Pséudolo.— Déjalo.

Simón.— No sabes lo que sufro.

Pséudolo.— Si no sufrieras tú, sería yo el que sufriría.

Simón.— ¿Cómo? ¿Es que vas a ser capaz, queridísimo Pséudolo, de quitarle esta bolsa a tu amo?

Pséudolo.— Contentísimo y encantadísimo.

Simón.— Por favor, ¿no vas al menos a perdonarme una parte del dinero?

Pséudolo.— No. Dirás que soy un avaricioso pero ni un solo céntimo de esta bolsa pasará a engrosar tu arca. Tampoco tú te hubieras compadecido de mi espalda si yo no hubiera triunfado.

Simón.— Llegará la hora de mi venganza si sigo vivo.

Pséudolo.— ¿Por qué me amenazas? Ya sé que tengo espalda[156].

Simón.— De acuerdo. Está bien. *(Hace ademán de marcharse.)*

Pséudolo.— Anda, vuelve.

Simón.— ¿Volver? ¿A qué?

Pséudolo.— Anda, vuelve, que no te arrepentirás.

Simón.— Ya vuelvo.

Pséudolo.— Vente conmigo a beber.

Simón.— ¿A beber?

Pséudolo.— Haz lo que te ordeno. *(Mostrando la bolsa.)* Si vienes, la mitad o aun más de la mitad de lo que aquí hay será para ti.

Simón.— Claro que voy. Llévame adonde quieras.

Pséudolo.— Y ahora ¿qué? ¿Estás todavía enfadado conmi-   1330
go o con tu hijo por ese asunto, Simón?

Simón.— En absoluto.

Pséudolo.— Ven conmigo.

---

[155] *¡Vae victis!*, es una famosa frase, convertida en proverbial, pronunciada por Breno, caudillo de los galos, después de la conquista de Roma en el año 387 a. C.: cfr. Livio 5,48,9.

[156] Y, por tanto, puedo ser azotado: cfr. *Bacch.* 365, *Most.* 1178-9.

Simón.— Voy. ¿Y por qué no invitas también a los espectadores?

Pséudolo.— Por Hércules, porque ellos no suelen invitarme a mí y yo tampoco a ellos. *(Al público.)* Pero, si tenéis la bondad de aplaudir y mostrar vuestra aprobación a esta compañía y a esta comedia, os invitaré mañana.

EL CABO

(Rudens)

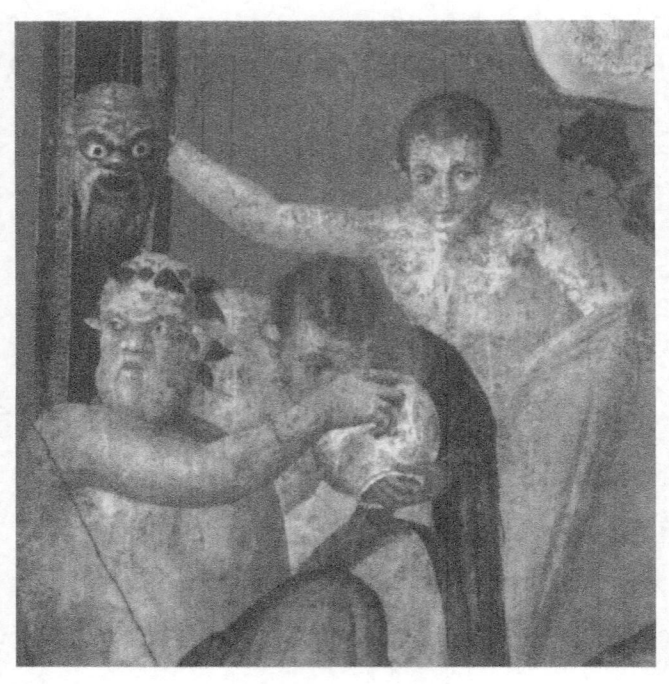

INTRODUCCIÓN

Rudens, sin duda una de las más hermosas comedias de Plauto, presenta la atractiva singularidad, probablemente compartida con la *Vidularia,* de que su acción se desarrolla no en la típica calle de Atenas u otra ciudad griega, sino a orillas del mar, en un punto de la costa próxima a Cirene[1], donde acaba de tener lugar un terrible temporal que ha producido un naufragio. Por lo demás, se trata de una comedia seria, con clara intencionalidad moral[2], en cuya acción, en este caso primorosamente conducida, Plauto ha sabido integrar hábilmente y sin excesos, los elementos característicos de su comedia.

Por su trama, *Rudens* es un magnífico ejemplo de comedia de reconocimiento. En las proximidades de la ciudad norteafricana de Cirene, en una humilde choza, a orillas del mar, vive exiliado Démones, un viejo ateniense, al que años atrás le había sido robada su hija Palestra de pequeñita. Y casualmente en esta misma ciudad vive también su hija, que ahora se halla en poder del lenón Lábrax y de la que se ha enamora-

---

[1] Sobre los rasgos característicos y distintivos de la escena, cfr. pág. 467. Paratore, *Tutte le commedie,* V 8 señala acertadamente que el mayor atractivo de la comedia se encuentra en los dos primeros actos, precisamente aquellos en que la presencia del fondo marino se deja sentir con más fuerza, y que a partir del tercero volvemos a encontrarnos con el prolijo desarrollo de motivos tópicos.

[2] Como señala Ernout, *Plaute*, VI 110, parece objetivo dominante de la comedia mostrar que la virtud siempre es recompensada y castigado el vicio. J. Ch. Dumont, "Le Rudens ou le triomphe de la vertu", *VL* 108 (1987) 2-7, se pregunta, sin embargo, si la conclusión de la comedia es que la virtud es siempre recompensada o que es un milagro que lo sea.

do el joven Pleusidipo. Éste ya ha apalabrado su compra y entregado un anticipo, por lo que, en espera de cerrar definitivamente el trato, ha sido invitado por el lenón a participar en un sacrificio en el templo de Venus, situado en las afueras de la ciudad, precisamente junto a la casa donde vive el viejo Démones. Sin embargo, el lenón, asesorado por un compinche de su misma calaña, decide romper el trato y emigrar secretamente a Siracusa, donde se le prometen mayores beneficios. Pero los dioses no pueden permitir el triunfo de tamaña perfidia y una tremenda tempestad, desencadenada por la estrella Arturo, hace naufragar la nave del lenón precisamente junto al punto de la costa en que vive el viejo ateniense y donde el lenón había convenido su cita con Pleusidipo.

Las jóvenes Palestra y Ampelisca, que la tempestad ha separado del lenón, logran salvarse en una barca y son acogidas hospitalariamente en el templo de Venus por la sacerdotisa. Las dos lamentan su desgracia, pero especialmente la primera se queja de haber perdido en el naufragio sus *crepundia,* es decir, los objetos que habrían podido servir para que sus padres la reconocieran. Arrastrados a tierra por la olas, también consiguen salvarse el lenón y su compinche. Ambos llegan a tierra en un estado calamitoso pero Lábrax, nada más sospechar que sus dos esclavas están en el interior del templo, se repone enseguida y corre a arrancarlas de aquel sagrado refugio, obligando a intervenir a Démones que acoge a las muchachas bajo su protección y les da hospitalidad en su casa. Al mismo tiempo, avisado por su esclavo Tracalión, aparece Pleusidipo que se lleva a Lábrax ante la justicia.

En este momento entra en escena Gripo, un esclavo de Démones que, a pesar del mal tiempo, ha pasado la noche pescando en su barca. Naturalmente, no ha conseguido atrapar ningún pez, pero ha pescado un baúl, en el que deposita grandes esperanzas. Para su desgracia, ha sido visto por Tracalión, que, intuyendo que se trata del baúl de Lábrax, que contenía el cofre donde Palestra guardaba sus *crepundia,* le disputa su propiedad por lo que ambos se enzarzan en una fuerte discusión, que, al final, intentan zanjar recurriendo al arbitraje de Démones. Para resolver la cuestión, el viejo ordena la apertura del baúl y, entonces, con gran sorpresa y alegría, descubre que Palestra es la hija que le fue arrebatada muchos años antes. La comedia llega así a su desenlace y, salvo el lenón, que recibe el justo castigo de sus culpas, todos los demás ven premiada su buena conducta: Démones recupera a su hija; Palestra es dada por esposa a Pleusidipo; Ampelisca es liberada y prometida a Tracalión, que también recibe la promesa de su liberación; y Gripo, aunque no ve cumplidos todos sus sueños, al menos, obtiene la libertad que tanto deseaba.

Sabemos por el propio Plauto (cfr. v. 32) que el original de *Rudens,* como los de *Casina* y *Vidularia,* es una comedia de Dífilo, pero ignoramos el título de dicha comedia. Las hipótesis que se han formulado han sido numerosas[3] pero, en la mayoría de los casos, no pasan de ser meras conjeturas. De todas formas, aunque hay que decirlo con todas las reservas que dicta la prudencia, lo que sí parece seguro es que Plauto en esta ocasión ha permanecido fiel al modelo[4], cuya estructura en líneas generales parece haber mantenido. A pesar de todo, tampoco esta comedia se ha librado de las sospechas de *contaminatio* y en concreto se ha supuesto que el original comenzaría en la escena I 3 con la entrada sucesiva de Palestra y Ampelisca y que Plauto habría tomado de otro modelo griego o elaborado por sí mismo las dos primeras escenas de la comedia[5]. Hoy día, sin embargo, esta hipótesis, en general, carece de aceptación y es rechazada por mayoría de los críticos.

Tampoco disponemos de argumentos suficientes para fijar la cronología de *Rudens,* hasta el punto de que esta comedia

---

[3] Entre las numerosas comedias de Dífilo propuestas como modelo de *Rudens* citaremos: la Πήρα ("La bolsa de viaje": F. Schoel, "Über das Original von Plautus' Rudens", *RhM* 43 (1888) 298-302, la Γρυμέα ("La bolsa": S. A. Naber "Ad Plauti Rudentem" *Mmemosyne* 33 (1905) 330-332), la Ἐπιτροπή ("El arbitraje": F. Marx, "De Rudentis Comoediae Nomine Graeco", *RhM* 75 (1926) 128; *Rudens,* 273-74). Pero también se han sugerido otros títulos, entre los que destacan la Ἄγνοια ("La ignorancia") y la Σχεδία ("La balsa"), el modelo de la *Vidularia* (cfr. F. Della Corte, *Da Sarsina a Roma,* 119). Sobre la posibilidad de que se trate de esta última comedia, cfr. n. 7 de la *Vidularia.*

[4] Naturalmente esto no quiere decir que falten signos de reelaboración plautina. Aparte de otros menores, los más evidentes han querido detectarse en la escena de amor entre Esceparnión y Ampelisca (II 4), en la entrada en escena, empapados y muertos de frío de Lábrax y su compinche (II 6) y, quizás especialmente, en la disputa legal por la posesión del baúl entre Tracalión y Gripo (IV 4).

[5] La prueba fundamental que se ha aducido es que mientras las dos primeras escenas parecen desarrollarse a la luz del día, de las dos siguientes parece desprenderse que todavía no ha amanecido. Paratore (cfr. n. 29 de su edición) supone que son las rocas interpuestas y no la oscuridad la que impide a las jóvenes verse entre sí.

ha sido considerada tanto una de las primeras, como de las últimas[6]. El indicio cronológico más importante es la alusión a la *Lex Plaetoria* contenida en los vv. 1381-82. Como la misma alusión se lee en los en los vv. 303-304 del *Pseudolus,* cuya primera representación sabemos por su didascalia que tuvo lugar en el 191 a. C., parece lógico pensar que por las mismas fechas haya de situarse *Rudens.* Dado, sin embargo, que esta comedia no se caracteriza por una abundancia especial de versos líricos, a falta de otros argumentos, quizás lo más prudente sea, si no renunciar a su datación, limitarse, como propone Paratore[7], a adscribirla genéricamente al periodo intermedio de la producción plautina.

La influencia de *Rudens* se deja sentir en *La cassaria* (1508) de Ariosto, en *Il ruffiano* (1560) de Lodovico Dolce y en *The Captives* de Thomas Heywood. Ecos de *Rudens* se han querido ver también en *The Tempest* de Shakespeare. Recordaremos, para terminar, a título de curiosidad, que *Rudens* fue traducida al castellano por el humanista y poeta venezolano Andrés Bello (1781-1865) con el título de *El cable del navío*[8].

---

[6] Basándose en sus relaciones con otras comedias y, principalmente, considerándola anterior al *Miles,* Marx, Enk y Schutter sitúan *Rudens* al principio de la carrera de Plauto, en una año indeterminado entre el 211 y 206 a. C. Por el contrario, Buck y Sedgwick se inclinan por la época de madurez del poeta, proponiendo para su composición el año 189 a. C. A esta opinión se adscribe Della Corte, que, un poco más imprecisamente, propone los años 189 o 188 a. C. Ha llegado, incluso, a afirmarse que podría ser la última de las comedias de Plauto y que habría sido escrita en el mismo año de su muerte (184 a. C.): cfr. A. G. Amatucci, "Per la cronologia del Rudens di Plauto", *Mél. Marouzeau,* París 1948, 1-6, que establece una relación entre el culto de Venus que domina en toda la comedia y el ofrecimiento de un templo a Venus Ericina precisamente en el 184 a. C.

[7] Cfr. Paratore, *Tutte le commedie,* V 9.

[8] La hermosa traducción de su prólogo puede leerse en Menéndez Pelayo, *Bibliografía Hispano-Latina Clásica,* VII, Madrid 1951, 363-65.

PERSONAJES

La estrella Arturo, prólogo.
Esceparnión, esclavo (de Démones).
Pleusidipo[1], joven.
Démones, viejo.
Palestra, mujer.
Ampelisca, mujer.
Ptolemocracia, sacerdotisa.
Pescadores.
Tracalión, esclavo (de Pleusidipo).
Lábrax, lenón.
Cármides, viejo.
Lorarios.
Gripo, pescador.

La acción transcurre, excepcionalmente, a orillas del mar, en las proximidades de la ciudad norteafricana de Cirene. Al fondo de la escena se ven la casa de Démones y un santuario de Venus, delante del cual se levanta un altar. También excepcionalmente, el camino de la izquierda (desde el punto de vista de los espectadores) parece que conduce a la ciudad y puerto de Cirene, mientras que el de la derecha conduce directamente al mar.

---

[1] Algunos editores leen "Plesidipo".

ARGUMENTO

(acróstico)

Con su red un pescador sacó del mar un baúl que contenía los cascabeles[2] de la hija de su amo, la cual había sido raptada y había ido a parar a manos de un lenón. Esta joven, tras sufrir un naufragio, se convierte, sin saberlo, en la protegida de su propio padre. Es reconocida y dada por esposa a su amante Pleusidipo.

---

[2] Como ya hemos dicho (cfr. n. 41 de la *Cistellaria*), los *crepundia*, más que unos cascabeles propiamente dichos, eran un conjunto de diminutos objetos de oro y plata que los niños llevaban colgados del cuello y que, sin duda, con su roce producían un sonido característico, muy similar al de unos cascabeles, de donde les viene el nombre. Su función en la comedia es la de servir de signo de reconocimiento. En 1156 ss. se enumeran los objetos que formaban parte de los *crepundia* de Palestra.

PRÓLOGO

LA ESTRELLA ARTURO[3]

De aquel que gobierna todos los pueblos, los mares y las tierras[4], soy conciudadano en la ciudad de los celestes. Soy, como veis, una estrella de resplandeciente blancura, un astro que sale siempre en su momento preciso, aquí y en el cielo. Mi nombre es Arturo. De noche brillo en el cielo, entre los dioses; entre los hombres camino de día. También otros astros bajan del cielo a la tierra. El jefe supremo de los dioses y de los hombres, Júpiter, nos reparte entre los diferentes pueblos, para que observemos la conducta de los hombres, sus costumbres, su piedad y su buena fe, a fin de otorgar a cada uno el premio que se merece[5]. A aquellos que entablan pleitos falsos con la ayuda de testimonios falsos y que perjuran ante el pretor para negar las deudas contraídas, les anotamos los

---

[3] Arturo, "el guardián de la osa" (del gr. ἄρκτος, "osa", y οὖρος, "vigilante, guardián"), es la más brillante de las estrellas de la constelación del Boyero y la sexta más brillante del cielo. Los antiguos asociaban su aparición en el horizonte (a principios de septiembre) y, sobre todo, su desaparición (a fines de octubre) con fuertes tempestades: cfr. Hor., *Carm.*, 3,1,27; Plin., *Hist. Nat.*, 18, 313; Colum., 11, 2. A partir de lo que el propio astro dice en el verso 3, se ha supuesto que el personaje que lo encarnaba iría vestido de blanco y llevaría una estrella en la frente.
[4] Se trata, naturalmente, de Júpiter.
[5] A pesar de ser ésta la interpretación más generalizada, advertimos que el sentido de la expresión *ut quemque adiuvet opulentia* no es del todo claro. Algunos autores suponen la existencia de una laguna.

nombres y se los llevamos a Júpiter. A diario está informado él de quién se busca aquí un escarmiento. Y en cuanto a esos granujas que pretenden ganar los pleitos valiéndose del perjurio y que obtienen del juez cosas que no son suyas, a ellos les revisa la sentencia y les impone una multa que supera el beneficio obtenido del proceso. [Los nombres de los buenos los tiene anotados en otras tablillas.] Esos malvados se imaginan que a Júpiter lo pueden aplacar con ofrendas y víctimas. Pierden el tiempo y el dinero. Y es que ninguna ofrenda procedente de un perjuro le resulta agradable a él. Más fácil le resultará al hombre piadoso, cuando haga una ofrenda, obtener el favor de los dioses que al malvado. Por tanto, os aconsejo yo a vosotros que practicáis la piedad y buena fe... *(laguna de un verso)*. Perseverad en vuestra conducta para que luego os alegréis de ello. Ahora os voy a exponer el argumento de la comedia, que es a lo que he venido.

En primer lugar esta ciudad quiso Dífilo[6] que se llamara Cirene[7]. Ahí, en ese campo y esa casa[8] tan cercana, a orillas del mar, vive Démones, un viejo que vino de Atenas a exiliarse aquí, una buena persona. Y no es precisamente por su maldad por lo que se ve privado de su patria, sino que, por salvar a otros, se metió él mismo en un buen atolladero. Por su bondad perdió una fortuna honestamente adquirida. Este viejo tenía una hijita, que le fue robada de pequeñita. Al ladrón se la compra un canalla de lenón que la trajo aquí, a Cirene. Un joven ateniense, conciudadano suyo, la vio un día cuando regresaba de clase de música a su casa. Se enamoró de ella. Va a casa del lenón, la compra por treinta minas[9], deja una fianza y obliga al lenón bajo juramento a empeñar su palabra. Al lenón, como es natural, le importó un comino la palabra dada y

---

[6] Sobre la comedia de Dífilo que pudo haber sido el modelo de la *Rudens*, cfr. nuestra Introducción a la comedia.

[7] Colonia griega del norte de África, capital de la Cirenaica, en la actual Libia. Su riqueza era fundamentalmente agrícola. Abastecía a Grecia de trigo, vino, fruta y, sobre todo, de silfio o laserpicio, que constituía a la vez un condimento y medicamento muy famoso en la Antigüedad.

[8] *Villa* significa propiamente casa rústica pero aquí carece por completo de los rasgos de lujo y magnificencia con que normalmente se la asocia.

[9] Es el precio habitual de una esclava: cfr. n. 12 del *Curc*.

el juramento que había hecho al joven. Tenía este lenón un
huésped de su misma calaña, un viejo siracusano, un canalla
agrigentino, traidor a su ciudad[10]. Este hombre se pone a alabar la belleza de aquella doncella[11] y también la de las otras
chiquillas que poseía el lenón. Se pone a aconsejarle que se
vaya con él a Sicilia. Le dice que allí los hombres son muy
lujuriosos y él puede hacerse rico, pues hay allí inmensas
ganancias para las cortesanas. Lo convence. Fletan una nave
en secreto. Por la noche el lenón transporta cuanto posee de
su casa a la nave. Al joven que le había comprado la doncella,
le dice que quiere cumplir una promesa hecha a Venus —*(señalando el templo de la diosa)* ése es el santuario de Venus—
y, con este motivo, invita al joven a comer aquí[12]. Él, por su
parte, embarca inmediatamente, llevándose a sus chiquillas. Al
joven le cuentan otros lo sucedido y le dicen que el lenón se
había marchado. Llega el joven al puerto y la nave de ellos ya
se había alejado y adentrado en alta mar. Yo, al ver que se llevaban a la doncella, he venido para ayudarla y, al mismo tiempo, para perder al lenón. He hecho rugir la tempestad y he
levantado las olas del mar. Pues yo, Arturo, soy el astro más
impetuoso de todos. Violento a mi salida, cuando me pongo
soy aún más violento[13]. Ahora los dos, el lenón y su huésped,
están sentados juntos en un escollo adonde los ha arrojado la
tempestad. Su nave ha naufragado. En cuanto a la joven y a
la otra chiquilla, muertas de miedo, han saltado de la nave a
un bote. Ahora las olas las arrastran de los escollos a tierra firme, hacia la casa donde vive el viejo exiliado, a la que el viento arrancó todas las tejas del tejado. *(Viendo salir a Escepar-*

---

[10] Se ha querido ver en estas palabras del prólogo una alusión a la caída de Agrigento del año 262 o del 254 a. C., que serviría para la establecer la fecha de composición del modelo griego. Pero esa datación es poco compatible con la cronología de Dífilo, que se supone que murió a principios del siglo III a. C. Probablemente no hay que ver en dichas palabras una alusión histórica, sino una simple hipérbole cómica, tendente a la caracterización del personaje.

[11] Obsérvese que se insiste machaconamente en la virginidad de Palestra, condición imprescindible para el reconocimiento y boda posterior.

[12] Se trata de la comida ritual que tenía lugar después de la celebración sacrificio: vv. 95, 131, 140-1 y 342-4.

[13] Cfr. n. 3.

nión de casa de Démones.) Precisamente ese que sale de la casa es su esclavo. El joven que compró la doncella al lenón llegará de un momento a otro y vosotros lo veréis. Adiós y conservaos fuertes, para que vuestros enemigos teman por su suerte.

ACTO PRIMERO

ESCENA PRIMERA

Esceparnión

¡Oh, dioses inmortales! ¡Qué horrible tempestad nos ha enviado Neptuno esta noche pasada! El viento se ha llevado el tejado de la casa. En dos palabras, aquello no fue un viento sino la *Alcmena* de Eurípides[14]. ¡Decir es que arrancó todas las tejas del tejado, inundó la casa de luz y la llenó de ventanas!

ESCENA SEGUNDA

Pleusidipo, Esceparnión, Démones

PLEUSIDIPO.— *(A tres amigos que lo acompañan.)* Os he apartado de vuestras ocupaciones y no he logrado el objetivo que pretendía llevándoos conmigo: no he podido atrapar al lenón en el puerto. Pero no he querido perder por mi negligencia toda esperanza. Por eso, amigos, os he retenido un poco más. Ahora vengo a echar un vistazo al santuario de Venus, donde me dijo que iba a celebrar un sacrificio.

---

[14] Alusión a la tormenta a que recurre Júpiter, al final de esa tragedia, para revelar su responsabilidad en el adulterio e impedir el castigo de Alcmena. Sería una tormenta similar a la que acompaña el nacimiento de Hércules en el acto V del *Anfitrión:* cfr. vv. 1062-3 y 1094 ss. Nos inclinamos, con Fraenkel *(Elementi,* 64-65) y otros estudiosos, a pensar que se alude a una traducción de la *Alcmena* de Eurípides hecha por Ennio y, en consecuencia, conocida por el público romano, por más que no tengamos ninguna referencia a la misma.

Esceparnión.— *(Sin ver a Pleusidipo.)* Mejor haría yo en preparar esta argamasa que acaba conmigo.
Pleusidipo.— Alguien habla por aquí, cerca de mí.
Démones.— *(Saliendo de casa.)* ¡Eh, Esceparnión!
Esceparnión.— ¿Quién me llama?
Démones.— El que pagó su dinero por ti.
Esceparnión.— Es una forma de decir que soy tu esclavo, ¿verdad, Démones?
Démones.— Hace falta mucha argamasa. Cava mucha tierra. 100 Me doy cuenta de que he de recubrir completamente la casa. Pues ahora la luz se cuela en ella por más agujeros que los de un colador.
Pleusidipo.— *(A Démones.)* Salud, padre[15] *(viendo a Esceparnión)* o, mejor dicho, salud a los dos.
Démones.— Ten salud.
Esceparnión.— Pero, ¿eres tú macho o hembra, para llamarlo padre?
Pleusidipo.— Soy hombre, evidentemente.
Esceparnión.— Pues, si eres hombre, búscate otro padre.
Démones.— Yo tuve una única hijita y a esa hijita única me la robaron. Hijo varón nunca tuve ninguno.
Pleusidipo.— Pero los dioses te darán[16]...
Esceparnión.— A ti sí que te darán, por Hércules, seas quien seas, un buen castigo, por venir aquí a dar ocupación con tus discursos a personas tan ocupadas.
Pleusidipo.— *(Sin responder a Esceparnión, señalando la* 110 *casa de Démones.)* ¿Vivís vosotros en esa casa?
Esceparnión.— ¿Y tú para qué lo quieres saber? ¿No estarás inspeccionando el lugar para venir a robar luego?
Pleusidipo.— Hay que ser un esclavo muy rico en peculio y honesto para dar rienda suelta a la lengua en presencia de su amo y para atreverse a insultar a un hombre libre.
Esceparnión.— Y hay que ser un hombre muy descarado y desvergonzado para venir a molestar, así por las buenas, a una casa ajena, donde no se le debe nada.

---

[15] Se trata de un tratamiento respetuoso dirigido a una persona mayor. Nosotros diríamos quizás "abuelo", pero esta traducción es imposible por lo que se dice a continuación.

[16] "Hijos", evidentemente. Se trata de un buen deseo, que Esceparnión aprovechará para volverlo contra Pleusidipo.

Démones.— Cállate, Esceparnión. *(A Pleusidipo.)* ¿Qué deseas, joven?
Pleusidipo.— Un buen castigo para ese maldito, por darse tanta prisa en hablar el primero, cuando su amo está presente... Pero, si no te molesta, querría hacerte una pequeña pregunta.
Démones.— Te escucharé, y eso a pesar de que estoy muy ocupado.
Esceparnión.— *(A Pleusidipo.)* ¿Por qué no vas mejor a la laguna y cortas cañas para que cubramos la casa, mientras hace buen tiempo?
Démones.— *(A Esceparnión.)* Cállate. *(A Pleusidipo.)* Tú, dime lo que deseas.
Pleusidipo.— Contéstame a una pregunta. ¿Has visto tú por aquí a un individuo de pelo rizado y canoso, un canalla, un perjuro, un camelista...?[17]
Démones.— A muchísimos. Precisamente por culpa de individuos de esa calaña llevo una vida desgraciada.
Pleusidipo.— Digo aquí. Se trata de un individuo que trajo consigo a dos chiquillas y que se preparaba para celebrar aquí un sacrificio.
Démones.— No, joven. Ya hace unos poquitos días que no he visto a nadie celebrar aquí un sacrificio. Y nadie puede hacerlo sin que yo me entere. Siempre vienen a mi casa a pedir agua o fuego o cacharrillos o un cuchillo o un asador o una olla para las entrañas o alguna otra cosa. En una palabra. Es para Venus para quien he comprado mis cacharros y cavado mi pozo, no para mí. Pero ya hace muchos días que no me molesta nadie.
Pleusidipo.— Por lo que dices, me anuncias mi muerte.
Démones.— Yo, por mi parte, te aseguro que sólo deseo tu salud.
Esceparnión.— *(A Pleusidipo.)* Oye, tú, que recorres los santuarios para llenar el estómago, ¿no sería mejor que mandaras preparar la comida en tu casa?
Démones.— ¿Acaso te han invitado a comer y el que te invitó no se presentó por ninguna parte?
Pleusidipo.— Exactamente.
Esceparnión.— Tú no corres ningún riesgo volviendo a casa sin haber comido. Y mejor te sería adorar a Ceres que a Venus,

---

[17] Cfr. n. 46 del *Mercator*.

pues del amor se encarga esta última pero del trigo es Ceres la que se encarga.

PLEUSIDIPO.— *(Aparte.)* Se ha burlado de mí ese individuo de la forma más indigna.

DÉMONES.— *(Mirando hacia el mar.)* ¡Oh, dioses inmortales! ¿Quiénes son esos hombres, Esceparnión, que están cerca de la orilla?

ESCEPARNIÓN.— En mi opinión, han sido invitados a un banquete de despedida[18].

DÉMONES.— ¿Por qué?

ESCEPARNIÓN.— Porque me da la impresión de que se bañaron ayer[19], después de cenar.

DÉMONES.— El temporal ha destrozado su nave en el mar.

ESCEPARNIÓN.— Sí, y en tierra nuestra casa y nuestras tejas.

DÉMONES.— *(Amargamente.)* ¡Ay, pobrecillos mortales, qué poca cosa sois! ¡Mira cómo nadan esos náufragos!

PLEUSIDIPO.— ¿Dónde están esos hombres, por favor?

DÉMONES.— Allí, a la derecha. ¿No los ves cerca de la orilla?

PLEUSIDIPO.— Sí, los veo. *(A sus acompañantes.)* Seguidme. ¡Ojalá sea ese tipo abominable que busco! *(A Démones y Esceparnión.)* Adiós y pasadlo bien.

ESCEPARNIÓN.— De eso, aunque no nos lo recordaras, ya nos acordábamos nosotros. *(Mirando hacia el mar.)* Pero, oh Palemón[20], sagrado compañero de Neptuno, que, según dicen,

---

[18] Parece que Esceparnión compara el baño involuntario provocado por el naufragio con el baño purificatorio que se tomaba antes del sacrificio que precedía a la cena de despedida. Pero dicho baño precedía a la cena, mientras que, como el propio Esceparnión se encargará de recordar a continuación, los náufragos se han bañado después de cenar.

[19] ¿Por qué dice Esceparnión ayer? ¿Acaso piensa que han pasado toda la noche en el mar?

[20] Palemón que en su infancia humana se llamaba Melicertes, era hijo de Atamante e Ino. Después del suicidio de su madre, que lo arrastró con ella a la muerte, fue convertido en dios marino, con el nombre de Palemón. En Roma se le identificó con el dios Portuno. La relación de Palemón (que significa "el luchador") con Hércules no está nada clara y ha sido explicada de diferentes maneras, la mayoría poco convincentes. Grimal sospecha que podría haber una alusión a la vecindad en Roma, en el Foro Boario, de un santuario de Hércules y un templo dedicado a Portuno, vecindad que podría haber dado lugar a alguna leyenda desconocida.

has sido colaborador de Hércules en sus trabajos, ¿qué es lo que veo?

Démones.— ¿Qué ves?

Esceparnión.— A dos chiquillas sentadas, solas, en un bote. Las pobres ¡cómo son azotadas por las olas! ¡Bravo! ¡Bravo! ¡Estupendo! Una ola aleja su bote de los escollos y lo conduce a la playa. Un piloto no hubiera podido hacerlo mejor. Jamás creo haber visto mayor oleaje. Están salvadas si logran escapar de esas olas. Ahora, ahora sí que hay peligro. Una ola ha arrojado a una al agua. Pero no la cubre. Podrá ganar tierra 170 fácilmente nadando. ¿Veis cómo a la otra la ola la arrojó del bote?[21] Se ha puesto de pie. Se dirige hacia aquí. ¡Está a salvo! Esta otra ha saltado del bote a tierra. Pero el miedo la ha hecho caer de rodillas al agua. Ya está en la playa. Pero se ha dado la vuelta y se aleja hacia la derecha. Se dirige a una muerte segura. ¡Ay, no hay duda de que se extraviará!

Démones.— ¿Y a ti eso qué te importa?

Esceparnión.— Si se cae de la roca a la que se dirige, habrá 180 puesto fin a su extravío.

Démones.— Si tú vas a cenar a sus expensas, me parece bien que te preocupes por ellas, Esceparnión. Pero, si vas a cenar en mi casa, exijo que sea a mí a quien atiendas.

Esceparnión.— Es justo y razonable lo que pides.

Démones.— Sígueme, pues, por aquí.

Esceparnión.— Te sigo. (*Entran en casa de Démones.*)

ESCENA TERCERA

PALESTRA

Bien poca cosa es todo lo que se dice de las miserias humanas en comparación con las amarguras que en la realidad a los hombres les toca padecer. ¿Es posible que un dios se haya complacido haciéndome naufragar, en este estado lastimero, muerta de miedo, en unas regiones desconocidas? ¿Es para este triste destino para el que diré que he nacido? ¿Es éste el 190 premio que recibo por mi piedad sin igual? Pues yo soportaría resignadamente estas fatigas si hubiese cometido alguna impiedad contra mis padres o contra los dioses. Pero, si esto he

---

[21] Este verso (171) probablemente ha de considerarse interpolado.

tratado por todos los medios de evitarlo, entonces es inmerecido, injusto y desmedido el castigo que me imponéis, dioses. Pues, ¿cómo se podrá en adelante reconocer a los impíos, si de esta manera honráis vosotros a los inocentes? Porque, si yo supiera que mis padres o yo habíamos cometido algún crimen, no me lamentaría. Pero es el crimen de mi amo el que me persigue, es su impiedad la que me atormenta. Él ha perdido su nave y todas sus cosas en el mar. De todos sus bienes yo soy lo único que le queda. Hasta la compañera que venía conmigo 200 en el bote, se ha caído al agua. Ahora estoy sola. Si hubiera tenido la suerte de que se hubiera salvado, al menos mis penas serían menores con su ayuda. Ahora, ¿qué esperanza puedo tener, qué ayuda esperar o que resolución tomar, tan sola como me encuentro en estos lugares solitarios? Por un lado las rocas, por el otro ruge el mar. Y ningún ser humano sale a mi encuentro. *(Laguna de dos versos.)* Estas ropas que llevo puestas son todo, todo lo que poseo. No sé dónde encontrar comida ni un techo bajo el que cobijarme. ¿Qué motivo puedo tener para querer vivir? Ni conozco el lugar ni jamás había 210 estado aquí. ¡Ojalá al menos encontrara a alguien que me indicara un camino, una senda para salir de estos parajes! ¿Iré por aquí o por allí? No sé qué resolución tomar. Y cerca de aquí no veo por ninguna parte un campo cultivado. El frío, el extravío, el pánico se han apoderado conjuntamente de mí. Y vosotros, pobres padres míos, ignoráis lo desgraciada que soy[22]. Tan libre como el que más nací yo, pero de nada me ha servido. ¿Acaso soy ahora menos esclava que si esclava hubiera nacido? Y ningún provecho obtuvieron nunca de mí aquellos que para sí me engendraron.

ESCENA CUARTA

AMPELISCA, PALESTRA

AMPELISCA.— *(Sin ver a Palestra.)* ¿No es lo mejor para mí, 220 no es lo más conveniente quitarme la vida? ¡Tan desgraciada soy y tantas congojas mortales afligen mi corazón! La realidad es que ya no tengo interés por la vida. He perdido la esperan-

---

[22] Obsérvese la fuerte ironía dramática de este pasaje.

za que me confortaba. He recorrido todos los lugares y rastreado todos los escondrijos, buscando a mi compañera, con la voz, con los ojos, con los oídos, tratando de encontrar sus huellas. Pero no la encuentro por ninguna parte. No sé adónde ir, ni por dónde buscarla. Y tampoco hallo a nadie que pueda responder a mis preguntas. No hay desiertos más desiertos que estos parajes y estos lugares. Pero, si vive, mientras yo viva, no descansaré hasta encontrarla.

PALESTRA.— ¿De quién es la voz que suena cerca de mí?
AMPELISCA.— ¡Me muero de miedo! ¿Quién habla aquí cerca?
PALESTRA.— ¡Buena Esperanza, te lo suplico, socórreme! Libra del miedo a esta desgraciada.
AMPELISCA.— No hay duda. Una voz de mujer ha tocado mis oídos.
PALESTRA.— Es una mujer. Una voz de mujer ha llegado a mis oídos. ¡Oh cielos! ¿Será Ampelisca?
AMPELISCA.— ¿Eres tú, Palestra, a quien oigo?
PALESTRA.— ¿Por qué no la llamo por su nombre, para que me oiga. *(Gritando.)* ¡Ampelisca!
AMPELISCA.— ¿Qué? ¿Quién es?
PALESTRA.— Soy yo, Palestra.
AMPELISCA.— Dime, ¿dónde estás?
PALESTRA.— Por Pólux, hundida en la desgracia.
AMPELISCA.— Pues yo comparto tu suerte y no es menor mi parte que la tuya. Pero, ardo en deseos de verte.
PALESTRA.— Sientes lo mismo que yo.
AMPELISCA.— Guíemos nuestros pasos por la voz. ¿Dónde estás?
PALESTRA.— Aquí me tienes. Acércate a mí, ven a mi encuentro.
AMPELISCA.— A toda prisa.
PALESTRA.— Dame la mano.
AMPELISCA.— Tómala.
PALESTRA.— Dime, por favor, ¿estás viva?
AMPELISCA.— Tú haces que yo ahora quiera vivir, ya que puedo tocarte. ¡Qué trabajo me cuesta creer lo que veo, que te tengo entre mis brazos! Te lo suplico, abrázame, esperanza mía. ¡Cómo me alivias todas mis penas!
PALESTRA.— Me quitas las palabras de la boca. Pero hemos de alejarnos de aquí.
AMPELISCA.— ¿Y adónde iremos, cariño?
PALESTRA.— Sigamos la costa.
AMPELISCA.— Te sigo adonde quieras.

Palestra.— ¿Y caminaremos así con las ropas empapadas?
Ampelisca.— Las cosas hay que soportarlas tal como vienen. Pero, ¿qué es eso, por favor?
Palestra.— ¿Lo qué?
Ampelisca.— ¿No ves eso, cariño? ¿No ves ese santuario?
Palestra.— ¿Dónde está?
Ampelisca.— A la derecha. Me parece un lugar digno de los dioses.
Palestra.— No lejos de aquí tiene que haber gente, dado lo delicioso que es el lugar. Cualquiera que sea el dios, le suplico que nos libre de estas penalidades y que nos preste algún socorro en nuestra desgracia, desamparo y desdicha.

ESCENA QUINTA

Ptolemocracia, Palestra, Ampelisca

Ptolemocracia.— *(Saliendo del templo, sin ver a las dos jóvenes.)* ¿Quiénes son las que elevan plegarias a mi patrona? Pues la voz de unas suplicantes me ha hecho salir del templo. 260 Es a una diosa buena y complaciente, a una patrona nada sorda a las súplicas a la que invocan, y muy propicia.
Palestra.— Te deseamos salud, madre.
Ptolemocracia.— Salud, chiquillas. Pero, decidme, ¿de dónde debo pensar que venís con las ropas empapadas, tan lamentablemente vestidas?
Palestra.— Ahora venimos de aquí cerquita, de no muy lejos de aquí[23]. Pero el lugar del que zarpamos está lejos de aquí[24].
Ptolemocracia.— ¿De modo que habéis venido en un caballo de madera por los azules caminos?
Palestra.— Así es.
Ptolemocracia.— Pues más conveniente hubiera sido que 270 hubierais venido vestidas de blanco y provistas de víctimas. A este santuario no se suele venir de esa manera.
Palestra.— Siendo las dos unas pobres náufragas, dinos, ¿de dónde querías que sacáramos las víctimas? *(Arrodillándose ella y Ampelisca a los pies de la sacerdotisa.)* Ahora noso-

---

[23] Es decir, de la playa adonde las arrojó el temporal.
[24] En realidad habían zarpado de la vecina ciudad de Cirene.

tras, que carecemos de todo recurso, que nos hallamos en lugares desconocidos desconocedoras de nuestras esperanzas, nos abrazamos a tus rodillas y te suplicamos que nos acojas bajo tu techo y nos salves, y que te compadezcas de dos pobres desgraciadas, que no tenemos refugio ni esperanza alguna ni poseemos ninguna otra cosa distinta de lo que ves.

Ptolemocracia.— Dadme la mano y levantaos ambas. No 280 hay mujer más misericordiosa que yo. Pero aquí todo es pobreza y miseria, chiquillas. Yo misma vivo con dificultad. Sirvo a Venus a costa de mi propia comida.

Ampelisca.— ¿Es éste, por favor, un santuario de Venus?

Ptolemocracia.— Sí, y yo tengo el honor de ser la sacerdotisa de este santuario. Pero, sea como sea, os acogeré amablemente, en la medida de mis posibilidades. Venid por aquí conmigo.

Palestra.— Gracias, madre, por tratarnos con tanto cariño y bondad.

Ptolemocracia.— Es mi deber. *(Entran las tres en el templo.)*

ACTO SEGUNDO

ESCENA PRIMERA

Coro de pescadores[25]

¡Qué desgraciada es la vida de los pobres, 290
sobre todo la de aquellos que no tienen oficio ni
[aprendieron arte alguna!
Forzosamente han de conformarse con lo poco que tienen.
Nosotros ya os dais cuenta por nuestros vestidos más o
[menos de lo ricos que somos.
Estos anzuelos y estas cañas son nuestro medio de
[ganancia y sustento.
A diario venimos aquí de la ciudad a buscar en el mar
[nuestro forraje.

---

[25] Este breve pero hermoso canto de los pescadores es, como ya hemos dicho (cfr. Introducción general, tomo I pág. 41 y n. 1) la única huella de los intermedios corales que dividían la acción de la comedia griega en cinco actos. Sobre el coro de los *advocati* en el *Poenulus*, cfr. n. 66 de esa comedia.

Éste es nuestro ejercicio gimnástico y paléstrico.
Cogemos erizos, lapas, ostras, almejas, vieiras,
ortigas de mar, mejillones y berberechos[26] de concha
[estriada.
Después nos dedicamos a la pesca de anzuelo y de roca.
Obtenemos del mar nuestra comida. Si no tenemos suerte,   300
y no pescamos nada, salados, lavados y limpios
volvemos a casa a escondidas y nos acostamos sin haber
[cenado.
Y hoy, con lo agitado que está el mar, no nos cabe ninguna
[esperanza.
Si no cogemos alguna vieira, ya hemos cenado sin duda.
Ahora supliquemos a la venerable[27] Venus, que nos preste
[hoy su graciosa ayuda.

ESCENA SEGUNDA

Tracalión, Pescadores

Tracalión.— *(Llegando de Cirene.)* He estado muy atento para no adelantar a mi amo sin verlo. Pues, hace un rato, al salir de casa, me dijo que iba al puerto. A mí me ordenó que viniera a su encuentro al santuario de Venus. Pero ahí veo oportunamente a unas personas a quienes preguntar. Me dirigiré a ellas. *(A los pescadores.)* ¡Salud, ladrones del mar, meji- 310 llonenses y anzuelinos[28], raza de hambrientos! ¿Cómo estáis? ¿Cómo morís?[29]

Pescadores.— Como buenos pescadores, de hambre, de sed, de desesperanza[30].

Tracalión.— *(Laguna.)* Decidme, ¿habéis visto venir, mien-

---

[26] Lit. "placusias", nombre de un molusco desconocido, pero que, como los berberechos, tenían la concha surcada por estrías.
[27] Lit. "bondadosa". Pero tratamos de reflejar de alguna manera la paranomasia del texto latino: *Venerem... veneremur*.
[28] Se trata de cómicos gentilicios, sumamente apropiados a pescadores.
[29] Esperaríamos "¿Cómo estáis de salud?" *(Ut valetis?)*, pero la pregunta de Tracalión resulta muy apropiada para referirse a la mísera vida de los pescadores.
[30] Completamos con *falsa*, siguiendo al *codex Turnebi*, la pequeña laguna que se abre al final de este verso (312).

tras estabais aquí, a un joven de aspecto enérgico, de tez colorada, fuerte, acompañado por tres hombres cubiertos con clámide y armados con espadas *(laguna)?*

Pescadores.— Ninguno con ese aspecto que dices ha venido aquí, que sepamos.

Tracalión.— ¿Y a un viejo medio calvo, a lo Sileno[31], alto, barrigudo, de cejas retorcidas y ceño fruncido, tramposo, odioso a los dioses y a los hombres, malo, cargado de malos vicios y de infamia, acompañado por dos chiquillas muy hermosas? 320

Pescadores.— Un hombre dotado por naturaleza de tales virtudes y mañas más debía visitar al verdugo que a Venus.

Tracalión.— Pero, si lo habéis visto, decídmelo.

Pescadores.— Aquí, desde luego, no vino nadie. Adiós.

Tracalión.— Adiós. *(Los pescadores salen.)* Me lo imaginaba. Sucedió lo que sospechaba. Han engañado a mi amo. Ese canalla de lenón se ha marchado al exilio. Se ha embarcado y se ha llevado a las jóvenes. ¡Soy adivino! Y, por si fuera poco, invitó a mi amo a comer aquí, esa semilla de crímenes. Por mi parte, ¿qué otra cosa mejor puedo hacer que esperar aquí mismo a que venga mi amo? De paso, si es que la veo, preguntaré 330 a la sacerdotisa de Venus si sabe algo más. Ella me informará.

ESCENA TERCERA

Ampelisca, Tracalión

Ampelisca.— *(Saliendo del templo de Venus y hablando a la sacerdotisa que queda dentro.)* Entiendo. Me has dicho que llamara a la puerta de esta casa que está junto al santuario de Venus y que pidiera agua.

Tracalión.— ¿De quién es la voz que ha volado hasta mis oídos?

---

[31] Hijo de Pan o Hermes y de una ninfa, pasaba por haber sido el ayo y educador de Baco. Poseía una gran sabiduría, que sólo revelaba obligado por la fuerza. Era imaginado como un anciano cargado de años, lascivo, ventrudo, siempre borracho y, a menudo, sosteniéndose a duras penas sobre un asno. Por el calificativo que le aplica Plauto, *recalvus*, tendría, además, la parte anterior de la cabeza calva. Sileno es, también, el nombre genérico que se da a los sátiros llegados a la vejez.

Ampelisca.— ¡Oh, cielos! ¿Quién habla aquí? ¿A quién estoy viendo?

Tracalión.— ¿No es Ampelisca la que sale del santuario?

Ampelisca.— ¿No es a Tracalión a quien estoy viendo, el esclavo de Pleusidipo?[32]

Tracalión.— Sí, es ella.

Ampelisca.— Sí, es él. Salud, Tracalión.

Tracalión.— Salud, Ampelisca. ¿Cómo estás?

Ampelisca.— Mal, aunque ningún mal he hecho[33].

Tracalión.— No digas palabras de mal agüero.

Ampelisca.— Todas las personas cuerdas deben decir y proclamar la verdad. Pero, dime, por favor, ¿dónde está tu amo Pleusidipo?

Tracalión.— ¡Anda ya! *(Señalando el templo de Venus.)* 340 ¡Como si no estuviera ahí dentro!

Ampelisca.— Por Pólux que ni está ni ha venido por aquí.

Tracalión.— ¿No ha venido?

Ampelisca.— Dices la verdad.

Tracalión.— No es ésa mi costumbre, Ampelisca. Pero, ¿ya está preparada la comida?

Ampelisca.— ¿Qué comida, por favor?

Tracalión.— ¿No estáis celebrando aquí un sacrificio?

Ampelisca.— Tú sueñas, cariño.

Tracalión.— Te aseguro que Lábrax, vuestro amo, ha invitado a comer aquí a Pleusidipo, mi amo.

Ampelisca.— Por Pólux, que no es de extrañar lo que dices. Si engañó a los dioses y a los hombres, actuó como un buen lenón.

Tracalión.— ¿No estáis celebrando aquí un sacrificio ni vosotras ni vuestro amo?

Ampelisca.— Lo has adivinado.

Tracalión.— Entonces, ¿qué haces tú aquí?

Ampelisca.— Tras escapar de muchos males, de un miedo 350 atroz y de un peligro mortal, huérfanas de auxilio y recursos,

---

[32] *Calator*, sinónimo de *nomenclator*, es propiamente el esclavo encargado de acompañar a su amo para indicarle los nombres de las personas con quienes se encontraba por la calle y, especialmente, de aquellos ciudadanos cuyo voto se quería pedir.

[33] Traducimos libremente para reproducir el juego de palabras del texto.

nos acogió en su morada la sacerdotisa de Venus, a mí y a Palestra.

TRACALIÓN.— ¿Cómo? ¿Es que está aquí Palestra, la amiga de mi amo?

AMPELISCA.— Sí.

TRACALIÓN.— ¡Qué noticia más agradable me das, Ampelisca mía! Pero me gustaría mucho saber cuál fue ese peligro que habéis pasado.

AMPELISCA.— Ha naufragado, Tracalión mío, esta noche nuestra nave.

TRACALIÓN.— ¿Cómo que vuestra nave? ¿Qué historia es ésa?

AMPELISCA.— ¿Cómo? ¿Es que no te han contado que el lenón quiso llevarnos en secreto de aquí a Sicilia y que cargó en una nave todo lo que poseía? Pues lo ha perdido todo.

TRACALIÓN.— ¡Oh, gracioso Neptuno, salud! No hay tahúr tan hábil como tú. Has hecho una bonita jugada. Has perdido 360 a un perjuro. Pero, ¿dónde está ahora el lenón Lábrax[34]?

AMPELISCA.— Murió de borrachera, supongo. Neptuno lo ha invitado anoche a beber unas buenas copas.

TRACALIÓN.— Seguro, por Hércules, que le obligaron a beberse una cuba entera[35]. ¡Cómo te quiero, Ampelisca mía! ¡Qué dulce eres! Tus palabras son como la miel. Pero, tú y Palestra ¿cómo os habéis salvado?

AMPELISCA.— Te lo diré. Al ver que la nave iba a estrellarse contra los escollos, saltamos las dos, muertas de miedo, de la nave al bote. A toda prisa suelto la amarra, mientras ellos tiemblan de miedo. A nosotras y al bote la tempestad nos arrastró hacia la derecha, separándonos de ellos. Y así, zarandeadas por los vientos y las olas, tras sufrir mil apuros y desdichas la 370 noche entera, por fin esta mañana el viento nos ha arrojado a la playa, más muertas que vivas.

TRACALIÓN.— Sí, ya sé cómo se las gasta Neptuno. Es un

---

[34] Recordaremos que Lábrax en griego significa "lobo marino". En consecuencia su nombre parece una adaptación del de su compañero de profesión del *Pseudolus* (*lupus*, "lobo") al ambiente marino de esta comedia.

[35] Lit. "le sirvieron de beber la (copa) obligatoria". Suele considerarse que *anancaeum* (del gr. ἀναγκαῖος, "obligatorio") es el nombre de una vasija de forma desconocida, pero de gran capacidad que el rey del festín obligaba a los convidados a vaciar de un trago. Pero la explicación está basada en este pasaje de Plauto.

edil la mar de escrupuloso[36]. En cuanto ve una mala mercancía, la arroja por la borda.

AMPELISCA.— ¡Maldito seas!

TRACALIÓN.— Tú... tu amo, mi querida Ampelisca, ya sabía yo que iba a ser engañado por el lenón. Lo dije mil veces. Lo mejor es que me deje crecer el pelo y me ponga a ejercer como adivino[37].

AMPELISCA.— ¿Y qué precauciones tomasteis tú y tu amo para que no se marchara?

TRACALIÓN.— ¿Qué podía hacer él?

AMPELISCA.— Me preguntas qué podía hacer, si estaba enamorado. ¡Que vigilara día y noche, que estuviera de guardia constantemente! *(Con ironía.)* Pero el gran interés que puso en ello demuestra lo mucho que Palestra le importaba, por Cástor.

TRACALIÓN.— ¿Por qué dices eso?

AMPELISCA.— Está muy claro.

TRACALIÓN.— ¿Sabes una cosa? Cuando uno va a bañarse a las termas, por más que vigile su ropa con cuidado, a pesar de todo, se la roban, porque entre tanta gente no sabe a quien vigilar. El ladrón ve fácilmente al que acecha; el que vigila no sabe quién es el ladrón. Pero, llévame adonde está Palestra.

AMPELISCA.— Entra en el santuario de Venus y la encontrarás sentada y llorando.

TRACALIÓN.— No sabes lo que me apena ya oírte eso. Pero, ¿por qué llora?

AMPELISCA.— Te lo diré. Está muy afligida porque el lenón le quitó una cestita que tenía, en la que guardaba unos objetos que le permitirían reconocer a sus padres. Teme que se haya perdido para siempre.

TRACALIÓN.— ¿Y dónde estaba esa cestita?

AMPELISCA.— Con nosotros en la nave. La encerró el mismo lenón en su baúl para que Palestra no tuviera ningún medio de reconocer a sus padres.

---

[36] Recordaremos que el edil era el magistrado romano que tenía encomendada, entre otra funciones, la vigilancia de los mercados y en consecuencia era el encargado de hacer retirar las mercancías en mal estado. Recuérdese, también, que en latín *mala merx* ("mala mercancía") es un insulto habitual para referirse a una mala persona: cfr. por ej. *Cas.* 754, *Truc.* 409.

[37] Los adivinos, sin duda para impresionar, llevaban el pelo muy largo: cfr. Tib., 2,5,66.

Tracalión.— ¡Habrase visto mayor desvergüenza! ¡Pretender que sea esclava quien debe ser libre!
Ampelisca.— Lo que está claro es que el baúl se ha ido a pique con la nave. Todo el oro y la plata del lenón estaban también en él.
Tracalión.— Seguro que alguien se sumergió en el agua y lo rescató.
Ampelisca.— Por eso está tan disgustada la pobre, por haberse quedado sin sus cosas.
Tracalión.— Razón de más para que entre a consolarla, para tratar de evitar que esté tan afligida. Pues ¡conozco a tantas personas que tantas veces tuvieron una dicha inesperada!
Ampelisca.— ¡Y yo conozco a tantas que vieron frustradas sus esperanzas!
Tracalión.— Por eso la resignación es el mejor condimento de la desgracia. Yo, si no quieres nada más, me voy adentro.
Ampelisca.— Vete. *(Tracalión entra en el templo.)* Yo voy a hacer lo que me ha ordenado la sacerdotisa, voy a pedir agua a la casa de al lado. Pues me dijo que, si se la pedía de su parte, me la darían al instante. Creo que no he visto a anciana alguna más digna, a mi juicio, de merecer que los dioses y los hombres la favorezcan. ¡Con qué gentileza, con qué generosidad, con qué consideración, con qué diligencia al vernos asustadas, desvalidas, empapadas, náufragas, exánimes, nos acogió en su morada como si fuéramos sus propias hijas! ¡Cómo se arremangó la túnica y se puso a calentarnos agua, para que nos bañáramos! Ahora, para no hacerla esperar, voy a pedir agua adonde me ordenó. *(Llamando a la puerta de la casa de Démones.)* ¡Eh! ¿Hay alguien en la casa? ¿Abre alguien la puerta? ¿Sale alguien?

ESCENA CUARTA

Esceparnión, Ampelisca

Esceparnión.— *(Saliendo de casa.)* ¿Quién es el que aporrea tan brutalmente la puerta?
Ampelisca.— Soy yo.
Esceparnión.— ¡Oh! ¿Qué joya es ésta? ¡Por Pólux, qué mujer más hermosa!
Ampelisca.— Salud, joven.
Esceparnión.— Y mucha salud a ti, jovencita.

AMPELISCA.— Vengo a vuestra casa.
TRACALIÓN.— Te daré hospitalidad, tal como te mereces[38], si vienes luego, al anochecer; ahora, por la mañana, no tengo nada que ofrecerte. *(Tratando de acariciar a Ampelisca.)* 420
Pero, dime, preciosa mía, tesoro mío...
AMPELISCA.— ¡Eh! ¡Me estás toqueteando con demasiado descaro!
ESCEPARNIÓN.— !Oh, dioses inmortales! ¡Si es el vivo retrato de Venus! ¡Qué alegría en sus ojitos! ¡Y vaya cuerpo que tiene! Tan cobreadito[39]... quiero decir, tan bronceadito. ¡Qué pechos! ¡Y qué labios, que están para comérselos!
AMPELISCA.— No estoy yo al servicio de la aldea. ¿Quieres quitarme la mano de encima?
ESCEPARNIÓN.— ¿Es que no puedo tocarte así, suavemente, dulcemente, dulzura mía?
AMPELISCA.— Cuando no tenga nada que hacer, entonces te daré ocasión de jugar y pasártelo bien. Ahora, respecto al en- 430
cargo que me han dado, te ruego que me digas sí o no.
ESCEPARNIÓN.— ¿Y qué es lo que quieres?
AMPELISCA.— *(Mostrando el cántaro que lleva.)* A una persona inteligente mi instrumento debería indicarle claramente lo que quiero.
ESCEPARNIÓN.— *(Haciendo un gesto obsceno.)* Y también mi instrumento a una persona inteligente debería indicarle claramente lo que quiero.
AMPELISCA.— La sacerdotisa de Venus me ha ordenado venir a pedir agua a vuestra casa.
ESCEPARNIÓN.— Pero yo soy de sangre real y, si no me suplicas, no obtendrás ni una gota de agua. Hemos cavado el pozo

---

[38] El significado de *ita ut affectam*, no es seguro. Según nuestra interpretación la frase significaría algo así como "según tus dotes" (en clara alusión al atractivo físico de Ampelisca). Marx propone traducir "como a una enferma", pero este sentido no parece convenir demasiado al contexto.

[39] *Subvolturium* es, sin duda, un cómico compuesto plautino, formado por analogía con *subaquilum* ("moreno, de color algo oscuro"), sobre la base de sustituir el nombre del águila, supuesto segundo componente de este último término, por el del buitre *(vultur)*. Esceparnión se encarga, inmediatamente, de rectificar su cómico error. Hemos tratado de reflejar, en este caso con buena fortuna, el juego de palabras en la traducción.

con nuestro sudor[40] y nuestras herramientas. Si no es con mucho cariño, es imposible obtener de mí ni una gota de agua.

AMPELISCA.— Dime, ¿por qué te resistes tanto a darme agua, que no se niega a un extranjero?

ESCEPARNIÓN.— ¿Y tú por qué te resistes tanto a hacerme un favor, que no se niega a un conciudadano?

AMPELISCA.— Pero si te voy a hacer, amor mío, todos los favores que quieras.

ESCEPARNIÓN.— ¡Bravo! ¡Estoy salvado! Ya me llama "amor mío". Te daré agua, para que no me ames sin recompensa. Dame el cántaro.

AMPELISCA.— Tómalo y date prisa, por favor, en traerlo.

ESCEPARNIÓN.— Espera un momento, que enseguida estoy aquí, amor mío. *(Entra en casa.)*

AMPELISCA.— *(Sola.)* ¿Cómo explicaré a la sacerdotisa el haberme retrasado tanto? *(Dirigiendo su mirada hacia el mar.)* ¡Ay, pobre de mí, cómo tiemblo todavía, cada vez que pongo la vista en el mar! Pero, ¿qué estoy viendo, pobre de mí, allá lejos, en la playa? Es mi amo el lenón y su huésped siciliano. ¡Y yo que creía, pobre de mí, que los dos habían perecido ahogados! Está viva otra calamidad más con la que no contábamos. Pero, ¿a qué espero para huir al santuario a informar de ello a Palestra, para que podamos refugiarnos en el altar antes que el canalla del lenón nos coja por sorpresa? Huiré al santuario, pues la urgencia del caso así lo requiere.

ESCENA QUINTA

ESCEPARNIÓN

¡Oh dioses inmortales, nunca creí que hubiera tanto placer en el agua! ¡Con qué gusto la he sacado! El pozo me ha parecido mucho menos profundo que otras veces. ¡Qué poco trabajo me costó sacarla! Dicho sea sin presunción, ¿no hay que ser un granuja de cuidado para haber emprendido esta aventura? *(A Ampelisca, a quien supone todavía esperando por el agua.)* Aquí tienes tú el agua, cariñito mío. Fíjate, así quiero que la lleves, con gracia, como la llevo yo, para que me gustes. Pero, ¿dónde estás, preciosa? Toma el agua, por favor. ¿Dónde estás?

---

[40] Lit. "con nuestro peligro".

Me parece que está enamorada de mí, pues se ha escondido la muy pícara. ¿Dónde estás? ¿Vas a coger de una vez este cántaro? ¿Dónde estás? Anda, sé buenecita, por favor. Bueno, ahora ya en serio. ¿Vas a coger de una vez este cántaro? ¿Dónde diablos estás? Por Hércules, que no la veo por ninguna parte. Se está burlando de mí. Pues por Hércules, que ahora mismo voy a dejar el cántaro en la mitad de la calle. Claro que, ¿y si se lo lleva alguien? Es un cántaro consagrado a Venus. ¡Menudos problemas me crearía! Me temo que esa mujer quiere tenderme una emboscada, para que me cojan *in fraganti* con un cántaro consagrado a Venus. Con toda la justicia del mundo el magistrado me condenaría a morir en prisión, si alguien me ve con él en la mano. Porque tiene grabada una inscripción. Él mismo dice a quien pertenece. Ahora mismo, por Hércules, voy a llamar a la sacerdotisa, para que recoja el cántaro. Me acercaré a la puerta del santuario. ¡Eh, Ptolemocracia, sal! Toma, coge el cántaro. Una chiquilla que no sé quien era, me lo llevó a casa. *(Al ver que Ptolemocracia no sale del santuario.)* He de llevarlo adentro. ¡Pues sí que he encontrado entretenimiento, si, además de darles agua, voy a tener que llevársela al templo!

ESCENA SEXTA

Lábrax, Cármides

Lábrax.— Quienquiera que quiera ser un desgraciado y un mendigo, que confíe a Neptuno su persona y su vida. Pues si alguien tiene trato alguno con él, ved en qué estado lo devuelve a su casa. Por Pólux, Libertad, tú sí que eres lista por no haber querido nunca poner el pie con Hércules en la nave[41]. Pero, ¿dónde estará ese buen huésped mío, que ha sido la causa de mi ruina? *(Viendo a Cármides que lo sigue a duras penas.)* ¡Ah, ahí viene!

Cármides.— ¿Adónde diablos vas tan aprisa, Lábrax? Porque yo, desde luego, no puedo seguirte a ese paso.

Lábrax.— Ojalá antes de que yo te hubiese visto con mis ojos, hubieras perecido entre mil tormentos en Sicilia. Por tu culpa, desdichado de mí, me ha sobrevenido esta desgracia.

---

[41] Alusión a un episodio desconocido de la leyenda de Hércules.

CÁRMIDES.— Y ojalá el día que me condujiste a tu casa hubiese yo dormido en la cárcel. A los dioses inmortales pido que, mientras vivas, todos tus huéspedes sean iguales que tú. 500

LÁBRAX.— A la Mala Fortuna he alojado en mi casa, al meterte a ti. ¿Por qué hube de hacer caso a un canalla como tú? ¿Por qué hube de marcharme de aquí? ¿Por qué hube de embarcarme, para perder incluso una fortuna mayor de la que poseía?

CÁRMIDES.— Nada me extraña, por Pólux, que haya naufragado tu nave, llevando a bordo a un canalla como tú y unas riquezas canallescamente obtenidas.

LÁBRAX.— Me hundiste tú, con tus hermosas promesas.

CÁRMIDES.— Y tú me serviste en tu casa una cena más repugnante, que la que en otro tiempo le fue servida a Tiestes o a Tereo[42].

LÁBRAX.— ¡Ay, pobre de mí, qué mal me siento! Sosténme, 510 por favor, la cabeza. *(Lábrax vomita.)*

CÁRMIDES.— ¡Ojalá vomitaras los pulmones!

LÁBRAX.— ¡Ay! Palestra y Ampelisca, ¿dónde estáis ahora?

CÁRMIDES.— En el fondo del mar, me imagino, sirviendo de pasto a los peces.

LÁBRAX.— Por tu culpa me veo reducido a la mendicidad, por prestar oído a tus grandilocuentes mentiras.

CÁRMIDES.— Pues debías estarme muy agradecido, porque gracias a mí te has vuelto de insulso salado.

LÁBRAX.— Vete al infierno.

CÁRMIDES.— Es mejor que seas tú el que se vaya. ¡Y vaya[43] rato que llevo pensando en ello!

LÁBRAX.— ¡Ay! ¿Habrá alguien más desgraciado que yo? 520

---

[42] Se alude a los dos festines más macabros de la mitología. Atreo, enterado de las relaciones ilícitas de su mujer Aérope con su hermano Tiestes, la arrojó al mar e invitó a su hermano a celebrar un banquete, en el que le sirvió como comida los cuerpos de los tres hijos que aquél había tenido con una náyade. Tereo, rey de Tracia, casado con Procne, violó a su cuñada Fimolela y, a fin de que no pudiese contar lo sucedido, le cortó la lengua y la encerró en su casa. Pero Filomela logró informar a su hermana de lo sucedido y Procne tomó venganza de Tereo matando al hijo de ambos, Itis, y sirviéndole luego su cuerpo como comida.

[43] La repetición de "vaya" con dos sentidos trata de reflejar los dos sentidos de *eas* en latín.

CÁRMIDES.— Yo soy mucho más desgraciado que tú, Lábrax.
LÁBRAX.— ¿Por qué?
CÁRMIDES.— Porque yo no merezco serlo y tú sí que lo mereces.
LÁBRAX.— ¡Oh junco, junco, cómo envidio tu suerte, porque puedes presumir siempre de estar seco!
CÁRMIDES.— *(Tiritando de frío.)* Parece que estoy tocando las castañuelas, pues mis dientes no paran de castañetear de frío[44].
LÁBRAX.— ¡Por Pólux, Neptuno, qué baños más fríos das! A pesar de que salí vestido de tu morada, ¡qué frí-, frío tengo! Ni un puesto de bebidas calientes ti-, tiene siquiera. Sólo sirve 530 bebidas saladas y frías.
CÁRMIDES.— ¡Dichosos los herreros, que siempre están sentados junto a las brasas! ¡Qué calentitos están siempre!
LÁBRAX.— ¡Ojalá fu-, fuera yo como los patos para, nada más salir del agu-, agu-, agua, ya estar seco![45]
CÁRMIDES.— ¿Y si me ofreciera en alquiler al director de una compañía para hacer de Manduco en los juegos?[46]
LÁBRAX.— ¿Por qué?
CÁRMIDES.— Por Pólux, porque los dientes me castañetean

---

[44] Traducimos libremente para hacer más ágil y comprensible la traducción. Literalmente dice: "Yo me estoy entrenando en el arte de la escaramuza pues todas mis palabras me salen entrecortadas por el frío". Aparentemente Cármides está comparando su hablar entrecortado con los rápidos movimientos de los *velites*, un cuerpo de infantería ligera, cuya misión consistía en hostigar al enemigo en rápidas escaramuzas.

[45] Seguimos en la traducción la conjetura de Seyffert que para completar el verso propone leer *ex aqu-aqu-aqua*. Obsérvese que, como anota Sonneschein, Lábrax está imitado el lenguaje de los patos. Cfr. Arnott, *Menander, Plautus, Terence*, Oxford 1975, 45 y nota 20 de la pág. 33.

[46] *Manducus* ("el gloton" o "el tragón") era una máscara de la Atelana, que, según Varrón (L.L. 7, 95), designaba al personaje conocido como *Dosennus* ("el jorobado"), caracterizado por su extrema glotonería (cfr. Hor., *Epist.*, 2,1,173 *quantus sit (sc. Plautus) Dosennus edacibus in parasitis.)* Según Paulo-Festo, 115, 20, en alusión al pasaje plautino, se caracterizaba por sus grandes mandíbulas, que abría desmesuradamente, y por el fuerte ruido que producía con sus dientes. Es natural que una máscara semejante provocara, como el propio Festo nos informa, la risa de los adultos y el terror de los pequeños.

ruidosamente. Pero, creo que bien merecido me tenía este ba-, baño.
LÁBRAX.— ¿Por qué?
CÁRMIDES.— Po-, por haber tenido la osadía de embarcarme contigo, que has levantado contra mí el mar desde lo más profundo.
LÁBRAX.— No hice más que escucharte. Tú me asegurabas 540 que en Sicilia había inmensas ganancias para las cortesanas y me decías que allí podía amasar yo enormes riquezas.
CÁRMIDES.— Y tú, bestia inmunda, desde el primer momento ya querías devorarte la isla entera.
LÁBRAX.— *(Sin contestar a Cármides y como meditando para sus adentros sobre la palabra devorar que éste acaba de pronunciar.)* ¿Qué ballena habrá devorado mi baúl, en el que tenía yo guardado todo mi oro y mi plata?
CÁRMIDES.— La misma, supongo, que devoró mi bolsa, que tenía yo, llena de plata, en mi saco de viaje.
LÁBRAX.— ¡Ay, mis riquezas se reducen ahora a esta sola tunicucha y esta mísera capita! ¡Estoy completamente arrui- 550 nado!
CÁRMIDES.— Si quieres, podría yo asociarme contigo, pues nuestras fortunas son iguales.
LÁBRAX.— Si, al menos, se me hubiesen salvado mis chiquillas, aún podría tener alguna esperanza. Pero si me ve el joven Pleusidipo, que me había dado una fianza por Palestra, me creará un buen problema.
CÁRMIDES.— ¿De qué te lamentas, imbécil? Mientras tu lengua siga viva, por Pólux, que te sobrará dinero para saldar todas tus deudas.

ESCENA SÉPTIMA

ESCEPARNIÓN, LÁBRAX, CÁRMIDES

ESCEPARNIÓN.— *(Saliendo del templo de Venus, sin ver a los otros.)* ¡Santo cielo! ¿Qué pasa aquí que hay dos chiquillas en 560 el santuario de Venus llorando y abrazadas a su estatua? No sé de quién tienen miedo las pobres. Dicen que la noche pasada han sido zarandeadas por el temporal y arrojadas hoy a la playa por el mar.
LÁBRAX.— *(A Esceparnión.)* Por favor, joven, ¿dónde están esas mujeres de que hablas?

Esceparnión.— Aquí, en el templo de Venus.
Lábrax.— ¿Y cuántas son?
Esceparnión.— Tantas como tú y yo.
Lábrax.— Son las mías, ¿verdad?
Esceparnión.— La verdad es que no lo sé.
Lábrax.— ¿Y qué aspecto tienen?
Esceparnión.— Muy atractivo. No me importaría a mí hacer el amor con cualquiera de las dos si estuviera bien borracho.
Lábrax.— Son muy jovencitas, ¿verdad?
Esceparnión.— La verdad es que eres un pesado. Vete a ver, si quieres saberlo.
Lábrax.— *(Lleno de alegría.)* Tienen que ser mis chicas, mi querido Cármides.
Cármides.— ¡Que Júpiter te confunda, tanto si lo son como si no!
Lábrax.— Ahora mismo me precipito al interior del santuario de Venus. *(Entra en el templo.)* 570
Cármides.— Precipítate mejor al abismo. *(A Esceparnión.)* Por favor, buen huésped, proporcióname un sitio donde pueda echar un sueño.
Esceparnión.— *(Señalando la playa.)* Duerme ahí, donde quieras. Nadie te lo prohíbe. Es un lugar público.
Cármides.— ¿No ves qué empapada tengo la ropa? Acógeme en tu casa, dame alguna ropa seca, mientras se seca la mía. En otra ocasión te devolveré el favor.
Esceparnión.— *(Señalando una capa de junco que está a secar colgada de una cuerda.)* Mira, aquella capa de junco es lo único que tengo. Está seca. Si quieres te la daré. Me sirve de abrigo y me sirve también de protección contra la lluvia. Tú dame tus vestidos. Yo me encargaré de secarlos.
Cármides.— Oye, ¿es que te parece que me dejó poco limpio el mar, que quieres limpiarme tú la ropa aquí en tierra?[47]
Esceparnión.— Que estés tú sucio o limpio, me importa un 580 bledo. A ti yo no te prestaré nada, si no me das algo en pren-

---

[47] En latín *elavo* (y su equivalente *eluo*) es utilizado en el doble sentido de "ser lavado" o "ser despojado de", que hemos tratado de reproducir en español. El verbo *exunguor*, utilizado a continuación, se presta a un equívoco semejante: "ungirse con perfumes" y "arruinarse comprando perfumes".

da. Por mí, puedes sudar o morirte de frío, enfermar o tener salud. De un huésped extranjero no quiero saber nada en mi casa. Y basta ya de pleitos. *(Entra en casa.)*
CÁRMIDES.— ¿Ya te vas? *(Solo.)* Ese, quienquiera que sea, tuvo que ser traficante de esclavos. No tiene corazón. Pero, ¿a qué espero yo aquí, pobre de mí, empapado como estoy? ¿Por qué no me voy al santuario de Venus a dormir esta borrachera, que cogí bien en contra de mi voluntad? Como si fuéramos unos vinos griegos, Neptuno nos ha inundado de agua del mar. Seguro que pretendía aligerarnos el vientre con sus bebidas saladas[48]. En resumen, si hubiera seguido obsequiándonos un poco más, allí mismo nos hubiésemos quedado dormidos. Trabajo nos costó regresar a casa con vida. Ahora entraré a ver qué hace el lenón, mi compañero de orgía.

ACTO TERCERO

ESCENA PRIMERA

DÉMONES[49]

DÉMONES.— *(Solo, saliendo de su casa.)* ¡De qué modo tan extraño se burlan los dioses de los hombres y en el sueño qué sueños tan extraños les envían! ¡Ni siquiera cuando duermen, los dejan descansar! Yo mismo, esta última noche, tuve un sueño bien extraño y estúpido. Soñé que un mono trataba de encaramarse a un nido de golondrinas *(laguna de un verso)*, pero no conseguía sacarlas de allí. Después, el mono se dirige hacia mí y me pide que le preste una escalera. Yo le respondo más o menos de esta manera: *(laguna de un verso)* que las

---

[48] Cármides combina y confunde dos símiles: en primer lugar, en un símil que identifica a los náufragos con vinos griegos, Neptuno, como *arbiter bibendi*, según el uso de los banquetes, mezcla el vino con el agua; pero parece que el vino griego de mala calidad se usaba mezclado con agua salada como laxante y así, en segundo lugar, Neptuno, como médico, prescribe una purga a los náufragos, que en este caso son sus pacientes. Sobre los efectos laxantes del vino griego salado, cfr. Celso III 6, 14; 16, 2; 24, 3; 27, 1.
[49] Sobre este sueño de Démones y sus relaciones con el de Demifón en *Merc.* 225 ss. véase la Introducción de esta última comedia.

golondrinas son hijas de Filomela y Procne[50]. Le pido que no haga daño a unas conciudadanas mías. Pero él se pone cada vez más furioso. Me amenaza con darme una paliza y me cita ante el juez. Entonces yo, encolerizado, no sé cómo, cojo al mono por la cintura y encierro en el calabozo a ese maldito animal. Mas no he sido capaz de interpretar lo que quería decir este sueño. Pero, ¿qué gritos son esos que se oyen en el santuario de Venus, mi vecina? ¡Qué cosa más extraña!

ESCENA SEGUNDA

Tracalión, Démones

Tracalión.— *(Saliendo del templo de Venus.)* ¡Oh, ciudadanos de Cirene, yo imploro vuestro auxilio! ¡Agricultores, habitantes de los alrededores, dad amparo al desamparo y de una insigne ruindad sed ruina! Impedid que el poder del impío triunfe sobre el inocente que no quiere hacerse famoso por sus crímenes. Dad un escarmiento al impudor y al pudor dad su recompensa. Haced que podamos vivir aquí bajo el imperio de la ley y no bajo el yugo de la violencia. Venid corriendo al santuario de Venus —¡de nuevo imploro vuestro auxilio!— los que os halláis cerca de aquí y podéis oír mis gritos. Acudid en socorro de quienes, siguiendo una costumbre antigua, confiaron a Venus y a la sacerdotisa de Venus la custodia de su vida. Retorced el cuello a la injusticia, antes de que os alcance a vosotros mismos.

Démones.— ¿Qué pasa aquí?

---

[50] Al enterarse Tereo de que había comido la carne de su hijo Itis (cfr. n. 42 de esta comedia), persiguió a las dos hermanas, quienes imploraron de los dioses su salvación. Éstos, apiadados, transformaron a Filomena en golondrina y a Procne en ruiseñor. Como se ve, el sueño mitológico de Démones no es muy preciso. Dado que algunas versiones de la leyenda intercambian el papel de las hermanas, Paratore quiere ver en este pasaje una huella de la vacilación entre las dos versiones. Preferimos pensar, sin embargo, que se trata de una imprecisión más de las muchas a que nos tiene acostumbrados Plauto: cfr. ejemplos similares en *Cist*. 512 (donde se llama a Saturno tío de Juno y a Ope su abuela), *Persa* 3 (donde se cita al jabalí "etolio" entre los trabajos de Hércules) y *Trin*. 820 (donde se dice que Neptuno es hermano de Júpiter y Nereo). Recordaremos, finalmente, que las dos hermanas eran hijas de Pandión, rey de Atenas.

TRACALIÓN.— *(Arrojándose a los pies de Démones y abrazando sus rodillas.)* Por tus rodillas yo te conjuro, viejo, quienquiera que seas...

DÉMONES.— Anda, deja en paz mis rodillas y explícame a qué viene este alboroto.

TRACALIÓN.— ... te pido y te suplico, si esperas obtener este 630 año una gran cosecha de silfio y laserpicio[51] y exportarla sana y salva a Capua, si deseas tener tus ojos siempre secos y libres de legañas...

DÉMONES.— ¿Estás bien de la cabeza?

TRACALIÓN.— ... o si confías en obtener gran cantidad de magúdaris[52], que no te niegues a hacerme el favor que te voy a pedir, viejo.

DÉMONES.— Pues yo te conjuro por tus piernas, por tus talones y por tu espalda, si esperas obtener una abundante vendimia de varas[53] y recolectar este año azotes en abundancia, a que me digas por qué estás armando este alboroto.

TRACALIÓN.— ¿Qué gusto sientes en desear mi desgracia? Yo para ti no he pedido más que cosas buenas.

DÉMONES.— Pero si sólo deseo tu bien. Sólo he pedido que 640 te suceda lo que mereces.

TRACALIÓN.— Por favor, escúchame primero un momento.

DÉMONES.— ¿Qué pasa?

TRACALIÓN.— *(Señalando el templo de Venus.)* Aquí dentro hay dos jóvenes necesitadas de tu ayuda, dos inocentes a quienes contra todo derecho y justicia se les ha hecho y se les está haciendo un notorio ultraje, en el templo de Venus. Y también la sacerdotisa de Venus es maltratada indignamente.

DÉMONES.— ¿Y quién es ese hombre tan osado que se atreve a utilizar la violencia contra una sacerdotisa? Y esas mujeres, ¿quiénes son? ¿De qué ultraje son víctimas?

---

[51] En principio el silfio es el nombre griego de la planta que los romanos llamaban laserpicio y, por tanto, son la misma cosa. Sonneschein sugiere que "silfio" podría ser el nombre de la planta y "laserpicio" el producto que de ella se obtenía y que se usaba como condimento y medicamento: cfr. n. 106 del *Pseud.* y Plin., *Nat.* 19, 3, 15. Preferimos pensar, sin embargo, en una simple combinación de sinónimos.

[52] Podría ser la raíz, el tallo o el jugo del laserpicio.

[53] A falta de mejor solución, tratamos de reflejar así el efecto del cómico compuesto plautino *virgidemia*, formado con *virga* ("vara") por analogía con *vindemia (vini-demia)*.

TRACALIÓN.— Te lo diré, si me escuchas. Están abrazadas a la estatua de la diosa y un canalla sin escrúpulos quiere arrancarlas de ahí. Las dos tienen que ser libres.
DÉMONES.— ¿Y quién es ese individuo que desprecia tanto 650 a los dioses? Dímelo pero sé breve.
TRACALIÓN.— Un maestro en el engaño, en el crimen, en el parricidio y en el perjurio, un violador de leyes, un hombre sin escrúpulos, sin pudor, sin pizca de vergüenza. En una palabra, un lenón. ¿Qué más he de añadir?
DÉMONES.— Por Pólux, un individuo digno de un buen escarmiento.
TRACALIÓN.— Y el muy canalla se ha atrevido a agarrar por el cuello a la sacerdotisa.
DÉMONES.— Por Hércules, que pagará caro lo que ha hecho. *(A sus lorarios.)* ¡Eh, Turbalión, Espárax, salid fuera! ¿Dónde estáis?
TRACALIÓN.— Entra, por favor, y socórrelas.
DÉMONES.— *(A sus esclavos que tardan en aparecer.)* No os lo repetiré dos veces. *(Al aparecer los esclavos.)* Venid conmigo.
TRACALIÓN.— Vamos de una vez, hazle saltar los ojos, como hacen con las jibias los cocineros.
DÉMONES.— *(A sus esclavos.)* Arrastrad a ese individuo por 660 los pies hasta aquí, como si se tratara de un cerdo muerto. *(Démones y sus lorarios entran en el templo.)*
TRACALIÓN.— *(Solo, acercando su oído a la puerta del templo.)* ¡Menudo jaleo estoy oyendo! Creo que al lenón lo están peinando a puñetazos. ¡Ojalá le saltaran todos los dientes de las mandíbulas a ese bellaco! Pero, mirad, ahí salen del santuario, muertas de miedo, las muchachas.

ESCENA TERCERA

PALESTRA, AMPELISCA, TRACALIÓN

PALESTRA.— *(Sin ver a Tracalión.)* Ahora sí que estamos totalmente desamparadas y desvalidas, huérfanas de toda protección y ayuda. Ni tenemos salvación, ni medio alguno de alcanzarla[54]. No sabemos adónde intentan dirigirnos. *(Pequeña*

---

[54] El comienzo de los versos 666-671 presenta una pequeña lagu-

laguna.) ¡Qué aterradas estamos las dos! ¡De qué forma tan violenta y tan ultrajante nos ha tratado hace un instante en el 670 templo nuestro amo! El muy canalla ha llegado incluso a abalanzarse sobre la anciana sacerdotisa y zarandearla de la manera más indigna. Y a nosotras nos arrancó de la estatua, situada en lo más profundo del templo, por la fuerza. Ahora, a la vista del desdichado estado en que nos encontramos, más nos vale morir. Nada hay mejor que la muerte en la adversidad y la desgracia.

TRACALIÓN.— *(Aparte.)* ¿Qué ocurre? ¿Qué lenguaje es ése? ¿A qué espero para consolarlas? *(A las muchachas.)* ¡Eh, Palestra!

PALESTRA.— ¿Quién me llama?

TRACALIÓN.— ¡Ampelisca!

AMPELISCA.— ¡Por el amor de Dios! ¿Quién es el que me llama?

PALESTRA.— ¿Quién es el que pronuncia mi nombre?

TRACALIÓN.— Si vuelves la cabeza, lo sabrás.

PALESTRA.— ¡Oh, mi esperanza de salvación! 680

TRACALIÓN.— Calla y ten ánimo. Confía en mí.

PALESTRA.— Si al menos pudiéramos librarnos de la violencia de que somos víctimas, una violencia que me obliga a usar la violencia conmigo misma.

TRACALIÓN.— ¡Ah! Olvida eso. Eres muy tonta.

PALESTRA.— Deja de una vez de consolar a una desgraciada con palabras. Si no nos ayudas con hechos, Tracalión, para nosotras todo se acabó.

AMPELISCA.— Estoy decidida a morir antes que soportar la cólera del lenón. Pero, a pesar de todo, tengo alma de mujer y, pobre de mí, cuando pienso en la muerte, el terror se apodera de mi cuerpo. ¡Por Pólux, qué día más aciago!

TRACALIÓN.— Tened ánimo.

PALESTRA.— Pero, dime, por favor, ¿de dónde quieres que saquemos ese ánimo?

---

na. Para los tres últimos seguimos la conjetura admitida por Ernout en su edición. Aunque, como señala el propio Ernout, las restituciones propuestas para los tres primeros versos son inseguras, en nuestra traducción seguimos: a) para el 666 la conjetura de Lindsay <*Nec salust nec*> *viast*, b) para el 667 <*Nescimus quam*> *in partem*, de Camerario y Valla, y c) para el 668 <*Scimus: tanto*>, tomada del *Codex Turnebi*. Todas ellas son ofrecidas por Ernout en el aparato crítico de su edición.

TRACALIÓN.— No tengáis miedo, hacedme caso. Sentaos en este altar.

AMPELISCA.— ¿Es que ese altar puede prestarnos una mayor protección que, en el interior del santuario, la estatua de Venus a la que estábamos abrazadas hace un momento y de la que fuimos arrancadas, pobres de nosotras, por la fuerza?

TRACALIÓN.— *(Conduciéndolas hasta el altar.)* Sentaos aquí. Yo os protegeré desde aquí. *(Señalando el altar.)* Aquí tenéis vuestro campamento y aquí vuestras murallas. Desde aquí os defenderé yo. Con la ayuda de Venus haré frente a la maldad del lenón.

AMPELISCA.— Te obedecemos y *(arrodillándose ante el altar de Venus)* a ti, madre Venus, las dos te suplicamos, a tu altar abrazadas, ante ti arrodilladas, deshechas en lágrimas, que nos acojas bajo tu custodia y nos protejas. De esos malvados que profanaron tu santuario, toma venganza y a nosotras permítenos ocupar con tu consentimiento este altar. Las dos hemos sido lavadas por obra de Neptuno esta noche; no te ofendas, por tanto, ni te enfades con nosotras, si te parece que no estamos debidamente purificadas.

TRACALIÓN.— Venus, creo que su petición es justa y debes de acceder a ella. Tienes que perdonarlas. Es el miedo el que las obliga a obrar así. Dicen que tú has nacido de una concha. No rechaces, pues, sus conchas[55]. Pero, ahí sale muy oportunamente el viejo, mi protector y el vuestro.

---

[55] Aunque el sentido de esta segunda ocurrencia de *concha* es discutido, nos adscribimos a la opinión de quienes piensan que designa el aparato genital femenino. El juego de palabras no tiene por qué ser esencialmente cómico y no hay que ver en él tanto la búsqueda de un chiste fácil e inoportuno (a los que, por otra parte, nos tiene tan acostumbrados Plauto), como un intento serio de justificar la petición de ayuda a Venus, identificando la concha de Venus con aquello que sin duda representa el atributo más específico de la mujer y que, por tanto, la simboliza. Inverosímil resulta la opinión de Marx que piensa que aquí *conchae* designa las conchas que las mujeres llevaban como ofrenda a la diosa. Y aún más inverosímil nos parece la de Sonneschein, quien, después de afirmar que esperaríamos *preces* en lugar de *conchas*, opina que *concha* parece designar la capa de barro y arena que, a modo de concha, envolvía a las jóvenes.

ESCENA CUARTA

Démones, Tracalión, Lábrax, Lorarios, Palestra, Ampelisca

Démones.— *(A Lábrax.)* Sal del santuario, tú, el más sacrílego de cuantos hombres hay en el mundo. *(A Palestra y Ampelisca.)* Y vosotras id a sentaros al altar... Pero, ¿dónde están?
Tracalión.— *(Señalando a Palestra y Ampelisca que ya están subidas al altar.)* Mira aquí.
Démones.— ¡Estupendo! Eso es lo que queríamos. Deja ahora que se acerque. *(A Lábrax.)* ¿Crees tú que vamos a consentir que violes las leyes con que honramos a los dioses?[56] *(A un lorario.)* Dale un puñetazo en la cara. *(El lorario golpea al lenón.)*
Lábrax.— Estas afrentas te costarán caras.
Démones.— Pero, ¿aún se atreve a amenazar el muy osado?
Lábrax.— Lo que legalmente me pertenece me ha sido arrebatado. Me arrebatas mis esclavas contra mi voluntad.
Tracalión.— Toma por juez a cualquier ciudadano rico del senado de Cirene, para que decida si tienen que ser tuyas o tienen que ser libres y si tú no mereces ser encerrado en la cárcel y pasar en ella el resto de tus días, hasta que hayas desgastado todas las paredes de tu celda.
Lábrax.— No me he levantado hoy para hablar con un bribón. *(A Démones.)* A ti me dirijo.
Démones.— Discute primero el problema con él, que te conoce.
Lábrax.— *(A Démones.)* Yo trato contigo.
Tracalión.— Pero tendrás que tratar conmigo. ¿Son las chicas esclavas tuyas?
Lábrax.— Sí, lo son.
Tracalión.— Ea, pues, toca a cualquiera de la dos con la punta del dedo meñique solamente.
Lábrax.— ¿Y si la toco?
Tracalión.— En el acto, por Hércules, yo te convierto a ti en balón de boxeo, te cuelgo de una viga y te muelo a puñetazos, grandísimo perjuro.

---

[56] Cfr. v. 724.

Lábrax.— ¿Que no voy a poder llevarme a mis esclavas del altar de Venus?

Tracalión.— No puedes. Así lo disponen nuestras leyes.

Lábrax.— Yo no tengo nada que ver con vuestras leyes. Ahora mismo me las llevo yo a las dos de aquí. *(A Démones.)* Tú, viejo, si estás enamorado de ellas *(extendiendo la mano como para recibir dinero)*, no tienes más que poner aquí dinero seco[57]. Si es Venus la que se ha encaprichado de ellas, que me pague su importe.

Démones.— ¿Que te pague a ti su importe? Pues bien, para que sepas cuál es mi decisión, atrévete a ponerles la mano encima, de bromita, sólo un poquito y te dejo en tal estado 730 que no te reconoces ni tú mismo. *(A sus esclavos.)* Y vosotros, en cuanto os haga una señal, si no le vaciáis las órbitas de los ojos, como se ciñen los ramos de mirto con juncos, os ceñiré con mimbres las costillas.

Lábrax.— Estás usando la violencia conmigo.

Tracalión.— Pero, ¿te atreves a acusar a alguien de violencia, príncipe de los canallas?

Lábrax.— Y tú, supergranuja, ¿te atreves a insultarme?

Tracalión.— Sí, lo reconozco, yo soy un supergranuja y tú eres el colmo de la honradez. Pero, ¿es ello motivo para que dejen de ser libres?

Lábrax.— ¿Cómo que libres?

Tracalión.— Sí y dueñas tuyas, por Hércules, y naturales de la verdadera Grecia. *(Señalando a Palestra.)* Pues ésta ha nacido en Atenas, de padres libres.

Démones.— ¿Qué te estoy oyendo?

Tracalión.— *(Siempre señalando a Palestra.)* Que ésta ha nacido libre en Atenas.

Démones.— ¡Oh cielos! ¿Es ella compatriota mía? 740

Tracalión.— ¿Tú no eres de Cirene?

Démones.— No, yo he nacido, he sido criado y educado en Atenas, en el Ática.

Tracalión.— Te lo suplico, viejo, defiende a unas conciudadanas tuyas.

---

[57] Aunque el sentido de la expresión *arido argento* es controvertido, parece claro que Lábrax no quiere saber nada con cualquier cosa que tenga algo que ver con el agua. Creemos, por tanto, que la explicación del *Thesaurus* "facete dictum. Ipse (sc. Labrax) enim uvidus est" es acertada.

DÉMONES.— *(Evocando nostálgicamente a su hija perdida.)* ¡Oh, hija mía! *(Señalando a Palestra.)* Cuando la veo, tu recuerdo reaviva mis penas... Tenía tres años cuando me fue robada y ya sería de tu edad, estoy seguro, si es que está viva.

LÁBRAX.— Yo he pagado mi dinero por las dos al dueño al que pertenecían. ¿Qué me importa a mí que hayan nacido en Atenas o en Tebas, con tal que sean legalmente mis esclavas?

TRACALIÓN.— ¿Ah, sí, desvergonzado? ¿Vas a poseer tú, garduña de doncellas, a ciudadanas libres robadas a sus padres y a mancillarlas con un oficio indigno? *(Señalando a Ampelisca.)* Porque ésta no sé de qué país es, pero lo que sí sé es que vale mucho más que tú, viejo asquerosísimo. 750

LÁBRAX.— Eso lo eres tú[58].

TRACALIÓN.— Comprobemos, pues, observando la espalda, quién de los dos es más digno de crédito. Si no tienes más costuras en tu espalda que clavos una nave de guerra, en ese caso seré yo el mayor mentiroso del mundo. Después, cuando hayas inspeccionado la tuya, mira la mía. Si no está tan limpia, que cualquier botero podría decir que es un cuero perfecto para trabajar y carente de mancha alguna, ¿te parece bien que... te flagele con el látigo, hasta que me harte?... ¿Por qué las miras? Si llegas a tocarlas, te arranco los ojos. 760

LÁBRAX.— Pues, ya que me lo prohíbes, me las llevaré conmigo a las dos juntas.

TRACALIÓN.— ¿Y cómo lo conseguirás?

LÁBRAX.— Traeré a Vulcano, que es enemigo de Venus[59]. *(Se dirige a casa de Démones.)*

TRACALIÓN.— *(A Démones.)* ¿Adónde va?

LÁBRAX.— *(Llamando a la casa de Démones.)* ¡Eh! ¿Hay alguien aquí? ¡Eh!

DÉMONES.— Si le tocas a la puerta, por Hércules, que te siembro la cara de puñetazos[60].

---

[58] Leemos, siguiendo a Sonneschein, *tua istaec sunt*.

[59] Vulcano, como se sabe, es el dios del fuego, con el que se identifica: cfr. *Amph.* 341, *Aul.* 359, *Men.* 330. En cuando a su enemistad con Venus, su esposa, sin duda se alude a la leyenda de las relaciones ilícitas de esta última con Marte, que fueron descubiertas y denunciadas a su marido por el Sol.

[60] Para hacerla más comprensible, reformamos, en nuestra traducción, un poco la metáfora original. Literalmente dice: "Recogeremos la cosecha en tu cara con horcas hechas de puño."

LORARIO.— No tenemos fuego. Nos alimentamos de higos secos.

DÉMONES.— Yo te daré fuego, si se trata de encenderlo en tu cabeza.

LÁBRAX.— Por Hércules, que iré a buscarlo a otra parte.

DÉMONES.— ¿Y qué harás cuando lo encuentres?

LÁBRAX.— Haré aquí una gran hoguera.

DÉMONES.— ¿Sin duda para quemar en ella tu maldad?[61]

LÁBRAX.— No, para quemarlas vivas a las dos aquí en el altar. Esa es mi intención.

TRACALIÓN.— Y yo a ti te cogeré en el acto por la barba, te arrojaré a la hoguera y, cuando estés medio tostadito, te echaré de pasto a las aves carroñeras. 770

DÉMONES.— *(Aparte.)* Cuando reflexiono sobre el significado de mi sueño, éste es el mono, que quiere sacar del nido a estas golondrinas contra su voluntad, como ocurría en mi sueño.

TRACALIÓN.— *(A Démones.)* ¿Sabes lo que te pido, viejo? Que las protejas y las defiendas de toda violencia, hasta que yo traiga aquí a mi amo.

DÉMONES.— Sí, ve a buscarlo y tráelo aquí.

TRACALIÓN.— *(Señalando a Lábrax.)* Pero que éste no...

DÉMONES.— Le costará muy caro, si las toca o si solamente lo intenta.

TRACALIÓN.— Abre bien los ojos.

DÉMONES.— Ya los tengo abiertos. Vete.

TRACALIÓN.— Y a él vigílalo también, no se vaya a escapar. Porque hemos prometido al verdugo entregarle hoy a este bribón o un talento.

DÉMONES.— Anda, vete, que lo tendré bien vigilado, hasta que vuelvas.

TRACALIÓN.— Enseguida estaré aquí de vuelta.

---

[61] El sentido del texto latino en este punto *(Quin inhumanum exuras tibi?)* es inseguro. La interpretación que damos es la misma de Sonneschein *(inhumanum = "inhumanidad")*, por más que su sentido pueda no parecer demasiado satisfactorio. Posiblemente haya en el texto un juego de palabras, si tenemos en cuenta que *ignem magnum* pronunciado *inemanum* suena de forma muy parecida a *inhumanum*. Ernout, interpretando un tanto arbitrariamente, como él mismo admite, *inhumanum* por "cadáver", traduce, "para quemar en ella tu cadáver", traducción a la que se atiene la mayoría de los traductores.

ESCENA QUINTA

Démones, Lábrax, Palestra, Ampelisca

Démones.— Lenón, ¿tú qué prefieres, recibir una paliza para 780 que te estés quieto o estarte quieto sin necesidad de paliza? Puedes elegir.

Lábrax.— A mí todo lo que dices me importa un bledo, viejo. Son mías y en contra de tu voluntad, de la de Venus y de la de Júpiter Supremo las arrancaré ahora mismo del altar por los cabellos.

Démones.— Tú tócalas.

Lábrax.— Claro que las tocaré, por Hércules.

Démones.— Ea, pues, acércate aquí.

Lábrax.— *(Señalando a los lorarios.)* Pues manda a esos que se alejen un poco.

Démones.— Al contrario, se acercarán a ti.

Lábrax.— Por Hércules, que no es ése mi deseo.

Démones.— ¿Y qué harás si se acercan a ti?

Lábrax.— Me alejaré yo de ellos. Pero, si algún día te encuentro en la ciudad, viejo, nadie me volverá a llamar lenón, si 790 no te las hago pasar moradas.

Démones.— Ya tendrás tiempo de cumplir tus amenazas. Pero ahora, de momento, si las tocas, recibirás una gran zurra.

Lábrax.— ¿Muy grande?

Démones.— Tan grande como se merece un lenón.

Lábrax.— Me importan un bledo tus amenazas. Yo te aseguro que, lo quieras o no, me las llevaré ahora mismo a las dos.

Démones.— Tú tócalas.

Lábrax.— Claro que las tocaré, por Hércules.

Démones.— ¿Que las tocarás? Pues no sabes la que te espera. *(A un lorario.)* Turbalión, ve a casa de una carrera y trae dos mazas.

Lábrax.— ¿Mazas?

Démones.— *(Al lorario.)* Y bien gruesas. Date prisa. *(A Lá-* 800 *brax.)* Te voy a hacer yo hoy un gran recibimiento, tal como te mereces.

Lábrax.— ¡Ay, pobre de mí, que perdí mi casco en la nave! Ahora sí que me sería útil si se hubiera salvado del naufragio. *(A Démones.)* ¿Puedo, al menos, dirigirles la palabra?

Démones.— No puedes. *(Viendo regresar a Turbalión con las dos mazas.)* ¡Ah, estupendo, ahí viene mi macero!
Lábrax.— *(Observando las mazas.)* ¡Por Pólux, ése sí que es un buen medio para hacer zumbar los oídos!
Démones.— Vamos, coge una de las mazas, Espárax. *(Colocando a los dos lorarios a ambos lados del altar.)* Vamos, poneos el uno a este lado y el otro a ése. Poneos en guardia los dos. Así. Y ahora oídme. Si ese tipo se atreve a tocarlas contra 810 su voluntad, aunque sólo sea con un ded...o, y vosotros no le ded...icáis[62] unos buenos mazazos hasta que no sepa por dónde se vuelve a su casa, sois los dos hombres muertos. Y si le dirige la palabra a alguna de las dos, respondedle vosotros por ellas desde vuestros puestos. Y si él quiere marcharse de aquí, a toda prisa y sin perder un instante, abrazadle las piernas con las estacas.
Lábrax.— ¿Es que tampoco a mí me dejarán marchar de aquí?
Démones.— He dicho bastante. *(A sus esclavos.)* Y cuando ese esclavo que se ha ido a buscar a su amo, llegue con él, íos inmediatamente a casa. Haced el favor de cumplir mis órdenes 820 al pie de la letra.
Lábrax.— ¡Ay, por Hércules, con qué rapidez se transforman aquí los templos! Ahora ya es éste un templo de Hércules y hace un momento era un templo de Venus[63]. Ved, si no, a esos dos tipos de las mazas, que ha dejado el viejo ahí. No sé, por Hércules, adónde diablos puedo huir de aquí. ¡Con tal furia los dos elementos, la tierra y el mar, se desencadenan contra mí! ¡Palestra!
Lorario.— *(Levantando su maza con gesto amenazador.)* ¿Qué quieres?
Lábrax.— Aparta. Ha habido una confusión. Me ha respondido una Palestra que no es la mía. ¡Eh, Ampelisca!
Lorario.— *(Amenazando a Lábrax con las maza.)* Ten cuidado, que te vas a llevar un mazazo.
Lábrax.— *(Aparte.)* Para ser unos bribones, no dan malos

---

[62] Aunque admitimos que resulta difícil de captar en la traducción, con la paranomasia "dedo... dedicáis" tratamos de sugerir la mucho más evidente, *invitas... invitassitis*, del texto latino.

[63] Téngase en cuenta, para entender la reflexión de Lábrax que los lorarios que los vigilan están armados de mazas y la maza es el arma de Hércules por excelencia.

consejos. *(A los lorarios.)* Pero, ¡eh, vosotros, escuchadme! 830
¿Hay algún inconveniente en que me acerque un poco a ellas?
　LORARIO.— Ninguno... para nosotros.
　LÁBRAX.— ¿Y habrá alguno para mí?
　LORARIO.— Ninguno, si tienes cuidado.
　LÁBRAX.— ¿De qué he de tener cuidado?
　LORARIO.— *(Levantando su bastón.)* ¡Mira! De llevar un buen mazazo.
　LÁBRAX.— Os pido, por favor, que me dejéis marchar.
　LORARIO.— *(Irónicamente.)* Vete, si quieres.
　LÁBRAX.— Muchas gracias; sois muy amables. Pero prefiero no moverme de aquí. Vosotros quedaos ahí donde estáis. ¡Por Pólux, hoy sí que me ha salido todo mal! Mas estoy decidido a prolongar el asedio hasta conquistar la fortaleza.

ESCENA SEXTA

PLEUSIDIPO, TRACALIÓN, LÁBRAX, CÁRMIDES, LORARIOS,
PALESTRA, AMPELISCA

　PLEUSIDIPO.— *(Regresando con Tracalión, sin ver a los otros personajes.)* ¿Que el lenón pretendió arrancar del altar de 840 Venus a mi amiga por la fuerza y la violencia?
　TRACALIÓN.— Exactamente.
　PLEUSIDIPO.— ¿Y por qué no lo mataste en el acto?
　TRACALIÓN.— No tenía espada.
　PLEUSIDIPO.— ¡Hubieras cogido una estaca o una piedra!
　TRACALIÓN.— ¿Cómo? ¿Perseguir yo a un hombre a pedradas, como si se tratara de un perro?
　PLEUSIDIPO.— ¡A un hombre no, a un canalla!
　LÁBRAX.— *(Aparte)* ¡Ahora sí que estoy perdido! Ahí llega Pleusidipo, que me va a sacudir hasta el más fino polvillo de todo el cuerpo.
　PLEUSIDIPO.— *(A Tracalión.)* ¿Y todavía estaban sentadas en el altar las dos jóvenes cuando partiste en mi búsqueda?
　TRACALIÓN.— Y en él siguen sentadas.
　PLEUSIDIPO.— ¿Y quién se encarga de su custodia?
　TRACALIÓN.— Un viejo que conozco, vecino de Venus. Él nos ha prestado una inestimable ayuda. Y ahora monta guar- 850 dia con sus esclavos. Yo se lo encargué.
　PLEUSIDIPO.— Condúceme directamente al lenón. ¿Dónde está ese individuo?

LÁBRAX.— *(Acercándose a Pleusidipo.)* ¡Salud!
PLEUSIDIPO.— No me interesa tu salud. Elige rápidamente. ¿Qué prefieres, ser arrastrado por el cuello o conducido por la fuerza ante el juez? Elige una de las dos opciones, mientras puedes.
LÁBRAX.— No quiero ni lo uno ni lo otro.
PLEUSIDIPO.— *(A Tracalión.)* Anda, Tracalión, vete de una carrera a la playa, y dile a esa gente que traje conmigo para entregar a este traidor al verdugo, que vayan a la ciudad y se reúnan conmigo en el puerto. Después vuelve aquí y monta guardia. Yo llevaré ante el juez a este maldito exiliado[64]. *(Tra-* 860 *calión sale; a Lábrax.)* Vamos, camina a presencia del juez.
LÁBRAX.— ¿Y qué delito he cometido?
PLEUSIDIPO.— ¿Lo preguntas? ¿No te di una fianza por Palestra y, a pesar de ello, te la llevaste al extranjero?
LÁBRAX.— No me la llevé.
PLEUSIDIPO.— ¿Por qué lo niegas?
LÁBRAX.— Porque la embarqué, pero, desgraciadamente, no conseguí llevármela. ¿No te dije que me reuniría contigo junto al santuario de Venus? ¿Es que no he cumplido mi promesa? ¿No estoy donde te dije?
PLEUSIDIPO.— Ya defenderás tu causa ante el juez. Aquí basta ya de palabras. *(Agarrando por el cuello a Lábrax.)* Sígueme.
LÁBRAX.— ¡Socorro, mi querido Cármides, ayúdame! Me arrastran por el cuello.
CÁRMIDES.— *(Saliendo del templo, donde dormía su borrachera marina.)* ¿Quién me llama?
LÁBRAX.— ¿No ves cómo me arrastran por la fuerza?
CÁRMIDES.— Sí, y contemplo encantado el espectáculo.
LÁBRAX.— ¿Y no vas a ayudarme? 870
CÁRMIDES.— ¿Quién te arrastra?
LÁBRAX.— El joven Pleusidipo.
CÁRMIDES.— Tú te lo buscaste. Te está bien empleado. Y mejor harías en ir contento a la cárcel. Has tenido la suerte de obtener lo que la mayoría de los hombres desean.
LÁBRAX.— ¿Y qué desean?

---

[64] Alusión al fallido intento de cambio de residencia del lenón, que la tempestad ha frustrado. A pesar de que el verso es considerado corrupto por algunos críticos, no creemos que ofrezca un sentido poco satisfactorio.

CÁRMIDES.— Encontrar lo que buscan.
LÁBRAX.— Acompáñame, te lo suplico.
CÁRMIDES.— Tus consejos son iguales que tú. Como te llevan a la cárcel, por eso me suplicas que te acompañe.
PLEUSIDIPO.— *(A Lábrax, que se agarra desesperadamente a la capa de Cármides.)* ¿Quieres soltarlo?
LÁBRAX.— ¡Muerto estoy!
PLEUSIDIPO.— ¡Ojalá fuera cierto! Tú, Palestra mía, y tú, Ampelisca, no os mováis de donde estáis hasta que yo regrese.
LORARIO.— Yo les aconsejaría que entraran en nuestra casa 880 hasta que vuelvas. Creo que es mejor.
PLEUSIDIPO.— De acuerdo. Muchas gracias.
LÁBRAX.— Sois unos ladrones.
LORARIO.— ¿Unos ladrones? *(A Pleusidipo.)* Llévatelo.
LÁBRAX.— Te lo ruego, te lo suplico, Palestra...
PLEUSIDIPO.— *(A Lábrax.)* Camina, verdugo.
LÁBRAX.— *(A Cármides.)* Huésped...
CÁRMIDES.— No soy tu huésped. Renuncio a tu hospitalidad.
LÁBRAX.— ¿Conque me desprecias?
CÁRMIDES.— Yo soy así. Sólo bebo una vez.
LÁBRAX.— ¡Que los dioses te maldigan!
CÁRMIDES.— Esos deseos guárdatelos para ti. *(Salen los otros; Cármides solo.)* Creo yo que cada hombre se transforma en un animal diferente. Y ese lenón, creo yo, se transformará en palomo, porque dentro de no mucho tendrá el cuello metido en un palomar[65]. En la cárcel hará él hoy su nido. Pero, de 890 todas formas, iré a asistirlo en el juicio, a ver si gracias a mi ayuda puede ser... condenado más rápidamente.

---

[65] Suele entenderse *columbar* ("palomar") como un tipo de cepo que consistía en una tabla con varios agujeros, que servían para sujetar el cuello, las manos y los pies del prisionero. Su nombre estaría justificado por el parecido entre dichos agujeros y los de un palomar. Podría haber, además, un juego de palabras entre *columbar* y *collum*. Marx supone que Plauto está tratando de reproducir un juego de palabras griego entre κολοιός ("grajo, chova") y κλοιός ("collar, cadena").

ACTO CUARTO

ESCENA PRIMERA

DÉMONES

Hice bien y me alegro de haber prestado auxilio a estas chiquillas. Ya tengo dos clientas, y las dos muy bonitas y jovencitas. Pero mi maldita mujer no me quita el ojo de encima, temiendo que haga alguna seña a las chiquillas... Pero me pregunto qué diablos estará haciendo nuestro esclavo Gripo, que, en plena noche, se fue a pescar al mar. Más juicioso hubiera demostrado ser, quedándose a dormir en casa. Pues, con el 900 temporal que hace y que esta noche hizo, va a perder el tiempo y las redes. En mis dedos voy a cocer yo lo que él pesque, en vista de lo agitado y enfurecido que está el mar. Pero me llama mi mujer a almorzar. Vuelvo a casa. No tardará en llenarme los oídos con sus vanilocuencias. *(Entra en casa.)*

ESCENA SEGUNDA

GRIPO

(Solo, llevando un baúl en su red, de la que cuelga un cabo que arrastra detrás de él.) A Neptuno, mi patrono, que habita en las regiones saladas y pobladas de peces, le doy gracias por haberme permitido regresar sano y salvo de sus dominios, colmado de riquezas, cargado con un abundante botín, 910 sin que sufriera daño mi barca, que, en medio de un mar tempestuoso, me proporcionó una pesca tan insólita como abundante. Ha sido maravilloso e increíble que tuviera la suerte de conseguir una pesca semejante; ha sido extraordinario. Y eso que no he cogido ni una onza de pescado, salvo esto que llevo en mi red. A altas horas de la noche y sin pereza me levanté de la cama, anteponiendo la ganancia al sueño y al descanso. A pesar de la furia del temporal quise averiguar si encontraba con qué aliviar la pobreza de mi amo y mi propia esclavitud. No escatimé esfuerzo alguno. Nada vale el hombre 920 perezoso y mucho odio yo a los de esa especie. Ha de estar en vela el hombre que quiere cumplir puntualmente sus obliga-

ciones. No tiene que esperar a que su amo lo despierte para cumplir con su deber. Pues los que duermen a pierna suelta, no sólo no obtienen ningún beneficio sino que se exponen a ganarse unos buenos palos. Yo, en cambio, que no he sido perezoso, he encontrado ahora la forma de serlo, si quiero. *(Mostrando el baúl, que lleva dentro de la red.)* Lo que hay aquí dentro lo he encontrado en el mar y lo que hay dentro pesa mucho. Creo yo que aquí dentro hay oro. Y nadie conoce mi secreto. Ahora es la ocasión, Gripo, de obtener inmediatamente tu libertad del pretor[66]. Esto es lo que haré, éste es el plan que he trazado. Me dirigiré a mi amo con habilidad y astucia. Poquito a poco le ofreceré una suma de dinero por mi libertad. Y, cuando sea libre, entonces compraré tierras, una 930 casa, esclavos. Fletaré grandes barcos para dedicarme al comercio. Seré tenido por rey entre los reyes. Después, para mi recreo, me construiré un barco e imitaré a Estratonico[67]. Viajaré de ciudad en ciudad. Y, cuando mi celebridad sea grande, levantaré una gran ciudad amurallada y le pondré por nombre Gripo. Será un monumento a mi fama y mis hazañas pues yo la convertiré en la capital de un gran imperio... Éstos son los grandes proyectos que bullen en mi cabeza. Ahora esconderé este baúl. Y de momento nuestro rey se va a desayunar una taza de vinagre y sal, sin poder disfrutar de un buen guisado.

ESCENA TERCERA

Tracalión, Gripo

Tracalión.— *(Regresando de la playa.)* ¡Eh, espera!
Gripo.— ¿A qué he de esperar?
Tracalión.— A que te recoja este cabo que vas arrastrando.
Gripo.— No, déjalo.
Tracalión.— Pero si quiero ayudarte, por Pólux. Pues el bien que se hace a los buenos nunca queda sin recompensa.

---

[66] Recuérdese que en Roma la ceremonia de liberación de los esclavo se hacía delante del pretor: cfr. *Pseud.* 358.
[67] Suele pensarse que se trata de un célebre músico de tiempos de Alejandro el Magno que recorrió Grecia, dando conciertos en todas sus principales ciudades. Se supone que Plauto ha conservado una alusión del modelo griego.

GRIPO.— Hubo ayer un violento temporal y no traigo nada 940
de pescado, joven. No vayas a pensar otra cosa. ¿No ves que
vuelvo empapado, con la red vacía de animales cubiertos de
escamas?
TRACALIÓN.— ¡Pero si yo, por Pólux, no son peces lo que
quiero! Lo que necesito es hablar contigo.
GRIPO.— Me estás mareando, eres un pesado, quienquiera
que seas. *(Hace ademán de marcharse.)*
TRACALIÓN.— *(Agarrándolo por el vestido.)* Por Pólux, que
no te dejaré marchar yo de aquí. Espera.
GRIPO.— ¡Ten cuidado, que te vas a llevar una paliza! ¿Por
qué me tiras de la ropa?
TRACALIÓN.— Escucha.
GRIPO.— No te escucho.
TRACALIÓN.— Por Pólux, que me escucharás.
GRIPO.— Bueno, venga, dime lo que sea.
TRACALIÓN.— Atiende. Te merece la pena oír lo que te voy a
contar.
GRIPO.— Habla, ¿de qué se trata?
TRACALIÓN.— Mira si alguien nos sigue.
GRIPO.— ¿Es algo que me concierna? 950
TRACALIÓN.— Por supuesto. Pero, ¿podrías tú darme un buen
consejo?
GRIPO.— ¿De qué se trata? Dime.
TRACALIÓN.— Te lo diré, calla; pero sólo si me prometes que
vas a ser sincero.
GRIPO.— Te lo prometo. Seré sincero, quienquiera que seas.
TRACALIÓN.— Escucha. Yo vi a alguien cometer un robo y
yo conocía al dueño de lo robado. Entonces me voy yo a ver
al ladrón y le propongo un trato en estos términos: "Yo sé a
quién pertenece lo que has robado. Si estás dispuesto a darme
la mitad, no te denunciaré a su dueño." Pero todavía no me ha
contestado nada. ¿Qué parte es justo que me dé? La mitad, ¿no 960
te parece?
GRIPO.— E incluso más de la mitad, por Hércules. Y si no
te lo da, debes decírselo a su dueño. Ésa es mi opinión.
TRACALIÓN.— Seguiré tu consejo. Ahora presta atención,
porque todo esto te concierne.
GRIPO.— ¿Qué ha ocurrido?
TRACALIÓN.— *(Señalando el baúl que ha pescado Gripo.)*
De ese baúl conozco yo al dueño desde hace mucho tiempo.
GRIPO.— ¿Qué dices?
TRACALIÓN.— Y sé cómo fue perdido.

GRIPO.— Y yo cómo fue encontrado. Y conozco al que lo encontró y sé quién es actualmente su dueño. Pero esta historia te afecta a ti tan poco como a mí la tuya. Yo conozco a su dueño actual, tú conoces al anterior. Este baúl no me lo quitará nadie. No esperes conseguirlo.

TRACALIÓN.— ¿Ni siquiera te lo quitaría su dueño si se presentara aquí?

GRIPO.— Este baúl no tiene otro dueño que yo, para que lo sepas. Yo lo he capturado en mi cacería.

TRACALIÓN.— ¡Ah! ¿Sí?

GRIPO.— ¿Dirías tú que hay en el mar algún pez que sea mío? Pues cuando los cojo, si es que los cojo, son míos, me considero su dueño. A nadie se le ocurre reivindicar su propiedad, nadie viene a reclamar su parte. Los vendo en el foro, a la vista de todo el mundo, como si fueran mis esclavos. El mar, sin duda alguna, es propiedad de todos.

TRACALIÓN.— De acuerdo. Entonces, ¿por qué no ha de ser también propiedad mía el baúl? Ha sido hallado en el mar, que es propiedad de todos.

GRIPO.— ¡Habrase visto desvergüenza mayor! Si fuera legal lo que pretendes, eso sería la ruina de los pescadores. Porque, en cuanto los peces fueran expuestos en el mercado, nadie los compraría. Cada uno reclamaría su parte para sí, diciendo que habían sido pescados en el mar, propiedad de todos.

TRACALIÓN.— ¿Qué dices, desvergonzado? ¿Te atreves a comparar un baúl con los peces? ¿Te parece lo mismo?

GRIPO.— Eso no depende de mí. Una vez que echo al agua mi red y mi anzuelo, saco todo lo que en ellos queda prendido. Lo que han cogido mi red y mis anzuelos, es mío y sólo mío.

TRACALIÓN.— No, no lo es, por Hércules, si lo que sacas es un mueble.

GRIPO.— ¡Filósofo![68]

TRACALIÓN.— ¿Es que tú has visto alguna vez, brujo maldito, a un pescador pescar un pez baúl o exponer alguno en el foro? Tú no puedes desempeñar todos los oficios que te venga

---

[68] El término está empleado, evidentemente, con el sentido injurioso de "sofista". Recuérdese que las pullas contra los filósofos y la filosofía son un rasgo típico del antihelenismo de Plauto: cfr. n. 19 del *Mercator*.

en gana. ¿O es que pretendes, bellaco, ser a la vez pescador y trenzador de cestos? O me enseñas qué clase de pez es ese pez baúl o has de dejar lo que no ha nacido en el mar y no tiene escamas.

Gripo.— ¿Cómo? ¿Es que tú hasta ahora no habías oído hablar del pez baúl?

Tracalión.— ¡No existe, granuja!

Gripo.— ¡Claro que existe! ¡Si lo sabré yo que soy pescador! Lo que pasa es que se pesca muy raramente. No hay otro pez que se acerque a tierra firme con menor frecuencia.

Tracalión.— Pierdes el tiempo, si esperas que vas a poder engañarme, bribón. ¿De qué color es ese pez?

Gripo.— De este color se pescan muy poquitos. Los hay que tienen la piel de color rojo y también los hay grandes y negros.

Tracalión.— Entiendo. Y tú, por Hércules, me parece que te vas a convertir en pez baúl si no te andas con cuidado. Pues tu piel se pondrá primero roja para volverse después negra[69].

Gripo.— *(Aparte.)* ¡Vaya maldición que se ha cruzado en mi camino!

Tracalión.— No hacemos más que hablar y el tiempo pasa. Dime, por favor, a quién quieres que tomemos por árbitro.

Gripo.— ¿Por árbitro? Al baúl.

Tracalión.— ¡Ah! ¿Sí?

Gripo.— Sí.

Tracalión.— En verdad que eres un necio.

Gripo.— ¡Salud, Tales[70]!

Tracalión.— Tú el baúl hoy no te lo llevarás de aquí si no nombras un depositario[71] o un árbitro, para que resuelva nuestra disputa.

Gripo.— Dime, ¿tú estás bien de la cabeza?

---

[69] Como sucede con todos los hematomas producidos por golpes o heridas.

[70] Tales para Plauto y la tradición cómica, en general, era prototipo proverbial de sabiduría: cfr. *Bacch.* 122 y n., *Capt.* 274, etc.

[71] En el derecho romano, el depósito "es un contrato gratuito, protegido por una acción de buena fe, por el que el depositante entrega una cosa mueble al depositario para que la custodie y se la devuelva cuando se la pida." (M. García Garrido, *Derecho privado romano*, Madrid 1993, pág. 387.)

TRACALIÓN.— Soy un loco furioso[72].

GRIPO.— Y yo soy un poseso. El baúl, sin embargo, no lo dejaré.

TRACALIÓN.— Di una sola palabra más y te hundo mis puños en el cerebro. Te voy a estrujar yo a ti, si no sueltas el baúl, como se hace con las esponjas nuevas, hasta exprimir todo el jugo que tienes en el cuerpo.

GRIPO.— Tócame y te estrello contra el suelo, como hago 1010 yo con los pulpos. ¿Quieres pelea?

TRACALIÓN.— ¿Para qué? Es mejor que repartas el botín conmigo.

GRIPO.— Como no sea una paliza, otra cosa no te llevarás, no insistas. Me marcho yo de aquí.

TRACALIÓN.— *(Cortándole el paso.)* Pues yo cambiaré el rumbo de mi nave, para que no puedas irte.

GRIPO.— Si tú eres el proel, yo seré el timonel. Suelta el cabo, maldito.

TRACALIÓN.— Lo soltaré, pero suelta tú el baúl.

GRIPO.— Te juro, por Hércules, que con lo que obtengas de él hoy tu riqueza no se incrementará en un perro chico.

TRACALIÓN.— Te aseguro que con tus negativas no me harás desistir del empeño. O me das una parte, o recurrimos a un árbitro o ponemos el baúl en depósito.

GRIPO.— ¿Un baúl que yo cogí en el mar...

TRACALIÓN.— Pero que yo te vi coger desde la costa.

GRIPO.— ... con mi trabajo y esfuerzo, mi red y mi barca? 1020

TRACALIÓN.— ¿Y tú crees que, si ahora se presentara el dueño del baúl, no sería yo tan ladrón como tú?

GRIPO.— Lo mismo.

TRACALIÓN.— ¡Alto, bribón! ¿Y por qué razón voy a ser yo cómplice en el robo pero no participe en el botín? Quiero que me lo expliques.

GRIPO.— No lo sé. Yo no sé nada de vuestras leyes urbanas. Lo único que digo es que este baúl es mío.

TRACALIÓN.— Y yo afirmo que también es mío.

GRIPO.— Espera. Ya he encontrado la forma de que no seas ni cómplice ni participe.

TRACALIÓN.— ¿Cuál es?

---

[72] Lat. *eleborosus*, lit. "adicto al eléboro" o "sometido a un tratamiento de eléboro". Recordaremos que el eléboro era en la antigüedad el remedio tradicional de la locura.

Gripo.— Déjame marchar de aquí y tú sigue en silencio tu camino. Tú no me denuncies a nadie y yo no te daré nada. Tú estate callado y yo no abriré la boca. Es la mejor solución y la más justa.
Tracalión.— ¿Quieres que lleguemos a un acuerdo?   1030
Gripo.— Ya hace tiempo que te estoy proponiendo uno: que te vayas, que sueltes el cabo y que no me molestes.
Tracalión.— Espera, que te voy a hacer una contrapropuesta.
Gripo.— Lo que tienes que hacer es largarte de aquí, te lo suplico.
Tracalión.— ¿Conoces a alguien en estos lugares?
Gripo.— A mis vecinos, naturalmente.
Tracalión.— ¿Y tú dónde vives?
Gripo.— Allá lejos, al final de estos campos.
Tracalión.— *(Señalando la casa de Démones.)* ¿Quieres que tomemos por árbitro al dueño de esta casa?
Gripo.— Suelta un momento el cabo, mientras me separo un poco y lo pienso.
Tracalión.— De acuerdo.
Gripo.— *(Aparte.)* ¡Viva! ¡Estoy salvado! El botín es todo mío. Me invita a someterme al arbitraje de mi amo, dentro de mi propio pesebre. Estoy seguro de que mi amo no va a quitar por su decisión ni un solo óbolo[73] a uno de sus esclavos. Ése no sabe la propuesta que me ha hecho. Me someteré al arbi-   1040 traje.
Tracalión.— *(Impaciente.)* ¿Y qué?
Gripo.— Aunque sé muy bien que este baúl me pertenece de pleno derecho, acepto tu propuesta, antes de pelearme contigo.
Tracalión.— Así me gusta.
Gripo.— No conozco el árbitro al que me conduces, pero, si actúa con justicia, aunque no lo conozca, lo conozco. Si no lo hace, aunque lo conociera, sería un completo desconocido.

---

[73] Lit. "un tribóbolo", es decir, una moneda de tres óbolos (= media dracma). Sin embargo, Plauto emplea la palabra con el valor impreciso de una pequeña suma de dinero (cfr. L. Nadjo, *L'argent et les affaires à Rome des origines au IIe siècle avant J. C.*, Lovaina-París 1989, 25) y de ahí nuestra traducción.

ESCENA CUARTA

Démones, Palestra, Ampelisca, Gripo, Tracalión

Démones.— *(Saliendo de casa acompañado por las dos jóvenes y seguido por sus lorarios.)* De verdad os lo digo, hijas mías: aunque vuestros deseos son mis deseos, tengo miedo de que por vuestra culpa mi mujer me eche de casa. Pues me acusará de haber traído unas concubinas a su propia casa. Prefiero que seáis vosotras las que os refugiéis en el altar a que haya de hacerlo yo.
Palestra y Ampelisca.— ¡Ay de nosotras! ¡Estamos perdidas!
Démones.— Pero yo os salvaré, no temáis. *(A los lorarios.)* Pero, ¿para qué venís con nosotros? Estando yo presente, nadie les hará daño. Vamos, entrad los dos enseguida en casa. Os relevo de la guardia, guardianes.
Gripo.— *(A Démones)* ¡Oh, amo, salud!
Démones.— ¡Salud, Gripo! ¿Qué hay?
Tracalión.— *(A Démones.)* ¿Este hombre es tu esclavo?
Gripo.— Y no me avergüenzo de ello.
Tracalión.— No estoy hablando contigo.
Gripo.— En ese caso, vete de aquí, por favor.
Tracalión.— Contéstame, viejo, te lo ruego. ¿Es tu esclavo?
Démones.— Sí, lo es.
Tracalión.— ¡Oh, lo celebro! Te saludo de nuevo.
Démones.— Y yo a ti. ¿No eres tú el que se fue de aquí hace un rato a buscar a su amo?
Tracalión.— Sí, el mismo.
Démones.— ¿Qué quieres ahora?
Tracalión.— ¿De verdad que es tu esclavo?
Démones.— Sí, lo es.
Tracalión.— Lo celebro.
Démones.— ¿Qué sucede?
Tracalión.— Este individuo es un granuja.
Démones.— ¿Y qué te hizo a ti ese granuja?
Tracalión.— Este tipo merece que le rompan las piernas.
Démones.— ¿Cuál es el motivo de vuestro pleito?
Tracalión.— Te lo diré.
Gripo.— No, se lo diré yo.
Tracalión.— De mí, creo yo, parte la acusación.

GRIPO.— Si tuvieras una pizca de vergüenza, serías tú el que partirías de aquí[74].
DÉMONES.— Gripo, atiende y calla.
GRIPO.— ¿Que va a ser él quien hable primero?
DÉMONES.— Escucha. *(A Tracalión.)* Habla tú.
GRIPO.— ¿Es que le vas a conceder a un extraño la palabra antes que a uno que te pertenece?
TRACALIÓN.— ¡No hay forma de que se calle! *(A Démones.)* Como te estaba diciendo[75], ¿te acuerdas del lenón que expulsaste hace un rato del santuario? Pues su baúl lo tiene éste. *(Señalando el baúl.)* Míralo.
GRIPO.— No lo tengo.
TRACALIÓN.— Niegas lo que veo con mis ojos.
GRIPO.— ¡Ojalá fueras ciego! *(A Démones.)* Lo tengo y no lo tengo. *(A Tracalión.)* ¿Por qué te metes en mis asuntos?
TRACALIÓN.— Lo importante es saber cómo lo tienes, si legal o ilegalmente.
GRIPO.— Si no es cierto que lo pesqué, acepto que me 1070 cuelgues en lo alto de la cruz[76]. Pero si lo cogí con mi red, ¿por qué iba a ser tuyo más que mío?
TRACALIÓN.— Trata de engañarte. Las cosas han sucedido como te digo.
GRIPO.— ¿Qué dices?[77]
TRACALIÓN.— Lo que diría cualquier personaje importante[78]: *(a Démones)* si es tu esclavo, dale, por... favor, orden de se calle[79].

---

[74] En el texto latino hay un juego de palabras basado en el doble sentido de *facesso:* a) "hacer", "ejecutar" y, en sentido jurídico, como en este caso, "emprender una acción legal", "demandar algo en justicia" y b) "irse", "retirarse". Se ha supuesto que, quizás, "rem facesso" podría interpretarse también en sentido obsceno y de ahí, el comentario *si sis pudicus* ("si tuvieras una pizca de vergüenza") de Gripo.
[75] Sorprenden un poco estas palabras, porque en realidad Tracalión aún no había empezado a decir nada.
[76] lit. "me regales a la cruz".
[77] Marx atribuye estas palabras a Démones.
[78] Ante el que un esclavo, lógicamente, debe permanecer callado. Otros interpretan *primarius vir* en el sentido jurídico de "la persona a la que corresponde el derecho de hablar en primer lugar", es decir, "el demandante" (cfr., por ej., n. de Paratore *ad loc.*).
[79] Tratamos de reflejar un juego de palabras, frecuente en Plauto, basado en el doble sentido de *comprimo:* a) "hacer callar" y b) (en

GRIPO.— ¡Ah, te gustaría que me hiciera, lo que tu amo tiene por costumbre hacerte a ti! Si el tuyo suele darte por... costumbre orden de que te calles, el nuestro a nosotros no nos hace eso.

DÉMONES.— *(A Tracalión, riendo.)* Al menos en agudeza te ha ganado. ¿Qué quieres ahora? Dímelo.

TRACALIÓN.— Te aseguro que yo no reclamo parte alguna de ese baúl para mí ni jamás dije hoy que fuera mío. Pero en su interior hay una cestita que pertenece a la joven que te dije hace un rato que había sido libre.

DÉMONES.— Te refieres a la joven que decías que era compatriota mía, ¿no es cierto?

TRACALIÓN.— Exactamente. Y los cascabeles[80] que llevó colgados del cuello, cuando era niña, están en el interior de esa cestita que está en el interior de ese baúl. Eso a ése no le sirve de nada y, en cambio, a la pobre le será muy útil, si se lo da, para reconocer a sus padres.

DÉMONES.— Yo le obligaré a dárselo. Calla.

GRIPO.— Por Hércules, que yo a ése no le voy a dar nada.

TRACALIÓN.— Sólo pido la cestita y los cascabeles.

GRIPO.— ¿Y si son de oro?

TRACALIÓN.— ¿Y a ti qué más te da? Se te pagará el oro a peso de oro y la plata a precio de plata.

GRIPO.— Pues déjame, por favor, ver el oro y después te dejaré yo ver la cestita.

DÉMONES.— *(A Gripo.)* Tú ándate con ojo y cállate. *(A Tracalión.)* Tú sigue hablando.

TRACALIÓN.— Sólo te pido una cosa *(señalando a Palestra),* que tengas compasión de ella, si de verdad es éste el baúl del lenón, como sospecho. Porque ésta sólo es una suposición, no te aseguro nada.

GRIPO.— *(A Démones.)* ¿No ves que te quiere atrapar en sus redes el muy granuja?

TRACALIÓN.— Déjame seguir hablando. *(A Démones.)* Si este baúl es de ese canalla que te digo *(señalando a las dos muchachas),* ellas podrán reconocerlo. Manda mostrárselo.

---

lenguaje erótico) "violar" o "sodomizar": cfr., por ej., *Amph.* 348 y *Truc.* 262. Por el comentario subsiguiente de Démones, parece que Tracalión utiliza *comprimere* simplemente en el primer sentido y es Gripo quien interpreta en sentido obsceno sus palabras.

[80] Cfr. n. 2 de esta comedia.

Gripo.— ¿Cómo? ¿Mostrárselo?
Démones.— No es injusta, Gripo, su petición de mostrarles el baúl.
Gripo.— No, claro, no es injusta, es el colmo de la injusticia.
Démones.— ¿Por qué?
Gripo.— Porque, si se lo muestro, enseguida dirán que lo reconocen. Está claro.
Tracalión.— ¡Príncipe de los granujas!, ¿crees que todos son como tú? ¡Príncipe de los perjuros!
Gripo.— Todos esos insultos me traen sin cuidado, con tal que *(señalando a Démones)* nuestro árbitro esté de mi parte.
Tracalión.— Y de momento está de tu parte, pero las pruebas lo pondrán de la mía.
Démones.— Escucha, Gripo. *(A Tracalión.)* Tú, di en dos palabras lo que quieres.
Tracalión.— Ya te lo he dicho, pero, por si no lo entendiste bien, te lo diré de nuevo. Estas dos jóvenes, como te dije hace un rato, tienen que ser libres. *(Señalando a Palestra.)* Ésta fue raptada en Atenas de pequeñita.
Gripo.— Dime, ¿y qué tiene que ver con el baúl que sean esclavas o libres?
Tracalión.— Tú quieres, bribón, que te lo repita todo otra vez, para que así vaya transcurriendo el día.
Démones.— Déjate de insultos y aclárame lo que te pregunté.
Tracalión.— Dentro de este baúl debe haber una cestita de junco, que contiene las pruebas que permitirán a esta joven reconocer a sus padres y que llevaba consigo cuando de pequeñita fue raptada en Atenas, como te dije antes.
Gripo.— ¡Que Júpiter y todos los dioses te confundan! Dime, maldito brujo, ¿es que ellas son mudas para no poder hablar en defensa de sus intereses?
Tracalión.— Si están calladas, es porque una mujer que calla siempre es mejor que una que habla.
Gripo.— En ese caso, por lo que a ti respecta, creo que no eres ni hombre ni mujer.
Tracalión.— ¿Por qué?
Gripo.— Porque no eres bueno ni hablando ni callado. *(A Démones.)* Dime, por favor, ¿es que a mí hoy no se me va a permitir hablar nunca?
Démones.— Si vuelves a decir una sola palabra, te destrozo la cabeza.

TRACALIÓN.— Como te decía, viejo, te ruego que le ordenes 1120
devolverles la cestita. Si a cambio quiere una recompensa, se
le dará. Con todo lo demás que haya dentro del baúl, puede
quedarse.
GRIPO.— Ahora por fin hablas así, porque te das cuenta de
que me pertenece de pleno derecho. Hace poco reclamabas la
mitad.
TRACALIÓN.— Y la sigo reclamando.
GRIPO.— He visto yo al milano lanzarse sobre su presa y,
sin embargo, no llevarse nada.
DÉMONES.— ¿No voy a conseguir yo que te calles sin darte
una zurra?
GRIPO.— Si él se calla, me callaré; si él habla, concédeme a
mí también mi turno de hablar.
DÉMONES.— Dame ese baúl, Gripo.
GRIPO.— Te lo confiaré, pero a condición de que, si no hay
nada de lo que dice, me lo devuelvas.
DÉMONES.— Se te devolverá.
GRIPO.— *(Entregándole el baúl.)* Toma.
DÉMONES.— Escúchame ahora, Palestra, y tú también, Ampelisca, lo que voy a decir. *(A Palestra.)* ¿Es éste el baúl donde 1130
decías que estaba tu cestita?
PALESTRA.— Sí.
GRIPO.— ¡Ay, pobre de mí, estoy perdido! Ni siquiera esperó a verlo bien, para decir que sí.
PALESTRA.— Voy yo a solucionarte este problema. Dentro
de ese baúl tiene que haber una cestita de junco. Yo te diré
todo lo que contiene, por su nombre, sin que tú me enseñes
nada. Si me equivoco, habré perdido el tiempo. Vosotros os
quedaréis con todo lo que haya en su interior. Pero si acierto,
entonces, te lo suplico, devuélveme lo que me pertenece.
DÉMONES.— De acuerdo. Es pura justicia lo que pides, a mi
juicio.
GRIPO.— Pues al mío, por Hércules, pura injusticia. ¿Y si es
bruja o adivina y acierta todo lo que hay dentro? ¿Se va a que- 1140
dar con la cestita, por ser adivina?
DÉMONES.— No se llevará nada, si no dice todo lo que hay
dentro. La adivinación no le servirá de nada. Así que desata el
baúl, para que yo sepa cuanto antes lo que hay dentro.
TRACALIÓN.— *(Por Gripo.)* ¡Tocado!
GRIPO.— Ya está desatado.
DÉMONES.— Ábrelo.
PALESTRA.— Ya veo la cestita.

DÉMONES.— ¿Es ésta?
PALESTRA.— Sí, es ésa. ¡Oh, padres míos, ahí dentro os llevo encerrados! Ahí he guardado todas mis riquezas y esperanzas de reconoceros.
GRIPO.— En ese caso, los dioses tienen que estar muy irritados contigo, quienquiera que seas, por haber metido a tus padres en un lugar tan reducido.
DÉMONES.— *(Separándose un poco de Palestra.)* Gripo, acércate aquí; tus intereses están en juego. *(A Palestra.)* Tú, chiquilla, desde donde estás dime qué hay dentro y cómo es. Enuméralo todo. Por Hércules, que, si te equivocas en lo más 1150 mínimo, por más que luego pretendas rectificar, será un trabajo inútil, jovencita.
GRIPO.— Sus palabras son justas.
TRACALIÓN.— Entonces no se parecen a ti, porque tú eres una persona injusta.
DÉMONES.— Habla de una vez, muchacha. Gripo, atiende y calla.
PALESTRA.— Hay unos cascabeles.
DÉMONES.— Sí, los estoy viendo.
GRIPO.— ¡Muerto estoy ya en el primer combate! *(A Démones.)* Espera, no se los enseñes.
DÉMONES.— ¿Cómo son? Contesta sin omitir detalle.
PALESTRA.— En primer lugar, hay una espadita de oro con unas letras grabadas.
DÉMONES.— Dime, en la espadita ¿qué letras hay grabadas?
PALESTRA.— El nombre de mi padre. Además, del otro lado hay una hachita de doble filo, también de oro, con unas letras grabadas. Es el nombre de mi madre el que está grabado en el hachita.
DÉMONES.— Espera. Dime, ¿cuál es el nombre de tu padre 1160 grabado en el hachita?
PALESTRA.— Démones.
DÉMONES.— ¡Dioses inmortales, una gran esperanza nace en mi corazón!
GRIPO.— Y otra se desvanece en el mío.
TRACALIÓN.— Continuad, por favor; no os detengáis.
GRIPO.— Al contrario, tened calma o íos al diablo.
DÉMONES.— *(A Palestra.)* Dime, ¿cuál es el nombre de tu madre grabado en esta hachita?
PALESTRA.— Dédalis.
DÉMONES.— Los dioses quieren mi salvación.
GRIPO.— Y mi perdición.

Démones.— Tiene que ser mi hija, Gripo.
Gripo.— Por mí que lo sea. *(A Tracalión.)* Y a ti ¡que todos los dioses te confundan, por haber puesto hoy tus ojos en mí, y también a mí, desgraciado, por no haber mirado cien veces alrededor, para comprobar que nadie me estaba espiando, antes de sacar la red del agua!
Démones.— Además hay una hoz pequeñita de plata y dos manitas unidas y una cerdita... 1170
Gripo.— *(Aparte.)* ¿Por qué no te vas al infierno con tu cerdita y sus cochinitos?
Palestra.— Y una bola de oro, que me regaló mi padre el día de mi cumpleaños.
Démones.— Es mi hija. No hay duda. Ya no resisto más tiempo sin abrazarla. ¡Salud, hija mía! Yo soy el padre que te engendró. Yo soy Démones y ahí dentro, en casa, está tu madre Dédalis.
Palestra.— ¡Salud, padre mío, a quien no esperaba volver a ver!
Démones.— ¡Salud! ¡Qué feliz soy de poder abrazarte!
Tracalión.— Me alegro de que hayáis tenido esta dicha como premio de vuestra piedad.
Démones.— *(A Tracalión.)* Coge este baúl y, por favor, llévalo a mi casa. Date prisa, Tracalión.
Tracalión.— *(Levantando el baúl.)* ¡He aquí, Gripo, tu desgracia! Celebro que este asunto haya acabado mal para ti, Gripo.
Démones.— Vamos, hija mía, entremos a ver a tu madre. 1180 Ella te seguirá interrogando y podrá obtener más pruebas de la verdad. Ella te tuvo más tiempo a su lado y, por tanto, conoce mejor las marcas de tu identidad.
Palestra.— Entremos todos, ya que todos hemos colaborado en el acontecimiento. Sígueme, Ampelisca.
Ampelisca.— Me alegro mucho, de que los dioses te sean propicios. *(Entran todos excepto Gripo en casa de Démones.)*
Gripo.— *(Solo.)* ¡Decir que he tenido la mala suerte de pescar hoy este baúl y que, después de pescarlo, no se me ocurrió esconderlo en cualquier lugar solitario! Ya me imaginaba yo que este botín no me traería más que males, por haberlo pescado con un tiempo tan malo. Estoy seguro, por Pólux, de que en su interior hay oro y plata en abundancia. ¿Qué otra cosa mejor puedo hacer que entrar en casa y colgarme a escondidas... al menos hasta que se me pase este disgusto? 1190

ESCENA QUINTA

DÉMONES

DÉMONES.— *(Saliendo de casa.)* ¡Oh, dioses inmortales! ¿Habrá alguien más afortunado que yo, que, en el momento más inesperado, he encontrado a mi hija? ¿No es cierto que, cuando los dioses quieren favorecer al hombre piadoso, de una u otra forma se cumplen siempre sus deseos? Así, yo hoy, contra todo pronóstico y esperanza, cuando menos lo pensaba, he encontrado a mi hija. Y se la voy a dar en matrimonio a un joven distinguido, de muy buena familia, ateniense y pariente mío[81]. A él quiero yo hacerlo venir aquí cuanto antes 1200 y por eso he ordenado salir de casa a su esclavo, para enviarlo al foro. Pero me extraña que todavía no haya salido. Creo que me acercaré a la puerta. *(Mirando por la puerta al interior de la casa.)* ¿Qué veo? Mi mujer sigue abrazada al cuello de mi hija. ¡Qué estúpidas y pesadas son sus demostraciones de afecto!

ESCENA SEXTA

DÉMONES, TRACALIÓN

DÉMONES.— *(Hablando a su mujer a través de la puerta.)* Ya es hora, mujer, de que pongas fin a tanto besuqueo. Y prepáralo todo para que, cuando vuelva a casa, yo ofrezca un sacrificio a los lares familiares[82] por haber aumentado nuestra familia. En casa hay corderos y cerdos destinados al sacrificio. Pero, ¿por qué retenéis a Tracalión, mujeres? ¡Ah! Ahí sale muy oportunamente.

---

[81] Se ha observado que resulta extraño que Démones llame pariente a Pleusidipo, al que hace un momento (cfr. vv. 103 ss.) no conocía. La aparente contradicción se ha querido explicar, una vez más, recurriendo a la *contaminatio* (cfr. Introducción de la comedia: n. 5). Pero probablemente sea preferible pensar, con Paratore, en que son las informaciones que Palestra ha proporcionado sobre Pleusidipo dentro de casa a Démones las que le permitieron reconocer en él a un pariente.

[82] Sobre los lares familiares, cfr. n. 2 de la *Aulularia*.

TRACALIÓN.— *(Saliendo de casa de Démones y hablando a* 1210
Palestra, que queda dentro.) Dondequiera que Pleusidipo esté
lo encontraré y te lo traeré conmigo.
DÉMONES.— *(A Tracalión.)* Explícale todo lo ocurrido en
relación con mi hija. Ruégale que deje todos los demás asuntos y venga aquí.
TRACALIÓN.— De acuerdo.
DÉMONES.— Dile que le daré a mi hija por esposa...
TRACALIÓN.— De acuerdo.
DÉMONES.— ... y que conozco a su padre y que es pariente mío.
TRACALIÓN.— De acuerdo.
DÉMONES.— Pero date prisa.
TRACALIÓN.— De acuerdo.
DÉMONES.— Y tráelo aquí enseguida, para que preparen la cena.
TRACALIÓN.— De acuerdo.
DÉMONES.— ¿Es que sólo sabes decir "de acuerdo"?
TRACALIÓN.— De acuerdo. Pero, ¿sabes qué favor quería pedirte? Que no olvides tu promesa pues hoy quiero ser libre.
DÉMONES.— De acuerdo.
TRACALIÓN.— Convence a Pleusidipo de que me dé la libertad.
DÉMONES.— De acuerdo.
TRACALIÓN.— Y haz que se lo pida tu hija. Fácilmente lo convencerá.
DÉMONES.— De acuerdo.
TRACALIÓN.— Y que Ampelisca se case conmigo, una vez 1220
que yo obtenga mi libertad.
DÉMONES.— De acuerdo.
TRACALIÓN.— Y que pueda comprobar con hechos que se agradecen mis buenos servicios.
DÉMONES.— De acuerdo.
TRACALIÓN.— ¿Es que sólo sabes decir "de acuerdo"?
DÉMONES.— De acuerdo. Te pago con tu misma moneda.
Pero date prisa, vete a la ciudad enseguida y vuelve pronto.
TRACALIÓN.— De acuerdo. En un instante estaré aquí. Tú,
entretanto, prepara todo lo necesario.
DÉMONES.— De acuerdo. *(Tracalión sale.)* Que Hércules lo
maldiga a él y a sus acuerdos, porque me dejó los oídos sordos de tanto repetir "de acuerdo".

ESCENA SÉPTIMA

Gripo, Démones

Gripo.— *(Saliendo de casa.)* ¿Cuándo voy a poder dirigirte la palabra, Démones?
Démones.— ¿Qué sucede, Gripo?
Gripo.— Es sobre el baúl. Demuestra que eres listo y quédate con un don que te hacen los dioses.
Démones.— ¿Te parece honrado que me apropie de lo que es de otro?
Gripo.— Pero si lo encontré yo, en el mar.
Démones.— Tanto mejor para el que lo perdió. Ello no es razón para que te pertenezca el baúl.
Gripo.— Ya ves por qué eres pobre: porque eres demasiado escrupuloso y demasiado honrado.
Démones.— ¡Ay Gripo, Gripo! A lo largo de su vida los hombres tropiezan con numerosísimas trampas, en las que caen engañados. Y es frecuente, por Pólux, que en ellas se les ponga un cebo. Y si algún codicioso se lanza codiciosamente sobre el cebo, cae en la trampa víctima de su codicia. En cambio el hombre precavido que obra con juicio, prudencia y astucia, largo tiempo puede disfrutar tranquilamente de unos bienes adquiridos honestamente. A mí me parece que esa presa que has capturado va a capturar otra presa y se va a marchar con una dote mayor que la que ha traído[83]. ¿Que yo, a sabiendas de que es de otro, voy a ocultar algo que se me ha traído? De ninguna manera hará eso nuestro buen Démones. La personas sensatas deben evitar por encima de todo cargar sobre su conciencia el peso de una mala acción. Yo

---

[83] A pesar de las reticencias de muchos críticos, en mi opinión, hay que admitir el valor activo de *praedatum irier* y es insostenible la traducción de Ernout: "Ce butin va sans doute nous être boutiné...": cfr. Leumann-Hofmann-Szantyr, *Lateinische Grammatik*, Munich 1972², tomo II pág. 381 y cfr. también v. 1262. Obsérvese además que, en un símil tomado de las costumbres matrimoniales, la presa es considerada como una esposa que, tras el divorcio, se lleva una dote superior a la que había aportado.

de un dinero obtenido a costa de engaños no quiero saber nada[84].

GRIPO.— He visto yo a menudo a los cómicos decir máximas sabias de ese estilo y recibir aplausos del público por los sabios consejos que le daban. Pero cuando se iba cada uno para su casa, no había ninguno que se comportara como habían aconsejado.

DÉMONES.— Anda, entra en casa, no me des la lata y controla tu lengua. Yo no te voy a dar nada; no te engañes.

GRIPO.— Pues yo pido a los dioses que lo que haya en ese baúl, sea oro o sea plata, se convierta todo en ceniza. *(Entra en casa.)*

DÉMONES.— *(Solo.)* Esto es lo que sucede cuando tienes a unos bribones por esclavos. Si éste se hubiera encontrado con otro esclavo, hubiera cargado él y hecho cargar al otro con la responsabilidad de un robo. Creyendo capturar una presa, habría sido él la presa capturada. La presa hubiera capturado otra presa. Ahora entraré en casa y celebraré el sacrificio. Después mandaré preparar inmediatamente la cena. *(Entra en casa.)*

ESCENA OCTAVA

PLEUSIDIPO, TRACALIÓN

PLEUSIDIPO.— *(Llegando de la ciudad con Tracalión.)* Repíteme otra vez todo eso, vida mía, Tracalión mío, liberto mío, o mejor, patrono mío, más aún, padre mío. ¿Encontró Palestra a su padre y a su madre?

TRACALIÓN.— Sí.

PLEUSIDIPO.— ¿Y es compatriota mía?

TRACALIÓN.— Eso creo.

PLEUSIDIPO.— ¿Y se va a casar conmigo?

TRACALIÓN.— Eso supongo.

PLEUSIDIPO.— ¿Y estimas que su padre me la concederá hoy? Dime.

---

[84] El sentido en este punto, quizás por culpa de un texto deficientemente transmitido, no es del todo seguro. En nuestra traducción hemos relacionado *lusi* con el significado de "engañar" y no con el de "jugar, divertirse". La conjetura *conlusim* de Exon daría un sentido similar.

TRACALIÓN.— Eso estimo[85].
PLEUSIDIPO.— ¿Y deberé felicitarlo, por haber encontrado a su hija?
TRACALIÓN.— Eso estimo.
PLEUSIDIPO.— ¿Y a su madre?
TRACALIÓN.— Eso estimo.
PLEUSIDIPO.— Pero, ¿qué estimas?
TRACALIÓN.— Estimo lo que me preguntas.
PLEUSIDIPO.— Dime, pues, ¿en cuánto lo estimas[86]?
TRACALIÓN.— ¿Yo? Lo estimo en lo que lo estimo.
PLEUSIDIPO.— Y, si estoy aquí, ¿no es para que no tengas que hacer ninguna estimación[87]?
TRACALIÓN.— Eso estimo.
PLEUSIDIPO.— ¿Y debería echar a correr?
TRACALIÓN.— Eso estimo.
PALESTRA.— ¿O, quizás mejor, debería ir con calma?
TRACALIÓN.— Eso estimo.
PALESTRA.— ¿Y deberé saludarla a mi llegada?
TRACALIÓN.— Eso estimo.
PLEUSIDIPO.— ¿Y a su padre también?
TRACALIÓN.— Eso estimo.
PLEUSIDIPO.— ¿Y después a su madre?
TRACALIÓN.— Eso estimo.
PLEUSIDIPO.— ¿Y después? ¿También habré de abrazar a su padre a mi llegada?
TRACALIÓN.— No lo estimo.
PLEUSIDIPO.— ¿Y a su madre?
TRACALIÓN.— No lo estimo.

---

[85] Comienza aquí un largo juego de palabras basado en la repetición con distintos valores del verbo *censeo*, que, a su significado inicial de "opinar, pensar", suma una serie de valores relacionados con la realización del censo, que comentamos en las notas siguientes. Evidentemente en la traducción se desdibuja considerablemente la gracia del original.

[86] El verbo *censere* se aplica aquí a la función del censor, consistente en valorar el patrimonio de los ciudadanos para adscribirlos a una determinada clase.

[87] Nuevo juego de palabras. *Censionem facere*, además de ser un sinónimo de *censeo*, significa "imponer (el censor) una multa a los caballeros que no se presentaban a hacer la declaración de sus bienes". En consecuencia, Pleusidipo dice que, dado que él está presente, Tracalión no tiene derecho a imponerle una sanción.

PLEUSIDIPO.— ¿Y a ella misma?
TRACALIÓN.— No lo estimo.
PLEUSIDIPO.— ¡Ay de mí, ha perdido el afecto![88] Ahora que yo quiero, ya no estima.
TRACALIÓN.— No estás bien de la cabeza. Sígueme.   1280
PLEUSIDIPO.— Condúceme adonde quieras, patrono mío.

ACTO QUINTO

ESCENA PRIMERA

LÁBRAX

LÁBRAX.— *(Solo.)* ¿Habrá en el mundo alguien más desgraciado que yo, a quien Pleusidipo acaba de hacer condenar por los jueces recuperadores?[89] Por sentencia judicial me acaba de ser quitada Palestra. Estoy perdido. Yo creo que los lenones son hijos de la Alegría, pues ¡qué alegre se pone todo el mundo, cuando le sucede una desgracia a un lenón! Ahora iré al santuario de Venus a buscar a la otra joven, que todavía me pertenece, para llevármela, al menos, a ella, que de todos mis bienes es lo único que me queda.

ESCENA SEGUNDA

GRIPO, LÁBRAX

GRIPO.— *(Saliendo de casa de Démones y dirigiéndose a los que en ella quedan, sin ver a Lábrax.)* Os aseguro, por Pólux, que esta noche no veréis vivo a Gripo, si no se me devuelve el baúl.

---

[88] Un último juego de palabras. *Dilectum dimittere* significa "dejar de hacer la inscripción (selección) de los ciudadanos en las listas del censo", es decir, "dejar de hacer el censo" y es, por tanto, sinónimo de ***iam non censere***.
[89] El tribunal de los *recuperatores*, compuesto por tres o cinco miembros nombrados por el pretor (cfr. *Bacch*. 270 y n. 28 de esa comedia), resolvía, recurriendo al arbitraje, las causas privadas que implicaban a extranjeros. Intervenía, especialmente, en casos de restitución de bienes. Se trata de un rasgo típicamente romano.

LÁBRAX.— ¡Ay de mí! Cuando oigo hablar del baúl, parece 1290 como si el corazón me apaleara el pecho.

GRIPO.— Ese bribón[90] es libre y, en cambio, a mí, que he pescado en el mar con mi red el baúl y lo he sacado del agua, ¡a mí no me queréis dar nada!

LÁBRAX.— ¡Oh, dioses inmortales! Sus palabras me han aguzado el oído.

GRIPO.— Por Hércules, que voy a escribir carteles por todas partes con letras del tamaño de un codo[91], anunciando que, si alguien perdió un baúl lleno de oro y de plata, venga a hablar con Gripo. *(Volviéndose hacia la casa de Démones.)* No os quedaréis con él, como pretendéis.

LÁBRAX.— Por Hércules, creo que ese individuo sabe quién tiene mi baúl. He de hablar con él. ¡Dioses, os lo suplico, ayudadme!

GRIPO.— *(A alguien que lo llama desde la casa.)* ¿Para qué me llamas? Quiero limpiar aquí, a la puerta, este asador. Por 1300 Pólux, que parece más hecho de herrumbre que de hierro. Cuanto más lo froto, más rojizo[92] y más fino se vuelve. [A fe que está embrujado este asador, pues envejece entre mis manos.]

LÁBRAX.— Salud, joven.

GRIPO.— Que los dioses te bendigan a ti y a tu melena[93].

LÁBRAX.— ¿Cómo estás?

GRIPO.— De pie, limpiando un asador[94].

LÁBRAX.— ¿Estás bien de salud?

GRIPO.— Oye, tú, ¿es que acaso eres médico?

LÁBRAX.— No, no soy médico, pero algo muy parecido[95].

---

[90] Tracalión, naturalmente.

[91] El codo era una medida de longitud equivalente a un pie y medio (aproximadamente 45 centímetros).

[92] Es el color del óxido.

[93] ¿Tiene realmente Lábrax el pelo largo (en 125 se le ha calificado de *crispus*), lo que probablemente era signo de poca respetabilidad, o es una alusión irónica a su calvicie en la parte anterior de la cabeza (cfr. 317 *recalvum)?*

[94] *Quid fit?*, como nuestro "¿Qué hay?", es una expresión habitual de saludo, que es interpretada al pie de la letra por Gripo y, en consecuencia, respondida como si de una verdadera pregunta se tratase. Hemos tratado de reflejar estos matices en la traducción.

[95] Lo que realmente dice Lábrax es: "Mi nombre tiene una letra más que *medicus*". Y la respuesta, adivinada inmediatamente por Gripo, no puede ser otra que *mendicus*.

Gripo.— Entonces, ¿eres mendigo?
Lábrax.— Has dado en el clavo.
Gripo.— Tienes toda la pinta. Pero, ¿qué te ocurre?
Lábrax.— Esta noche pasada la nave que nos transportaba a mí y a un compañero ha naufragado y he perdido, pobre de mí, todo lo que tenía.
Gripo.— ¿Qué perdiste?
Lábrax.— Un baúl lleno de oro y de plata.
Gripo.— ¿Y te acuerdas de lo que había en ese baúl que perdiste? 1310
Lábrax.— ¿Qué importa, si está perdido?
Gripo.— Pero[96]...
Lábrax.— Deja eso, hablemos de otra cosa.
Gripo.— ¿Y si yo supiera quién lo encontró? Dame las señas de tu baúl.
Lábrax.— Había ochocientos escudos de oro en un talego. Y, además, cien filipos de oro en una bolsa, aparte.
Gripo.— *(Aparte.)* ¡Por Hércules, qué magnífico botín! Voy a obtener una gran recompensa. Los dioses se preocupan de los hombres. Me iré de aquí con un buen botín. No hay duda de que es su baúl. *(A Lábrax.)* Sigue dándome señas.
Lábrax.— Tiene que haber un talento de plata, bien pesado, en un morral. Y, además, una taza, una copa, una jarra, un vaso y un cazo.
Gripo.— ¡Carape! Tenías unas riquezas fabulosas. 1320
Lábrax.— Triste y amarga palabra ésa de "tenías", cuando no se tiene nada.
Gripo.— ¿Y qué estarías dispuesto a dar a quien te encontrara todo ese tesoro y te dijera su paradero? Contesta, deprisa, rápidamente.
Lábrax.— Trescientos escudos[97].
Gripo.— Tonterías.

---

[96] Aunque con ciertas vacilaciones, hemos seguido en este punto la distribución del diálogo que ofrece Lindsay.

[97] Teniendo en cuenta que Gripo va a exigirle al lenón un talento que son 60 minas o 6.000 dracmas y va a rechazar los 1.100 escudos, que al final le ofrece, estos han de ser o 1.100 dracmas o, como máximo, 2.200. Es decir, la equivalencia del *nummus* en este pasaje podría ser la dracma o el didracma. Por lo que se va a decir después sobre el precio de Ampelisca, nos inclinamos por la primera posibilidad.

LÁBRAX.— Cuatrocientos.
GRIPO.— Trapos podridos.
LÁBRAX.— Quinientos.
GRIPO.— Bellotas vacías.
LÁBRAX.— Seiscientos.
GRIPO.— No son más que gorgojillos diminutos lo que dices.
LÁBRAX.— Te daré setecientos.
GRIPO.— Te arde la boca y por eso quieres enfriarla con tus bromas[98].
LÁBRAX.— Te daré mil escudos.
GRIPO.— Sueñas.
LÁBRAX.— No añado ni un céntimo.
GRIPO.— Vete, pues.
LÁBRAX.— Escucha.
GRIPO.— Por Hércules, que, si me voy, ya no estaré aquí.
LÁBRAX.— ¿Te conformas con mil cien?
GRIPO.— Duermes.
LÁBRAX.— Dime cuánto quieres.
GRIPO.— Para que no tengas que añadir nada de mala gana, un talento. Ni un óbolo[99] menos. Así que responde sí o no.
LÁBRAX.— ¡Qué le vamos a hacer! Veo que no me queda más remedio. Te daré un talento.
GRIPO.— *(Conduciéndolo hasta el altar de Venus.)* Acércate aquí; quiero que sea Venus testigo de tu promesa.
LÁBRAX.— Ordena lo que quieras.
GRIPO.— Toca el altar de Venus.
LÁBRAX.— Lo toco.
GRIPO.— Ahora tienes que jurar por Venus...
LÁBRAX.— ¿Qué he de jurar?
GRIPO.— Lo que yo te mande.
LÁBRAX.— Dime la fórmula que quieres que emplee. *(Aparte.)* De lo que tengo en casa, no he de pedir a nadie.
GRIPO.— Pon la mano sobre el altar.
LÁBRAX.— Ya la tengo puesta.
GRIPO.— Jura que me darás el dinero el mismo día que recuperes el baúl.

---

[98] Cfr. n. a *Poen.* 760, donde encontramos un chiste similar.
[99] Lit. "un trióbolo": cfr. n. 73.

LÁBRAX.— De acuerdo. *(Jurando.)* Venus de Cirene, yo te pongo por testigo de que, si encuentro el baúl que perdí en el naufragio, con todo su oro y su plata, intacto, y recupero su propiedad, le daré al aquí presente... 1340
GRIPO.— "Le daré al aquí presente Gripo", dilo y tócame.
LÁBRAX.— Le daré al aquí presente Gripo, cuyo nombre digo, Venus, para que me oigas, al instante, un talento de plata.
GRIPO.— Y, si me engañaras, añade que Venus te arruine en tu negocio y te aniquile para siempre. *(Aparte.)* De todas formas, que esta maldición caiga sobre tu cabeza, una vez que hayas pronunciado el juramento.
LÁBRAX.— Si incumplo alguna palabra de mi juramento, con veneración, Venus, te suplico que todos los lenones sean unos desgraciados.
GRIPO.— De todas formas, eso será así, aunque mantengas tu juramento. Espérame aquí. Ahora mismo voy a hacer salir al viejo. Tú, en cuanto lo veas, reclámale el baúl. *(Entra en casa de Démones.)* 1350
LÁBRAX.— *(Solo.)* Por mucho que me devuelva el baúl, no le debo yo a él ni un óbolo. Soy yo quien ha de decidir si cumplo o no lo que jure mi lengua. Pero cerraré la boca. Ahí sale con el viejo.

ESCENA TERCERA

GRIPO, DÉMONES, LÁBRAX

GRIPO.— *(Con el baúl, a Démones.)* Sígueme por aquí.
DÉMONES.— ¿Dónde está ese lenón?
GRIPO.— *(A Lábrax.)* ¡Eh, tú! Mira, aquí está el hombre que tiene el baúl.
DÉMONES.— Sí, lo tengo; reconozco que está en mi poder. Y, si es tuyo, lo tendrás tú. Todo lo que contenía, te será devuelto intacto. *(Señalando el baúl.)* Cógelo, si es tuyo. 1360
LÁBRAX.— *(Cogiendo el baúl.)* ¡Oh, dioses inmortales! Claro que es mío. Salud, baúl.
DÉMONES.— ¿Seguro que es tuyo?
LÁBRAX.— ¿Me lo preguntas? Aunque alguna vez hubiera sido de Júpiter, ahora es mío.
DÉMONES.— Todo su contenido está intacto. Sólo se sacó de él una cestita con unos cascabeles, que me han permitido encontrar a mi hija.

LÁBRAX.— ¿Quién?

DÉMONES.— Palestra, la que fue tu esclava, se ha descubierto que es hija mía.

LÁBRAX.— Lo celebro, por Hércules. Me alegro de que hayas tenido una dicha que habrá colmado tus deseos.

DÉMONES.— Eso me resulta difícil creértelo.

LÁBRAX.— Pues para que veas que de verdad me alegro, no tienes que darme ni un óbolo por ella. Te la regalo.

DÉMONES.— *(Con ironía.)* Muy amable por tu parte.

LÁBRAX.— No, no; el amable eres tú conmigo.

GRIPO.— *(A Lábrax.)* ¡Eh, tú! ¿Ya tienes el baúl?

LÁBRAX.— Sí, ya lo tengo. 1370

GRIPO.— Pues date prisa.

LÁBRAX.— ¿Darme prisa a qué?

GRIPO.— A darme el dinero que me debes.

LÁBRAX.— Ni te doy nada, ni te debo nada, por Pólux.

GRIPO.— ¿Cómo? ¿Qué significa eso? ¿No me debes nada?

LÁBRAX.— Claro que no, por Hércules.

GRIPO.— ¿No me lo juraste?

LÁBRAX.— Te lo juré y te lo vuelvo a jurar, si me apetece. Los juramentos han sido creados para conservar, no para perder el patrimonio.

GRIPO.— Haz el favor de darme un talento de plata, grandísimo perjuro.

DÉMONES.— Gripo, ¿qué talento es ese que reclamas?

GRIPO.— Juró que me lo daría.

LÁBRAX.— Me gusta jurar. ¿Es que tú eres pontífice para declararme perjuro?

DÉMONES.— ¿Y por qué motivo te prometió ese dinero?

GRIPO.— Juró que me daría un talento de plata, si yo le devolvía la posesión del baúl. 1380

LÁBRAX.— Nombra un representante con quien yo pueda acudir ante un juez[100]. Él decidirá si tu estipulación no ha sido hecha con mala fe o si yo tengo ya veinticinco años[101].

GRIPO.— *(Señalando a Démones.)* Lo nombro a él.

LÁBRAX.— No, tiene que ser otro[102].

---

[100] Se trata de un árbitro. Dado que Gripo es esclavo, ha de nombrar un representante legal.

[101] Sobre la *lex Laetoria* o *Plaetoria*, aquí aludida, cfr. *Pseud.* 303 y n. 55 de esa comedia.

[102] Da impresión de que Lábrax (y quizás también Gripo) está

DÉMONES.— *(A Lábrax.)* No permitiré que te lleves el baúl hasta que yo no haya sentenciado que él no tiene razón[103]. ¿Le prometiste a él dinero?
LÁBRAX.— Sí, lo admito.
DÉMONES.— Pues lo que le prometiste a un esclavo mío, ha de ser mío. Y no pretendas, lenón, valerte de la tradicional perfidia de tu especie. No te servirá de nada.
GRIPO.— ¿Conque creías haber encontrado a un tonto a quien engañar? Tendrás que darme el dinero, y en moneda de ley. Yo inmediatamente se lo daré a mi amo, para que me liberte.
DÉMONES.— *(A Lábrax.)* Puesto que yo ya he sido generoso contigo y gracias a mí has podido recuperar estas riquezas... 1390
GRIPO.— Di más bien gracias a mí, no a ti.
DÉMONES.— *(A Gripo.)* Harías bien en callarte. *(A Lábrax.)* ... también tú deberías serlo conmigo y devolverme el favor que te he hecho.
LÁBRAX.— ¿Reconoces, pues, que me pides algo que es mío?
DÉMONES.— Extraño sería que te pidiera algo mío.
GRIPO.— ¡Estoy salvado! El lenón empieza a ceder. Es el anuncio de mi libertad.
DÉMONES.— El baúl lo encontró él. Él es mi esclavo. Luego gracias a mí has podido recuperar el baúl con todo su dinero.
LÁBRAX.— Te lo agradezco y no pongo inconveniente en que te quedes con el talento que juré darle.
GRIPO.— ¡Eh, tú! Dámelo, pues, a mí, si tienes juicio.
DÉMONES.— *(A Gripo.)* ¿Quieres callarte?
GRIPO.— Tú finges defender mi causa pero en realidad

---

viendo en Démones más un árbitro que un representante para acudir ante un árbitro. De hecho, a pesar de que Lábrax en 1403 recuerda a Gripo que Démones es su abogado, es este último quien, en definitiva, va a sentenciar el pleito.

[103] Tanto texto como sentido son sumamente controvertidos. En nuestra traducción, sin total convicción, hemos seguido el texto y la interpretación de Ernout. Marx, atribuyendo las palabras a Lábrax, con una reconstrucción diferente del texto (<*Num*qu>am ab isto auferre <rem> aut[t]sim si istunc condemnavero), interpreta: "Si yo hago condenar en juicio a Démones en el asunto del talento, jamás podré recuperar el baúl" (pues él, en venganza, no me lo dejará llevar; y por eso lo rechazo como representante).

estás buscando tu provecho[104]. Te juro, por Hércules, que, ya 1400
que he perdido el resto del botín, esto no me lo quitarás.
 DÉMONES.— Recibirás una paliza si añades una sola palabra.
 GRIPO.— Si quieres, puedes matarme, por Hércules. Pero no me callaré más que si se me tapa la boca con un talento.
 LÁBRAX.— ¿No ves que está defendiendo tus intereses? Cállate.
 DÉMONES.— *(Alejándose un poco de Gripo.)* Ven tú aquí, lenón.
 LÁBRAX.— De acuerdo.
 GRIPO.— *(A Démones.)* Habla en voz alta. No quiero yo cuchicheos ni susurros.
 DÉMONES.— *(A Lábrax, en bajo para no ser oído por Gripo.)* Dime, ¿por cuánto compraste a tu otra chiquilla, a Ampelisca?
 LÁBRAX.— Pagué por ella mil escudos[105].
 DÉMONES.— ¿Quieres que te proponga un trato espléndido?
 LÁBRAX.— Claro que quiero.
 DÉMONES.— Dividiré el talento en dos mitades.
 LÁBRAX.— Buena idea.
 DÉMONES.— A cambio de la libertad de Ampelisca, quédate con una mitad y dame a mí la otra[106].
 LÁBRAX.— Me parece bien. 1410
 DÉMONES.— A cambio de esa mitad yo concederé la libertad a Gripo, gracias a quien tú encontraste tu baúl y yo a mi hija.
 LÁBRAX.— Me parece bien; muchas gracias. *(Lábrax entrega el medio talento a Démones.)*

---

[104] El texto en este punto presenta una pequeña laguna que hemos rellenado conjeturalmente.
[105] El *nummus* podría equivaler aquí a la dracma (mejor que al didracma) con lo que el precio que pagó el lenón por Ampelisca, sería de mil dracmas, es decir, diez minas, precio razonable para una joven que luego va a ser vendida por treinta minas: cfr. nota siguiente. En caso de equivaler el *nummus* al didracma, el precio resultante de 20 minas sería muy alto para una niña robada y, además, la ganancia obtenida por el lenón con su venta sería muy reducida.
[106] Dado que el talento vale sesenta minas, le está pagando treinta minas por Ampelisca y está cobrando otras treinta por la liberación de Gripo.

GRIPO.— *(Acercándose impacientemente a Démones y Lábrax.)* ¿Se me va a dar de una vez el dinero que me corresponde?
DÉMONES.— El asunto está arreglado, Gripo. El dinero lo tengo yo.
GRIPO.— Pero prefiero tenerlo yo, por Hércules.
DÉMONES.— Aquí no hay nada para ti. No te hagas ilusiones. Ahora quiero que lo liberes de su juramento.
GRIPO.— ¡Estoy perdido, por Hércules! Si no me cuelgo, soy hombre muerto. Te juro, por Hércules, que no volverás a estafarme en el futuro.
DÉMONES.— *(A Lábrax.)* Hoy cenarás en mi casa, lenón.
LÁBRAX.— De acuerdo. Me agrada tu oferta.
DÉMONES.— *(A Lábrax y Gripo.)* Venid conmigo a casa. *(Al público.)* Espectadores, a vosotros también os invitaría a cenar, si no fuera porque no tengo nada que daros y tampoco hay en mi casa restos de sacrificio y si no fuera, también, porque estoy seguro de que ya estáis invitados a cenar. Pero, si estáis dispuestos a dar un fuerte aplauso a esta comedia, os invito a todos a que vengáis a celebrar una francachela a mi casa dentro de... dieciséis años. *(A Lábrax y Gripo.)* Vosotros dos cenaréis hoy en mi casa. 1420
GRIPO Y LÁBRAX.— De acuerdo.
DÉMONES.— *(Al público.)* Aplaudid.

ESTICO
(Stichus)

INTRODUCCIÓN

Stichus, que con sus 775 versos es una de las comedias más breves de Plauto, presenta la singularidad de carecer de una verdadera y auténtica trama. Su acción, tenue y rudimentaria, se diluye en una sucesión de escenas cómicas, aisladas o mal hilvanadas, aunque no carentes de atractivo y encanto gracias, especialmente, a la vivacidad del diálogo.

Dos hermanas, Panégiris y Pánfila, están casadas con dos hermanos, Epignomo y Panfilipo, de los que no tienen noticia alguna desde que partieron hace tres años en viaje de negocios para tratar de recuperar su patrimonio derrochado. Las dos añoran su regreso y se oponen a los deseos de su padre, que quiere que se divorcien de sus maridos y contraigan un matrimonio más favorable. Pero tanto o más que ellas espera ansiosamente el regreso de los maridos el parásito Gelásimo, antiguo compañero de francachelas, que desde su partida no pasa más que hambre. Inesperadamente regresan los maridos colmados de riquezas y, tras reconciliarse con su suegro, dedican sus energías a burlar al parásito, que trata, por todos los medios, de ser invitado a un banquete por los recién llegados. Al final, asistimos a la fiesta que Estico, siervo de Epignomo, ofrece, para celebrar su regreso, a sus camaradas.

Con razón se ha observado que las escenas se agrupan en tres grandes apartados, cada uno de los cuales tiene un tono y unos protagonistas diferentes[1]. Así, tras una primera parte de

---

[1] Cfr. Duckworth, *The Nature of Roman Comedy,* 146, delimita y subtitula esta divisiones de la siguiente manera: a) "Las esposas abandonadas": 1-401 (actos I-II); b) "El regreso a casa" o "El parásito decepcionado": 402-640 (actos III-IV); c) "La fiesta de los esclavos": 641-775 (acto V). En términos similares se expresa Taladoire, *Essai sur le*

comedia seria en que las verdaderas protagonistas son las hermanas, la obra se transforma en una farsa y el interés se centra en el parásito Gelásimo[2], para terminar convirtiéndose en un festival de música y danza, en que los protagonistas absolutos son los esclavos.

Por la didascalia conservada en el palimpsesto Ambrosiano sabemos que el modelo griego del *Stichus* son unos Ἀδελφοί de Menandro, lo que no ha dejado de sorprender, dado que una comedia menandrea del mismo título es el original de la famosa comedia terenciana, cuyo argumento es completamente diferente al de la comedia de Plauto. Aunque se han barajado otras posibilidades[3], la explicación más verosímil, confirmada por un escolio de Platón[4] y hoy generalmente aceptada, es que Menandro compuso dos comedias distintas con el mismo título y es la primera de ellas, compuesta en su juventud[5],

---

comique de Plaute, 122-48. Por nuestra parte, sin embargo, nos inclinaríamos a incluir el acto II en el segundo apartado y establecer, en consecuencia, como subdivisiones los actos I, II-IV (centrados en la figura del parásito Gelásimo), y V, ya que así, a nuestro juicio, se percibe más marcadamente la estructura tripartita de la comedia. Cfr., también, Petersmann, *T. Maccius Plautus. Stichus,* 36.

[2] Podríamos añadir el tema del regreso de los hermanos, pero éste aparece totalmente subordinado a la burla del parásito. Creemos que resulta interesante recordar, a este propósito, que Fraenkel *(Elementi,* 268-281), tras una extensa discusión sobre el tema de la *contaminatio,* ha llegado a la conclusión de que el único añadido que se detecta en la comedia es la ampliación del papel del parásito.

[3] Paratore, *Tutte le commedie,* V 177 supone que el título del modelo podría ser Ἀδελφαί ("Las hermanas") y no Ἀδελφοί, ya que no sólo la comedia se abre con un diálogo de las hermanas sino que parece que deberían ser ellas las verdaderas protagonistas de la comedia, en cuanto el motivo fundamental de la misma parece centrado en el destino de las dos jóvenes esposas, casadas con dos maridos que llevan mucho tiempo ausentes y sin dar noticia de sus vidas.

[4] *In Paedr.* 279c. En dicho escolio se atribuyen una palabras de dicha obra (κοινά τα τῶν φίλων: cfr. Ter. *Adelph.* 804) a los Ἀδελφοί B´ de Menandro.

[5] Se supone que habría sido compuesta entre el 317 y 312 a. C.: cfr. Petersmann, *T. Maccius Plautus. Stichus,* 27: cfr. n. 58 de la comedia. Esta datación temprana en la carrera de Menandro aparecería confirmada por ciertas similitudes con el Δύσκολος (317 a. C.), con el que comparte, especialmente, el final festivo. Sobre esta última cuestión, puede verse G. D'Anna "Il finale del Dyscolos e il teatro plautino", *RCCM* 1 (1959) 298-306.

los llamados Ἀδελφοί Αʹ, conocida quizás también con el título alternativo de Φιλάδελφοι[6], la que Plauto habría tomado como modelo de su *Stichus*.

Naturalmente la crítica se ha esforzado por explicar cómo a partir de una teóricamente uniforme y coherente trama de Menandro se habría podido llegar a una estructura dramática tan pobre y deslabazada. Aunque se han apuntado explicaciones diferentes[7], todo parece indicar que nos encontramos ante un claro ejemplo de la forma de actuar de Plauto, que habría suprimido todas aquellas escenas que no resultaban de su agrado[8]. Así se explicarían, además de la brevedad de la comedia, algunas notables incoherencias de la trama, así como el hecho antes señalado de que el centro de interés cambie dos veces a lo largo de la comedia[9]. De todo esto, sin embargo, creemos que no debe derivarse un juicio negativo sobre las dotes dramáticas de Plauto, sino que debemos limitarnos simplemente a constatar que los objetivos de Plauto son muy distintos de los de Menandro, que la meta que nuestro autor perseguía era hacer reír a su público, tosco e inculto, y que, posiblemente, de acuerdo con la ley de la gradación de la risa, la estructura de la comedia puede considerarse afortunada[10].

También por la didascalia sabemos que esta comedia fue representa por primera vez en los juegos plebeyos del año 200 a. C., fecha que suele tomarse como punto de refe-

---

[6] Cfr. Webster, *Studies in Menander* 86; Petersmann, *T. Maccius Plautus. Stichus*, 20-27, que estudia detenidamente los fragmentos conservados de los *Philádelphoi* y su posible relación con el *Stichus*.

[7] Se ha hablado de *contaminatio* de dos e, incluso, tres comedias griegas (Leo, "Über den Stichus des Plautus" *NAWG* 375-391), se ha pensado en sucesivas mutilaciones efectuadas con motivo de reposiciones de la comedia (Michaut, *Plaute*, II, 262; Sedgwick, "The Cantica of Plautus", *CR* 39 (1925) 59) y, dado que Festo atribuye, problemente por error, dos versos del *Stichus* (91 y 352) a la *Nervolaria* se ha llegado a suponer que el *Stichus* podría no ser más que la parte superviviente de dicha comedia (Della Corte, *Da Sarsina a Roma*, 97-98).

[8] A ello habría que añadir, naturalmente, la ampliación o potenciación de ciertos aspectos como el papel del parásito y, al menos en parte, el final festivo, que Plauto habría en cierta medida transformado.

[9] Cfr. Arnott, *Menander, Plautus, Terence*, 37 y, especialmente, Gaiser, *Zur Eigenart*, 1068-71 y Petersmann, *T. Maccius Plautus. Stichus*, 28-36.

[10] Cfr. Taladoire, *Essai sur le comique de Plaute*, 148.

rencia para cerrar la primera etapa de las comedias de Plauto. Huellas de inmadurez han querido verse en la debilidad de la trama[11] y, sobre todo, en la escasez de versos líricos, ya que la comedia sólo contiene dos breves *cantica*. Altamente instructiva resulta, desde este último punto de vista, la comparación de los finales festivos del *Stichus* y del *Persa,* habitualmente considerada una de las últimas comedias plautinas, pues, mientras el primero se desarrolla todo él en los versos del recitado, en la segunda Plauto utilizó con maestría variados ritmos líricos.

---

[11] Cfr. Paratore, *Tutte le commedie,* V 178.

DIDASCALIA[1]

ESTICO, DE TITO MACIO PLAUTO.
ORIGINAL GRIEGO: *ADELFOE*[2], DE MENANDRO.
REPRESENTADA EN LOS JUEGOS PLEBEYOS[3], SIENDO
EDILES DE LA PLEBE GNEO BEBIO Y GAYO TERENCIO.
DIRIGIÓ LA REPRESENTACIÓN
TITO PUBLILIO PELIÓN[4].
COMPUSO LA MÚSICA MARCIPOR[5], LIBERTO[6] DE OPIO
TODA ELLA PARA FLAUTAS SARRANAS[7].

* * *

EN EL CONSULADO DE GAYO SULPICIO Y GAYO AURELIO[8].

---

[1] Sobre las didascalias, cfr. n. 1 del *Pseudolus* y, también, tomo I 23, n. 2 y 3.

[2] "Los hermanos". Se trata necesariamente, como ya hemos señalado, de una comedia distinta al original de los *Adelfoe* de Terencio. Recordaremos que Paratore enmienda *Adelfoe* en *Adelfae* ("Las hermanas"). Sobre este y otros aspectos referentes al modelo griego, remitimos a la Introducción de la comedia.

[3] Se celebraban entre el 4 y 17 de Noviembre, en honor de Júpiter, organizados por los ediles de la plebe. Desde el año 220 se representaban en ellos obras de teatro.

[4] Pelión sería, por consiguiente, el *dominus (gregis)*, que haría las funciones de productor, director y de primer actor. Aparece mencionado también en *Bacch*. 215 dónde Crísalo de broma lo critica por su trabajo en el *Epidicus*. En *Men*. 404 (cfr. nota 28 de esta comedia) parece haber otra alusión a este actor.

[5] Esto es *Marci puer*, lo que hace suponer que su patrono (o amo) se llamaba *Marcus Oppius:* cfr. Introducción general, I 70, n. 6.

[6] O esclavo. Cfr. nota anterior.

[7] Según Servio (com. *ad Georg*. 2, 506), Sarra era el antiguo nombre de la ciudad fenicia de Tiro. El mismo Servio (com. *ad Aen*. 9, 615) clasifica las flautas sarranas como *tibiae pares*, esto es, las que tenían el tubo derecho e izquierdo de la misma longitud.

[8] Esto es, en el año 200 a. C.

PERSONAJES

PANÉGIRIS[9], esposa de Epignomo. ⎱ hermanas
PÁNFILA, esposa de Paufilipo. ⎰
ANTIFÓN, viejo.
GELÁSIMO, parásito.
CROCOCIA, esclava (de Panégiris).
PINACIO, chaval (esclavo de Panégiris).
EPIGNOMO, hermano (de Panfilipo).
PANFILIPO, hermano (de Epignomo).
ESTICO, esclavo (de Epignomo).
SAGARINO[10], esclavo (de Panfilipo).
ESTEFANÍA, esclava (de Panfilipo).
FLAUTISTA.

Escena: en Atenas. Al fondo se alzan la casas contiguas de los dos hermanos, Epignomo y Panfilipo y, por lo que parece deducirse de 65 ss., también la de Antifón.

---

[9] Advertiremos que en el palimpsesto Ambrosiano en el encabezamiento de la primera escena se lee *Philumena* en vez de *Panegyris*. Pero esta última es la lectura habitual no sólo de los Palatinos sino del propio Ambrosiano en otras ocasiones (encabezamiento de II 3 y, especialmente, vv. 247 y 331).

[10] Algunos autores leen Sangarino.

ARGUMENTO

(acróstico)

Un viejo reprende a sus hijas por obstinarse en ser fieles a sus maridos, dos hermanos pobres, que están en el extranjero, y no querer abandonarlos. Ellas, por su parte, tratan de ablandar al viejo con palabras apropiadas, para que les permita conservar a los esposos que les fueron dados. Sus maridos regresan, cargados de riquezas, de ultramar. Cada uno conserva a su mujer y Estico recibe permiso para celebrar una fiesta.

ACTO PRIMERO

ESCENA PRIMERA

PANÉGIRIS, PÁNFILA

PANÉGIRIS.— Creo yo, hermana, que muy desgraciada tuvo que ser Penélope por verse sola y privada durante tantos años de la compañía de su marido. Y nosotras sabemos bien por propia experiencia cuáles fueron sus sentimientos, pues nuestros maridos están ausentes y, debido a su ausencia, como es natural, estamos preocupadas día y noche, constantemente, por su suerte, hermana.
PÁNFILA.— Es natural que cumplamos con nuestro deber y, haciéndolo así, no hacemos más que seguir los dictados del amor conyugal. Pero, siéntate aquí, a mi lado, hermana. Pues son muchas las cosas que quiero decirte a propósito de mi marido[11]. 10
PANÉGIRIS.— Dime, ¿se encuentra bien?
PÁNFILA.— Eso espero y deseo. Pero lo que me atormenta, hermana, es ver a tu padre, que también lo es mío, que pasa por ser, sin discusión, la persona más honesta de toda la ciudad, comportarse como un canalla y hacer a nuestros maridos, en su ausencia, una afrenta tan grande e inmerecida, pretendiendo separarnos de ellos[12]. Esta actidud suya, hermana, me

---

[11] Sorprende el singular. Esperaríamos "de nuestros maridos". Parece que Pánfila piensa especialmente en el suyo.
[12] Aunque el tema es controvertido, creemos que la norma jurídica que permitía al padre desposeer de sus hijas a sus maridos (*abducere*), pertenece más al derecho ático que al romano: cfr. U.E. Paoli, "Lo Stichus di Plauto e l'aferesi paterna in diritto attico", en *Studi in onore di Pietro di Francisci*, Milán 1956, I 231-247.

hace sentir hastío de la vida y me produce una profunda pesadumbre y tristeza.

PANÉGIRIS.— No llores, hermana. No te amargues la vida, pensando en las amenazas de tu padre. Tengo la esperanza de que reconsiderará su decisión. Lo conozco bien. Eso lo dice de broma. Ni aun a cambio de las montañas de los Persas, que dicen que son de oro[13], haría eso que tú temes. Y aunque lo hiciera, no por ello deberíamos en absoluto enfadarnos con él pues no le faltaría toda la razón. Porque ya hace casi tres años que nuestros maridos se marcharon de casa...

PÁNFILA.— Así es, como dices.

PANÉGIRIS.— ... y, en todo ese tiempo, ni han dado señales de vida ni nos han informado de cómo están, dónde están, cómo les va, a qué se dedican, ni han regresado a nuestro lado.

PÁNFILA.— ¿No estarás pesarosa, hermana, de cumplir con tu deber, porque ellos no cumplen con el suyo?

PANÉGIRIS.— Claro que sí, por Pólux.

PÁNFILA.— Calla, por favor. Y procura, por favor, que no te vuelva a oír en adelante hablar así.

PANÉGIRIS.— Pero, ¿por qué?

PÁNFILA.— Pues porque, a mi juicio, todas las personas sensatas deben cumplir escrupulosamente con su deber. Por lo cual, hermana, aunque eres la mayor, yo te aconsejo que no faltes a tu deber. Aunque ellos fueran unos canallas y no se portaran con nosotras como deben, a pesar de todo, por Pólux, debemos esforzarnos con ahínco en no faltar a nuestro deber.

PANÉGIRIS.— De acuerdo. Me callo.

PÁNFILA.— Pero procura no olvidarlo.

[PANÉGIRIS.— Yo no quisiera, hermana, que se pensara que me he olvidado de mi marido. Las atenciones que tuvo conmigo no han sido baldías. Pues yo le estoy profunda y sinceramente agradecida por lo bien que se ha portado conmigo y no me arrepiento de haberme casado con él ni tengo motivos para querer cambiar de marido. Pero en definitiva ello depende de la patria potestad de nuestro padre. Nosotras hemos de hacer lo que nuestros padres nos mandan.

---

[13] Es proverbial en latín la expresión "montañas de oro" *(aurei montes;* cfr. *Aul.* 701, Ter., *Phor.* 68) e igualmente proverbiales eran las inmensas riquezas de los reyes de Persia (cfr. *Aul.* 86 y n. y Ter. *Heaut.* 452).

Pánfila.— Lo sé y cuanto más pienso en ello más aumenta mi aflicción pues él ya ha dejado entrever su decisión.
Panégiris.— Pensemos, pues, lo que debemos hacer.

ESCENA SEGUNDA

Antifón, Pánfila, Panégiris

Antifón.— *(Saliendo de casa, a los esclavos que quedan en ella, sin ver a sus hijas.)* A un esclavo que siempre espera a que se le recuerde su obligación y no se acuerda espontáneamente de cumplir con ella, no merece la pena poseerlo. Si vosotros cada primero de mes no os olvidáis de reclamar vuestra ración de comida[14], ¿por qué os olvidáis de cumplir vuestras obligaciones en la casa? Os aseguro que si, cuando vuelva a casa, no están todos los muebles colocados en su sitio, os refrescaré la memoria a vergajazos. Me da impresión de vivir no con personas, sino con cerdos. Procurad, por favor, que la casa esté reluciente, cuando yo regrese. En un instante estaré aquí de vuelta. Sólo voy un momento a casa de mi hija mayor. Si alguien pregunta por mí, que uno de vosotros vaya allí a buscarme. En caso contrario, yo mismo estaré aquí de vuelta en un instante.
Pánfila.— ¿Y qué hacemos, hermana, si nuestro padre se empeña en llevarnos la contraria?
Panégiris.— Hemos de resignarnos a acatar sus órdenes ya que tiene potestad sobre nosotras. Es en doblegarlo con súplicas no en contradecirle en lo que, a mi juicio hermana, hemos de emplear nuestras energías. Si se lo pedimos por favor, espero que nos lo concederá. No podemos oponernos a su voluntad sin cubrirnos de ignominia y cometer un gravísimo delito. Y yo, desde luego, no estoy dispuesta a ello ni te lo aconsejo. Lo que debemos hacer es recurrir a las súplicas. Conozco yo bien a las personas de nuestra familia. Se dejan doblegar con súplicas.

---

[14] Según nos informa Donato (ad Ter., *Phorm.* 43), los esclavos recibían el día de las calendas una ración de cuatro modios de trigo (35 litros, ya que el modio equivalía a 8,75 litros) para todo el mes: cfr. Ter., *Phorm.* 43; Cat., *De agr.* 56-58. Según Sen., *Epist.* 80,7 el esclavo recibe como ración mensual 5 modios y 5 denarios.

ANTIFÓN.— *(Aparte.)* Cómo abordar este tema con ellas, es lo que estoy meditando. No sé si debo acometer el asunto en tono enigmático, fingiendo no tener nada de qué acusarlas[15] o fingiendo que he oído decir que habían cometido algún desliz, ni sé si debo hablarles en tono amable o, más bien, amenazador. Sé que habrá pleito. Conozco yo a mis hijas de maravilla. Pero si prefieren permanecer unidas a ellos mejor que casarse con otro marido, desistiré de mis intenciones. ¿Qué necesidad tengo yo, en el tramo final de mi vida, de entrar en guerra con mis hijas, cuando yo mismo estoy convencido de que no han hecho nada que justifique mi actitud? En absoluto. No quiero líos. En mi opinión, lo mejor que puedo hacer y lo que voy a hacer es esto: fingiré que han cometido alguna falta; usaré un tono enigmático para amedrentar sus corazones. Al final les mostraré mis verdaderos sentimientos. Sé que tendré que gastar mucha saliva. Entraré en su casa. Pero la puerta está abierta.

PÁNFILA.— Estoy segura de que la voz de mi padre ha llegado a mis oídos.

PANÉGIRIS.— Es él, por Cástor. Adelantémonos a darle un beso.

PÁNFILA.— Salud, padre mío.

ANTIFÓN.— Y también a vosotras dos. Vamos, deprisa, sentaos a mi lado.

PÁNFILA.— *(Queriendo dar un beso a su padre.)* Déjame darte...

ANTIFÓN.— Dejaos de besos.

PÁNFILA.— Explícame por qué, padre mío.

ANTIFÓN.— Porque después me huele a sal el aliento[16].

PÁNFILA.— Siéntate aquí, a mi lado, padre.

ANTIFÓN.— No, no me siento ahí. Sentaos vosotras. Yo me sentaré en esta banqueta.

PÁNFILA.— Espera que te ponga este cojín.

ANTIFÓN.— Muchas gracias por tus atenciones, pero así está suficientemente mullida. Siéntate.

PÁNFILA.— *(Insistiendo.)* Déjame, padre.

---

[15] Nuestra traducción responde a la lectura *eas insimulem* o, con tmesis, *in eas simulem*, defendida por Leo y Petersmann.

[16] Probablemente lo que Antifón quiere decir es que sus hijas lloran demasiado la ausencia de sus maridos y, por consiguiente, sus besos están bañados de lágrimas, que, como todos sabemos, son saladas. (Ernout)

Antifón.— ¿Qué falta hace?

Pánfila.— Hace falta.

Antifón.— Como quieras. Pero con ello basta.

Pánfila.— Jamás tendrán suficientes atenciones con su padre unas hijas. ¿A quién debemos mayor honra que a ti? Como, después de ti, padre, se la debemos a nuestros maridos, de quienes tú quisiste que fuésemos las legítimas esposas.

Antifón.— Es propio de buenas esposas vuestro comportamiento, ya que tenéis la misma consideración para con vuestros maridos ausentes, que si estuvieran presentes. 100

Pánfila.— La honestidad, padre, nos obliga a respetar a quienes nos tomaron por compañeras.

Antifón.— *(Mirando a su alrededor.)* ¿No habrá aquí algún extraño dispuesto a cazar nuestra conversación con sus oídos?

Panégiris.— Nadie, aparte de ti y nosotras.

Antifón.— Quiero que me prestéis atención. Dado que soy un ignorante de la forma de ser y pensar de las mujeres, vengo en calidad de alumno a escuchar vuestras enseñanzas: quiero, que cada una de vosotras me diga cuáles son las virtudes que han de adornar a las mejores esposas.

Panégiris.— ¿A qué se debe que vengas a interrogarnos sobre el carácter femenino?

Antifón.— Pues a que busco esposa, ahora que vuestra madre se ha muerto.

Panégiris.— Te resultará fácil, padre, encontrar una peor y de peor carácter. Mejor que ella ni la encontrarás ni la hay bajo 110 el sol.

Antifón.— Pero yo quiero que contestes a mi pregunta tú y, también, tu hermana.

Pánfila.— Por Pólux, padre, yo sé muy bien cómo tiene que ser una mujer, si es como yo creo que debe ser.

Antifón.— Quiero saber, pues, cómo crees que debe ser.

Pánfila.— Pues entiendo que, cuando pasee por la calle, ha de tapar la boca a la gente, evitando que nadie pueda criticarla con razón.

Antifón.— *(A Panégiris.)* Habla tú ahora.

Panégiris.— ¿Qué quieres que te diga, padre?

Antifón.— ¿En qué se reconoce más fácilmente la mujer que es de buena índole?

Panégiris.— En que, pudiendo obrar mal, se abstiene de hacerlo.

Antifón.— No es mala respuesta. *(A Pánfila.)* Dime tú

ahora, ¿qué te parece preferible, el matrimonio con una soltera o con una viuda?

Pánfila.— Por lo que alcanzo a comprender, de entre varios males el menor es el menos malo.

Antifón.— ¿Cómo puede un mujer evitar sus defectos?

Pánfila.— Procurando a diario abstenerse de hacer hoy aquello de lo que mañana se arrepentiría.

Antifón.— *(A Panégiris.)* ¿Cuál te parece a ti la mujer más juiciosa de todas?

Panégiris.— La que, cuando la fortuna le sonríe, se conoce a sí misma[17] y la que sobrelleva con resignación los reveses de la fortuna.

Antifón.— Hasta ahora, por Pólux, no he estado más que sondeándoos astutamente y tratando de descubrir vuestra forma de pensar. Pero el verdadero motivo de mi visita, el motivo por el que quiero hablar con vosotras, es el siguiente: mis amigos me aconsejan que os lleve a mi casa.

Panégiris.— Pero nosotras, que somos las interesadas, te aconsejamos lo contrario. Porque o bien antes no tenías que habernos dado a nuestros maridos en matrimonio, si no eran de tu agrado, o ahora no es justo, padre, que nos lleves de su casa en su ausencia.

Antifón.— ¿Voy a consentir yo, mientras tenga vida, que estéis casadas con unos mendigos?

Pánfila.— Yo estoy contenta con mi mendigo. La reina está contenta con su rey. Mis sentimientos son los mismos ahora en la pobreza que antes en la abundancia.

Antifón.— ¿En tanta consideración tenéis a unos vagabundos y unos mendigos?

Panégiris.— Tú no me casaste, creo yo, con el dinero sino con mi marido.

Antifón.— ¿Por qué motivo los esperáis todavía, si ya hace casi tres años que se marcharon? ¿Por qué no os decidís a romper un matrimonio de última categoría para contraer otro de primera?

Panégiris.— Es una estupidez, padre, llevar de caza a los perros a la fuerza. Una mujer casada a la fuerza es una enemiga declarada de su marido.

---

[17] Alusión evidente a la famosa máxima atribuida generalmente a Solón: "Conócete a ti mismo." Cfr. *Pseud.* 973.

Antifón.— ¿Así que ninguna de vosotras está dispuesta a obedecer las órdenes de su padre?
Pánfila.— Pero sí las obedecemos, pues no queremos separarnos de los maridos que nos has dado.
Antifón.— Adiós. Me voy a comunicar vuestras intenciones a mis amigos.
Panégiris.— Por muy honestas nos tendrán, creo yo, si son personas honestas.
Antifón.— Ocupaos, pues, de vuestra casa con el mayor celo posible.
Panégiris.— Ahora nos gusta oírte, pues nos das un buen consejo; ahora te haremos caso. *(Antifón sale.)* Ahora, hermana, entremos en casa.
Pánfila.— No, yo voy a echar un vistazo a la mía. Si por casualidad recibes alguna noticia de tu marido, no tardes en comunicármela.
Panégiris.— Ni yo te ocultaré nada ni me ocultes tú lo que sepas. *(Pánfila sale.)* ¡Eh, Crococia! Ve a buscar a Gelásimo, el 150 parásito. Tráelo contigo. Porque quiero enviarlo al puerto, para averiguar si, por casualidad, ha llegado ayer u hoy alguna nave procedente de Asia. Pues, aunque un esclavo monta guardia todo el día en el puerto, de todas formas quiero que vaya a echar un vistazo. Date prisa y vuelve en seguida.

ACTO SEGUNDO

ESCENA PRIMERA

Gelásimo, Crococia

Gelásimo.— *(Sin ver a Crococia.)* El Hambre sospecho yo que tiene que haber sido mi madre, pues, desde que nací, jamás me he sentido harto. Y nadie demostrará jamás ni ha demostrado nunca tanto agradecimiento a su madre como yo a la mía. Porque ella a mí me llevó diez meses en su vientre, pero yo a ella hace ya más de diez años[18] que la llevo en el 160 mío. Y ella me llevó a mí en su seno cuando yo era un niño chiquitito, por lo que pienso que sus sufrimientos fueron más

---

[18] Recuérdese que los antiguos cifraban la duración del embarazo en diez meses lunares.

ligeros. Yo, en cambio, no es pequeñita el hambre que llevo en mis entrañas sino, por Hércules, enorme y descomunal. A diario sufro dolores de parto pero soy incapaz de dar a luz a mi madre y no sé qué hacer. A menudo he oído repetir a la gente que el embarazo de las elefantas dura diez años completos. Seguro que mi hambre es de su misma raza, porque ya lleva muchos años alojada en mis entrañas. *(A los espectadores.)* Pues bien, si alguno de vosotros quiere comprar un gracioso, sepa que yo estoy en venta con todos mis instrumentos[19]. Busco ansiosamente algo para henchimiento de mis vaciedades. A mí de pequeño mi padre me puso el nombre de Gelásimo, porque ya desde chiquitito era muy gracioso. Y fue la pobreza la culpable de que me pusieran este nombre, porque ella me obligó a ser un gracioso. Pues la pobreza enseña todo tipo de artes a sus víctimas. Me dijo mi padre que nací en época de carestía. Y ésta debe de ser la razón, creo yo, por el que paso un hambre tan atroz. Pero las personas de mi familia tenemos todas una gran virtud: jamás decimos que no, cuando nos invitan a comer. Hay unas frases que en mala hora han desaparecido de la boca de la gente, las frases, en mi opinión, más hermosas y maravillosas que antes se pronunciaban: "Te invito a cenar. Anda, acepta. Dime que sí. No pongas pegas. ¿No te viene bien? Quiero, por favor, que aceptes. No admito disculpas." Ahora estas frases han sido sustituidas por otra, la frase, por Hércules, más ruin e innoble que existe: "Te invitaría a cenar, si yo mismo no cenara fuera de casa." A esta frase, por Hércules, me alegraría de verdad de que le rompieran el espinazo y, aún más, de que le sobreviniera la muerte[20] al que la

170

180

190

---

[19] Según Petersmann, habría que incluir entre ellos el rascador mohoso y el odre de color rojizo, mencionados por el propio parásito en v. 230. La comicidad de la expresión latina se basa probablemente en que la expresión *cum ornamentis* se aplica propiamente a las cortesanas, que podían ser vendidas con sus vestidos y joyas *(ornamenta)* o sin ellos: cfr. v. 344 del *Curculio* y 343 del *Pseudolus*.

[20] Suponemos, con Petersmann, que el sujeto elíptico de *perierit* es la persona aludida por el parásito y no la frase pronunciada. Esta última interpretación es la de Ernout que, citando a Leo, explica dicho verbo así: *"nisi, illo domi cenante, verbum re vera interierit"*. Por lo demás la primera parte de la imprecación ("A esta frase... me alegraría de que le rompieran el espinazo...") no cabe duda que implica una típica personificación plautina (cfr. Fraenkel, *Elementi,* 98 n. 3), por más que a primera vista uno puede estar tentado a corregir *verbo* por

[556]

pronuncia, si llega a cenar en su casa. Frases como ésta son las que me obligan a adoptar las costumbres bárbaras[21] y ahorrarme un pregonero, anunciando y presidiendo yo mismo mi propia subasta.
CROCOCIA.— *(Aparte.)* Éste es el parásito que me enviaron a buscar. Escucharé lo que dice, antes de dirigirle la palabra.
GELÁSIMO.— Pero hay aquí muchos curiosos malintencionados, que se preocupan con el máximo celo de los asuntos ajenos, precisamente porque no tienen nada... propio de qué ocuparse y que, cuando se enteran de que alguien va a subastar sus bienes, al instante se acercan a preguntarle por el motivo de la subasta. Quieren saber si es por culpa de las deudas, por haberse comprado una finca o por tener que devolverle la dote a su esposa a consecuencia de haberse divorciado de ella. A todos ellos, aunque pienso que bien se merecen sufrir un buen escarmiento, no quiero hacerles pasar un mal rato. Les diré la causa de la subasta, para que se alegren de mi ruina —porque no hay ningún curioso que no se alegre del mal ajeno—: estoy, pobre de mí, en completa bancarrota. Y es que la muerte de mis esclavos me ha sumido en la desgracia y en la miseria[22]. ¡Cuantísimas borracheras se me han muerto! ¡De cuántas cenas he debido de llorar la muerte! ¡Cuántas copas de vino mielado, cuántos almuerzos he perdido continuamente en los tres últimos años! No os podéis imaginar cuánto he envejecido, pobre de mí, de tristeza y de pena. Estoy casi completamente muerto de hambre.
CROCOCIA.— *(Aparte.)* No hay nadie tan gracioso, cuando está hambriento.
GELÁSIMO.— Por tanto, estoy resuelto a subastar mis bienes.

---

vero, con lo que desaparecería la personificación y cambio de sujeto que acabamos de defender. Es curioso que esta interpretación, que se nos ocurrió personalmente en un primer momento como una posibilidad más, es la que parece ofrecer Paratore, aun manteniendo la lectura habitual de *verbo* en el texto latino y sin indicar en nota el motivo de la discrepancia entre el texto y la traducción: "A un tipo simile, perdio, vorrei vedere spezzata la spina dorsale, o che crepasse sul serio, se rimane a mangiare a casa."
[21] "Romanas", como es habitual en Plauto.
[22] Esta claro que son las borracheras, cenas, etc. perdidas por el parásito desde que sus patronos partieron de viaje, los esclavos que la fértil imaginación del parásito, aguzada por el hambre, supone muertos.

Me veo en la imperiosa necesidad de desprenderme, de vender cuanto poseo. Acercaos, por favor. Será una ganga para los asistentes. Vendo un montón de chascarrillos muy graciosos. Vamos, pujad. ¿Quién ofrece una cena? ¿Quién ofrece un almuerzo? *(A un espectador.)* ¿Ofreces una comida? *(A otro.)* Y tú, ¿una cena? ¿Sí? ¿Has dicho que sí?[23] Os aseguro que en ninguna parte los encontraréis mejores. [No consentiré que ningún otro parásito los tenga mejores.] Si preferís, también puedo ofreceros acertijos[24] griegos capaces de hacer sudar la gota gorda; u otros[25] más sencillos, aptos para las borracheras; chistes, zalamerías y mentirijillas de parásito, un rascador mohoso, un odre de color rojizo[26] y un parásito vacío, útil para guardar en él los restos de la comida. Y todo esto ne-

---

[23] El pasaje es discutido y, aunque la mayoría de los editores mantienen el texto de los manuscritos (marcado, eso sí, con una *crux*), no hay acuerdo con el sentido del verso. En nuestra traducción hemos seguido, en líneas generales, la interpretación de Lindsay *(Ancient Editions*, 117), a la que se adhiere Petersmann, y que implica ver en *Hercules te amabit*, un exclamación parentética, dirigida a un supuesto pujante. El resto del verso se explicaría simplemente como abreviatura de ¿*prandio poscis?* y ¿*cena tibi poscis?* Ernout, en cambio, advirtiendo de la oscuridad del pasaje, interpreta la frase *(Hercules te amabit prandio...)* como "Tu seras le favori d'Hercule au prix d'un dejeuner", es decir, "Tu feras une bonne affaire, au prix d'un dejeuner." Pero queda sin explicación el *tibi* final, como él mismo reconoce.

[24] Este parece el sentido más probable de la palabra *iunctiones*, trasmitida por el palinsesto Ambrosiano. Otros, siguiendo a los Palatinos, leen *unctiones*. Paratore traduce: "Vendo unzioni alla greca buone per sudare, altri massaggetti più delicati per far passare la sbornia..." Y comenta: "I parassite facevano anche il mestiere del fisioterapista, ungevano e strofinavano i ricchi anfitrioni... Si noti como nelle cose che Ridicolo dice di voler mettere in vendita si alternino le prerogative del parassita e quelle del massaggiatore."

[25] Leemos *alias* (sc. *iunctiones),* siguiendo a los manuscritos, en vez de <l>alias (del griego *laliá*: "charla, conversación"), enmienda de Bergk, incluida por Ernout en su edición.

[26] Se trata de un odre de cuero, al estilo de nuestras botas de vino, empleado por los viajeros para guardar el aceite necesario para el viaje: cfr. *Merc.* 927 y *Pers.* 124. Petersmann piensa que el calificativo *rubida* más que al material (cuero) puede haber referencia a su vejez, en la misma línea de *robiginosam (strigilim).* En el mismo sentido, Paratore traduce "un'ampolla di cuoio divenuta rossastra per la vecchiaia".

cesito venderlo cuanto antes, para ofrecer el décimo a Hércules[27].
CROCOCIA.— *(Aparte.)* ¡Va! Una subasta, por Cástor, de dos perras gordas. Se ve que el hambre se le ha agarrado al fondo del estómago. Me dirigiré al él.
GELÁSIMO.— *(Viendo acercarse a Crococia.)* ¿Quién será esta joven que viene a mi encuentro? ¡Pero si es Crococia, la criada de Epignomo!
CROCOCIA.— Salud, Gelásimo.
GELÁSIMO.— No es ése mi nombre.
CROCOCIA.— Pues lo fue, por Cástor, sin lugar a dudas. 240
GELÁSIMO.— Lo fue y con todas sus letras, pero por desuso he perdido el derecho de propiedad sobre él[28]. Ahora mi verdadero nombre es Comemigajas[29].
CROCOCIA.— No sabes bien, por Cástor, lo que me has hecho reír.
GELÁSIMO.— ¿Cuándo y dónde?
CROCOCIA.— Aquí, cuando pregonabas la subasta...
GELÁSIMO.— ¿Cómo? ¿Es que me has oído, bribona?
CROCOCIA.— ... una subasta, muy digna de ti.
GELÁSIMO.— ¿Adónde vas?
CROCOCIA.— A buscarte.
GELÁSIMO.— ¿Para qué?
CROCOCIA.— Panégiris me encargó rogarte encarecidamente que vinieras conmigo a su casa a hablar con ella.
GELÁSIMO.— ¿Yo? Allá voy, por Hércules, al galope. ¿Ya es- 250 tán cocidas las entrañas? ¿Cuántos corderos sacrificó?

---

[27] Como ya hemos dicho anteriormente, Hércules es el patrón de los comedores y de los parásitos.
[28] Dado que el parásito debe su nombre a su oficio de gracioso (recuérdese que Gelásimo, del gr. γελάω, "reír", significa "que provoca la risa", "ridículo") y que, debido a la larga ausencia de sus amos y tacañería de la gente, lleva mucho tiempo sin ser invitado a comer y, por tanto, sin practicar su oficio de bufón, cree que ha perdido el derecho a llevar su nombre. Recuérdese al respecto, que, según el Derecho Romano, de la misma manera que con el "uso" se adquiere la plena propiedad de una cosa, con el "desuso" se pierde: cfr. *Amph.* 845 y n. 43.
[29] Lit. Micotrogo: del griego μικκός (= μικρός: "pequeño") y τρώγω ("comer", "roer"): Cfr. Artotrogo del *Miles*. Nosotros diríamos quizás "Lameplatos".

CROCOCIA.— Ni uno solo.
GELÁSIMO.— ¿Cómo? Y entonces, ¿qué quiere de mí?
CROCOCIA.— Un préstamo de diez modios[30] de trigo, supongo.
GELÁSIMO.— ¿Quiere hacerme un préstamo a mí?
CROCOCIA.— No, hombre, no. Quiere que nos lo hagas tú a nosotras[31].
GELÁSIMO.— Dile que no tengo nada para dar ni para prestar, y que no poseo nada más que esta capa que llevo puesta. Hasta he vendido la lengua, lo único que me quedaba para regalar[32].
CROCOCIA.— ¡Atiza! ¿No tienes lengua?
GELÁSIMO.— Ninguna para decir "toma"; en atención a mi estómago me he quedado con una —*(sacándole la lengua)* mírala— para decir: "Dame".
CROCOCIA.— Una buena paliza, si quieres.
GELÁSIMO.— Eso mismo te desea ella a ti.
CROCOCIA.— ¿Y qué? ¿Vienes, sí o no?
GELÁSIMO.— Anda, vete a casa y dile que en un instante estaré allí. Date prisa. Lárgate. *(Crococia entra en casa.)* Me pregunto para qué me habrá mandado llamar, si nunca hasta hoy, desde que se marchó su marido, había hecho tal cosa. Estoy intrigado por saber de qué se trata. De todas formas, aunque no sea más que por curiosidad, iré a ver qué quiere. Pero ahí viene Pinacio, su esclavo. ¡Fijaos bien qué pose más graciosa y

---

[30] Recuérdese que el modio era una medida para áridos, equivalente a 8,75 litros.

[31] El juego de palabras del texto latino, basado en la ambigüedad del sujeto de *rogare*, se encuentra muy desvaído en la traducción. A la pregunta del parásito "¿Qué quiere (sc. Panégiris) de mí?" *(Quid igitur me volt?)*, Crococia responde: *Tritici modios decem rogare opinor*, donde *rogare* puede tener por sujeto tanto el parásito (deducido del *me* anterior), como él mismo interpreta, o la propia Panégiris, sujeto de *volt*, en cuyo caso el parásito haría en la contestación de la esclava la función de complemento directo. Es decir la frase de Crococia puede significar tanto "Que tú le pidas en préstamo diez modios de trigo" (de donde el asombro del parásito) como "pedirte en préstamo diez modios de trigo". Esta última es la interpretación cómica (¿De dónde va a sacar el parásito esa cantidad de trigo para prestarla?) que da Crococia a la frase.

[32] En latín *datariam* se utiliza en el doble sentido de "para regalar" (cfr. *Pseud.* 968) y "para decir 'toma este regalo'"

artística[33] ha adoptado! ¡No os imagináis, por Pólux, con qué arte sabe ése vaciar a sorbitos una jarra de vino puro, o casi casi!

ESCENA SEGUNDA

PINACIO, GELÁSIMO

PINACIO.— *(Llega corriendo.)* Mercurio, que, según dicen, es el mensajero de Júpiter jamás ha llevado a su padre una noticia tan maravillosa, como la que voy a comunicarle yo ahora a mi ama. Mi corazón lo siento, por ello, henchido de alegría y placer y no me place otra cosa que gloriarme magnilocuentemente de mis hazañas. Las dulzuras de todos los más placenteros placeres traigo conmigo y mi corazón[34] se desborda por encima de sus márgenes y rebosa de alegría. Date prisa, Pinacio; anima a tus pies; prestigia tus palabras con los hechos —hoy tienes la ocasión de alcanzar gloria, fama, honra— y, siguiendo las costumbres de tus antepasados[35], socorre a tu

280

---

[33] Según Ernout, la expresión *ex pictura* ("artística"), correspondiente al griego γραφικῶς *(graphice* en lat.), podría implicar una alusión al nombre del esclavo *Pinacium*, diminutivo de πίναξ, que, por tanto, significa "cuadrito". En cuanto a la "pose" del esclavo, que según Fraenkel, *Elementi*, 173 n. 1, responde a un estereotipo plautino, cfr. *Mil.* 201, 213, *Pseud.* 458, 1288, *Trin.* 625.

[34] El corazón (lat. *pectus* que, dicho sea de paso, es el sujeto y no complemento directo de la frase) es comparado no con un recipiente inerte sino con un río impetuoso que se desborda: cfr. Sen. 4a,1,1 *Quaeram... quid ita Nilus aestivis mensibus abundet.*

[35] Traducimos aproximadamente un lugar que se considera corrupto y para el que no ha sido propuesta ninguna solución satisfactoria. Recuérdese de todas formas que es propio de esclavos fanfarrones presumir de antepasados: cfr. por ej. vv. 303 y 332. Paratore se inclina por considerar correcto el texto transmitido y explica *benefacta* como c.d. de *subveni*, admitiendo que es algo raro. Por nuestra parte, creemos que el pasaje no se puede simplemente eliminar y que *maiorum tuum* tiene una función innegable. Una solución podría consistir en leer *bene, more* en vez de *benefacta* (obsérvese la paranomasia *subveni bene*, lo que nos inclina a mantener *bene).* Otra posibilidad, que nos gusta menos, consistiría en mantener el texto de los manuscritos y suponer que se ha perdido un verso, de características similares al verso 304: *(benefacta maiorum) exaugeam, atque illam augeam insperato opportuno loco, (quae...).*

ama desvalida, que se consume de pena esperando el regreso de su marido Epignomo. Ella, como es su deber, ama a su marido y desea apasionadamente su regreso. Ahora, Pinacio, haz lo que te apetece; corre, como es tu deseo. No tengas consideración con nadie. A codazos expulsa a la gente de la calle; deja expedito el camino. Si un rey te obstaculiza el paso, antes que a nadie[36] derriba al propio rey.

GELÁSIMO.— ¿Por qué motivo estará Pinacio tan exultante de júbilo y tendrá tantas ganas de correr? ¡Y lleva una caña, un anzuelo y un cestito de pescador!

PINACIO.— *(Deteniéndose.)* Pero, pensándolo bien, creo 290 que más justo sería que mi ama viniera a suplicarme o me enviara embajadores y regalos de oro y una cuádriga para transportarme, pues no está bien que vaya a pie. Por tanto, volveré sobre mis pasos. Lo justo, en mi propia opinión, es que vengan a suplicarme. ¿O pensáis que es una bobada, una nadería la noticia que yo sé? Una dicha tan grande traigo del puerto, una alegría tan grande que mi propia ama, de no estar enterada, difícilmente se atrevería a pedírsela a los dioses. ¿Y voy a ir yo por propia iniciativa a comunicarle esta noticia? No me parece bien ni creo que sea obligación de un héroe. Me parece mucho más acorde con la importancia de la noticia que sea ella la que venga a mi encuentro y me suplique humildemente que se la comunique. A la abundancia sienta bien la arrogan- 300 cia. Pero, pensándolo bien, ¿cómo puede ella saber que yo la sé? No me queda más remedio que dar la vuelta, hablarle, explicárselo todo, librar a mi ama de su congoja, acrecentar los gloriosos servicios de mis antepasados y el corazón de mi ama alegrarlo con una dicha tan inesperada como oportuna. Eclipsaré las proezas de Taltibio[37] y humillaré a todos los demás mensajeros. Al mismo tiempo, me entrenaré a la carrera para los juegos olímpicos. Pero mi camino ha llegado a su fin; lo que queda es demasiado corto para correr. ¡Qué fastidio! *(Acercándose a la casa.)* Pero, ¿qué significa esto? Veo la puerta cerrada. Me acercaré a llamar. Abrid, daos prisa, abrid las puertas de par en par, no me hagáis esperar. ¡Qué poco 310 celo ponen en hacer su trabajo! ¡Fijaos todo el tiempo que llevo aquí esperando y llamando a la puerta! *(A la gente de la*

---

[36] Ernout interpreta *prius* con un matiz ligeramente distinto, traduciendo: "cubulte-le plutôt que de lui céder".

[37] Heraldo de Agamenón durante la guerra de Troya.

casa.) ¿Es que estáis durmiendo? *(Golpeando violentamente la puerta.)* Voy a comprobar quién es más fuerte: la puerta o mis codos y pies. ¡Cómo me gustaría que esta puerta hubiese huido de casa de su amo, a fin de que recibiera una buena paliza! Estoy cansado de llamar. Éste es el último golpe que doy. ¡Mal rayo os parta!

Gelásimo.— *(Aparte.)* Voy a hablarle. *(A Pinacio.)* Salud.

Pinacio.— Salud también a ti.

Gelásimo.— *(Señalando los instrumentos de pesca de Pinacio.)* ¿Es que te has hecho pescador?

Pinacio.— ¿Cuánto tiempo hace que no comes?

Gelásimo.— ¿De dónde vienes? ¿Qué noticia traes? ¿Por qué tienes tanta prisa?

Pinacio.— De lo que no te importa, no te preocupes.

Gelásimo.— ¿Qué llevas en ese cesto?

Pinacio.— Serpientes, para que te las comas tú.

Gelásimo.— ¿Por qué estás tan furioso?

Pinacio.— Si tuvieras una pizca de vergüenza, te abstendrías de dirigirme la palabra.

Gelásimo.— ¿Puedes decirme la verdad?

Pinacio.— Sí: hoy no cenarás.

ESCENA TERCERA

Panégiris, Gelásimo, Pinacio

Panégiris.— *(Saliendo de casa.)* ¿Se puede saber quién es el que rompe la puerta? ¿Dónde está? *(Viendo a Gelásimo.)* ¿Eres tú el responsable? ¿Eres tú el que viene en son de guerra a mi casa?

Gelásimo.— Salud. En cumplimiento de tus órdenes vengo a verte.

Panégiris.— *(Alzando la voz.)* ¿Y ése es el motivo por el que destrozas la puerta?

Gelásimo.— A los tuyos es a quienes tienes que chillar; los tuyos son los culpables. Yo sólo trataba de averiguar qué querías de mí. La verdad es que a mí la puerta me estaba dando pena.

Pinacio.— *(Con ironía.)* Por eso te diste tanta prisa en acudir en su auxilio.

Panégiris.— ¿Quién es el que habla tan cerca de nosotros?

Pinacio.— Pinacio.

PANÉGIRIS.— ¿Dónde está?
PINACIO.— Mira hacia mí y manda a la porra a ese muerto de hambre, Panégiris.
PANÉGIRIS.— ¡Pinacio!
PINACIO.— Sí, ese nombre me pusieron mis antepasados[38].
PANÉGIRIS.— ¿Qué haces?
PINACIO.— ¿Que qué hago me preguntas?
PANÉGIRIS.— ¿Es que no puedo preguntártelo?
PINACIO.— ¿Y a ti que te importa lo que hago?
PANÉGIRIS.— ¿Tan poco respeto te merezco, descarado? Vamos, contesta enseguida, Pinacio.
PINACIO.— Manda, pues, que me suelten a los que me tienen preso.
PANÉGIRIS.— ¿Quién te tiene preso?
PINACIO.— Todos mis miembros son presa del cansancio.
PANÉGIRIS.— La lengua, desde luego, que no. De eso estoy segura.
PINACIO.— ¡No sabes bien con qué rapidez, a qué velocidad vine corriendo desde el puerto para complacerte!
PANÉGIRIS.— ¿Me traes alguna buena noticia?
PINACIO.— Con creces mucho mejor de lo que esperas.
PANÉGIRIS.— ¡Estoy salvada!   340
PINACIO.— Yo, en cambio, estoy perdido, pues el cansancio me ha devorado la médula de los huesos.
GELÁSIMO.— ¿Y que diré yo, a quien el hambre le ha devorado la médula del estómago?
PANÉGIRIS.— ¿Has visto a alguien?
PINACIO.— A muchos.
PANÉGIRIS.— ¿Y a algún conocido?[39]
PINACIO.— A muchísimos, pero entre tantos a ninguno tan bellaco como este parásito.
GELÁSIMO.— ¿Cómo? *(A Panégiris.)* Ya llevo un buen rato soportando sus insultos. *(A Pinacio.)* En lo sucesivo, si vuelves a provocarme...

---

[38] Obsérvese, como ya hemos comentado, que es una obsesión de Pinacio su rango nobiliario.
[39] En realidad Panégiris pregunta por su marido. Pero Pinacio, aprovecha el doble sentido de *virum,* que puede significar simplemente "hombre", para insultar al parásito. Hemos reformado la traducción para hacerla legible. Nos parecen injustificadas las reservas de Paratore a esta interpretación.

PINACIO.— *(Terminando la frase del parásito.)* ... te juro, por Pólux, que morirás de hambre.
GELÁSIMO.— *(Con resignación.)* Estoy empezando a convencerme de que has dicho la verdad.
PINACIO.— Quiero que hagamos limpieza. *(A la gente de la casa.)* Traed una escoba y también un caña, para que yo destruya todo el trabajo de las arañas, les deshaga sus horrorosos tejidos y arroje al suelo todas sus telas.
GELÁSIMO.— Pero las pobres después se morirán de frío.
PINACIO.— ¿Qué dices? ¿Crees que son como tú, que no tienes más que un vestido? Coge aquella escoba.
GELÁSIMO.— Ahora mismo.
PINACIO.— Yo barreré por aquí, tú por allí.
GELÁSIMO.— De acuerdo.
PINACIO.— *(A la gente de la casa.)* ¿Queréis traer una regadera[40] con agua?
GELÁSIMO.— *(A los espectadores.)* Éste no necesita los votos del pueblo para desempeñar el cargo de edil.
PINACIO.— Vamos, date más prisa, pinta el suelo[41], riega la parte de delante de la casa.
GELÁSIMO.— Ahora mismo lo hago.
PINACIO.— Ya tenía que estar hecho. Yo, entretanto, quitaré las telarañas de la puerta y de la pared.
GELÁSIMO.— ¡Un trabajo bien duro, por Pólux!
PANÉGIRIS.— Todavía no acierto a comprender de qué se trata, a no ser que vayan a llegar huéspedes.
PINACIO.— *(A los de la casa.)* Vosotros poned la mesa.
GELÁSIMO.— ¿La mesa? Me gusta este comienzo.
PINACIO.— Otros cortad leña, otros limpiad el pescado que ha traído el pescador[42]; descolgad un jamón y un lomo de cerdo[43].

---

[40] Lat. *nassiterna*. Según Festo (185,15), *nassiterna est genus vasi aquarii ansati et patentis, quale es quo equi pefundi solent*. Es palabra derivada, probablemente, de *nasus* ("nariz") en razón del tubo característico para echar el agua.

[41] Pinacio compara, evidentemente, barrer con pintar.

[42] Es razonable suponer que Pinacio aluda a sí mismo, pero en la comedia no hay otro dato que nos permita confirmar la sospecha. Petersmann que, siguiendo a Lipsius, lee *piscatu rettuli*, soluciona radicalmente la cuestión.

[43] Para *glandium* sigo la interpretación de L. D. Johnston, "Glandium: what piece of pork?": *CPh* 49 (1954), 244-250.

[565]

GELÁSIMO.— A fe que este tipo es un verdadero sabio.
PANÉGIRIS.— *(A Pinacio.)* Me parece, por Cástor, que no haces mucho caso a tu ama.
PINACIO.— Pero si lo he dejado todo para cumplir tus deseos.
PANÉGIRIS.— En ese caso, háblame del asunto por el que te envié al puerto.
PINACIO.— Verás: cuando me enviaste al puerto, al despuntar el día, un sol radiante surgía del mar. Mientras pregunto a los aduaneros si había llegado algún barco procedente de Asia y me responden que no, he aquí que veo el mayor cercuro[44] que creo haber visto en mi vida: entra en puerto con viento favorable, con la velas desplegadas. Unos nos preguntamos 370 a otros: "¿De quién será ese barco? ¿Qué carga transportará?" Y en esto veo a Epignomo, tu marido, y a tu esclavo Estico.
PANÉGIRIS.— ¿Cómo? ¿Qué has dicho? ¿Has dicho Epignomo?
PINACIO.— Sí, tu marido.
GELÁSIMO.— Y mi vida.
PINACIO.— Ha llegado, de verdad.
PANÉGIRIS.— Pero, ¿lo has visto con tus propios ojos?
PINACIO.— Y con sumo placer. Montañas de oro y plata ha traído...
GELÁSIMO.— ¡Estupendo! Ahora mismo, por Hércules, cojo la escoba y barro la calle con sumo placer.
PINACIO.— ... montones de lana y de púrpura...
GELÁSIMO.— Ya tengo con qué cubrirme el estómago.
PINACIO.— ... lechos de marfil, de oro...
GELÁSIMO.— Así podré asistir a los banquetes tumbado como un rey.
PINACIO.— ... también, telas de Babilonia, cobertores y tapices rasos[45], un sinfín de objetos preciosos.
GELÁSIMO.— ¡Bravo, por Hércules!
PINACIO.— Además, siguiendo con mi relato, trajo consigo li- 380 ristas, flautistas, harpistas, todas ellas de extraordinaria belleza.
GELÁSIMO.— ¡Hurra! Cuando haya empinado el codo, contaré chistes. Entonces soy graciosísimo.
PINACIO.— Además, cantidad de perfumes de todo tipo.
GELÁSIMO.— Ya no vendo chascarrillos. Ya no subasto mis bienes. Me ha tocado una herencia. Los malévolos indagado-

---

[44] Cfr. nota 13 del *Mercator*.
[45] Cfr. *Pseud*. 146-7.

res de subastas que se vayan al infierno. Hércules, me alegro de que se haya incrementado el diezmo que te prometí. Al fin tengo la esperanza de poder expulsar de una vez la maldita hambre de mi barriga.

Pinacio.— Además, trajo parásitos...

Gelásimo.— ¡Ay, pobre de mí, estoy perdido!

Pinacio.— ... graciosísimos.

Gelásimo.— Desbarreré[46], por Hércules, el polvo que acabo de barrer.

Panégiris.— *(A Pinacio.)* ¿Y viste a Panfilipo, el marido de mi hermana?

Pinacio.— No.

Panégiris.— ¿No ha venido?

Pinacio.— Sí, tu marido me dijo que había venido con él. Pero yo, sin esperar a verlo, eché a correr rápidamente para anunciarte la maravillosa noticia.

Gelásimo.— Están a la venta esos chascarrillos que decía que no ponía en venta. ¡Todo se acabó! Los malévolos ya tienen motivo para reírse de mi desgracia. Hércules, por muy dios que seas, no saliste muy bien parado de este asunto.

Panégiris.— *(A Pinacio.)* Entra en casa, Pinacio, y manda a los esclavos preparar lo necesario para el sacrificio. *(A Gelásimo.)* ¡Que te vaya bien!

Gelásimo.— ¿Quieres que te ayude?

Panégiris.— Tengo bastantes esclavos en casa. *(Entra en casa con Pinacio.)*

Gelásimo.— Sinceramente, Gelásimo, las cosas te han salido al revés, si uno de tus patronos no ha llegado y el que ha llegado no acude en tu socorro. Me iré a casa a repasar mis libros y aprenderé algunos de los mejores chascarrillos. Pues, si no logro desbancar a mis rivales, estoy irremisiblemente perdido.

---

[46] Pese a las reservas de Paratore sobre el valor del prefijo *re*- creemos que sólo éste y no otro puede ser el significado del verbo *revorro*. El prefijo habría que interpretarlo con el sentido que tiene en re-gredior, "desandar el camino andado", es decir, con el matiz de dar marcha atrás y volver a la situación inicial, no en el sentido de repetir la misma acción dos veces.

ACTO TERCERO

ESCENA PRIMERA

EPIGNOMO, ESTICO

EPIGNOMO.— *(Acompañado por Estico y seguido por un grupo de esclavas.)* Por haberme concedido la gracia de regresar sano y salvo a mi patria, tras el éxito obtenido en mi viaje, doy gracias a Neptuno y a las Tempestades y, también a Mercurio, que me fue propicio en mis negocios y con las ganancias que me concedió cuadruplicó mi fortuna[47]. A los seres queridos que hace años llené de tristeza con mi partida, colmaré ahora de alegría con mi regreso. Pues ya me he encontrado con Antifón, mi suegro y, olvidando nuestras viejas rencillas, nos hemos reconciliado. Fijaos, por favor, qué poderoso caballero es el dinero[48]. Al ver que he regresado con éxito de mi viaje y he traído a casa grandes riquezas, sin necesidad de testigos, en el mismo puente del cercuro, nos reconciliamos e hicimos las paces. Él hoy cena en mi casa en compañía de mi hermano. Pues ayer los dos hicimos escala en el mismo puerto[49] pero hoy mi nave se hizo a la mar un poco antes. Vamos, Estico, conduce a casa a estas esclavas que he traído de Rodas.

---

[47] Obsérvese el parecido de este pasaje con el prólogo del *Anfitrión*.
[48] El poder del dinero es un tema tópico en todas las literaturas. Adaptamos para nuestra traducción el famoso refrán español: Poderoso caballero es don Dinero.
[49] Naudet, citado por Ernout, supone que, dada la temprana hora de llegada, como se desprende del relato de Pinacio (cfr. 364 ss.), los dos hermanos no pudieron entrar en el Pireo la tarde anterior bien a causa del cierre de las barreras del puerto a la caída de la tarde o bien a causa de determinadas dificultades de paso, y ello les obligó ha pasar la noche fondeados en uno de los puertos menores del Ática o, incluso, en una de las dependencias del puerto principal. Pero estas explicaciones nos parecen, sin embargo, excesivamente complicadas e innecesarias. Es más simple suponer, con Petersmann, que sencillamente el número de actores impedía que llegaran a escena juntos los dos hermanos y en consecuencia había que aducir una disculpa cualquiera para ello.

Estico.— Amo, lo diga o no lo diga, yo sé que tú sabes cuántas penalidades he debido padecer a tu lado. Pues bien, en compensación a tantas penalidades pasadas, con motivo de mi regreso a casa, déjame celebrar hoy, y sólo hoy, las eleuterias[50].
Epignomo.— Es justo y razonable lo que pides. Celébralas, Estico. Hoy te doy rienda suelta. Vete adonde quieras. Además te regalo un cántaro de vino añejo.
Estico.— ¡Hurra! Pasaré el día con una amiga.
Epignomo.— Como si quieres con diez, con tal que pagues los gastos de tu bolsillo.
Estico.— A propósito, quería pedirte...
Epignomo.— ¿Qué querías pedirme? Habla.
Estico.— ¿Puedo cenar fuera de casa?
Epignomo.— Si estás invitado, tienes mi permiso.
Estico.— Con eso me basta. Estar invitado o no es lo de menos.
Epignomo.— ¿Dónde cenas, pues?
Estico.— He aquí el plan que he trazado. *(Señalando la casa de Panfilipo.)* Aquí, en la casa de al lado, tengo yo una amiga que se llama Estefanía, una esclava de tu hermano. En su casa concerté[51] una cita para cenar a escote en la habitación de su compañero Sagarino, el sirio. Ella es amiga común de los dos; somos rivales.
Epignomo.— Vamos, lleva a estas esclavas a casa. Te concedo el día de hoy, para que dispongas de él a tu albedrío.
Estico.— ¡Que mal rayo me parta, si no lo torturo a conciencia! *(Epignomo entra en su casa.)* Ahora mismo, por Hércules, voy a pasar por el corral a casa de mi amiga, para reservarme esta noche. Al mismo tiempo, le daré mi escote y le mandaré que prepare la cena en la habitación de Sagarino. O, mejor, voy yo mismo a hacer la compra. Estoy seguro de que Sagarino, como esclavo que es, estará aquí de un momento a otro en compañía de su amo. Pero, como no llegue a

---

[50] Las eleuterias son las fiestas griegas de la libertad: cfr. n. 10 del *Persa*. Está claro que lo que le pide el criado a su amo es rienda suelta para hacer lo que le venga en gana.
[51] Petersmann, siguiendo a Lambino y Ritschl, piensa que el verbo ha de estar en futuro y, por tanto, lee *condicam* en vez de *condixi*. Pensamos que no es necesaria la enmienda, si aceptamos que es Sagaristión la persona con quien ha sido concertada la cita y no Estefanía.

tiempo a cenar, habrá que enviar a buscarlo a unos lacayos provistos de estacas, para que a estacazos lo traigan a casa. Yo me encargaré de que todo esté preparado. Pero yo mismo me estoy haciendo perder el tiempo. *(A los espectadores.)* Y vosotros no os extrañéis de que unos vulgares esclavos celebren una fiesta, hagan el amor y se citen para cenar. Nos están permitidas a nosotros estas libertades en Atenas. Pero, pensándolo bien, antes de exponerme a la envidia de la gente, dado que nuestra casa tiene una puerta trasera [y esta puerta es la 450 que más se utiliza de la casa], saldré por ella a hacer las compras y por ella volveré con la compra. Pues las dos casas están comunicadas por el corral. *(A las esclavas.)* Vamos, vosotras, seguidme, que estoy dilapidando el día. *(Entran en casa de Epignomo.)*

ESCENA SEGUNDA

Gelásimo, Epignomo

Gelásimo.— He estudiado mis libros. Estoy completamente seguro de que voy a conservar para siempre el favor de mi rey[52] con mis graciosos chascarrillos. Ahora vengo a ver si ya ha llegado del puerto, para tratar de cautivarlo desde el momento de su llegada con mis chistes.
Epignomo.— *(Saliendo de su casa.)* ¡Pero si ahí viene Gelásimo, el parásito!
Gelásimo.— *(Sin ver a Epignomo.)* Hoy, al salir de casa, he tenido un presagio muy propicio. Una comadreja cazó un 460 ratón delante de mis pies[53]. Que se trata de un agüero favorable, no me cabe la menor duda[54]. Pues, de la misma manera

---

[52] Recordaremos que es el apelativo habitual que dan los parásitos a sus patronos.
[53] La comadreja desempeña en la casa ateniense el mismo papel que el gato en la nuestra; su misión es cazar ratones. (Grimal)
[54] A pesar de que los diccionarios sólo dan el sentido negativo de *obscaevo*, traduciéndolo como "anunciar un mal presagio" o "traer desgracia a algo o alguien", sentido que parece tener en *Asin.* 266 *(metuo, quom illic obscaevavit meae falsae fallaciae),* no me cabe duda de que aquí ha de ser entendido en sentido positivo, como queda confirmado en el verso 673 donde tanto *scaeva* como *strena* en una construcción parecida aparecen caracterizados positivamente.

que la comadreja obtuvo el alimento necesario para su vida, espero que a mí me ocurrirá lo mismo. El presagio así lo indica. *(Viendo a Epignomo.)* Pero ahí está Epignomo. Iré a hablar con él. Epignomo, ¡qué placer más grande me produce volver a verte! ¡Qué raudal de lágrimas hace brotar de mis ojos la alegría! ¿Tu salud ha sido siempre buena?

EPIGNOMO.— Nos hemos defendido bastante bien.
GELÁSIMO.— Te deseo salud a dos carrillos[55].
EPIGNOMO.— Gracias por tus buenos deseos, propios de un amigo. ¡Que los dioses te concedan cuanto puedas desear!
GELÁSIMO.— Te invito a cenar en mi casa, para celebrar tu 470 regreso sano y salvo[56].
EPIGNOMO.— ¿Me invitas a cenar en tu casa?
GELÁSIMO.— Para celebrar tu regreso sano y salvo.
EPIGNOMO.— Estoy comprometido. Lo siento, muchas gracias.
GELÁSIMO.— Acepta.
EPIGNOMO.— Mi decisión está tomada.
GELÁSIMO.— Di que sí, anda.
EPIGNOMO.— Mi decisión es irrevocable.
GELÁSIMO.— Me darás un alegría, por Hércules, si aceptas.
EPIGNOMO.— Eso yo ya lo sé. Cuando se presente una ocasión, aceptaré.
GELÁSIMO.— Ahora se presenta la ocasión.
EPIGNOMO.— Te juro que no puedo.
GELÁSIMO.— No te hagas de rogar. Acepta. Tengo preparada una sorpresa para ti.

Obsérvese además el paralelismo entre *strena obscaevavit* del pasaje que estamos comentando con *Bona scaeva strenaque obviam occesit mihi* de 673. Cfr. también *Pseud.* 1138. Recordemos, finalmente, que Festo dice (432, 26 L): *scaevam volgus quidem et in bona et in mala re vocat cum aiunt bonam et malam*. La traducción de Paratore, que se empeña en mantener el sentido peyorativo de *obscaevare* ("Appena il presagio mi s'è presentato, m'è sembrato di cattivo augurio, ma poi me lo sono esaminato più attentamente."), me parece desafortunada.

[55] El parásito hasta en sus expresiones más corrientes demuestra su obsesión por la comida.
[56] Suele suponerse casi unánimemente (con la excepción de Leo) la pérdida de un verso, que traducimos, según la reconstrucción conjetural de Ritschl. Evidentemente la invitación del parásito hay que entenderla como un subterfugio cómico para conseguir él mismo ser invitado.

EPIGNOMO.— Anda, vete. Búscate otro convidado para hoy.
GELÁSIMO.— ¿Por qué no aceptas?
EPIGNOMO.— No te pondría pegas si pudiera.
GELÁSIMO.— Una sola cosa te garantizo, por Hércules: tendría un gran placer en recibirte si me garantizas tu asistencia. 480
EPIGNOMO.— Adiós.
GELÁSIMO.— ¿Es tu última palabra?
EPIGNOMO.— La última. Cenaré en mi casa.
GELÁSIMO.— Y ya que no quieres aceptar la invitación de cenar en mi casa, ¿quieres que venga yo a cenar a la tuya?
EPIGNOMO.— Si ello fuera posible, me gustaría. Pero hoy en mi casa cenan nueve extranjeros.
GELÁSIMO.— No exijo, por supuesto, cenar recostado en un lecho. Sabes bien que yo soy de los que se conforman con sentarse en un pequeño unisillo[57].
EPIGNOMO.— Pero es que se trata de embajadores de un 490 país extranjero, personajes de alto rango, que vienen de Ambracia en misión oficial[58].
GELÁSIMO.— Pues que los embajadores, de acuerdo con su alto rango, se recuesten en un alto lecho, que yo, en consonancia con mi baja condición, me sentaré en un bajo taburete[59].
EPIGNOMO.— No parece razonable invitarte a cenar con embajadores.

---

[57] Tratamos de reflejar de alguna manera el compuesto plautino *unisubselli*, formado sobre *subsellium* "asiento bajo", sobre la base de *biclinium, triclinium*. Dicho término aparece también en un contexto similar en *Capt.* 471.

[58] Generalmente suele pensarse que esta referencia a Ambracia proviene del modelo griego y sirve para datar su composición entre el 317 y 312 a. C.: cfr. Petersmann, *Stichus*, 27. A. Boutemy, *Quelques allusions historiques dans le Stichus de Plaute*, REA 38 (1936) 29-34, ha querido, sin embargo, ver una alusión a la embajada enviada por Ambracia a Roma en el 187 a. C. y, en consecuencia, consideró que la actual redacción del *Stichus* provendría de una reposición efectuada en ese año o en el siguiente. También Paratore (cfr. n. 74 de su edición de la comedia) piensa que el motivo de Ambracia es un añadido plautino.

[59] La oposición *summus/imus* en latín no se refiere tanto a la altura del asiento como a la importancia del puesto en la mesa. Como ya hemos dicho en otras ocasiones, *summus* designa el puesto de más categoría, *imus* el de menos (cfr. n. 85 del *Persa*). Pero hemos tenido que traducir así para hacer comprensible la traducción.

GELÁSIMO.— Pero si también yo soy embajador... de mi estómago[60]. *(Con tristeza)* Pero mi misión ha tenido poco éxito.
EPIGNOMO.— Mañana nos cenaremos tú y yo los restos. ¡Que lo pases muy bien! *(Epignomo entra en casa.)*
GELÁSIMO.— ¡Por Hércules, que estoy completa e irremisiblemente perdido, sin tener la mínima culpa![61] Ya hay en el mundo un Gelásimo[62] menos que hace un rato. Nunca más volveré a fiarme de una comadreja, pues no conozco un animal más voluble que éste[63]. ¿Cómo se me ocurriría dar crédito, en un asunto de vida o muerte para mí, a los presagios de un animal que cambia cien veces al día de madriguera? Ahora mismo voy a convocar a mis amigos, para preguntarles qué método me aconsejan para... morirme de hambre.

ACTO CUARTO

ESCENA PRIMERA

ANTIFÓN, PANFILIPO, EPIGNOMO

ANTIFÓN.— *(Llegando del puerto con Panfilipo.)* Tan cierto como que pido a los dioses que me protejan y que me conserven a mis hijas, es que me alegro, Panfilipo, de que hayáis regresado a vuestra patria y a vuestro hogar, tras el éxito obtenido en vuestro viaje, tanto tú como tu hermano.

---

[60] Tratamos de reflejar así el doble sentido de *orator*: embajador y, en palabras de Ernout, "abogado encargado de defender una causa".

[61] Aunque éste es el sentido habitual que se da en los diccionarios y traducciones al adverbio *obnoxie*, no se trata de un significado completamente seguro. Petersmann, apoyándose en Liv. 3,39,1 sugiere una traducción de "sin energía", con lo que el sentido sería aproximadamente: "no sin haber puesto todos los medios para evitarlo".

[62] Es evidente que *Gelasimo* es ablativo de los que las gramáticas llaman de cantidad (cfr. M. Bassols, *Sintaxis histórica de la lengua latina*, I, Barcelona 1945, 420) o limitación y no un dativo, como pretende Paratore.

[63] Aunque la relación *volveré... voluble* puede ser difícil de captar en español, por demasiado culta, creemos preferible esta solución para traducir el juego de palabras *certumst... incertior*, a otras como *estoy decidido... indeciso*, que reflejan con menos fidelidad el sentido del texto latino.

Panfilipo.— Te exigiría avales, si no me diera cuenta de que eres mi amigo; pero, como puedo comprobar que lo eres, te creeré.

Antifón.— Te invitaría yo a cenar en mi casa, si tu herma- 510 no no me hubiera invitado a mí y no me hubiera dicho que tú también ibas a cenar hoy en la suya. Aunque hubiera sido más lógico que os hubiera invitado a cenar yo a vosotros, para celebrar vuestro regreso, a que yo hubiera aceptado su invitación. Pero no quise contrariarlo. Y para que no creas que trato de quedar bien contigo sólo de palabra, mañana seréis mis invitados, tanto tú como él, con vuestras respectivas esposas.

Panfilipo.— Y los míos pasado mañana, pues mi hermano ya me invitó ayer a cenar hoy en su casa. Pero ya has hecho las paces conmigo, ¿verdad, Antifón?

Antifón.— Dado que habéis obtenido en vuestros negocios todos el éxito que se debe desear a unos yernos y unos amigos, entre vosotros y yo reina la paz y la armonía. Pues métete una cosa en la cabeza: según tu fortuna, así serán tus 520 amigos; si tu fortuna es sólida, igualmente sólidos serán tus amigos; si es vacilante, también tus amigos vacilarán. La fortuna hace amigos.

Epignomo.— *(Saliendo de casa y hablando hacia el interior.)* Enseguida vuelvo. *(Para sí, sin ver a los otros.)* ¡Qué inmenso placer supone, después de una larga ausencia, regresar al hogar y no encontrarse con ninguna preocupación que perturbe la paz de tu espíritu! Pues, en mi ausencia, mi mujer ha administrado mi casa tan celosamente que me ha despojado y liberado de todo cuidado. Pero ahí viene mi hermano Panfilipo, acompañado por nuestro suegro.

Panfilipo.— ¿Qué tal, Epignomo?

Epignomo.— ¿Y tú? ¿Hace mucho que has entrado en puerto?

Panfilipo.— No demasiado.

Epignomo.— *(Señalando a Antifón.)* ¿Y ya está calmado contigo?

Antifón.— Más que el mar que os ha transportado hasta 530 aquí a los dos.

Epignomo.— *(A Antifón.)* Sigues siendo el mismo. *(A su hermano.)* ¿Descargamos hoy la nave, hermano?

Panfilipo.— Con calma, por favor. Me parece mejor que, en su lugar, nos carguemos nosotros... de placeres. ¿Falta mucho para que la cena esté preparada? Pues estoy sin almorzar.

Epignomo.— Entra en mi casa y báñate.

Panfilipo.— No, entro un momento en la mía para saludar

[574]

a los dioses y a mi mujer y, en cuanto haya terminado lo que quiero hacer, inmediatamente paso a la tuya.

EPIGNOMO.— ¡Pero si tu mujer está en nuestra casa, ayudando en sus tareas a su hermana!

PANFILIPO.— Magnífico. En ese caso me entretendré menos tiempo. Enseguida estoy en tu casa.

ANTIFÓN.— *(A Panfilipo.)* Antes de que te vayas, en tu presencia, quiero contarle a tu hermano un apólogo.

PANFILIPO.— Estupendo.

ANTIFÓN.— *(A Epignomo.)* Érase una vez un viejo como yo. 540 Tenía dos hijas, como tengo yo. Las hijas estaban casadas con dos hermanos, como mis hijas lo están con vosotros.

EPIGNOMO.— *(Aparte.)* Me pregunto adónde irá a parar este apólogo.

ANTIFÓN.— Poseía el hermano menor una lirista y una flautista. Las había traído del extranjero, como has hecho tú. Y el viejo era viudo, como soy yo.

EPIGNOMO.— Prosigue. Ése apólogo es muy actual.

ANTIFÓN.— Pues bien, el viejo le dice al dueño de la flautista, como te digo yo a ti...

EPIGNOMO.— Te escucho con la máxima atención.

ANTIFÓN.— "Yo te he dado a mi hija, para que disfrutaras acostándote con ella. Justo me parece que ahora, en compensación, me des una joven para que me acueste con ella."

EPIGNOMO.— ¿Quién dice eso? ¿El viejo como tú?

ANTIFÓN.— Como yo te lo digo a ti. Y el joven le contesta: 550 "Sí, y, si una te parece poco, te daré dos." Y añade: "Y si dos te parecen poco, te regalaré otras dos."

EPIGNOMO.— ¿Quién dice eso, por favor? ¿El joven como yo?

ANTIFÓN.— Exactamente, el joven como tú. Entonces le replica el viejo como yo: "De acuerdo, si quieres, dame cuatro, pero con la condición de que me des también comida para alimentarlas, a fin de que no acaben con la mía."

EPIGNOMO.— ¿Y de verdad a ti no te parece que el viejo demostró ser un tacaño, hablando así y atreviéndose, con lo espléndido que había sido el joven con él, a reclamar la comida?

ANTIFÓN.— ¿Y de verdad a ti no te parece que el joven demostró ser un mezquino al apresurarse a rechazar su petición y responder que no le daría ni un grano de trigo? Sobre todo, por Hércules, teniendo en cuenta que, puesto que el viejo ha- 560 bía dado una dote a su hija, tenía toda la razón del mundo en exigirla para la flautista.

EPIGNOMO.— Pues yo opino, por Hércules, que ese joven

[575]

fue muy listo y espabilado, por negarse a darle al viejo una concubina provista de dote.

ANTIFÓN.— Al viejo le hubiera gustado, si hubiera sido posible, obtener un poco de comida. Pero, como no fue posible, aceptó el regalo en las condiciones en que se le ofrecía. "De acuerdo", dijo el joven. "Muchas gracias", replicó el viejo. "¿Puedo dar por cerrado el trato?" Añadió. "Acepto las condiciones que pones", contestó el joven. Ahora me voy a casa a felicitar a mis hijas por vuestro regreso. Después me meteré en el baño para tonificar un poco mis viejos músculos. Cuando termine de bañarme, os esperaré tranquilamente en el triclinio. *(Entra en casa de Epignomo.)*

EPIGNOMO.— ¡Qué tipo más genial es este Antifón! ¡Con qué 570 habilidad supo urdir el apólogo! El muy bellaco todavía se las da de jovencito. Pues le daremos una amiga al viejo, para que le cante la nana de noche en la cama. Porque, por Pólux, que no se me ocurre para qué otra cosa podría necesitarla.

PANFILIPO.— Pero, ¿qué es de nuestro parásito Gelásimo? ¿Cómo está de salud?

EPIGNOMO.— Acabo de verlo, por Pólux, no hace ni un instante.

PANFILIPO.— ¿Y cómo está?

EPIGNOMO.— Muerto de hambre.

PANFILIPO.— ¿Por qué no lo invitaste a cenar?

EPIGNOMO.— Para no perder nada a mi llegada[64]. Pero, hablando del rey de Roma, he aquí que por la puerta asoma. Ahí lo tienes, con pinta de lobo hambriento.

PANFILIPO.— Tomémosle el pelo.

EPIGNOMO.— Me has sacado las palabras de la boca.

ESCENA SEGUNDA

GELÁSIMO, PANFILIPO, EPIGNOMO

GELÁSIMO.— *(Sin ver a los otros personajes, a los espectadores.)* Como os decía hace un rato, durante mi ausencia, he 580 consultado con mis amigos y con mis familiares. Y me han

---

[64] Se consideraba de mal agüero perder alguna cosa al llegar a un sitio y está claro que, para Epignomo, lo que se gasta en un parásito es completamente perdido. (Ernout)

aconsejado que me... muriera de hambre. Pero, ¿no es Panfilipo a quien estoy viendo, en compañía de su hermano Epignomo? Claro que es. Me dirigiré a él. *(A Panfilipo.)* ¡Oh esperado Panfilipo, oh esperanza mía, oh vida mía, oh cariño mío, salud! Me alegro de que hayas regresado sano y salvo a tu patria [de tu viaje].

PANFILIPO.— Te creo. Salud, Gelásimo.
GELÁSIMO.— ¿Has estado bien de salud?
PANFILIPO.— Nos hemos defendido bastante bien.
GELÁSIMO.— Por Pólux, que me alegro. Y te juro, por Pólux, que me gustaría disponer de mil fanegas[65] de plata.
EPIGNOMO.— ¿Para qué las necesitas?
GELÁSIMO.— Por Hércules, para invitar a cenar a tu hermano, pero no a ti.
EPIGNOMO.— Tiras piedras contra tu propio tejado.
GELÁSIMO.— *(Desdiciéndose.)* Quería decir, para invitaros a los dos. De verdad que de muy buena gana os hubiera invitado a los dos juntos, pero en mi casa no tengo nada ni siquiera para mí. Y vosotros bien lo sabéis.
EPIGNOMO.— Y yo, por Pólux, de buena gana te invitaría a ti, si sobrara algún sitio.
GELÁSIMO.— No importa. Incluso de pie me sacrificaré a echarme cualquier cosa al coleto.
EPIGNOMO.— No, sólo queda una posibilidad.
GELÁSIMO.— ¿Cuál?
EPIGNOMO.— Que, cuando se hayan marchado los invitados, entonces vengas tú...
GELÁSIMO.— ¡Mal rayo te parta!
EPIGNOMO.— ...a lavar los platos, no a cenar, claro.
GELÁSIMO.— Los dioses te confundan. *(A Panfilipo.)* ¿Y tú qué dices, Panfilipo?
PANFILIPO.— La verdad, por Hércules, es que he aceptado una invitación a cenar fuera de casa.
GELÁSIMO.— ¿Como que fuera de casa?
PANFILIPO.— Sí, por Hércules, fuera de casa.
GELÁSIMO.— ¿Y cómo diablos te apetece, con lo cansado que estás, salir a cenar fuera de casa?
PANFILIPO.— ¿Tú qué me aconsejas: que vaya o que no?
GELÁSIMO.— ¿No crees que sería mejor que mandaras pre-

---

[65] Gelásimo dice "medimnos". El medimno era una medida ateniense de capacidad para áridos, equivalente a 52,55 litros.

parar la cena en tu casa y enviaras tus excusas al que te invitó?

Panfilipo.— ¿Y voy a cenar yo solo en casa?

Gelásimo.— No, solo no: invítame a mí.

Panfilipo.— Pero no quiero que se enfade la persona que ha gastado su dinero por mí.

Gelásimo.— Te será fácil hallar una excusa. Hazme caso: manda preparar la cena en tu casa.

Epignomo.— Yo, desde luego, no le aconsejaré que deje plantado al que lo ha invitado.

Gelásimo.— ¿Quieres largarte de aquí? No creas que no he adivinado tus intenciones. *(A Panfilipo.)* Tú, por favor, ten cuidado con los peligros que te amenazan. Este tipo tiene la boca abierta, como un lobo hambriento, para devorar tu herencia. ¿Tú no sabes con qué frecuencia asesinan a la gente aquí de noche en la calle?

Panfilipo.— Ordenaré que vaya a recogerme un mayor número de esclavos para que me defiendan.

Epignomo.— *(A Gelásimo, con ironía.)* No va, no va, ya que tú le aconsejas con tanta insistencia que no acuda.

Gelásimo.— *(A Panfilipo.)* Manda preparar rápidamente la cena en tu casa para mí, para ti y para tu esposa. Si sigues mi consejo, te aseguro, por Hércules, que no te sentirás defraudado.

Panfilipo.— Si depende de esta cena, ten por seguro, Gelásimo, que hoy te quedarás sin cenar.

Gelásimo.— ¿Irás a cenar fuera de casa?

Panfilipo.— *(Señalando la casa de su hermano, contigua a la suya.)* Ceno aquí al lado, en casa de mi hermano.

Gelásimo.— ¿Es tu última palabra?

Panfilipo.— Mi última palabra.

Gelásimo.— ¡No sabes bien, por Pólux, lo que me gustaría que te dieran una buena pedrada![66]

Panfilipo.— No tengo miedo. Pasaré a casa de mi hermano por el corral; no saldré a la calle.

Epignomo.— Escucha, Gelásimo.

Gelásimo.— Tú hoy recibes embajadores. Atiéndelos.

Epignomo.— Es algo que te interesa.

---

[66] Nueva alusión a los peligros de andar de noche por la calle. Cfr. v. 606.

GELÁSIMO.— Si de verdad me interesa, te escucho.
EPIGNOMO.— Creo, por Pólux, que, si es sólo para ti, todavía podemos hacerte un sitio chiquitito[67] para que te sientes en él.
PANFILIPO.— Me parece muy bien.
GELÁSIMO.— ¡Oh luz de la ciudad!
EPIGNOMO.— Si te resignas a estar un poco apretado.
GELÁSIMO.— Por mí, como si tengo que sentarme entre dos cuñas de hierro. Un sitito chiquitito en el que quepa un cacho- 620 rrito me será suficiente[68].
EPIGNOMO.— Trataré de conseguirte este favor. Pasa por...
GELÁSIMO.— ¿Por tu casa?
EPIGNOMO.— Por mi casa no, por la cárcel. Ten por seguro que en mi casa no probarás ni un bocado. Vamos, hermano.
PANFILIPO.— Voy un momento a dar gracias a los dioses. A continuación paso a tu casa.
GELÁSIMO.— Entonces, ¿qué?
EPIGNOMO.— Ya te he dicho que te fueras a la cárcel.
GELÁSIMO.— De acuerdo. Si tú lo ordenas, incluso allá iré.
EPIGNOMO.— ¡Oh dioses inmortales, a este hombre por una cena o una comida se le puede convencer hasta de que trepe a lo alto de una cruz, para que lo cuelguen!
GELÁSIMO.— Así soy yo. Prefiero pelearme con cualquiera antes que con el hambre. ¿No dirás que yo no te he...?[69]
EPIGNOMO.— Ya he tenido ocasión de comprobar tu buena estrella. Mientras fuiste el parásito mío y de mi hermano, disi- 630 pamos nuestro patrimonio. No quiero que en vez de hacerme

---

[67] Leemos p<arvol>um, con Petersmann para el final corrupto del verso.

[68] Gelásimo, en su afán de cenar a toda costa, no se da cuenta de que con sus palabras está anticipando la broma que le va a gastar Epignomo. Recordaremos que *catellus* ("cachorrito") puede ser diminutivo tanto de *canis* como de *catena*, y en consecuencia puede entenderse también en el sentido de "cepo": cfr. *Curc.* 691 *(delictum te hodie faciam, cum catello ut accubes, ferreo ego dico)* y n. 77 de nuestra traducción. En *Cas.* 389 (cfr. n. 26) también *canis* adquiere esta segunda significación.

[69] "... traído buena suerte", sería un posible final de esta frase interrumpida. De todas formas ni el texto ni el sentido son completamente seguros. Por lo demás, aunque mantenemos en nuestra traducción el orden de versos de Ernout, que sigue a los Palatinos, advertimos que en el Ambrosiano el verso 629 sigue al 627.

reír te rías a costa mía[70]. *(Epignomo y Panfilipo entran cada uno en su casa.)*[71]

GELÁSIMO.— ¿Ya se han marchado? Gelásimo, piensa qué decisión vas a tomar sobre tu futuro. —¿Yo? —Sí, tú. —¿Sobre mi futuro? —Sí, sobre tu futuro. ¿Te das cuenta de lo cara que está la vida? ¿Te das cuenta de cómo las esplendideces de la gente y sus generosidades han perecido? ¿Te das cuenta de que los graciosos no les importan un comino y son ellos mismos los que hacen de parásitos? Os juro, por Pólux, que nadie me verá mañana con vida. Porque ahora mismo me voy a mi casa a atiborrar mi gaznate de jarabe de cuerda[72]. No quiero dar lugar a que la gente pueda decir que he muerto de hambre.

640

ACTO QUINTO

ESCENA PRIMERA

ESTICO

La gente tiene la costumbre —una costumbre bien estúpida, a mi modo de ver— cuando espera a una persona, de salir a la calle a ver si llega, aunque, por Hércules, no por ello dicha persona llegará ni un solo segundo antes. Es lo mismo que ahora estoy haciendo yo, que he salido a ver si llega Sagarino, quien no por ello llegará ni un solo segundo antes. Lo que voy a hacer, por Hércules, es recostarme ahora mismo yo solo en el lecho si él no viene. Traeré de mi casa un cántaro de vino y, a continuación, me tenderé en el lecho. El día se está derritiendo, como la nieve.

---

[70] Lit. "que de Gelásimo te conviertas en Catagelásimo." Recordaremos (cfr. n. 28) que en griego Gelásimo, derivado de γελάω, "reírse", significa propiamente "que da risa", "que hace reír", mientras καταγελάω significa "reírse de alguien".
[71] Paratore *(Tutte le commedie,* V 255, n. 92) piensa que ya había salido después de sus palabras del verso 623, pese a las palabras inmediatas del parásito.
[72] Literalmente de "junco", material con que se hacían las cuerdas. Está claro que el parásito anuncia su intención de colgarse.

ESCENA SEGUNDA

SAGARINO, ESTICO

SAGARINO.— *(Llegando del puerto.)* ¡Salud, Atenas, nodriza de Grecia[73]! ¡Oh patria de mi amo, cuánto me alegro de volver a verte! Pero, ¡qué ganas tengo de saber cómo está, cómo se encuentra mi amiga y compañera de esclavitud Estefanía! A Estico le he encargado que le deseara salud y le comunicara que yo llegaría hoy, para que tuviese preparada la cena a su hora. Pero precisamente ahí está Estico.

ESTICO.— *(Saliendo de casa de Epignomo con el cántaro, sin ver a Sagarino.)* Has sido muy amable, amo, haciendo este regalo a tu esclavo Estico. ¡Oh dioses inmortales, cuántos placeres llevo aquí encerrados, cuántas carcajadas, cuántas bromas, cuántos besos, danzas, caricias y efusiones de afecto!

SAGARINO.— ¡Estico!

ESTICO.— ¿Eh?

SAGARINO.— ¿Qué pasa?

ESTICO.— ¡Viva, Sagarino! ¡Qué estupendísimo! *(Mostrando la jarra de vino.)* He invitado a Dioniso a compartir la cena contigo y conmigo. Porque la cena, por Pólux, ya está preparada. Tu casa nos la han dejado a nuestra disposición. Pues en la nuestra se celebra un banquete. En ella cena vuestro amo con su esposa y con Antifón. Y allí se encuentra también mi amo. Este cántaro me lo han regalado.

SAGARINO.— ¿Quién ha soñado con oro?[74]

ESTICO.— ¿Y eso qué más te da? Conque date prisa en bañarte.

SAGARINO.— Ya estoy bañado.

---

[73] Esto es, madre espiritual de Grecia: cfr. Cic. *Pro Flacco* 26, 62 *adsunt Athenienses, unde humanitas, doctrina, religio, fruges, iura, leges ortae atque in omnes terras distributae putantur.*

[74] Soñar con oro era un presagio extraordinario (cfr. Petersmann, *op. cit.*, 233). No consideramos acertada la interpretación de Ernout quien, aun advirtiendo que el sentido de la expresión no es claro, explica: "Sans dout Sagarinus veut-il dire qu'il faut avoir rêvé d'or (c'est-à-dire vu la fortune en rêve) pour faire un cadeau aussi royal." Desafortunada nos parece la traducción de Paratore: "Le ricchezze acquistate hanno ispirato 'sti sogni di generosità?"

[Estico.— Estupendo. Sígueme, pues, a tu casa.
Sagarino.— Te sigo.]⁷⁵
Estico.— Pues entonces bañemos el cuerpo por dentro⁷⁶. 670
Olvídate de todas las costumbres extranjeras. Comportémonos
como verdaderos atenienses. Sígueme.
Sagarino.— Te sigo. Me gusta el principio de mi regreso a
casa. ¡Qué buenos augurios y prósperos presagios han salido
a recibirme! *(Entran ambos en casa de Panfilipo.)*

ESCENA TERCERA

Estefanía

Estefanía.— *(Saliendo de casa de Epignomo.)* No quisiera,
espectadores, que ninguno de vosotros se extrañara de verme
salir de esta casa, cuando vivo *(señalando la casa de Panfilipo)* en esa otra. Os voy a explicar lo que pasa. Hace un rato
me han ido a buscar a mi casa. Pues, en cuanto recibimos la
noticia de que estaban a punto de llegar los maridos de nuestras amas, al punto nos pusimos a trabajar febrilmente y nos
apresuramos a colocar los lechos y hacer limpieza. Pero, entre
tanto trajín, no me he olvidado de preparar la cena a mis bue- 680
nos amigos Estico y Sagarino, mi compañero de esclavitud. Estico fue el que hizo la compra pero del resto soy yo la que me
encargo. Él me comisionó. Ahora me voy a mi casa a atender a
mis amigos, recién llegados. *(Entra en casa de Panfilipo.)*

---

⁷⁵ A diferencia de Ernout, que, siguiendo a Goetz, considera interpolados los versos 668-9, por nuestra parte, siguiendo a Leo, Petersmann y otros, nos limitamos a considerar espúreo este último. El juego de palabras *lautus-eluamus,* que comentamos en la nota siguiente, es en nuestra opinión razón suficiente para justificar el mantenimiento del verso 668.
⁷⁶ Traducimos así tratando de reflejar el aludido juego de palabras *lautus - eluamus. Eluere* (cfr. *Rud.* 579 y nota de Ernout, *Trin.* 406) significa algo equivalente a "derrocharlo todo", "gastárselo todo en fiestas".

ESCENA CUARTA

SAGARINO, ESTICO, FLAUTISTA

SAGARINO.— *(Saliendo de casa de Panfilipo, a sus compañeros de juerga.)* Vamos, salid a la calle. Traed las cosas en procesión[77]. A ti, Estico, te pongo al frente del cántaro[78]. Por todos los flancos estoy decidido a atacar hoy a nuestro convite. ¡A fe que somos maravillosamente tratados, al ser recibidos en esta casa! A todos los transeúntes quiero invitarlos a la fiesta.

ESTICO.— De acuerdo, pero a condición, por Hércules, de que todos los que vengan, vengan con su vino. *(Mostrando el cántaro.)* Porque con este vino no se le permitirá hacer ninguna libación a nadie más que a nosotros. Sirvámonos el uno al otro y bebámonos el cántaro mano a mano. Es éste un banquete muy adaptadito a nuestros recursos: nueces, habitas, higuitos, aceitunas, bizcochitos[79], altramucitos y trocitos de pastelitos. Es suficiente. Un esclavo debe gastar con moderación, sin derrochar. Cada uno debe adaptarse a su fortuna. Los que nadan en la abundancia, beben en escafios, cálices, batíocas[80]; pero nosotros nos conformamos con nuestros cacharritos de Samos[81]. De todas formas, también nosotros bebemos,

---

[77] "La procesión de que se trata *(pompa)* es el desfile de los convidados, con los accesorios del banquete; pero la expresión hace alusión a la procesión que precedía los juegos en Roma y que constituía un espectáculo pintoresco y divertido." (Grimal n. 1 de pág. 934)

[78] Obsérvese que las metáforas y expresiones tomadas de la lengua militar se suceden ininterrumpidamente a los largo de la escena.

[79] Seguimos la lectura *entriptillo* de Hiltbrunner, utilizada por Petersmann en su edición. *Entriptillum:* sería un diminutivo del gr. ἔν–θρυπτον, "pastel empapado en vino".

[80] Los *scaphia* eran unas copas en forma de barco, generalmente de plata labrada. Los *canthara* (que hemos traducido por "cálices", para evitar relacionar el término con el significado que tiene en español) tenían forma de vaso con dos asas y eran el tipo de copa consagrado especialmente a Baco. Las *batiochae* parece haber sido una especia de pátera de plata destinada a hacer libaciones.

[81] La cerámica de Samos era de mala calidad y, en consecuencia, barata: cfr. *Bacch.* 202. *Capt.* 291, *Men.* 178.

también construimos de acuerdo con nuestros recursos nuestras murallas[82].

SAGARINO.— ¿Y a qué lado de nuestra amiga nos vamos a colocar cada uno de nosotros?

ESTICO.— Tú colócate a su izquierda[83]. Y, para que lo sepas, voy a repartir contigo nuestras obligaciones de la siguiente manera. Piensa cuál es el cargo que más te apetece desempeñar y elígelo para ti.

SAGARINO.— ¿Qué cargo es ése?

ESTICO.— Me refiero a si prefieres ejercer tu mando sobre la Diosa de Las Fuentes o sobre Líbero[84].

SAGARINO.— Con mucho sobre el risueño Líbero[85]. Pero 700 mientras se hace esperar, mientras acaba de arreglarse la amiga tuya y mía, quisiera que comenzáramos a divertirnos entre nosotros. Te nombro general en jefe de nuestro banquete.

ESTICO.— ¿Sabes la luminosa idea que se me acaba de ocurrir? ¿Y si cenamos como los cínicos, sentados en taburetes, en vez de reclinados en lechos?

SAGARINO.— *(Tumbado en el lecho.)* No, no. Aquí se está mucho más cómodo. Pero, entretanto, mi general, ¿por qué no circula la jarra? Decide cuántos cazos[86] nos bebemos.

ESTICO.— Tantos como dedos hay en la mano. Hay una canción[87] que dice: *bois trois ou cinq, mais jamais quatre.*

---

[82] Expresión proverbial, cuyo significado equivale a decir "lo celebramos según nuestros recursos".

[83] A la izquierda, según estaban recostados, no vistos de frente. Es decir, Estico generosamente cede a Sagarino el *locus summus* del triclinio (el de honor), Estefanía ocuparía el *medius* y Estico se reservaría el *imus*.

[84] Líbero es Baco y se refiere evidentemente al vino. La Diosa de las Fuentes alude al agua que se mezclaba con el vino. O sea, lo que Estico pregunta a Sagarino es simplemente si quiere encargarse de servir el vino o el agua que se mezclaba con el vino: cfr. *infra* 708.

[85] Ernout interpreta *liquido* como adverbio y de ahí así traduce: "Sur Bacchus, c'est trop clair". Pero preferimos pensar (cfr. Petersmann *ad loc.*) que es adjetivo referido al vino (cfr. Hor., *Epist.* 1,14,34 *liquidi... Falerni*).

[86] Lat. *cyathos* (de donde proviene nuestro término "cazo"). El cíato o cazo era una pequeña vasija que servía para pasar el vino del cántaro a la copa.

[87] Lit. "una canción griega". Dado que traducimos en francés las palabras en griego, hemos tenido lógicamente que eliminar el adjetivo.

SAGARINO.— *(Bebiendo, tras haber llenado de vino las dos copas.)* A tu salud. Tú harías bien en echarte una décima parte del agua de la fuente[88]. *(A los espectadores primero, después a Estico.)* ¡A vuestra salud, a la nuestra, a la tuya, a la mía, y también a la de nuestra querida Estefanía! Bebe de una vez.   710
ESTICO.— No me lo tendrás que repetir dos veces[89].
SAGARINO.— ¡A fe que nada falta a nuestro banquete, salvo que llegue nuestra amiga! Aparte de ello, no falta nada más.
ESTICO.— Todo está maravillosamente organizado. Bebo esta copa a tu salud.
SAGARINO.— Tú tienes el vino. A mí me apetecería mucho una tajadita.
ESTICO.— Si no te satisface lo que hay aquí, no hay otra cosa. *(Echándole agua en la copa.)* Toma agua.
SAGARINO.— Tienes razón. ¡A la porra con las golosinas! *(Ofreciendo la copa al flautista.)* Bebe, flautista. Venga de una vez. Tienes que beber esta copa, por Hércules. No digas que no. ¿Por qué eres tan remilgado, si sabes que has de hacerlo? ¿Por qué no bebes? Venga de una vez. Coge la copa, ¿me oyes? El gasto corre a cargo del Estado[90]. No va contigo eso de tener vergüenza. Quítate la flauta de la boca. *(El flautista bebe la copa.)*
ESTICO.— Cuando el flautista acabe de beber, respeta mi medida o fija tu otra[91]. No quiero que nos lo bebamos todo de   720
un golpe. Después no serviremos para nada. A este ritmo, por Pólux, vaciaríamos el cántaro en un abrir y cerrar de ojos.
SAGARINO.— *(Al flautista, que le devuelve la copa.)* ¿Y qué?

---

[88] Interesante la explicación de Leo, citada por Petersmann: *Sangarinus qui vinum habet, quinque cyathos poculo infundit et merum propinat, deinde Stichum, qui aquam habet, decimam inde partem affundere iubet, i.e. dimidium cyatum.*

[89] El diálogo en este punto es inseguro y repartido diversamente por los distintos editores. Ante la duda nos hemos atenido estrictamente a la edición de Ernout.

[90] Traducimos por el sentido más verosímil un pasaje textual y gramaticalmente oscuro, en contra de Ernout y Paratore (que, siguiendo a los manuscritos, entienden lo contrario: "esto no lo paga el estado"). Nuestra traducción está respaldada por la interpretación de Ritschl y Leo, el primero de los cuales corrige por *nam* el *non* de los manuscritos, mientras el segundo reconstruye el verso de la siguiente manera: *non hoc <tuo fit sumptu>: inpendet publicum.*

[91] Se refiere a la norma echar cinco cazos de vino en cada copa.

[585]

Aunque te has hecho mucho de rogar, ¿verdad que no te ha sentado mal? Vamos, flautista, ahora que has bebido, vuelve a llevar la flauta a los labios. Hincha rápidamente tus carrillos, como una serpiente[92]. *(A Estico.)* Vamos, Estico: el que de nosotros dos incumpla las normas, será castigado a no beber una copa.

Estico.— Legislas con justicia. Quien pide una cosa justa, debe conseguirla.

Sagarino.— Venga, abre, pues, el ojo. Si transgredes las normas, en castigo retengo la copa al instante.

Estico.— No puede ser más razonable ni más justo lo que dices. Escucha esta canción para empezar. *(Cantando y bailando al mismo tiempo.)*

¿No es una delicia ver a dos rivales que se aman
que beben de la misma jarra, que tienen la misma amiga.   730
Es un hecho memorable. Yo soy tú y tú eres yo. Somos uña
[y carne.
Los dos amamos a la misma amiga: cuando está conmigo,
[también está contigo.
Y cuando está contigo, también está conmigo. Ninguno de
[los dos tiene celos del otro.

Sagarino.— ¡Alto, ya basta! No quiero que el público se aburra. Ahora me gustaría que pasáramos a otro juego.

Estico.— ¿Quieres que llamemos a nuestra amiga para que baile?

Sagarino.— Me parece una buena idea.

Estico.— *(Acercándose a la puerta de la casa de Panfilipo.)* Mi dulce, amable, encantadora Estefanía, sal a la calle a reunirte con tus amados. Para mí estás bastante hermosa.

Sagarino.— Pues para mí, superhermosa.

Estico.— Aunque ya estamos alegres, aumenta nuestra alegría deleitándonos con tu presencia.

Sagarino.— Acabamos de llegar del extranjero y, por eso,   740
suspiramos por ti, Estefanilla, bomboncito mío. Si te agrada nuestro cariño, si los dos te caemos simpáticos, ven, por favor.

---

[92] En cólera, se sobrentiende.

ESCENA QUINTA

Estefanía, Estico, Sagarino

Estefanía.— Complaceré vuestros deseos, tesoros míos. Pues, os juro por la venerable Venus[93], que ya hace un rato que hubiese salido a la calle a reunirme con vosotros, si no hubiera sido porque estaba engalanándome para vosotros. Porque así somos las mujeres: por muy bañadas, aseadas, acicaladas y arregladas que estemos, siempre estamos desarregladas. A una cortesana le resulta mucho más fácil desagradar por su desaliño que agradar para siempre por su elegancia.

Estico.— ¡Habla que es un primor!

Sagarino.— Sus palabras parecen salidas de la propia boca de Venus.

Estico.— ¡Sagarino!

Sagarino.— ¿Qué pasa?

Estico.— Se me ha levantado... un terrible dolor de cabeza[94].

Sagarino.— ¿Un color de cabeza?[95]. Peor para ti.

Estefanía.— ¿Al lado de quien me coloco?   750

Sagarino.— Al lado del que quieras.

Estefanía.— Al lado de los dos quiero, pues os quiero a los dos.

Estico.— Mi bolsa se resiente. ¡Se acabó! La libertad huye de mi cabeza[96].

---

[93] Traducimos así tratando de reflejar de alguna manera la paranomasia *amoena amet*. Literalmente la traducción sería "la encantadora o la amable Venus".

[94] Parece claro que a Estico no le aqueja un fuerte dolor de cabeza ni de huesos o de otra parte del cuerpo. Se trata, sin duda, como ha visto Paratore e intuido parcialmente Augello, de la excitación suprema que se apodera de Estico a la vista de Estefanía. Hemos intentado reflejar el segundo sentido erótico en la traducción.

[95] Sin duda, hay que mantener la lectura *(potus)* de los manuscritos, sin enmendar como pretende Leo, al que sigue Augello, en *totus*. Se trata de una especie de chiste para sordos, en que Sagarino, finge haber entendido de diferente manera una palabra.

[96] En principio parece que Estico quiere decir que, no resistiendo los encantos de Estefanía, va a gastar en ella los ahorros (esto es, su

ESTEFANÍA.— Dejadme un sitio, por favor, para que me recline, si de verdad os gusto.
ESTICO.— ¿Si me gustas?
ESTEFANÍA.— Quiero estar con los dos.
ESTICO.— ¡Ay de mí, me muero de placer!97 *(A Sagarino.)* Escucha un momento.
SAGARINO.— ¿Qué quieres?98
ESTICO.— Te juro por los dioses que no descansaré hasta conseguir que baile. *(A Estefanía.)* Vamos, dulce bomboncito mío, baila, que yo bailaré contigo.
SAGARINO.— Y yo te aseguro, por Pólux, que no lograrás impedir que me estremezca de gusto yo también.
ESTEFANÍA.— Si no me queda más remedio que bailar, en ese caso servid vosotros de beber al flautista.
ESTICO.— Y también a nosotros mismos.
SAGARINO.— *(Al flautista.)* Toma, flautista: tú primero. Después, cuando hayas vaciado la copa, siguiendo tu costumbre, entona rápidamente una bonita melodía libidinosa, que nos haga estremecernos de placer desde los pies a la cabeza. *(A Estico.)* Pon agua en la copa. *(Al flautista, tendiéndole la copa.)* Toma. Bébetela. *(El flautista tiende la mano rápidamente.)* Hace un rato no le apetecía echar un trago, pero aho-

---

peculio), que podían servirle para conseguir la libertad. Y, desde este punto de vista, en la última frase ("La libertad huye de mi cabeza") parece que hay una alusión bien a la ceremonia de la *manumissio*, en la que el patrono tocaba tres veces la cabeza del siervo, al tiempo que pronunciaba la fórmula *liber esto* bien al gorro que caracterizaba a los libertos *(pilleus)*.

Pero creemos que el comentario no tiene justificación (no se trata de gastar nada en ese momento) si no es para introducir un juego de palabras sobre *peculium* que además de "propiedad particular" puede significar también "miembro viril". Es decir, se trata de un nuevo comentario en la línea del *totus doleo* del verso 749. Traduciendo *peculium* por "bolsa", que en castellano tiene como antigua acepción la de "testículos", hemos tratado de reflejar el juego de palabras del texto latino. Además sospechamos que las dos expresiones siguientes también pueden interpretarse desde el punto de vista erótico: *Actum est* ("Se acabó") equivaldría a "me corrí"; *fugit hoc libertas caput* a "sale el semen del glande".

97 Estamos de acuerdo con Paratore en que esta exclamación *(bene dispereo)* confirma su interpretación del verso 749 *(totus doleo)*.

98 Leo, con Petersmann, *quid est?* en vez de *quid ego?* que ofrece Ernout en su edición.

ra se ha hecho menos de rogar. Toma. *(A Estefanía.)* Dame un beso, niñita de mis ojos, mientras el flautista bebe.
 Estico.— ¿Al estilo de una puta callejera?[99] ¿Te parece bonito que se besen de pie dos enamorados? *(Observando que Sagarino es rechazado por Estefanía y no consigue sus objetivos.)* ¡Bravo! ¡Bravo! ¡Así se trata a los ladrones![100]
 Sagarino.— *(Al flautista.)* Vamos, hincha los carrillos. Toca una melodía. En compensación por nuestro vino viejo obséquianos con una melodía nueva. *(Bailando.)* ¿Habrá algún jonio, algún maricón[101] que sea capaz de hacer estas maravillas?
 Estico.— Si me has ganado en este paso de baile, rétame a 770 otro.
 Sagarino.— *(Iniciando una nueva danza.)* A ver si eres capaz de hacer esto.
 Estico.— *(Igual.)* Y tú esto.
 Sagarino.— ¡Caray!
 Estico.— ¡Caramba!
 Sagarino.— ¡Caracoles!
 Estico.— ¡Calma!
 Sagarino.— Ahora los dos a la vez. Desafío a todos los maricones del mundo. De danza somos incapaces de saciarnos, como una seta de lluvia.
 Estico.— Vámonos a casa de una vez. Para el vino que hemos bebido, ya hemos bailado bastante. Ahora, vosotros, espectadores, aplaudid e íos a celebrar una juerga a vuestras casas.

---

[99] Cfr. *Aul.* 285 (n. 14) y *Cist.* 331.

[100] Seguimos en este punto la interpretación de Petersmann, que supone, como hemos hecho constar en la indicación escénica, que Sagarino ha sido rechazado por Estefanía. Ernout, en cambio, seguido por Paratore, establece una relación entre besarse de pie y besar a un ladrón, traduciendo "c'est ainsi qu'on embrasse un voleur".

[101] La famosísima danza jonia era de carácter especialmente lascivo. Sus bailarines, tildados de afeminados, recibían la denominación de *cinaedi* ("maricones"): cfr. *Mil.* 668, *Pers.* 804 *Pseud.* 1275, Hor., *Carm.* 3,6,21.

LOS TRES CENTAVOS

(Trinummus)

INTRODUCCIÓN

El *Trinummus*, que comparte con los *Captivi* el dudoso honor de ser la comedia más seria de Plauto[1], nos muestra una cara de nuestro poeta muy distinta de aquella a la que estamos habituados y que demuestra la amplia variedad de temas y tonos que pueden encontrarse en sus comedias[2]. En ella vemos, en efecto, a un Plauto muy próximo a su modelo griego e, incluso, a su compatriota Terencio, preocupado por los valores éticos y principios morales, que parece haberse propuesto como misión adoctrinar a su público, ensalzando la buena conducta de las gentes de antaño y retratando, como contrapunto de la corrupción reinante, a unos personajes que son modelo de fidelidad, generosidad y constancia en el ejercicio de la amistad. El resultado de todo ello es una comedia pesada y monótona, llena de sentencias y reflexiones morales, cuyo interés difícilmente llega a compensar la falta de acción.

Tras un prólogo original y hermoso, en que dos personajes simbólicos, Disipación y Pobreza, marcan ya el tono moralista que va a tener la comedia, los viejos Calicles y Megarónides en un largo diálogo expositivo, que ocupa todo el acto primero, informan al espectador sobre los antecedentes de la trama.

El viejo Cármides, al partir de Atenas en viaje de negocios para recuperar su fortuna, malgastada por su hijo Lesbonico,

---

[1] Con los *Captivi* comparte el *Trinummus*, aparte de la inusual seriedad e intención moral, la ausencia de personajes femeninos y, en general, de aquellos elementos cómicos habituales en Plauto: intriga amorosa, viejo o lenón estafado, etc. Incluso el único engaño que se urde en la comedia, no pretende la burla o estafa de una persona sino que se subordina totalmente a la consecución de un noble fin.

[2] Cfr. Duckworth, *The Nature of Roman Comedy*, 175.

ha confiado el cuidado de este hijo depravado, de su hija soltera y de toda su fortuna a su buen amigo Calicles, al tiempo que le ha revelado la existencia de un tesoro escondido en su casa y le ha rogado encarecidamente que se la oculte por todos los medios a su hijo. Éste, tras la partida de su padre, ha seguido tan incorregible como siempre hasta el punto de que, después de haber arruinado los restos del patrimonio familiar, aprovechando una corta ausencia de Calicles, para poder continuar sus juergas, ha puesto en venta su propia casa. Y Calicles, nada más enterarse del asunto, a fin de evitar que el tesoro pudiera caer en manos ajenas, ha corrido a comprarla y se ha instalado en ella, reservando para el joven unas habitaciones en la parte trasera de la misma. Naturalmente este comportamiento le ha granjeado las críticas y murmuraciones de la gente, de las que se hace portavoz su amigo Megarónides, que le reprocha tan duramente su conducta que a Calicles, para salvar su reputación, no le queda otro remedio que revelarle la existencia del tesoro, que hasta entonces había guardado tan celosamente.

Tras esta exposición llegamos por fin al conflicto fundamental de la comedia, que gira en torno al daño que las disipaciones de Lesbonico han causado a su hermana, a la que han dejado sin dote para una futura boda. El tema es planteado por el noble y juicioso Lisíteles, que ha decidido, para favorecer a su amigo Lesbonico, tomar por esposa, sin dote, a su hermana. Así lo expone a su propio padre Filtón, quien tras las lógicas reservas iniciales, accede al proyecto de su hijo, aceptando incluso encargarse de la petición de mano. Pero Lesbonico que, pese a su libertinaje, no ha perdido por completo el sentido del honor y del deber, sólo tras mucho resistirse, acepta la petición, y siempre a condición de que su hermana aporte como dote al matrimonio la única tierra que les queda.

Pero Calicles, informado por Estásimo de la situación, no puede consentir que la hija de su amigo se case sin dote, especialmente teniendo en su poder el tesoro de Cármides. Acude, pues, inmediatamente a pedir consejo a su amigo Megarónides quien le recomienda, para no despertar las sospechas y murmuraciones de la gente, contratar a un falso mensajero que finja traer de parte de Cármides una carta para Lesbonico y una suma de dinero para dote de su hija, con el encargo de entregársela a Calicles. Naturalmente el dinero procederá del tesoro, que será desenterrado para la ocasión. Ocurre, sin embargo, que, cuando el falso mensajero, contratado por tres centavos (y de ahí el título de la comedia), se apresta a representar su papel, se encuentra inesperadamente con Cármides, que acaba de llegar, lo que da lugar a una divertida escena que desemboca en la huida del impostor. Cármides queda perplejo ante lo ocurrido y va a dar pronto gritos de rabia y desesperación, al enterarse por Estásimo de que su casa ya no le pertenece por haber sido comprada por su amigo Calicles, a quien confió la custodia de sus bienes y de sus hijos. Pero los gritos de Cármides provocan la oportuna salida de Calicles, que se encarga de tranquilizar a su amigo, aclarándole la verdadera situación. La comedia termina felizmente con una doble boda: la de Lisíteles con la hija de Cármides y la imprevista de Lesbonico con la hija de Calicles, que hace suponer que la comedia fue mutilada por Plauto, quizás para acelerar su final.

Como puede apreciarse la comedia carece casi completamente de acción[3] y el interés se centra casi exclusivamente en la conducta noble y generosa de los personajes, puestos a prueba por las calaveradas de Lesbonico y que parecen obrar en nombre de una moral superior[4].

---

[3] Como señala acertadamente Taladoire ésta no empieza hasta el verso 860 e inmediatamente languidece, perdida entre la moral.

[4] Calicles es un espléndido ejemplo de amigo devoto y fiel, que vela diligentemente por los intereses de un amigo ausente. Megarónides es un viejo de costumbres severas, que se escandaliza por creer que Calicles ha traicionado a su amigo pero, enterado de la realidad, lamenta lo ocurrido y se ofrece desinteresadamente a colaborar con él. Lisíteles es un joven virtuosísimo que, para favorecer a su amigo Lesbonico, está dispuesto a casarse con su hermana sin que esta aporte una dote al matrimonio. Y su padre Filtón, pese a sus reservas iniciales, se decide pronto a cumplir la voluntad de su hijo. El propio Lesbonico, pese a su libertinaje, como ya hemos indicado, no ha perdido totalmente el sentido del honor y está dispuesto a desprenderse de lo poco que queda para dotar a su hermana y, al final, (¡curiosa moral!) acepta, como castigo y en prueba de arrepentimiento, casarse con la hija de Calicles. Incluso Estásimo, que ha ayudado a su joven amo a dilapidar su patrimonio, tiene buenos sentimientos y añora el regreso de su padre, antes de que sus bienes estén completamente consumidos. Las únicas excepciones en este cuadro ejemplar son el sicofanta que, como no podía ser menos, se comporta como todos los de su especie y el viejo Cármides, cuya caracterización se muestra un poco desvaída, quizás por llegar al final y ser introducido con la única misión de posibilitar el desenlace de la comedia. Aún así, se ha observado que las razones que llevan a este último a perdonar a su hijo

El propio Plauto nos informa (cfr. vv. 18-19) de que el *Trinummus* está basado en el Θησαυρός de Filemón, modelo que Plauto parece haber seguido mucho más fielmente que en otras ocasiones. Al modelo se debe, sin duda, el tono sentencioso y moral de la obra que Plauto en esta ocasión no ha sabido o, quizás mejor, no ha querido cambiar. Las alusiones a elementos romanos son escasas como escasos son también los elementos cómicos que la comedia contiene. Aparte de unos comentarios jocosos sobre las mujeres y el matrimonio, intercambiados por Calicles y Megarónides y que, como señala Ernout, no convienen ni a los caracteres de los dos viejos ni a las circunstancias[5], la comicidad se reduce prácticamente a las invenciones de Estásimo para disuadir a Filtón de aceptar el campo de Lesbonico[6] y al divertido encuentro del sicofanta con Cármides[7].

Aunque pueda resultar extraño, dado su tono serio y apagado, que contrasta con la vivacidad farsesca de las últimas comedias plautinas[8], suele admitirse que el *Trinummus* es obra de la vejez de nuestro poeta y, en todo caso, posterior al 194 a. C., si es cierto, como se acepta generalmente, que fue representada en los *ludi Megalenses*[9], ya que éstos no incluyeron representaciones escénicas hasta dicho año[10]. Precisiones ulteriores han querido verse en el v. 872, donde se menciona

---

son más nobles y elevadas que, por ej., las de Teopropides en la *Mostellaria* (Duckworth, *The complete Roman Drama*, Nueva York 1942, II 42).

[5] Cfr. vv. 39-65. Cfr., también, Ernout, *Plaute*, VII 12.

[6] Cfr. vv. 515-555. Estas invenciones recuerdan un poco la historia del fantasma inventada por Tranión en la *Mostellaria*.

[7] Cfr. escena IV 2.

[8] Piénsese, por ej., en el *Pseudolus*, el *Truculentus*, el *Persa*, las *Bacchides*, y la *Casina*.

[9] Este dato se deduce del v. 990, donde son mencionados los *novi aediles*, esto es, los ediles que acababan de tomar posesión de sus cargos. Y, dado que sabemos que entre los años 266 y 153 a. C. los magistrados entraban en funciones en los idus de marzo, hay que suponer que los juegos en que se representó el *Trinummus* tuvieron lugar poco después, lo que lleva a pensar en los juegos Megalenses que se celebraban en abril: cfr. n. 2 del *Pseudolus*. Téngase en cuenta que las otras dos festividades populares en que se celebraban representaciones escénicas, los *ludi Romani* y los *ludi plebei* tenían lugar, respectivamente, en septiembre y en noviembre.

[10] Cfr. Liv. 34, 54.

un censo, que podría ser el efectuado en Roma en el 189 a. C[11]., dato con el que concordaría la alusión a los esclavos sirios (vv. 542 ss.), que aunque ya conocidos antes en Roma, fueron introducidos en masa sólo después de la conclusión de la guerra contra Antíoco también en el 189 a. C. En consecuencia, salvo Sedgwick, que adelanta su composición al 194 a. C.[12], la mayoría de los autores sitúan el *Trinummus* en los últimos años de la carrera de Plauto, en un estrecho margen que oscila entre el 188 y 186 a. C[13]. Concuerdan con esta datación tardía no sólo la abundancia y variedad rítmica de las partes cantadas sino también la insistencia con que en la comedia se contraponen las costumbres nuevas a las antiguas que, aun pudiendo ser un motivo ya presente en el modelo griego[14], parece haber sido un tema de actualidad en Roma en vísperas de la censura de Catón (184 a. C.) y, como tal, posiblemente aprovechado e, incluso, potenciado oportunistamente por Plauto[15].

El *Trinummus* ha inspirado *La dote* (1550) de G.M. Cecchi, *Le trésor caché* (1743) de Philipppe Destouches y *Der Schatz* (1750) de Lessing. En *The Man of Business* (1744) de George Coleman a la influencia del *Trinummus* se une la del *Phormio* terenciano. También en la escena V 1 de *La fierecilla domada* de Shakespeare, en la que el pedante, disfrazado de padre de Lucencio, se encuentra con el verdadero padre de Lucencio y quiere encarcelarlo por impostor, han querido verse ecos de la escena IV 2 del *Trinummus* (cfr. esp. vv. 870 ss.), en la que el sicofanta, que pretende ser Cármides, se encuentra con el verdadero Cármides. A título de curiosidad diremos, para termi-

---

[11] Pero podría ser también el efectuado 5 años antes en el 194 a. C.

[12] Cfr. Sedgwick, "Plautine Chronology", *AJPh* 70 (1949) 379.

[13] Schutter, *Quibus annis*, 147-48, se inclina por el 188 a. C. Buck, *A Chronology*, 98 ss., señala el 187 y Della Corte, *Da Sarsina a Roma*, 63, el 187-86 a. C. Cfr. además n. 7 de la comedia.

[14] En la comedia se ha querido ver una alusión a la reforma de las costumbres promovida en Atenas por Demetrio de Falero.

[15] Webster, *Studies in Later Greek Comedy*, 139, piensa, sin embargo, que no hay ninguna razón para suponer que Plauto ha incrementado el elemento moralizador de la comedia. Puede verse sobre la cuestión: P. Grimal, "Analis del Trinummus e gli albori della filosofia in Roma", *Dioniso* 43 (1969) 363-375; J. P. Stein "Morality in Plautus' *Trinummus*", *CB* 47 (1970) 7-13; y E. Segal, "The Purpose of the *Trinummus*", *AJPh* 95 (1974) 252-264.

nar, que la célebre frase *Sans dot!* que en *El avaro* de Molière pronuncia su protagonista Harpagón, parece derivar de la exclamación de asombro, *Sine dote uxorem?*, que pronuncia Filtón en el v. 376 del *Trinummus*, al enterarse de que su hijo quiere casarse con una mujer que no aporta dote al matrimonio.

PERSONAJES

Disipación y Pobreza, personajes del prólogo.
Megarónides, viejo (vecino de Cármides).
Calicles, viejo (amigo de Cármides).
Lisíteles, joven (amigo de Lesbonico).
Filtón, viejo (padre de Lisíteles).
Lesbonico, joven (hijo de Cármides).
Estásimo, esclavo (de Lesbonico).
Cármides, viejo (padre de Lesbonico).
Sicofanta.
Músico[1].

La acción transcurre en una calle de Atenas[2], delante de las casas de Cármides (en la que vive Calicles, que se la ha comprado a Lesbonico, quien se ha reservado una habitación en su parte trasera) y Megarónides.

---

[1] Cfr. nota 79.
[2] Cfr. v. 1103.

ARGUMENTO

(Acróstico)

Al partir para el extranjero, Cármides confía a su amigo Calicles un tesoro escondido y todos sus bienes. En su ausencia, su hijo despilfarra toda su fortuna. Llega incluso a vender la casa. La compra Calicles. La hermana de dicho joven es pedida en matrimonio sin dote. Calicles, para poder darle una dote sin suscitar murmuraciones de la gente, comisiona a uno para que diga que trae una suma de oro de parte del padre. Pero, cuando este hombre se presenta delante de la casa, lo burla Cármides, que acaba de llegar. Después sus hijos se casan.

PRÓLOGO

Disipación, Pobreza

Disipación.— Sígueme, hija mía, para que cumplas con tu oficio.
Pobreza.— Te sigo. Pero no acierto a saber cuál va a ser nuestro destino.
Disipación.— Ahí está. *(Señalando la casa de Cármides.)* Mira, ¿ves esa casa? Pues entra en ella enseguida. *(A los espectadores, mientras Pobreza entra en casa de Cármides.)* Ahora, para que ninguno de vosotros se pierda, con pocas palabras voy poneros en el buen camino, si es que me prometéis estar atentos. Ante todo os diré quién soy y quién es la que ha entrado en esa casa. Pero tenéis que escucharme. En primer lugar, Plauto me puso por nombre Disipación y *(señalando la puerta de Lesbonico, por la que acaba de entrar Pobreza)* ella, que es mi hija, quiso que se llamara Pobreza. Pero, ¿sabéis por qué le he ordenado entrar en esta casa? Escuchadme y aguzad bien los oídos mientras hablo. En esa casa vive un joven que, con mi ayuda, ha dilapidado toda la fortuna de su padre. Y yo en cuanto he visto que no le quedaba nada para alimentarme, le he enviado a mi hija para que pase con ella el resto de su vida. Del argumento de la comedia no esperéis que os diga nada. Unos viejos, que vendrán ahora mismo, serán los encargados explicaros la trama. Esta comedia en griego se titula Θησαυρός y la escribió Filemón. Plauto

la tradujo en lengua bárbara[3] y le puso por título *Trinummus*. 20
Os pide que deis vuestra aprobación a que tenga este título.
Esto es todo. Adiós y guardad silencio durante la representación.

---

[3] Recordaremos una vez más que la lengua bárbara es la lengua latina, bárbara desde el punto de vista griego: cfr. n. 2 de la *Asinaria*.

ACTO PRIMERO

ESCENA PRIMERA

Megarónides

Censurar a un amigo por una falta cometida es un tarea ingrata, pero a la larga útil y provechosa. Y es que yo hoy me veo en la necesidad de reprender severamente a un amigo por una falta muy grave. Lo hago a la fuerza, pero me fuerza a hacerlo la lealtad. Y es que en esta ciudad afecta tal epidemia a las buenas costumbres que en su inmensa mayoría están ya medio muertas. Y mientras ellas agonizan, las malas costum- 30 bres, como hierba bien regada, han crecido copiosamente. En esta ciudad hoy en día lo único barato que hay son las malas costumbres. De ellas se podía recoger ya una abundante cosecha. En esta ciudad la mayoría de la gente se preocupa más de agradar a unos pocos que de servir al bien de la mayoría. Y así el interés general se sacrifica a favoritismos particulares, que en muchos casos no producen más que inconvenientes y molestias y son una obstáculo para el bien público y privado.

ESCENA SEGUNDA

Calicles, Megarónides

Calicles.— *(Saliendo de la casa de Cármides, a su mujer, que está dentro.)* Quiero que se adorne nuestro Lar[4] con una

---

[4] Sobre el lar familiar cfr. n. 2 de la *Aulularia*.

corona de flores. Mujer, pídele que esta nueva morada sea 40
para nosotros fuente de bienes, de dicha, de felicidad... *(aparte)* y que, cuanto antes, pueda verte muerta.
MEGARÓNIDES.— *(A los espectadores.)* Ahí tenéis al que en su vejez se ha vuelto niño, el que cometió una falta que merece una seria reprimenda. Me dirigiré a él.
CALICLES.— ¿De quién es la voz que se oye cerca de mí?
MEGARÓNIDES.— De uno que te quiere bien, si te portas como deseo; pero si no, la de uno que te detesta y que está irritado contra ti.
CALICLES.— ¡Oh, amigo y camarada, salud! ¿Cómo estás, Megarónides?
MEGARÓNIDES.— Salud también a ti, por Pólux, Calicles.
CALICLES.— ¿Estás bien de salud? ¿Has estado bien? 50
MEGARÓNIDES.— Estoy bien y he estado mejor.
CALICLES.— ¿Y tu mujer cómo anda? ¿Cómo está de salud?
MEGARÓNIDES.— Mejor de lo que yo desearía.
CALICLES.— Me alegro de que por suerte para ti esté viva y sana, por Hércules.
MEGARÓNIDES.— Creo que te alegras de mis desgracias, por Hércules.
CALICLES.— Yo a todos mis amigos les deseo la misma suerte que a mí mismo.
MEGARÓNIDES.— Oye, ¿y tu mujer cómo está?
CALICLES.— Es inmortal. Vive y está dispuesta a seguir viviendo.
MEGARÓNIDES.— ¡Buena noticia, por Hércules! A los dioses les pido que le concedan la gracia de sobrevivirte.
CALICLES.— Si estuviera casada contigo, por Hércules, que también yo lo desearía sinceramente.
MEGARÓNIDES.— ¿Quieres que las intercambiemos? ¿Que yo tome por esposa a la tuya y tú tomes a la mía? Te aseguro que 60
no me habrías dado ni el más pequeño timo.
CALICLES.— *(Con ironía.)* Sí, claro, serías tú, sin duda, el que me habría engañado, aprovechándose de mi descuido.
MEGARÓNIDES.— Te aseguro, por Hércules, que pronto te darías cuenta de la tontería que habías hecho.
CALICLES.— Anda, quédate con la que tienes. Más vale lo malo conocido que lo bueno por conocer[5]. Pues, si yo ahora

---

[5] Lit. "Los males conocidos son los más fácilmente soportables."

tomase por esposa a una desconocida, no sabría lo que hacía⁶.
MEGARÓNIDES.— No cabe duda de que, cuanto más feliz se
es, más tiempo se vive. Pero atiéndeme y déjate de bromas.
Porque yo he venido a verte con un propósito definido.
CALICLES.— ¿A qué has venido?
MEGARÓNIDES.— A colmarte de graves reproches.
CALICLES.— ¿A mí?
MEGARÓNIDES.— ¿Es que hay aquí alguien más que tú y yo?
CALICLES.— Nadie.   70
MEGARÓNIDES.— Entonces, ¿por qué me preguntas si va a
ser a ti? ¿No creerás que tengo el propósito de censurarme a mí
mismo? Porque, si tus antiguas virtudes están enfermas, [si
quieres cambiar tu forma de ser para adaptarte a la moda,] o si
las costumbres de moda modifican tu forma de ser, y, en lugar
de conservar tus antiguos hábitos, adoptas los nuevos, a todos
tus amigos contagiarás una grave enfermedad hasta el punto
de que, sólo de verte y oírte, ya caerán enfermos.
CALICLES.— ¿Cómo se te ha ocurrido venir a hablarme en
ese tono?
MEGARÓNIDES.— Porque todas las personas de bien, hombres y mujeres, deben procurar alejar de sí toda sospecha y
culpa.
CALICLES.— Evitar las dos cosas resulta imposible.   80
MEGARÓNIDES.— ¿Por qué?
CALICLES.— ¿Me lo preguntas? Por lo que respecta a no incurrir en culpa, soy yo quien tengo la llave de mi corazón;
pero la sospecha se aloja en el corazón ajeno. Supongamos,
por ejemplo, que yo sospechase de ti que habías robado del
Capitolio la corona que ciñe la cabeza del Júpiter que se alza
en lo alto del templo⁷. Si, aunque tú no lo hubieras hecho, a

---

⁶ Y, quizás también, "lo que hacer", como señala Ernout.
⁷ Parece que se trata de una expresión proverbial para indicar un
delito muy grave. Della Corte *(Da Sarsina a Roma* 62-63 y 66), sin
embargo, siguiendo a T. Frank ("Some Political Allusions in Plautus'
Trinummus" AJPh 53 (1932) 152-56) y a Buck *(A Chronology,* 98 ss.),
quiere ver en dicha acusación una alusión al *Capitolini furtum Petili*
(cfr. Hor., *Sat.* 1,4,94), entendiendo que el tal Petilio no sería un contemporáneo de Horacio, como se ha pensado, sino uno de los dos Petilios que, en calidad de tribunos de la plebe, iniciaron en el 187 a. C.
sus ataques contra Lucio Escipión y que habrían pasado a la historia
como responsables de haber defraudado a Escipión la gloria conseguida. De ahí que fije la representación de la comedia en el 187-186 a. C.

mí me apeteciera sospecharlo, ¿cómo podrías tú impedir que lo sospechase? Pero estoy deseando saber qué quieres decirme.

MEGARÓNIDES.— ¿Tienes tú algún amigo o allegado, que sea persona de juicio?

CALICLES.— Por Hércules, te hablaré con sinceridad. Hay personas que sé con seguridad que son mis amigos; de otras sólo lo sospecho; y hay otras cuyo carácter y sentimientos soy incapaz de conocer y, por tanto, no sé si se inclinan más hacia la amistad o la enemistad. Pero de mis amigos seguros eres tú el más seguro. Si sabes que he cometido alguna imprudencia o maldad y no me lo reprochas, tú mismo te haces acreedor a una reprimenda.

MEGARÓNIDES.— Lo sé. Y si he venido aquí por otro motivo, tienes razón de quejarte. Ante todo, en primer lugar, has de saber que todo el mundo te critica en sus conversaciones. Tus conciudadanos te llaman "el avaro sin escrúpulos"[8]. Y hay otros que te llaman "el buitre", pues dicen que te da igual devorar a un extranjero que a un compatriota. Cuando oigo estas acusaciones contra ti, me muero de pena.

CALICLES.— Está y no está en mis manos evitarlo, Megarónides. Evitar que lo digan, no lo está; evitar que tengan razón en decirlo, eso sí lo está.

MEGARÓNIDES.— *(Señalando la casa de Cármides, donde ahora vive Calicles.)* ¿No era amigo tuyo Cármides, el dueño de esta casa?

CALICLES.— Lo era y lo es. Y para demostrártelo, recurriré al testimonio de los hechos. Pues, cuando su hijo hubo dilapidado su fortuna, viendo que se hallaba reducido a la miseria, y teniendo en cuenta que su hija ya estaba en edad de casarse y que la madre de la joven, su esposa, había muerto, tomó la decisión de partir para Seleucia y, en el momento de partir, me encomendó a su hija soltera, todos sus bienes y a su corrupto hijo. Si no fuese mi amigo, no me hubiese confiado, creo yo, todo esto.

Estamos de acuerdo, sin embargo, con Marcos Casquero, "Ensayo de una cronología", 382 y 399, de que no se trata más que de un proverbio, tendente a significar la imposibilidad o desmesura de un proyecto cualquiera. El mismo proverbio se cita en *Men.* 941.

[8] Lit. "El ávido de ganancias vergonzosas".

MEGARÓNIDES.— Y tú a ese joven, que ves que es un libertino y que ha sido confiado a tu lealtad y buena fe, ¿por qué no tratas de enderezarlo, de devolverlo al buen camino? Hubiera sido más justo que te emplearas en tratar por todos los medios de mejorarlo, en vez de cubrirte de infamia, como él, y mezclar sus culpas con las tuyas.

CALICLES.— ¿Y qué he hecho?

MEGARÓNIDES.— Lo que un canalla.

CALICLES.— No es ése mi estilo.

MEGARÓNIDES.— *(Señalando la casa de Cármides, en que habita Calicles.)* ¿No es cierto que has comprado al joven la casa —¿por qué te callas?— en la que ahora vives?

CALICLES.— Sí, la compré y le di el dinero, cuarenta minas, al joven personalmente, en su propia mano.

MEGARÓNIDES.— ¿Le diste el dinero?

CALICLES.— Sí y no me pesa haberlo hecho.

MEGARÓNIDES.— ¡Por Pólux, vaya traidor al que ha sido confiado el joven! ¿No te das cuenta de que, actuando así, le has dado una espada para matarse? Pues, ¿qué otra cosa es, qué diferencia hay entre eso y dar dinero en la mano a un joven enamorado, incapaz de controlarse? ¿No le diste los medios para concluir la obra ya iniciada de su corrupción?

CALICLES.— ¿No tenía que darle su dinero?

MEGARÓNIDES.— No tenías que dárselo, ni comprarle o venderle nada, ni darle los medios para su depravación. ¿No es cierto que has engañado al joven que te había sido confiado y que al que te lo confió lo expulsaste de su casa? ¡Por Pólux, vaya encargo más acertadamente realizado y más honestamente ejecutado! *(Con ironía, sin dirigirse a nadie en concreto.)* Anda, confíale alguien a su tutela y verás qué buen negocio hace.

CALICLES.— Con unas acusaciones tan increíbles me obligas, Megarónides, a que un secreto que fue confiado a mi discreción, mi lealtad y buena fe, que no debía comunicar ni revelar a nadie, no me quede más remedio que revelártelo.

MEGARÓNIDES.— Cualquier secreto que me reveles, me lo llevaré a la tumba.

CALICLES.— Mira bien por todas partes, no vaya a haber algún testigo de nuestra conversación y, por favor, vuelve a mirar una y otra vez.

MEGARÓNIDES.— Habla. Te escucho.

CALICLES.— Si te callaras, podría hablar. En el momento de partir para el extranjero, Cármides me mostró un tesoro oculto *(señala la casa de Cármides, en la que ahora habita él)* en una de las habitaciones de su casa... pero ¡mira bien!

MEGARÓNIDES.— No se ve a nadie.

CALICLES.— Ascendía a unos tres mil filipos. Pues bien, a solas conmigo, me suplicó, en nombre de la amistad y de la buena fe, con lágrimas en los ojos, que no revelara el secreto a su hijo ni a ninguna persona que pudiera comunicárselo a él. Si regresa sano y salvo, le devolveré lo que es suyo; si le sucede algo, al menos tengo con que dotar a la hija que confió a mi custodia, y así podré darle un marido digno de ella.

MEGARÓNIDES.— ¡Oh dioses inmortales, con qué pocas palabras me has hecho cambiar de actitud! Con una actitud bien distinta había venido a verte. Pero sigue por donde ibas, continúa con tu relato. 160

CALICLES.— ¿Qué necesidad hay de que te cuente cómo tanto la previsión de su padre como mi propia fidelidad y todos nuestros secretos han estado a punto de irse al traste por culpa de ese depravado?

MEGARÓNIDES.— ¿Por qué?

CALICLES.— Porque, aprovechando los únicos seis días que pasé en el campo, en mi ausencia, sin mi conocimiento y sin contar conmigo, puso un cartel, anunciando la venta de la casa.

MEGARÓNIDES.— ¡Qué hambre más feroz, qué voracidad más grande la de ese lobo! Se mantuvo al acecho, esperando a que se durmieran los perros. Pretendía comerse el rebaño entero[9]. 170

CALICLES.— Y lo hubiera hecho, por Pólux, de no habérselo olido a tiempo *(señalándose a sí mismo)* este perro... Pero ahora, a mi vez, quiero hacerte yo una pregunta. ¿Cuál era mi deber? Contéstame. ¿Tenía que revelarle la existencia del tesoro, en contra de lo que me había suplicado su padre o debía permitir que otro se convirtiera en el dueño de esta casa? ¿Iba a aceptar yo que el tesoro pasara a propiedad del comprador? Preferí comprar yo mismo la casa. Le di el dinero para salvar el tesoro y así poder entregárselo intacto a mi amigo. No he comprado esta casa ni para mí ni para mi disfrute. La he vuelto a comprar para él y puse el dinero de mi bolsillo. Esto es lo 180

---

[9] El lobo es símbolo proverbial de voracidad (cfr. *Stich.* 605). Está claro que el lobo es Lesbonico, el perro Calicles y el rebaño el patrimonio de Cármides.

sucedido. Haya obrado correcta o incorrectamente, reconozco que he obrado así, Megarónides. ¡Ahí tienes mis delitos, ahí tienes mi avaricia! Éste es el motivo por el que murmura la gente contra mí.

MEGARÓNIDES.— *Ça suffit!*[10] Has derrotado a tu censor. Me has tapado la boca. No tengo nada que responder.

CALICLES.— Ahora yo te suplico que me ayudes con tu colaboración y consejo y que compartas conmigo esta responsabilidad que me ha caído en suerte.

MEGARÓNIDES.— Te prometo mi colaboración.

CALICLES.— ¿Dónde estarás dentro de un rato?

MEGARÓNIDES.— En casa.

CALICLES.— *(Despidiéndose.)* ¿Quieres algo más?

MEGARÓNIDES.— Que seas fiel a tu amistad.

CALICLES.— Me esforzaré en ello.

MEGARÓNIDES.— Pero, dime.

CALICLES.— ¿Qué quieres?

MEGARÓNIDES.— ¿Dónde vive ahora el joven?

CALICLES.— Se ha reservado una pequeña habitación de la parte trasera, cuando vendió la casa.

MEGARÓNIDES.— Eso es lo que quería saber. Puedes irte ya. *(Cuando Calicles ya se disponía a marcharse.)* Pero, dime otra cosa. ¿Y la joven? Naturalmente vive en tu casa, ¿no es cierto?

CALICLES.— Así es. Y cuido de ella como de mi propia hija.

MEGARÓNIDES.— Estupendo.

CALICLES.— ¿Vas a preguntarme algo más, antes de que me marche?

MEGARÓNIDES.— Vete con Dios. *(Calicles entra en su casa.)* En verdad que no conozco ser más necio o más estúpido, más falsilocuente o más chismoso, más lenguilargo o más perjuro, que esos ciudadanos que no se mueven de la ciudad, que llaman señoritos. Y yo me he puesto a su mismo nivel, dando crédito a sus falsas acusaciones. Todo pretenden saberlo y no saben nada. Saben lo que todo el mundo piensa y va a pensar; saben lo que el rey ha dicho a los oídos de la reina; saben lo que Juno habló con Júpiter. Hasta lo que no es ni será nunca, a pesar de todo, ellos lo saben. Que tengan o carezcan de fundamento sus alabanzas o sus críticas, les importa un bledo, con tal de saber lo que les apetece. Todo el mundo decía que

---

[10] En griego en el original. Cfr. vv. 419 y 705.

mi buen amigo Calicles se había comportado de una manera indigna de sí y de la ciudad, despojando al joven Lesbonico de todos sus bienes. Y yo, tonto de mí, fiándome de esos chismorreros, me precipité a censurar a un amigo que era inocente. Si se abriera una investigación para averiguar su fuente de información, y, en caso de no descubrirse, se les impusiera a esos chismorreros una multa y se les dieran unos buenos azotes; si 220 las cosas fueran así, sería para bien de todos. Pocos habría, os lo aseguro, que pretenderían saber lo que no saben y la gente abriría menos la boca para decir bobilocuencias.

ACTO SEGUNDO

ESCENA PRIMERA

Lisíteles

¡Cuántos pensamientos se agitan en mi mente! Y ¡cuánto dolor estas reflexiones me producen! Yo mismo me torturo, me consumo, me agoto. Es mi propio espíritu el verdugo que me somete a estos suplicios[11]. Pero hay una cosa que no acierto a ver clara, que no acabo de comprender. ¿Cuál de estas dos posibles normas de conducta he de seguir, cuál debo considerar como la más conveniente para la vida? ¿Es a los dictados 230 del amor o a los del interés a los que se debe obedecer? ¿En cuál de los dos bandos puedo encontrar mayor felicidad para la vida? Este asunto no lo veo bastante claro. Pero procederé de la siguiente manera: examinaré a la vez ambas normas de conducta; seré a la vez juez y parte en este proceso. Así lo haré; así lo he decidido.

En primer lugar, voy a pasar revista a los métodos del Amor y sus consecuencias. Jamás el Amor trata de coger en sus redes más que al hombre apasionado. Ésta es la presa que codicia, la presa que persigue. Lo engaña con halagos, le da consejos ruinosos, lisonjilocuente, afanón, embustero, glotón, [avaro,] ostentoso, ladrón, corruptor de burdelícolas, halaga- 240 dor, pobre, buscador de tesoros escondidos. Pues, en cuanto el verdadero enamorado fue alcanzado por las flechas de los

---

[11] Lit. Mi profesor de gimnasia. Lisíteles se compara con un atleta agotado por los ejercicios a que lo somete su entrenador.

besos, al instante su patrimonio se escapa, se evapora. "Dame esto, por favor, bomboncito mío, si de verdad me amas." Y nuestro tórtolo[12] responde: "Eso y más aún te daré, si lo deseas." Entonces ella, viéndolo atado de pies y manos, le golpea y redobla sus exigencias. Y aún no habría motivo para quejarse, si no hubiera que añadir lo que bebe, lo que come, los gastos que hace. Se la invita una noche y se presenta acompañada de todos sus esclavos: la planchadora, el masajista, el encargado de las joyas, las portaabanicos, las portasandalias, las cantoras, las cestilleras, los portamensajes y los portarespuestas, desvalijadores todos ellos del pan y la despensa. Mientras trata de ser amable con todos, nuestro enamorado se ve reducido a la miseria.

Y yo, cuando reflexiono en todo esto para mis adentros, cuando pienso en la poca estima en que los pobres son tenidos, no puedo por menos de exclamar: ¡Apártate de mí, Amor! No me agradas, no quiero cuentas contigo. Por dulce que sea el comer y el beber, el Amor no es más que fuente de amarguras y sufrimientos. El enamorado huye del foro, rehúye a sus parientes, huye de su propia imagen y nadie quiere llamarse amigo suyo. Hay mil razones por las que el Amor debe ser ignorado, rechazado, apartado. Pues, el que se precipita en los brazos del Amor, muere de peor muerte que si se arrojara desde la cima de una montaña[13]. ¡Apártate de mí, Amor! Me divorcio de ti para siempre[14]. Amor, no quiero que seas nunca más mi amigo. Te sobran desgraciados a quienes maltratar y atormentar, de quienes has hecho tus esclavos. Yo estoy decidido a vivir honestamente, por muchos sacrificios que esta vida implique. Los buenos ciudadanos aspiran a tener riqueza, prestigio, honor, fama e influencia. Ésta es la recompensa de la virtud. Por eso prefiero mucho antes vivir como los virtuosos que como los viciosos embustilocuentes.

---

[12] Lit. cuclillo.
[13] Posible alusión a la roca Tarpeya, desde la que se arrojaba a los criminales. Pero podría ser una dato ya presente en el modelo griego, en cuyo caso podría aludir al promontorio de Léucade, desde el que todos los años se arrojaba al mar una víctima humana el día de la fiesta de Apolo: cfr. Ovid., *Fast.* 5, 630; *Heroid.* 15, 165-172.
[14] *Tuas res tibi habeto* es fórmula de divorcio. Cfr. n. 45 del *Amphitruo*.

ESCENA SEGUNDA

Filtón, Lisíteles

Filtón.— *(Saliendo de casa, sin ver a Lisíteles.)* ¿Adónde habrá ido? ¿Dónde se habrá metido mi hijo?
Lisíteles.— Aquí estoy, padre. Ordéname lo que quieras, que no te haré esperar ni iré a esconderme en ningún antro para ocultarme a tu mirada.
Filtón.— Te mantendrás fiel a ti mismo si continúas honrando a tu padre con piedad filial. Yo no quiero, hijo mío, que con los depravados ni en la calle ni en el foro entables conversación. Conozco yo muy bien las costumbres de nuestra época. Los malos tratan de hacer malos a los buenos, para que sean semejantes a ellos. La confusión, el desorden reina en las costumbres por culpa de los malos, esos seres rapaces, avaros y envidiosos. Lo sagrado lo confunden con lo profano, lo público con lo privado. ¡Su codicia es un pozo sin fondo! Esto es lo que me aflige, lo que me atormenta. Que evites todo esto, es lo que día y noche no me canso de predicarte. Lo que no alcanzan con su manos, es lo único que respectan, lo único que dejan sin a tocar. En cuanto a lo demás, "roba, afana, escapa, escóndete". Y a mí, al contemplar este panorama, se me saltan las lágrimas, por haber vivido hasta esta generación. ¿Por qué no me habré ido antes al otro mundo? Elogian las costumbres de nuestros antepasados, y, al tiempo que los elogian, las cubren de lodo. Yo de este comportamiento te dispenso. Te pido que no lo practiques ni impregnes con él tu corazón. Sigue mi ejemplo, sigue el ejemplo de tus antepasados. Pon en práctica mis consejos. No quiero ni oír hablar de esas costumbres enfangadas, sórdidas, con las que las personas honorables se deshonran. Si obedeces mis órdenes, muchas virtudes se alojarán en tu corazón.
Lisíteles.— Desde los primeros días de mi juventud hasta la edad que tengo hoy, yo siempre he obedecido ciegamente tus órdenes y preceptos, padre. En razón de mi naturaleza, yo me he considerado libre; en razón de tu autoridad, he pensado que mi voluntad debía estar sometida a la tuya.
Filtón.— La persona que desde su más tierna infancia está en lucha con sus pasiones, que combate por decidir si se deja-

rá dominar por su pasión o, al contrario, será como sus padres y sus parientes quieren que sea, si es derrotada por la pasión, todo está perdido, es un esclavo de su pasión, no de su voluntad. Pero si la pasión es derrotada por él, durante toda su vida será proclamado el vencedor de los vencedores. Si tú has logrado vencer a tus pasiones y no has sido vencido por ellas, tienes motivos de estar contento. Es mil veces mejor para ti ser como se debe ser que seguir el capricho de la pasión. Los que vencen a las pasiones, siempre tendrán mayor gloria que quienes son vencidos por ellas.

Lisíteles.— Estas normas siempre las he tenido por baluarte de mi juventud. Por eso siempre me he esforzado por todos los medios en no frecuentar las malas compañías, no salir de juerga por las noches, no quitarle lo suyo al prójimo y en no darte ningún motivo de disgusto. Siempre he mantenido íntegramente tus preceptos, resguardados por el techo de mi buena conducta.

Filtón.— ¿Me lo reprochas? De tu buena conducta el beneficiario has sido tú, no yo. Mi vida ya está tocando a su fin; es a ti a quien todo esto te interesa principalmente. El hombre íntegro es aquel que lamenta siempre no ser lo bastante íntegro y virtuoso. El que está satisfecho de sí mismo, no es íntegro ni virtuoso. Es en el que no está contento consigo mismo, en el que se encuentra un espíritu de superación. Tú cubre tus buenas acciones con un tejado de otras buenas acciones para que la lluvia no las estropee.

Lisíteles.— Si te hablé así, padre, es porque hay una cosa que quiero pedirte.

Filtón.— ¿De qué se trata? Ardo en deseos de concedértela.

Lisíteles.— Hay un joven, padre, de muy noble familia, amigo y camarada mío, que ha administrado sus bienes con poca prudencia y sensatez, al que yo querría hacer un favor, si tú no te opones.

Filtón.— ¿Con tu dinero, naturalmente?

Lisíteles.— Sí, con mi dinero. Pues todo lo tuyo es mío y todo lo mío es tuyo.

Filtón.— ¿Y qué le pasa? ¿Se halla en apuros económicos?

Lisíteles.— Sí.

Filtón.— ¿Tenía fortuna?

Lisíteles.— Sí.

Filtón.— ¿Y cómo la perdió? ¿Se dedicaba al oficio de pu-

blicano o a los negocios marítimos?[15] ¿Fue en el comercio o en el tráfico de esclavos donde perdió su fortuna?
Lisíteles.— En nada de eso.
Filtón.— Entonces, ¿por qué fue?
Lisíteles.— Por su generosidad, padre. Además también derrochó algo en placeres, en pasárselo bien.
Filtón.— ¡Por Pólux, mucho interés tienes que tener por ese hombre, si de verdad ha dilapidado sus bienes y está en la miseria por motivos tan poco honorables! No quiero de ninguna manera que sea tu amigo una persona adornada de tales virtudes.
Lisíteles.— Dado que carece por completo de maldad, me gustaría aliviar su pobreza.
Filtón.— Hace un flaco servicio a un mendigo quien le da alimento o bebida. Pues no sólo pierde lo que le da sino que 340 al que le da no hace más que alargarle un poco su vida miserable. Y si digo esto, no es porque no esté dispuesto a hacer lo que quieres y no vaya a acceder a ello gustoso. Pero al hacerte esta consideración general, lo que quiero es ponerte sobre aviso, no sea que, a fuerza de sentir compasión por los demás, llegues a tu vez a inspirar a los demás compasión.
Lisíteles.— Abandonarlo y rehusarle mi ayuda en la adversidad me avergüenza.
Filtón.— Pues más vale, por Pólux, avergonzarse que arrepentirse, aunque las dos palabras tengan el mismo número de letras[16]
Lisíteles.— Gracias a los dioses, padre, a nuestros antepasados y a ti, tenemos una gran fortuna, honestamente adquirida, de manera que nos arrepentiríamos menos de haberle hecho un favor a un amigo que nos avergonzaríamos de no habérselo hecho.
Filtón.— Si a una gran fortuna, se le quita una parte, ¿aumenta o disminuye?
Lisíteles.— Disminuye, padre, pero ¿no sabes la maldición 350 que se aplica al miserable? "Lo que tienes ojalá lo pierdas y el

---

[15] Los publicanos, como se sabe, se dedicaban a arrendar el cobro de los impuestos públicos (cfr. n. 13 del *Truc.*). Por negocios marítimos ha de entenderse el comercio marítimo, especialmente de cereales.
[16] La contraposición de conceptos es más evidente en latín: *pudet/piget*.

mal que no tienes ojalá te sobrevenga, ya que no eres capaz de disfrutar de tus bienes ni permitir que los disfruten los demás."

Filtón.— Sé muy bien, hijo mío, que las cosas son así. Pero miserable propiamente es la persona que no tiene donde caerse muerta[17].

Lisíteles.— Gracias a los dioses, padre, tenemos suficiente para vivir nosotros y para ser generosos con nuestros amigos.

Filtón.— No puedo, por Pólux, obstinarme en negarte lo que deseas. ¿A quién quieres aliviar la pobreza? Díselo, sin miedo, a tu padre.

Lisíteles.— *(Señalando la casa de Cármides.)* A Lesbonico, el hijo de Cármides, el joven que vive en esa casa.   360

Filtón.— ¿El que ha devorado todo lo que tenía y lo que no tenía?

Lisíteles.— No lo censures, padre. Al hombre a lo largo de su vida le suceden muchas cosas que quiere y muchas que no quiere.

Filtón.— Ahora no dices la verdad, hijo mío, y no es ésa tu costumbre. Pues el sabio es el artífice de su propia fortuna. En consecuencia no le suceden muchas cosas que no quiere, salvo que sea un mal artífice.

Lisíteles.— Hace falta una larga práctica del oficio para ser un buen artífice de su propia vida. Y mi amigo es todavía muy jovencito.

Filtón.— No es la edad sino la propia naturaleza quien da la sabiduría. La edad es el condimento de la sabiduría; la sabiduría es el alimento que se adereza con la edad. Pero dime de una vez: ¿qué quieres darle?

Lisíteles.— Absolutamente nada, padre. Simplemente que   370 no me prohíbas aceptar lo que me dé.

Filtón.— ¿Y aliviarás su pobreza, recibiendo algo de él?

Lisíteles.— Sí, padre.

---

[17] Lit. "El miserable *(inmunis)* es la persona que no tiene dinero para cumplir con sus obligaciones (para con el Estado, esto es, impuestos, tributos, etc.)." Plauto juega con el doble significado de *inmunis:* a) "avaro", "tacaño" (contrapuesto a *munificus),* sentido en que lo emplea Lisíteles y b) "exento de cargas o impuestos", en que lo usa Filtón. Por nuestra parte basándonos en los dos sentidos de *miserable* en español ("canalla" y "muerto de hambre") hemos tratado de reproducir de alguna manera el juego de palabras.

Filtón.— Me gustaría, por Pólux, que me explicaras ese método.
Lisíteles.— De acuerdo. ¿Tú sabes de qué linaje desciende?
Filtón.— Claro que lo sé: del más alto linaje.
Lisíteles.— Pues tiene una hermana soltera ya adulta. Con ella quiero, padre, casarme, sin dote.
Filtón.— ¿Casarte sin dote?
Lisíteles.— Sí. De esta manera, sin menoscabo de tu fortuna, te harás acreedor a su mayor gratitud y no podrás encontrar una forma mejor de ayudarle.
Filtón.— ¿Y yo voy a permitir que te cases con una mujer sin dote?
Lisíteles.— Tienes que permitirlo, padre. De esta manera aumentarás la buena reputación de nuestra familia.
Filtón.— Un montón de sabias razones podría aducir ahora 380 yo y pronunciar un discurso muy elocuente. Mi vejez guarda el recuerdo de muchas viejas y antiguas historias. Pero, como veo que tú tratas de atraer amistad y simpatía sobre nuestra casa, aunque en un principio me opuse, estoy de acuerdo contigo: te doy mi autorización, pide su mano, cásate con ella.
Lisíteles.— ¡Los dioses te conserven para mi bien! Pero hazme sólo otro favor.
Filtón.— ¿De qué favor se trata?
Lisíteles.— Te lo diré. Ve tú a hablar con mi amigo, arréglalo tú todo, pídele tú la mano.
Filtón.— ¡Lo que faltaba!
Lisíteles.— Tú concluirás el asunto mucho más de prisa. Será firme todo lo que tú resuelvas. Para este propósito tendrá más peso una sola de tus palabras que cien de las mías.
Filtón.— *(Para sí.)* ¡Esto es lo que he conseguido siendo bueno: trabajo! *(A Lisíteles.)* Me encargaré de ello. 390
Lisíteles.— Eres un encanto. *(Señalando la casa de Cármides.)* Ésta es su casa. Ahí vive. Se llama Lesbonico. Venga, arregla el asunto. Yo te espero en casa. *(Lisíteles sale.)*

ESCENA TERCERA

Filtón

Esto no es lo mejor que me hubiera podido ocurrir ni es lo que me hubiera gustado pero tampoco es lo peor que me podía suceder. Pero lo que me consuela y anima, es pensar que el padre que sólo está dispuesto a hacer su capricho, oponiéndose a la voluntad de su hijo, pierde el tiempo. Se amarga la vida y no consigue nada de lo que pretendía. No hace más que preparar un invierno más duro para su vejez, al provocar fuera de tiempo aquella tempestad. Pero se abre la puerta de 400 la casa a la que iba. ¡Qué oportunamente sale a la calle el propio Lesbonico, acompañado por su esclavo!

ESCENA CUARTA

Lesbonico, Estásimo, Filtón

Lesbonico.— *(Saliendo de casa, a Estásimo.)* Hace menos de quince días que has recibido cuarenta minas de Calicles por la venta de nuestra casa ¿No es cierto, Estásimo?
Estásimo.— Pensándolo bien, creo recordar que sí lo es.
Lesbonico.— ¿Y qué ha sido de ese dinero?
Estásimo.— Comido, bebido, evaporado en perfumes, derrochado en los baños. Se lo llevó el pescador, el panadero, se lo llevaron los carniceros, los cocineros, los verduleros, los perfumistas, los pajareros. El dinero se va de las manos rápidamente. El dinero, por Hércules, se dispersa y disipa más rápidamente que unas semillas de amapola arrojadas en un hormi- 410 guero.
Lesbonico.— Por Hércules, pero en todo eso hemos gastado menos de seis minas.
Estásimo.— ¿Y lo que le diste a tus amadas?
Lesbonico.— Lo incluyo también en esa cuenta.
Estásimo.— *(Irónico.)* ¿Y lo que te he estafado yo?
Lesbonico.— Sí, claro, ésa es la partida más importante.
Estásimo.— Si lo gastas, no puedes tenerlo a la vez, a no ser que creas que tu dinero posee el don de la inmortalidad.
Filtón.— *(Aparte.)* ¡Qué estupidez es echar las cuentas a destiempo, después de haberse devorado la fortuna! Las precauciones hay que tomarlas por anticipado.
Lesbonico.— Ni aun así las cuentas salen.
Estásimo.— Las cuentas, por Hércules, claro que salen. El que no sale es el dinero, *qui a filé*[18]. ¿No es verdad que has re- 420

---

[18] Traducimos libremente y utilizamos el verbo "salir" en su segunda aparición en el sentido coloquial de "aparecer". La contraposición plautina entre *apparet* o *comparet* "estar clara, cuadrar" (una cuenta) y

[617]

cibido cuarenta minas de Calicles y él recibió de ti la plena propiedad de la casa?

LESBÓNICO.— Exactamente.

FILTÓN.— *(Aparte.)* Por Pólux, creo que nuestro futuro pariente ha vendido su casa. Cuando su padre regrese del extranjero, tiene reservado un sitio en la puerta de la ciudad[19], a no ser que quiera introducirse en el vientre de su hijo[20].

ESTÁSIMO.— Además hubo que pagar al banquero Olímpico las mil dracmas[21] que le debías en tu cuenta.

LESBÓNICO.— Sí, las que avalé.

ESTÁSIMO.— Di más bien "las que pagué", las que como consecuencia de tu aval te viste obligado a pagar por aquel joven que decías que era tan rico.

LESBÓNICO.— Es cierto.

ESTÁSIMO.— Sí, que te quedaste sin ese dinero.

LESBÓNICO.— También eso es cierto. Pero lo vi en un estado tan lastimero que sentí lástima de él. 430

ESTÁSIMO.— Sientes lástima de los demás, pero de ti no sientes lástima ni vergüenza.

FILTÓN.— *(Aparte.)* Es el momento de dirigirme a él.

LESBÓNICO.— ¿No es Filtón el que se acerca? Él mismo, por Hércules.

ESTÁSIMO.— ¡Lo que daría, por Pólux, por que fuera mi esclavo, con todo su peculio!

FILTÓN.— *(En tono solemne.)* Tanto al amo como al esclavo, a Lesbónico y a Estásimo, desea Filtón la mejor salud.

LESBÓNICO.— *(En tono igualmente solemne.)* ¡Que los dioses, Filtón, te concedan todos tus deseos! ¿Qué hace tu hijo?

FILTÓN.— Te quiere bien.

LESBÓNICO.— Es ése, por Pólux, un sentimiento recíproco.

ESTÁSIMO.— ¡Vaya tontería esa de "te quiere bien", si no lo

---

el verbo griego οἴχεται, "se va de las manos" (el dinero), es imposible de reproducir en español: literalmente la traducción sería la siguiente: "Claro que las cuentas están (presentes), el que no está (= se ha marchado) es el dinero". La expresión plautina parece haberse convertido en proverbial: cfr. Cic. *Pison.* 25, 61.

[19] La puerta de la ciudad era el lugar de residencia habitual de los mendigos.

[20] Para recuperar su patrimonio, incluida la casa, que su hijo se había "comido".

[21] Recuérdese que la mina tenía cien dracmas, por lo que mil dracmas equivalían a diez minas.

demuestra con obras. También yo quiero ser libre, pero no me 440
sirve de nada. *(Señalando a Lesbonico.)* Y él desearía ser un
hombre de bien, pero lo desearía en vano.
  Filtón.— Mi hijo me envió a hablar contigo para que estableciese entre ti y nosotros relaciones de parentesco y amistad. Quiere casarse con tu hermana. Y yo estoy de acuerdo con él y también quiero.
  Lesbonico.— No creí que fueras así. Como te sonríe la fortuna, vienes a reírte de mi desgracia.
  Filtón.— Soy un hombre y tú también lo eres. Te juro por Júpiter que no he venido a burlarme de ti ni creo que te lo merezcas. Te he dicho la verdad. Mi hijo me ha rogado que te 450
pidiera para él a tu hermana en matrimonio.
  Lesbonico.— Pero yo no debo ignorar el estado de mi fortuna. Nuestro rango no es equiparable al vuestro. Buscaos una alianza matrimonial en otra parte.
  Estásimo.— Pero, ¿te has vuelto tonto o bobo para rechazar una oferta semejante? Pues creo que has encontrado en tu amigo un auxiliar dispuesto a socorrerte cuando haga falta.
  Lesbonico.— ¿Quieres irte al infierno?
  Estásimo.— Seguro, por Hércules, que si hiciera ademán de irme, me lo prohibirías.
  Lesbonico.— Si no quieres nada más de mí, Filtón, ya te he dado la respuesta.
  Filtón.— Espero, Lesbonico, encontrarte algún día más amable conmigo de lo que te encuentro hoy. Pues ni hacer es- 460
tupideces ni decir estupideces, ni lo uno ni lo otro, Lesbonico, conduce a nada bueno en la vida.
  Estásimo.— Por Hércules, que tiene razón.
  Lesbonico.— Te voy a sacar un ojo si añades una sola palabra.
  Estásimo.— Te juro, por Hércules, que pese a todo no dejaré de decirla. Y, si no puedo decirla íntegro, la diré tuerto.
  Filtón.— ¿Así que dices que vuestro rango y vuestra fortuna no son comparables a los nuestros?
  Lesbonico.— Sí, eso digo.
  Filtón.— Vamos a ver. Imagínate que asistes a un banquete en un templo y, por casualidad, te toca por compañero de mesa un rico —se trataría de una de esas cenas que llaman po- 470
pulares—[22]; supón que delante de él se amontonaran los man-

---

[22] Costumbre romana: se trata de las cenas ofrecidas al pueblo en

jares ofrecidos por sus clientes y que a ti te apeteciera uno de los platos, ¿comerías o permanecerías en ayunas al lado del rico?

LESBONICO.— Comería, a no ser que él me lo prohibiese.

ESTÁSIMO.— Pues yo, por Pólux, comería, aunque me lo prohibiese, y a dos carrillos y arramblaría preferentemente con lo que a él más le gustara. En la mesa no hay que tener consideración con nadie, pues allí la cuestión que se debate es cuestión de vida o muerte.

FILTÓN.— Tienes razón. 480

ESTÁSIMO.— No te engañaré: yo a un rico le cedería el paso en la calzada, en la acera, el puesto de honor, pero en lo que atañe al estómago, por Hércules, que no le cedería ni un ápice, como no me obligara a puñetazos. Al precio a que está la vida, una cena es como una herencia libre de las cargas del culto[23].

FILTÓN.— No olvides nunca, Lesbonico, que lo mejor es estar entre los mejores y, si ello resulta imposible, al menos estar cerca de ellos. Ahora, volviendo a la propuesta y petición que te hago, quiero, Lesbonico, que la apruebes y aceptes. 490 Sólo los dioses son ricos; sólo a ellos convienen las grandezas y opulencias. Nosotros, los hombres, tan pronto como exhalamos el débil aliento que nos anima, una vez muertos, en el Aqueronte somos censados en la misma clase los mendigos y los más ricos.

ESTÁSIMO.— *(Con ironía.)* ¡Qué raro que no te puedas llevar contigo las riquezas al otro mundo! *(En tono serio.)* Cuando uno está muerto, está como su propio nombre indica[24].

FILTÓN.— Bueno, pues para que te convenzas de que esto no es cuestión de categorías ni de riquezas y que nosotros no despreciamos tu amistad, te pido a tu hermana para mi hijo sin

---

el templo de *Hercules Victor* o *Triumphalis* para celebrar una victoria o un acontecimiento feliz, público o privado. Se consagraba al dios el décimo del beneficio, lo que servía para financiar los gastos del banquete. Por lo que se desprende del pasaje, parece que era una ocasión para que los clientes demostraran el afecto a su patrono, agasajándolo con abundantes viandas, que mejorarían el menú común.

[23] Cfr. *Capt.* 775 y n. 51.

[24] Paratore recuerda que, según algunos, la frase podría tener relación con el nombre del personaje, Filtón, que significaría "caro a los hombres". Por consiguiente, después de muerto "sería lo que dice su nombre."

dote. ¡Que sean felices!²⁵ ¿Me concedes su mano? ¿Por qué 500 callas?
ESTÁSIMO.— ¡Oh dioses inmortales, vaya magnífica oferta!
FILTÓN.— *(A Lesbonico.)* ¿Por qué no dices: "Que los dioses los hagan felices. Te prometo su mano."
ESTÁSIMO.— ¡Ay! Cuando no tenía que hacer promesas²⁶, las hacía y ahora que tiene que hacerlas, no se atreve.
LESBONICO.— Os agradezco infinitamente, Filtón, que me consideréis digno de emparentar con vosotros. Si bien es verdad que estamos completamente arruinados por culpa de mi necedad, tengo todavía, Filtón, un campo en las afueras de la ciudad. Se lo daré como dote a mi hermana, pues es lo único que me queda como consecuencia de mis estupideces.
FILTÓN.— Te aseguro que la dote no me importa lo más 510 mínimo.
LESBONICO.— Pero yo estoy decidido a dársela.
ESTÁSIMO.— Es nuestra nodriza, la que nos alimenta, ¿y quieres que nos desprendamos de ella, amo? Por favor, ni se te ocurra. ¿Qué comeremos nosotros, después?
LESBONICO.— ¿Quieres callarte? ¿Tengo que darte yo a ti explicaciones?
ESTÁSIMO.— *(Aparte.)* ¡Esto es nuestra completa ruina, como no se me ocurra algo! *(A Filtón.)* Filtón, quiero hablar contigo.
FILTÓN.— Estoy a tu disposición, Estásimo.
ESTÁSIMO.— *(Separándose un poco de Lesbonico.)* Ven aquí. Apártate un poco de él.
FILTÓN.— De acuerdo.
ESTÁSIMO.— Te lo digo en el máximo secreto²⁷. No vayas a contárselo a mi amo ni a ningún otro.

---

²⁵ Típica fórmula de buen augurio, de pronunciación obligada en los momentos solemnes. Filtón, espera, como veremos a continuación, que Lesbonico, en señal de aceptación, repita esa fórmula u otra similar: cfr. 502, 572, 573, 576.
²⁶ El sentido una vez más queda muy desdibujado en la traducción al no poder reproducirse en castellano el juego de palabras que implica el verbo *spondeo*, utilizado en latín para todo compromiso solemne, como es el caso que nos ocupa. Pero también se usaba para salir fiador o garante de otra persona, como puede verse en los versos 427 ss. a los que sin duda alude Estásimo.
²⁷ Pese a la traducción, *arcano*, como en el verso 556, podría no ser ablativo sino dativo.

Filtón.— Puedes confiar en mí con toda tranquilidad.

Estásimo.— Por los dioses y por los hombres, no permitas que ese campo sea nunca tuyo ni de tu hijo. Te diré por qué.

Filtón.— Por Pólux, que estoy deseando saberlo.

Estásimo.— En primer lugar, cuando se labra la tierra, cada cuatro surcos los bueyes caen muertos.

Filtón.— ¡Al diablo con esa tierra!

Estásimo.— Parece que la puerta del Aqueronte se halla en nuestro campo[28]. Además las uvas, antes de madurar, se pudren en las cepas.

Lesbonico.— *(Aparte, mirando a Estásimo.)* Seguro que está tratando de convencerlo. Aunque es un bribón, me es completamente fiel.

Estásimo.— Escucha el resto. Además, mientras en los otros campos se recogen grandes cosechas de trigo, éste sólo produce la tercera parte de lo que se siembra.

Filtón.— ¡Toma! Pues en ese campo habría que sembrar las malas costumbres, a ver si, de esa manera, se podía acabar con ellas.

Estásimo.— No ha habido ningún propietario de ese campo, al que no le haya sucedido una terrible desgracia. De sus anteriores propietarios unos fueron desterrados, otros murieron de repente, otros se ahorcaron. *(Señalando a Lesbonico.)* Y ahí tienes: su actual propietario se halla en jaque mate[29].

Filtón.— ¡Al diablo con ese campo!

Estásimo.— Aún más lejos lo mandarías, si yo hubiera acabado de contártelo todo. Pues uno de cada dos árboles está herido por el rayo. Los cerdos mueren de angina[30], completamente escuálidos. Las ovejas padecen la sarna y están tan peladas, ¿me oyes?, como la palma de mi mano. Hasta los sirios[31], que son la raza humana más resistente, no hay uno solo

---

[28] Los antiguos creían que los lugares situados en la boca de los infiernos eran pestilentes y malsanos.
[29] Cfr. n. 112 del *Poenulus*.
[30] Enfermedad aguda que consiste en una inflamación de la garganta que produce sofocación o angustia, impidiendo la deglución y a veces hasta la respiración. Es enfermedad que sufren con frecuencia los cerdos y los perros. (Comelerán)
[31] Son los Siros de las comedias, pero aquí ante la referencia al país de origen, hemos tenido que respetar el verdadero gentilicio.

que sobreviva allí más de seis meses. Todos sin excepción caen víctimas de insolación.

Filtón.— Creo que dices la verdad, Estásimo. Pero la raza de los campanos supera con mucho a los sirios en resistencia[32]. Ahora bien, por lo que te acabo de oír, no hay duda de que en ese campo tendría que relegar el Estado a todos los delincuentes. De la misma manera que existen, según dicen, las Islas de los Bienaventurados[33], donde todos los que llevaron una vida intachable han de reunirse un día, en tu campo, al contrario, parece que debían ser confinados los malhechores, si de verdad reúne todas esas cualidades.

Estásimo.— Es el reino de la desventura. ¿Para qué seguir hablando? Cualquier calamidad que buscaras la encontrarías allí.

Filtón.— Tú, en cambio, allí y en cualquier otro sitio[34].

Estásimo.— Por favor, no se te ocurra decir que yo te lo he contado.

Filtón.— Sé guardar los secretos.

Estásimo.— ¡No sabes las ganas que tiene de deshacerse de él, si pudiera encontrar a algún tonto a quien engañar!

Filtón.— Mío, desde luego, nunca será.

Estásimo.— Y demostrarás tener juicio. *(Aparte.)* ¡Qué hábilmente he sabido asustar al viejo y apartarlo de nuestro campo! Pero es que, si mi amo se desprende de él, no tenemos nada de qué vivir.

Filtón.— *(Acercándose a Lesbonico.)* Ya vuelvo, Lesbonico.

Lesbonico.— Dime, por favor, ¿de qué te ha hablado?

Filtón.— ¿De qué querías que me hablara? Es un hombre. Quiere ser libre, pero no tiene dinero para pagarte su rescate.

Lesbonico.— También yo quiero ser rico, pero es inútil.

Estásimo.— *(En bajo.)* Hubieras podido serlo, si hubieras querido. Ahora que no tienes nada, no puedes.

Lesbonico.— ¿Qué murmuras para tus adentros, Estásimo?

---

[32] El termino *patientia* (que traducimos por "resistencia") parece que está empleado por Filtón en sentido erótico. Sobre la resistencia al trabajo duro de los esclavos sirios cfr. Juv., *Sat.* 6, 351 y Mart., 9, 2, 11.

[33] Las Islas de los Bienaventurados o Islas Afortunadas eran localizadas por los griegos en el extremo occidental del mundo y fueron identificadas con las islas Canarias.

[34] Filtón juega con el doble sentido de *mala res*, "desgracia" (sentido en que lo entiende Estásimo) y "paliza" (valor dado por Filtón). La frase equivale a llamar a Estásimo un bribón, que merece ser azotado.

Estásimo.— Me refería a eso que acabas de decir. Si hubieras querido antes, hubieras podido. Ahora ya es tarde.
Filtón.— *(A Lesbonico.)* Sobre la dote conmigo no vas a llegar a ningún acuerdo. La solución que te parezca más oportuna, discútela tú mismo con mi hijo. Yo sólo te pido a tu hermana para mi hijo. ¡Que sean felices! ¿Qué pasa? ¿Todavía lo estás pensando? 570
Lesbonico.— ¿Qué otra cosa puedo hacer? Ya que así lo quieres, "que los dioses los hagan felices. Te la concedo".
Estásimo.— Jamás, por Pólux, nadie esperó con tanta ansiedad el nacimiento de un hijo, como yo el nacimiento de esas palabras: "te la concedo". ¡Que los dioses bendigan vuestros proyectos!
Filtón.— Así sea.
Lesbonico.— *(Señalando su casa, donde ahora vive Calicles.)* Oye, Estásimo, vete a ver a mi hermana a casa de Calicles y explícale el acuerdo a que hemos llegado.
Estásimo.— Allá voy.
Lesbonico.— Y felicita a mi hermana.
Estásimo.— Por supuesto.
Filtón.— Ven conmigo, Lesbonico, para que entre todos[35] 580 fijemos el día de la boda. Al mismo tiempo, resolveremos el otro asunto.
Lesbonico.— *(A Estásimo.)* Tú encárgate de lo que te he ordenado. Yo estaré de vuelta enseguida. Dile a Calicles que vaya a verme.
Estásimo.— Anda, vete de una vez.
Lesbonico.— De la dote que vea él lo que hay que hacer.
Estásimo.— Vete de una vez.
Lesbonico.— Estoy decidido a no casarla sin dote.
Estásimo.— Anda, vete de una vez.
Lesbonico.— No permitiré que sufra las consecuencias de...
Estásimo.— Vete de una vez.
Lesbonico.— ... mi irresponsable conducta.
Estásimo.— Vete de una vez.
Lesbonico.— Me parece completamente injusto que mis faltas...
Estásimo.— Vete de una vez.
Lesbonico.— ... no recaigan exclusivamente sobre mí.
Estásimo.— Vete de una vez.

---

[35] Esto es, nosotros dos (Filtón y Lesbonico) y Lisíteles.

Lesbonico.— ¡Oh, padre mío! ¿Es que nunca más volveré a verte? 590

Estásimo.— Vete de una vez, vete de una vez, vete de una vez. *(Sale Lesbonico con Filtón. Estásimo solo.)* Al fin logré que se fuera. Gracias a Dios que en medio de tantas calamidades una cosa nos sale bien, si es que llegamos a salvar nuestro campo, aunque todavía no está claro el final de este asunto. Pero, si el campo pasa a otras manos, se acabó con mi espalda[36]. Tendré que emigrar al extranjero y cargar con su escudo, su yelmo y su bagaje. Pues en cuanto se halla celebrado la boda, huirá de la ciudad. *(Señalando la salida que conducía al extranjero.)* Se irá por este camino al mismísimo infierno. Irá a hacer de mercenario en Asia o en Cilicia. *(Dirigiéndose a su antigua casa.)* Bueno, iré adonde me ordenó, aunque odio esta casa, desde que el viejo nos despojó de ella y nos puso de 600 patitas en la calle.

ACTO TERCERO

ESCENA PRIMERA

Calicles, Estásimo

Calicles.— ¿Quieres repetirme otra vez eso que acabas de decirme, Estásimo?

Estásimo.— Sí, que Lesbonico, el hijo de nuestro amo, ha prometido a su hermana en matrimonio. Eso es lo que te he dicho.

Calicles.— ¿Y a quién se la ha prometido?

Estásimo.— A Lisíteles, el hijo de Filtón, sin dote.

Calicles.— ¿Sin dote va a casarla con un hombre tan rico? No es creíble lo que dices.

Estásimo.— Por Pólux, pues no lo creas. Si no lo crees, creeré yo...

Calicles.— ¿Qué?

Estásimo.— ... que me importa un comino.

---

[36] Estásimo piensa, como explicará a continuación, en que a Lesbonico no le quedará más remedio que enrolarse como mercenario y el habrá de convertirse en su *armiger*, cargando sobre sus espaldas todo su equipo militar.

CALICLES.— Pero, ¿cuándo y dónde se ha hecho el trato?
ESTÁSIMO.— Hace un momento, aquí, ante la puerta. *Jadi un ratinu*[37], como dicen los prenestinos.
CALICLES.— Así que, ahora que está arruinado, ¿Lesbonico se ha vuelto más sensato que cuando nadaba en la abundancia?
ESTÁSIMO.— Y fue Filtón en persona el que vino por iniciativa propia a pedirla para su hijo.
CALICLES.— *(Aparte.)* Será un escándalo, por Hércules, que no se le dé una dote a la joven. Y me doy cuenta, por Pólux, que este asunto en último extremo es a mí a quien concierne. Iré a ver a mi censor y le pediré consejo. *(Sale apuradamente.)*
ESTÁSIMO.— Más o menos ya me imagino y me figuro por qué tiene tanta prisa: quiere despojar de su campo a Lesbonico, después de haberlo despojado de su casa. ¡Oh amo Cármides, viendo cómo se dilapida en tu ausencia tu fortuna, pido al cielo que te permita regresar a casa sano y salvo, para que tomes venganza de tus enemigos y a mí me des la recompensa que merezco por todo lo que he hecho y estoy haciendo por ti! ¡Qué difícil es encontrar un amigo verdaderamente digno de tal nombre, al que puedas confiarle tu fortuna y después dormir a pierna suelta! Pero ahí veo venir a nuestro yerno con su cuñado. Alguna desavenencia hay entre ellos. Los dos van a la carrera. Uno va delante y el otro le tira de la capa. Ahora se han parado. *(Con ironía.)*[38] ¡Vaya pose más elegante! Me retiraré un poquito hacia esta parte. Me apetece oír la conversación de los dos cuñados.

---

[37] Esto es, "hace un instante", *tantum modo* en el texto latino. Preneste (actual Palestrina) era una pequeña ciudad del Lacio, próxima a Roma, donde se hablaba un dialecto, del que los romanos se burlaban. Como hemos dicho en la Introducción general (tomo I, pág. 65) éste es uno de los pocos pasajes en que se puede comprobar explícitamente la presencia de dialectalismos en la lengua de Plauto. En nuestro traducción hemos recurrido al habla dialectal de Serradilla, pueblo cacereño próximo a Plasencia.

[38] Como señala Augello, la expresión que sigue debe tener carácter irónico, pues la actitud de dos jóvenes de buena familia corriendo por la calle uno tras el otro y tirándose de la capa era poco acorde con las normas de elegancia social de la burguesía ateniense y más propia de esclavos que de hombres libres: cfr. *Poen.* 522.

ESCENA SEGUNDA

Lisíteles, Lesbonico, Estásimo

Lisíteles.— Detente aquí mismo. No vuelvas la cara ni trates de ocultarte a mi mirada.
Lesbonico.— ¿Quieres dejarme proseguir mi camino?
Lisíteles.— Si creyera, Lesbonico, que era para tu bien, para el bien de tu gloria y tu reputación, te dejaría.
Lesbonico.— Haces lo que es más fácil de hacer. 630
Lisíteles.— ¿Y qué hago?
Lesbonico.— Una ofensa a un amigo.
Lisíteles.— No va eso con mi carácter ni me han enseñado eso.
Lesbonico.— Pues, para no haberte enseñado, ¡qué bien sabes hacerlo! ¿Qué harías, si alguien te hubiera enseñado a importunarme de esta manera? Fingiendo hacerme un favor, me estás haciendo un daño, me estás causando un perjuicio.
Lisíteles.— ¿Yo?
Lesbonico.— Sí, tú.
Lisíteles.— ¿Qué daño te hago?
Lesbonico.— Haces lo que no quiero que hagas.
Lisíteles.— Yo sólo quiero favorecerte.
Lesbonico.— ¿Es que te preocupa más a ti mi bien, que a mí mismo? Ya tengo bastante juicio para saber lo que me conviene.
Lisíteles.— ¿A rechazar un favor de un amigo llamas tú tener juicio?
Lesbonico.— No creo yo que sea un favor aquello que no agrada a quien se lo haces. Yo mismo sé muy bien y me doy cuenta de lo que tengo que hacer y no he perdido el sentido del deber y tus consejos no me impedirán ser esclavo de la 640
opinión de la gente.
Lisíteles.— Dime —porque no puedo por menos de decirte lo que mereces—: ¿Acaso tu reputación te la han legado tus antepasados para que dilapidaras en tus calaveradas unos bienes atesorados con sus esfuerzos? Y, sin embargo, para que preservaras el buen nombre que legarás a tus descendientes, tu padre y tu abuelo te facilitaron y allanaron el camino que conduce hacia la honra. Pero tú lo hiciste difícil exclusivamente por tu mala conducta, tu indolencia y tus estupideces. Prefe-

riste anteponer tus amores a la virtud. ¿Y crees que ahora con esta actitud vas a poder ocultar tus errores? ¡Ah, no! Vamos, 650 abre las puertas de tu alma a la virtud y expulsa la indolencia de tu corazón. Echa una mano en el foro a tus amigos y no en el lecho a tu amiga, como de costumbre[39]. Precisamente si yo deseo fervientemente que conserves para ti ese campo, es para que tengas con qué poder enmendarte, para que tus enemigos no tengan ningún motivo para acusarte de estar en la indigencia.

LESBONICO.— Todo lo que has dicho, ya lo sé y estaría dispuesto a subscribirlo. Sí, yo he dilapidado mi patrimonio y mancillado la gloria de mis antepasados. Sabía como tenía que comportarme, pero desgraciadamente no era capaz de obrar en consecuencia. Así, encadenado por el poder irresistible de Venus, presa de la pereza, caí en la ignominia. Y ahora te agradezco infinitamente todo lo que quieres hacer por mí. *(Hace ademán de alejarse.)*

LISÍTELES.— *(Reteniéndolo.)* Pero yo no puedo permitir que 660 mis esfuerzos resulten vanos y que desprecies mis consejos. También me duele que tengas tan poca dignidad. Y, a fin de cuentas, si no me haces caso y obras como te digo, te ocultarás tan bien bajo tu propia máscara que la gloria no te encontrará. Estarás hundido en la oscuridad, cuando más quieras brillar. Yo conozco muy bien, Lesbonico, tu carácter, noble donde los haya. Sé que no te desviaste espontáneamente del buen camino, sino que el amor te nubló la mente y yo mismo conozco muy bien los métodos del amor. El amor es como una flecha lanzada por una ballesta. Nada hay tan veloz, nada vuela tan rápido. Y a los hombres los vuelve insensatos y malhumorados. Lo que más te aconsejan es lo que menos te agrada; 670 te agrada lo que te desaconsejan. Aquello de lo que careces, lo deseas; lo que posees en abundancia, no lo quieres. El que trata de disuadirte, te incita; el que te anima, te prohíbe. Es una tremenda desgracia alojarse en la posada de Cupido. Pero yo te invito una y otra vez a que medites en lo que deseas hacer. Si llevas a cabo tus propósitos, prenderás fuego a tu familia. Después querrás hallar agua para apagar este fuego y si la

---

[39] Traduciendo *dare operam* por "echar una mano" hemos tratado de reflejar el doble matiz que ofrece contextualmente en este pasaje según se aplique a los amigos o (matiz erótico) a la amiga: cfr. Montero, *El latín erótico,* 204.

encuentras, dado lo astutos que son los amantes, no dejarás encendida ni una chispa que permita a tu familia recuperar su brillo perdido.

LESBONICO.— El fuego es fácil de encontrar. Te lo da hasta un enemigo. Pero tú, tratando con tus reproches de apartarme 680 de mis faltas, me empujas hacia otro camino peor. Tratas de convencerme de que te dé por esposa a mi hermana sin dote. ¡Ah, no! No es admisible que yo, después de haber derrochado un patrimonio tan grande, continúe nadando en la abundancia y sea dueño de este campo, mientras que ella está en la miseria: me odiaría y con toda la razón del mundo. Jamás será apreciado por los extraños quien se gana el desprecio de los suyos. Haré como dije. Es inútil que te atormentes más por mí.

LISÍTELES.— ¿Acaso crees que es mejor que por culpa de tu hermana te veas reducido a la pobreza y que sea yo y no tú el dueño de esta tierra que te permitiría hacer frente a tus obligaciones cívicas?

LESBONICO.— No te preocupes tanto de aliviar mi miseria como de evitar que yo añada el deshonor a la pobreza. Trata de impedir que se difunda el rumor de que, al dártela sin dote, 690 te di a mi propia hermana más por concubina que por esposa. ¿Quién tendría un reputación peor que la mía? Este rumor a ti te honraría, a mí me cubriría de lodo. Si te casaras con ella sin dote, ganarías para ti el aprecio de todos, yo solamente sus críticas.

LISÍTELES.— ¿Cómo? ¿Te figuras acaso que te van a nombrar dictador[40], si acepto tu campo?

LESBONICO.— Ni lo quiero ni lo pretendo, ni lo creo. Pero para un hombre honesto el verdadero honor consiste en no olvidar su deber.

LISÍTELES.— Ya veo claramente cuáles son tus intenciones. Las veo, las huelo, las adivino. Lo que pretendes es lo siguiente: en cuanto hayas establecido los lazos de parentesco conmi-

---

[40] Recuérdese que para los antiguos las magistraturas eran cargos honoríficos y que incluso el propio "honor", podría significar "cargo público", de donde resulta un juego de palabras imposible de reproducir en español. Grimal sospecha que Plauto no se refiere a la dictadura latina, magistratura excepcional en su época, sino que se trata de la traducción de un término empleado por el modelo griego, quizás el de ἐπιμελητής, que evocaba el régimen dictatorial de Demetrio de Falero.

go y me hayas dado ese campo y no te quede nada para vivir, 700
huirás, con la bolsa vacía, de la ciudad, abandonarás como un
desterrado tu patria, tus parientes, tus cuñados, tus amigos,
apenas se haya celebrado la boda. Y la gente dirá que te has
visto obligado a huir por culpa mía y de mi codicia. No pienses que me voy a exponer a sufrir esta vergüenza.

ESTÁSIMO.— *(Interviniendo en la conversación.)* De verdad
que no puedo por menos de exclamar: Bravo, bravo, Lisíteles;
bis![41] La palma, sin discusión, es para ti. Tu contrincante ha
sido derrotado. Tu comedia ha resultado ganadora. *(Al público, señalando a Lisíteles.)* Él es quien trata mejor el tema y
hace mejores versos. *(A Lesbonico.)* A ti, por necio, te impondré una multa de una mina.

LESBONICO.— *(A Estásimo.)* ¿Se puede saber cómo te atreves a interrumpirnos y a meterte en nuestra discusión?

ESTÁSIMO.— Pues del mismo modo que me metí, saldré de 710
ella.

LESBONICO.— Vente conmigo a casa, Lisíteles. Allí seguiremos hablando de este asunto.

LISÍTELES.— Yo no suelo hacer nada a escondidas, así que te
diré lo que pienso. Si, como creo que es justo, me das en
matrimonio a tu hermana sin dote y me prometes que no te
vas a ir de la ciudad, lo mío será también tuyo. Pero si son
otras tus intenciones... que tengas buena suerte. Nunca seré
amigo tuyo en otras condiciones. Ésta es mi decisión. *(Sale
Lesbonico.)*

ESTÁSIMO.— ¡Por Hércules, se ha marchado! *(Sale también
Lisíteles.)* Escucha, Lisíteles. Quiero hablar contigo... También
él se ha marchado. Te has quedado tú solo, Estásimo. ¿Y ahora
qué puedo hacer? No me queda más remedio que atar el equipaje[42], cargarme el escudo a la espalda, y hacer clavar unas 720
gruesas suelas a mis zapatos. No hay otra solución. Veo que
me convertiré en escudero de un soldado dentro de no mucho
tiempo. Pero, si mi amo se pone al servicio de algún rey, pienso yo que a los más bravos guerreros superará... en la huida y
que se cargará de despojos... el que le haga frente. Yo, en

---

[41] *Bis!* es la fórmula habitual en francés para pedir que se repita una actuación en un espectáculo, equivalente a nuestro "Otra". Evidentemente en el texto latino está en griego.

[42] Cfr. 595-6.

cambio, en cuanto haya cogido el arco, el carcaj y las flechas y me haya puesto el casco en la cabeza... me echaré a dormir plácidamente en la tienda. Ahora me voy al foro. Hace cinco días que he prestado un talento[43] y voy a reclamarlo, a fin de disponer de algún dinero para el viaje.

ESCENA TERCERA

MEGARÓNIDES, CALICLES

MEGARÓNIDES.— Por lo que dices, Calicles, no queda más remedio que darle una dote a la joven. 730

CALICLES.— Desde luego, por Hércules, que sería una deshonra que yo consintiera que se casara sin dote, teniendo como tengo su fortuna en mi poder, en mi casa.

MEGARÓNIDES.— Sí, la dote está dispuesta en tu casa... a no ser que prefieras esperar a que su hermano la case sin dote y después vayas tú a ver a Filtón y le digas que le das una dote, aduciendo que lo haces movido por la amistad que te une con su padre. Pero lo que temo es que este ofrecimiento te exponga a las críticas y murmuraciones de la gente. Dirían que alguna 740 razón hay para que te muestres tan bondadoso con la joven. Asegurarían que su padre te había entregado una dote para dársela a su hija y que ese es el origen de tu generosidad. Afirmarían que la dote no se la entregabas intacta, tal como la habías recibido, sino que habías substraído una parte. Por lo demás, si prefieres esperar el regreso de Cármides, la cosa irá para largo. Y, entretanto, al novio se le habrían pasado las ganas de casarse y es un partido de primer orden.

CALICLES.— Sí, por Hércules, todos esos inconvenientes también se me ocurren a mí. A ver si esta solución te parece más apropiada y conveniente. ¿Y si fuera yo mismo a ver a Lesbonico y lo pusiera al corriente de todo el asunto? Pero, 750 ¿cómo voy yo a revelar la existencia del tesoro a un joven incapaz de controlarse, que no piensa más que en el amor y el placer? ¡De ninguna manera, de ninguna manera, por Hércu-

---

[43] Estásimo sigue de broma. Un talento (= 60 minas) es una cantidad exorbitante de dinero, máxime para tratarse de un esclavo. Obsérvense la similitud de tono entre este monólogo de Estásimo y el de Mnesíloco en *Bacch*. 500 ss.

les! Pues estoy seguro de que devoraría hasta el lugar en que está escondido el tesoro. Ni siquiera me atrevo a cavar el suelo, porque temo que pueda oír el ruido y descubra el secreto, si antes he hablado de dar una dote.

Megarónides.— Entonces, ¿cómo puede sacarse el dinero de la dote sin que se entere?

Calicles.— En espera de que se presente una ocasión favorable, podría, mientras tanto, pedirle el dinero prestado a algún amigo.

Megarónides.— ¿Y crees que lograrás convencer a alguno?

Calicles.— Lo lograré.

Megarónides.— ¡Bobadas! Estoy seguro de que siempre recibirás la misma respuesta. "Te juro, por Hércules, que no tengo ni una dracma para prestarte." 760

Calicles.— Y yo les contestaré: "Y yo te juro que preferiría que fuera cierto lo que dices a que me prestaras el dinero."

Megarónides.— Pero, a ver si te parece bien esta idea.

Calicles.— ¿Qué idea?

Megarónides.— Una idea magnífica, creo yo, que se me acaba de ocurrir.

Calicles.— ¿De qué se trata?

Megarónides.— De contratar lo más pronto posible a un hombre que se haga pasar por extranjero.

Calicles.— ¿Y qué tendrá que hacer después?

Megarónides.— Lo disfrazaremos maravillosamente de extranjero. Hay que elegir a una persona de cara desconocida, que no haya sido muy visto por aquí, un embustero, un mentiroso, un caradura. 770

Calicles.— ¿Y después?

Megarónides.— Se presentará a Lesbonico, fingiendo que viene de Seleucia, enviado por su padre. Lo saludará en nombre de su padre y le comunicará que su negocios marchan prósperamente, que está vivo y goza de buena salud y que piensa regresar muy pronto. Traerá dos cartas, que redactaremos nosotros, como si las hubiera redactado su padre. Una se la entregará a Lesbonico y la otra dirá que quiere entregártela a ti.

Calicles.— Sigue, sigue.

Megarónides.— Le dirá que trae una suma de oro que su padre le envía como dote para su hermana y que su padre le ordenó entregarte este oro a ti. ¿Entiendes ya? 780

Calicles.— Más o menos. Y te escucho con muchísimo gusto.

[632]

MEGARÓNIDES.— Después tú le darás el oro al joven[44], pero sólo cuando se haya celebrado la boda.
CALICLES.— ¡Magnífico, por Hércules!
MEGARÓNIDES.— De esta manera podrá desenterrar el tesoro sin despertar ninguna sospecha de Lesbonico. Pensará que el oro que tú le entregas, te lo ha enviado su padre. Y tú lo cogerás del tesoro.
CALICLES.— ¡Magnífico y estupendo! Aunque a mis años me da vergüenza dedicarme a imposturas. Pero, cuando nuestro hombre presente las cartas selladas, ¿no crees que Lesbonico 790 se dará cuenta de que no es el sello del anillo paterno?
MEGARÓNIDES.— Anda, calla. Mil razones pueden aducirse para explicarlo, como que perdió el anillo que tenía y tuvo que hacerse uno nuevo. Y, además, puede no llevarlas selladas y decir que el sello fue roto en la aduana para inspeccionar su contenido. En un asunto de este tipo perder el día charlando es pura holgazanería. Se puede estar dándole a la lengua indefinidamente. Anda, vete inmediatamente junto al tesoro y procura que no te vean. A los esclavos y esclavas aléjalos de la casa. Y escúchame bien...
CALICLES.— ¿Qué quieres?
MEGARÓNIDES.— Incluso a tu esposa ocúltale este asunto. 800 Pues una mujer, por Pólux, es incapaz de guardar ningún secreto. ¿Qué haces ahí quieto? ¿Por qué no te largas y te pones en acción? Desentierra el tesoro y saca una cantidad de oro que sea suficiente para la dote. Acto seguido, vuelve a enterrarlo de nuevo. Pero procura que no te vean, como ya te he advertido. Echa a todo el mundo de la casa.
CALICLES.— Así lo haré.
MEGARÓNIDES.— Pero estamos parloteando demasiado. Estamos desperdiciando el día, cuando teníamos que darnos prisa. Y por el sello no te preocupes. Confía en mí. Es una maravillosa excusa aquella que te dije, de que las cartas habían sido 810 abiertas para su inspección en la aduana. Además, ¿no ves qué hora es? ¿Qué crees que está haciendo Lesbonico, dada su manera de ser y su carácter? Seguro que ya hace tiempo que está borracho. Se le podrá hacer creer cualquier cosa. Además, y éste es el argumento decisivo, nuestro hombre le dirá que viene a traer, no a pedir el oro.

---

[44] Paratore (n. 57) piensa que se trata de Lisíteles y no de Lesbonico.

CALICLES.— Está bien. Me basta.
MEGARÓNIDES.— Yo me voy al foro a contratar a nuestro sicofanta. Después redactaré las cartas y lo enviaré a ver a Lesbonico, debidamente aleccionado.
CALICLES.— Yo entro en casa a cumplir con mi misión. Tú ocúpate de lo tuyo.
MEGARÓNIDES.— La farsa resultará comiquísima. *(Salen.)*

ACTO CUARTO

ESCENA PRIMERA

CÁRMIDES

Al omnipotente y todopoderoso dios del salado mar, a 820 Neptuno, hermano de Júpiter y de Nereo[45], con el corazón lleno de gozo y alegría, doy gracias y canto sus alabanzas, y también a las saladas olas, que me tuvieron en su poder y de cuyo arbitrio dependieron mis bienes y mi vida, por haberme permitido salir de sus dominios y regresar sano y salvo a mi patria. Pero es a ti, Neptuno, más a que a ningún otro dios, a quien doy gracias y estoy infinitamente agradecido. Pues todo el mundo te tacha de cruel, feroz, codicioso, bellaco[46], inhumano, insoportable, loco furioso. Pero mi experiencia ha sido toda la contraria. Pues, por Pólux, conmigo en alta mar has sido apacible y clemente, portándote en todo momento exactamente como quería. Por lo demás, esta gloria tuya ya había llegado antes a mis oídos y es bien sabido entre los hombres que sueles respetar a los pobres y castigar y humillar a los ricos[47]. Así me gusta. Te felicito. Tú sabes tratar a los hombres 830

---

[45] Según la mitología griega, Nereo, "el viejo del mar", es una divinidad preolímpica, hijo de Ponto y Gea y, por tanto, una especie de tío de Neptuno, nieto de Gea y Urano. Se trata, por tanto, de una imprecisión más de Plauto.

[46] Es posible que haya que entender *spurcificum* en su sentido literal de "que mancha o ensucia a la gente". Ernout cita a este respecto los reproches que dirige en *Rudens* 270-1 la sacerdotisa de Venus a Palestra y Ampelisca por presentarse en el templo con un aspecto descuidado, sin duda a consecuencia del naufragio, obra de Neptuno.

[47] Importante tópico literario, del que una vez más Plauto (aunque no sea el autor original) es precursor: cfr., por ej., Verg., *Aen.* 6, 853.

según su rango, como se debe. Es digno de los dioses ser siempre indulgentes con los menesterosos. Tú me has sido fiel, por más que los hombres pregonen una y otra vez tu perfidia. Pues si no hubiera sido por ti, estoy seguro de que tus acólitos me habrían, pobre de mí, destrozado y despedazado en alta mar de la manera más indigna, esparciendo, al mismo tiempo, todos mis bienes por las azuladas llanuras. Exactamente igual que perros rabiosos rodeaban mi nave los huracanes. Las lluvias, las olas y los temporales, en son de guerra, trataban de romper el mástil, de abatir las vergas, de rasgar las velas, si tu misericordia no hubiese venido en mi ayuda a aplacarlos. Pero no quiero saber más de ti. En adelante estoy decidido a entregarme al descanso. He conseguido una fortuna suficiente, gracias a las penalidades y esfuerzos que soporté, mientras buscaba riquezas para mi hijo. Pero, ¿quién será este 840 individuo que entra en la calle con ese vestido y aspecto tan extraños? Por Pólux, a pesar de que estoy deseando entrar en casa, observaré lo que hace. *(Se retira a un lado de la escena.)*

ESCENA SEGUNDA

SICOFANTA, CÁRMIDES

SICOFANTA.— *(Sin ver a Cármides.)* Al día de hoy le voy a poner por nombre el Día de los Tres Centavos, pues por tres centavos he alquilado hoy mis servicios para representar una farsa. Vengo de Seleucia, Macedonia, Asia y Arabia, países que ni he visto ni he pisado jamás. Ya veis qué duros trabajos impone la pobreza a un desgraciado. He aquí que para ganarme tres centavos me veo obligado a decir que he recibido estas cartas de un hombre que no conozco ni he visto jamás, del 850 que ni siquiera sé con seguridad si existe o no.

CÁRMIDES.— *(Aparte.)* Por Pólux, este individuo es de la raza de las setas. Pues la cabeza[48] le cubre todo el cuerpo. Tiene aspecto de ilirio, a juzgar por la ropa que lleva.

SICOFANTA.— El que me contrató, después que me contrató,

---

[48] Calicles se refiere al sombrero de anchas alas *(causia)*, propio de los viajeros, que da al sicofanta aspecto de hongo y que parece cubrirle todo el cuerpo. Cfr. *Miles* 1178 y *Persa* 155.

[635]

me llevó a su casa. Allí me explicó lo que quería de mí y me indicó y advirtió por adelantado cómo debía actuar en cada momento. Si añado alguna burla de mi cosecha, a mi contratante la farsa le saldrá todavía más barata. Me veis disfrazado, como él me disfrazó. ¡Tal es el poder del dinero! Él mismo pidió al corego[49] el disfraz, bajo su total responsabilidad. Si puedo birlárselo, le demostraré que soy un verdadero sicofanta. 860

CÁRMIDES.— Cuanto más lo miro, menos me agrada el aspecto de este tipo. Nada me extrañaría que fuera un ladrón nocturno o un rapabolsas. Está examinando el terreno, observándolo todo, estudiando las casas. Seguro, por Pólux, que está inspeccionando el lugar para venir luego a robar. Esto aumenta mis ganas de observar lo que se propone. Estaré atento a lo que hace.

SICOFANTA.— Éstos son los lugares que me indicó mi contratante. Delante de esta casa es donde he de desplegar el ejército de mis imposturas. Llamaré a la puerta.

CÁRMIDES.— *(Aparte.)* Se dirige directamente a nuestra casa. Me da la impresión, por Hércules, de que la noche de mi llegada voy a pasarla de guardia.

SICOFANTA.— *(Golpeando la puerta de la casa de Cármi-* 870 *des.)* Abrid la puerta, abrid. ¡Eh! ¿No hay nadie encargado de la custodia de esta puerta?

CÁRMIDES.— ¿Qué buscas, joven? ¿Qué quieres? ¿Por qué llamas a esa puerta?

SICOFANTA.— Oye, viejo, cuando me censaron, ya rendí cuentas detalladamente al agente jurado[50]. Busco al joven Lesbonico, que me dijeron que vivía en estos lugares, y también a otro hombre con la cabeza blanca como tú. Calicles me dijo que se llamaba el que me dio estas cartas.

CÁRMIDES.— *(Aparte.)* Este tipo busca a mi hijo Lesbonico y a mi amigo Calicles, a quien yo confié mis hijos y mis bienes.

SICOFANTA.— Indícame, si lo sabes, donde viven estas personas, abuelo.

CÁRMIDES.— ¿Qué quieres de ellos? Y ¿quién eres? ¿De dónde eres? ¿De dónde vienes?

SICOFANTA.— Muchas preguntas me haces a la vez. No sé 880 por cual empezar a contestarte. Si me las haces una a una, con calma, te informaré de mi nombre, mis aventuras y mis viajes.

---

[49] Sobre el corego cfr. n. 50 del *Curculio*.
[50] Se trata de un ayudante del censor.

CÁRMIDES.— De acuerdo, como quieras. A ver, en primer lugar dime tu nombre.
SICOFANTA.— Comienzas pidiéndome un duro trabajo.
CÁRMIDES.— ¿Por qué?
SICOFANTA.— Pues porque si antes de amanecer te pusieras en camino desde la primera letra de mi nombre, por Hércules, abuelo, que sería noche cerrada antes de que llegaras a la última.
CÁRMIDES.— O sea, que hay que cargarse de provisiones para llegar al final de tu nombre, por lo que dices.
SICOFANTA.— Tengo otro chiquitito como una etiqueta de vino.
CÁRMIDES.— Y ¿cuál es este nombre, joven?
SICOFANTA.— "Empaz" es mi nombre, mi nombre de diario. 890
CÁRMIDES.— ¡Por Pólux, vaya nombre más chistoso! Es como si yo te prestara algo y tu me dijeras: "En paz", es decir, te has quedado sin nada". *(Aparte.)* Este tipo es un sicofanta de tomo y lomo. *(Al sicofanta.)* Dime, joven.
SICOFANTA.— ¿Qué quieres?
CÁRMIDES.— Dime, ¿qué te deben esos hombres que andas buscando?
SICOFANTA.— El padre de ese joven, de Lesbonico, me dio estas dos cartas. Es mi amigo.
CÁRMIDES.— *(Aparte.)* Lo he cogido con las manos en la masa. Dice que yo le he dado esas cartas. Le tomaré el pelo a conciencia.
SICOFANTA.— Si me atendieras, continuaría mi relato.
CÁRMIDES.— Te escucho.
SICOFANTA.— Esta carta me encargó dársela a su hijo Lesbonico y esta otra a su amigo Calicles.
CÁRMIDES.— *(Aparte.)* Por Pólux, ya que él quiere burlarse 900 de mí, también a mí me apetece burlarme de él. *(Al sicofanta.)* ¿Y dónde está?
SICOFANTA.— Hacía grandes negocios.
CÁRMIDES.— Pero, ¿dónde?
SICOFANTA.— En Seleucia.
CÁRMIDES.— ¿Y te dio él personalmente esas cartas?
SICOFANTA.— Con su propias manos las puso en mis manos.
CÁRMIDES.— ¿Y qué aspecto tiene?
SICOFANTA.— Es aproximadamente pie y medio más alto que tú[51].

---

[51] Pie y medio equivale aproximadamente a medio metro.

Cármides.— *(Aparte.)* ¡Menudo lío, si yo ausente soy más alto que presente! *(A su interlocutor.)* ¿Y lo conoces?

Sicofanta.— ¡Vaya pregunta más graciosa! ¿Si conozco a un hombre con el que como todos los días?

Cármides.— ¿Y cuál es su nombre?

Sicofanta.— El de una persona honrada.

Cármides.— Me gustaría saberlo.

Sicofanta.— Se llama... se llama... se llama... ¡Ay, pobre de mí!

Cármides.— ¿Qué te pasa?

Sicofanta.— Me acabo de tragar su nombre, sin darme cuenta.

Cármides.— No me gustan las personas que tienen a sus amigos encerrados tras las rejas de sus dientes.

Sicofanta.— Y eso que hace un momento lo tenía en la punta de la lengua.

Cármides.— *(Aparte.)* ¡Qué suerte tuve en llegar antes que él!

Sicofanta.— *(Aparte.)* ¡Pobre de mí, me han cogido con las manos en la masa!

Cármides.— ¿Ya has recordado el nombre?

Sicofanta.— *(Aparte.)* ¡Por todos los dioses y los hombres, qué vergüenza!

Cármides.— Pero, ¿de verdad que lo conoces?

Sicofanta.— Como a mí mismo. Suele suceder con frecuencia que se busca una cosa que se tiene en la mano o delante de los ojos. Me valdré de las letras para recordarlo. Su nombre empieza por una C.

Cármides.— ¿Calias?

Sicofanta.— No.

Cármides.— ¿Calipo?

Sicofanta.— No.

Cármides.— ¿Calidémides?

Sicofanta.— No.

Cármides.— ¿Calinico?

Sicofanta.— Pierdes el tiempo. Además me importa un bledo, porque yo para mis adentros sí que me acuerdo.

Cármides.— Pero es que en esta ciudad hay muchos Lesbonicos. Si no me dices el nombre de su padre, no te podré indicar dónde viven esas personas que buscas. ¿A qué se parece ese nombre? A ver si podemos adivinarlo.

Sicofanta.— Se parece...

Cármides.— ¿A Cares? ¿A Cármides?

Sicofanta.— Sí, Cármides. Sí, ése debe de ser. ¡Que los dioses lo confundan!
Cármides.— Ya te dije hace un momento que debías desearle suerte y no desgracias a tus amigos[52].
Sicofanta.— ¿Quieres creer que se escondió entre mis labios y mis dientes el muy canalla?
Cármides.— No hables mal de un amigo ausente.
Sicofanta.— Entonces, ¿por qué el muy bellaco se empeñaba en esconderse?
Cármides.— Si lo hubieses llamado, hubiese respondido a tu llamada. Pero, ¿y él dónde está?
Sicofanta.— Lo dejé en Radamante, en la isla de los Monos[53].
Cármides.— *(Aparte.)* ¿Habrá hombre más tonto que yo, que me complazco en preguntar dónde estoy yo mismo? Pero 930 no es improcedente la pregunta. *(A su interlocutor.)* Dime, contéstame a esta pregunta. ¿Qué países has visitado?
Sicofanta.— Países enormemente, maravillosamente maravillosos.
Cármides.— Me gustaría saber cuáles son, si no te importa.
Sicofanta.— Al contrario, me muero de ganas de hablar. En primer lugar navegamos hasta el Ponto y arribamos a Arabia[54].
Cármides.— ¿Cómo? ¿Es que Arabia está en el Ponto?
Sicofanta.— Sí, pero no la Arabia donde se produce el in-

---

[52] Lo más parecido que ha dicho Cármides está en el v. 909, pero la verdad es que el contenido de ambos versos sólo se parece vagamente.

[53] Hemos interpretado a Radamante como un topónimo más de la nutrida geografía fantástica de Plauto. Como señala Paratore, este nombre, que coincide con el del conocido juez infernal, posiblemente serviría para indicar metafóricamente que Cármides donde debería estar es en el infierno. En cuanto al topónimo *Cercopium* ("la isla de los monos"), parece una alusión a la isla de Pitecusa, cuyos habitantes, los *Cercopes*, según cuenta Ovidio, *Met.* 14, 75-100, habrían sido convertidos en monos por Júpiter en castigo de su perfidia. Recuerda, además, Paratore que en Atenas había una plaza llamada de los *Cercopes*, en honor a los tramposos que se reunían allí. En consecuencia, considera probable que con esta fantástica indicación toponímica el sicofanta haya querido aludir a toda la trama que él había organizado con Megarónides.

[54] Se trata del Ponto Euxino, el Mar Negro, en cuyas orillas se encontraba el reino del Ponto, célebre por su rey Mitridates.

cienso, sino donde crecen el ajenjo y el orégano de las gallinas[55].

CÁRMIDES.— *(Aparte.)* ¡Habrase visto mayor impostor! Pero, ¡seré tan tonto que le pregunto a él de dónde vengo, si yo ya lo sé y él lo ignora! Pero me apetece averiguar por dónde va a salir finalmente de este lío. *(Al sicofanta.)* Pero dime, ¿después, adónde te dirigiste?

SICOFANTA.— Si me escuchas, te lo diré. Nos dirigimos a la fuente del río, que nace en el cielo, bajo el trono de Júpiter.

CÁRMIDES.— ¿Bajo el trono de Júpiter?

SICOFANTA.— Como te digo.

CÁRMIDES.— ¿En el cielo?

SICOFANTA.— Y en su mismo centro.

CÁRMIDES.— ¿Cómo? ¿Es que tú has subido hasta el cielo?

SICOFANTA.— Sí, fuimos en una barquita, por el río, remontando la corriente.

CÁRMIDES.— Oye, ¿y acaso has visto también a Júpiter?

SICOFANTA.— Otros dioses me dijeron que había ido a la finca a repartir la comida a los esclavos. Después...

CÁRMIDES.— Después... te prohíbo seguir hablando.

SICOFANTA.— Me callo, por Hércules, si te pones a darme la lata.

CÁRMIDES.— Porque hace falta carecer por completo de vergüenza para pretender haber subido de la tierra al cielo[56].

SICOFANTA.— Me callaré, ya que veo que esa es tu voluntad. Pero indícame dónde viven esas personas que busco, a las que tengo que llevarles estas cartas.

CÁRMIDES.— Dime. Si por casualidad vieras ahora al propio Cármides, el que, según dices, te dio esas cartas, ¿lo reconocerías?

SICOFANTA.— Está claro, por Pólux, que me tomas por una bestia, si crees que no sería capaz de reconocer a una persona

---

[55] Arabia era el país productor de incienso por excelencia: cfr. Plin., *Nat.* 12, 51. El ajenjo y el orégano, por más que se produjeran también en el Ponto (cfr. Plin., *Nat.* 27, 45), son plantas comunes, que se producían también en otros lugares.

[56] Algunos autores quieren ver aquí una alusión al mito de Ganimedes, lo que implicaría acusar al sicofanta de "homosexual". Pero, como suponen Ernout y otros comentaristas, cabe la posibilidad de que *pudicus* simplemente se oponga a *impudens*, en el sentido de "descarado" "embustero". En la traducción hemos preferido mantener la ambigüedad del texto latino.

con la que he pasado toda la vida. ¿O piensas que en caso contrario él habría sido tan tonto como para confiarme los mil filipos de oro que me encargó entregarle a su hijo y a su amigo Calicles, a quien decía que había confiado toda su fortuna? ¿Se habría fiado de mí, si no nos conociéramos perfectamente el uno al otro?

CÁRMIDES.— *(Aparte.)* De veras me apetece burlar a mi burlador y tratar de birlarle esos mil filipos que dice que le entregué. ¿A un hombre que no conozco de nada y que jamás mis ojos habían visto hasta hoy, le habría yo confiado esa cantidad de oro? Ni aunque se tratara de un asunto de vida o muerte, le confiaría jamás ni una moneda de plomo[57]. He de abordarlo con astucia. *(A su interlocutor.)* Oye, Empaz, quiero decirte dos palabras.

SICOFANTA.— O doscientas, si quieres.

CÁRMIDES.— ¿Llevas contigo ese oro que te dio Cármides?

SICOFANTA.— Sí, y es oro de ley: mil filipos contados en la mesa del banquero por su propia mano.

CÁRMIDES.— Y, naturalmente, te los dio el propio Cármides.

SICOFANTA.— ¿No querrías que me los hubiera dado su abuelo o su bisabuelo, que ya están muertos?

CÁRMIDES.— Joven, dame a mí ese oro.

SICOFANTA.— ¿Qué oro quieres que te dé?

CÁRMIDES.— El que acabas de confesar que te he dado yo.

SICOFANTA.— ¿Qué me lo has dado tú?

CÁRMIDES.— Así es.

SICOFANTA.— ¿Y tú quién eres?

CÁRMIDES.— El que te dio los mil filipos. Yo soy Cármides.

SICOFANTA.— Por Pólux, que no lo eres ni lo serás jamás, al menos en lo que a este oro se refiere. Largo de aquí, bromista. Pretendes gastar bromas a un bromista.

CÁRMIDES.— Te digo que yo soy Cármides.

SICOFANTA.— Pues de poco te va a servir, porque no llevo conmigo ni una sola moneda de oro. ¡Qué astuto has sido, queriendo aprovechar la ocasioncilla para burlarme! Cuando dije que traía el oro, entonces te convertiste en Cármides. Antes de que mencionara el oro, tú no lo eras. Pierdes el tiempo. Así que, de la misma manera que te encarmidaste, vuelve a desencarmidarte.

---

[57] Es decir, una moneda falsa, pues las monedas eran normalmente de oro o plata: cfr. *Cas.* 258; *Most.* 892.

CÁRMIDES.— Entonces, ¿quién soy yo, si no soy el que soy?
SICOFANTA.— ¿Y eso a mí qué me importa? Mientras no seas el que no quiero que seas, por mí puedes ser el que te dé la gana. Antes no eras el que eras y ahora te has vuelto el que no eras.
CÁRMIDES.— Venga, date prisa. 980
SICOFANTA.— ¿A qué?
CÁRMIDES.— Devuélveme el oro.
SICOFANTA.— Sueñas, viejo.
CÁRMIDES.— Confesaste que Cármides te había dado el oro.
SICOFANTA.— Sí, pero por escrito[58].
CÁRMIDES.— ¿Vas o no vas a largarte de una vez de estos lugares, ladrón nocturno, antes de que te haga moler a palos?
SICOFANTA.— ¿Por qué?
CÁRMIDES.— Porque ese Cármides que te inventaste, el que decías que te había dado las cartas, soy yo.
SICOFANTA.— ¿Cómo? ¿De verdad que eres Cármides?
CÁRMIDES.— Claro que lo soy.
SICOFANTA.— ¿De verdad? ¿El mismo Cármides?
CÁRMIDES.— Sí.
SICOFANTA.— ¿El mismo?
CÁRMIDES.— Sí, yo soy el mismo Cármides.
SICOFANTA.— ¿Así que eres el mismo Cármides?
CÁRMIDES.— El mismísimo. ¿Quieres largarte de mi vista?
SICOFANTA.— Ahora hablando en serio: con motivo de tu regreso recibirás... una buena paliza[59], por orden mía y de los 990 nuevos ediles[60].
CÁRMIDES.— ¿Además me injurias?
SICOFANTA.— En absoluto. Con motivo de tu regreso sano y salvo... ¡que los dioses te confundan[61], si no es cierto que me importaría un comino que te hubiesen confundido antes! A mí

---

[58] Como comenta Ernout, que quiere ver un equívoco en la expresión, *Scriptum quidem* puede significar tanto a:) "Está escrito", es decir, "así consta por escrito" y b) "Pero sólo por escrito", indicando que no se lo llegó a dar.
[59] Típico ἀπροσδόκητον plautino: lo esperado sería "una cena", la cena con que se obsequiaba a todos los que llegaban de viaje.
[60] Sobre la importancia de este dato para la datación de la comedia cfr. Introducción de la misma.
[61] Se trata de un doble aprosdóketron: en lugar de la habitual invitación a cenar, el sicofanta dirige a Cármides un insulto, pero además esperaríamos que dijera: "Que los dioses me confundan..."

sólo me han dado el dinero de mi comisión[62], y a ti te mando al diablo. Por lo demás, quién eres o quién dejas de ser, me importa un comino. Iré a ver al que me dio los tres centavos y se lo contaré todo, para que sepa que ha perdido su dinero. Me voy. ¡Que te vaya mal y te parta un rayo! ¡Y que todos los dioses te confundan con motivo de tu regreso del extranjero, Cármides! *(Sale.)*

CÁRMIDES.— *(Sólo.)* Ahora que se ha ido, creo que ha llegado el momento y la ocasión de hablar con libertad. Ya hace un rato que un puñal me traspasa el corazón, al pensar qué podía hacer ese hombre delante de mi casa. Porque esa carta levanta legiones de inquietudes en mi corazón y esa historia de los mil filipos me tiene muy intrigado. Cuando el sonajero suena, alguna razón hay. Si nadie lo toca o lo mueve, permanece mudo y callado. Pero, ¿quién será ese individuo que entra corriendo en la calle? Tengo interés por observar qué hace. Me retiraré a esta parte. *(Se retira al fondo de la escena.)*

ESCENA TERCERA

ESTÁSIMO, CÁRMIDES

ESTÁSIMO.— Estásimo, corre a toda prisa, vuelve a casa junto a tu amo, si no quieres que, por culpa de tu necedad, el miedo de improviso se apodere de tus espaldas. Aprieta el paso, apura. Ya hace un siglo que saliste de tu casa. Procura que copiosos chasquidos del vergajo[63] no resuenen en tus espaldas, si cuando te llame tu amo, no apareces. No dejes de correr. ¡Qué majadero eres, Estásimo! ¿Te parece bonito haberte olvidado el anillo en la taberna, después de haberte calentado la garganta[64]? Da la vuelta y corre a reclamarlo, mientras la cosa está fresca.

---

[62] Es decir, los famosos tres centavos.

[63] La traducción es libre para que resulte comprensible. El juego del cotabo, al que se alude en el texto, era un juego de habilidad que consistía en lanzar, después de haber bebido, las gotas de líquido que quedaban en la copa, contra un blanco determinado, tratando de producir un ruido seco. El chasquido producido por los vergajazos sobre la espalda del esclavo es comparada a este ruido.

[64] Nosotros diríamos refrescado, pero en la antigüedad las bebidas se tomaban calientes, de donde deriva precisamente el hombre griego del establecimiento en que se expendían, el θερμοπώλιον.

CÁRMIDES.— *(Aparte.)* He ahí un tipo, quien quiera que sea, al que sirve de entrenador su gaznate. Pues es su gaznate el que le enseña a correr.

ESTÁSIMO.— ¿No te da vergüenza, majadero, haber perdido la memoria por tres copas? ¿No será porque bebiste con personas íntegras, incapaces de tocar lo que no les pertenece? Allí 1020 estaba Ladronico, Ladrobulo, Ganzúa, Garduña, Garfio[65], raza de ojituertos[66], piernas rotas, desgastacadenas, recibepalos. ¿Entre tales individuos pretendes recuperar tu anillo[67], cuando uno solo de ellos es capaz de robar las sandalias a un corredor en plena carrera?

CÁRMIDES.— *(Aparte.)* ¡Por todos los dioses, vaya ladrón redomado!

ESTÁSIMO.— ¿Para qué voy a buscar lo que está perdido? Lo único que conseguiría sería añadir a la pérdida un trabajo suplementario. ¿Por qué lo que está perdido no lo das por perdido? Vira en redondo. Vuelve junto a tu amo.

CÁRMIDES.— *(Aparte.)* De todas formas, no es un esclavo fugitivo, pues se acuerda de su casa.

ESTÁSIMO.— ¡Ojalá que las viejas costumbres, los viejos principios del ahorro fueran en esta ciudad más apreciados que las malas costumbres!

CÁRMIDES.— *(Aparte)* ¡Dioses inmortales, ahora se pone a 1030 hablar como un rey! Añora el tiempo pasado, está claro que

---

[65] Los nombres griegos del texto son poco seguros tanto por su forma como por su sentido. Dado que, sin duda, evocan nombres relacionados con el latrocinio, hemos preferido clarificar las cosas en la traducción. En el caso de *Cerconicus* y *Cercobulus*, seguimos la sugerencia de Grimal, para quien ambos nombres estarían formados con sufijos griegos habituales sobre la raíz Cerco-, que se encuentra en el nombre de los Cercoptes, dos ladrones de categoría, que fueron capturados y luego liberados por Hércules.

[66] *Oculicrepida* significa literalmente "hombre al que los ojos resuenan por los golpes". Pero hemos preferido sacrificar el sentido a mantener un compuesto.

[67] Lat. *condalium*, que era el típico anillo de esclavo. Dado que este es el título de una de las comedias atribuidas a Plauto y no conservadas, se ha pensado que nuestro autor puede haber incluido en este punto, como es habitual en él, una situación tomada de otra comedia suya. Aunque el aserto es indemostrable, el pasaje tiene todas las trazas de ser una bufonada plautina, muy acorde con el tono del teatro popular romano.

aprecia el tiempo pasado, a la manera de nuestros antepasados.

Estásimo.— Pues ahora las costumbres no hacen caso del derecho, sino sólo del capricho. La corrupción está santificada por la costumbre, liberada de toda ley. Arrojar el escudo y huir del enemigo son cosas permitidas por la costumbre. Aspirar a un cargo público en recompensa de la ignominia está de moda.

Cármides.— *(Aparte)* ¡Qué moda más odiosa!

Estásimo.— Postergar a los valientes está de moda.

Cármides.— *(Aparte)* ¡Y detestable!

Estásimo.— Las costumbres han reducido las leyes a su obediencia y están más sometidas a ella que los padres a sus hijos. Las pobres todavía están clavadas en las paredes con clavos de hierro, cuando eran las malas costumbres las que debían estarlo[68].

Cármides.— *(Aparte.)* Me gustaría acercarme a él y hablarle. Pero lo estoy escuchando con tanto gusto que tengo miedo de que, si me dirijo a él, se ponga a hablar de otra cosa.

Estásimo.— Para ellas la sagrada observancia de las leyes está en desuso. Las leyes son esclavas de las costumbres y las costumbres, por su parte, se apresuran a saquear tanto lo sagrado como lo profano.

Cármides.— *(Aparte.)* Por Hércules, que esas costumbres se merecen una buena paliza.

Estásimo.— ¡Y pensar que el gobierno se desentiende de esta situación! Pues este tipo de gentes es hostil a toda la sociedad y hace daño a todo el pueblo. Al no cumplir su palabra, arruinan la reputación de quienes no se lo merecen, puesto que según la conducta de ellos se juzga la conducta de los otros. *(Al público.)* ¿Os preguntaréis cómo se me han ocurrido todas estas reflexiones? Ha sido mi propia experiencia la que acaba de sugerírmelas. Prestadle algo a alguien y lo que era vuestro ya podéis darlo por perdido. Y si se lo reclamáis, en recompensa por vuestro favor, encontraréis a vuestro amigo transformado en enemigo. Y si insistís es vuestras reclamaciones, no os quedará más remedio que elegir entre dos opciones: o quedaros sin lo que le prestasteis o perder un amigo.

Cármides.— *(Aparte.)* ¡Pero si es Estásimo, mi esclavo!

---

[68] A Estásimo las leyes expuestas al público en tablas clavadas en las paredes le sugieren el castigo de la crucifixión o la horca.

Estásimo.— Y es que yo, ¿no os acordáis de que le había prestado un talento a un amigo?[69] Pues con ese talento compré un enemigo y vendí un amigo. Pero, ¡seré necio que me ocupo de los asuntos públicos en vez de velar —lo que me afecta mucho más de cerca— por la integridad de mi espalda.

Cármides.— ¡Oye, tú! ¡Detente ahí mismo; escucha!

Estásimo.— ¡Oye, tú! No me da la gana.

Cármides.— Quiero hablar contigo.

Estásimo.— ¿Y si yo no quiero contigo? 1060

Cármides.— ¡Vaya insolencia, Estásimo!

Estásimo.— Es mejor que te compres un esclavo, al que darle órdenes.

Cármides.— Ya he comprado uno y he pagado su precio. Pero, si no me obedece, ¿qué tengo que hacer?

Estásimo.— Dale una buena paliza.

Cármides.— Es un buen consejo. Estoy decidido a ponerlo en práctica.

Estásimo.— A menos que estés en deuda con él.

Cármides.— Si es bueno, estoy en deuda con él[70]. Pero, si no, seguiré tu consejo.

Estásimo.— ¿Y a mí qué me importa si tus esclavos son buenos o malos?

Cármides.— Te importa, porque en este asunto hay una parte buena y una mala para ti.

Estásimo.— La última te la cedo; la primera, la buena, consígnala en mi haber.

Cármides.— Si lo mereces, así será. Vuelve la cabeza y mírame a la cara: yo soy Cármides.

Estásimo.— ¿Cómo? ¿Quién es el que ha pronunciado el nombre de ese hombre excepcional?

Cármides.— Yo soy ese hombre excepcional. 1070

Estásimo.— ¡Oh mar, tierra, cielos, dioses! ¿No estoy enfermo de la vista? ¿Es él o no es él? Es él, claro que es él; es él, sin ninguna duda. ¡Oh, mi añoradísimo amo, salud!

Cármides.— Salud, Estásimo!

Estásimo.— Me alegro[71]...

Cármides.— Lo sé y te creo. Pero, deja a un lado lo demás y

---

[69] Cfr. v. 727 y nota.

[70] En nuestra traducción, seguimos la enmienda de Lambino que sustituye *es* por *est*, las dos veces que aparece en el verso 1064.

[71] "De que hayas llegado sano y salvo", sería la terminación esperada y habitual de la frase (cfr. por ej. 1097).

contéstame a esto: ¿Cómo están mis hijos, el hijo y la hija que dejé aquí?

Estásimo.— Viven y gozan de buena salud.

Cármides.— ¿Los dos, naturalmente?

Estásimo.— Sí, los dos.

Cármides.— Los dioses me bendicen y protegen. Las restantes noticias que me interesan ya te las preguntaré en casa, con calma. Entremos en casa, sígueme.

Estásimo.— ¿Adónde te diriges?

Cármides.— A casa. ¿Adónde si no?

Estásimo.— ¿Es que crees que vivimos aquí?

Cármides.— ¿Dónde, si no?

Estásimo.— Ya... 1080

Cármides.— Ya ¿qué?

Estásimo.— ... no es nuestra esa casa.

Cármides.— ¿Qué es lo que te oigo?

Estásimo.— La vendió tu hijo.

Cármides.— ¡Estoy perdido!

Estásimo.— Por dinero contante y sonante.

Cármides.— ¿Por cuánto dinero?

Estásimo.— Cuarenta minas.

Cármides.— ¡Estoy muerto! ¿Y quién la compró?

Estásimo.— Calicles, la persona a la que habías confiado tu fortuna. Y se ha trasladado a vivir aquí y a nosotros nos ha echado a la calle.

Cármides.— ¿Y dónde vive ahora mi hijo?

Estásimo.— Aquí mismo, en una pequeña habitación de la parte de atrás.

Cármides.— ¡Estoy completamente perdido!

Estásimo.— Ya me imaginaba yo que, cuando oyeras la noticia, te llevarías un grandísimo disgusto.

Cármides.— Así que yo, que, desafiando gravísimos peligros, he navegado por mares inmensos y, tras arriesgar mi vida entre miles de piratas, logré salvarme y regresar sano y salvo, perezco, pobre de mí, ahora aquí por culpa de aquellas personas por quienes, en mi vejez, tantos sufrimientos he padecido. La pena me hace desfallecer. Estásimo, sostenme. 1090

Estásimo.— ¿Quieres que te vaya a buscar agua?

Cármides.— ¡A mi fortuna, cuando expiraba, era a quien tenías que habérsela echado![72]

---

[72] Para tratar de reanimarla y devolverle la vida, como se hace con

ESCENA CUARTA

Calicles, Cármides, Estásimo

Calicles.— *(Saliendo de casa, vestido con ropa de faena.)* ¿Qué gritos son éstos que oigo delante de mi casa?
Cármides.— ¡Oh Calicles, oh Calicles, oh Calicles! ¿A qué clase de amigo he confiado mis bienes?
Calicles.— A un amigo honrado, leal, fiel y de probada fidelidad. Te deseo salud y me alegro de que hayas regresado sano y salvo.
Cármides.— Te creo todo lo que dices, si de verdad es como dices. Pero, ¿qué significa ese atuendo que llevas puesto?
Calicles.— Te lo explicaré. Estaba en casa desenterrando el 1100 tesoro, para poder dar una dote a tu hija. Pero en casa te contaré esto y lo demás. Sígueme.
Cármides.— ¡Estásimo!
Estásimo.— ¿Sí?
Cármides.— Corre, vete a toda velocidad al Pireo, sin detenerte ni un momento. Allí verás la nave que nos trajo hasta aquí. Dile a Sangarión que se encargue de descargar lo que le ordené y vuelve enseguida con él. Los derechos de aduana ya han sido pagados al aduanero. No te entretengas. Vamos, camina. Y vuelve enseguida.
Estásimo.— En un abrir y cerrar de ojos estaré aquí.
Calicles.— *(A Cármides.)* Sígueme a casa.
Cármides.— Te sigo. *(Entran en casa.)*
Estásimo.— *(Solo.)* Éste es el único amigo que ha permane- 1110 cido fiel a mi amo y que ha mantenido una inquebrantable lealtad, aunque esta actitud le ha causado muchos desvelos[73]. Pero es el único, creo yo, que le permanece fiel. En mi opinión, fue para salvar su patrimonio por lo que hubo de sufrir tantos desvelos[74].

---

los desmayados. Desde el punto de vista léxico, en latín vale igual "desfallecer" o "desmayarse" (perder el aliento vital) y "morir" o "perder la vida".

[73] En este punto el texto ofrece una pequeña laguna, diversamente rellenada por los diversos editores. Pero el sentido general no parece ofrecer duda.

[74] Los versos 1113 y 1114, que corresponden a las dos últimas fra-

ACTO QUINTO

ESCENA PRIMERA

Lisíteles

Éste que tenéis delante es el hombre más feliz del mundo y aventaja a todos en placeres y alegrías. Todos mis deseos se realizan y todas mis empresas se ven coronadas, culminadas, rematadas por el éxito. Cada alegría trae consigo una nueva alegría. Y es que hace un momento Estásimo, el esclavo de 1120 Lesbonico, vino a verme a casa y me anunció el regreso del extranjero de su amo Cármides. Y ahora tengo que ir a toda prisa a su encuentro, para que, el acuerdo a que llegué con su hijo, sea refrendado por su autoridad de padre. Me voy. Pero el ruido de esta puerta[75] me provoca un retraso bien inoportuno.

ESCENA SEGUNDA

Cármides, Calicles, Lisíteles

Cármides.— Jamás hubo ni habrá ni creo que haya en el mundo ningún hombre cuya lealtad y fidelidad para con los amigos sea comparable a la tuya. Pues, de no ser por ti, mi hijo me hubiera expropiado de mi propia casa.

Calicles.— Por haber hecho un favor a un amigo y haber velado fielmente por sus intereses, no me creo merecedor de alabanzas, sino simplemente me considero libre de culpa. Pues lo que se regala a otra persona, hay que darlo por perdi- 1130 do; pero lo que se presta, se tiene la posibilidad de reclamarlo, cuando se quiera.

---

ses, parecen interpolados. Algunos editores, siguiendo a Ritschl, alteran su orden, poniendo el 1114 antes del 1113. Sorprende además el cambio de actitud de Estásimo, que unos momentos antes (cfr. 1083) acusaba a Calicles de haberlos echado de casa y ahora le dedica encendidos elogios. Es probable que haya que ver en ello los efectos de una descuidada reelaboración plautina.

[75] Al abrirse, naturalmente.

CÁRMIDES.— Tienes razón. Pero no salgo de mi asombro de que haya prometido la mano de su hermana a un joven de una familia tan rica.
CALICLES.— Sí, a Lisíteles, el hijo de Filtón.
LISÍTELES.— *(Aparte.)* Es mi nombre el que pronuncia.
CÁRMIDES.— Ha emparentado con una excelente familia.
LISÍTELES.— ¿A qué espero a hablar con ellos? Pero creo que todavía debo esperar un poco, pues precisamente empieza a hablar de lo que me interesa.
CÁRMIDES.— ¡Ah!
CALICLES.— ¿Qué?
CÁRMIDES.— Se me olvidó decirte una cosa hace un momento en casa. Hace un rato, cuando llegué, me salió al encuentro un bromista, un sicofanta de tomo y lomo, que pretendía que yo le había dado mil filipos de oro para que te los 1140 trajera a ti y a mi hijo Lesbonico. Y yo ni lo conocía ni lo había visto nunca antes. Pero, ¿de qué te ríes?
CALICLES.— Fui yo el que lo envió. Debía fingir que me traía de tu parte el oro que yo había de dar como dote a tu hija, a fin de que tu hijo, cuando yo le entregara el oro, creyera que eras tú quien lo habías enviado y no llegase a sospechar que el tesoro estaba en mi poder y, en consecuencia me lo reclamase, de acuerdo con las leyes, como un bien paterno.
CÁRMIDES.— ¡Buena ocurrencia, por Pólux!
CALICLES.— Fue a Megarónides, nuestro buen amigo común, al que se le ocurrió la idea.
CÁRMIDES.— Pues aplaudo y apruebo vuestra estratagema.
LISÍTELES.— *(Aparte.)* Pero, ¡seré tonto que, por temor a interrumpir su conversación, permanezco aquí solo, sin llevar a 1150 cabo mis propósitos! Les hablaré. *(Se dirige hacia ellos.)*
CÁRMIDES.— ¿Quién es este individuo que viene a nuestro encuentro?
LISÍTELES.— A su suegro Cármides Lisíteles desea salud.
CÁRMIDES.— Los dioses te concedan, Lisíteles, todos tus deseos.
CALICLES.— ¿Es que yo no merezco un saludo?
LISÍTELES.— Claro que sí. Salud, Calicles. Pero es justo que le dé preferencia a él: la túnica está más cerca del cuerpo que la capa.
CÁRMIDES.— Hago votos por que los dioses bendigan nuestros proyectos y los vuestros. He oído decir que mi hija te ha sido prometida en matrimonio.
LISÍTELES.— Si tú no te opones.

[650]

CÁRMIDES.— Claro que no me opongo.
LISÍTELES.— Entonces, ¿me concedes la mano de tu hija?
CÁRMIDES.— Te la concedo y además te doy mil filipos de oro, como dote.
LISÍTELES.— La dote no me interesa.
CÁRMIDES.— Si quieres a mi hija, también has de querer la dote que te da. En resumidas cuentas, no tendrás lo que deseas, si no coges lo que no deseas. 1160
CALICLES.— Su demanda es legítima.
LISÍTELES.— Gracias a tu intercesión y mediación obtendrá lo que pide. *(A Cármides.)* ¿En estas condiciones me prometes darme a tu hija en matrimonio?
CÁRMIDES.— Te lo prometo.
CALICLES.— Y yo te prometo lo mismo[76].
LISÍTELES.— ¡Salud, parientes míos!
CÁRMIDES.— Y, sin embargo, tengo motivos para estar enfadado contigo.
LISÍTELES.— ¿Qué he hecho yo?
CÁRMIDES.— Permitir que mi hijo se pervirtiera.
LISÍTELES.— Si yo lo hubiera hecho voluntariamente, tendrías motivos para estar enfadado. Pero te ruego que accedas a una petición que quiero hacerte.
CÁRMIDES.— ¿De qué se trata?
LISÍTELES.— Lo vas a saber. Quiero que te olvides de cualquier tontería que tu hijo haya podido hacer. ¿Por qué sacudes la cabeza?
CÁRMIDES.— Mi corazón se desgarra de dolor y tengo miedo.
LISÍTELES.— ¿Por qué?

---

[76] Parece extraña esta aparente intromisión de Calicles en un asunto que no le compete, como igualmente extraño resulta que Lisíteles a continuación le dirija tanto a él como a Cármides el tratamiento de "parientes" *(adfines)*. Dado que en el verso 1183 Cármides inesperadamente anuncia a su hijo su matrimonio con la hija de Calicles, se ha pensado que pueden haberse perdido unos versos en que se hablaba de este tema o, mejor todavía, que Plauto en su reelaboración del modelo los haya omitido. En este caso, como señala acertadamente Paratore, las palabras de Calicles "yo también prometo lo mismo", podrían interpretarse como "yo también prometo la mano de mi hija" (a Lesbonico). Así Lisíteles, convertido en cuñado de Lesbonico, puede llamar pariente a Calicles, futuro suegro de su cuñado. Sobre todo esto, véase la nota 85 de Paratore.

CÁRMIDES.— Me duele que sea como yo no quiero que sea; tengo miedo de que, si no accedo a tu petición, pienses que te tengo en poca estima. Pero no pondré pegas. Accederé a tu deseo.

LISÍTELES.— Eres una buena persona. Voy a llamarlo. *(Se dirige a la puerta de la casa de Lesbonico.)*[77]

CÁRMIDES.— ¡Es una desgracia no poder castigar la mala conducta como se merece!

LISÍTELES.— Abrid, abrid pronto y, si Lesbonico está en casa, decidle que salga. Es urgente, apremiante el motivo por el quiero verlo.

ESCENA TERCERA

LESBONICO, LISÍTELES, CALICLES, CÁRMIDES

LESBONICO.— *(Saliendo de casa.)* ¿Quien es el que arma tan estrepitoso ruido para llamarme?

LISÍTELES.— Un amigo que te quiere bien.

LESBONICO.— Dime, ¿pasa algo?

LISÍTELES.— No, todo va bien. Tu padre ha regresado del extranjero sano y salvo, de lo que me alegro.

LESBONICO.— ¿Quién lo dice?

LISÍTELES.— Yo.

LESBONICO.— ¿Lo viste tú?

LISÍTELES.— *(Mostrando a su padre.)* Y también puedes verlo tú mismo.

LESBONICO.— Oh padre, padre mío, salud.

CÁRMIDES.— Salud mil veces, hijo mío.

LESBONICO.— Si has tenido que soportar...

CÁRMIDES.— No ha pasado nada. Estate tranquilo. Regreso sano y salvo, después de haber realizado buenos negocios. Si estás decidido a sentar la cabeza, te queda prometida en matrimonio la hija de nuestro buen amigo Calicles[78].

LESBONICO.— Me casaré con ella, padre, y con todas las que quieras.

---

[77] En principio, no debería ser la misma puerta de la casa de Cármides, sino la tercera puerta del escenario.
[78] Sobre esta brusca propuesta de matrimonio, cfr. n. 76.

CÁRMIDES.— Aunque estoy enfadado contigo, a un solo hombre le basta con un solo castigo.
CALICLES.— Pero para él es poco. Aunque para expiar sus culpas se casara con cien esposas, sería poco castigo.
LESBÓNICO.— Pero en adelante sabré controlarme.
CÁRMIDES.— A ver si es verdad lo que dices.
LISÍTELES.— ¿Hay algún inconveniente para que me case mañana?
CÁRMIDES.— No, magnífico. *(A Lesbónico.)* Tú estate preparado para casarte pasado mañana.
MÚSICO[79].— Aplaudid.

---

[79] El personaje aparece indicado con una misteriosa Ω, que tanto puede significar el músico *(cantor)*, como la compañía entera. Traducimos por músico puesto que este es el nombre que aparece en la lista de personajes de la comedia. La mayoría de los traductores lo identifican en uno y otro caso con el director de la compañía. Cfr. n. 57 de *Casina*.

CASCARRABIAS

(Truculentus)

INTRODUCCIÓN

El *Truculentus*, del que, según el conocido testimonio de Cicerón, tan orgulloso se sentía Plauto en su vejez[1], es una espléndida comedia satírica[2], en la que su autor, anticipándose a Lucilio y, sobre todo, a Horacio, parece haberse marcado como objetivo, sin duda para aleccionar a su público, al que el creciente aflujo de costumbres griegas ponía en peligro, repre-

---

[1] Cfr. *De Senec.* 50: *Quam gaudebat bello suo Punico Naevius! Quam Truculento Plauto, quam Pseudolo!* Muchos críticos se han mostrado sorprendidos de este juicio de Plauto, extrañándose de que nuestro autor pudiera equiparar los méritos del *Pseudolus*, habitualmente tenido por su obra maestra, y los del *Truculentus*. Sin duda el lamentable estado de conservación del texto puede haber sido un factor condicionante de este juicio negativo, pero también ha influido en él la injusta acusación de inmoralidad que tradicionalmente ha pesado sobre esta obra así como la pretendida debilidad e incoherencia de su trama que han hecho suponer a los estudiosos la pérdida o modificación en la trasmisión de escenas o pasajes enteros: cfr., por ej., Ernout, *Plaute*, VII 92. Discrepamos, sin embargo, de este tipo de juicios. De inmoralidad no sólo no puede hablarse sino que, exceptuando quizás el lenguaje especialmente crudo de algunas escenas y reflejado, sobre todo, en los chistes, la obra parece escrita más para alejar a la juventud del vicio, monstrándole sus peligros, que incitarla a él, describiéndole sus atractivos. Y en cuanto a la debilidad de la trama, téngase en cuenta que no se trata de una comedia de intriga sino de caracteres y costumbres y, en último extremo, si uno piensa en comedias como la *Asinaria* y el *Stichus*, esta característica ha de considerarse típica de la reelaboración plautina, sin que sea necesario postular que la comedia haya salido más completa de la pluma de Plauto. Remitimos sobre ambos puntos a la espléndida introducción de Enk en su famosa edición crítica, y en especial a las págs. 18 y 27. Véase además n. 6.

[2] La única, según Lejay *(Plaute,* 110), de todo el teatro plautino.

sentar en toda su crudeza el cinismo, la infidelidad y la codicia de unas cortesanas que no sentían el menor escrúpulo en arruinar a unos amantes incapaces de resistirse a sus halagos y atractivos.

Su trama, muy simple, en síntesis, es como sigue. La cortesana Fronesia, ayudada por su criada Astafia, explota simultáneamente a tres amantes: Diniarco, un joven ateniense; Estratófanes, un soldado babilonio, que, tras haber convivido maritalmente con ella durante un año, lleva nueve meses de campaña; y Estrábax, un joven campesino, que acude ocasionalmente a la ciudad, donde reside en la casa contigua a la de Fronesia.

Tras haber arruinado a Diniarco, que, por consiguiente se ve excluido de los favores de su amada y queda relegado al papel de confidente, la cortesana, para poder sacar más dinero al soldado, ha tramado un engaño, haciéndole creer por una carta que ha tenido un hijo suyo. Y, para dar mayor realismo a la trampa, se ha hecho buscar un niño abandonado. Entretanto, sin embargo, no desaprovecha la ocasión de desplumar a un tercer amante, Estrábax, el campesino al que la estricta vigilancia de su feroz esclavo Cascarrabias (Truculento), que al final acabará también él seducido y amansado, no logra impedir que menudee las visitas a su amada y dilapide en el burdel el dinero ganado fatigosamente por su padre en el campo.

Llega, entre tanto, el soldado, que, tras cubrir de regalos a la cortesana, va a comprobar amargamente que éstos no son de su agrado y que, en consecuencia, no es admitido en su casa. Y no será mejor la fortuna Diniarco, pese a sus esfuerzos desesperados por enviar nuevos regalos a su amada, que concentra ahora todos sus esfuerzos en vaciar la bolsa, todavía llena, de Estrábax.

Un tanto sorprendentemente, cuando menos lo esperamos, se descubre que el niño que Fronesia se ha procurado para hacer pasar por hijo suyo, no es ni más ni menos que el hijo que Diniarco ha tenido con su prometida, a la que había seducido y posteriormente abandonado. Pero el padre de la joven ha descubierto lo sucedido y Diniarco se ve obligado a casarse con ella y reconocer al niño como hijo, aunque acepta prestárselo a Fronesia todavía unos días más hasta completar el engaño del soldado. Y mientras a Diniarco no le queda más remedio que despedirse de Fronesia y conformarse con la promesa de una próxima cita a escondidas, ésta se apresta a recibir a sus otros dos amantes, que, para conseguir sus favores, compiten entre sí en una especie de pugilato de dádivas. Al final los dos son admitidos a gozar de los favores de la cortesana.

No conocemos el autor del modelo griego adaptado por Plauto. Se han barajado diversos nombres[3], pero las sospechas han recaído principalmente en Menandro[4] o un imitador suyo[5]. Lo que sí parece seguro es que Plauto ha sometido a su modelo a importantes transformaciones[6] que, dicho sea con todas las reservas necesarias, por una parte, quizás han desvirtuado su trama, y, además, han transformando lo que en el modelo griego no era más que una comedia de costumbres, que tal vez sólo pretendía reflejar el atractivo irresistible de las cortesanas[7], en una violenta sátira contra sus peligros[8], proba-

---

[3] Marx, *Rudens*, 316, ha creído reconocer tanto en la estructura de la obra como en algunas escenas y expresiones del *Truculentus* la mano en Dífilo; Dietze *(De Philemone comico*, 43) ha propuesto como modelo el *Βαβυλώνιος* de Filemón.

[4] Ha sido descartado por los hallazgos papiráceos que el modelo pueda ser el Σικυώνιος, como había propuesto Schoell, *Divinationes in Plauti Truculentum*, Leipzig 1976, 15; Webster, *Studies in Menander*, 151, sugiere la posibilidad de que, si el original es de Menandro, pueda tratarse del δημιουργός o del Φανίον. Por esta última posibilidad se inclina P. Grimal, "À propos du *Truculentus*, L'antiféminisme de Plaute", *REL* 47 bis (1970) 85-98, quien quiere ver en la comedia un reflejo del puritanismo de Demetrio de Falero.

[5] Cfr. Enk, *Plauti Truculentus*, I 15.

[6] Según Grimal, "Le 'Truculentus' de Plaute e l'esthetique de la 'palliata'", *Dioniso* 45 (1971-74) 532-43, Plauto habría suprimido el personaje de la lena, que en el modelo griego sería el motor de la intriga, fundiendo su papel con el de Astafia. También sugiere la posibilidad de que Plauto haya reducido el papel de Estrábax y, especialmente, la transformación de Cascarrabias de misógino a seducido. También piensa Grimal que Plauto ha modificado el desenlace de la obra pues no considera verosímil que la comedia griega pudiera concluir con el triunfo de Fronesia. Se muestra Grimal *(Plaute, Térence*, 995) igualmente sorprendido de que en la comedia no se saque partido del hecho de que el supuesto hijo de la cortesana sea precisamente hijo de Diniarco, pues, según él, no es creíble que el poeta griego que ha imaginado esta coincidencia no haya tenido un objetivo preciso.

[7] Cfr. Enk, *op. cit.*, 19. Téngase en cuenta que es muy probable que el modelo griego se representara con motivo de una fiesta de Venus: cfr. v. 967.

[8] Cfr. Grimal, *Plaute. Térence*, 998 y "À propos du *Truculentus*. L'antiféminisme de Plaute", cit. *supra*.

blemente inspirada en los sentimientos antihelénicos y puritanos de la política catoniana.

Si la relación apuntada con Catón[9] nos remite ya de por sí a los últimos años de la vida de Plauto, esta datación tardía de la comedia es confirmada por el mencionado testimonio de Cicerón[10] y por el hecho de ser una de la comedias más ricas en partes líricas[11]. Naturalmente, sobre la base de pretendidas o reales alusiones históricas, no han faltado intentos de establecer una datación más precisa. La propuesta quizás más interesante es la formulada por Enk[12] y Schutter[13], que fechan la comedia en el 189 a. C. Para ello se apoyan en el v. 75 *(re placida atque otiosa, victis hostibus)*, en que quieren ver una alusión a la batalla de Magnesia, que supuso el fin de guerra contra Antíoco y que tuvo lugar a fines del 190 o principios del 189 a. C[14]. Más fuerza probatoria, sin embargo, tiene, en nuestra opinión, la casi segura alusión del v. 486 al discurso *De falsis pugnis* que Catón el Censor pronunció contra Gayo Minucio Termo, que en el 190 a. C., tras su campaña contra los ligures, aspiró a los honores del triunfo, basándose en unos méritos que a la postre se revelaron falsos[15].

Por lo demás, aunque compartimos la hipótesis de Frank de que el *Homeronida* mencionado en el v. 485 no puede ser

---

[9] Confirmada, como veremos a continuación, por una alusión casi segura a su discurso contra Minucio Termo *De falsis pugnis*.

[10] Cfr. n. 1.

[11] Cfr. Lejay, *Plaute* 112.

[12] *Plauti Truculentus*, 28-30.

[13] *Quibus annis*, 152.

[14] Se trata, sin embargo, de una alusión muy vaga, cuyo valor probatorio, en todo caso, sólo puede admitirse como complemento de otras argumentaciones. Recuérdese que dichos versos se repiten casi al pie de la letra en el *Poenulus* (vv. 74-75), donde creemos que han de entenderse como referidos al fin de la 2ª guerra púnica, que sin duda significó la verdadera paz para los romanos. De todas formas, hemos de reconocer que la alusión a los esclavos sirios (cfr. v. 405, 530, 532, 541) parece referirse, como ya hemos comentado a propósito del *Trinummus* (cfr. la Introducción de esta comedia), a la situación de Roma después de la guerra contra Antíoco.

[15] Cfr. Liv., 37, 46, 1-2. La opinión es compartida por O. Musso ("Sulla datazione del 'Truculentus' di Plauto", *SIFC* 41 (1969) 135-38) que cree encontrar en la comedia ecos del proceso por concusión promovido por Catón contra Acilio Glabrión que tuvo lugar, precisamente, en el 189 a. C.

otro que Ennio, el Homero reencarnado, como este poeta se consideraba a sí mismo, no creemos (y así lo hemos señalado en la nota corrrespondiente) que en los vv. posteriores pueda verse una alusión a su Ambracia, compuesta en el 186 a. C., ni en consecuencia haya razones para retrasar, como hacen algunos autores[16], hasta este año, la composición de la comedia.

Diremos, finalmente, para terminar con esta cuestión, que, dado que en el v. 761 se habla de los *novos magistratus,* con una argumentación similar a la que se utiliza para el *Trinummus*[17], Enk ha supuesto convincentemente que esta comedia debió de representarse a primeros de abril, en los juegos Megalenses, los primeros que se celebraban después de la toma de posesión de los nuevos magistrados.

Debido, quizás, a lo escabroso del tema, la influencia del *Truculentus* en la literatura europea no fue muy grande. La única imitación de que tenemos noticia es *Die Buhlschwester* ("La cortesana") de R. Lenz, de fines del siglo XVIII.

---

[16] Buck, *A Chronology*, 103; Della Corte, *Da Sarsina a Roma*, 63. H. Kruse, *Kommentar zu Plautus Truculentus*, Diss., Heidelberg 1974 fecha esta comedia el 5 de Abril de 1986.

[17] Cfr. n. 9 de la Introducción de esta comedia.

PERSONAJES

DINIARCO, joven.
ASTAFIA, esclava (de Fronesia).
CASCARRABIAS[1] (= TRUCULENTO), esclavo (de Estrábax).
FRONESIA, cortesana.
ESTRATÓFANES, soldado.
CÍAMO, esclavo.
ESTRÁBAX, joven.
CALICLES, viejo.
PELUQUERA[2].
ESCLAVA.
LORARIOS.

La acción transcurre en una calle de Atenas, ante las casas de Fronesia y del padre de Estrábax.

---

[1] Traducimos así el nombre del personaje tratando de reflejar tanto el carácter de apodo que tiene como los posibles juegos de palabras que se montan sobre él en los vv. 265 y 674: cfr. n. 23 y 76 de la comedia. Recordaremos, además, que *Truculentus* con *Curculio, Saturio (Persa)* y *Simia (Pseudolus)* son los únicos nombres latinos de los personajes de las comedias de Plauto.

[2] Del verso 405 parece desprenderse que el nombre de esta peluquera es Sira, pero su nombre no aparece en la lista de personajes de los manuscritos. Ritschl, a partir de la enmienda de Berk *tonstricem* por *obstetricem* en el verso 131, le asigna el nombre de *Archilis*: cfr. n. 12.

ARGUMENTO

(Acróstico)

Tres jóvenes están perdidamente enamorados de la misma cortesana. Uno vive en el campo, en la ciudad otro, el tercero es extranjero. Ella, para dar un gran sablazo al soldado, se hace pasar por madre de un niño dado a luz en secreto. Interviene un esclavo de carácter colérico y maneras brutales, que trata de evitar que las zorras arrebaten los ahorros a su amo. Pero también él se deja seducir. Llega el soldado y, en atención a su hijo, se muestra pródigo en regalos. Finalmente, el padre de la muchacha violada se entera de todo y se llega al acuerdo de que se case con ella el joven que la había deshonrado, quien reclama a la cortesana el hijo que había hecho pasar por suyo.

PRÓLOGO

Un minúsculo pedacito de vuestra grande y hermosa ciudad os pide Plauto para trasladar a él Atenas sin necesidad de arquitectos. ¿Qué? ¿Me lo vais a conceder, sí o no?... Dicen que sí. Ya sabía yo que me lo concederíais sin demora. Pero, ¿y si os pidiera algo de vuestro bolsillo?... Dicen que no. ¡Bravo, por Hércules! Vosotros conserváis las costumbres ancestrales: tenéis la lengua pronta para decir que no. Pero, vayamos a lo que hemos venido. Supongamos que este escenario es Atenas, al menos mientras representamos esta comedia. Aquí *(señala la casa)* habita una cortesana llamada Fronesia, que tiene el comportamiento propio de las gentes de este siglo. Jamás pide a sus amantes... lo que ya le han dado. Pero lo que les queda hace todo lo posible para que no les quede, pidiéndoselo y arrebatándoselo, como es propio de mujeres. Pues todas hacen lo mismo, cuando se sienten amadas.
(Laguna.)
Finge haber dado a luz un hijo al soldado, para desplumarlo más rápidamente de todos sus bienes, hasta el último centavo. En resumen... *(Laguna.)*[3]

---

[3] Tanto la parte final del verso 20 como el verso 21 son corruptos, sin que sea posible dar una traducción mínimamente fiable de los mismos. Después del verso 21 se supone la existencia de una laguna.

ACTO PRIMERO

ESCENA PRIMERA

DINIARCO

Ni toda la vida le bastaría a un amante para aprender todos los medios que tiene de arruinarse. Ni la propia Venus, que tiene el mando supremo de los asuntos del amor, será capaz jamás de calcular cuántos métodos hay para burlar a un amante, cuántas formas de arruinarlo, cuántas plegarias para plegar su voluntad. ¡Cuántos halagos, cuántos arrebatos de cólera, *(laguna)*![4] ¡Santo Cielo! ... *(laguna)*[5] y eso sin contar los regalos. En primer lugar está el salario anual. Es el primer sablazo. A cambio se te conceden tres noches. Entretanto te pide o dinero[6] o vino, aceite o trigo, tratando de averiguar si eres generoso o ahorrativo. ¿No habéis visto cómo el pescador, tras lanzar la red en el vivero, en cuanto ésta toca fondo, tira de la cuerda y, si algún pez se introdujo en ella, procura que no se escape, girando la red a un lado y a otro, para retenerlo aprisionado, y no ceja en su empeño hasta que no lo saca a la superficie? Pues lo mismo le sucede al enamorado. Si da lo que le piden y es más generoso que ahorrativo, se le conceden algunas noches más. Entretanto él traga el anzuelo. Si bebe una sola copa de amor puro y la bebida se le sube a la cabeza,

---

[4] Atractiva la enmienda de Bücheler *suplicia danda:* "cuántos regalos expiatorios hay que hacerle para aplacarla".
[5] Enk propone leer *pollicitandum*, en lugar del trasmitido y, supuestamente corrupto, *peierandum:* "¡Cuántas nuevas promesas hay que hacerle, después de haberle hecho los regalos!"
[6] Seguimos la lectura *aera* en lugar del corrupto *ara*.

en el acto puede darse por perdido él mismo, su fortuna y su reputación. Y si por casualidad la ramera se enfada con su amante, entonces está doblemente perdido el tal amante, económica y espiritualmente. Y si ... *(laguna)*⁷, está igualmente perdido: si se le conceden pocas noches, sufre su espíritu; si logra aumentar su número, él es feliz, pero se resiente su economía, exactamente igual que en el burdel de un lenón.

Antes de que le hayas hecho un sólo regalo, ya tiene cien nuevas peticiones preparadas para hacerte: o perdió una joya o se le rompió la capita o tiene que comprar una esclava o un vaso de plata o un vaso de bronce o un lecho labrado⁸ o unos armaritos griegos o... en resumen, siempre hay algún motivo para pedir y para que el amante quede en deuda con su ramera.

Y mientras arruinamos nuestro patrimonio, nuestra reputación y nos arruinamos a nosotros mismos, ponemos todo nuestro celo en ocultar todo esto, para evitar que llegue a conocimiento de nuestros padres o parientes. Pero, si en vez de ocultárselo, lo pusiéramos en su conocimiento, para que pudiesen moderar a tiempo los impulsos de nuestra juventud a fin de que⁹ pudiéramos transmitir los bienes recibidos de nuestros antepasados a nuestros descendientes, os aseguro que habría en esta ciudad muchos menos lenones y rameras y habría también muchos menos manirrotos de los que hay. Pues hoy en día hay casi más lenones y rameras que moscas en plena canícula. Porque, especialmente en torno a las mesas de los banqueros, el número de rameras y lenones que se sientan diariamente es incalculable. ¡Como que estoy seguro de que allí hay más rameras que pesos para pesar monedas! Y qué pintan allí, entre los banqueros, yo no sabría decirlo, a

---

⁷ El texto es corrupto y ninguna de las enmiendas propuestas se impone claramente. En caso de aceptar la enmienda de Bücheler *propitius est* por *potius est,* el sentido sería "Si se llevan bien el uno con el otro..." Según Ernout, Plauto parece haber querido decir algo como: "S'il fait passer l'une des deux choses avant l'autre..." Es curioso que este sentido es el que ofrece Paratore en su traducción ("Se bada solo a una delle due cose..."), mientras en el texto introduce la enmienda de Bücheler.

⁸ Traducimos esta palabra, corrupta en los manuscritos, según la lectura *sculptilis* de Kiessling.

⁹ Leemos con Enk *unde* en vez de *ut ne* que, siguiendo al *vetus codex Pistoris,* ofrece Ernout en su edición.

menos que sirvan de registros en donde ellos puedan consignar sus préstamos... los que reciben, claro, que nadie vaya a pensar que me refiero a los que hacen[10].

A fin de cuentas, en un gran pueblo, que vive en paz y tranquilidad, una vez vencidos los enemigos, es natural que se entregue al amor todo aquel que tiene dinero para pagar. En cuanto a mí *(señalando la casa de Fronesia)*, la cortesana que vive en esta casa, Fronesia, ha expulsado su nombre completamente de mi espíritu, pues φρόνησις en griego significa "sabiduría". Pues yo reconozco que he sido su principal, su más íntimo amante, lo que es con mucho la peor desgracia que le puede ocurrir a la bolsa de un enamorado. Pero ella, en cuanto encontró a otro más espléndido y manirroto, un soldado babilonio por el que la muy bribona decía que sentía una profunda antipatía, me bajó enseguida de mi pedestal. Ahora dicen que el tal soldado está a punto de llegar del extranjero. Por este motivo ha tramado el siguiente engaño: ha fingido haber dado a luz a un niño, con miras, sin duda, a deshacerse de mí, y ha fingido que el tal soldado es su padre. Es para hacer el amor sólo con el soldado, para lo que ha inventado esa historia del falso hijo. Cree que puede engañarme. ¿Acaso pensó que, si hubiera estado embarazada, hubiera podido ocultármelo? Y es que yo he llegado anteayer a Atenas, procedente de Lemnos, adonde fui enviado en misión oficial. Pero he ahí a Astafia, su criadita. También con ella he tenido yo mis relaciones.

ESCENA SEGUNDA

ASTAFIA, DINIARCO

ASTAFIA.— *(Saliendo de casa, a los esclavos que quedan en casa.)* Aguzad el oído y vigilad bien la casa, no sea que algún visitante se vaya más cargado de lo que ha venido, o que uno que haya entrado con las manos vacías salga con ellas llenas. Conozco yo bien las costumbres de la gente, y los hábitos de nuestros jóvenes. Vienen a casa de las rameras en pandillas de cinco o seis compinches con un propósito bien definido. En

---

[10] Cfr. las críticas a los banqueros que se hacen en *Curc.* 371 ss. por boca del propio banquero Licón.

cuanto entran en casa, uno de ellos se encarga de cubrir de besos a su amiga, mientras los demás actúan. Si ven que alguien los vigila, se ponen a bromear, para distraer a su vigilante con sus bromas y chistes. A menudo comen a nuestras expensas, embutiéndose como chorizos[11]. Os aseguro, por Pólux, que ésta es la verdad y muchos de los espectadores sabéis que no estoy mintiendo. Para ellos es una heroicidad y una 110 proeza robar a unos ladrones. Pero nosotras, por Cástor, sabemos recompensar generosamente a nuestros ladrones. Pues ellos mismos ven cómo los despojamos de sus bienes e incluso ellos mismos vienen voluntariamente a traérnoslos.

DINIARCO.— *(Aparte.)* Es a mí a quien fustiga con esas palabras porque yo he traído a su casa mis bienes.

ASTAFIA.— *(A los de la casa.)* ¡Sí, no lo olvido! Ahora mismo voy a buscarlo y, si está en su casa, lo traigo a la nuestra.

DINIARCO.— ¡Eh, espera un momento, Astafia, antes de marcharte!

ASTAFIA.— ¿Quién me llama?

DINIARCO.— *(Sin volverse para mirar.)* Vuelve la cabeza y lo sabrás.

ASTAFIA.— ¿Quién es?

DINIARCO.— Una persona que os desea multitud de bienes.

ASTAFIA.— Dánoslos si nos los deseas.

DINIARCO.— Te prometo, que los tendrás. Vuelve la cabeza.

ASTAFIA.— ¡Uf! ¡Acabas conmigo, pobre de mí, quien quiera que seas!

DINIARCO.— Espera, bribona. 120

ASTAFIA.— No me des la lata, santo varón. *(Dándose la vuelta.)* Pero, ¿no es ése Diniarco? Claro que lo es.

DINIARCO.— ¡Salud!

ASTAFIA.— ¡Salud!

DINIARCO.— *(Tendiéndole la mano y dirigiéndose hacia Astafia.)* Avanza a mi encuentro y dame la mano.

---

[11] Lit. "Hacen lo que los fabricantes de embutidos". No compartimos la interpretación de Enk, que explica el pasaje diciendo que los fabricantes de embutidos sisan (y se comen) una parte de lo que les llevan sus clientes para hacer los embutidos. Entendemos más bien que, de la misma manera que los fabricantes de chorizos embuten la carne en las tripas, así los clientes de las cortesanas se embuten con la comida de las cortesanas.

ASTAFIA.— Soy tu esclava y obedezco tus órdenes.
DINIARCO.— ¿Cómo estás?
ASTAFIA.— Tan bien de salud como aquel cuya mano estrecho. Para celebrar tu regreso del extranjero, serás invitado a cenar.
DINIARCO.— Gracias por la invitación, Astafia. Eres muy amable.
ASTAFIA.— *(Tratando de soltar la mano de Diniarco, que la tiene fuertemente agarrada.)* Por favor, déjame ir adonde me ordenó mi ama.
DINIARCO.— Ve. Pero dime una cosa.
ASTAFIA.— ¿Qué quieres saber?
DINIARCO.— ¿Adónde diriges tus pasos? ¿A quién vas a buscar?
ASTAFIA.— A Arquiline, la comadrona[12].
DINIARCO.— Eres una bribona, que hace honor a su maestra. Te he cogido en flagrante delito de mentira, bribona.
ASTAFIA.— Dime, ¿por qué?
DINIARCO.— Porque dijiste que ibas a buscar*lo*[13] y no a buscar*la*. En un momento se convirtió de hombre en mujer. Eres una maldita bruja. Pero dime de una vez de quién se trata, Astafia. ¿Un nuevo amante?
ASTAFIA.— Me parece que eres un hombre muy desocupado.
DINIARCO.— ¿Por qué?
ASTAFIA.— Porque, pese a tener con qué comer y vestirte, te ocupas de los asuntos ajenos.
DINIARCO.— Vosotras me habéis hecho desocupado.
ASTAFIA.— Dime, ¿por qué?
DINIARCO.— Te lo explicaré. Perdí mi fortuna en vuestra casa. Vosotras me quitasteis mis ocupaciones. Si hubiera conservado mi fortuna, tendría de qué ocuparme.
ASTAFIA.— ¿Es que pretendías ser arrendatario de los cam-

---

[12] *Obstetricem* es lectura de los palatinos, mientras que el Ambrosiano ofrece un insostenible *meretricem*. Ritschl, siguiendo a Berg, propone leer *tonstricem* ("peluquera") en vez de *obstetricem* (cfr. n. 3). Leo propone *nutricem* ("nodriza"). Paratore quiere ver en la segunda parte del nombre del personaje, el término griego *linos*, lo que le daría el significado de "la que tiene el mando del hilo", es decir, en razón de su profesión, del cordón umbilical.
[13] Cfr. v. 114.

pos de Venus y del Amor, sin renunciar a cualquier otra ocupación[14].
DINIARCO.— Es ella, no yo, la arrendataria. Estás tergiversando las cosas. Es ella la que, contraviniendo la ley, confiscó mi ganado, para cobrarse la tasa de pastoreo.
ASTAFIA.— Tú actúas como la mayoría de los empresarios que están en bancarrota. Cuando no tienen fondos para pagar sus tasas, echan la culpa a los publicanos.
DINIARCO.— Mal me fue la cría de ganado en vuestros campos. Ahora quiero cambiar de actividad y cultivar en ellos un pequeño labrantío, en proporción a mis bienes.
ASTAFIA.— No es la nuestra una tierra de labranza sino un prado. Si deseas un labrantío, vale más que te dirijas a los mancebos, que son quienes dejan labrar sus campos[15]. Nosotras somos arrendatarias de un prado público. Las tierras de labor tienen otros arrendatarios. 150
DINIARCO.— A unos y a otros os conozco yo muy bien.
ASTAFIA.— ¿Ves? A eso se debe, por Pólux, que te encuentres desocupado, ya que te arruinas en una parte y en otra. Pero, ¿con quién de los dos prefieres tener trato?
DINIARCO.— Vosotras sois más descaradas; ellos son más perjuros. A ellos todo lo que se les da, está perdido, sin el menor provecho para ellos mismos. Vosotras, al menos, os bebéis y coméis lo que ganáis. En fin, ellos son unos bribones; vosotras unas pícaras y unas presumidas.
ASTAFIA.— Todas las acusaciones que nos haces, te las

---

[14] Para entender este pasaje, hay que comprender el sistema romano de cobrar impuestos. Su cobro no era efectuado directamente por el Estado a través de sus funcionarios sino que era arrendado a sociedades de publicanos que adelantaban el importe del impuesto y lo recaudaban inmediatamente después. En el caso que nos ocupa los publicanos arrendarían la explotación de los campos y cobrarían después a sus usuarios. Astafia compara, pues, a Diniarco con un publicano que quiere arrendar a la cortesana el campo de Venus y del Amor. Que la comparación entre el amante y el publicano no era la más apropiada lo demuestra el propio Diniarco, que va a encargarse, a continuación, de poner las cosas en su sitio.

[15] En una metáfora que sin duda es de origen griego, la mujer es comparada a menudo con un campo que los hombres se encargan de arar (cfr. *Asin.* 874). A pesar de ello, del verso 149 parece deducirse que el verbo *arare* ("arar", "labrar") se aplicaba a las relaciones homosexuales con jovencitos.

haces a ti, Diniarco, en vez de hacérnoslas a nosotras y a ellos.
Diniarco.— ¿Por qué razón?
Astafia.— Te lo explicaré: porque quien acusa a otro de pecado, debe estar él mismo libre de mancha. Tú, el juicioso, no tienes nada de lo nuestro; nosotras, las bribonas, tenemos todo lo tuyo.
Diniarco.— ¡Oh Astafia, no era así sino con dulzura como solías hablarme antes, cuando el dinero que ahora está en vuestro cofre, estaba en el mío!
Astafia.— Al hombre se le conoce, mientras está vivo. Una vez que ha muerto, descanse en paz. A ti, mientras estabas vivo, te conocía.
Diniarco.— ¿Es que me tomas por muerto?
Astafia.— Dime, ¿acaso podría estar más claro? Tú que antes eras considerado el principal de los amantes, ahora no tienes para ofrecer a tu amiga más que lamentos.
Diniarco.— Vuestra fue la culpa, por Hércules, pues os disteis mucha prisa en despojarme de mis bienes. Teníais que haberlo hecho con calma, para que os hubiese durado más tiempo.
Astafia.— El amante se asemeja a una plaza fuerte enemiga.
Diniarco.— ¿Por qué?
Astafia.— Porque cuanto más pronto es conquistado, tanto mejor resulta para su amiga.
Diniarco.— Sí, lo reconozco. Pero hay mucha diferencia entre un amigo y un amante. El mejor amigo, por Hércules, es, sin ninguna duda, el más antiguo... Además, yo no estoy completamente muerto. Todavía tengo una casa y unas fincas.
Astafia.— Cariño, entonces, ¿por qué te quedas a la puerta, como si fueras un extraño o un desconocido? Entra. Tú, desde luego, no eres un extraño. Te juro, por Cástor, que no hay hombre al que ella ame más con todo su corazón y toda su alma, si de verdad tienes una casa y unas fincas.
Diniarco.— Vuestras lenguas y vuestras palabras están completamente bañadas de miel, pero vuestras acciones y vuestros corazones lo están de hiel y de ácido vinagre[16]. Por eso vuestra lengua pronuncia dulces palabras, pero vuestro corazón os dicta acciones amargas.

---

[16] Cfr. *Casina* 223, *Cist.* 69, *Poen.* 394.

ASTAFIA.— [Si los amantes no son generosos, en ese caso no sé hablar.] No es a ti, amor mío, a quien corresponde hablar de esa manera, sino a esos supertacaños que siempre están en guerra con sus propios deseos.

DINIARCO.— Eres la misma bribona y seductora de siempre.

ASTAFIA.— ¡Con qué ansia esperábamos tu regreso del extranjero! ¡Oh cielos, no sabes las ganas que tenía mi ama de verte!

DINIARCO.— ¿Por qué?

ASTAFIA.— Porque eres el único de todos que ama de verdad.

DINIARCO.— ¡Bravo por la casa y las tierras! ¡Qué a punto habéis acudido en mi socorro! Pero, dime, Astafia.

ASTAFIA.— ¿Qué quieres saber?

DINIARCO.— ¿Está ahora en casa Fronesia?

ASTAFIA.— Para los demás no sé; para ti, desde luego que está en casa.

DINIARCO.— ¿Y está bien de salud?

ASTAFIA.— Y seguro, por Pólux, que todavía estará mejor, cuando te vea.

DINIARCO.— Éste es nuestro peor defecto: cuando nos enamoramos, nos perdemos. Si se nos dice lo que deseamos oír, aunque sea la más evidente de las mentiras, somos tan tontos que nos lo creemos a pies juntillas, en vez de enfadarnos, como deberíamos.

ASTAFIA.— ¡Ni hablar! Eso no es cierto.

DINIARCO.— ¿Y dices tú que me ama?

ASTAFIA.— Sí, única y exclusivamente a ti.

DINIARCO.— He oído decir que había dado a luz.

ASTAFIA.— ¡Oh! Calla, por favor, Diniarco.

DINIARCO.— ¿Por qué?

ASTAFIA.— Se me ponen los pelos de punta, pobre de mí, cada vez que oigo hablar del parto. ¡Qué poco faltó para que te quedaras sin tu Fronesia! Entra en casa, por favor; ve a verla. Pero no, mejor espera un instante, pues de un momento a otro va a salir, porque se estaba bañando.

DINIARCO.— Dime una cosa. Si nunca estuvo encinta, ¿cómo pudo dar a luz? Porque, desde luego, que yo recuerde, jamás la he visto embarazada.

ASTAFIA.— Disimulaba, por temor a que tú la indujeras a abortar y matar al niño.

DINIARCO.— Entonces, está claro, por Pólux, que el padre del niño es el soldado babilonio, cuya llegada ahora espera impacientemente.

ASTAFIA.— Es más, según el mensaje que le envió, debe de estar aquí de un momento a otro. Me extraña que no haya llegado ya.

DINIARCO.— ¿Entro, pues?

ASTAFIA.— ¡Claro! Con la misma libertad que en tu propia casa. Pues tú, Diniarco, por Pólux, todavía eres uno de los nuestros.

DINIARCO.— ¿Vas a volver pronto?

ASTAFIA.— Enseguida estaré de vuelta. Mi lugar de destino está cerca.

DINIARCO.— Pues vuelve pronto. Yo, entretanto, esperaré aquí, en vuestra casa. *(Entra en casa de Fronesia.)* 210

ESCENA TERCERA

ASTAFIA

¡Uf! ¡Al fin puedo respirar tranquila, ahora que se ha marchado este pelmazo! ¡Por fin estoy sola! Ahora sí que puedo decir libremente, a mi antojo, lo que quiera y lo que me apetezca. *(Señalando la puerta de la casa de su ama por la que acaba de entrar Diniarco.)* Al patrimonio de este enamorado mi ama le ha entonado el responso fúnebre en nuestra casa. Hasta sus fincas y su casa las ha hipotecado para alquilar la huerta del Amor. Sin embargo, ahora mi ama le confía con total franqueza sus principales proyectos hasta el punto de que más parece su confidente que su amante[17]. Lo que tuvo, lo dio. Ya nada tiene. Lo que él tenía, lo tenemos nosotras. Y ahora tiene él lo que nosotras teníamos[18]. Así es la vida. La fortuna suele cambiar de repente. La vida está llena de vicisitudes. Nosotras lo 220 conocimos rico y él a nosotras pobres. La tornas han cambiado. Sólo a un necio podría extrañarle. ¿Está en la miseria? ¡Qué le vamos a hacer! Sería un sacrilegio por nuestra parte compadecernos de los hombres que administran mal su fortuna. Una verdadera lena ha de tener una dentadura perfecta para sonreír a todo el que aparezca por su puerta y ha de ser muy ama-

---

[17] En latín se contrapone *amicus consiliarius* y *auxiliarius*. Pero hemos preferido sacrificar un poco el sentido literal para respetar la agilidad y estilo de la frase.

[18] Es decir, nosotras tenemos sus bienes y él nuestra pobreza.

ble. Malas deben ser sus intenciones, buenas sus palabras. Una cortesana tiene que parecerse a un zarzal: a cualquiera que roce, ha de ocasionarle arañazos y heridas. Una cortesana nunca ha de investigar las razones de su amante. Pero, si no paga, ha de licenciarlo como si de un desertor se tratarse. Un amante nunca será digno de este nombre, si no es enemigo de su fortuna[19]. Mientras tenga, que ame; cuando ya no tenga nada, que se busque otro oficio. Que se resigne, cuando ya no tenga nada, a ceder el puesto a otros que sí tengan. Pierde el tiempo si, cuando acaba de dar, no le apetece ya dar de nuevo. En nuestra casa se ama al que, después de dar, se olvida de lo que ha dado. El verdadero amante es aquel que, dejando a un lado sus asuntos, no piensa más que en derrochar su fortuna. Sin embargo, los hombres suelen quejarse de que los tratamos mal y de que somos unas codiciosas. ¿Por qué lo somos? ¿Por qué los tratamos mal? Jamás, por Cástor, ha habido un amante que haya necesitado avales para pagar a su amiga; jamás, por Pólux, nosotras se los hemos pedido o alguna de nosotras se los ha exigido[20]. Pues, cuando un amante viene a nuestra casa con las manos vacías, si nos asegura que no tiene nada para darnos, nosotras nos fiamos de su palabra, sin exigirle ninguna garantía[21]. Nuestra obligación es buscar siempre clientes frescos que tengan su arcas intactas para hacer regalos. Y éste es el caso del joven campesino *(señalando la casa de Estrábax)* que vive en esta casa. ¡Qué hombre, por Pólux, más encantador y qué espléndido es! Esta noche por última vez, a escondidas de su padre, ha pasado por el corral a nuestra casa. A él es al que quiero ver. Pero tiene un esclavo de carácter muy irascible que, en cuanto nos ve a alguna de nosotras aproximarnos a su casa, con los mismos gritos que

---

[19] Cfr. *Pseud.* 306 *Non est iustus quisquam amator nisi qui perpetuat data.*

[20] Lo que realmente dice Astafia es que jamás ha habido un amante "que haya dado demasiado ni cortesana que haya recibido o exigido demasiado". Pero el juego de palabras que anticipan, que no hemos acertado a reproducir en español, nos obliga a traducir de esta manera. Para más precisiones, cfr. n. siguiente.

[21] En el texto latino hay un juego de palabras, imposible de reproducir en español, basado en el doble sentido de las expresiones *satis dare* y *satis accipere*, que pueden significar a la vez "dar y recibir bastantes regalos" o "dar o exigir avales" (de que se va a pagar un dinero que no se tiene).

espanta a una bandada de gansos para alejarlos de los muelos de trigo, nos ahuyenta a nosotras de su casa. ¡Qué aldeano es! Pero, pase lo que pase, llamaré a la puerta. *(Golpeando la puerta de la casa de Estrábax.)* ¿No hay nadie encargado de la custodia de esta puerta? ¿No viene nadie a abrir?

ESCENA CUARTA

Cascarrabias, Astafia

Cascarrabias.— ¿Quién es el que aporrea tan brutalmente nuestra puerta?
Astafia.— Soy yo. Mira hacia mí.
Cascarrabias.— ¿Cómo que "yo"?
Astafia.— ¿Es que para ti yo no soy "yo"?
Cascarrabias.— ¿Quién te ha dado permiso para acercarte a nuestra casa y llamar a nuestra puerta?
Astafia.— ¡Salud!
Cascarrabias.— Al diablo con tu salud. No la quiero. No la acepto. Preferiría estar enfermo a sano gracias a ella. Pero, ¿se puede saber qué se te ha perdido a ti en nuestra casa? 260
Astafia.— Por favor, córrete... hacia allá.
Cascarrabias.— Eso tú, por Pólux, que estás bien acostumbrada a ello. ¡Serás descarada para venir a burlarte de un aldeano, proponiéndole acciones deshonestas!
Astafia.— He dicho "hacia allá". Has comprendido mal. Le has quitado dos palabras a la frase[22]. ¡Qué hombre más casca...rrabias[23]!

---

[22] Hemos solucionado como hemos podido la traducción de un juego de palabras que no tiene reproducción en español. Lo que Astafia dice a Cascarrabias y suscita la ira de éste es *comprime eiram:* "aplaca la cólera" *(eiram* es arcaico por *iram).* Pero Cascarrabias, sin duda en razón de su procedencia rural, confunde *eiram* con *eram,* entendiendo, en consecuencia, "viola a tu ama", lo que justifica sus palabras posteriores. Nuestra traducción de este punto nos ha obligado a modificar la respuesta posterior de Astafia, que literalmente dice: "He dicho '*iram*'. Te has equivocado. Le has quitado una letra a la palabra."
[23] Literalmente "truculento": cfr. n. 1. En la traducción tratamos de reflejar, aunque sólo sea vagamente, el posible matiz erótico que, según algunos autores, tiene *truculentus* entendido como *truncus lentus*

Cascarrabias.— ¿Sigues, maldita mujer, insultándome?
Astafia.— ¿Por qué te insulto?
Cascarrabias.— Porque me estás llamando "casca...rrabias". Pues bien, si no te largas ahora mismo de aquí o me dices lo que quieres rápidamente, te juro, por Hércules, mujer, que, como pisotea una cerda a sus lechones, te pisotearé yo a ti la cabeza.
Astafia.— ¡Qué hombre más aldeano!
Cascarrabias.— ¡Vergüenza sí que os debía dar a vosotras, atajo de monas! ¿No habrás venido aquí, con tus huesos enga- 270 lanados, a presumir de que has teñido de lodo tu capeja, desvergonzada? ¿O te crees hermosa porque te han regalado unos brazaletes de bronce?
Astafia.— Así me gusta, que me insultes.
Cascarrabias.— Contéstame a una pregunta. ¿Qué piensas comprar[24] con esos anillos de bronce que llevas en la mano?[25] Te apuesto lo que quieras a que son de madera esas Victorias que te cuelgan de las orejas.
Astafia.— No me toques.
Cascarrabias.— ¿Tocarte yo a ti? Te juro por mi azada que preferiría abrazar en el campo a una vaca de vulva kilométrica[26] y pasar con ella en el establo la noche entera, que recibir como regalo cien noches en tu compañía, aunque fueran precedidas de una buena cena. [¿Me tildas de aldeano? ¡Pues sí 280 que has dado con uno que se avergüenza ello! Pero, ¿se puede saber qué se te ha perdido a ti, mujer, en nuestra casa? *(Con*

(algo así como "impotente"). Enk, en su nota al v. 674, cita a Ovidio, *Amor.* 3,7,15 *truncus iners iacui*. Recordaremos que el palimpsesto Ambrosiano en el verso 266 ofrece *trucum lentum*, lectura que es aceptada por Enk, en lugar del *truculentum* de los Palatinos y que, sobre esta base, el propio Enk en el verso 674 escribe también *truncus lentus*, en lugar de *truculentus*.

[24] Lit. "adquirir por *mancipatio*": cfr. n. 26 del *Mercator*.

[25] La frase parece que conlleva una doble injuria: en primer lugar porque Cascarrabias le está sugiriendo a Astafia que los anillos son de bronce y no de oro; en segundo lugar porque, dado que es esclava, Astafia no puede comprar (adquirir por *mancipatio*, más exactamente: cfr. nota anterior) nada.

[26] Según los comentaristas antiguos (cfr. Paul.-Fest. pág. 246 L.), *patulam bovem* significa "de ancha cornamenta", pero, sin duda, como suele entenderse hoy, la palabras del esclavo tienen un significado obsceno, que hemos reflejado en la traducción.

ironía.) ¿Por qué te apresuras a visitarnos, cada vez que venimos a la ciudad?

Astafia.— Quiero hablar con la mujeres de vuestra casa.

Cascarrabias.— ¿A qué mujeres te refieres? Te aseguro que de hembras no hay ni siquiera una mosca en nuestra casa?

Astafia.— ¿No vive ninguna mujer en vuestra casa?

Cascarrabias.— *(Gritando.)* Se fueron al campo, ¿me oyes? Lárgate.

Astafia.— ¿Por qué gritas? ¿Estás loco?

Cascarrabias.— Si no te das prisa en largarte de aquí a paso ligero, te juro, por Hércules, que esa peluca postiza, que llevas puesta, con sus bucles tan bien peinados, rizados y perfumados, te la arranco de raíz de la cabeza.

Astafia.— ¿Por qué motivo?

Cascarrabias.— Por haber osado acercarte a nuestra puerta, empapada de perfumes, y por tener las mejillitas tan coloraditas. 290

Astafia.— Pero, si has sido tú, por Cástor, que me has hecho ruborizar, con tus gritos.

Cascarrabias.— ¿Ah, sí? ¿Te he hecho ruborizar? ¡Cualquiera diría, granuja, que has dejado a tu cuerpo alguna posibilidad de cambiar de color! ¿No tienes tus mejillas embadurnadas de colorete y todo el resto del cuerpo de albayalde?[27] Sois unas bribonas.

Astafia.— ¿Y qué daño os han hecho a vosotros estas bribonas?]

Cascarrabias.— Yo sé más de lo que tú te crees.

Astafia.— Di, ¿qué es lo que sabes?

Cascarrabias.— Pues que[28] Estrábax, el hijo de nuestro amo, se pierde en vuestra casa y que con vuestras seducciones lo conducís a la ruina y a la deshonra.

Astafia.— Si creyera que estás bien de la cabeza, te diría: "Me estás injuriando."[29] Ningún hombre se pierde en nuestra 300 casa. Lo que pierden es su fortuna. Una vez que la perdieron, si así lo desean, pueden marcharse sanos y salvos. Yo no conozco a ese joven vuestro.

---

[27] Cfr. n. 23 de la *Mostellaria*.

[28] Es evidente que, pese a la traducción, se trata de un *ut* interrogativo.

[29] Parece que estas palabras de Astafia implica una demanda judicial por injurias.

CASCARRABIAS.— *(Con ironía.)* ¿De veras? ¿Y qué significa esa tapia del corral, que cada noche pierde un ladrillo, por la que, para acceder a vuestra casa, se ha abierto el camino de la ruina.

ASTAFIA.— ¿Qué tiene de extraño (se trata de una tapia vieja) que los ladrillos se caigan de puro viejos?

CASCARRABIAS.— ¿Ah sí? ¿Crees que los ladrillos se caen de puro viejos? ¡Que nadie dé crédito en adelante a una sola palabra mía, si no le cuento a mi amo viejo vuestras fechorías!

ASTAFIA.— ¿Y es tan irascible como tú? 310

CASCARRABIAS.— No fue haciendo regalos a cortesanuchas como se labró su fortuna, sino a fuerza de ahorros y sacrificios. Y ahora esta fortuna es transportada en secreto a vuestra casa, bribonas. Vosotras os la estáis comiendo, bebiendo, derrochando en perfumes. ¿Y yo voy a mantener esto en secreto? Ahora mismo me voy al foro a contárselo todo a nuestro viejo. No estoy dispuesto a tener que recoger por culpa de esta historia una cosecha de palos, que no he sembrado. *(Sale.)*

ASTAFIA.— *(Sola.)* No creo, por Cástor, que si este hombre se alimentara solamente de mostaza, pudiera tener tan mal humor. Pero, al menos, por Pólux, me dio impresión de ser fiel a su amo. De todas formas, por irascible que sea, confío en poder cambiar su carácter a fuerza de zalamerías, súplicas y demás recursos propios de cortesanas. Os aseguro que yo he visto domar a un elefante indio y a otras fieras salvajes. Ahora 320 vuelvo junto a mi ama. *(Viendo salir a Diniarco de casa de Fronesia.)* Pero ahí sale el pelmazo de Diniarco. Parece de mal humor. Se ve que todavía no sido recibido por Fronesia.

ESCENA QUINTA

DINIARCO, ASTAFIA

DINIARCO.— Los peces, que pasan toda la vida en el agua, creo yo que se bañan menos de lo que se baña Fronesia. Si se pudiera hacer el amor a las mujeres tanto tiempo como pasan bañándose, todos los amantes se harían instructores de baño[30].

ASTAFIA.— ¿Es que no puedes aguantar, esperar un rato?

DINIARCO.— ¡Pero si estoy agotado de esperar, por Hércu-

---

[30] La comparación no parece completamente satisfactoria, quizás por defecto del propio Plauto. Véase el comentario *ad loc.* de Enk.

[680]

les! Estoy tan agotado, que también yo necesito un baño[31]. Pero, por favor te lo pido, Astafia, entra en casa y avisa a tu ama de que estoy aquí. Convéncela de que se dé prisa, de que ya se ha bañado bastante.

ASTAFIA.— De acuerdo. *(Se aleja.)*
DINIARCO.— Escucha un momento.
ASTAFIA.— ¿Qué quieres?
DINIARCO.— *(Cambiando de opinión.)* Los dioses me confundan, si te he llamado. No hablaba contigo. Anda, vete.
ASTAFIA.— ¿Y, entonces, a quién llamabas, estúpido, imbécil? Tú mismo te has labrado un retraso de una milla[32]. *(Entra en la casa.)*
DINIARCO.— *(Solo.)* Pero, ¿por qué habrá permanecido ella tanto tiempo delante de la puerta? A alguien esperaba: me figuro que al soldado. Él es el único que les preocupa. Igual que los buitres, presienten con tres días de anticipación el momento en que les tocará comer[33]. A él es a quien están todas

---

[31] Para eliminar el cansancio, evidentemente: cfr. Merc. 127.

[32] En cuanto al sentido del pasaje habría que suponer que Diniarco, tras haber partido quiere decirle algo más a Astafia *(Audin etiam?:* Descartamos, totalmente, la interpretación de Ussing que quiere ver un doble sentido en estas palabras: a) ¿Me oyes? b) Escucha, considerando que Diniarco las pronuncia con el primero y Astafia las entiende en el segundo), pero inmediatamente, al ser interrogado por Astafia, dándose cuenta de que cualquier cosa que diga o pregunte será una pérdida de tiempo, da marcha atrás y se desdice de sus propias palabras.

Por lo demás, diremos que hemos seguido sin total convencimiento la edición de Ernout. En cuanto al último verso (334), que Ernout considera corrupto y conserva entre cruces, lo hemos traducido, como él mismo hace, siguiendo la enmienda de Leo: *Tute tibi mille passum peperisti moram* (o *morae*, según Enk).

Según la lectura de Leo, Linsay, Enk, Paratore, etc. el diálogo sería:
DINIARCO.— Escucha un momento.
ASTAFIA.— ¿Qué quieres?
DINIARCO.— Los dioses me confundan, por haberte llamado. ¿No te dije "vete" hace un momento?
ASTAFIA.— Entonces, ¿por qué me llamaste, estúpido, imbécil? Tú mismo te has labrado un retraso de una milla.
Sobre el retraso de una milla: cfr. Men. 177.

[33] Cfr. Plin., *Nat.*, 10, 6 *Umbricius haruspicum in nostro aevo peritissimus tradit... triduo... ante advolare eos (sc. vultures) ubi cadavera futura sunt.*

ellas ávidas por devorar, en él es en el único en que piensan. De mí, en cuanto él llegue, nadie se volverá a acordar, como si ya hiciera doscientos años que hubiera muerto. ¡Qué dulce es conservar la fortuna! ¡Ay, desgraciado de mí! Ahora que perdí los bienes adquiridos por mis padres, tras haberlos perdido, es cuando cambio de parecer. Pero si tengo la suerte de recibir una herencia grande y sustanciosa, ahora que ya conozco las dulzuras y amarguras que proporciona el dinero, os juro que la conservaría con tanto celo y viviría tan ahorrativamente que... en pocos días habría acabado con ella. A esos que ahora me critican, fácilmente les taparía la boca[34]. Pero me parece que oigo abrirse la puerta de ese abismo sin fondo que traga cualquier cosa que traspasa la línea de sus cerrojos.

ESCENA SEXTA

Fronesia, Diniarco

Fronesia.— *(Saliendo de casa, acompañada por unas esclavas.)* Dime, amor mío, ¿acaso suele morderte mi puerta, que tienes miedo de entrar?
Diniarco.— *(Extasiado.)* Ved la primavera. ¡Qué flor más lozana, qué aroma, qué deslumbrante resplandor!
Fronesia.— ¿Cómo eres tan antipático, Diniarco, que no le das, a tu regreso de Lemnos, un beso a tu amada?
Diniarco.— *(Aparte, dándose la vuelta.)* ¡Ay! ¡Estoy perdido, por Hércules, irremisiblemente!
Fronesia.— ¿Por qué me has dado la espalda?
Diniarco.— Salud, Fronesia.
Fronesia.— Salud. ¿Cenas hoy en mi casa, para celebrar que has regresado sano y salvo?
Diniarco.— *(Excusándose tímidamente.)* Estoy comprometido.
Fronesia.— ¿Y dónde vas a cenar?
Diniarco.— *(Desbordante de alegría.)* Dónde tú quieras.
Fronesia.— En mi casa. Me sentiré muy contenta.
Diniarco.— Por Pólux, y yo mucho más. ¿Verdad que vas a estar conmigo todo el día, Fronesia mía?

---

[34] Obsérvese que Diniarco, como Mnesíloco en *Bacch.* 500 ss. pasa del tono serio al jocoso con suma facilidad.

FRONESIA.— Me gustaría, si fuera posible.

DINIARCO.— *(Fingiendo dar por terminado un banquete imaginario, a un esclavo suyo imaginario o a alguna de las esclavas que acompañan a Fronesia.)* Dame las sandalias[35]. Deprisa, quitad la mesa.

FRONESIA.— Dime, por favor, ¿estás en tus cabales?

DINIARCO.— Ya no puedo seguir bebiendo. Me siento desfallecer.

FRONESIA.— Espera. Encontraremos alguna solución. No te vayas.

DINIARCO.— *(Respirando aliviado.)* ¡Uf! ¡Me has devuelto la vida![36] Ya me encuentro algo reanimado. *(Fingiendo dar marcha atrás en sus anteriores instrucciones, al mismo esclavo.)* Quítame las sandalias. Dame de beber.

FRONESIA.— Eres, por Cástor, el mismo de siempre. Pero dime, ¿has tenido un buen viaje?

DINIARCO.— Hasta aquí, hasta tu casa, desde luego, por Hércules, estupendo, porque he tenido la suerte de verte.   370

FRONESIA.— Abrázame.

DINIARCO.— ¡Encantado! *(Abrazándola.)* ¡Ah! Este placer es más dulce que la miel. En este momento, Júpiter, soy más afortunado que tú.

FRONESIA.— ¿Me das un beso?

DINIARCO.— No uno sino diez.

FRONESIA.— ¿Ves? Por eso eres pobre. Ofreces más de lo que te pido y deseo.

DINIARCO.— ¡Lástima que desde el principio no hubieras sido tan ahorrativa con mi dinero, como ahora quieres serlo con mis besos!

FRONESIA.— Si pudiera ahorrarte cualquier gasto, lo haría, por Pólux, con mucho gusto.

DINIARCO.— ¿Estás ya arreglada?

FRONESIA.— En mi opinión y a mi juicio sí lo estoy ya. ¿O es que te parece que estoy fea? ¿No será que no me ves con buenos ojos?[37]

---

[35] Recuérdese que los romanos comían descalzos y, por tanto, se quitaban el calzado antes de recostarse en el lecho.

[36] Lit. "Me ha rociado con agua fresca". Cfr. n. 23 de las *Bacchides* (v. 247) y también *Trin.* 1092.

[37] Añadimos, de nuestra cosecha, esta frase a la traducción para poder reflejar el doble sentido de *sordere* a) "estar fea, desarreglada"

DINIARCO.— ¡En absoluto, por Hércules! Pero recuerdo la 380
época en que no nos veíamos con buenos ojos el uno al otro.
(Cambiando de tema.) Pero, ¿qué es lo que he oído decir de
ti, a mi llegada? ¿Qué novedoso lío es ése en que te has metido, durante mi ausencia?
FRONESIA.— ¿A qué te refieres?
DINIARCO.— Ante todo quiero decirte que me alegro de que
hayas tenido descendencia y de que hayas dado a luz felizmente.
FRONESIA.— *(A sus esclavas.)* Retiraos, entrad en casa y
cerrad la puerta. *(A Diniarco, después que las esclavas se han
marchado.)* Ahora que tú eres el único testigo de mis palabras
y sabes que a ti yo siempre te he confiado mis principales proyectos, te aseguro que ni he dado a luz a un niño ni he estado
embarazada, aunque no niego que he fingido estarlo. 390
DINIARCO.— ¿De quién, oh vida mía?
FRONESIA.— Del soldado babilonio, que el año pasado casi
me tuvo como esposa, mientras estuvo aquí.
DINIARCO.— Me lo había imaginado. Pero, ¿para qué? ¿Qué
pretendías conseguir con esa farsa?
FRONESIA.— Quería tener un lazo, una cadena para reconducirlo a mi lado de nuevo. Y acaba de contestarme a mi carta,
diciéndome que ahora va a comprobar lo grande que es el
amor que le profeso. Asegura que, si no dejo morir a la criatura y la reconozco como hijo[38], todos sus bienes serán míos. 400
DINIARCO.— Te escucho con sumo interés. Y al fin ¿qué
hicisteis?
FRONESIA.— Mi madre, viendo acercarse el décimo mes[39],
ordena a nuestras esclavas que vaya cada una a un sitio distinto a encargar y buscar un niño o una niña, para hacerlo pasar

---

por oposición a *lauta*, sentido en que la emplea Fronesia y b) *"displicere, parvi pendi, despici"*, sentido que le da Diniarco, aludiendo sin
duda a momentos difíciles, de malas relaciones entre la pareja.

[38] La expresión *tollere liberos* (lit. "recoger a los hijos") alude a una
costumbre antigua según la cual las comadronas dejaban al recién
nacido en el suelo a la puerta de la casa. Los padres demostraban su
voluntad de admitir al niño en su familia y estar dispuestos a criarlo y
educarlo, recogiéndolo del suelo. Si los padres no lo recogían, era
expósito.

[39] El décimo mes lunar, último mes del embarazo, según el cómputo de los antiguos. Nosotros diríamos el noveno mes.

por mío. En dos palabras, ¿conoces a nuestra peluquera siria[40], que vive frente al templo[41]?
DINIARCO.— Sí.
FRONESIA.— Pues, como ella debido a su trabajo tiene que ir de casa en casa, ha descubierto un niño y me lo ha traído en secreto. Dijo que se lo habían dado.
DINIARCO.— ¡Qué bribona! Así que ahora resulta que no lo 410 parió la que de verdad lo parió, sino que lo parió la que no lo parió[42], es decir, tú.
FRONESIA.— Lo has entendido todo a la perfección. Pues bien, según el mensaje que me ha enviado el soldado, no tardará mucho en estar aquí.
DINIARCO.— Y tú, mientras tanto, como si estuvieras recién parida, cuidas de tu salud, ¿verdad?
FRONESIA.— ¿Y qué tiene de malo, si puedo sin esfuerzo llevar a buen término mi empresa? Es natural que todo el mundo sea astuto para su propio provecho.

---

[40] Traducimos así y no Sira, en contra de nuestra costumbre, ya que aquí parece prevalecer el valor gentilicio del nombre sobre su consideración como nombre propio. Por eso, probablemente, aparece indicada simplemente como peluquera no solo en la lista de personajes que abre la obra sino en el encabezamiento de la escena tercera del acto cuarto, donde aparece dicho personaje. Por lo demás, estamos de acuerdo con Naudet (citado por Ernout) en que debe de tratarse de una esclava de Fronesia, que ejerce el oficio por cuenta de la cortesana. Al menos esto es lo que parece deducirse tanto del adjetivo *nostram* que se le aplica (Paratore como veremos en la nota siguiente quiere aplicárselo a *aedem)* como del suplicio propio de esclavos a que va a someterla Calicles y de las declaraciones de la propia Fronesia.

[41] Tanto texto como sentido son inseguros. *Aedes* en singular significa "templo" y los esfuerzos de Paratore, que, como hemos señalado, concierta *nostram* con *aedem*, por demostrar lo contrario no nos parecen convincentes. Enk para solucionar la situación y los problemas del verso lee *quaen erga aedes <hasce> habet?* "¿La que habita frente a esta casa?". Pero no deja de ser una forma curiosa de referirse a una casa que, aun sin verse, debía de estar situada en la escena. Ernout, advirtiendo de las dificultades del texto y de lo inseguro de la traducción, traduce simplemente "frente a nuestra casa". Cfr. también *Poen.* 529 y nota 67 de esa comedia.

[42] Lit. "... no lo parió la que lo parió primero, sino tú, que lo pariste después." En la traducción hemos preferido sacrificar un poco el sentido literal en aras a reflejar mejor el juego de palabras del texto.

Diniarco.— ¿Y qué va a ser de mí, cuando llegue el soldado? ¿Me abandonarás y habré de resignarme a vivir sin ti?
Fronesia.— Cuando haya obtenido de él lo que quiero, fácilmente hallaré un pretexto para reñir con él y separarnos. Después, cariño mío, pasaré contigo el día entero[43].
Diniarco.— Mejor di la noche entera, por Hércules.
Fronesia.— Hoy quiero ofrecer un sacrificio a los dioses por el niño. Es algo que debe hacerse a los cuatro días.
Diniarco.— Así es. *(Se dispone a partir.)*
Fronesia.— ¿No vas a hacerme algún regalito?
Diniarco.— Un negocio me parece que hago, cariño mío, cada vez que me pides algo.
Fronesia.— Y yo cada vez que consigo sacarte algo.
Diniarco.— Enseguida lo tendrás aquí. Enviaré a mi esclavo a traerlo.
Fronesia.— Me parece bien.
Diniarco.— Espero que sea de tu agrado lo que te traiga.
Fronesia.— Estoy segura, por Cástor, de que vas a procurar enviarme algo que no me desagrade.
Diniarco.— *(Despidiéndose.)* ¿Quieres algo más?
Fronesia.— Sí, que cuando tengas tiempo, vuelvas a verme y, ahora, que te vaya bien.
Diniarco.— Que te vaya bien. *(Fronesia entra en casa.)* ¡Oh dioses inmortales! No es propio de una amante sino de una amiga íntima y leal hacer lo que ella acaba de hacer conmigo: confiarme el secreto de su falso hijo, un secreto que no confía una hermana a su propia hermana. Me ha descubierto el fondo de su corazón, me ha mostrado que no me será infiel en toda su vida. ¿Cómo voy yo, pues, a dejar de amarla? ¿Cómo voy yo a dejar de quererla? Prefiero renunciar a amarme a mí mismo a que a ella le falte mi amor. ¿Cómo no voy yo a enviarle un regalo? Ahora mismo voy a mandar traerle cinco minas y, además, comprarle provisiones, al menos por importe de otra mina. Prefiero que tenga medios para vivir bien

---

[43] Juego de palabras basado en el doble significado de *adsiduo*. Fronesia la pronuncia con el significado habitual de "siempre", "para siempre" pero Diniarco lo interpreta en el sentido de *adsidens* (de *sedeo*) "sentada a tu lado", formando, por contraposición, el adverbio *accubuo* (de *accumbo*), con el valor de "acostada a mi lado". (Para el procedimiento formativo cfr. Epid. 232 *subparum... subnimium; Cas.* 494 *hordeias... immo triticeias*, etc.).

la que bien me quiere, que yo mismo, que no me causo más que daños.

ACTO SEGUNDO

ESCENA PRIMERA

FRONESIA[44]

(A sus esclavas.) Dad de mamar a ese niño. *(Para sí.)* ¡Pobres madres, qué cantidad de penas y tormentos han de soportar! *(Al público, en tono confidencial.)* ¡Vaya maquinación, por Pólux, que hemos tramado! Cuando lo pienso para mis adentros, me doy cuenta de que se nos tiene por mucho menos malas de que lo somos por naturaleza. Y esto lo digo ante todo basándome en mi propia experiencia. ¡Cuántas preocupaciones ha de soportar mi alma, cuánto dolor sufrir mi corazón, para que la muerte del niño no haga morir el engaño. El título de madre me obliga con más razón a luchar por la vida. ¡Qué gran impostura he osado tramar! Por amor al dinero, por codicia he cometido una terrible infamia: he hecho pasar por míos los dolores ajenos. Pero cuando uno se embarca en una maquinación de este tipo, no le queda más remedio que armarse de astucia y prudencia para llevarla a cabo. Vosotros mismos ya veis el atuendo que traigo puesto. Finjo que estoy convaleciente del parto. Si una mujer emprende una mala acción y no logra llevar a cabo sus propósitos, esto se convierte para ella en fuente de enfermedad, de mal humor, de desdicha y desgracia. Si, en cambio, emprende una buena acción, muy pronto se arrepiente de ello. ¡Qué pocas mujeres hay que se arrepientan de haber emprendido una mala acción y qué pocas, después de haber emprendido una buena acción, la llevan a término! Yo, si soy mala, se lo debo a mi madre y a mi propia naturaleza. Ya que le he fingido estar embarazada para engañar al soldado babilonio, quiero que, cuando llegue, encuentre la farsa bien organizada. Y no creo que tarde mucho en presentarse aquí. Por eso he decidido tomar mis precauciones y me he puesto este atuendo de embarazada para dar 450

460

470

---

[44] Se trata, naturalmente, de una escena de interior, representada, como es habitual, en la calle: cfr. n. 13 de la *Mostellaria*.

[687]

impresión de que acabo de dar a luz[45]. *(A sus esclavas.)* Traedme la mirra y encended el fuego en el altar, para que dé gracias a Lucina[46], por haberme sido tan propicia. Poned eso aquí y marchaos de mi vista. ¡Eh, Pitecia, ayúdame a recostarme, acércate, échame una mano! ¡Muy bien! Así es como hay que tratar a las parturientas. Quítame las sandalias y échame la capa encima, Arquiline. ¿Dónde está Astafia? Tráeme de casa las ramas de romero[47] y las golosinas. Traedme agua para las 480 manos. Ahora, por Cástor, ¡ojalá llegue pronto el soldado!

ESCENA SEGUNDA

ESTRATÓFANES, FRONESIA, ASTAFIA

ESTRATÓFANES.— *(Entra acompañado por un esclavo y dos esclavas.)* No esperéis, espectadores, que os relate mis hazañas. Yo no suelo realizar mis proezas con la lengua, sino con la espada. Bien sé yo que muchos soldados no han contado más que patrañas. Ahí tenéis al Homerónida[48] y a los otros mil

---

[45] El texto es corrupto. Pero ninguna de las propuestas de restauración efectuadas parece convincente. Enk, explicando que *"gravida non potest adhiberi de muliere quae peperit"*, hace suya la enmienda de Bücheler: *sumque ornata ita ut aegra videar*. Pero no vemos inconveniente en que una mujer que acaba de dar a luz siga vistiendo las ropas de embarazada. En nuestra traducción seguimos la enmienda de Camerario: *Eumque <gero> ornatum*.
[46] Diosa que invocaban las parturientas. Habitualmente se la asimilaba con Juno.
[47] Lit. verbena: cfr. Serv. *ad Ver. Aen.* 12, 120: *verbena proprie est herba sacra, ros marinus, ut multi volunt, id est libanotis ... abusive tamen iam verbenas vocamus omnes frondes sacratas, ut est laurus oliva vel myrtus*. Cfr. también Hor. *Carm.* II 6.
[48] Pese a la opinión contraria de Enk, que parece aceptar la interpretación de este término como "fanfarrón" *(qui longas texit ραψω-δίας de suis facinoribus)* y considerarlo nombre apropiado para un soldado, creemos que en él ha de verse una maliciosa alusión al poeta Ennio quien, como se sabe, pretendía ser una reencarnación de Homero (cfr. el sueño narrado en el prólogo de sus *Annales)* y, políticamente, tenía sentimientos distintos de los de Plauto. Y, probablemente, en los mil seguidores del Homerónida hay que ver una exageración plautina para referirse a los poetas épicos romanos imitadores de Homero que celebraban, sin duda exagerándolas, las gestas de sus

que, tras él, han sido demostrados culpables y condenados por inventar falsas batallas. No me gustan las personas que reciben más elogios de quienes hablan por lo que oyen que por lo que ven[49]. Vale más un solo testigo ocular que diez testigos de oído. Estos últimos repiten sólo lo que han oído; los primeros saben a ciencia cierta lo que dicen. No me gustan las personas a quienes los señoritingos de ciudad alaban, pero niegan cualquier elogio sus soldados ni aquellos cuya lengua es, en tiempos de paz, más afilada que el filo de su espada. Los valientes prestan mucho mayor servicio al Estado que los que tienen mucha labia. El valor ya implica de por sí elocuencia y labia. Un ciudadano elocuente pero sin valor para mí no es más que una vulgar plañidera, capaz de celebrar la gloria de otros pero incapaz de celebrar la suya propia. Pues bien, tras nueve meses[50] de ausencia, regreso a Atenas a visitar y ver cómo se encuentra mi amada, a la que como consecuencia de mi amor dejé embarazada.

FRONESIA.— *(A Astafia.)* Ve a ver quién es el que habla tan cerca de nosotras.

ASTAFIA.— Tu soldado, Fronesia mía. Tu querido Estratófanes acaba de llegar. Ahora es cuando has de fingir que estás enferma.

FRONESIA.— Calla. ¿Pretendes darme lecciones de picardía a mí, que hasta ahora he sido tu maestra en este arte?[51]

---

nobles patronos. No creemos, sin embargo, que en el pasaje pueda verse una alusión a la pretexta *Ambracia*, que Ennio compuso en el año 186 a. C. para celebrar la campaña victoriosa contra los etolios de Marco Fulvio Nobilior. En primer lugar, porque no parece que pueda relacionarse a Nobilior con un proceso *de falsis pugnis* (que sí afectó, en cambio, a Quinto Minucio Rufo: cfr. la Introducción de la comedia) y, en segundo lugar, porque Ennio acompañó a Nobilior en su campaña por lo que no serían de aplicación a él las palabras posteriores que censuran a los que hablan más de oídas que de vista.

[49] No hemos traducido el verso 487 que no es más que una repetición del 488 y, por lo tanto, es considerado interpolado.

[50] Tras nueve y no tras diez meses de ausencia, como señala acertadamente Paratore. Recuérdese que, para adaptar el calendario del parto a los meses de ausencia del soldado, Fronesia ha fingido estar en el décimo mes del parto.

[51] Traducimos un texto corrupto siguiendo la lectura de Bücheler y Leo, aceptada por la mayoría de los editores: *cui adhuc ego tam mala eram monetrix, me maleficio vinceres?*

Estratófanes.— Me da la impresión de que ha dado a luz.
Astafia.— ¿Quieres que vaya a hablarle?
Fronesia.— Sí.
Estratófanes.— ¡Bravo! Ahí veo a Astafia que viene a mi encuentro.
Astafia.— Salud, por Cástor, Estratófanes. Me alegro[52]...
Estratófanes.— Lo sé. Pero dime, por favor, ¿ya ha dado a luz Fronesia?
Astafia.— Ha dado a luz a un niño precioso.
Estratófanes.— *(Con emoción.)* ¡Oh! ¿Y se parece a mí?
Astafia.— ¡Vaya pregunta! Pero si nada más nacer, ya pidió una espada y un escudo.
Estratófanes.— Es mi hijo. Ya no me cabe la menor duda.
Astafia.— No puede parecerse más a ti.
Estratófanes.— ¡Bravo! ¿Y ya es mayor? ¿Ya se ha enrolado en el ejército? ¿Ya ha vuelto cargado de botín?
Astafia.— Pero si sólo hace cuatro días que ha nacido.
Estratófanes.— ¿Sigue? En tantos días, por Hércules, ya tenía tiempo de haber realizado alguna hazaña. ¿Qué prisa tenía en salir del vientre materno, antes de estar en condiciones de ir a la guerra? 510
Astafia.— Sígueme para saludar y felicitar a su madre.
Estratófanes.— Te sigo.
Fronesia.— *(Fingiendo no haberse enterado de nada.)* ¿Dónde se habrá metido esa bribona que se ha marchado y me ha dejado aquí plantada?
Astafia.— Aquí estoy y te traigo a tu añorado Estratófanes.
Fronesia.— Dime, por favor, ¿dónde está?
Estratófanes.— Marte, a su llegada del extranjero, saluda a su esposa Neriene[53]. Te doy mi enhorabuena por haber dado felizmente a luz, por haber visto aumentada tu familia y porque para ti y para mí has alumbrado un gran honor.

---

[52] "... de que hayas llegado sano y salvo". Éste sería, lógicamente, el esperado final de la frase de Astafia, interrumpida, en su impaciencia, por Estratófanes: cfr., por ej., Trin. 1072.

[53] Neria, Nerio, Neríene o Neriene es una divinidad de origen sabino, considerada esposa de Marte. Personifica la valentía, como indica su propio nombre relacionado con *Nero* y derivado de una raíz indoeuropea *ner-*, que designa al guerrero bravo y valiente. En ocasiones es identificada con Minerva, otra diosa de la guerra. Cfr. Gel., *Noct. Att.* 13, 23, 2.

FRONESIA.— Salud a ti, que casi me has hecho perder la luz de la vida, y que, para satisfacer tu placer, introdujiste en mi cuerpo la semilla de terribles dolores, de una enfermedad que 520 todavía ahora, pobre de mí, me tiene maltrecha.
ESTRATÓFANES.— ¡Ánimo, amor mío, que no han sido inútiles los sufrimientos que has soportado! Has dado a luz a un hijo, que llenará tu casa de botín.
FRONESIA.— Mucho más necesario era, por Cástor, llenar los graneros de trigo, no sea que, antes que consiga el botín, haya acabado con nosotros el hambre.
ESTRATÓFANES.— Ten ánimo.
FRONESIA.— Agáchate para besarme. ¡Ay! No puedo levantar la cabeza, de tanto que me duele y de tan mal que me encuentro[54]. Y tampoco soy capaz de sostenerme sola de pie.
ESTRATÓFANES.— Ni aunque me ordenaras para darte un beso adentrarme hasta el medio del mar, lo dudaría un instante, bomboncito mío. Y aunque ya has podido comprobarlo por propia experiencia, ahora volverás a comprobar, Fronesia mía, lo mucho que te amo. Mira las dos esclavas que te he traí- 530 do de Siria. Te las regalo. *(Al esclavo que lo acompaña.)* Tráelas aquí. *(A Fronesia.)* Y has de saber que las dos fueron reinas en su patria. Pero yo arrasé su país con mi espada. Te las regalo.
FRONESIA.— ¿Te parece a ti que tengo pocas esclavas que alimentar, que me traes otras dos más, para que devoren toda mi comida?
ESTRATÓFANES.— *(Aparte.)* ¡Vaya por Dios! No le ha gustado este regalo. *(A un esclavo.)* Chaval, dame ese macuto. *(A Fronesia.)* Amor mío, mira qué capita te he traído de Frigia. Toma. Es para ti.
FRONESIA.— ¡Esta insignificancia me das en compensación por los inmensos dolores que he padecido!
ESTRATÓFANES.— *(Aparte.)* ¡Ay de mí, estoy perdido! Mi hijo me va salir por un ojo de la cara. *(A Fronesia.)* De Arabia te he 540 traído incienso y del Ponto amono[55]: tómalos, cariño mío.
FRONESIA.— *(A Astafia.)* Coge esto. Y llévate de mi vista a estas sirias.

---

[54] En este punto hay una pequeña laguna que hemos rellenado conjeturalmente. Sobre la interpretación de *caput tollere* cfr. H. A. Khan, "Plautus, *Truculentus* 525-27", *Latomus* 26 (1967) 1035-36.
[55] Como el incienso, el amono es una planta olorosa.

ESTRATÓFANES.— *(A Fronesia.)* ¿Me quieres un poquito?
FRONESIA.— Nada, por Cástor. No te lo mereces.
ESTRATÓFANES.— *(Aparte.)* ¿Es que esta mujer nunca se da por satisfecha? No me ha dicho ni una sola palabra amable. Y eso que no valen menos de veinte minas los regalos que le he hecho. Se ve que está terriblemente enfadada conmigo. Lo noto y me doy cuenta. Pero me voy. *(A Fronesia.)* Escucha, amor mío: ¿No te parecerá mal que asista a una cena a la que me han invitado? Enseguida vendré a acostarme. ¿Por qué no hablas? Estoy, por Pólux, completa e irremisiblemente perdido. *(Viendo a Cíamo, seguido de un cortejo de esclavos con cestas llenas de provisiones.)* Pero, ¿qué será eso? ¿Quién será ese hombre, que viene seguido por tamaño cortejo? Estoy decidido a observar adónde llevan todo eso. Creo que se lo 550 traen a ella. Pero enseguida lo sabré con seguridad. *(Se retira al fondo de la escena.)*

ESCENA TERCERA

CÍAMO, FRONESIA, ESTRATÓFANES

CÍAMO.— Vamos, vamos, caminad, mulos portaderroches de vuestro amo, desvalijadores de nuestra casa[56], exportadores de nuestros bienes. *(A los espectadores.)* ¿No os parece que los enamorados no pueden por menos de ser unos perdidos y que desvalijan su propia casa de la manera más estúpida? Y para que nadie me pregunte cómo lo sé, sabed que tenemos en casa un enamorado que no hace más que estupideces, para quien sus bienes son como basura, y que, por tanto, los ordena arrojarlos a la calle. Seguramente tiene miedo de las pulgas[57], de limpísimo que es y quiere una casa reluciente. Por eso todo cuanto posee *est balayé dehors*[58]. Y ya que él mismo está deci-

---

[56] Leemos, con Enk, *egerones* en vez del inapropiado *gerrones* transmitido por los manuscritos. Creemos que la expresión *foras egerones* es recogida (aproximadamente) después en el verso 556 *foras iubet ferri*, así como *bonorum exagogae* lo es en el 558: *domi quidquid habet eicitur* ἔξω.
[57] Leemos *pulices* en lugar del corrupto *publicos*.
[58] Seguimos la lectura *eicitur* de Leo, en lugar del corrupto *neititur* de los manuscritos.

dido a labrarse su ruina, yo, por Hércules, estoy dispuesto a echarle en secreto una mano. No seré yo quien le impida precipitarse por el camino de su perdición a toda la velocidad posible. Y así de la mina destinada a las provisiones he sisado una pequeña cantidad; he substraído cinco didracmas, la parte de Hércules[59]. En realidad, no he hecho más que desviar el agua de un río para uso particular. Aunque no se desviara, de todas formas toda el agua iría a perderse a la mar. Porque *(señalando las provisiones que llevan los otros esclavos)* todo esto va a parar a la mar y se pierde inútilmente sin que nadie lo agradezca lo más mínimo. En vista de lo cual, yo hurto, siso, robo a un ladrón. A una cortesana yo la comparo con la mar. Todo lo que se le regala, lo traga, y jamás se desborda rebosante de regalos. La mar, al menos, conserva lo que recibe, aunque nadie sepa dónde lo guarda[60]. En cambio, por mucho que le des a una cortesana, no lo vuelve a ver jamás ni el que lo da ni la que lo recibe[61]. Y éste es el caso de la cortesana que con sus halagos ha reducido a mi pobre amo a la miseria, lo ha despojado de sus bienes, de su reputación, de su honra y de sus amigos. *(Viendo de pronto a Fronesia.)* ¡Anda! ¡Pero si está aquí, a mi lado! Creo que ha oído todo lo que he dicho. ¡Qué pálida está! Está claro que ha dado a luz. Pero me dirigiré a ella como si no supiera nada. *(A Fronesia y su esclava.)* Os deseo salud.

FRONESIA.— ¡Oh, nuestro querido Cíamo! ¿Cómo te va? ¿Cómo estás de salud?

CÍAMO.— Muy bien, mejor que la persona a la que vengo a ver, a la que traigo algo para que recupere su salud. Mi amo, tu ojito, me ordenó traerte los regalos que ves que transportan

---

[59] Valiendo la mina 100 dracmas, si el esclavo ha substraído la parte de Hércules, esto es, la décima parte, ha substraído diez dracmas. Dado que Plauto dice *quinque nummos*, de este pasaje se deduce la equivalencia entre *nummus* y *didracma*. Pero, como ya hemos indicado en otras ocasiones, esta equivalencia no se puede generalizar a todos los pasajes de la obra plautina. No hemos podido reflejar el juego de palabras del texto: *de mina deminui*.

[60] Completamos la segunda mitad corrupta del verso según la enmienda de Leo, admitida por la mayoría de los editores: *nec ulli ubi sit apparet*. Entendemos, como Ernout, que *hoc* es el sujeto de *servat* y que se refiere al mar.

[61] El que hace el regalo porque se queda sin él, la que lo recibe (esto es, la cortesana) porque se lo gasta en convites y fiestas: cfr. v. 155.

esos esclavos y, además *(tendiéndole una bolsa con dinero)*, estas cinco minas de plata.

Fronesia.— Por Pólux que no ha sido baldío todo el amor que le profeso.

Cíamo.— Me ordenó suplicarte que te dignaras aceptarlos.

Fronesia.— Los acepto y recibo encantada. Ordena que los lleven a casa. Anda, Cíamo.

Cíamo.— *(A los esclavos que tansportan las provisiones.)* ¿No habéis oído lo que os ordena? *(A Fronesia, señalando a los esclavos.)* Pero los recipientes no quiero que los lleven. Mándalos vaciar[62].

Fronesia.— *(En tono ofendido.)* Por Cástor, Cíamo, eres un desvergonzado.

Cíamo.— *(Haciéndose el tonto.)* ¿Yo?

Fronesia.— Sí, tú.

Cíamo.— ¿En serio? ¿Te atreves a llamarme desvergonzado tú, que eres el colmo del vicio?

Fronesia.— Dime, por favor, ¿dónde está Diniarco?

Cíamo.— En casa.

Fronesia.— Pues dile que en agradecimiento por todos estos regalos que me envió, lo amo más que a nadie en el mundo, como se merece, y que lo tengo en la más alta estima. Ruégale, además, que venga a verme.

Cíamo.— Al instante. *(Viendo a Estratófanes.)* ¿Quién será ese individuo tan afligido, de aspecto tan melancólico y mirada tan triste? Sea quien sea, no cabe duda, por Hércules, de que una gran pena le carcome el alma.

Fronesia.— Se lo merece, por Cástor, que es un bellaco. Pero, dime, por favor, ¿es que no conoces al soldado que vivía conmigo? *(Señalando con una mirada la cuna.)* Es el padre del niño. Lo he echado, lo he arrojado de mi lado; le he ordenado que se marchara. Pero él se ha quedado para escuchar y observar lo que yo hacía.

Cíamo.— Conozco a ese truhán. ¿Es él?

---

[62] Pienso que las palabras de Cíamo encierran un segundo sentido erótico, que es el que motiva la contestación airada de Fronesia. No estoy de acuerdo con Enk en que la cortesana se queje de la tacañería de Cíamo. Para *vasa* utilizado en sentido erótico, cfr. *Poen.* 863. Por lo demás, creemos que el pasaje está lleno de alusiones eróticas: cfr., por ej., los versos 627, donde se compara la longitud de las "espadas" del soldado y el esclavo, y 630, donde se alude a la castración.

FRONESIA.— Sí.
CÍAMO.— Me mira sollozando. ¡Y qué suspiro acaba de ex- 600
halar de lo más profundo de su pecho! Mira cómo hace rechinar sus dientes y se golpea la pierna. ¿Acaso será adivino para azotarse a sí mismo?[63]
ESTRATÓFANES.— *(Acercándose a Cíamo y Fronesia.)* Ahora mismo voy yo a dar rienda suelta a mi cólera y mi furia. *(A Cíamo.)* Contesta, ¿de dónde eres? ¿De quién eres? ¿Por qué te has atrevido a insultarme?
CÍAMO.— Me dio la gana.
ESTRATÓFANES.— Esa respuesta no la admito.
CÍAMO.— Entonces toma ésta: me importas un comino.
ESTRATÓFANES.— *(A Fronesia.)* ¿Y tú? ¿Cómo te has atrevido a decir que amas a otro hombre?
FRONESIA.— Me dio la gana.
ESTRATÓFANES.— ¿Ah, sí? Eso lo vamos a ver. ¿Por un regalucho tan miserable, unas verduras, unas viandas y una botellas 610
de sangría[64], vas a amar tú a ese cabrón, ese maricón de pelo ensortijado, esa rata de alcantarilla[65], ese tocatamboriles[66], ese mequetrefe?
CÍAMO.— ¿Cómo? ¿Te atreves tú a insultar a mi amo, canalla, príncipe de los viciosos y los perjuros?
ESTRATÓFANES.— *(Blandiendo su espada.)* Añade una sola palabra y por Hércules, que te hago picadillo.
CÍAMO.— *(Esgrimiendo, quizás, un cuchillo de cocina.)* Atrévete a tocarme y verás cómo te trasformo en cordero y te abro en canal de arriba abajo[67]. Si tú eres un héroe famoso en la guerra, yo lo soy en la cocina.
FRONESIA.— Harías bien en no injuriar a los clientes cuyos regalos me agradan y satisfacen tanto como me desagradan los tuyos.

---

[63] Los sacerdotes de los ritos mistéricos, bajo el efecto de la inspiración, se flagelaban al pronunciar sus profecías: cfr. Tibulo 1,6,43.
[64] La posca era una bebida típica de los soldados hecha con agua, vinagre y huevo.
[65] Lat. *umbraticola*, lit. "que vive a la sombra", por oposición al soldado, a quien sus gestas militares obligan a permanecer mucho tiempo al aire libre: cfr. *Curc.* 556 y n. 65.
[66] Alusión a los sacerdotes de Cibeles, los famosos Galos, que, como se sabe, se castraban para entrar al servicio de la diosa y que se excitaban al son del tamboril. Cfr. el poema a Atis (63) de Catulo.
[67] Lit. te corto en dos por la mitad.

Estratófanes.— En ese caso, por Pólux, he perdido los regalos y la vida.
Fronesia.— Exacto.
Cíamo.— ¿A qué esperas aquí, pelmazo, si todo lo que tenías que hacer ya lo has hecho?[68].
Estratófanes.— ¡Que me muera ahora mismo, si a este individuo no lo obligo a alejarse de tu lado!
Cíamo.— *(En actitud provocativa, esgrimiendo su cuchillo.)* Acércate aquí, ven aquí.
Estratófanes.— ¿Osas, bellaco, amenazarme? Ahora mismo, ahora mismo, ahora mismo voy a hacerte trizas. ¿Me quieres explicar qué has venido a hacer aquí? ¿Por qué te has acercado a ella? ¿De qué conoces, contesta, a mi amada? *(Blandiendo de nuevo su espada.)* Al instante vas a morir, si no vences en la lucha.
Cíamo.— ¿Cómo? ¿Vencerte en la lucha? *(Retrocede.)*
Estratófanes.— Obedece mis órdenes. Espera. Ahora mismo te voy a hacer picadillo. Creo que lo mejor es matarte.
Cíamo.— *(Que continúa retrocediendo.)* Esto es una trampa. Tú espada es más larga que la mía. Déjame ir a buscar mi asador, si he de pelear. Me voy a casa, guerrero, a buscar un árbitro para zanjar nuestras diferencias[69]. *(Aparte.)* Pero, ¿a qué espero para largarme de aquí, mientras puedo hacerlo con la barriga intacta?[70] *(Sale con sus acompañantes.)*

ESCENA CUARTA

Fronesia, Estratófanes

Fronesia.— *(A sus esclavas.)* ¿Me dais las sandalias? Y llevadme enseguida a casa, porque me duele mucho la cabeza por culpa del viento.

---

[68] Traducimos este verso corrupto según a lectura de Enk: *Quid nunc ergo hic, odiose, manes, confectis omnibus rebus?*
[69] Como señala Ussing, el "árbitro justo" no ha de entenderse en sentido literal, sino como "un arma apropiada" (el asador) para enfrentarse en igualdad de condiciones al soldado: cfr. Casina 966. El siguiente verso, dicho aparte, que descubre las verdaderas intenciones de Cíamo, muestra, sin embargo, que tales bravatas son pura fanfarronada.
[70] Posible alusión a la castración, que se inflige a los adúlteros, pues como adúltero está tratando el soldado al esclavo.

Estratófanes.— ¿Y qué va a ser de mí, a quien le duelen las dos esclavas que te regalé? *(Viendo entrar a Fronesia en su casa.)* ¡Se ha marchado! *(Con ironía.)* ¡Tómate ésa! ¡Habrase visto, oh cielos, manera más descarada de ponerme de patitas en la calle! Me está tomando el pelo a conciencia. Pero, espera un poco. Bien poquito esfuerzo hará falta para convencerme de que le rompa los huesos a toda la casa. ¡Habrase visto algo más voluble que el carácter femenino![71] Desde qué dio a luz al 640 niño, ¡cómo se le han subido los humos a la cabeza! Ahora es como si me dijera: "Yo no te mando ni te prohíbo entrar en mi casa." Pero no me da la gana, no entro. *(A su escudero.)* Sígueme. Basta ya de palabras. *(Sale.)*

ACTO TERCERO

ESCENA PRIMERA

Estrábax, Astafia

Estrábax.— Esta mañana temprano mi padre me envió al campo para que diera de comer las bellotas a los bueyes. Y nada más llegar —¡benditos sean los dioses!—, vino a la finca un hombre que debía dinero a mi padre por unas ovejas tarentinas que le había comprado[72]. Pregunta por mi padre. Le 650 digo que está en la ciudad y le pregunto para qué quiere verlo. *(Pequeña laguna.)* El hombre se quita la bolsa del cuello[73] y me da veinte minas, que cojo encantado y meto en mi bolsa.

---

[71] Traducimos según la enmienda de Bücheler: *Num quippiamst ita varium ut mores mulierum?*

[72] Como observa Paratore (n. 72), esta escena parece derivada del motivo central de la *Asinaria*. Obsérvese la relación entre los bueyes de Pela y las ovejas de Tarento. Si a esto le unimos que las ovejas tarentinas eran muy apreciadas en Roma y la referencia a Marte, dios romano de la agricultura y ganadería, podemos pensar que la escena fue creada o muy reformada por Plauto.
Sobre las ovejas tarentinas, cfr. Colum. 8,2,3 *Generis eximii Calabras Apulasque et Milesias nostri existimabant earumque optimas Tarentinas;* Plin. Nat. *Hist.* 8, 190 *Circa Tarentum Canusiumque summam nobilitatem habent* (sc. *oves*).

[73] Las bolsas del dinero se llevaban colgadas del cuello: cfr. *Asin.* 653 y 657, *Pseud.* 170 y *Pers.* 312.

Él se marcha y yo al galope traigo las ovejas de plata[74] *(mostrando la bolsa con el dinero)* en mi bolsa a la ciudad. Muy irritado, por Pólux, tenía que estar Marte con mi padre pues sus ovejas no están muy lejos de las lobas[75]. Ahora yo, por Pólux, a esos refinolis galancetes de un bolsazo los voy a dejar fuera de combate y los voy a poner a todos de patitas en la calle. Estoy decidido a arruinar en primer lugar a mi padre y 660 después a mi madre. Ahora voy a llevar este dinero a la mujer que quiero más que a mi propia madre. *(Llamando a la puerta de la casa de Fronesia.)* ¡Eh! ¿No hay nadie dentro? ¿No abre nadie la puerta?

ASTAFIA.— *(Abriendo la puerta.)* ¿Qué pasa? Pero, por favor, mi querido Estrábax, ¿es que te consideras un extraño en nuestra casa, para no atreverte a entrar sin llamar?

ESTRÁBAX.— ¿Eso tenía que haber hecho?

ASTAFIA.— Claro. ¡Si eres de la familia!

ESTRÁBAX.— Allá voy. No creas que me voy a entretener un instante.

ASTAFIA.— Eres un encanto. *(Estrábax entra en casa de Fronesia.)*

ESCENA SEGUNDA

CASCARRABIAS, ASTAFIA

CASCARRABIAS.— *(Saliendo de la casa de Estrábax, sin ver a Astafia.)* Mucho me extraña que Estrábax, el hijo del amo, no 670 haya regresado del campo *(mirando hacia la casa de Fronesia)*, a no ser que furtivamente se haya deslizado a su lugar de perdición.

ASTAFIA.— *(Aparte, pero oída por Cascarrabias.)* Seguro, por Pólux, que se pone a chillarme, en cuanto me vea.

---

[74] *Mina ovis* significa propiamente "oveja que tiene el vientre sin lana". Hemos traducido libremente tratando de reflejar el juego de palabras que implica su homonimia con *mina* (moneda), empleada un verso antes por Plauto.

[75] Recuérdese que, como acabamos de decir, Marte es el dios romano de la agricultura y ganadería. Obsérvese que "loba" tiene el doble sentido de "loba" y "cortesana" (nosotros diríamos zorra): cfr. Epid. 403. Oveja evidentemente tiene también el doble sentido de "oveja" y "dinero".

CASCARRABIAS.— Ya soy mucho menos arisco que antes, Astafia. Ya no soy un casca... rrabias[76]. No temas. Escucha un momento[77].
ASTAFIA.— ¿Qué quieres?
CASCARRABIAS.— Estoy deseando comprobar tu amabilidad[78]. Dime, ordéname lo que quieras, como lo quieras[79]. Mi costumbres son completamente nuevas; he abandonado las antiguas. Soy capaz hasta de hacer el amor, de tener amiga.
ASTAFIA.— ¡Por Cástor, qué maravillosa noticia! Pero, dime, 680 ¿Dispones de...?
CASCARRABIAS.— Seguramente quieres decir si dispongo de dinero, ¿verdad?[80]
ASTAFIA.— Has entendido maravillosamente lo que quería decir.
CASCARRABIAS.— Fíjate, desde que vengo tan a menudo a la ciudad, me he vuelto muy ocurrente. Ahora soy un auténtico picharachero.
ASTAFIA.— ¿Qué dices, por favor? Déjate de bromas. Supongo que querrás decir "dicharachero".
CASCARRABIAS.— Sí, pero entre dicharacho y picharacho hay bien poca diferencia[81].

---

[76] Lat. *truculentus* (Enk: *truncus lentus*). Habría que ver el mismo juego de palabras que en el verso 265 (cfr. n. 22) y una alusión al mismo.
[77] Traducimos el verso 675 según la lectura de Enk: TR. <*Quid ais?*> AS. *Quid vis?* TR. *Quin tuam exspecto osculentiam.*
[78] *Osculentiam* sin duda ha de entenderse como una deformación cómica de *obsequentiam*, propia del habla rústica de Cascarrabias. Creemos, además, que esconde un segundo sentido erótico.
[79] Estaríamos tentados a atribuir este verso a Astafia.
[80] Leemos con Enk: AST. *Haben paratum...?* TR. *Aes fortass' te dicere.*
[81] En el texto latino hay un juego de palabras que hemos tratado de reproducir en español. Cascarrabias quiere decir que es un auténtico dicharachero *(cavillator)* pero, en su rústica ignorancia, dice *caullator* (palabra que probablemente ha de relacionarse con *caules* ("col") y entenderse en sentido obsceno, si tenemos en cuenta que este último término también puede significar *membrum virile*: *sum caullator probus* sería una declaración de principios igual a la del verso 674, *iam non sum truncus lentus.* Posteriormente, corregido por Astafia, que le recuerda que se dice *cauillationes* y no *caullationes*, Cascarrabias, al querer disculpar su error, vuelve a cometer uno nuevo, tratándose en este caso de una hipercorrección: *cauillibus* en lugar de *caulibus*.

Astafia.— *(Dirigiéndose a la puerta de la casa de Fronesia.)* Sígueme, por favor, cariño mío.
Cascarrabias.— *(Dándole unas monedas.)*[82]: Toma, coge esto. Toma este egalo, para que pases esta noche conmigo.
Astafia.— ¡Santo cielo! ¿Un "egalo"? ¿Se puede saber qué bicho es ese? No se dice "egalo" sino regalo[83].
Cascarrabias.— La "erre" me la ahorro. También los prenestinos dicen "güeña" en vez de cigüeña[84].
Astafia.— Sígueme, por favor.
Cascarrabias.— No, voy a esperar aquí a que Estrábax regrese del campo.
Astafia.— Pero si Estrábax está en nuestra casa. Acaba de llegar del campo.
Cascarrabias.— ¿Antes de ir a ver a su madre? ¡Vaya granuja, por Pólux, que está hecho!
Astafia.— ¿Ya vuelves a las andadas?
Cascarrabias.— No digo nada.
Astafia.— Entra, por favor. Dame la mano.
Cascarrabias.— *(Con aire de resignación.)* Toma. *(Al público.)* Me llevan a una posada en la que me va a costar una fortuna recibir un mal trato.

690

ACTO CUARTO

ESCENA PRIMERA

Diniarco

Ni ha existido ni existirá ni puede existir un ser al que yo deba mayor gratitud y agradecimiento que a Venus, mi protectora. ¡Grandes dioses, qué contento estoy, cómo sufro de ale-

700

---

[82] Ernout y Paratore piensan que lo que le da es sencillamente un beso.
[83] Cascarrabias dice *rabonem* en lugar del correcto *arrabonem*. La pregunta de Astafia "¿Qué clase de bicho (lit. fiera: *belua*) es ése?" se justifica, sin duda, porque *rabonem* suena a nombre de animal como *leonem*.
[84] *Conea* en vez de *ciconia*: cfr. *Trin.* 611. Cfr. también Ernout, *Les éléments dialectaux du vocabulaire latin,* París, 1909, pág. 33 y nuestra Introducción general, I 65.

gría! ¡Qué grandes y alegres noticias me ha comunicado hoy Cíamo! ¡Mis regalos le han gustado, le han encantado a Fronesia! Y, si esto de por sí ya me produce un gran placer, lo que es para mí más dulce que la miel, es saber que despreció y desdeñó los del soldado. Rebosa de alegría todo mi ser. El saque me corresponde[85]. Si el soldado es puesto de patitas en la calle, ella será mía. Me salvo porque me pierdo; si no me perdiera, estaría completamente perdido. Ahora espiaré lo que sucede en su casa, quién entra y quién sale. *(Situándose en un rincón alejado de la puerta de Fronesia.)* A distancia observaré la suerte que me espera. Como no tengo nada, pues he dilapidado todos mis bienes[86], no me queda más remedio que conformarme con los favores que caritativamente quiera concederme[87]. 710

ESCENA SEGUNDA

ASTAFIA, DINIARCO

ASTAFIA.— *(Saliendo de casa y hablando a Fronesia, que queda dentro.)* Yo haré mi oficio de maravilla. Procura tú también hacer en casa el tuyo. Haz el amor, como es tu deber, a tus intereses. Vacíale bien la bolsa. Ahora, mientras está enamorado, mientras tiene la bolsa llena, es el momento oportuno para hacerlo. Descúbrele a tu enamorado tus encantos para que disfrute de su ruina. Yo, mientras tanto, montaré guardia aquí en la puerta[88], hasta que haya exportado todos sus bienes a tu casa y, mientras tanto, no dejaré que nadie entre a molestaros. Tú continúa burlándote de él a tu capricho[89].

DINIARCO.— Dime, Astafia, ¿quién es ése que se arruina?

---

[85] Expresión tomada del juego de pelota *(pila)*. En nuestra traducción hemos recurrido, como no podía ser de otra manera, al juego del tenis.
[86] Traducimos, siguiendo la integración de Enk: *nam amovi mi huc omnia*, prácticamente igual que la de Lindsay.
[87] Entendemos la expresión *precario agere* en el mismo sentido de la liviana (Liv., 3, 47, 2) *orare precariam opem* ("implorar el auxilio como un favor") contrapuesta a *pro debita petere* ("reclamarlo como una deuda").
[88] El texto es corrupto y el sentido sólo aproximado.
[89] También en este punto el texto es corrupto y el sentido aproximado.

Astafia.— ¡Ah! ¿Así que estabas tú aquí?
Diniarco.— ¿Es que doy la lata?
Estratófanes.— Ahora más que nunca. Porque el que no nos da dinero, nos da la lata. Pero, por favor, escúchame, que quiero contarte una cosa.
Diniarco.— ¿De qué se trata? ¿Es algo que me afecte?
Astafia.— No puedo silenciar los sablazos que está asestando dentro.
Diniarco.— ¿De qué se trata? ¿Algún nuevo enamorado?
Astafia.— Ha iniciado el asalto de una bolsa intacta y llena.
Diniarco.— ¿Quién es?
Astafia.— Te lo diré, pero tú guarda silencio. ¿Conoces a nuestro vecino Estrábax?
Diniarco.— Claro que sí.
Astafia.— Pues ahora es el que manda en nuestra casa. Ahora es nuestra nueva fuente de ingresos. Dilapida su patrimonio con la mayor alegría.
Diniarco.— ¡Está perdido, por Hércules! También yo perdí mi fortuna y me labré mi propio infortunio. Me he convertido por vuestra culpa en el último de los hombres.
Astafia.— Bien tonto eres, si pretendes con tus palabras desandar lo andado. Hasta Tetis llegó un momento en que puso fin a los lamentos por la muerte de su hijo[90].
Diniarco.— ¿No me vais a dejar entrar en vuestra casa?
Astafia.— ¿Por qué vas a tener más privilegios que el soldado?
Diniarco.— Pues porque os he dado más.
Astafia.— Por eso te hemos dejado entrar más veces, mientras dabas. Ahora te toca dejar que los que dan, en recompensa de lo que dan, disfruten de nuestros favores. Tú ya aprendiste las letras. Ahora que ya las sabes, deja a otros que las aprendan.
Diniarco.— Que las aprendan, con tal que a mí se me permita repasarlas, para que no se me olviden.
Astafia.— ¿Y qué hará la maestra, mientras tú repasas tu cartilla? También ella quiere repasar la suya.
Diniarco.— *(Sorprendido.)* ¿Qué dices?
Astafia.— Que quiere recibir regalos continuamente.

---

[90] El dolor de Tetis por la muerte de Aquiles era proverbial: cfr. Prop., 3,7,68; Ovid, *Amores*, 3,9,1; Sen., *Consol. ad Liviam*, 439, Stat., *Silv.*, 5,1.

DINIARCO.— Pero si hoy ya le hecho uno: mandé traerle cinco minas en metálico y, además, una para las provi- 740 siones.

ASTAFIA.— Me consta que ha recibido ese envío. Y ahora con esa comida ellos lo están festejando gracias a tu gentileza.

DINIARCO.— ¿Cómo? ¿Que mis rivales van a dilapidar mis bienes en vuestra casa? Muerto, por Hércules, preferiría estar antes que consentirlo.

ASTAFIA.— Eres un necio[91].

DINIARCO.— ¿Por qué lo dices?

ASTAFIA.— Te lo explicaré.

DINIARCO.— Di, ¿por qué?

ASTAFIA.— Porque yo preferiría ser envidiada por mis enemigos que envidiarlos yo, pues envidiar la dicha ajena, mientras a ti sólo te suceden desgracias, es un lástima. Los envidiosos están sin blanca. Los envidiados nadan en la abundancia.

DINIARCO.— ¿Es que no vais a permitirme participar del festín?

ASTAFIA.— Si querías participar, tenías que haberte llevado la mitad a tu casa. Pues, igual que en el Aqueronte, en nuestra casa sólo hay un registro, el de entradas. Se registran las entradas. Pero, una vez registradas, nada puede volver a salir. 750 Adiós, muy buenas.

DINIARCO.— *(Reteniéndola.)* Espera.

ASTAFIA.— Déjame.

DINIARCO.— Déjame tú entrar.

ASTAFIA.— Sí, en tu casa.

DINIARCO.— No, donde quiero entrar es en la vuestra.

ASTAFIA.— Imposible. Pides demasiado.

DINIARCO.— Déjame intentarlo. *(Hace ademán de dirigirse a la puerta de Fronesia.)*

ASTAFIA.— No, espera. Sería una violación de domicilio, si lo intentas.

DINIARCO.— Dile que estoy aquí.

---

[91] Pese a las reservas expresadas por Paratore, trasponemos aquí, siguiendo a Weise, Lindsay, Enk y otros editores el verso 746 y lo traducimos según la enmienda de este último: AS. *Stultu's* DI. *Quid <id> est?* AS. *Aperi<am> re<m>.* DI. *Quid iam?* AS. *Quia pol mavelim...* Esta enmienda hace innecesario sustituir *meis* por *mavelim* en el verso 743.

ASTAFIA.— Vete. Está ocupada. Las cosas son así. No te engañes[92]. *(Se escapa hacia su casa.)*
DINIARCO.— ¿Vuelves o no vuelves?
ASTAFIA.— Para eso tiene que llamarme uno que tenga más autoridad que tú.
DINIARCO.— Permíteme una sola palabra.
ASTAFIA.— Habla.
DINIARCO.— ¿Me dejas entrar?
ASTAFIA.— Eres un mentiroso. Vete. Dijiste una sola palabra y has pronunciado tres y, encima, falsas[93]. *(Astafia entra en casa de Fronesia.)*
DINIARCO.— *(Solo.)* Entró en casa y me cerró la puerta[94]. ¿Voy yo a consentir semejante ofensa? *(Con un gesto amenazador dirigido hacia la casa de Fronesia, gritando.)* Te juro, por Hércules, maldita hechicera, que te voy a montar un espectáculo y armar un escándalo en la calle, por haber contra- 760 venido la ley, recibiendo dinero a la vez de varios amantes. Ahora mismo voy a denunciarte a todos los nuevos magistrados[95]. Y después presentaré una demanda contra ti para obligarte a devolver el cuádruplo[96], bruja, ladrona[97] de niños. Ahora mismo, por Pólux, voy a pregonar yo todas tus infamias. Pero, ¿no me dará vergüenza?[98] He perdido todo lo que tenía. Ya no tengo vergüenza y me importa un comino con qué zapatos calzarme[99]. Pero, ¿para qué chillo tanto? ¿Qué pasaría si

---

[92] Traducimos el final corrupto del verso, siguiendo la enmienda de Spengel, aceptada por Leo y la mayoría de los editores: *Res itast, ne frustra sis.*

[93] La verdad es que *mendacia* no parece tener mucho sentido. Así algunos editores, con mucha cautela, han sugerido enmienda como *audacia* (Skutsch, citado por Enk), *procacia* (el propio Enk).

[94] Traducimos siguiendo la lectura *exclusit* de Spengel.

[95] Se trata, seguramente, de los *tresviri capitales*, de que ya hemos hablado en numerosas ocasiones: cfr. n. 15 del *Anfitrión*. Tratándose sólo de tres, el "todos" ha de entenderse, sin duda, como una exageración cómica (Enk).

[96] Cfr. *Persa* 70.

[97] Lat. *suppostrix* en latín, lit. "que hace pasar por suyos los niños ajenos".

[98] Traducimos siguiendo la enmienda de Schoell: *Nilne me pudet?*

[99] Expresión aparentemente proverbial para indicar que le da igual la forma de comportarse, elegante o maleducada. Según Ussing, la expresión se explica por la diferencia de calzado entre la gente de la ciudad y del campo.

me mandara entrar en su casa? Le juraría por lo más sagrado que no estoy dispuesto a entrar, aunque ella lo quiera... ¡Pamplinas! Dad puñetazos contra un aguijón y veréis cómo os duelen las manos. No sirve de nada irritarse contra quien no te hace caso. *(Viendo llegar a Calicles acompañado de dos esclavas y unos lorarios.)* Pero, ¿qué es esto? ¡Oh dioses inmortales! ¿Qué veo? Al viejo Calicles, el que en un momento fue mi suegro[100], que trae a dos esclavas encadenadas. Una es la peluquera de Fronesia, otra una esclava suya. ¡Qué miedo más grande me ha entrado! Por si no me bastaba con el problema que hace un momento angustiaba mi corazón, ahora temo que mis antiguas calaveradas hayan sido todas descubiertas. *(Se retira al fondo de la escena.)* 770

ESCENA TERCERA

CALICLES, PELUQUERA, ESCLAVA, DINIARCO

CALICLES.— *(Con ironía, a su esclava.)* ¿Hablarte yo a ti o *(a la peluquera)* a ti con dureza y trataras yo con dureza?[101] En mi opinión, ya habéis podido comprobar con precisión lo bondadoso y pacífico que soy. Por eso os he interrogado a las dos colgadas de una viga, después de haberos zurrado la badana. Y recuerdo muy bien todos los detalles de vuestra confesión. No se me ha olvidado nada. Pero ahora quiero saber si estáis dispuestas a repetir la confesión sin necesidad de latigazos. Aunque ya sé que sois las dos de raza viperina, os lo advierto de antemano: no uséis vuestra doble lengua para no obligarme a mataros como a dos víboras[102], a no ser que os apetezca ir a hacer una visita, fuera de la ciudad, a los hombres de las campanillas[103]. 780

---

[100] Pues su hija había estado prometida a Diniarco: cfr. 825.
[101] Seguimos la conjetura *atque* de Enk, en lugar de *adeo* de Ernout.
[102] Es decir, precisamente por culpa de vuestra doble lengua.
[103] Esto es a los verdugos, así llamados porque para advertir su presencia hacían sonar unas campanillas: cfr. *Pseud.* 332. Se ha pensado, sin embargo, que dicha expresión podía referirse a los fabricantes de cadenas y a los propios encadenados, que al moverse hacen sonar las cadenas.

[705]

PELUQUERA.— La violencia a que se nos somete nos obliga a confesar la verdad. ¡Estas correas nos martirizan los brazos!
CALICLES.— Pero si me confesáis la verdad, seréis liberadas de vuestras ataduras.
DINIARCO.— *(Aparte.)* Todavía no acierto a saber ni a comprender de qué se trata. Sólo sé que estoy muerto de miedo, porque conozco bien mis calaveradas[104].
CALICLES.— En primer lugar apartaos una de otra. *(Las dos mujeres se separan.)* Así, muy bien; así es como quiero. *(Interponiéndose entre ellas.)* Para que nos os hagáis señas, yo seré la pared medianera. *(A su esclava.)* Habla tú.
ESCLAVA.— ¿De qué tengo que hablar?
CALICLES.— ¿Qué fue del niño que dio a luz mi hija, de mi nieto? Y ve al grano.
ESCLAVA.— *(Señalando a la peluquera.)* Se lo di a ella.
CALICLES.— Cállate ya. *(A la peluquera.)* ¿Es verdad que te dio ella el niño?
PELUQUERA.— Sí.
CALICLES.— Cállate. No quiero saber más. Has dicho bastante.
PELUQUERA.— No lo niego.
CALICLES.— Y así facilitas la cicatrización de las heridas de tu espalda. *(Aparte.)* De momento concuerdan las declaraciones de ambas.
DINIARCO.— *(Aparte.)* ¡Ay, pobre de mí! A pesar de que esperaba poder guardarlas en secreto, ahora mismo van a descubrirse mis calaveradas.
CALICLES.— *(A su esclava.)* Habla, tú. ¿Quién te mandó darle a esta bribona el niño?
ESCLAVA.— Mi ama vieja[105].
[CALICLES.— *(A la peluquera.)* ¿Y tú? ¿Por qué lo cogiste?
PELUQUERA.— Mi ama joven[106] me pidió que le llevara un niño y mantuviera todo en secreto.]
CALICLES.— *(A la peluquera.)* Habla, tú. ¿Qué hiciste con el niño?
PELUQUERA.— Se lo llevé a mi ama[107].

---

[104] Leemos con la mayoría de los editores: *egomet quia quod*, sin explicarnos demasiado por qué Ernout no aceptó esta enmienda en su texto.
[105] Es decir, la propia esposa de Calicles.
[106] Fronesia.
[107] La madre de Fronesia.

CALICLES.— ¿Y qué hizo tu ama con el niño?   800
PELUQUERA.— Se lo dio en el acto a mi ama[108].
CALICLES.— ¡Diablos! ¿A qué ama?
ESCLAVA.— Es que tiene dos amas.
CALICLES.— Guárdate de hablar si no te pregunto. *(A la peluquera.)* Te pregunto a ti.
PELUQUERA.— La madre, ¿entiendes?, se lo regaló a la hija.
CALICLES.— Ahora hablas más que antes.
PELUQUERA.— Porque tú me preguntas más que antes.
CALICLES.— Responde rápidamente. ¿Qué hizo ella con el niño que le dieron?
PELUQUERA.— Lo hizo pasar por hijo de otra.
CALICLES.— ¿De quién?
PELUQUERA.— Suyo.
CALICLES.— Por hijito suyo.
PELUQUERA.— Sí, por hijito suyo.
CALICLES.— ¡Benditos sean los dioses! ¡Cuánto más fácil puede resultarle a una mujer que a otra dar a luz al mismo niño! *(Mirando hacia casa de Fronesia.)* Esta bribona, aprovechando los dolores de otra, sin sufrimiento alguno, ha dado a luz un niño. ¡Y vaya suerte que tuvo el niño! ¡Así tiene dos madres y dos abuelas! Estoy intrigado por saber cuántos padres ha tenido. Fijaos, por favor, en la maldad femenina.

ESCLAVA.— Me parece, por Pólux, que esa maldad pertene- 810
ce más a los hombres que a las mujeres. Fue un hombre, no una mujer quien la dejó embarazada.

CALICLES.— Eso también lo sé yo. Pero tú ¡qué bien la vigilaste!, ¿verdad?

ESCLAVA.— Más puede quien más fuerza tiene. Era un hombre, tenía más fuerza. Ganó la partida. Se salió con la suya.

CALICLES.— Y a ti, por Hércules, te me metió en un buen lío.

ESCLAVA.— De eso, aunque tú no lo dijeras, ya me había dado cuenta yo por propia experiencia.

CALICLES.— Pero aún no he conseguido que dijeras el nombre del culpable.

ESCLAVA.— *(Mirando hacia donde está Diniarco.)* Hasta ahora he callado. Pero ya no callaré, ya que está presente y no da la cara.

DINIARCO.— *(Aparte.)* Me he quedado petrificado. No me atrevo, pobre de mí, a mover ni un dedo. Toda la verdad se ha

---

[108] Fronesia.

descubierto. Ahí delante se está celebrando un proceso[109] en que voy a ser condenado a muerte. Desde luego que la culpa fue mía, la insensatez fue mía. Me temo que de un momento a otro se va a pronunciar mi nombre.

CALICLES.— *(A su esclava.)* Vamos, dime de una vez quién mancilló la honra de mi hija, que todavía era virgen.

ESCLAVA.— *(Mirando a Diniarco.)* Te estoy viendo yo a ti, por mucho que para esconder tus malas acciones te hayas convertido en puntal de la pared.

DINIARCO.— *(Aparte.)* Estoy más muerto que vivo e ignoro que puedo hacer. No sé ni cómo escapar ni cómo dirigirme al viejo. El temor me tiene paralizado.

CALICLES.— *(A la esclava.)* ¿Vas a decir su nombre, si o no?

ESCLAVA.— Ha sido Diniarco, el joven al que le habías prometido anteriormente la mano de tu hija.

CALICLES.— ¿Y dónde está ese hombre que acabas de nombrar?

DINIARCO.— Aquí estoy, Calicles. *(Arrojándose a los pies de Calicles.)* Por tus rodillas te suplico, juzga mi locura con cordura y perdóname la falta que cometí: no era dueño de mí; fue por culpa del vino.

CALICLES.— No me vale esa excusa. Echas la culpa a un mudo, que no puede hablar. Pues si el vino pudiese hablar, se defendería. No es el vino el que suele dominar a los hombres, sino los hombres al vino, al menos los hombres de bien. Pero los canallas, se emborrachen o se abstengan de probar el vino, de todas formas son canallas por naturaleza.

DINIARCO.— Sé muy bien que he de resignarme a oír muchas cosas que no quisiera, por culpa de mi delito. Confieso que soy culpable y, por tanto, tienes derecho a castigarme.

ESCLAVA.— Calicles, por favor, estás cometiendo una gran injusticia. El reo puede defenderse libre de ataduras, y, en cambio, mantienes encadenados a los testigos.

CALICLES.— *(A los lorarios.)* Soltadlas. *(La esclava y la peluquera.)* Vamos, íos a casa *(a su esclava)*, tú a la tuya y *(a la peluquera)* tú a la tuya. Y dile a tu ama que le entregue el niño al que vaya a buscarlo. *(A Diniarco.)* Vamos, camina ante el juez.

---

[109] Lit. "una reunión de los comicios". Es sabido que los comicios centuriados tenían competencia judicial (derecho de apelación) en condenas capitales (condenas de muerte y destierro).

DINIARCO.— ¿Para qué quieres que vaya ante el juez? Para mí tú eres el pretor. Pero te suplico, Calicles, que me des a tu hija por esposa.
CALICLES.— Me da la impresión, por Pólux, de que tú mismo te la has adjudicado de antemano[110]. Pues no has esperado a que yo te la concediera, sino que te has apropiado de ella por tu cuenta. Tómala tal como está. Pero en castigo, voy a asestarte un sablazo: te rebajaré la dote en seis talentos.
DINIARCO.— Gracias. Eres muy bueno conmigo.
CALICLES.— Ahora lo mejor que puedes hacer es ir a reclamar a tu hijo. Después, lo más pronto posible, llévate de mi casa a tu esposa. Yo me voy. Ahora mismo voy a enviarle un mensaje a mi consuegro, para decirle que se busque otra mujer para su hijo. *(Sale.)*
DINIARCO.— Y yo voy a exigirle la devolución del niño a 850 Fronesia, no sea que más tarde lo niegue todo. Aunque nada hay que temer, pues ella misma, por propia iniciativa, me lo ha confesado todo, punto por punto. *(Viendo aparecer a Fronesia en la puerta de su casa.)* Pero ahí está. ¡Qué a punto, por Pólux, sale a la calle! *(Con un gesto de dolor.)* ¡Ay! ¡Vaya aguijada más larga que tiene, pues a tanta distancia ya me traspasa el corazón!

ESCENA CUARTA

FRONESIA, DINIARCO, ASTAFIA

FRONESIA.— *(Saliendo de casa, sin ver a Diniarco.)* Una sosaina y una bobaina es la cortesana que no sabe velar por sus intereses cuando está borracha. Aunque sus restantes órganos estén empapados de vino, su cabeza, al menos, debe permanecer despejada. Porque ¡cómo me duele que mi peluquera haya sido maltratada tan cruelmente! Además, acaba de decirme que se ha descubierto que mi niño es hijo de Diniarco. Así que, nada más oír esto, aunque estaba borracha, me levanté de la mesa y salí a la calle corriendo[111].

---

[110] Traducimos así, pues sin duda *rem iudicare* implica *sibi filiam adiudicare*.
[111] Suponemos con Leo, Enk y otros editores que las primeras palabras del verso 858 han de atribuirse a Fronesia y que tras ellas se ha

DINIARCO.— *(Aparte.)* Ahí veo a la que está en posesión de toda mi fortuna y mi hijo[112].
FRONESIA.— Ahí veo al enamorado que me nombró tutora de su fortuna.
DINIARCO.— Fronesia, venía a verte. 860
FRONESIA.— ¿Cómo estás, amor mío?
DINIARCO.— Nada de "amor mío", déjate de tonterías. No vengo a hablar de esas cosas.
FRONESIA.— Sé perfectamente, por Cástor, qué quieres, qué deseas y qué vienes a buscar. Quieres verme, deseas dejarme y vienes a buscar al niño[113].
DINIARCO.— Dioses inmortales, ¡qué clarilocuente es! ¡En qué pocas palabras has ido al meollo de la cuestión!
FRONESIA.— Ya sé que tienes prometida y un hijo de tu prometida, que tienes que casarte inmediatamente con ella, que tu corazón está prisionero en otra parte y, en consecuencia, no te vas a volver a acordar de mí. Pero fíjate en los diminutos ratoncitos qué animales más listos son: jamás confían su vida a una sola madriguera, porque así, si se les bloquea una salida, 870 tienen otro refugio disponible para huir.
DINIARCO.— Cuando tenga tiempo, ya hablaré contigo más detenidamente de esas cosas. Ahora devuélveme el niño.
FRONESIA.— No, por favor. Permíteme quedarme con él todavía unos pocos días.
DINIARCO.— De ninguna manera.
FRONESIA.— ¡Por favor!
DINIARCO.— ¿Para qué lo necesitas?
FRONESIA.— Para un asunto de mi interés. Déjamelo al me-

---

perdido al menos un verso. En nuestra traducción, seguimos la primera parte de la reconstrucción de Seyffert *(quamquam madui, extemplo exsurrexi foras)*, que por el sentido es prácticamente equivalente a la de Leo. Renunciamos sin embargo a integrar en nuestra traducción el segundo verso reconstruido por Seyfert *(ut conveniam Diniarchum, quem iam credo hic adfore:* "para hablar con Diniarco, pues supongo que ya estará aquí"), por no considerarlo imprescindible.

[112] El verso en su principio es corrupto y el sentido sólo aproximado.

[113] Traducimos según la enmienda de Leo: *me videre vis, [et me] te a me ire postulas, puerum petis*. Muy atractiva también es la de Enk, quien, siguiendo en parte a Havet lee: *me valere vis, [et me] te amitti postulas, puerum petis:* Quieres decirme adiós, deseas que te deje en paz, vienes a buscar al niño.

nos tres días, el tiempo necesario para estafarle algo al soldado. Déjame quedarme con él. Si me lo dejas, ello también te beneficiará a ti. Si te llevas al niño, todas mis esperanzas de expoliar al soldado habrán exhalado el último suspiro.

DINIARCO.— Está bien, te concedo este favor, pues, si quisiera denegártelo, no sabría cómo hacerlo. Sírvete del niño pero cuídalo, puesto que tienes dinero para ello.

FRONESIA.— Te lo agradezco mucho, por Cástor. Cuando 880 tengas algún problema en tu casa, ven a refugiarte a la mía[114]. Al menos sé mi amigo fugazmente[115].

DINIARCO.— Adiós, Fronesia.

FRONESIA.— ¿Ya no me llamas "niña de mis ojos"?

DINIARCO.— Ese apelativo te lo llamaré de vez en cuando, a escondidas[116]. ¿Quieres algo más?

FRONESIA.— Que te cuides.

DINIARCO.— Cuando tenga tiempo libre, vendré a verte. *(Diniarco sale.)*

FRONESIA.— *(Sola.)* Ya se marchado, se ha alejado. Ahora puedo hablar libremente. Hay un viejo refrán que dice: Quien tiene un amigo tiene un tesoro. Gracias a él todavía me quedan esperanzas de poder dar un sablazo al soldado, al que quiero tanto como a mí misma... mientras le saco lo que deseo. Aunque, por mucho que las cortesanas saquemos a nuestros amantes, bien poco nos lucen sus regalos[117]. ¡Tan fanfarronas somos las cortesanas!

---

[114] Como señala Paratore, es la aplicación de la teoría del ratoncito.

[115] Hemos traducido un tanto arbitrariamente una palabra, *manubinarius*, que resulta completamente ininteligible. Generalmente suele aceptarse la enmienda de Camerarius *manubiarius* y ponerse en relación con el sustantivo *manubiae* ("dinero sacado de la venta del botín"). Pero el sentido derivado no lo vemos demasiado claro (tan sólo nos satisface ligeramente el sentido de "amigo que trae a su querida el botín o el dinero que obtiene de la venta del botín que roba en casa a su mujer", con referencia a un comportamiento similar al de Menecmo I). Estamos de acuerdo con Enk en que el contexto parece exigir un sentido similar al de *momentarius* y a él hemos ajustado nuestra traducción. Sin demasiada convicción, nos atreveríamos a sugerir si *manubiarius* no habría que relacionarlo con el término de la lengua augural *manubia* ("relámpago"), en cuyo caso el adjetivo significaría algo así como "fulgurante", "meteórico", que justificaría plenamente la traducción realizada.

[116] Leemos con Lindasy *interatim furtim*.

[117] Cfr. 571.

Astafia.— *(Señalando al soldado.)* ¡Eh! Calla.
Fronesia.— Dime, ¿qué pasa?
Astafia.— Viene el padre del niño. 890
Fronesia.— Pues déjalo venir. Déjalo venir, si es que es él.
Astafia.— Es él.
Fronesia.— Pues déjalo venir hasta mí, como es su deseo.
Astafia.— Viene directamente[118].
Fronesia.— Te juro, por Cástor, que hoy voy a acabar con él con mis bien urdidos engaños.

ACTO QUINTO

ESCENA ÚNICA

Estratófanes, Fronesia, Astafia, Estrábax

Estratófanes.— Para expiar mis culpas, en cumplimiento de la condena que me impuso, yo le traigo una mina de oro a mi amiga. Para que se digne aceptar de buen grado todos los regalos que tan inútilmente le he hecho, le haré este otro por añadidura. Pero, ¿qué veo? ¿La ama y la sirvienta a la puerta de su casa? Tengo que hablarles[119]. *(A las dos mujeres.)* ¿Qué hacéis aquí?
Fronesia.— *(Volviéndole la cara.)* No me hables.
Estratófanes.— ¡Qué cruel eres! *(Pequeña laguna.)*
Fronesia.— ¿Quieres dejar de darme la lata?
Estratófanes.— Astafia, ¿qué pleito tiene conmigo?
Astafia.— Tiene motivos, por Cástor, para estar irritada contigo.
Fronesia.— ¿Irritada yo? Pero si soy todavía demasiado buena con él.
Estratófanes.— Yo, amor mío, para expiar las ofensas que he podido hacerte, te traigo esta mina de oro. Si no me crees, 900 vuelve la vista. *(Le muestra una bolsa con dinero.)*
Fronesia.— *(Alargando la mano pero sin volver la cara.)* Mi mano me prohíbe creer nada antes de tenerlo agarrado. El niño necesita comida; la necesita también la comadrona que lo

---

[118] Seguimos a Leo en reconstrucción del verso 891: AST. <*Ipsus est*>. PHRON. *Sine eumpse adire, ut cupit, ad me.* AS. *Rectam tenet.*
[119] Leemos *adeundae* con Leo y Enk, en lugar de *adeunda*.

baña; la nodriza, si quiere tener leche, necesita vino añejo en abundancia, para poder beber día y noche. Se necesita leña, se necesita carbón, se necesitan pañales, se necesitan cojines, cuna y ropa de cuna; se necesita aceite; se necesita harina; se necesita un cosa a cada momento del día. Porque no pueden criarse los niños de los soldados como los de los pájaros.

ESTRATÓFANES.— Vuelve, pues, la vista. Vamos, toma esto para atender a tus necesidades.

FRONESIA.— *(Volviéndose hacia el soldado y cogiendo la bolsa como a regañadientes.)* Dámelo, aunque es bien poca cosa.

ESTRATÓFANES.— Más tarde añadiré otra mina a lo que ya te he dado[120].

FRONESIA.— Bien poca cosa es.

ESTRATÓFANES.— *(Acercándose, zalamero.)* Te daré todo lo que quieras, lo que me pidas. Pero ahora dame un beso.

FRONESIA.— *(Rechazándolo.)* Déjame, por favor. Eres insoportable.

ESTRATÓFANES.— *(Desolado.)* Es inútil. De amor no hay nada y pasa el día. En un instante he perdido más de diez libras... de amor.

FRONESIA.— *(A Astafia, dándole la bolsa.)* Toma esto y llévalo a casa.

ESTRÁBAX.— *(Saliendo de casa de Fronesia.)* Pero, ¿dónde diablos se habrá metido mi amor? Ni en el campo ni aquí consigo hacer nada[121]. Me muero de aburrimiento. De estar tanto tiempo recostado en el lecho esperándola tengo, pobre de mí, los miembros entumecidos. Pero ahí la veo. Hola, cariño, ¿qué haces?

ESTRATÓFANES.— ¿Quién es ese individuo?

FRONESIA.— Un hombre al que amo, por Cástor, mucho más que a ti.

ESTRATÓFANES.— ¿Más que a mí? ¿Qué quieres decir?

FRONESIA.— Quiero decir que me dejes en paz. *(Se aleja bruscamente hacia la puerta de su casa, donde está Estrábax.)*

ESTRATÓFANES.— ¿Así que, ahora que tienes el dinero, te vas?

FRONESIA.— He puesto a buen recaudo tu regalo en mi casa.

---

[120] Seguimos, a falta de una mejor, la enmienda de Leo: *addam etiam unam minam istuc post*.

[121] Según Enk *operis quicquam facio* tiene matiz erótico.

Estrábax.— Ven, cariño, que quiero hablar contigo.
Fronesia.— Ya iba yo a verte, tesoro mío.
Estrábax.— Hablando en serio: [por tonto que yo te parezca, quiero que me proporciones algo de placer.] Por muy bonita que tú seas, te llevarás una zurra, si no me proporcionas un poco de placer.
Fronesia.— ¿Quieres que te abrace y te dé un beso?
Estrábax.— Haz lo que quieras, con tal de proporcionarme placer. *(Fronesia lo abraza.)*
Estratófanes.— ¿Voy yo a consentir que abrace a otros delante de mis narices? Muerto, por Hércules, preferiría verme antes. *(A Fronesia.)* Quita tus manos de este tipo, mujer, si no quieres que os traspase con mi espada a ti y a él[122].
Fronesia.— A bofetadas no arreglarás nada[123], si aspiras a mi amor. Es con oro, Estratófanes, no con hierro como puedes conseguir que deje de amarlo.
Estratófanes.— Una mujer tan bonita y elegante como tú, ¿cómo puede amar a un adefesio como ése? 930
Fronesia.— ¿No te acuerdas de la sentencia que dijo un actor en el teatro? Para enriquecerse todo el mundo es muy listo y no tiene remilgos.
Estratófanes.— ¿Eres capaz de abrazar tú a ese tipo tan sucio y desgreñado?
Fronesia.— Por sucio y desgreñado que sea, a mi me parece bello y hermoso.
Estratófanes.— ¿Y el oro que te di?
Fronesia.— ¿Que me diste? Que empleaste en comprar alimentos a tu hijo. *(Señalándose a sí misma.)* Si aspiras a estar conmigo, habrás de soltar otra mina de oro[124].
Estratófanes.— Vas a irte al infierno y al diablo al galope tendido. Prepara las maletas. *(Indicando con un gesto a Estrábax.)* ¿Qué le debes a ése?
Fronesia.— Tres cosas.
Estratófanes.— ¿Tres cosas? ¿Cuáles?

---

[122] Leo *nisi si te mea manu vis in machaera et hunc mori*, siguiendo la conjetura de Enk.
[123] O quizás: "Mejor es que derroches filipos...", si leemos con Lindsay *philippiari*.
[124] No vemos la necesidad, como hacen algunos editores, de atribuir estas palabras a Astafia. Es más fácil entender que *hanc* se lo aplica Fronesia a sí misma, lo que es relativamente frecuente en Plauto.

FRONESIA.— Perfumes, una noche, un beso.
ESTRATÓFANES.— *(Aparte.)* Corresponde a los regalos recibidos[125].*(A Fronesia.)* Pero, aunque lo ames a él, ¿no podías darme al menos un poquitito de tus delicias?
FRONESIA.— ¿Cómo? ¿Qué es lo que tengo que darte, por favor? 940

(Laguna.)[126]

ESTRATÓFANES.— A cualquiera deja entrar en su casa. *(A Estrábax.)* Aparta de ella tu mano.
ESTRÁBAX.— Te vas a ganar una buena paliza, bravo guerrero.
ESTRATÓFANES.— Yo le he dado oro.
ESTRÁBAX.— Y yo plata.
ESTRATÓFANES.— Y yo un manto de púrpura.
ESTRÁBAX.— Y yo ovejas y lana y todas las demás cosas que me pida, se las daré. Sería preferible que combatieras conmigo al son del dinero mejor que al de las amenazas.
FRONESIA.— Eres un encanto, por Cástor, Estrábax mío. Sigue, por favor.
ASTAFIA.— Un tonto y un loco compiten en arruinarse. Nosotras estamos de enhorabuena. 950
ESTRATÓFANES.— Vamos, empieza tú a derrochar algo.
ESTRÁBAX.— No, empieza tú a derrocharlo y muérete.
ESTRATÓFANES.— *(A Fronesia.)* Toma, un talento en filipos de plata[127]; toma, cógelo.

---

[125] O quizás, "me paga con la misma moneda", en alusión a la respuesta contundente de Fronesia.
[126] El texto es en este punto tan corrupto, que nos ha parecido arriesgado ofrecer una traducción del mismo. A título de ejemplo sin embargo, ofrecemos una traducción basada en el texto de Enk:
FRONESIA.— ... Habla.
ESTRÁBAX.— Ni una migaja siquiera le des, aunque te sobre.
ESTRATÓFANES.— Tratas de confundirla con tus palabras. Pero yo, querido amigo, voy a resolver por la fuerza, mis problemas amorosos.
ESTRÁBAX.— Cuidado con mis mordiscos, que tengo los dientes de hierro.
[127] Como señala Ernout, los filipos eran una moneda de oro, por lo que sorprende la expresión. En nuestra opinión, teniendo en cuenta que el oro con que estaban hechos los filipos era un oro purísimo y, en consecuencia, oro de filipos era sinónimo de oro de ley, creemos que este sentido es el que se le aplica aquí a la plata: como si dijera plata de ley. ¿Hay una alusión al posible *philippari* del verso 928? Cfr. nota 123.

FRONESIA.— Tanto mejor. Serás de los nuestros, pero vivirás de lo tuyo.

ESTRATÓFANES.— *(A Estrábax.)* ¿Dónde está tu regalo? Desabróchate el cinturón, desafiador[128]. ¿De qué tienes miedo?

ESTRÁBAX.— Tú eres el forastero. Yo vivo aquí. No salgo de casa con el cinturón. Pero, en cambio, en esta bolsa que llevo colgada del cuello, le traigo encerrado un rebaño de ovejas. ¡Menudo regalo he hecho! ¡Con qué facilidad lo he derrotado!

ESTRATÓFANES.— Al contrario, he sido yo el que te ha derrotado, pues yo he sido el que ha hecho un regalo.

FRONESIA.— *(A Estrábax.)* Anda, entra, por favor; entra a pasar un rato conmigo. *(A Estratófanes.)* Después pasarás tú también un rato conmigo.

ESTRATÓFANES.— ¿Cómo? ¿Qué dices? ¿Que vas a pasar un rato con él? ¿Y me dejas para después a mí, que he sido el que te he hecho un regalo?

FRONESIA.— Tú ya me lo has hecho, él me lo va a hacer. Lo tuyo ya lo tengo, lo suyo estoy ansiosa por conseguirlo. Pero trataré de daros gusto a los dos y satisfacer vuestros deseos.

ESTRATÓFANES.— De acuerdo. Tal como veo que se han puesto las cosas, habré de conformarme con lo que se me da.

ESTRÁBAX.— En mi lecho, desde luego, no permitiré que te recuestes tú.

FRONESIA.— *(A los espectadores.)* ¡Qué maravillosa caza he hecho, por Cástor, a pedir de boca! Y ya que a mí me han salido bien las cosas, trataré de que os suceda lo mismo a vosotros. Si alguno de vosotros tiene deseos de pasar un buen rato[129], no tiene más que hacérmelo saber. Ahora en honor a Venus aplaudid, pues esta comedia goza de su patrocinio. [Espectadores que os vaya bien; aplaudid y levantaos.]

---

[128] Recuérdese que el dinero en los viajes se llevaba en el cinturón.
[129] *Rem facere* sin duda ha de entenderse aquí en sentido erótico.

LA COMEDIA DEL BAÚL

(VIDULARIA)

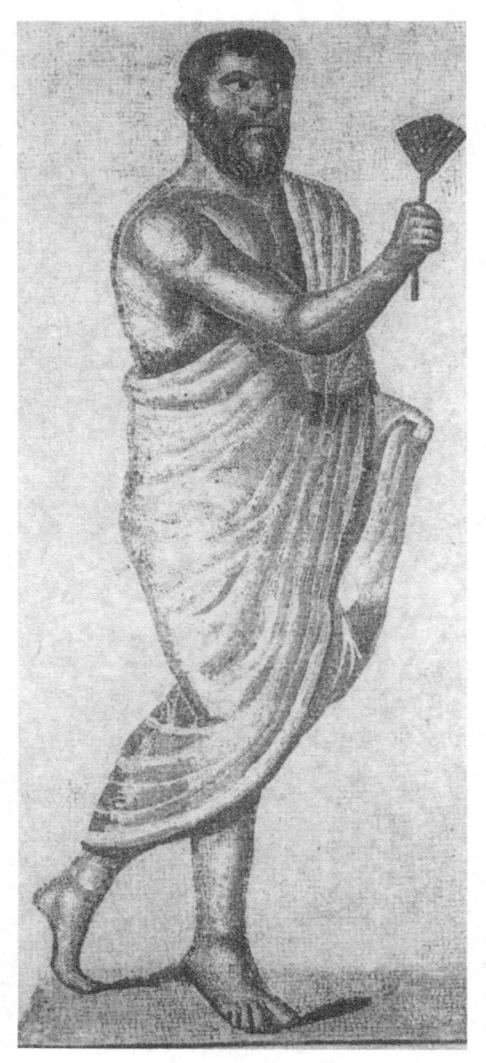

INTRODUCCIÓN

Por unos desgraciados azares de la transmisión la *Vidularia* ha llegado a nosotros en un estado verdaderamente calamitoso. De los 800 versos que, según estimación de los especialistas[1], debió abarcar aproximadamente esta comedia, sólo conocemos unos 120, conservados en parte (91) por el palimpsesto Ambrosiano[2] y el resto gracias a las citas de los gramáticos, especialmente de Nonio y Prisciano.

Ello no impide, sin embargo, que podamos hacernos una idea aproximada de su argumento, que presenta fuertes similitudes con el de *Rudens*. El joven Nicodemo[3] se ha salvado de

---

[1] Cfr. R. Calderan, *Vidularia*, Palermo 1982, pág. 57, n. 4.

[2] Aunque no se conserva absolutamente nada en los Códices Palatinos, la *Vidularia* debió figurar en el arquetipo, como lo demuestra la conservación en B de su *incipit* después del fin del *Truculentus*.

[3] Sobre los antecedentes de la comedia no pueden hacerse más que conjeturas, basadas especialmente en analogías con *Rudens* y en nuestro conocimiento de las tópicas tramas de la *Néa*. Nicodemo es, probablemente, como ocurre tantas veces en la comedia, un joven raptado de niño (o expuesto al nacer: cfr. n. siguiente) y vendido a un viejo rico que lo habría adoptado como hijo. Podría haber partido, quizás en busca de sus verdaderos padres, de, cualquiera que fuese, la ciudad vecina. En ella se habría quedado, en poder de un lenón, su amada Soterine, una joven posiblemente también raptada, como Palestra en *Rudens*, de pequeñita, y cuyo amor era también pretendido por un rival de Nicodemo. Se ha supuesto que Soterine podría haber confiado sus *crepundia* a Nicodemo a fin de que buscara a sus padres y, por ello, se encontrarían dentro del baúl perdido. Pero también se ha pensado que el reconocimiento de Soterine podía haberse efectuado directamente por su padre, y posibilitado gracias al anillo de Nicodemo, que llevaría puesto: cfr. n. 5. Recordaremos, finalmente, que Marx ha supuesto que Nicodemo habría huido con Soterine y habrían naufragado juntos.

un naufragio, pero ha perdido su baúl, en el que guardaba el anillo que le permitiría un día reconocer a sus padres, de quienes, seguramente como consecuencia de un rapto, había sido separado de niño[4]. Una vez en tierra, es acogido hospitalariamente en casa del pescador Górgines y, para ganarse la vida, se ve obligado a emplearse como jornalero al servicio del viejo Dinias, sin saber que se trataba de su padre. Un pescador, Cacisto, encuentra en el mar el baúl del joven y, como Gripo en *Rudens,* trata de quedarse con él pero es sorprendido por Aspasio, esclavo de Dinias, que quiere impedírselo, con intención de obligarlo a repartir el botín o, simplemente, de devolvérselo a su propietario. Se produce, entonces, una fuerte discusión entre ambos que sólo acaba cuando Górgines se hace cargo del baúl en calidad de depositario. Gracias al baúl Nicodemo es reconocido posteriormente como hijo del viejo Dinias, que lo había empleado como jornalero.

La comedia, sin embargo, no terminaba en este punto y no hay duda de que otros episodios se sumaban a la intriga. Del fr. XIII se desprende inequívocamente que se producía una doble αναγνώρισις y que en la comedia intervenía también una joven, Soterine, sin duda amante de Nicodemo y también ella seguramente raptada de niña, que, quizás gracias a sus *crepundia* que podrían hallarse en el baúl del joven[5], era recono-

---

[4] K. Dér, "Vidularia: outlines of a reconstruction", *CQ* 37 (1987) 432-433 apoyándose en el fr. XVI (XV), que atribuye a Dinias, supone que Nicodemo habría sido expuesto al nacer por la pobreza de sus padres. También supone que el anillo de Nicodemo lo tendría Soterine, lo que posibilitaría su localización y posterior reconocimiento. En último extremo, lo que está claro es que el anillo no podía llevarlo puesto Nicodemo pues, en ese caso, Dinias se hubiera fijado en él (cfr. v. 33) y hubiera reconocido a su hijo desde el primer momento. Consideramos muy probable que el reconocimiento de Nicodemo tuviera lugar al tratar demostrar su propiedad del baúl y, para ello, describir su anillo cuya impronta sellaría el baúl. En ese momento sería reconocido como hijo por Dinias. Recuérdese que en el *Curculio* es gracias al anillo substraído por el parásito al soldado Terapontígono como se reconoce que éste es hermano de Planesia.

[5] K. Dér, *op. cit.,* 442 supone que el reconocimiento de Soterine se habría producido en dos etapas sucesivas. En primer lugar Aspasio habría identificado el anillo que llevaba Soterine con el descrito por Nicodemo. En segundo lugar, al narrar su hallazgo, habría posibilitado el verdadero reconocimiento (directo) de Soterine por Gorgines. Otra posibilidad sugerida para el reconocimiento de Soterine, es la presen-

cida como hija del pescador Górgines, vecino de Dinias. Es probable que la joven se hallase en poder de un lenón[6] y que la presencia de ambos en escena se justificara por la celebración de un sacrificio en el templo de Venus[7], como sucede en *Rudens*.

Hay alusión también en el fr. XVII a un joven, con toda probabilidad rival de Nicodemo, que, como otros tantos en las comedias, valiéndose de los servicios de un esclavo astuto, trataba de sisar una cantidad de dinero a su padre, sin duda para liberar a Soterine. No resulta arriesgado aventurar que la comedia concluía con la boda de Nicodemo y Soterine[8].

Si es correcta, como suele admitirse generalmente[9], la reconstrucción del verso 6 hecha por Studemund, el propio Plauto nos informaba en el prólogo de que el título del modelo griego de la *Vidularia* era Σχηδία ("La balsa"[10]), que la crí-

---

cia en escena de un viejo esclavo o de su nodriza: cfr. W. Th. MacCary, "The Comic Tradition and Comic Structure in Diphilos' Kleroumenoi", *Hermes* 101 (1973) 202, n. 24.

[6] Ya hemos aludido anteriormente a la conjetura de Marx de que Nicodemo y Soterine podrían haber huido y naufragado juntos, hipótesis que debe ser descartada por diversos motivos, especialmente porque no tiene en cuenta el fr. XVII ni explica la longitud de la laguna posterior al verso 91, último conservado en el palimpsesto Ambrosiano.

[7] Del templo de Venus saldría el lenón en el fr. dudoso III.

[8] Más arriesgado resulta suponer que, como sucede con frecuencia en la *Néα*, cuando dos jóvenes se disputan una muchacha, se descubriera que también el joven rival era hermano de uno de ellos: cfr. Calderan, *op. cit.*, 86. En mi opinión habría que descartar que fuera hermano de Nicodemo (cfr., especialmente, v. 86 *Di tibi illum faxint filium salvum tuum*) y tan sólo, como pura especulación, podría suponerse que fuera hermano de Soterine (recuérdese la solución del *Curculio*). Es posible que el fr. XVIII tenga algo que ver con este tema, pero, en el estado actual de nuestros conocimientos, no pueden hacerse más que meras conjeturas.

[9] Con las excepciones de Marx *(Plautus. Rudens*, Leipzig 1928, 272) y Friedrich *(Euripides und Diphilos*, Múnich, 1953, 202). Paratore, aun admitiendo la integración Sc<h>edi<a> de Studemund, expresa sus reservas sobre la misma (cfr. n. 9 de su edición).

[10] *Schedia* (que significa propiamente "(nave) hecha improvisada, precipitadamente") es definida por Festo (450 L.) como un *genus navigii inconditum, trabibus tantum inter se conexis*, definición que cuadra muy bien con la de una balsa salvavidas. Creemos, por tanto, que con el título se alude más a la balsa en que se salvó Nicodemo

tica moderna suele asignar a Dífilo[11], el poeta de Sínope autor, según declara el propio Plauto, del modelo de *Rudens*. No sólo, en efecto, es Dífilo el único comediógrafo griego del que conocemos una comedia con dicho título[12] sino que el pequeño fragmento que de ella conservamos[13], si bien es cierto que no se corresponde con ninguno de los fragmentos conservados de la *Vidularia*[14], también es verdad que no se contradice con ninguno y, sobre todo, parece reflejar un ambiente de pescadores, similar al de la comedia latina[15]. Por lo demás, las fuertes analogías existentes entre la *Vidularia* y *Rudens*[16],

---

(equivalente al bote, *scapha*, en que se salvan Palestra y Ampelisca en *Rudens*: cfr. 165 y 173) que, como supone Paratore *(Tutte le commedie*, V 222 y n. 29 de la *Vidularia)*, a la barca en que Cacisto pescaría el baúl, designada como *horia* en el fr. XV.

[11] Marx *(Rudens* 273), fundándose en razones de estilo, propone la atribución de la comedia, cualquiera que fuese su título, a Menandro; Friedrich *(Euripides und Diphilos*, 212) duda entre atribuírsela a Menandro o a Filemón. Paratore *(Tutte le commedie*, V 523; *Plauto* 60), más prudentemente, se limita a señalar que cabe la posibilidad de que el modelo de la *Vidularia* no fuese obra de Dífilo.

[12] Téngase en cuenta, por otra parte, que el título, además de no ser corriente para una comedia, se corresponde muy bien con el argumento de la *Vidularia*: cfr. n. 10. Dado, además, que de las 105 ó 108 comedias de Menandro conocemos un centenar de títulos, sería una verdadera casualidad que este título estuviera entre los desconocidos.

[13] 78 K (=2, 567).

[14] Calderan, *op. cit.* 96, conjetura una posible relación con fr. XIV.

[15] Recordaremos que πόρκος, la palabra clave de la cita del original griego, significa "nasa".

[16] Sin pretender ser exhaustivos, a título de ejemplo, señalaremos: la escena (cfr. su descripción al frente de nuestra traducción), el motivo del naufragio, la disputa por el baúl perdido entre un pescador que los encuentra y un esclavo que quiere impedir que se quede con él, etc. Recuérdese, además, que Nicodemo, como Palestra en *Rudens*, ha sido raptado de niño y, también como Palestra, es protegido por su propio padre, sin que ninguno de los dos sospeche su parentesco. Esto no implica, naturalmente, que haya que ver en la Σχεδία una mera repetición del modelo de *Rudens* o viceversa. Como ha señalado K. Dér, mientras el motivo principal de *Rudens* sería el de la hija perdida que encuentra refugio en casa de su propio padre, el de la Σχεδία sería el del hijo, que, sin saberlo, se convierte en asalariado de su propio padre, motivo que anticiparía de alguna manera el central de los *Captivi*: el hijo prisionero de su padre. El verdadero protagonista de la *Vidularia*, en consecuencia, sería Nicodemo y no Soterine.

hacen preferible la hipótesis de que haya sido un único poeta griego el autor de ambos originales[17] a la de que sean obra de dos autores en competición entre sí[18]. Si a esto añadimos, como se ha observado, que no existen en la *Vidularia* elementos contrarios al arte de Dífilo[19], la paternidad difilea de la *Vidularia*, al menos en el estado actual de nuestros conocimientos, puede darse por segura.

Ante el lamentable estado de conservación del texto de la comedia, puede parecer un desatino plantearse siquiera el tema de su datación y, de hecho, la mayoría de los estudiosos de la cronología plautina renuncian a emitir juicio alguno al respecto. Pero la verdad es que, pese a todo, se han encontrado o creído encontrar algunos argumentos para una datación al menos aproximada. Así, a partir de consideraciones sobre el título de la comedia, se ha observado, en primer lugar, que la *Vidularia* debe ser anterior a *Rudens*, pues, en caso contrario, Plauto hubiera utilizado su título para esta última comedia[20] y, además, que los títulos en *-aria,* al estilo de Nevio, corresponden a la primera etapa de la producción plautina y, en todo caso, no parecen haber vuelto a ser utilizados por Plauto después del 191 a. C.[21]. Dado que los estudiosos[22] suelen situar la composición de *Rudens* en el 189 a. C., las dos observaciones resultan en cierta medida coincidentes.

---

[17] Ateneo (6,247b-c; 11,496e-f) nos habla de dos "revisiones" (διασκευαί) operadas por Dífilo en el curso de su actividad, que afectarían a la Συνωρίς, que permaneció con el mismo título, y al Αἱρη–σιτείχης, después reelaborado como Εὐνοῦχος ο Στρατιῶτες: cfr. Calderan, *op. cit.*, 104.

[18] En realidad parece que Menandro y Dífilo compitieron entre sí sobre el tema del naufragio, pero con el Ἁλιεύς y el original de *Rudens*. La posibilidad de que Plauto haya reelaborado dos veces el mismo original, aunque menos verosímil, también ha sido considerada: Cfr. Augello, *Plauto. Le commedie*, III 772 (n. al verso 6).

[19] Cfr. Calderan, *op. cit.* 108 ss.

[20] Teuffell, *Studien und Charakteristiken zur griechischen und römischen Literaturgeschichte*, Leipzig 1889², citado por Calderan. Aunque se ha objetado que el argumento no tiene en cuenta la libertad con que Plauto ha actuado en relación con los títulos, merece, al menos, ser considerado.

[21] Cfr. Della Corte, *Da Sarsina a Roma*, 60-61; Marcos-Casquero, "Ensayo de una cronología de las obras de Plauto", *Durius* 2 (1974) 365.

[22] Con las excepciones de Enk y Schutter: cfr. Introducción a la *Rudens*, esp. n. 6.

A ellas puede añadirse una vieja observación de Leo, retomada por Calderan, sobre la mención del *culleum* en el fr. XIV que parece implicar una alusión a la pena de los parricidas[23]. Dado que, por lo que sabemos, el primer parricida fue ejecutado en el año 201 a. C., este habría de ser el año *post quem* de la representación de la *Vidularia*. La alusión sería tanto más eficaz cuanto más próxima fuera a esa fecha la primera representación de la comedia, que en consecuencia había de ser adscrita al periodo intermedio de la producción plautina[24]. Hay que reconocer, sin embargo, que tanto este argumento como los anteriores son extremadamente débiles y, en consecuencia, a falta de ulteriores confirmaciones, nada queda definitivamente probado[25].

---

[23] La pena consistía en meterles la cabeza en una bolsa de cuero, para después introducirlos con un mono, un gallo, un perro y una víbora en un saco de cuero *(culleus)* y arrojarlos al mar o al Tíber: cfr. *Epid.* 349 y n. 21. No creemos que en *Pseud.* 212 pueda verse la misma alusión.

[24] Estamos de acuerdo con Calderan *(op. cit.* 116) en que la mención de las bacantes en el fr. I no es suficiente para suponer una composición de la comedia en los años inmediatamente anteriores al famoso senadoconsulto (186 a.C.), como podría ser el caso de las *Bacchides:* cfr. tomo I, pág. 284. Una alusión muy similar a la del fr. I se encuentra en el verso 469 del *Mercator,* que suele ser considerada una de las primeras comedias de Plauto. Tampoco la similitud de dichas citas nos autoriza a suponer una fecha de composición próxima de ambas comedias.

[25] Cfr., a este propósito, n. 7 de la comedia.

PERSONAJES

Aspasio[1], esclavo (de Górgines[2])
Cacisto, pescador[3]
Dinias, viejo
Górgines, pescador
Nicodemo, joven
Soterine, doncella
Joven (?)
Lenón[4] (?)

La escena está situada, como en *Rudens,* a orillas del mar y, quizás también, en las proximidades de la ciudad norteafricana de Cirene[5]. En el escenario se ven las casas de Górgines y Dinias, además de un mirto consagrado a Venus, que hace

---

[1] El nombre de Aspasio es conjetura de Leo, sobre la base de las pocas letras que pueden leerse en el encabezamiento de la escena que sigue inmediatamente al prólogo.

[2] Webster, *Studies in Later Greek Comedy,* Manchester 1953, 170, piensa equivocadamente que es eslavo de Nicodemo.

[3] Erróneamente tanto Studemund *(Commentatio de Vidularia Plautina,* Greifswald 1870-71, 17) como Marx *(Rudens* 271) lo consideraban esclavo y, en concreto, Marx esclavo de un vecino de Dinias.

[4] La inclusión de estos dos últimos personajes en la lista es dudosa. La del joven es puramente conjetural y deducida exclusivamente a partir del fr. XVII. La presencia del lenón de la comedia se apoya, además de los argumentos manejados sobre la trama de la comedia, en el fr. dudoso III.

[5] Marx *(Rudens* 271) piensa que la escena está situada en un punto de la costa del Ática, quizás en el cabo Sunio (cfr. Ter., *Eun.* 115 y 519).

suponer la presencia de un templo de la diosa, aunque dicha presencia no es deducible directamente de lo que se conoce sobre la trama de la comedia[6].

---

[6] Esta conjetura serviría para explicar la salida del lenón en fr. dudoso II y justificar la presencia tanto de Soterine como del lenón en la escena.

PRÓLOGO

Esta trama (nueva) con título antiguo[7]... El poder de los

---

[7] Me sorprende que, al menos hasta donde llegan mis conocimientos, ningún crítico haya relacionado este pasaje con el tema del modelo griego de la *Vidularia*. *Res* y *nomen* son dos términos técnicos de la lengua literaria que designan respectivamente el "tema" o la "trama" y el "título" de una comedia (cfr. por ej. vv. 7, 10 y 14 de la *Asinaria*). Si además fijamos la atención en la más que probable contraposición entre nuevo/viejo que debería darse en el texto y que, haciendo uso de un conjetura de Leo, hemos introducido en nuestra traducción, estamos en condiciones de sacar algunas conclusiones. Clave para la cuestión sería determinar si *vetere* es realmente un ablativo, como suelen aceptar los editores, o habría que leer *veterem*, concertando con *rem*, en cuyo caso "nuevo" sería calificativo supuesto de *nomen*. En caso de admitir el texto ofrecido por los editores (es decir, en caso de que *vetere* fuera realmente ablativo y concertara, por tanto, con *nomine*), ¿no cabría la posibilidad de que Plauto estuviera informando a los espectadores de que el título de la comedia griega *(Schedía)* que se iba a representar ya era conocido por haber sido utilizado anteriormente (para el modelo de *Rudens)* y que Dífilo bajo el mismo título había desarrollado una trama nueva, es decir, distinta de la anterior? Y probablemente Plauto daría esta información para justificar él mismo la adaptación de un ejemplar griego que llevaba el mismo título que otro ya previamente adaptado (y por ello conocido por sus espectadores). Naturalmente esto implicaría no sólo que la *Vidularia* fuera posterior a *Rudens* sino que el modelo griego de la *Vidularia*, como ha supuesto algún estudioso (cfr. Calderan, *op. cit.*, 114-5), fuera anterior al modelo de *Rudens*. La repetición del título no debería sorprendernos y ya hemos dicho que Ateneo (6,247b-c) atestigua que Dífilo hizo algo similar con la Συνωρίς. Indudablemente caben otras posibilidades, pero nos conformamos con apuntar la sugerencia pues el tema es suficientemente amplio y denso como para desarrollar en el estrecho margen de una nota.

enemigos[8]... Por vuestros elogios... dar las gracias[9]... Esta comedia en griego se titula Σχεδία y nuestro poeta la convirtió en *Vidularia*. El que... sabedlo primero... ya lo sabéis: es él. 10
Creo que queréis conocer el argumento de la comedia, pero será mejor que os enteréis de él durante la representación... Quiero haceros una advertencia... Vosotros escuchadlo. Yo volveré pronto transformado en otro personaje[10].

---

[8] Podría tratarse de enemigos literarios. Parece que estamos ante un prólogo que anticipa la polémica literaria de los prólogos terencianos. El verso siguiente es todavía más significativo al respecto. El de la *Asinaria* tiene algún elemento similar.

[9] No nos hemos atrevido a incluir en un contexto exacto estas dos palabras. Según la conjetura de Leo *(laudatus iam est acturus vobis gratias)*, el sentido sería: "Por vuestros elogios os va a dar inmediatamente las gracias."

[10] Cfr. vv. 123 y 126 del *Poenulus*.

ACTO PRIMERO

ESCENA PRIMERA

Aspasio

El hombre al que la esclavitud apresó con sus garras[11]... 17

ESCENA[12]?

Górgines, Nicodemo, *quizás* Aspasio

(FRAGMENTOS)

I   Nicodemo.— Sus bacantes hicieron de nuestra nave un Penteo[13].

---

[11] Traducimos según la enmienda v<i> sur<r>rup<u>it de Calderan. Entre este verso (17) y el siguiente se abre en el palimpsesto una laguna estimada entre 228 y 266 versos, a la que sin duda pertenecen los cuatro fragmentos siguientes conservados por los gramáticos.

[12] Para una posible reconstrucción de la escenas perdidas, cfr. Calderan, *op. cit.* 67 ss.

[13] No se conserva el nombre de la divinidad a que pertenecerían las bacantes que Plauto identifica con las olas del mar. Aunque, como señala Paratore (n. 9 de su edición), lo lógico, tratándose de las bacantes, sería pensar en Dioniso, dado que este dios no tiene nada que ver con el control de las tempestades, quizás es mejor pensar simplemente en Neptuno, el omnipotente dios del mar, al que se imputan habitualmente todas las dificultades de navegación: cfr., por ej., *Rudens* 362. Sobre el mito de Penteo y las bacantes cfr. *Merc.* 469 y n. 28 de esa comedia.

II Miseria, llanto, tristeza, pobreza, frío, hambre[14].
III Górgines.— Aquí todo es pobreza.
IV Éste es el mirto de Venus.

ACTO ?

ESCENA ?

Nicodemo, Dinias

Nicodemo.— ... y no creo que sea el momento oportuno[15]. *(A Dinias.)* Por favor, ¿puedo pedirte una cosa?
Dinias.— Claro, lo que necesites. ¿De qué se trata?
Nicodemo.— Te he oído decir que quieres contratar un jornalero para tus tierras.
Dinias.— Has oído bien.
Nicodemo.— ¿Qué clase de trabajo quieres que haga?
Dinias.— ¿Y a ti qué te importa? ¿Acaso te han nombrado tutor mío?
Nicodemo.— Puedo proporcionarte, creo yo, un jornalero muy bueno.
Dinias.— ¿Tienes algún esclavo que ofrecerme a cambio de un jornal?
Nicodemo.— La pobreza me obliga a alquilar mis propios servicios como esclavo[16].
Dinias.— ¿Cómo? ¿Alquilas tus propios servicios? Pienso que no estás hablando en serio. Pues no me tienes pinta de ser un jornalero.
Nicodemo.— No lo soy, si tú no estás dispuesto a darme un jornal. Pero si me pagas un salario, puedes llevarme ahora mismo contigo.
Dinias.— Es muy dura, joven, la vida en el campo.

---

[14] Cfr. *Rudens* 312, de donde se deduce que estas palabras podrían no haber sido puestas en boca de Nicodemo.
[15] Dado el estado del texto, el sentido de estas primeras palabras no es seguro como tampoco es segura su atribución a Nicodemo.
[16] Dado que *servum* podría interpretarse también como genitivo plural, la traducción podría ser también: "Carezco de esclavos, por lo que alquilo mis propios servicios."

Nicodemo.— Pero mucho más, por Pólux, la pobreza en la ciudad.

Dinias.— Tus manos están habituadas a tirar los dados.

Nicodemo.— Pero ahora están dispuestas a tirar del arado[17].

Dinias.— ¿No ves que tu cuerpo está blanco por la molicie y la sombra de la ciudad?

Nicodemo.— El sol es un buen pintor de cuerpos. Él lo pondrá negro.

Dinias.— Oye, tienes que saber que en el campo se come poco y mal[18].

Nicodemo.— El pobre ha de resignarse a comer mal.

Dinias.— Te ruego que me hagas saber qué puedo esperar de ti[19].

Nicodemo.— Si necesitas un hombre honesto y bueno, que 40 te sea más fiel que tus propios esclavos, que coma muy poco y no pare de trabajar, incapaz de decir una mentira, aquí me tienes, puedes contratarme.

Dinias.— Por Pólux, que no tienes trazas de ser un jornalero.

Nicodemo.— ¿No tengo trazas?...

Dinias.— (Yo lo que quiero es contratar a un) jornalero que trabaje mucho, cobre poco, coma poco.

Nicodemo.— Haré tanto trabajo como el que más[20] y no 50 tendrás que darme más que una sola comida, aparte del jornal.

Dinias.— ¿Y la merienda?

Nicodemo.— No tienes que dármela, ni tampoco la cena.

Dinias.— ¿No vas a cenar?

Nicodemo.— No, me iré a casa.

Dinias.— ¿Y dónde vives?

---

[17] La traducción en este punto es muy libre y sólo trata de alguna manera de dejar constancia del juego de palabras del texto entre *talis*, "dados" (sentido en que lo emplea Dinias) y "tales", sentido que justifica el empleo por Nicodemo de *qualis*, pero no con el significado habitual (correlativo del anterior) sino, posiblemente, con el significado de "cestos", en cuanto instrumento agrícola utilizado para diversos fines (especialmente para la vendimia), sin que pueda precisarse el uso concreto en que está pensando Nicodemo.

[18] La traducción tanto de este verso como la del siguiente no pretende más que dar un sentido aproximado.

[19] No es seguro ni el sentido del verso, ni su asignación a Dinias.

[20] Preferimos asignar estas palabras (v. 50) a Nicodemo, en vez de a Dinias, como hace Ernout siguiendo el palimpsesto.

NICODEMO.— *(Señalando la casa de Górgines.)* Ahí, en casa del pescador Górgines.
DINIAS.— Así que eres vecino mío, por lo que dices[21].

ACTO ?

ESCENA ?

GÓRGINES, CACISTO, ASPASIO

(FRAGMENTOS)

V GÓRGINES.— Atendedme los dos, por favor. Poned aquí el baúl. Yo lo guardaré, como si me lo dierais en depósito[22]. No se lo devolveré a ninguno hasta que no esté zanjada esta disputa[23].

VI ASPASIO.— No me opongo al depósito.

CACISTO.— Iré a ver si puedo encontrar a algunos de mis compañeros o si conozco a alguien que me asista como abogado. Ya conozco este lugar. *(A Górgines y Aspasio.)* ¿Vosotros vivís aquí?
GÓRGINES.— *(Señalando su casa.)* En esta casa. Tráelo aquí. Yo voy a guardar el baúl en el arcón y a cerrarlo bien con llave. Tú, si quieres encontrar un abogado defensor, búscalo. Yo no estoy dispuesto a cometer ninguna injusticia. *(Aspasio y Górgines, con la maleta, entran en casa de este último)*
CACISTO.— *(Solo.)* ¿Para qué diablos iba a buscar yo un abogado defensor, después de haber perdido el pleito? No hay hombre más desdichado y desgraciado que yo. ¡Decir que, cuando vi el baúl, no se me ocurrió mirar cien veces en torno mío![24] El muy bribón desde los mirtos —pues hay espacio entre ellos— me tendió una emboscada. Estoy tan seguro como

---

[21] Después de este verso (55) se abre en el palimpsesto una laguna cuya extensión se ha estimado en unos 130 o 140 versos. A ella pertenecerían los dos fragmentos que se incluyen a continuación.
[22] Sobre el depósito, cfr. n. 71 de *Rudens*.
[23] Por una decisión arbitral, naturalmente.
[24] Cfr. *Rudens* 1167.

de que estoy aquí, de que he perdido el botín capturado, a no ser que trame algún plan de mi misma calaña. Me plantaré aquí y observaré si veo a algún amigo.

ACTO ?

ESCENA ?

Dinias, Cacisto, Nicodemo

Dinias.— *(Regresando del campo, a Nicodemo que lo acompaña.)* ¡Por Pólux, qué cúmulo de desgracias me has contado! Tanta pena me diste, que por eso te he mandado dejar el trabajo.
Cacisto.— *(Aparte.)* Ése es el joven que la tempestad ha hecho naufragar... Ya he oído decir... ¡Qué rápidamente encontró trabajo! Por Pólux, que no ha descansado un instante desde que pisó tierra[25].
Dinias.— Me extrañaría... Me contó; por Pólux que... Un niño...
Nicodemo.— Hombre más pobre que yo creo que no existe, ni existió ni existirá.
Dinias.— No digas tal cosa. Ahora mismo te voy a traer la mina que me pediste que te prestara a interés[26]. Pero el interés no tienes que dármelo.
Nicodemo.— ¡Que los dioses te devuelvan sano y salvo a tu hijo, ya que a un pobre como yo tienes la bondad de proporcionarle los medios para vivir! Pero no pretendo que me perdones los intereses.
Dinias.— Arruinar con intereses a un hombre pobre es algo que no está bien. Pero del día que me has prometido devolvérmela, procura no olvidarte.
Nicodemo.— Hasta que te la haya pagado[27]...

---

[25] Traducimos el final del verso según la integración de Leo: *terram attigit*.
[26] No sabemos para qué querría Nicodemo la mina. Quizás para dar una recompensa al que le devolviera el baúl.
[27] Acaba aquí el texto conservado de la *Vidularia* en el palimpsesto Ambrosiano. Se estima que en este punto todavía faltaban unos 300 versos para la conclusión de la comedia. Por tanto hay que suponer,

[733]

(FRAGMENTOS)[28]

VII	Cacisto.— Mientras pescaba allí, con el tridente[29] golpeé un baúl.
VIII	Un esclavo desconocido saltó fuera del mirto.
IX	En resumidas cuentas, peleamos furiosamente.
X	Así que hemos dejado el baúl en depósito.
XI	En el lado opuesto hay una concha[30].
	Nicodemo.— Pues yo te diré cómo es el sello que hay debajo[31].
XII (XIV)	El sello se veía claramente. *(Señalando a Nicodemo.)* Lo he comparado con su anillo[32].
XIII (XVII)	Nicodemo.— Que ésta es nuestra patria, *(señalando a Dinias)*, éste mi padre y *(señalando a Górgines)* ése es el padre de Soterine.
XIV (XII)	Aspasio.— Manda encerrarlo en un saco y arrojarlo al agua en alta mar, si quieres tener una buena cosecha.

---

como hemos dicho en la Introducción, que nuevos episodios se sumaban a la acción conocida de la misma.

[28] Tanto en la ordenación como en la atribución de estos fragmentos hemos seguido la edición de Calderan. Entre paréntesis, sin embargo, señalamos la numeración de Ernout, cuando ambas no coinciden.

[29] La *fuscina* es una especie de arpón para la pesca, similar al que los artistas y poetas atribuyen a Neptuno como símbolo de su poder.

[30] Se trata, como nos explica Prisciano, a quien debemos la conservación de este fragmento, de una concha que servía para tapar el sello con que se aseguraba el cierre y la propiedad de un objeto.

[31] Estamos en la escena del reconocimiento de Nicodemo.

[32] Seguimos la interpretación de Calderán, *op. cit.*, 79 n. 53. K. Dér piensa, en cambio, que estas palabras han de ponerse en boca de aspasio y la persona referida por el pronombre *huius* sería Soterine.

XV (XIII)	Cacisto.— Prefiero atarlo a mi barca, para obligarlo a pescar continuamente, incluso cuando se desencadene la mayor de las tempestades.
XVI (XV)	Preferiría que los míos murieran a que se vieran obligados a mendigar. Al que muere lo compadecen los buenos; del que mendiga se burlan los malos.
XVII (XVI)	Ahora el esclavo substraerá el dinero al padre.
XVIII (XIX)	Pues he oído decir que las leonas no paren más que una vez.
XIX (XVIII)	En cuanto veía un piojo, los robaba todos.

(FRAGMENTOS DUDOSOS)

I	Mirto
II	...
III (XX)	Pero, el lenón sale a la calle. Me esconderé aquí para escuchar lo que dice[33].

---

[33] Este fragmento es atribuido por Nonio a la *Aulularia*, pero, evidentemente, encaja mucho mejor en la trama de esta comedia.

ÍNDICE

EL MERCADER *(Mercator)*	7
Introducción	9
Personajes	15
Argumento	16
Acto primero	19
Acto segundo	29
Acto tercero	41
Acto cuarto	50
Acto quinto	58
EL SOLDADO FANFARRÓN *(Miles gloriosus)*	69
Introducción	71
Personajes	77
Argumento	79
Acto primero	81
Acto segundo	85
Acto tercero	108
Acto cuarto	124
Acto quinto	151
LA COMEDIA DE LAS APARICIONES *(Mostellaria)*	155
Introducción	157
Personajes	161
Argumento	162
Acto primero	163
Acto segundo	178
Acto tercero	188
Acto cuarto	206
Acto quinto	217

EL PERSA *(Persa)* ... 227

- Introducción ... 229
- Personajes ... 235
- Argumento ... 236
- Acto primero ... 237
- Acto segundo ... 247
- Acto tercero ... 259
- Acto cuarto ... 264
- Acto quinto ... 281

EL CARTAGINESITO *(Poenulus)* ... 289

- Introducción ... 291
- Personajes ... 299
- Argumento ... 300
- Prólogo ... 301
- Acto primero ... 307
- Acto segundo ... 323
- Acto tercero ... 325
- Acto cuarto ... 342
- Acto quinto ... 349

PSÉUDOLO *(Pseudolus)* ... 379

- Introducción ... 381
- Didascalia ... 388
- Personajes ... 389
- Argumento ... 390
- Prólogo ... 393
- Acto primero ... 393
- Acto segundo ... 421
- Acto tercero ... 432
- Acto cuarto ... 437
- Acto quinto ... 455

EL CABO *(Rudens)* ... 461

- Introducción ... 463
- Personajes ... 467
- Argumento ... 468
- Prólogo ... 469
- Acto primero ... 473
- Acto segundo ... 481
- Acto tercero ... 495
- Acto cuarto ... 510
- Acto quinto ... 529

ESTICO *(Stichus)*	539
Introducción	541
Didascalia	545
Personajes	547
Argumento	548
Acto primero	549
Acto segundo	555
Acto tercero	568
Acto cuarto	573
Acto quinto	580
LOS TRES CENTAVOS *(Trinummus)*	591
Introducción	593
Personajes	599
Argumento	600
Prólogo	601
Acto primero	603
Acto segundo	610
Acto tercero	625
Acto cuarto	634
Acto quinto	649
CASCARRABIAS *(Truculentus)*	655
Introducción	657
Personajes	663
Argumento	664
Prólogo	665
Acto primero	667
Acto segundo	687
Acto tercero	697
Acto cuarto	700
Acto quinto	712
LA COMEDIA DEL BAÚL *(Vidularia)*	717
Introducción	719
Personajes	725
Prólogo	727
Acto primero	729
Acto ?	730
Acto ?	732
Acto ?	733
Fragmentos	734

Colección Letras Universales

ÚLTIMOS TÍTULOS PUBLICADOS

600 *La señora Dalloway recibe*, VIRGINIA WOOLF.
    Edición de Itziar Hernández Rodilla.
601 *Personajes de Shakespeare*, WILLIAM HAZLITT.
    Edición de Javier Alcoriza.
602 *Colección de relatos de Uji (Antología del Uji shūi monogatari)*.
    Edición de Efraín Villamor Herrero.
603 *Poesía completa*, S. T. COLERIDGE.
    Edición de José Luis Rey.
604 *Trenos*, JAN KOCHANOWSKI.
    Edición bilingüe de Fernando Presa González.
605 *Ecos de la Era del Jazz y otros ensayos*, FRANCIS SCOTT FITZGERALD.
    Edición de Juan Ignacio Guijarro González.
606 *Las obras más hermosas de la literatura acadia*.
    Edición de Rafael Jiménez Zamudio.
607 *Esa maldita voz y otros relatos fantasmagóricos*, VERNON LEE.
    Edición de Juan Antonio Molina Foix.
608 *Prometeo liberado*, PERCY BYSSHE SHELLEY.
    Edición bilingüe de José Luis Rey.
609 *Impaciencia del corazón*, STEFAN ZWEIG.
    Edición de Carlos Fortea.
610 *La casa de las orquídeas*, PHYLLIS SHAND ALLFREY.
    Edición de Lourdes López Ropero.
611 *Diario del año de la peste*, DANIEL DEFOE.
    Edición de Antonio Ballesteros González y Beatriz González Moreno.
612 *Obras*, JEAN LE ROND D'ALEMBERT.
    Edición de Juan Manuel Ibeas-Altamira y Lydia Vázquez.
613 *Las confusiones del cadete Törless*, ROBERT MUSIL.
    Edición de Miguel Ángel Vega.
614 *Maestros Antiguos (Comedia)*, THOMAS BERNHARD.
    Edición de Javier Aparicio Maydeu.

DE PRÓXIMA APARICIÓN

La dama de las camelias, ALEXANDRE DUMAS.
Edición de Ignacio Ramos-Gay.